JN409906

대승불교, 그리스도를 만나다

John P. Keenan

The Meaning of Christ

A Mahāyāna Theology

Published by Orbis Books, Maryknoll, NY 10545

Printed in the United States of America

Translated by Paul Hwang Kyung Hoon

대승불교, 그리스도를 말하다

초판1쇄 발행일 • 2006년 12월 25일

지은이 • 존 키난
옮긴이 • 황경훈
펴낸이 • 호인수
펴낸곳 • 우리신학연구소
등 록 • 1999년 3월 4일

서울시 영등포구 당산동2가 32-2 3층
T. 02-2672-8342 F. 02-2672-8346

정 가 • 25,000원

ISBN 89-958855-1-3 93210

대승불교, 그리스도를 말하다

존 키난(John P. Keenan) 지음

황경훈 옮김

■ 한국어판 서문

내가 대승불교 신학(Mahāyāna theology)을 전개하려고 마음먹은 데에는 의미(meaning)의 문화적 범주가 지극히 다르고 한 문화가 다른 문화로 축소될 수 없다는 생각이 강하게 나를 사로잡았기 때문이다. 이런 생각은 신학생으로서 내가 필라델피아에서 아프리카계 미국인과 푸에르토리코 문화를 접하면서 시작되었고 또 푸에르토리코 가톨릭대학(La Universidad Catolica de Puerto Rico)에서 스페인 언어와 문화를 공부할 때도 지속됐다.

나는 제2차 바티칸 공의회 정신이 우리의 세계관의 지평을 확장시키기 전의 사고방식에 이미 익숙해 있었다. 내가 공부를 시작했을 때 불교 교의와 철학에 끌리게 됐는데, 왜냐하면 이 불교 교의와 철학이 내가 청년 때부터 품어 온 똑같은 문제, 이를테면 궁극적 진리는 무엇인가, 우리는 누구인가, 우리는 어디에서 오고 또 이디로 가는가 하는 문제들을 다루기 때문이었다. 그래서 먼저 중국어와 일본어를 공부했고 펜실베니아 대학에서 가르쳤다. 그 뒤 위스콘신-매디슨 대학(University of Wisconsin-Madison)에서 인도 및 동아시아 불교 교의와 역사를 전공했다. 이 시기 내내 나의 목적은 대승불교 사상의 관점에서 신앙을 표현하는 데에 있었다. 나는 서구 신학-성육화와 삼위일체-에서 진리와 품위가 있음을 보았지만 동시에 이 다소 어려운 교의를 가르치고 설교하는 데 어려움을 겪는 것을 보고 실망했다. 여기서 나는 대승불교 사상이 도움이 될 수 있을 것이라고 생각하게 되었는데, 이는 대승불교 사상이 여러모로 그리스 철학의 본질주의적(essentialist) 사상이나 서구 신학보다는 더 적합하고 솔직히 더 나은 신앙 담론을 위한 언어를 제공한다고 보았기 때문이다. 대승불교 철학이 이 과제에 더 적합하다고 보았던 것은 아마도 대승불교 철학이 우리 모두가 일상에서 체험하는 모든 사물은 공(空)하다는 것과 또 그리스도의 신비를 표현하기 위해 우리의 모든 언어적, 문화적 시도에 대한 상호 의존적이고 역사적인 형태를 강조하였기 때문이라고 할 수 있다. 두 진리(two truths)에 대한 중관학파(Mādhyamika)의 담론은 지적 확신이 살아 있는 신앙을 말할 수 있으며 동시에 한편으로는 또 이것이 분명하고도 신조적(creedal) 형태로 그리스도교 신앙의 진리를 우리에게 확신시킬 수 있다는, 확증되지 않은 오만한 태도를 피하도록 돕는다. 한편 유식학파(Yogācāra school)는 내가 학문에 입문한 초기에 버나드 로너간(Bernard Lonergan)의 철학이 그러했던 것처럼, 내 관심을 내면으로 향하게 하여 의식과 이해에 대한 비판적 앎(awareness)을 깨닫도록 고무했다.

따라서 대승불교 신학은 마치 초기 교부들이 신앙을 그리스 철학의 관점에서 생각하려 애쓴 것처럼, 대승불교 철학의 빛 아래서 그리스도교 신앙을 생각해 보고자 한다. 내가 믿기에 우리는 모두 이 세계에서 가능한 어떠한 철학이든지 신앙을 표현하도록 요청받고 있는데, 그것은 우리가 만일 그렇게 하지 않으면 복음을 잘 알고 익숙해 있지만 문화적 의미에 있어 단일하고 특권을 갖는 소규모 사람들만으로 복음이 제한되기 때문이다.

『대승불교, 그리스도를 말하다』에서 나는 먼저 성육화와 삼위일체 교리가 어떻게 발전되어 왔는지 자세히 설명했고 그 다음 대승불교 용어로 이를 고쳐서 말했으며 그리스도의 신비와 그리스도와 우리가 하나라는 데 대한 어쩌면 새로운 통찰을 불러오도록 하기 위해 이 핵심 교의를 재조명했다. 성육화가 주제로 등장하는 장은 이러한 큰 흐름을 따르면서 성육화를 공과 연기뿐만 아니라 두 진리의 관점에서 읽는다. 삼위일체 장은 좀 다른 흐름을 취했는데, 여기서는 삼신불(三身佛)에 대한 대승불교의 교리의 신심적 측면을 그렸다. 조셉 오리어리(Joseph O'Leary)가 『대승불교, 그리스도를 말하다』의 서평에서 이런 변화의 흐름을 주목한 것을 보면서, 삼위일체 교의를 다룬 장이 그 앞의 장인 성육화 장을 좀 더 유기적으로 따랐더라면 이 삼위일체 교의는 더 좋은 결실을 맺을 수 있었다는 것을 깨달았다.

지난 15년 동안 삼위일체에 대한 대승불교 신학을 더 완전하게 표현하려고 생각에 생각을 거듭해 왔다. 지금은 반야심경(般若心經, the Heart Sutra)과 요한 복음에 관한 책을 쓰고 있다. 이 책에서 나는 성부, 성자, 성령은 요한이 예수를 인습적으로 이해하려는 모든 것을 거부하듯이 반야심경에서도 모든 것이 공하다는 관점에서 이해되기를 바란다. 이는 요한 복음에서 "침묵에서 오는 하느님의 목소리"는 어떠한 계보, 출신지, 가족, 또는 다른 어떠한 분류도 받아들이기를 피하고 무시하며 때로는 거부하면서 예수는 순전히 아버지에게서 온다고 주장하기 때문이다. 예수의 죽음과 부활 뒤에 예수는 모성적 성령(mothering spirit, ruah)을 인간의 경험적이고 물리적인 세계에서 예수는 부재하다는 사실을 지속적으로 알리는 현존으로서 우리의 마음으로 보낸다. 삼신불(Trikaya) 교의는 삼위일체 교리에 도움을 줄 것이라고 여전히 믿지만 현재 황혼기인 내 삶을 고려해 다른 이들에게 삼신불 사상과 또 그리스도교 신학을 위한 이 삼신불 교의의 결과의 깊이를 측량하도록 남기려 한다.

2006년 10월 버몬 뉴포트에서

존 키난(John P. Keenan)

존 키난의 『대승불교, 그리스도를 말하다』는 우리신학연구소의 〈종교 간 대화 총서〉 가운데 가장 먼저 번역 출간하게 되었다. 이 책의 원제는 *The meaning of Christ: a Mahāyāna theology*(John P. Keenan, 1989)로서 말 그대로 번역하면 "그리스도의 의미: 대승불교적 신학의 관점에서" 정도가 될 것이다. 비록 "대승불교적 신학"이라는 용어가 대승불교의 관점에서 성육화와 삼위일체, 또 그리스도의 의미라는 그리스도교의 주요 신학적 주제를 간접적으로 드러내고 있다고 하더라도, 학계에서도 그 용어의 쓰임 자체가 낯설 뿐만 아니라 더욱이 일반 독자의 처지에서는 괴리감이 더할 듯하여 『대승불교, 그리스도를 말하다』로 풀어 쓰게 되었음을 밝혀 둔다. 이 책은 종교 간 대화를 지향하는 연구소의 목적에 부합한다는 기본적인 의미 말고도, 대승불교의 관점에서 그리스도 교의의 핵심이라 할 수 있는 성육화와 삼위일체를 해석하고 나름의 독법을 제시한다는 점에서, 기존에 나온 종교 간 대화 서적과 차별성을 띤다는 매력이 있다고 할 것이다. 뿐만 아니라 종교적 깨달음에서 이론이, 지적인 알음알이가 어떠한 구실을 하는지를 팽팽한 긴장감으로 보여 주는 이 책은 독자로 하여금 그 긴장감 속으로 빠져들게 하는 지적, 신앙적 충만감을 한껏 맛보도록 한다고도 할 수 있다.

존 키난의 작업은 종교의 의미를 성서와 교부 철학, 초기 불교와 대승불교를 탐구하면서 그 안에서 그리스도의 의미를 추적하는 길고도 험한 여행으로 여겨진다.

키난이 책의 서문에서 밝히고 있는 바처럼 이 책은 그리스도의 의미를 깨닫자는 일깨움을 목표로 삼고 있다. 그는 서구 신학이 비록 진리와 품위가 있음을 인정하고 있지만 그리스도의 의미를 담고 있는 교의, 곧 성육화와 삼위일체를 설명하는 데에 한계가 있음을 보고 대승불교의 관점을 하나의 대안으로 제시한다. 그러면서 대승불교 사상이 여러모로 그리스 철학의 본질주의적 사상이나 서구 신학보다는 더 나은 언어를 제공하고 있다고 믿는다. 이는 다시 말하면, 종교적 깨달음을 어떻게 표현할 것인가의 문제와 같다. 이를 위해 키난은 구약과 신약에서 야훼와 그리스도를 지혜로 보는, 지혜에 대한 깨달음의 전통을 찾아 밝히고 그 다음 "빛의 신비주의"와 "어둠의 신비주의"를 종교적 깨달음의 빛에서 신앙 언어로 표현할 수 있는가의 가능성을 탐색한다. 그는 빛의 신비주의에서 신비가들이 신비적 체험을 신앙의 언어로 그릴 수 있다고 보는 반면 어둠의 신비주의는, 마치 선불교 선사들이 깨달음에 있어 언어의 구실을 대개 부정하듯이 언어로서 깨달음을 잡아낼 수 없다고 본다. 곧 그는 깨달음을 언어로 객관화하기는 불가능하다는 주장을 분명히 하지만, 한편으로는 깨달음에 대한 내적 체험을 끊임없이 언어화하려는 줄기찬 시도를 보여 준다.

그 뒤 키난은 성육화와 삼위일체 교리가 어떻게 발전해 왔는지 교부들의 사상을 조명한다. 여기서 중요한 것은 교의 자체의 의미보다는 그리스도인의 체험에서 이런 교의가 어떤 의미를 갖느냐 하는 데에 있음을 보여 준다. 그는 전통 교의가 발전해 간 자취를 더듬어 보면서 동시에 지혜로 예수를 본 초기 교회의 이해를 강조한다. 그렇게 함으로써 그리스도가 지혜라는 주제와 더불어 불교 지혜의 형태를 통해서 그리스도를 이해하고자 하려는 의도를 충족시키고자 한다. 불교의 경우, 아비달마론과 반야 사상으로 대표되는 불교 이론과 신비 사상은 그리스도교가 그것의 사상 이론과 신비 사상을 분리시켜 내는 것과 비슷하지만, 신비적 의미의 중요성을 말하면서 동시에 이론적 담론을 위한 비판적 이해를 제시한다. 연기(mutual dependent co-rising)와 두 진리(two truths)를 통해 키난은 직접적인 깨달음에 초점을 두는 것과 정연한 논리를 강조하여 사물에 대해 끊임없이 사고하는 그 긴장이 그리스도교보다 성공적이었음을 보이려 하는 듯하다. 그러면서 독자들에게 그리스도의 신앙을 대승불교의 빛 아래서 생각해 보길 권하고 있다.

번역을 해 나가면서 성경의 구약과 신약, 교부 철학과 이들의 사상, 초기 불교와 대승불교, 버나드 로너간(Bernard Lonergan)의 사상 등을 방대하게 다루고 있는 이 책은 종교학 초입의 문턱에 있는 나에게 힘에 겨운 것이었음을 스스로 인정하지 않을 수 없었다. 저자가 깨달음을 어떻게 객관화하여 언표할 수 있는가를, 내가 박사 학위 논문으로 준비하고 있는 로너간의 기본 개념을 통해 전개해 나감으로써, 내가 이 책에 몰입해 손에서 이를 놓지 않게 하지만 않았더라도 아마도 다른 전공자에게 번역을 의뢰했을 것이다. 부족하지만 이런 차원의 종교 간 대화 책을 세상에 내놓을 수 있다는 것 자체만으로 의미가 있다면 작게나마 그 의의에 가름하고자 한다. 독자들의 질책과 성원을 동시에 기대해 본다.

이 책의 출판에는 재정상의 어려움에도 종교 간 대화와 협력의 정신을 통해 평화 운동에 헌신하고자 하는 우리신학연구소에 먼저 고마움을 전하지 않을 수 없다. 또한 한국어판 서문을 기꺼이 써 준 존 키난 성공회 신부님, 500여 쪽이나 되는 이 책을 교열 봐 주신 서 루시아님, 그리고 이 책이 출판되기까지 수고해 준 모든 분들의 노고에 감사한다. 특히 바쁜 가운데서도 책의 교정에 힘써 주시며 학문하는 자세를 다시금 성찰하도록 이끌어 주신 류제동 선생님께 깊이 감사드린다.

2006년 10월

황 경 훈

■ 차 례

서 문

사도 바오로는 세례 받을 때 부르던 초기 그리스도교 성가로 에페소인들에게 용기를 북돋았다.

> 잠자는 사람아, 깨어나라.
> 죽은 이들 가운데에서 일어나라.
> 그리스도께서 너를 비추어 주시리라.(에페 5,14)

이 책은 바로 이런 그리스도의 의미를 깨닫자는 일깨움에 관한 것이다. 이는 그리스도로 말미암아 깨달은 것의 의미, 또 그리스도인의 각성과 죽음에서 일으켜 세운 것의 의미를 좀 더 선명한 언어로 드러내 보이려는 시도이다. 또한 이 책은 그리스도교 핵심 교의인 육화와 삼위일체에 대한 이해를 지향하는데 이는 이것들이야말로 그리스도의 의미를 전통적으로 주요하게 다뤄 왔기 때문이다.

그러나 이 책은 이런 교의들의 의미를 고유한 용어로 분석하거나 또 이것의 중요성을 강조하는 전통적인 방법을 쓰지 않는다. 비록 일정하게 그런 방법을 포함하고 있지만 말이다. 오히려 이 작업은 그리스도 안에서 일깨워진 것의 기원과 본질을 객관화하려는 목표를 지닌다. 다시 말해 이는 그리스도인의 깨달음에 대한 내적 체험을 언어화해 보려는 한 시도라고 볼 수 있다.

이 그리스도의 의미는 의미의 신비적 영역 안에서 태어나고 움직이는 것으로, 이 안에서 의미는 사고나 판단에 따라 만들어지는 것이 아니라 접촉과 감화의 직접성으로 말미암는 것이다. 실제로, 이런 기본적인 체험이야말로 모든 신학화(theologizing)를 발생하게 하는 원천이다. 문제는 성육화와 삼위일체 교의 자체가 무엇을 뜻하느냐에 있는 것이 아니라 그리스도인의 살아 있는 체험에서 이런 교의가 어떤 의미를 갖느냐 하는 데에 있다. 또한 한편 이 책은 그리스도인의 내면성(interiority)을 적절화하며 또 이것의 윤곽을 파악해 보며 그리스도의 마음이 되어 보도록 하는 초대이다. 이는 모든 이들이 신자라는 동일한 카드를 지니기 위해 반드시 동의해야 하는 그리스도인 신조가 담긴 선언으로서 예수의 객관적인 의미를 그려 보고자 함이 아니다. 오히려 우리가 말하는 그리스도의 의미는 신앙이 생기는 못자리이기도 한 신앙 의식에 대한 이해로 여겨지고 또 권고되는 것이다.

그러나 이런 신앙 이해 자체는 그리스도교 전통에서 나오는 것은 아니며, 오히려 이는 대승불교 전통의 경전과 이의 주석에 대한 숙고에서 나온다. 그리스도의 의미에 대한 이러한 설명은 끊임없는 종교 안의 대화,[1] 곧 그리스도에 대한 확증적 신앙 고백과 신앙의 깨달음에 대한 대승불교적 이해와 대화한 결과이다.

이 책에서 우리의 노력은 크게 잡아 두 부분으로 나뉜다. 하나는 초기 교회에서 발전된 것으로서 그리스도의 의미에 대한 개괄적인 이해다. 이는 전통 교의가 발전해 간 대충의 얼개를 보여 주면서 동시에 지혜로 예수를 본 초기 교회의 이해를 강조하려 함인데, 이렇게 하려는 까닭은 그리스도가 지혜라는 주제와 더불어 불교 지혜의 형태를 통해서 그리스도를 이해하고자 하는 그리스도론의 발전을 염두에 두기 때문이다. 불교 지혜를 통한 그리스도 이해는 축적된 연구와 해석, 폭넓은 그리스도교 학자의 역사적 이해를 발판으로 한다. 설명

1) 라이문도 파니카(Raimundo Panikkar)는 『종교 간의 대화』(p.40)에서 독특한 참가자들 사이에서 발생하는 종교 간 대화를 "나 자신과 하는 내적 대화, 곧 나의 개인적 종교성의 깊은 곳에서 만나는 것으로 매우 친밀한 수준의 또 다른 종교의 체험과 만나는 것"과 구분한다. 또한 윌리암 존스톤(William Johnston)의 *The Mirror Mind*, p. 24 주 10)을 보라.

은 구약에서 보이는 지혜에 대한 숙고에서 먼저 시작하려 하는데, 이는 이런 지혜들이 바오로와 초기 교회의 지혜 신학을 형성하는 것이기 때문이다. 그런 다음 우리는 신약에 있어 그리스도에 대한 확고한 신앙의 맥을 잡아 보이려 할 것이다. 그리고 그 뒤 이론적 치밀성을 지향한 교부 신학의 발전과, 주류는 아니었다고 하더라도 신비주의 작가들이 말로 표현하기 어려운 그러한 신앙에 대해 끊임없이 증거해 왔음을 드러내려 할 것이다. 여기서 제기되는 문제는 서구 그리스도교가 유기적으로 그리스도교 신비적 사상가들을 교리적, 이론적 사상으로 연결시키지 못한 점이다. 아돌프 폰 하르낙(Adolph von Harnack)이 생각한 것처럼 이 실패 이유가 단지 그리스 철학의 존재론(ontology)을 복음에 무지막지하게 이입하려 한 때문은 아니다. 오히려 로고스 중심 이론인 그리스 철학의 영역을 더 오래된 신비적 인식의 영역과 구별해 내지 못한 무능, 곧 의미의 혼합적 영역에 있어 신앙의 마음(mind of faith)을 이해하지 못한 무능에 있다. 따라서 첫 부분에서 우리는 그리스도에 대한 신학적 이해와 초기 그리스도 체험 사이의 이런 지속적인 긴장을 강조하는 시각을 염두에 두면서 그리스도에 대한 그리스도교 사상을 추적해 나갈 것이다.

2부가 시작되는 6장에서 우리는 인도 불교 사상의 주요 흐름, 곧 초기 불교에서의 니카야(Nikāyas: 남방 불교에서 팔리어로 전해지는 초기 교설, 북방 불교의 아함경에 해당함–옮긴이)에서 부파 불교의 아비달마(阿毘達磨, Abhidharma) 논의로, 또 반야(般若, Prajñāpāramitā) 및 중관(中觀, Mādhyamika) 사상에 있어 그 이론의 부정과 역전(reversal), 그리고 유식학파(唯識學派, Yogācāra)에서 비판적 이론의 발전으로 이어지는 계보를 살펴보려 한다. 아비달마의 이론과 반야 사상을 각각 대변하는 불교 이론(theory)과 신비 사상의 발전은 인도 불교의 경우 신비적 맥락을 주로 강조했으며, 이는 서구 그리스도교의 사상과 이론에서 신비주의를 분리시켜 나누는 것과 같다고 할 수 있다. 중요한 점은 오로지 직접적인 깨달음에 초점을 두는 이들과 정연한 논리를 강조하여 사물에 대해 끊임없이 사고해야 하는 이들 사이의 긴장이다. 그리스도교의 경우와는 다르게 인도 불교에서는 초기 유식학파의 마이트레야(Maitreya), 아상가(Asaṅga), 바수반두(Vasubandhu)가 신비적 의미의 중요성을 지지하면서 동시에 제한적이나마 이론적 담론의 유효한 역할을 유지하는 차원에서 이해 그 자체에 대한 비판적 이해[2]를 발전시켰다. 종교적 내면성을 향한 이런 비판적 영역의 전개는 임마누엘 칸트(Immanuel Kant)보다 수 천 년 전의 일이지만, 이는 특정 종교적 맥락 안에서 일어났으며 한 불교 울타리 안에서 다른 의식 행위에 대한 균형을 목표로 한다. 이론과 신비적 통찰의 유기적 균형이 없는 교리적 언술은 신비적 깨달음(insight)의 자리를 빼앗거나 신앙과 의례의 장소를 침범하는 환영받지 못하는 훼방꾼처럼 사라져 버릴 운명에 처한다. 중관론과 반야 사상이 오늘날 신학적 해체와 현상학적 유효성에 대한 물음에 직면한 그리스도교 사상가에게 의미가 있는 것도 바로 이 대목이다. 종교적 이해에서의 마음가짐, 그리고 이론과 신비적 통찰 사이의 관계에 대한 비판적 이해가 없는 교리적 논의는 영원히 지적 꼬리만을 좇는 꼴로 전락하고 말 것이니, 반드시 그 수준을 제고시켜야 할 것이다. 7장과 8장에서는 우리는 의식(意識, consciousness)에 대한 유식(唯識) 불교에서의 이해를 제시한다. 첫째, 마음의 연기적(緣起的) 구조 곧 상호 의존적으로 함께 생성(co-arisen, pratītyasamutpāda)하는 마음이라는 주제 하에 의미를 구성(vijñaptimātratā)하는 것으로서의 의식을 다루고, 둘째, 삼성(三性) 곧 세 성품(trisvabhāva)의 형태로 작용하는 것으로서의 의식을 다루고, 마지막으로 신비적 자각에 초점을 두기는 하지만 일정한 해석학 안에서 교리적 논의의 기초를 내놓는 것으로서 반야 사상이 의식을 어떻게 다루는지 보여 줄 것이다. 이런 대승불교의 주제는 그리스도에 대한 그리스도인의 신앙의 표현을

2) John P. Keenan, "The Intent and Structure of Yogācāra Philosophy: Its Relevance for Modern Religious Thought", *Annual Memoirs of the Otani University Shin Buiddhist Comprehensive Research Institute* 4 (1986), pp. 41-60.

위한 철학적 모델을 소개하고자 다루려는 것이다.

9장에서는 그리스도 신학에서 대승불교적 철학의 수용을 명확히 반대하는 데 대해 응답할 것이며 나머지 두 장은 이를 기본 교리인 성육화와 삼위일체에 적용하면서, 그리스의 존재론적 관점에서가 아니라 대승불교의 주제인 공, 상호 의존적으로 일어나는 연기, 깨달음에 있어서의 삼신불(三神佛, buddha-trikāya), 그리고 이제(二諦) 곧 두 진리(satya-dvaya)의 관점에서 이 두 교리에 대한 생각을 발전시켜 나갈 것이다. 이런 이해는 그리스도의 부활과 그로 말미암은 깨달음이라는 거울을 통해 한편으로는 고통과 죽음이라는 그리스도 체험의 인간적 측면을 더욱 강조하는 차원에서 그리스도의 의미를 구체화할 수 있다고도 보인다.

제1부

서구가 이해한 그리스도의 의미

1장
구약에서 말하는 지혜와 그 영역

하느님의 지혜로서 그리스도에 대한 신약의 이해는 Tanach(유대 정경: 율법[Torah], 예언서[Nabim], 제서[諸書, Chethubim]의 머리글을 딴 것-옮긴이)와 구약에서 유래한 지혜(ḥokmah)라는 개념을 전제한다. 따라서 개괄적이나마 구약의 전통을 일별하는 것은 필수적이다.

이스라엘의 지혜 전통은 아주 고대로 올라가는데, 심지어 왕정(기원전 1000년경) 전까지 소급된다.[1] 지혜의 범위와 구실을 논의하면서, 우리는 확실하게 지혜서로 쓰인 주요 텍스트에만 초점을 둘 것이다.[2] 지혜 문헌은 세 가지 정경을 포함하는데, 곧 저자가 불확실한 두 작품인 집회서와 지혜서뿐만 아니라 욥기, 잠언, 코헬렛(Qoheleth)을 말한다. 욥기는 대개 기원전 6세기에 쓰인 것으로 본다.[3] 잠언은 지혜에 가득한 여러 격언을 모아 놓은 것으로 이스라엘 지혜의 기록 가운데 가장 오래된 것으로 보인다. 코헬렛은 3세기 말이나 2세기 초의 작품으로 여긴다.[4] 이 성서 작품들은 공통적으로 명확하게 정리된 신앙이 존재함을 주장하며 이 신앙이 모세육경(Hexateuch)[5]에서 더 자세하게

---

1) Don F. Morgan, *Wisdom in the Old Testament Traditions*, p. 139를 보라.

2) James T. Crenshaw, *Old Testament Wisdom*, pp. 39-41. 또한 Crenshaw, "Method in Determining Wisdom Influence upon 'Historical' Literature", *Journal of Biblical Literature* 88 (1969):129-142를 보라. 또한 *Studies in Ancient Israelite Wisdom*, pp. 418-494를 참조하라.

3) Crenshaw, *Old Testament Wisdom*, p. 57.

4) 같은 책.

5) 게르하르트 폰 라트(Gerhard von Rad)는 "From Critical Problem of the Hexateuch", *The Problem of the Hexateuch and Other Essays*에서 이스라엘 출애굽 전통에

표현됐고 신명기로 성문화했다고 가정한다.

지혜라는 개념이 이미 확립된 야훼계 신앙 이해의 맥락에서 발전했으므로 우선 이 전통적 신앙 이해의 두드러진 특징을 살펴보도록 하자.

야훼 신앙과 야훼의 말씀

이스라엘 민족은 자기 신앙을 이해할 때 선택받은 민족이며 야훼의 막강한 도움으로 이집트 종살이에서 벗어난 야훼의 지체로 생각한다. 이런 신앙을 낳은 기본 체험은 이집트에서 해방된 사건이다. 야훼는 끊임없이 선택된 이스라엘 민족을 편들고 이들을 억압하는 이들에게 분노를 쏟아 낸다.[6] 야훼 자신이 지독한 전염병으로 이집트인에게 고통을 주며 이스라엘 민족을 노예 생활에서 해방시키고 광야에서 이들의 방황을 낱낱이 살피고 약속한 땅을 점유하도록 이들을 편들어 싸운다. 이런 일련의 사건들은 야훼가 이스라엘 민족의 역사와 삶에 끊임없이 개입하고 있음을 보여 주며 야훼의 강력한 보호 행동은 구약의 첫 여섯 편(모세육경)에 기록되었다.

그러나 곧 이스라엘의 영광스러운 과거가 사람들의 마음에서 사라지게 되자 기원전 622년경에는 신명기를 기술하여 이스라엘의 역사와 사회 발전의 변화하는 상황에 따라 야훼 신앙의 전통을 재확인하고 다시 복원하려 했다.[7] 신명기는 이 신앙을 성문화했고 당시 유대인들에게 적용할 수 있는 법과 권고의 형태로 이 선택받은 민족과

대한 완전한 고백은 모세오경(Pentateuch)과 여호수아를 포함하는데 이는 선택받은 땅에 선택받은 민족의 정착을 묘사한다. 따라서 그는 Pentateuch라는 용어보다 Hexateuch(모세육경)을 더 선호한다.

6) Gerhard von Rad, *Old Testament Theology*, vol. 1, pp. 230ff; Crenshaw, *Gerhard von Rad*, pp. 61–62.

7) von Rad, *Deuteronomy*, pp. 21–31. 또한 그의 *Studies in Deuteronomy*와 *Das Gottesvolk im Deuteronomium*에서 다루었다.

야훼 사이의 계약의 의미를 구체화했다. 따라서 이 책은 야훼 신앙을 유형화함으로써 뒷날 신앙 이해에 기준을 마련했다.

야훼가 선택받은 이스라엘 민족과 맺은 친밀한 관계를, 야훼가 부족장들과 직접 대화했다고 묘사하는 것으로 설명하기도 한다. 야훼는 자신이 선택한 이 민족을 편들며 한편으로는 이들에게 신앙과 충성을 요구한다. 그가 와서 족장과 예언자와 대화하는데, 곧 야훼는 아브람에게 큰 민족으로 만들어 주겠다고 직접 약속한다(창세 12,1). 아브람과 직접 말하는 장면은 야훼가 에덴 동산에서 아담과 하와와 함께 걷는 대목과 잘 어울리며 이 둘의 유사성을 선명하게 보여 준다. 한 사람이 강한 친구나 후원자와 대화하듯이 아브람은 야훼와 말을 주고받는다.

그러나 야훼와 직접 대화했다는 경험이 근본적 기준은 아니다. 가장 공통된 이야기는 야훼의 실제적인 현존이 아니라 야훼의 말씀을 통해 오는 계시적 체험을 바탕으로 한다. 곧 "이런 일들이 있은 뒤, 주님의 말씀이 환시 중에 아브람에게 내렸다. '아브람아, 두려워하지 마라. 나는 너의 방패다. 너는 매우 큰 상을 받을 것이다'"(창세 15,1)[8]라고 말하는 대목이다.

여기서 야훼의 현존은 더 멀어지게 되고 이제 그의 말에 의해 중재된다. 탈출기는 야훼가 모세와 대면하는 대목에서 야훼의 감추임과 초월성을 끊임없이 강조한다. 계시 체험은 초자연적이고 신비적으로 드러난다. 모세가 처음 불타는 떨기를 보고 "이 이상한 것"을 확인하기 위해 올라갔을 때 야훼는 몸을 숨긴 채 "가까이 오지 마라"(탈출 3,5)고 말한다. 모세가 야훼에게 이름을 가르쳐 달라고 하자 야훼는 "나는 있는 나다"(ehyeh asher ehyeh; 탈출 3,14)는 신비스런 대답만을 하는데, 이는 야훼는 이름 지을 수 없으며 어떤 형태로든 규정할 수 없음을 말한다고 여겨진다. 모세가 야훼를 뵙는 영광을 달라고 하자 야훼는

8) 『예루살렘 성경』(*Jerusalem Bible*)은 유명한 곳을 제외하고 성경 인용을 위한 상용적인 원천이다.

자신의 얼굴은 볼 수 없다고 대답한다. 대신, 그를 바위틈에 집어넣고 야훼가 지나갈 때 그의 뒷모습만을 보도록 허락했는데, 왜냐하면 그의 얼굴을 직접 보고서 산 사람이 없기 때문이다(탈출 33,18-23). 이렇듯 야훼가 모세에게 말을 하기는 했지만 접근할 수 없는 신비 안에 몸을 숨긴 상태였다.

야훼 말씀의 구실이 계시 체험에서 그토록 주요한 역할을 한 것도 어쩌면 야훼의 감추임과 초월성을 잘 인식했기 때문인지 모른다. 야훼의 말씀(dabar)은 성서사의 전환을 이루는 전환점이 되는데 그 까닭은 이 말씀이 야훼의 백성을 위한 그의 의도를 표현하기 때문이다. 이 세계를 창조한 야훼의 창조적인 첫 말씀에서부터 야훼의 말씀은 이스라엘 역사에서 야훼의 의도를 적극적으로 드러내고 영향을 미친다.[9] 도드(C. H. Dodd)의 설명처럼, 구약에서 계시에 대한 전반적 생각은 "환시(vision)로서의 계시라는 생각과는 다른 것으로서 말해지고 들린 말씀의 유비에 의해 결정된다"고 한다.[10]

환시 체험은 실제로 일어나고 또 구약에서 자주 묘사되지만[11] 그 자체는 여전히 초자연적이고 신비적인 것으로 남는다. 이 체험은 야훼의 말씀으로 해석되기 전까지는 이해할 수 없다. 이믈라의 아들 미카야가 본 이스라엘의 패배 환시(1열왕 22,17), 이사야의 성전 환시(이사 6,1 이하), 에제키엘의 전차에 관한 환시(에제 1,1—2,8), 아모스가 본 다림줄(plumb line, 아모 7,7-9), 또 그가 본 과일 바구니 광경(아모 8,1-3), 예레미야의 편도 나무 광경(예레 1,11-12), 이 모든 광경 뒤에는 곧바로 설명조의 "야훼의 말씀"이 뒤따라오는데 이 말씀으로 이 환시와 광경을 이해하도록 돕는다.[12]

---

9) J. L. McKenzie, *Myths and Realities: Studies in Biblical Theology*, p. 51.

10) C. H. Dodd, *Interpretation of the Fourth Gospel*, p. 263.

11) 엘로힘계(Elohist) 전통은 환시 체험을 강조한다. Crenshaw, *Gerhard von Rad*, p. 73.

12) McKenzie, *Myths and Realities*, p. 46.

환시 체험은 야훼의 감추임을 궤뚫지는 못하지만 뒤에 따라오는 야훼 말씀은 초자연적인 이 앎(intelligible)을 표현하고 이해할 수 있는 용어로 접근하기 어려운 원초적(naked) 야훼 체험에 옷을 입힌다. 형용하기 어려운 체험에 대한 구두적 표현이라는 이 문제는 지속적인 주제를 이루며 야훼의 이름이 발음조차 되지 않지만, 그럼에도 어떻게 야훼가 사람들의 의식에 알려지고 이해됐는지를 설명한다. 이 수단을 통해서 초자연성은 인간의 생각과 체험이라는 범주에 들게 된다.

그러나 야훼의 말씀은 단순히 뜻을 소통하는 수단에 그치지 않는다. 야훼의 말씀은 그 자체의 효과적이고 역동적인 실재라고 묘사된다. 야훼에게서 오는 이 말씀은 따라서 그의 힘이 실린다. 문헌학자들은 "말씀"의 히브리어 dabar가 몰고 가다, 숨다 또 밀어내다는 뜻의 어근 dbr에서 기원한 것으로 본다.[13] 이 역동성은 특히 예언자의 체험을 설명하는 데서 분명하게 드러난다. 오스카 그레더(Oskar Grether)는 예언자의 체험을 분석하는 데서 241번 가운데 225번이나 이 용어가 "예언자가 받거나 선포한 야훼의 말씀을 가리킨다"[14]고 분석했다. 따라서 dabar는 예언자의 체험을 가리키는 기능적인 용어가 된다. 예언자는 이 말씀을 그저 듣는 것이 아니라 이 말씀에 사로잡히고 압도당하는 것이다.

예레미야는 이 말씀이 그의 입으로 들어왔으며 침묵을 지키려고 할 때조차 입을 열지 않을 수 없었다고 말한다. 야훼의 말씀을 선포하는 이들이 보통 당하는 조롱을 두려워하여 그는 이를 마음속에서 지워 버리려고 했지만 허사였다. 오히려 이 말씀은 그의 내부에서 불타오르고 어떤 힘에 압도되어 이를 선포하게 된다(예레 20,9). 이 말씀은 드러내는 역동적인 힘이 있어서 예언자가 말을 하지 않고는

13) Thorleif Boman, *Hebrew Thought Compared with Greek*, pp. 69ff.

14) Oskar Grether, *Name und Wort Gottes im Alten Testament (Beihefte zur Zeitschrift für die altestamentliche Wissenschaft)*, vol. 64, pp. 59–80. McKenzie, *Myths and Realities*, p. 44에 인용됨.

못 배긴다. 야훼의 말씀은 예언자에게 말하게 하고 또 말한 바를 일어나게 하는 힘을 지녔는데, 왜냐하면 이 말씀은 받은 사명을 이루어 야훼의 뜻을 성취하지 않고는 그냥 야훼에게 되돌려지는 것이 아니기 때문이다(이사 55,10-11).

드러나지 않은 야훼의 뜻을 드러내는 매체는 족장과 예언자에게 들리는 야훼의 말씀이다. 말씀의 내용은 그의 선택받은 백성을 돌보아 이들이 야훼에 대한 굳건한 믿음을 지키도록 하는 야훼의 한결같은 마음이다. 예언자들이 끊임없이 주장하듯이 야훼는 이스라엘이 야훼만을 충심으로 섬기는 한, 이 선택받은 민족을 보호하고 지켜서 여러 민족들 가운데 안전하게 한다(신명 8,1). 그러나 이스라엘이 계약을 잊고 야훼의 계명을 지키지 않으면 그의 보호는 철회되고 이스라엘은 멸망할 것이다(신명 8,19-20).

이스라엘인들이 야훼의 계명을 지킬 때야만 야훼가 이들을 돌보고 생명을 보장하듯이 각자의 삶에서도 야훼가 마련한 길을 따르는 사람에게만 번영과 안전이 보장된다. 일찍이 예언자와 현자들은 모든 인간의 행동에 대한 상선벌악의 교리를 주장했다. 착한 이들은 장수와 번영을 누릴 것이고 사악한 이들은 야훼의 분노에 따른 여러 환난으로 고통을 낭하고 격리될 것이다(신명 9,1).

따라서 야훼 신앙은 계약의 관계를 중심으로 그의 백성에게 계약에 충실하라고 요구하는 야훼의 말씀을 통해 매개된다. 이는 신명기법에 기록됐으며 이스라엘인들을 위한 종교적 기준이 됐다. 이 법전은 야훼가 충직한 이들에게 생명과 번영으로 보상하지만 반면 사악한 이들은 죽음과 고통으로 벌한다는 내용을 담고 있다.

회의론과 의심의 대두

그러나 이스라엘이 야훼 신앙을 유지하는 것은 끊임없는 위험에 처했는데, 왜냐하면 야훼가 말한 목적이 실은 자주 이행되지 않았기 때문이다. 비록 야훼의 말씀이 역동적이고 효과적으로 여겨졌지만, 이스라엘의 지리정치학적 역사는 이집트와 아시리아라는 두 강대국 사이의 정치적 힘 관계의 성쇠에 따라 결정됐다.

제임스 크렌쇼는 다음과 같이 설명한다.

> "… 집단과 개인 모두는 역사의 과정에서 중요성을 획득했는데, 이 위에서 야훼의 말씀은 비교할 수 없는 커다란 영향을 끼쳤다. 이스라엘의 적들은 주님이 그의 강력한 팔을 들어 올리자 도망갔으며 하느님의 백성은 구속에서 자유로 기쁨에 차서 행진했다. 막강한 병사들도 죽음의 천사가 날개를 펼쳐 하느님의 적을 향해 날아들어 가자 풍비박산이 났다. 이렇게 하여 이스라엘의 역사에 대한 설명이 아름답게 꾸며지게 됐지만 이 역사는 이야기마다 의혹의 씨앗을 뿌리는 진실과는 거리가 먼 것이었다. 따라서 현실과 과거, 하느님의 강력한 행동에 대한 위대한 고백 사이의 불일치는 주님의 행동 전체를 버려 버리지 않기 위해서는 적절한 설명을 요구한다.[15]"

신명기 저자들은 이를 충족해야 할 필요를 직접적으로 느낀 듯하며 이들의 노력은 이스라엘의 전통적 신앙을 변화하는 상황에 적용하는 쪽으로 나아갔다. "이들은 오래된 숭배와 법적 전통을 당대에 적합하도록 하는 데 관심이 있었다. 이런 절박한 설교는 이들의 말을 듣는 이스라엘인들이 옛 이스라엘 법보다 더 성숙했다는 느낌을 전달했다."[16] 신명기는 개인들이 야훼 신앙을 지켜야 하는 필요를 강조했다. 법은 변화하는 사회, 역사적 상황에 적응하는 데로 발전해 갔으며 이런 법에 대한 불충을 피하라고 강조했다. 철저한 상선벌악의 교의는 번영과 고통 모두를 설명하는 권위의 기준이 됐다. 이스라엘 민족 전체로 또는 개인으로 겪는 재난은 야훼에게 불충하여 야훼의 분노를

15) Crenshaw, *Old Testament Wisdom*, p. 202.

16) von Rad, *Deuteronomy*, p. 23; 참고 *Old Testament Theology*, vol. 1, p. 231.

산 직접적인 결과였다. 만일 야훼의 강력한 행동으로 보호받지 못한다면, 이는 이 선택받은 백성이 신앙을 지키지 못했기 때문이다.

그러나 의심과 불신앙은 계속됐다. 특히 두 가지 요인이 이런 상태를 부채질했다. 첫째는 위에서 언급했던 선택받은 민족을 위해 적극 개입하는 야훼에 대한 전통적 신앙과 사건들의 실질적인 전개 과정에 있어 불일치다. 둘째 요인은 야훼의 말씀을 성문화한 전통과 법전의 집대성으로 파악하는 점이다. 이 두 가지는 예언서에서 두드러지는 주제이다.

의심으로 이끄는 요인

그것은 신앙과 실제적 경험 사이의 불일치, 곧 이스라엘이 계약을 뒤흔들어 놓았으며 사악한 신을 섬기고 야훼를 염두에 두지 않는다고 예언자들이 끊임없이 탄식한 점을 강조한 그런 경험 사이의 불일치를 말한다. 이사야는 다음의 후렴구로 이를 정리한다.

> 하늘아, 들어라! 땅아, 귀를 기울여라! 주님께서 말씀하신다. '내가 아들들을 기르고 키웠더니 그들은 도리어 나를 거역하였다. 소도 제 임자를 알고 나귀도 제 주인이 놓아 준 구유를 알건만 이스라엘은 알지 못하고 나의 백성은 깨닫지 못하는구나.'(이사 1,2-3)

예언자들은 "이스라엘 민족이 천벌을 받을 무리(massa damnationis, mass of damnation)[17]라고 반복하여 고발함으로써 이들의 도덕적 패배감(moral defeatism)을 자극"하려는 목적으로 이렇게 끊임없이 탄식하는 목소리를 낸다. 이들의 설교는 신앙을 재확인하도록 돕는 반면 의혹을 증가시키기도 했다. 야훼의 이름으로 예언자들이 어떤 일들을 하겠다고 약속했건 간에 생명과 번영을 유지하는 데 있어 선행의 유효

---

17) Crenshaw, *Old Testament Wisdom*, p. 202.

성을 강조했지만 이것이 실제와는 상충됐기 때문에 집단적 또는 개인적인 번영에 대한 이 충족되지 않은 희망은 의심과 신앙 결핍이라는 일반적인 경향을 증명하기도 했다.[18)]

이런 의심으로 이끈 것으로 보이는 두 번째 요인은 야훼의 말씀을 성문화된 전통과 법전과 동일시하는 점이다. 위에서 지적한 대로 야훼의 말씀은 예언자의 체험과 일치했는데, 다시 말해 오직 예언자들만이 이를 체험한 것이다. 야훼의 말씀은 일반인들에게는 믿음과 법의 규범으로 구체화했고 때로는 간접적으로 이런 예언자들의 꾸짖는 소리로 이들에게 주어지기도 했다. 어떤 식으로든 이 말씀 자체를 경험함 없이 이스라엘 백성은 거의 항상 있는 것으로 받아들였던 고통과 불의에 대한 이들의 경험에 도전하는 법과 예언자의 소리를 인정하도록 요구했다. 이사야 예언자는 다음과 같이 말하는 이들을 저주한다.

> 우리가 볼 수 있게 그분께서 당신 일을 빨리 서둘러 해 보시라지. 우리가 알 수 있게 이스라엘의 거룩하신 분의 뜻이 드러나 이루어져 보라지.(이사 5,19)

야훼의 강력한 계획에 대한 흥미로운(embellished) 해석은 이스라엘 민족의 믿음에 긴장감을 준다. 그러나 이와 같은 긴장은 단지 민중에게만 한정된 것은 아니었는데 그 까닭은 예언자들도 주님이 얼마나 오래 머물지 궁금해 했기 때문이다. 이어지는 구절은 야훼가 자신의 존재를 아직 드러내지 않았으며 약속한 미래에서야 체험적으로 입증된다는 것을 인정하는 듯하다.

> 내가 재빠르게 나의 정의를 가까이 가져오리니 나의 구원이 나아가

18) Crenshaw, "Popular Questioning of the Justice of God in Ancient Israel", in *Studies in Ancient Israelite Wisdom*, p. 293.

고 나의 팔이 민족들을 심판하리라.(이사 51,5)

다음에서 우리는 다시 한번 이스라엘 백성이 자신의 바람이 실현되리라는 믿음의 절규를 읽는다.

깨어나소서, 깨어나소서, 힘을 입으소서, 주님의 팔이시여. 옛날처럼, 오래전 그 시절처럼 깨어나소서.(이사 51,9)

이 구절의 저자는 위의 이사야 5장 19절에서 저주받았던 느낌을 체험하는데 왜냐하면 그에게 야훼는 잠자고 있기 때문이다.

이러한 정서는 널리 퍼져 있었음이 분명하다. 예언자 스바니야(Zephaniah)는 동시대인들이 야훼가 "선을 베풀지도 않고 악을 내리지도 않으신다"(스바 1,12)라고 생각한다며 이들을 비난한다. 이렇게 보면 하느님은 도무지 아무것도 하지 않는다. 크렌쇼(Crenshaw)는 "모진 일로 시험받았을 때 이스라엘 민족의 처참한 상황은 하느님이 이 민족을 살게 하기 위해 적극적으로 일한다는 종교적 주장과는 아주 다른 것"이라고 썼다. 또 우리는 판관기 6장 13절에서 "야훼께서 우리와 함께 계시는데 왜 우리가 지금 이 모든 어려움을 겪고 있는 것입니까? 우리를 이집트에서 올라오게 하실 때 야훼께서 온갖 기적을 행하셨다는 말을 우리는 선조들에게서 들었습니다마는 그 기적들이 지금 다 어디로 갔습니까?"[19]라고 말하고 있음을 본다. 많은 경우 야훼의 초월성과 감추임은 냉담과 무관심으로, 또 더 단순하게는 야훼의 부재라고 여겨진다. 이스라엘의 불충과 이해 부족은 야훼를 철저히 알지 못하는 무능에서 나온다. 필연적인 결과는 아니라 하더라도 의혹과 의심은 적어도 이런 상황을 초래하도록 한 요인이었다.

더욱이 전통적 가르침, 특히 신명기에 나오는 가르침은 야훼가 이

---

19) Crenshaw, *Old Testament Wisdom*, p. 196.

스라엘이 겪는 일들을 살피고 적들을 벌하는 것뿐만 아니라 개인 차원에서도 이와 똑같은 일을 야훼가 하고 있다는 것을 확인한다. 야훼는 선한 이들에게 번영과 풍요로운 삶을 주는 한편 사악한 이들을 격리해 파멸에 이르게 한다. 실제 생활에서 이런 가르침을 입증하지 못하는 철저한 무능은 욥기에 기록된 것처럼 아주 급격한 자기모순으로 이끌려 간 데서 보인다. 일상생활에서 고통과 아픔이 철저한 상선벌악이라는 전통 가르침과 아무런 관련이 없는 것으로 여기게 한다면 이스라엘은 야훼에 대해 어떻게 생각할 것인가? 야훼는 인간사를 보고 계시기는 한가? 잠자고 있는 것은 아닐까? 야훼가 정말 다른 신보다 강하기는 한가?

보통 욥기는 지혜서로 여겨지는데 적어도 한 체험을 다른 지혜서와 공유한다. 그러나 욥기는 특히 철저한 상선벌악의 가르침에 대한 신뢰를 주로 다루며 또 이 문제 배후에 있는 의인들의 보호자로서 야훼에 대한 신뢰라는 문제를 다룬다.[20] 욥의 적대자 가운데 한 명인 빌닷은 야훼 신앙의 전통 가르침을 분명히 한다. 그는 욥이 부당한 고통을 당했음에도 전 세대의 경험을 받아들이도록 설득한다. 그러나 욥은 이런 전통과 자신이 직접 체험한 것이 같다고 여길 수 없었다.

> 결국은 마찬가지! 그래서 내 말인즉 흠이 없건 탓이 있건 그분께서는 멸하신다네. 재앙이 갑작스레 죽음을 불러일으켜도 그분께서는 무죄한 이들의 절망을 비웃으신다네. 세상은 악인의 손에 넘겨지고 그분께서는 판관들의 얼굴을 가려 버리셨네. 그분이 아니시라면 도대체 누구란 말인가?(욥 9,22-24)

욥은 무고한 이를 위해 야훼가 나선다는 것이 정말인지 따진다. 초바르의 전통 가르침에 대해 욥은 다음처럼 냉소적으로 맞받는다.

---

20) 욥기의 서문이나 끝부분에 대해 어떠한 판단도 제공하려 하지 않는 반면 여기서 관심은 한 독립적인 단위로서 그 구절에 초점을 둔다.

참으로 자네들은 유식한 백성이네. 자네들이 죽으면 지혜도 함께 죽겠구려. 나도 자네들처럼 이성이 있고 자네들에게 뒤떨어지지 않네. 누가 그런 것들을 모르겠나? 제 친구의 웃음거리, 내가 그 꼴이 되었구려. 하느님을 부르면 그분께서 응답해 주시곤 하였지. 그렇듯 의롭고 흠 없던 내가 이제는 웃음거리가 되었구려.(욥 12,2-4)

욥은 상선벌악의 전통 가르침은 실제로 큰 위로는 안 된다고 여긴다.

그런 것들은 내가 이미 많이 들어 왔네. 자네들은 모두 쓸모없는 위로자들이구려. 그 공허한 말에는 끝도 없는가?(욥 16,2-3)

야훼의 충실성(faithfulness)과 힘(efficacy)에 대한 이스라엘 신앙의 중심 사상은 여기서 허황된 말로 얘기된다. 하느님은 저 멀리 있어서 욥은 자기를 돌봐 주는 하느님을 찾지 못한다. 욥의 마지막 답변 부분, 곧 하느님이 폭풍(tempest) 속에서 말하고 있는 상황에서조차 하느님은 욥이 처한 곤란에 어떤 해답도 제시하지 않는다. 오히려 하느님은 창조와 자연에서의 자신의 힘을 알도록 압도하며 욥을 당황하게 한다. 야훼의 의도는 여전히 드러나지 않고 욥은 이를 단지 이해할 수 없다고 인정한다.

저는 알았습니다. 당신께서는 모든 것을 하실 수 있음을, 당신께는 어떠한 계획도 불가능하지 않음을! 당신께서는 '지각없이 내 뜻을 가리는 이자는 누구냐?' 하셨습니다. 그렇습니다, 저에게는 너무나 신비로워 알지 못하는 일들을 저는 이해하지도 못한 채 지껄였습니다.(욥 42,2-3)

욥이 자신의 바보스러움을 뉘우쳤지만, 야훼가 인간을 어떻게 대하는지 설명하거나 보여 준다고 할 수 있는 어떠한 응답도 끝내 듣지 못한다. 오히려 "야훼의 말은 욥으로 하여금 인간의 지식과 힘이 얼마나 한계가 명확한 것인지를 상기시켜 줄 뿐이었다."[21)]

지혜 문학의 응답

이런 의심과 의혹의 상황에서, 새로운 신앙 이해, 곧 신앙의 의미와 체험 사이를 연결해 줄 새로운 이해가 궁구돼야 했다. 신명기 저자의 의도가 바로 이런 것이었다. 이는 또한 지혜서 저자들의 중심적인 관심사이기도 한 것이다.

고대 부족, 재판(court), 신학 전통[22)]에 대한 이야기로 엮은 잠언서는 이스라엘 역사 속에서 강력한 야훼의 행함에 대한 의례적(sacral) 이해를 주제화하지 않고 오히려 실제적인 삶에 대한 즉각적인 관심에 기본적인 관심을 둔다. 이 책에서 야훼 말씀의 계시적이고 역동적인 기능은 지혜에 그 자리를 내어 주는데 이 지혜는 생명의 삶에 투신하는 사람이면 누구나 알 수 있는 말로 인간 실존의 의미에 대하여 전달한다. 잠언서에서는 이스라엘이 선택된 계약의 민족이라고 말하지 않는다.[23)] 오히려 잠언서의 목적은 장수와 번영된 삶을 얻기 위해 누구라도 따르려 하는 상식적인 길을 그리고자 한다.

그러나 인과응보의 가르침에 대한 잠언서의 교의적 배경은 전통적인 야훼계 신앙과 약간 다르다. 엄한 응보는 여기서도 확인된다. "네가 하는 일을 주님께 맡겨라. 계획하는 일이 이루어질 것이다. 주님께서는 모든 것을 제 목적대로 만드셨으니 악인까지도 재앙의 날을 위하여 만드셨다. 주님께서는 마음이 교만한 자를 역겨워하시니 그

21) Crenshaw, *Old Testament Wisdom*, p. 111은 사나운 폭풍우 속에서 행한 두 번째 말씀에서 야훼는 이 문제에서 그 자신이 어떤 어려움이 있는 것으로 주장하는 모습으로 해석될 수 있을지도 모른다고 지적한다.

22) Crenshaw, *Old Testament Wisdom*, pp. 93–99를 보라.

23) 마치 욥기와 코헬렛에서처럼. Walther Zimmerli, "Concerning the Structure of Old Testament Wisdom", in *Studies in Ancient Israelite Wisdom*, p. 177를 보라.

런 자는 결코 벌을 면하지 못한다."(잠언 16,3-5)

이런 지혜 태도는 야훼계식 신앙 선언에 대해 한 대안을 제공한다. 왈터 짐메를리(Walther Zimmerli)는 이렇게 말한다.

> 현자들은 하느님이 가치 있는 목적을 향해 역사를 이끄는 데 있어 적극적으로 개입한다는 야훼계(Yahwehistic)식의 방식에 실재를 이해하는 한 대안적 양식을 제공한다. 하느님이 특정 민족을 선택하고 이들을 위해 싸우며, 예언자를 부르고 법전을 내려 주고, 또 인간과 접촉하기 위해 천사를 보내며 선택받은 민족의 단련을 위해 이방 세력을 준비시키고 하느님의 영광을 위해 완고한 죄인들에게 새 계약을 주리라고 약속한다는 이런 주장은, 지혜의 길과는 완전히 동떨어진 인간적 상황을 보는 한 태도를 드러낸다.[24)]

지혜 문학 저자들은 하느님과 세상의 관계를 아주 다르게 이해했다. 이들은 진실이 이 우주 안에 씨 뿌려졌으며 따라서 인간은 자신의 지성을 활용해 이를 찾고 연구할 수 있다고 이해했다.[25)] 실재에 대한 지혜로운 이해는 우주적 바탕에 근거하는데, 곧 모든 이들은 역사적 형세와 상황에 상관없이 초월적 실재와 접촉할 수 있다.[26)]

이런 구체적인 체험에 초점을 두는 것과 더불어 지혜 문학은 올바르고 깨인 삶을 살려는 데에 실제적인 관심을 주로 갖는다. 잠인시를 이루고 있는 지혜 문학 경구들에 담긴 주제는 도덕적 행동과 선량한

---

24) Crenshaw, *Old Testament Wisdom*, p. 208; R. B. Y. Scott, *The Way of Wisdom in the Old Testament*, p. 4. 지혜 사상과 야훼주의(Yahwism) 사이의 이원론의 부재를 강조하는 반대 의견에 대해서는 Roland E. Murphy, "Wisdom and Yahweism", in *No Famine in the Land: Studies in Honor of John L. McKenzie* pp. 117-127을 보라.

25) Crenshaw, *Old Testament Wisdom*, p. 209.

26) 같은 책, pp. 209-210.

태도에 관한 갖가지의 주제를 다룬다. 이런 지혜로운 문구의 발견과 성찰은 좋은 삶, 번영과 장수를 얻도록 이끈다. 잠언서에서는 출애굽, 계약, 정복에 관한 교의적 이해를 배려하는 자리가 없고 또 야훼의 뜻이 어떻다고 선포하는 말도 없다. 대신 지혜는 인간사에서는 꼭 필요한 진리를 이해함으로써 번영된 삶에 대한 약속을 얻을 수 있도록 하는 수단이 된다. 따라서 인간의 이해가 관심사로 부상한다. 이는 비록 야훼의 신앙은 부정하는 것은 아니지만, 야훼의 신뢰성에 대한 어떠한 종교적 확신보다도 더 중요해 보인다.

야훼의 말씀이 역동적인 힘을 갖는 것으로 묘사된 것과 똑같이 다음에서 지혜도 처음부터 존재했으며 그것 자체가 창조적인 것으로 그려진다.

> 주님께서는 그 옛날 모든 일을 하시기 전에 당신의 첫 작품으로 나를 지으셨다. 나는 한처음 세상이 시작되기 전에 영원에서부터 모습이 갖추어졌다. 심연이 생기기 전에, 물 많은 샘들이 생기기 전에 나는 태어났다. 산들이 자리 잡기 전에, 언덕들이 생기기 전에 나는 태어났다. 그분께서 땅과 들을, 누리의 첫 흙을 만드시기 전이다. 그분께서 하늘을 세우실 때, 심연 위에 테두리를 정하실 때 나 거기 있었다. 그분께서 위의 구름을 굳히시고 심연의 샘들을 솟구치게 하실 때, 물이 그분의 명령을 어기지 않도록 바다에 경계를 두실 때, 그분께서 땅의 기초를 놓으실 때 나는 그분 곁에서 사랑받는 아이였다. 나는 날마다 그분께 즐거움이었고 언제나 그분 앞에서 뛰놀았다. 나는 그분께서 지으신 땅 위에서 뛰놀며 사람들을 내 기쁨으로 삼았다.(잠언 8,22-31)

이 구절의 주요 요지는 단순히 지혜를 찬양하는 노래를 하는 것 그 이상이다. 여기서 지혜는 반쯤 독립적으로 존재한다는 의미에서 하느님 말씀과 같아 보인다. 지혜는 일상의 실용적인 도덕을 넘어

야훼 현존의 본질적 면을 띤다. 그러나 창조 이후에 예언자와 부족장을 통해 끊임없이 전달해야 했던 그 말씀과는 다르게, 지혜는 이미 태초부터 존재했으며 이해하고자 하는 이들이면 누구에게나 있었다. 지혜는 태초부터 야훼와 함께 존재했으므로, 지혜와 진리의 발견은 단지 인간 행위에 대해 실제적으로 효과 있는 충고를 받는 것에 그치는 것이 아니라, 누구에게나 뚜렷하게 궁극적 의미와 가치를 지닌다. 지혜는 이런 외침을 낳게 한다. "사람들아, 내가 너희를 부른다. 너희 인간들에게 내 목소리를 높인다"(잠언 8,4). 지혜는 인간의 이해와 초월적 진리를 연결하는 고리다. 야훼와 함께 창조에 동참했으므로 지혜는 항상 세상에 존재하는 것이다. 이는 어떤 예언자의 중재도 필요로 하지 않고 이해를 구하는 누구든 경험할 수 있다.[27]

(야훼를) 드러내는 존재로서 지혜라는 주제에서, 잠언은 야훼의 목적을 경험하고 식별하는 데에서 실로 모든 가능성으로 확장된다. 그러나 철저한 징벌에 대한 태도에 있어서 지혜는 여전히 정의로운 이들이 고통받고 사악한 이들이 번영한다는 부당함에 대한 실제적인 경험을 여전히 거스른다. 따라서 이는 철저한 응보의 가르침에 대한 예언적 주장이 야기해 온 회의주의와 의심에 대해 적절한 응답을 제공하지 못한다.

아구르의 불신

아구르 이야기(잠언 30,1-9)는 이런 회의론[28]의 한 예를 기록한 듯하다.

---

27) 이 지혜의 의인화에 대한 역사적 연원은 불투명하다. 잠언서의 이 구절은 글로 된 구문으로서는 처음으로 인용된 것으로 보인다. Crenshaw, *Old Testament Wisdom*, p. 98에서는 이런 용법은 이스라엘 자료는 아니고 아마도 마아트(Ma'at)라는 이집트 개념이라고 본다.

28) 이 구절은 해석하기 어렵다. 여기서 나는 스코트(R. B. Y. Scott)의 *The Way of Wisdom in the Old Testament*, pp. 166-170의 번역과 해석을 따르려 한다. 여기서 7-9절은 앞의 구절에 덧붙여진 부에 대한 기도 같아 보여서 이 구절은 생략됐다.

2-3절은 지혜의 가치를 축소하면서 비꼬는 듯하고 냉소적인 자기 비하를 보여 준다. "정녕 나는 여느 사람보다 멍청하였고 나에게는 인간의 예지가 없었다. 나는 지혜를 배우지 못하였고 거룩하신 분을 아는 지식도 깨치지 못하였다." 여기서 아구르는 지혜가 인간과 진리를 연결하는 고리임을 부정할 뿐만 아니라 심지어 초월적인 야훼의 존재 자체도 의심한다.

4절에서는 지혜 전통의 유효성에 도전하는 수사적 질문이 나온다. "누가 하늘에 올라갔다 내려왔느냐? 누가 제 손바닥에 바람을 모았느냐? 누가 겉옷으로 물을 감쌌느냐? 누가 세상 끝들을 세웠느냐? 그의 이름이 무엇이냐? 그리고 그 아들의 이름은? 정녕 너는 그것을 알고 있지 않느냐?" 아구르는 야훼를 드러내는 지혜의 주장을 냉소적으로 거부한다. 사실, 지혜가 말씀의 기능을 대신할 수도 있지만 지혜의 여러 가르침은 실제적인 일을 가리키며 어떤 "거룩한 존재"에 호소함 없이 순전히 인간적인 차원에 서 있을 수 있는 것이다. 아마도 아구르의 도전은 약해지는 야훼에 대한 믿음을 강화하기 위해 고대 이스라엘의 다소 상식적인 이 지혜를 활용하려는 것으로 밀고 나가려고 한다.

그러나 아구르는 답변을 하지 않은 채 그대로 가지는 않는다. 5-6절은 한 믿는 이의 응답을 들려준다. "하느님의 말씀은 모두 순수하고 그분께서는 당신께 피신하는 이들에게 방패가 되신다. 그분의 말씀에 아무것도 보태지 마라. 그랬다가는 그분께서 너를 꾸짖으시고 너는 거짓말쟁이가 된다." 그의 아버지의 집에서 이끄심에서 야훼가 아브라함에게 방패가 되는 것과 똑같이 야훼는 그 안에 피난처를 삼는 모든 이들의 방패이다. 이는 야훼에 대한 믿음을 직접적으로 표현한 대목으로 보인다. 이스라엘의 역사가 증명하듯이 그의 말은 시험을 견딘다. 이 믿는 이의 응답은 야훼계 신앙을 재확인하는 것에 지나지 않는다.

죽음의 면전에서 느끼는 코헬렛의 지루함

그러나 이는 가장 짙은 의심을 일으키는 바로 그 확언이다. 야훼가 모든 이들의 방패라는 믿음은 성경 가운데 의혹을 가장 많이 담은 코헬렛에서는 보기 어렵다. 코헬렛의 첫 반복구는 코헬렛 내용을 요약한다. "허무로다, 허무! 코헬렛이 말한다. 허무로다, 허무! 모든 것이 허무로다! 태양 아래에서 애쓰는 모든 노고가 사람에게 무슨 보람이 있으랴?"(코헬 1,2-3). 코헬렛의 유일한 강조점은 일상의 삶의 지루함을 견디어 내는 것에 있다. 어떠한 신비한 체험도 기다리지 않으며 이런 체험이 있다고 하더라도 모든 목적은 죽어 감으로써 사라진다. "자기의 노고로 먹고 마시며 스스로 행복을 느끼는 것보다 인간에게 더 좋은 것은 없다"(코헬 2,24).

솔로몬으로 대변되는 지혜를 구하는 자는 그의 모든 성취가 결국 의미가 없는 것이라고 묘사된다. "그러고 나서 내 손이 이룬 그 모든 위업과 일하면서 애쓴 노고를 돌이켜 보았다. 그러나 보라, 이 모든 것이 바람을 잡는 일, 태양 아래에서는 아무 보람이 없다"(코헬 2,11). 꿈과 말은 모두 의미가 전혀 없는 것이다. 신비적인 환시나 중재하는 말도 없다.

> 정녕 꿈이 많은 곳에 허무가 있고 말도 많다. 그러니 너는 하느님을 경외하여라.(코헬 5,6)

그러나 코헬렛은 예언자의 야훼 신앙을 의심하는 것이 아니라 실제로 어떤 것을 이해한다는 지혜로운 사람의 주장을 의혹의 눈초리로 바라본다. 이 정경의 이런 문헌의 존재는 야훼 신앙에 어떤 대안을 제시하려는 지혜 전통이 현존했음을 증거한다. 그러나 코헬렛의 판단에서처럼 이런 시도는 눈에 보이는 대안을 제시하는 데에 실패한다. 한 번 얻은 지혜라고 하더라도 궁극적 의미를 드러내지는 않는다. 솔로몬은 탄식하는 모습으로 그려진다.

> 나는 속으로 말하였다. '보라, 나는 내 이전에 예루살렘에서 통치하

던 모든 분들보다 지혜를 크게 하고 더하였으며 내 마음은 수많은 지혜와 지식을 익혔다.' 나는 지혜와 지식, 우둔과 우매를 깨치려고 내 마음을 쏟았다. 그러나 이 또한 바람을 붙잡는 일임을 깨달았다. 지혜가 많으면 걱정도 많고 지식을 늘리면 근심도 늘기 때문이다. (코헬 1,16-18)

모든 노력이 죽음으로 끝나야 할 운명이므로 지혜는 슬픔만을 가져온다.

나는 어둠보다는 빛이 더 쓸모 있듯 우매함보다는 지혜가 더 쓸모 있음을 보았다. 지혜로운 이의 눈은 제 앞을 보지만 어리석은 자는 어둠 속을 걷는다. 그러나 둘 다 같은 운명을 겪게 됨을 나는 또한 알았다. 그래서 나는 속으로 말하였다. '어리석은 자의 운명을 나도 겪을 터인데 그렇다면 나는 무엇 때문에 그토록 지혜를 추구하였던가?' 그래서 이 또한 허무라고 속으로 말하였다. 지혜로운 이에 대해서건 어리석은 자에 대해서건 영원한 기억이란 없으니 앞으로 올 날에는 모든 것이 잊혀지는 법. 아, 정녕 지혜로운 이도 어리석은 자와 함께 죽어 가지 않는가! 그래서 나는 삶을 싫어하게 되었다. 태양 아래에서 벌어지는 일이 좋지 않기 때문이며 이 모든 것이 허무요 바람을 잡는 일이기 때문이다.(코헬 2,13-17)

죽음의 필연성 앞에서 코헬렛의 저자는 야훼 신앙에서도 또 지혜의 달성에서도 위안을 찾지 못한다. 그는 선량한 삶을 포기한다. 그러나 그의 의혹은 특히 지혜의 허세에 집중해 있다. 모든 의미는 안개처럼 떠다닌다.

여기서는 비록 지혜가 야훼의 말을 대신하고는 있다고 해도 여전히 낮은 수준에서 이를 대체하고 있는데, 그 까닭은 지혜가 오직 삶과 죽음의 고통과 재난을 확실하게 아는 것 이상은 아니기 때문이다.

어떻게 행동을 잘할 것인가에 대해 수없는 조언을 한다고 해도 죽음에 직면해 이에 대한 근본적인 물음에는 제대로 응답하지 못한다. 복된 삶(good life)은 오직 사람이 죽음을 알지 못하도록 떼어 놓을 때에야만 얻을 수 있는 것이며 따라서 이런 무지를 깨치도록 돕는 지혜는 이 번영된 복된 삶으로 좀처럼 이끌기 어렵다. 초월적 의미에 대한 일정한 인식 없이 세상의 지혜만으로는 큰 가치가 있다고 말하기 어렵다.

지혜는 더 깊은 실재의 의미를 움켜잡는 것으로 나아갈 수 있기도 하지만 코헬렛은 이런 것을 체험하지 못한다. 곧 "나는 이 모든 것을 지혜로 시험하여 보았다. '나는 지혜롭게 되리라.' 말하여 보았지만 그것은 내게서 멀리 있었다. 존재하는 것은 멀리 있으며 심오하고 심오하니 누가 그것을 찾을 수 있으리오?"(코헬 7,23-24).

이 구절에서는 지혜가 의인화되어 표현되지 않았는데 그것은 지혜가 궁극적 가치를 거의 드러내지 않기 때문이다. 이 지혜는 야훼와 관련 있는 것이 아니라 영원히 사라져 버리기 전 한시적인 세월 속에서 인간이 얻는 낮은 수준의 통찰에 있다.

욥에게는 야훼 신앙이 맞지 않아 보이는데 왜냐하면 야훼의 감추임이 실제적인 잔인성이 아니라면 난시 무관심함으로 보이기 때문이다. 철저한 응보의 가르침에 초월적 가치가 있다는 주장은 사실상 그의 체험과 일치하지 않는다. 코헬렛의 경우 경험적으로 더 많은 지혜를 얻는다고 해도 더 깊은 차원의 의미를 가져다주지 못하고, 또 저자에게 고통을 주었던 야훼의 응징에 대한 어떠한 교의도 마찬가지다. 또 모든 노력도 허망함으로 사라져 버리는 가치 없는 안개와 같다. 욥기와 코헬렛의 저자가 깊은 의혹을 드러낸다는 점에서는 일치하지만, 욥은 야훼의 충직성에 대한 믿음에서 출발해 이를 자기 경험과 일치시키려 한다. 반면 코헬렛 저자는 공허함만을 발견하는 지혜에 대한 자신의 체험에서 시작한다.

따라서 욥기와 코헬렛을 비교해 보면 근본적인 모순을 보게 된다.

만일 야훼의 이 감추임과 초월성을 주장한다면, 이는 삶의 실제 체험에 부응하지 않는 이러한 신앙 인식을 말하는 것으로 여겨질 위험이 항상 따른다. 그러나 다른 한편으로 만일 체험 속에서 의미를 분별하는 인간의 능력에 초점을 둔다면, 거기에도 또한 결국 실망감만을 주는 결과가 된다는 위험이 있는 것이다.

지혜 문학에 대한 더 깊은 응답

지혜 문학이 야훼 신앙에 제시하는 대안은 더 깊은 의혹과 모순을 불러온다. 뒤에 나오는 제2의 정경 지혜서들이 이런 문제에 답하려 한다. 그 첫째는 집회서로 기원전 180년경 헤수스 엘리아사르 벤 시라(Jesus Eleasar ben Sirach)가 썼다.[29]

집회서에서 보이는 지혜와 신앙의 합류

집회서는 인간 경험에 아랑곳하지 않는 신의 정의에 대한 교리를 받아들일 능력이 없기 때문에 유대교 신앙을 거부하려는 사람들에게 응답하려고 쓰인 듯하다. 따라서 집회서는 체험적 지혜와 전통적 야훼 신앙을 통전시키려고 한다. 지혜의 통찰을 주는 것과 아울러 집회서는 과거 이스라엘에 대한 야훼의 편듦을 재강조하는 경전의 역사를 인용한다. 이 성서 본문은 처음에 원천이 분명 야훼라고 밝히는 지혜를 묘사한다.

> 모든 지혜는 주님에게서 오고 영원히 주님과 함께 있다. … 지혜는 다른 모든 것에 앞서 창조되었고 명철한 지각도 영원으로부터 창조되었다.(집회 1,1.4)

---

29) 이 정보는 이 번역자의 본문 앞 서문에 기록되었는데, 이 본문은 기원전 132년 집회서 저자(Sirach)의 손자가 썼다.

이 구절은 잠언 8장 22절을 반복하여, 지혜가 창조 때에 존재했으며 따라서 우주에 현존한다고 설명한다. 지혜는 야훼가 인간과 의사소통하는 수단이다. 히브리 성경(구약)을 따르는 이 구절은 다음과 같이 말한다. "지혜의 근원은 하늘에 계시는 하느님의 말씀이며 지혜의 길은 영원한 계명이다."[30] 따라서 집회서는 지혜의 개념을 하느님 말씀이라는 개념과 결합시키며 지혜의 길을 따르는 것이 야훼의 법을 지키는 것과 같다고 본다.

그러나 지혜의 기능은 이 말씀보다 더 넓은데 왜냐하면 지혜는 모두에게 제공되며 이를 통해 야훼가 모든 정직한 이들을 양육하고 돌보는 수단이 된다.

> 지혜는 자신의 아들들을 키워 주고 자신을 찾는 이들을 보살펴 준다. 지혜를 사랑하는 사람은 생명을 사랑하고 이른 새벽부터 지혜를 찾는 이들은 기쁨에 넘치리라. 지혜를 붙드는 이는 영광을 상속받으리니 가는 곳마다 주님께서 복을 주시리라.(집회 4,11-13)

그러나 지혜가 주님에게서 오는 것이기는 하지만 멀리 떨어져 있는 것은 아니다. 지혜는 입으로 말해져야 하기 때문이다.

> 필요한 때에 말을 삼가지 말고 우아하게 보이려고 지혜를 감추지 마라. 말에서 지혜가, 말씨에서 교양이 드러나기 때문이다.(집회 4,23-24)

따라서 지혜는 인간 언어의 본질에 입힌 옷과 같다. 이는 야훼의 선물이며 이를 통해 야훼의 뜻이 드러난다.

---

30) 이 5절은 히브리어 경전에 있지만 그리스어 경전에는 없다. 『예루살렘 성경』 1037쪽, 주 1):d를 보라.

주님의 법령을 되새기고 언제나 그분의 계명을 묵상하여라. 그분께서는 네 마음을 든든히 잡아 주시고 갈망하는 지혜를 너에게 주시리라.(집회 6,37)

그러므로 지혜의 내용은 이제 야훼에 대한 신앙이 되고 토라와 같은 것이 된다.

주님을 경외하는 이는 이렇게 행하고 율법을 터득한 이는 지혜를 얻으리라.(집회 15,1)

지혜는 전적으로 주를 두려워하는 데에서 존재하며 또 전적으로 율법의 완성으로 성립한다.

지혜가 야훼 신앙과 같다는 것을 강조하기 위해 집회서는 이스라엘의 현자, 부족장, 예언자를 대신해 야훼의 강력한 행함을 자세하게 얘기하는 것으로 이야기를 마친다. 집회서 저자는 야훼 신앙 안으로 지혜라는 주제를 결합시키려 한다. 그는 지혜의 선물로 하여금 사람이 야훼의 목적을 이해할 수 있도록 한다는 것을 강조함으로써 야훼가 멀리 떨어져 있다는 의심을 피하려 한다. 그는 지혜를 단순히 인간의 체험뿐만 아니라 이스라엘 역사에 드러난 야훼의 말씀 위에 기초를 둠으로써 욥과 아구르, 또 코헬렛 저자의 의구심을 피하려 한다.

그러나 욥과 아구르, 코헬렛 저자를 의심과 회의로 이끈 것은 바로 체험 속에서 이런 역사를 확인하지 못했기 때문이다. 시라(집회서 저자)는 이런 생각을 아주 잘 알고 있던 듯한데, 그 까닭은 여러 문장에서 그가 이런 생각을 반박하기 때문이다(집회 2,17를 보라). 고난을 당한다고 하여 야훼가 반드시 죄를 벌한다는 것을 뜻하지는 않는다. 심지어 뒤에 첨가된 것이 분명해 보이는[31] 욥기 처음과 끝에서도 이런

31) Scott, *The Way of Wisdom*, p. 213.

고난은 어떤 의미에서는 (죄의) 정화를 뜻한다. 야훼는 자비롭고(집회 2,18) 사실 고난 속에서도 행복을 준다.

그러나 다시 한번 말하지만 이런 해석은 전통적인 철저한 응보의 가르침을 약간만 수정한 것에 지나지 않는다. 실제로 사람이 고통을 겪었지만 이는 하느님의 시험일 뿐이라는 희망에 매달릴 수 있지만, 이를 어떻게 확인할 수 있겠는가? 바로 이런 식의 설명이야말로 욥이 이미 거부했던 것이다. 왜 여기서 야훼가 잠자고 있는 것처럼 보이는가? 어떤 필요 때문에 이런 무리한 시도를 하는가? 왜 불의한 자들이 번영하는가? 욥은 회오리 같은 혼란 속에서 야훼와 직접 만나기 위해 전통적인 답을 거부한다. 시라는 직접 답하지 않고 이런 질문들을 좀 주제넘은 것으로 보고 이에 대한 답을 찾지 말라고 권고한다. "아무도 '이게 무어냐? 어찌된 일이냐?'고 말해서는 안 된다"(집회 39,21).

욥의 질문은 사나운 비바람 속에서 야훼의 강력함을 봄으로써 극복된다. 비슷하게 시라도 불필요한 물음 없이 야훼를 믿으라고 조언한다.

죽음에 관한 한 부분은 코헬렛 저자가 모든 것을 걱정하는 자신을 겨냥해 말한 것으로 보인다. 처음의 두 연에서 죽음에 대한 코헬렛 저자의 두려움을 반복한다.

> 아, 죽음아, 자기 재산으로 편히 사는 인간에게, 아무 걱정도 없고 만사가 잘 풀리며 아직 음식을 즐길 기력이 남아 있는 사람에게 너를 기억하는 것이 얼마나 괴로운 일인가!(집회 41,1)

그러나 시라는 다음과 같이 충고한다.

> 죽음의 판결을 두려워하지 마라. 너보다 앞서간 자들과 뒤에 올 자들을 기억하여라. 그것은 모든 생명체에게 주어진 주님의 판결이다. 그런데 어쩌자고 지극히 높으신 분의 뜻을 거역하려 드는가?(집회 41,3-4)

여기서 말하는 죽음의 선고는 단지 보편적으로 체험되는 사실로서만 여겨지는 것이 아니라 창세기 3장 19절에서 보이는 야훼에게서 직접 오는 어떤 것으로 보인다. 따라서 시라의 답변은 성서에 근거한 신앙의 응답인데, 이는 야훼와 그의 지혜가 어떠한 의심이나 질문이 일어나는 것보다 먼저이며 또한 인간 존재가 이것들보다도 먼저 현존했기 때문이다.

> 너에게 너무 어려운 것을 찾지 말고 네 힘에 부치는 것을 파고들지 마라. 너는 명령을 받은 일에만 전념하여라. 숨겨진 일은 너에게 필요한 것이 아니다. 네 일이 아닌 것에 간섭하지 마라. 네가 보는 그 일은 인간의 이해를 넘어서는 것이다. 그들의 억측이 많은 이들을 빗나가게 하고 악의에 찬 망상이 그들의 생각을 그르치게 한다.(집회 3,21-24)

야훼 신앙에 대한 회의주의와 또 이를 버리는 것에 아랑곳없이, 시라는 세상 속에 드러나는 하느님을 제대로 이해시키지 못하는 우리의 무능력함에도 불구하고 지혜의 선물은 단순한 생각들을 넘어서는 것으로써 또 야훼와 만남으로써 얻은 인식의 구체화라고 강조한다. 이 지혜의 내용은 토라(Torah)의 범위 안에 있고 따라서 토라에서 벗어나는 질문은 어떠한 것이건 불필요하고 위험한 것으로 간주된다. 그러나 궁극적 의미에 관한 질문들이 제기됐고 끊임없이 답을 요구한다. 마치 폭풍우를 만나는 것처럼 야훼를 체험하는 일이 항상 일어나는 것은 아니었기에 이 질문들을 금하기는 어려운 것이다.

솔로몬의 철학적인 대답

지혜서는 이런 어려움에 응답하고자 한 성서 본문이다. 그러나 질문하는 행위를 넘어서는 야훼에 대한 현상학적 체험이라는 입장을 취하기보다는 지혜서는 지혜와 야훼에 대한 일관된 이해를 제공한다. 이 본문은 앞선 지혜 문학과는 상당히 다르다. 앞의 모든 지혜서가 히브리어로 쓰였다면 지혜서는 기원전 1세기 그리스화한 한 유대인이 그리스 말로 알렉산드리아의 유대인 공동체를 대상으로 썼다. 지혜서는 욥이나 아구르 또 코헬렛 저자의 회의를 담고 있지 않다. 이 본문은 지혜를 철학적 에세이로 제시했으며 "합리적인 근거 위에서 한 이방인 나라에서 신앙이 사라지는 것을 막기 위해 신앙을 옹호하고 자세히 설명하고자"[32] 했다.

지혜 개념의 전개에 있어 두 가지 의미심장한 통찰이 덧보태졌다. 그 하나는 지혜의 본성에 대한 설명과 다루는 방식이고 둘째는 지혜의 내용에 대한 것이다.

지혜의 본성

지혜의 본성은 이 책 7장에서 다루는데, 이방인을 대상으로 말하고 또 이들을 고려하여 이스라엘의 지혜 전통을 보도록 권고한다. 여기서 지혜는 인간으로 하여금 하느님이 바라는 대로 말할 수 있게 해주는(지혜 7,15) 하느님에게서 오는 선물로 그려진다. 그러나 이 지혜의 범위는 단지 신앙의 주제에만 머무는 것이 아니라 알 수 있는 모든 것, 모든 이해로 확장된다.

> 우리 자신과 우리의 말이, 모든 예지와 일솜씨가 그분 손안에 있기 때문이다. 바로 그분께서 만물에 관한 어김없는 지식을 주셔서 … (지혜 7,16-17)

이 구절 뒤에는 그리스 학교에서 배웠을 교과목 목록이 뒤따른다. 곧 철학, 물리학, 역사, 천문학, 동물학, 종교, 식물학 그리고 의학[33] 등이다. 지혜의 범위는 심지어 그리스 사람에 대한 기술적인 지식을 포함해 모든 것(tōn ontōn gnōsin apseudē)으로 확장된다. 그리스 철학을

32) Scott, *The Way of Wisdom*, p. 213.

33) Crenshaw, *Old Testament Wisdom*, p. 177.

교육 받은 지혜서 저자는 지혜에 야훼 말씀의 기능뿐 아니라 그리스 문화 전체가 들어 있다고 본다. 모든 이해는 바로 이 선물 덕분인 것이다. 지혜는 전에는 야훼에게 돌려진 일부 특성(지혜 7,22-24)을 넘겨받는데, 그것은 지혜가 불변하고 의지할 만하며 전능하기 때문이다. 여기서는 코헬렛에서 보이는 비관주의를 볼 수 없는데 그 까닭은 지혜가 인간과 하느님 사이에 다리를 놓아 메꾸어 주기 때문이다. 11장 4절에서 시작하는 지혜와 하느님이 이스라엘 역사에 개입하는 것에 대한 설명에서, 이 역사에서 적극적인 주체가 지혜에서 하느님으로 이동한다. 여기서는 마치 지혜와 하느님이라는 용어가 단순한 동의어같이 쓰인다. 야훼가 우주를 채우는 것과 같은 식으로 지혜도 똑같이 "모든 것을 … 통찰한다"(지혜 7,24).

이 저자는 나아가 지혜와 하느님 관계를 묘사하는 여러 은유를 제시한다.

> 지혜는 하느님 권능의 숨결이고 전능하신 분의 영광의 순전한 발산이어서 어떠한 오점도 그 안으로 기어들지 못한다. 지혜는 영원한 빛의 광채이고 하느님께서 하시는 활동의 티 없는 거울이며 하느님 선하심의 모상이다.(지혜 7,25-26)

이 구문은 잠언 8장 22-31절과 비슷하지만 "여기서 지혜는 의인화를 넘어 하나의 가설로 나아간다. 곧 지혜는 인간에게 드러나는 하느님이 된다."[34] 지혜는 인간이 하느님에 대해 이해하는 것이 아니라 인간 존재에 앞서 있는 플라톤식의 실체(essence)로 받아들여진다. 이 지혜는 야훼의 현존이거나 드러남이기 때문에 야훼와 깊은 관련이 있다.

욥 또는 코헬렛 저자가 의심이나 회의하는 것과는 다르게 지혜서

---

34) 같은 책, p. 176.

는 야훼와 직접 연결된 것으로 지혜의 철학적인 개념을 제공한다. 위의 구문에서 첫 은유인 "지혜는 하느님 권능의 숨결이고(atmis gar esti tēs tou theou dunameōs)"는 숨결이 대개 힘에 속한 것이 아니라는 점에서 좀 복합적인 은유라고 볼 수 있다. atmis라는 용어는 숨, 안개 또는 물에서 피어오르는 수증기를 뜻한다. 이는 한 사물이 사라질 때 남기는 희미한 자취와 덧없음을 암시한다.[35] 이 지혜가 70인역에서 코헬렛의 히브리 용어인 hebel[36]이 같은 어원인 것처럼 이것의 기본 의미도 안개, 수증기 또는 숨이며 이는 또한 mataiotēs같이 일시적이고 흘러 지나가는 덧없음을 가리킨다. 그러나 코헬렛 저자에게 hebel은 (그 자신을 포함해) 끊임없이 흘러 지나가는 모든 것에 대한 그의 비관적인 태도를 나타내며 따라서 이는 자주 "덧없음"으로 번역되는 데에 반해, 지혜서 저자는 atmis라는 용어를 하느님이 사라진 뒤에 남긴 인지할 수 있는 자취를 나타내는 것이라고 본다. 따라서 첫 은유는 코헬렛에 대응하려는 의도가 있는 듯하며 지혜를 아무 의미 없는 덧없음이 아니라 파악할 수 있는 하느님 힘의 상징으로 본다.

이 구문의 다른 은유들도 하느님을 드러내는 것으로서 지혜의 구실을 강조한다. 이는 이 세상 안에서 활동하는 궁극사의 이미지요, 때 묻지 않은 거울, 반영 또는 순수한 발산이다. 지혜는 궁극적 의미의 매개이다.

> 지혜는 혼자이면서도 모든 것을 할 수 있고 자신 안에 머무르면서 모든 것을 새롭게 하며 대대로 거룩한 영혼들 안으로 들어가 그들을 하느님의 벗과 예언자로 만든다.(지혜 7,27)

---

35) W. F. Arndt and F. W. Gringrich, *A Greek-English Lexicon of the New Testament and Other Early Christian Literature*, p. 120.

36) W. Gesenius, *A Hebrew and English Lexicon of the Old Testament*, p. 210; *The Interpreter's Dictionary of the Bible*, p. 746 "Vanity"라는 용어 아래.

"자신 안에 머무르면서(menousa en autē)"는 말 그대로 "그 자신으로 남는다"는 뜻이고 불변성으로 특징짓는 신성에 대한 그리스인의 생각을 나타내는데, 이 불변성은 플라톤 사상에 기원을 갖는 것[37]으로서 나중에 영혼과 몸을 나누는 이원론[38]에서 사용된 데서도 보인다. 이 지혜서가 쓰일 때 알렉산드리아에서는 일반적인 사고에서 이 그리스적인 범주의 영향이 지배적이라는 것을 찾을 수 있으며 또한 이 범주들은 지혜의 본질에 대한 저자의 이해를 표현하기 위해 역동적인 지혜의 힘으로 말미암아 변화하는 세상에 변하지 않는 하느님[39]을 드러내는 선재하는 실재로서 받아들여졌다. 지혜의 역동성은 사람을 하느님의 친구로 만드는데 왜냐하면 지혜는 하느님에게서 친구로서 오기 때문이다.

> 지혜는 다정한 영 … 온 세상에 충만한 주님의 영은 만물을 총괄하는 존재로서 사람이 하는 말을 다 안다.(지혜 1,6-7)

"만물을 총괄하는(to sunechon ta panta)"은 스토아 철학에서 온 것으로 보이는데, 이 철학은 본성(nature)의 개념을 균형 잡힌 위계 속에서 우주의 모든 부분을 감싸고 있는 것으로 여긴다.[40] 여기서 다시 저자는 하느님 지혜의 활동을 해석하기 위해 그리스 철학 사상을 빌려온다.

그러나 지혜는 예언자를 통해 전달되는 야훼의 말처럼 인간에 반대하거나 맞서지 않는다. 오히려 지혜가 그러하듯이 세상에 스며들

37) 나중에 서구 신비 사상 서문에서 다룬다.

38) 지혜서 8장 20절을 보라. 여기서는 영혼이 육체로 들어가는 것으로 묘사된다. Scott, *The Way of Wisdom*, p. 220은 영혼의 선재라는 플라톤적인 교의에 대해 언급한다.

39) Crenshaw, *Old Testament Wisdom*, p. 179.

40) F. Copelston, *A History of Philosophy*, vol. 1: *Greece and Rome*, part 2, pp. 166-167.

어 모든 것이 하느님 손안에 있듯이 모든 것이 이미 지혜 안에 포함된다. 따라서 여기서는 지혜가 이미 현존하며 또 믿음이나 의문보다도 먼저 있다는 것을 아는 데에 강조점이 있다.

> 지혜는 자기를 갈망하는 이들에게 미리 다가가 자기를 알아보게 해 준다. 지혜를 찾으러 일찍 일어나는 이는 수고할 필요도 없이 자기 집 문간에 앉아 있는 지혜를 발견하게 된다. 지혜를 깊이 생각하는 것 자체가 완전한 예지다.(지혜 6,13-15)

지혜는 먼저 와 있는데(prognōsthēnai) 왜냐하면 지혜는 누군가 이를 욕망하기 전에 존재하기 때문이다. 지혜는 오랜 여행을 하거나 찾지 않고도 이미 자기 집 문간에 앉아 있다는 것을 주의함으로써 찾을 수 있다. 또 지혜를 생각하는 것 자체가 충분히 성숙된 지혜이기도 하며 다른 번역에서는 지혜의 완전함(phronēseōs teleiotēs)[41]으로도 새기는데 그것은 이런 생각은 지혜의 성령이 이미 현존한다는 것을 일깨우기 때문이다. 멀리 떨어져 있는 대상에 관한 단순한 생각으로는 달리 좀처럼 지혜의 이런 완전한 성숙함에 이르기가 어렵다. 따라서 이 지혜는 인간의 의식 저변에 있는 것으로 종교적 의미로는 어떤 초월적 존재이건 간에 외적 물체를 이해하는 것이 아니다. 오히려 지혜는 태초부터 명백했던 하느님 현존에 대한 한 깊은 깨달음이라고 할 수 있다. 철학자들(philosophos)의 그리스적 이상은 지혜를 사랑하는 사람은 지혜를 찾을 때까지 이를 좇는다는 것을 나타낸다. 그러나 지혜의 본질은 여기서는 인간의 연인(philanthrōpon)으로 여겨지는데 그 까닭은 지혜가 주도권을 갖기 때문이다.

이 저자에게 지혜는 하느님과 인간이라는 떨어져 있는 두 존재의 거리를 중재하는 것을 뜻하지 않는다. 오히려 인간은 하느님 손안에

---

41) 지혜의 완전함은 불교 용어인 반야바라밀(prajñā-pāramitā)에 직접적으로 해당하는 표현으로 초기 대승불교의 신비 운동의 기치였다.

서만 존재할 수 있으며 지혜는 찾음이 시작되기 전에 이미 존재한다. 하느님 힘을 비추는 거울로서 지혜는 존재하는 모든 것을 감싼다. 따라서 인간은 숨어 있는 하느님과 연결고리를 걸어야 할 필요가 없는데, 그것은 지혜가 모든 인간을 사랑하는 하느님의 영을 드러내는 것으로서 우리 주위에 있기 때문이다.

지혜의 본질에 대한 설명은 지혜서 저자가 진전시키고 또 확장해 왔다. 잠언과 코헬렛의 교의에 바탕을 두고서 지혜서 저자는 인간을 위해 활동하는 하느님의 역동적인 성령으로서 근원적인(hypostasizing) 것으로 지혜를 보는 그리스의 철학적 사고를 수용함으로써 지혜의 폭을 넓힌다.

솔로몬 지혜의 내용: 불멸

그러나 앞의 토론에서 확실해진 것과 같이, 무고한 사람의 고통과 죽음과 버림이라는 상황에서 침묵하는 야훼에 대한 체험이야말로 초기 지혜 문학에서 보이는 의혹이 기본적인 원천임을 알게 한다. 지혜서는 정의로운 사람의 불멸을 천명함으로써 이러한 모순에 응답하고자 한다.

다음과 같은 긴 구문에서 지혜서 저자는 마치 코헬렛이 지적하듯이 하느님 부재에 대한 생각을 잘 드러낸다.

> 그들은 옳지 못한 생각으로 저희끼리 이렇게 말한다. "우리의 삶은 짧고 슬프다. 인생이 끝에 다다르면 묘약이 없고 우리가 알기로 저승에서 돌아온 자도 없다. 우리는 우연히 태어난 몸, 뒷날 우리는 있지도 않았던 것처럼 될 것이다. 우리의 콧숨은 연기일 뿐이며 생각은 심장이 뛰면서 생기는 불꽃일 따름이다. 불꽃이 꺼지면 몸은 재로 돌아가고 영은 가벼운 공기처럼 흩어져 버린다. 우리의 이름은 시간이 지나면서 잊혀지고 우리가 한 일을 기억해 줄 자 하나도 없으리니 우리의 삶은 구름의 흔적처럼 사라져 가 버린다. 햇살에 쫓기고 햇볕

에 버티지 못하는 안개처럼 흩어져 가 버린다. 우리의 한평생은 지나가는 그림자이고 우리의 죽음에는 돌아올 길이 없다. 정녕 한번 봉인되면 아무도 되돌아오지 못한다. 자 그러니, 앞에 있는 좋은 것들을 즐기고 젊을 때처럼 이 세상 것들을 실컷 쓰자."(지혜 2,1-6)

이 구절은 코헬렛 저자가 모든 인간의 슬픈 운명을 탄식하는 대목(코헬 2,15)이 있으므로 코헬렛 사상을 잘 정리한 것으로 봐도 좋겠다. 코헬렛은 인간사가 일어나는 데 대해 논의하고(코헬 9,11-20), 사람의 생각을 잘 잊어 기억하지 못하는 데 대해 불평한다(코헬 2,16). 그는 끊임없이 모든 것은 우리 눈앞에서 사라져 버리는 일시적인 안개라고 반복하는데 이는 앞의 구절에 나오는 단어들 이를테면 "연기일 뿐이며(kapnos ē pnoē)", "가벼운 공기처럼(chaunos aēr)", "구름의 흔적처럼(ichnē nephelēs)", "안개(homichlē)", 또 "지나가는 그림자(skias gar parodos)"에서도 같은 울림을 주는 듯하다. 코헬렛의 "태양 아래 새로운 것이란 없다"는 말 속에서 타오르는 해 아래 몹시 무덥고 권태로운 느낌의 이미지가 아침 안개를 태워 버리며 압도하는 햇볕의 이미지에서도 반향되고 있다.

그러나 지혜서 저자는 이러한 극단적인 불길함 속에서도 낙담하지는 않는다. 이는 지혜의 내용이 번영과 장수에서, 또 항상 죽음의 불가피함으로 정해진 운명에서 불멸을 얻을 수 있는 가능성으로 옮아가기 때문이다. 철저한 응보의 가르침에 대한 입증은 경험적 세계에서 죽음 뒤의 세계로 연기된다. 따라서 선량한 삶은 보상을 받는다.

그들은 하느님의 신비로운 뜻을 알지 못하며 거룩한 삶에 대한 보상을 바라지도 않고 흠 없는 영혼들이 받을 상급을 인정하지도 않는다. 정녕 하느님께서는 인간을 불멸의 존재로 창조하시고 당신 본성의 모습에 따라 인간을 만드셨다. 그러나 악마의 시기로 세상에 죽음이 들어와 죽음에 속한 자들은 그것을 맛보게 된다.(지혜 2,22-24)

지혜서 저자는 영혼의 (자연적) 불멸성이라는 그리스적 개념을 수용하는데 여기서 그는 야훼가 자신의 모상에 따라서 인간을 창조했으며(창세 1, 27) 아담과 하와가 악마의 꼬임에 빠짐으로써 죽음이 이 세상에 들어오게 됐다(창세 3,19)는 창세기의 설명을 결합시킨다. 지혜서 저자는 특히 코헬렛의 회의와 절망에 응답하기 위해 플라톤적인 영혼과 불멸성이라는 관념을 도입한다. 따라서 그는 고통과 하느님의 철저한 침묵에도 불구하고 다음과 같이 말할 수 있는 것이다.

> 의인들의 영혼은 하느님의 손안에 있어 어떠한 고통도 겪지 않을 것이다. 어리석은 자들의 눈에는 의인들이 죽은 것처럼 보이고 그들의 말로가 고난으로 생각되며 우리에게서 떠나는 것이 파멸로 여겨지지만 그들은 평화를 누리고 있다. 사람들이 보기에 의인들이 벌을 받는 것 같지만 그들은 불사의 희망으로 가득 차 있다.(지혜 3,1-4)

이런 새로운 그리스적인 이해와 더불어 지혜서는 야훼 신앙을 재해석하려 한다. 저자는 10장에서 19장까지 이스라엘 역사에서 지혜 또는 하느님의 활동을 다시 설명하는데 이는 야훼 신앙을 다시 한번 강조하기 위함이다. 지혜는 바로 그 자체의 본성으로 말미암아 모든 인간에게 나아가고 이들을 감싸 안는다. 지혜서는 덕 있는 사람들 곧 지혜를 통해 하느님의 친구가 되는 사람들은 영원히 죽지 않으리라는 약속을 내용으로 한다.

그러나 영원한 삶에 대한 약속은 경험적으로 분명하지 않고 어떻게 이 지혜가 하느님을 드러내 보일지도 분명하지 않다. 지혜의 본성은 그리스 사상가들이 받아들인 철학적 지혜와 비슷하다. 사실 이는 욥, 아구르, 코헬렛의 깊은 질문과 의혹에 답하기 위해 지혜서가 자기 존재 기반을 다 잃은 것처럼 보이기도 한다. 지혜의 의미는 오직 모든 고통과 아픔을 영원의 상 아래에서(sub specie aeternitatis), 곧 예지를 통해(sub specie sapientiae) 보는 신성한 신앙을 확인하는 데서만 찾아진다.

불멸성의 약속이라는 점에 비추어 모든 이스라엘의 어려움, 곧 욥의 고통, 아구르의 허무주의 또 코헬렛의 침울함은 착각이라고 여겨진다. 지혜서의 주장은 이미 하느님을 믿는 이들, 또는 영혼의 불멸성에 대한 플라톤적 개념을 확신하는 이들에게만 설득력이 있다. 코헬렛의 저자가 이에 대해 어떻게 반응했는지 궁금해 할 수도 있는데, 그것은 그가 지혜를 통해 궁극적인 통찰을 전혀 경험하지 못했기 때문이다. 사실 어떻게 지혜가 불멸성에 대한 인식으로 나아가는지에 대해 입증할 수 있는가? 어떻게 지혜로서 하느님의 친구가 될 수 있다는 말인가?

결 론

지금까지 본 바와 같이 이스라엘 지혜 전통에 대한 간단한 설명은 그 성서 본문들에게서 나오는 교의적 문제에 초점을 맞추려 했다. 이 문제는 두 가지 구체적인 관심으로 나타난다. 의미 없는 고통과 죽음이 분명한 상황에서 신앙과 의미를 어떻게 찾을 수 있는가? 또 감추어져 있고 초월적인 하느님, 마치 이런 고통이 있음에도 애써 침묵하려는 하느님을 어떻게 이해할 수 있으며 또 이런 하느님을 인간의 구체적인 경험과 연결시킬 수 있는가? 이는 곧 어떻게 하느님을 초월적으로 파악하면서 동시에 인간 실존과 관련하여 이해할 수 있는가의 문제이다.

잠언은 경험적 지혜를 강조한다. 또 찾는 이는 누구나 구할 수 있는 이 지혜 안에서 종교적 의미 통찰을 위한 더욱 넓은 기반을 제공하는데, 여기서 지혜는 야훼 말씀의 기능을 대신한다. 그러나 잠언에서 주장하는 철저한 응보에 대한 가르침은 욥과 아구르, 코헬렛의 회의에 일정하게 응답하고 있다. 아구르와 코헬렛은 야훼 말씀의 혼란스러움이 어떠한 해결책이나 위안을 줄 수 있는지 강하게 의심한다. 또한 전통 야훼계 신앙에서 구체적으로 나타나는 야훼에 대한 신비적인 이해라는 대안적인 지혜 자체도 유효성을 상실하고 신뢰를 잃게 된다. 이와 대조적으로 욥은 철저한 응보 교리를 하느님과 현상론적(phenomenological) 만남을 위해 해체하는데, 비록 만남 자체는 이해되지 않는다 하더라도 더 이상 질문을 던져야 할 필요를 없앤다. 그러나 질문은 여전히 제기되는데, 왜냐하면 이런 만남은 누구나 하는 평범한 것이 아니기 때문이다. 그리스 사상에서 빌리고 또 이런 목적에 적용하면서 지혜서는 지혜를 야훼의 영으로 여김으로써 하나의 신앙 이해를 제공한다. 이 야훼의 영은 인간 안에 있고 하느님의 친구들에게 이들이 불멸이라는 보상을 받을 것이라고 확신시킨다. 그러나 이는 이런 생각을 받아들이고 이해해야만 한다는 전제가 따른다.

이런 문제들은 더 일반적인 물음으로 이어지는데, 곧 하느님에 관한 교의적 선언의 본질과 유효성을 묻는 것이다. 잠언은 교의를 세우는 반면 욥기는 이를 해체한다. 한편 지혜서는 이를 재구축하고 코헬렛은 이런 모든 태도를 이해한다고 주장하면서, 그러나 이것들이 서글프게도 적절하지 않다고 지적한다.

개괄적으로 말하자면, 이러한 주제와 질문을 배경으로 하여 지혜가 구약에서 이해되는 것이다. 그리스도교 사상가가 그리스도의 의미를 이해하기 위해 지혜를 한 교의적 주제로 삼는다면 이들은 앞의 질문과 같은 물음에 부딪히게 될 텐데 그 까닭은 이들이 우리 인간 사이에 있는 신적 현존을 구체화하는 하느님 지혜의 구현으로서 그리스도를 이해할 것이기 때문이다.

2장
지혜인 그리스도: 신약의 고백

구약의 지혜에 관한 주제들은 신약 성경 저자들에게 그리스도의 의미를 해석할 한 틀을 제공한다. 이들의 그리스도론 이해는 잠언, 집회서, 코헬렛, 욥기, 지혜서 저자들의 관심을 반영한다. 이들은 그리스도를 지혜로 보았으며 그의 삶과 죽음과 부활에서 인간의 고통, 죽음, 그리고 하느님의 침묵이라는 모순에 대한 대답을 찾아냈다.

그러나 신약에 묘사된 지혜는 경험적 앎과 다르며 따라서 신약의 저자들은 그리스도가 지혜임을 꿰뚫어 보는 신비적 통찰을 얻기 위해 의식의 회심(conversion of consciousness)이 필요하다고 강조한다. 이들은 하느님의 침묵과 인간의 고통이라는 상황에서 그리스도 지혜를 찾아야 한다고 가르친다.

그리스도와 지혜의 동일화

모든 교의의 발전이 있지만 그리스도를 지혜로 이해하는 데에는 또 하나의 성장 과정이 성찰돼야 한다. 신약에서 이 성장의 마지막 과정, 곧 그리스도를 하느님의 지혜와 힘으로 완전히 일치시키는 이 단계는 이전의 과정이 없이 하늘에서 뚝 떨어진 것이 아니다.

Q 자료를 재해석한 마태오

이 발전 과정은 Q 자료의 그리스도 이해로부터 마태오 복음이 이해하는 그리스도로 나아가는 데에서 보인다. 성경 주석가들은 이 Q

(Quelle, 자료) 본문이 마르코에서는 발견되지 않고 독자적으로 전해져 오고 있지는 않지만 마태오와 루카에 나오는 구절들의 출처라고 본다.

제임스 로빈슨(James M. Robinson)은 이 Q 자료의 gattung(類, 전체 문학작품의 장르)이 "현자들이 말한 격언(logoi sophōn)"이라는 류(gattung), 곧 작자 미상의 토마스 복음서[1]에서 완전하게 발전하고 표현된 그런 류라고 설득력 있게 주장한다. 잭 서그스(M. Jack Suggs)는 Q 자료의 구절들[2]을 분석하여 이 구절들이 그리스도를 지혜의 마지막 예언자로 이해한다는 것을 보여 주었다.[3] 이 Q 자료를 낳게 한 그리스도교 공동체는 예수를 솔로몬의 지혜서[4]에 묘사된 것처럼 지혜 전령의 승계에 있어서 마지막 인물로 본다. 따라서 엄밀한 의미에서 Q 자료에는 그리스도론은 없지만 지혜의 교의, 곧 그리스도는 중요한 구실을 하지만 지혜 자체에 종속적인 역할을 한다고 보는 지혜론을 표현하고 있다.[5] 따라서 지혜는 구약에서처럼 여기서도 하느님을 드러내고 또 한편으로는 이해할 수 있는 하느님의 현존을 나타내는 수단 구실을 한다.

그러나 마태오 복음의 저자는 이 Q 자료를 다르게 이해하고 수정하여 예수가 더 이상 지혜의 전령 정도가 아니라 지혜 자체의 구현이라고 본다. 이런 진전은 마태오가 이해하는 지혜 예언자의 운명(마태 23,34-36; 루카 11,49-51 참고)에서 분명히 보이며 따라서 지혜 격언은 의인화한 지혜를 가리키는 것(kai ē sophia tou theou eipen, apostelō)[6]이기보다는 그리스도에 대한 서술(ego apostellō)로 봐야 한다. 이처럼 예수와

---

1) James M. Robinson, "Logoi Sophon: On the Gattung of Q", in *Trajectories through Early Christianity*, pp. 71-113.
2) M. Jack Suggs, *Wisdom, Christology, and Law in Matthew's Gospel*.
3) 같은 책, p. 28.
4) 같은 책, p. 40.
5) 같은 책, p. 28.
6) 같은 책, pp. 13-19, 58-61.

지혜의 동일화는 또한 지혜의 자녀와 장터의 아이들에 관한 구문에서 분명히 보인다(마태 11,2-19; 루카 7,18-35 참고). "(모든) 지혜의 자녀들이 정당화하는 지혜"라는 루카식 표현은 좀 더 Q 본문에 가까운 듯한데, 이는 예수와 요한을 "지혜의 자녀"로 본다.[7] 그러나 마태오식 대체, 곧 "행동으로서 정당화되는 지혜"는 다시 요한이 감옥에서 전해 들은, 그리스도의 하신 일(ta erga tou Christou)을 가리킨다(마태 11,1). 이는 마태오가 "의식적으로 '지혜의 자녀'에 관한 이야기를 지혜와 예수를 동일화하기 위해 '지혜의 행함'에 관한 이야기로 수정한다는 것을 의미한다. 이런 식으로 해서 예수는 더 이상 지혜의 마지막이자 가장 위대한 자녀가 아니라, 예수 안에서 지혜의 행함이 독특하게 드러나는 것이다. … 따라서 이 경우에 지혜가 '사람이 되고 우리 안에 머문다'고 말한다고 해서 마태오에게 지나치게 과장된 것은 아니다."[8]

Q 자료의 류(gattung)를 복음보다는 "현자의 격언"과 일치시키는 것과 또 지혜에 교의적 강조점을 두는 것은, Q 자료는 분명 수난이나 부활을 크게 강조하지 않는다는 다소 파격적인 사실을 설명한다. 따라서 초점은 예수가 행한 지혜의 내용에 있는 것이지 그의 죽음과 부활에 있는 것이 아니다.[9] 그러나 마태오는 그리스도를 지혜 자체로 이해하면서 "[Q] 전통을 수난 중심의 복음 형식의 틀 안으로 다시 가져온다."[10]

지혜인 그리스도를 확인한 바오로

예수를 지혜와 동일시하는 똑같은 과정을 바오로 서간에서도 찾을

---

7) 같은 책, pp. 33-58.

8) 같은 책, p. 57. 또 서그스(Suggs)의 4장을 보라. 여기서는 마태오 복음 11,28-30에서 예수는 자기의 멍에를 멤으로써 영혼의 안식을 얻으라고 초대하는데, 이런 초대는 구약의 지혜 주제로 거슬러 올라간다.

9) Suggs, *Wisdom, Christology, and Law*, pp. 89-95. 그리고 Todt, *The Son of Man in the Synoptic Tradition*, pp. 250-251을 보라.

10) Suggs, 같은 책, p. 97.

수 있다. 한스 콘첼만(Hans Conzelmann)은 코린토 전서 및 후서와 로마서의 여러 구문을 분석하면서, 특히 에페소서에 바오로 지혜학파가 있다고 주장했는데, 그에 따르면 에페소서는 지혜와 관련된 주제를 그리스도론적 이해로 엮어 나갔다고 한다.[11] 따라서 코린토 전서 1장 24절은 그리스도를 "하느님의 힘이며 하느님의 지혜(theou dunamin kai theou sophian)"로 묘사하고 콜로새서 1장 15-16절에서 그리스도는 다시 지혜 문학의 용어로 설명된다. 곧 "그는 보이지 않는 하느님의 모상이었고 모든 피조물의 맏이였는데, 이는 그 안에서 하늘과 땅의 모든 것들, 눈에 보이든 보이지 않든 간에 모든 것들이 창조됐다." 여기서 그리스도는 구약의 지혜 문학에 이어 의인화되고 또 육화된 지혜로 이해된다.

히브리인들에게 보낸 서간은 지혜서 7장 25-26절을 생각나게 하는 말들 속에서 이 주제를 지속한다. "아드님은 하느님 영광의 광채이시며 하느님 본질의 모상으로서 … "(히브 1,3). 그리스도는 하느님 영광의 광채(apaugasma)인데 그 까닭은 그리스도는 하느님의 본질을 완전하게 간직한(charaktēr tēs upostaseōs autou) 존재이기 때문이다.

요한이 이해한 예수

요한 복음 서언의 로고스 찬가도 이 주제를 반복한다. 도드(Dodd)가 설명하듯이 구약의 지혜 문학에서 나오는 지혜 개념은 이 세상에 내재한 하느님의 생각(thought)을 반영한다. 지혜는 "야훼 말씀"의 구실을 대체한다. 따라서 "(요한 복음) 서언의 구성에서 저자는 '지혜' 학파라는 유대 지혜 문학 저자들이 다룬 행이나 구문과 비슷한 것을 따른다. … 말씀은 … 지혜 개념과 비슷하다."[12] "태초에 하느님과 같이 있었던" 그 말씀에 대한 묘사는 잠언 8장과 집회서 1장 1절에서도 나란히 나온다. 또한 이것은 지혜의 우주론적 구실도 공유하는데 왜

---

11) Hans Conzelmann, "Paulus und die Weisheit", in *New Testament Studies*, vol. 12, pp. 213-244.

12) C. H. Dodd, *Interpretation of the Fourth Gospel*, p. 275.

냐하면 "모든 것은 말씀을 통하여 생겨났기"(요한 1,3) 때문이다. 더욱이 서언은 여성적 용어인 지혜(sophia) 대신 남성적 용어 로고스를 사용하여 뒤에 나오는 예수의 정체성을 더 적절하게 만들고 있다. 지혜가 현자들과 예언자들 안에 더 가까이 있는 것이 제대로 인식되지 못하듯이, 말씀도 감추어지고 받아들여지지 않는다. 그러나 이를 받아들이는 사람은 지혜서에 나오는 거룩한 영과 똑같은 하느님의 자녀가 되고 또 지혜를 받아들이는 사람은 하느님의 친구가 된다.

서언의 로고스 찬가 14절[13]은 말씀을 그리스도와 일치시키기 시작하는데, 그 이전의 모든 절에서는 지혜, 곧 육화 이전(preincarnate)의 로고스[14]에 관하여 언급하고 있다. "말씀이 사람이 되시어 우리 가운데 사셨다. 우리는 그분의 영광을 보았다. 은총과 진리가 충만하신 아버지의 외아드님으로서 지니신 영광을 보았다." 여기서 지혜의 자녀들을 통해 작용하는 의인화된 지혜라는 개념은 지혜와 말씀을 예수와 동일시하기 위해 뒤에 남겨졌는데 그 까닭은 예수가 지혜의 구체화인 육화한 말씀이기 때문이다.[15]

이런 동일화는 무엇을 뜻하는가? 한 사람을 존재라는 측면에서 묘사할지도 모르나 그리스도가 지혜 자체였다고 말할 때 이것이 과연 무엇을 뜻할 수 있는가? 그렇다고 이후에 발전된 삼위일체 사상에 등장하는 신적 위격에 관한 신학적 진술을 생각해서는 안 되는데 그 까닭은 이 단계의 그리스도교 사상에서 이러한 질문은 아직 조명받지 못하고 있던 상황이기 때문이다.

이 질문은 그리스도의 의미에 대한 이해뿐만 아니라 신약에서 이해된 지혜의 의미도 전제하기 때문에 답하기가 쉽지 않다. 그러므로 지혜로서 그리스도의 의미와 씨름하기 전에 우리는 신약에서 보이는

13) 이 찬가의 원래 가락(lines)에 대한 결정과 관련해서는 Raymond E. Brown, *The Gospel according to John I–XII*, pp. 21–23을 보라.

14) Dodd, *Interpretation of the Fourth Gospel*, p. 282.

15) 14절에 관해서는 Brown, *The Gospel according to John*, p. 13을 보라.

지혜 의식의 본질을 먼저 다루기로 한다.

신약의 지혜 의식

욥기처럼 구약의 지혜 전통 가운데 일부같이 신약의 지혜도 신비적 의미의 맥락으로 들어가는데, 이 안에서 매개적이면서 직접적인 체험은 언어의 표현 능력을 압도한다.[16] 이런 지혜 체험은 말로 표현된 이해나 논리를 흔쾌히 받아들이지 않으며 질문, 이를테면 심지어 가장 실존적으로 절박한 질문이라고 하더라도 이에 대한 대답의 구실을 하지는 않는다. 이 개념은 신약 전체를 통해 보인다.

마태오의 지혜 개념

마태오 11장 25–27절(루카 10,21–22 참고)은 코린토 전서에서 바오로가 논한 지혜에 영향을 미쳤던 일부 생각이 담긴 구문을 보여 준다.[17]

> 그때에 예수님께서 이렇게 말씀하셨다. "아버지, 하늘과 땅의 주님, 지혜롭다는 자들과 슬기롭다는 자들에게는 이것을 감추시고 철부지들에게는 드러내 보이시니, 아버지께 감사드립니다. 그렇습니다. 아버지! 아버지의 선하신 뜻이 이렇게 이루어졌습니다." "나의 아버지께서는 모든 것을 나에게 넘겨주셨다. 그래서 아버지 외에는 아무도 아들을 알지 못한다. 또 아들 외에는, 그리고 그가 아버지를 드러내 보여 주려는 사람 외에는 아무도 아버지를 알지 못한다."[18]

---

16) 의미의 맥락에 대해서는 Lonergan, *Method in Theology*, pp. 81–85를 보라.

17) 서그스는 그의 책 *Wisdom, Christology, and Law*, p. 86에서 A. Harnack에 동의하면서 그의 책 *The Sayings of Jesus*, p. 301을 인용한다.

18) kai hō ean bouletai ho hios apokalupsai에서 동사 apokalupsai를 강조하여 사용한다. 서그스는 *Wisdom, Christology, and Law*, p. 76에서 (예수가 지칭하는) 대상은 전통적으로 "그", 곧 아버지를 뜻하기보다는 "이러한 것들"(these things)로 이해되어야 한다고 제안한다. 그러나 나는 그가 다음과 같이 번갈아

여기서 지혜는 지혜롭다는 자들과 슬기롭다는 자들(apo sophōn kai sunetōn)이 아니라 철부지들(nēpiois), 곧 아는 것으로 오염되지 않은 어린이 같은 사람들에게 나타내 보인다.[19] 지혜의 통찰에 참여할 수 있는 것은 이러한 어린이 같은 의식인데, 이는 그러한 의식이야말로 직접 하느님을 체험할 수 있고 말의 논리에도 물들지 않기 때문이다. 여기서 이 구문은 두 차원의 의식을 암시하는 듯하다. 하나는 표상과 언어 상징을 통해 학습되고 매개된 이해이고 다른 하나는 직접적으로 체험한 앎이다.

바오로의 지혜 개념

이와 같은 두 차원의 의식에 대한 이해는 신약에서 가장 본격적으로 지혜를 다룬 데서도 나타나는데, 이는 바로 코린토 전서, 특히 1-3장에서 바오로가 설교한 부분이다.[20] 바오로의 설교는 코린토 공동체 내에 있는 파벌주의에 대해 말하면서 이들이 가진 엘리트적 지혜로 말미암아 "벌써 배가 불렀고(ēde kekoresmenoi este), 벌써 부자가 되었고(ēde eploutēsate), 벌써 임금이 되었음(ebasileusate)"(1코린 4,8)을 자랑하는 것을 꾸짖는다. 이들은 "그리스도의 높은 경지를 자신들에게"[21] 견주려 했던 것으로 보인다.

그러나 바오로는 이 코린토 공동체 안의 어느 한 파벌의 입장에 대해서나, 심지어는 지극히 높은 예수와 같은 위치에 자신들을 놓으려는 이들에 대해서도 직접 공격하지 않는다.[22] 오히려 지혜 의식의

사용하는 것을 따른다. "아들이 보여 주기를 선택한 그 누구이든지(any one)." 이는 왜냐하면 지혜 계시를 받을 수 있는 의식의 형식에 강조점이 있는 것이지 그러한 계시의 내용에 있는 것이 아니기 때문이다.

19) Arndt and Gringrich, *Greek-English Lexicon of the New Testament*, p. 537.

20) 류(類, gattung)와 관련해서 W. Wuellner의 "Haggadic-Homily Genre in 1Corinthians 1-3", *Journal of Biblical Literature* (1970) 199-204를 보라.

21) Biger A. Pearson, "Hellenistic-Jewish Wisdom Speculation and Paul", in *Aspects of Wisdom in Judaism and Early Christianity*, p. 56.

22) 파벌 그룹의 성격을 규정하는 데 있어 어려움에 대한 문제와 관련해서는

본성에 대한 이 두 층위의 설교에서 바오로는 분파적인 입장을 낳고 또 이것이 진리라고 매달리는 사고방식과는 대조적인 지혜를 주제로 잡아 얘기를 푼다. 첫 번째 층위는 하느님의 지혜를 이해할 수 없다는 의식을 반박하는데, 두 번째 층위는 2장 6절에서 보이듯 진정한 지혜의 본성을 논한다. 바오로에게 중요했던 것은 "교의적 설명이 아니라 믿음으로 이해하기(believing understanding)"[23]였다.

설교의 첫 번째 층위는 찾지 않는 이들에게는 드러나지 않는 지혜에 관한 구약의 주제에 초점을 두며 지혜롭다는 자들과 슬기롭다는 자들한테는 숨는 지혜에 관한 마태오의 구문을 나란히 함께 놓는다. 따라서 바오로는 "이 일을 말재주로 하라는 것이 아니었으니, 그리스도의 십자가가 헛되이 않게 하려는 것입니다. 멸망할 자들에게는 십자가에 관한 말씀이 어리석은 것이지만, 구원을 받을 우리에게는 하느님의 힘입니다"(1코린 1,17-18)라고 주장하면서, 지적인 지혜의 가치에 부정적인 태도를 보인다.

이것은 자신을 자랑하는(kauchēsis) 세속 논쟁가(suzētētēs)의 말의 지혜이며 바오로는 이를 기본적으로 자기중심적인 의식이라고 하며, 사람들이 오직 자신들을 위해서만 산다고 꼬집는다. 바오로는 어디에서든 이렇듯 자기를 뽐내는 의식을 육체(2코린 5,16-oidamen kata sarka)에 따른 이해로 묘사하는데, 사람들은 이런 이해로 "마음이 아니라 겉만 자랑"(2코린 5,12-tous en prosōpō kauchōmenous kai mē en kardia)한다고 지적한다.

바오로는 코린토 공동체 분파주의자들이 기본적으로 결여한 것은 올바르지 않은 교의적 관점을 받아들이느냐 마느냐는 문제뿐만 아니라, 이런 말로 하는 이해를 주장하는 이들을 바로잡아 주려는 데에도 별 관심이 없어 보인다. 오히려 바오로는 이들이 "믿음의 이해를 한 관점에 대한 지지로 전환했다"는 사실에 관심이 있는 듯하다. 곧 이

Hans Conzelmann, *A Commentary on the First Epistle to the Corinthians*, "Excursus: The Parties", pp. 33-34를 보라.

23) Conzelmann, *A Commentary on the First Epistle to the Corinthians*, p. 38 주 56).

과정에서 "자동적으로 다양한 의견으로 갈리게 되고 끝내는 분열되는데, 이에 대해 바오로는 부정적인 용어로 말하면서 무엇보다도 먼저 자기는 특정한 관점을 취하지 않는다고 밝힌다."[24] 그는 "(어떠한) 세계관(Weltanschauung)이 아니라 이 세계관을 구원의 길로 여기려는 모든 시도를 분쇄해 버리는 데에"[25] 관심이 있는 것이다.

설교의 두 번째 층위는 코린토 전서 2장 6절에서 시작한다. 이렇게 말하면서 바오로는 인간의 설득적인 말(일부 사본에서는 anthrōpinēs를 쓴다)과는 대조적으로 성령과 힘을 증거(en apodeizei)하는 것으로 설교하는 데서 "우리는 신비로운 하느님 지혜를 말한다"는 선언으로 나아간다. 여기서 다시 대조를 이루는 점은 관점의 문제를 들고 나오는 인간 지혜와 오직 신비 안에서만 말해지는 하느님 지혜이다. 이어서 7-10절에서는 숨은 지혜에 관한 주제는 지혜의 드러남으로 전환되는데 왜냐하면 성령을 통해 하느님으로 말미암아 지혜가 드러나기 때문이다. 이런 전환은 마치 같은 차원의 의미 영역 안에서 자유로운 선택의 문제인 것처럼, 인간 지혜를 반박하고 신적 지혜에 관한 진술을 택하는 것으로 나아가는 것은 아니다. 오히려 이런 이동은 지혜를 붙잡고 또 이를 자랑하는 것을 떠올리는 의식에서 말로는 표현되기 어려운 신비에 복종할 수 있는 것으로 변화하는 것을 암시한다. 이는 코헬렛이 가장 높은 지혜를 얻었다고 자랑했던 솔로몬을 거부한 것에서 볼 수 있다. 코린토 전서 2장 10-13절에서 이 변화된(또는 전환된) 의식(metanoia)은 하느님 영을 받는 것으로 묘사된다.

> 하느님은 … 성령을 통하여, 하느님의 깊이도 포함하여 우리에게 나타내 보이셨다. 사람에게 사람이 무엇인지는 그 사람 안에 있는 성령을 빼고 누가 알겠는가? 마찬가지로 하느님의 성령을 빼고는 아무도 하느님이 누구인지 알아보지 못한다. 그러나 우리는 세상의 영을

24) 같은 책, p. 38.
25) 같은 책, p. 47.

받지 않고 하느님에게서 오는 성령을 받았으므로 하느님이 우리에게 주신 것이 무엇인가를 알 수 있다. 그리고 우리가 말하는 이것은 인간 지혜로 가르친 말로가 아니라 성령으로 가르친 말로서 말하며 영적인 용어로 영적인 것을 해석한다.[26)]

이 두 층위(double-tiered)의 설교는 바오로가 인간 이해와 인간의 말을 이해하는 데에서 바탕을 이루고 있는데, 이 이해에 있어서 핵심은 이해된 내용에 있는 것이 아니라 (왜냐하면 모든 분파가 하느님의 심오함, ta bathē tou theou를 이해한다고 주장하므로) 이런 내용을 이해하도록 하는 성령인 것이다. 이 세상에서 지혜로운 것처럼 보이는 이해, 단지 겉만 자랑하는(2코린 5,12) 지혜는 하느님 지혜를 이해하기 불가능한데, 그것은 이런 지혜는 하느님의 심오함이 일정한 언어 형식을 빈 인간 의식에 따라야 함을 요구하기 때문이다. 다르게 표현하면, 이는 영적이지 않은 방식(psuchikos) 속에서 영적인 것을 해석하려는 이해이며 따라서 하느님의 지혜를 어리석음(mōria)으로 여기게 되는 것이다.

야고보의 지혜 개념

인간적인, 말로 하는 이해와 하느님 지혜의 차이는 또한 야고보의 편지에서도 보이는데 이 서한 자체가 지혜 류(gattung)에 따라 쓰였다. 그러나 여기서 인간 의식의 현저한 특징은 자기를 내세우거나 자기중심적인 것이 아니라 동요하고 의심하는 모습으로 묘사된다.

만일 여러분 중에 지혜가 필요한 사람이 있으면 하느님께 구해야 합니다. 그러면 어느 사람이든 조건 없이 후하게 주시는 하느님께서 지혜를 주실 것입니다. 조금도 동요하지 말고 오직 믿음으로 구하시오. 동요

26) Conzelmann's translation.

하는 사람은 바람에 밀려 흔들리는 바다 물결 같습니다. 그런 사람은 두 마음이 있어서 그 사이에서 어디로 갈지 헷갈려 하므로 아예 주님으로부터 아무것도 받을 생각을 말아야 합니다.(야고 1,5-8 필자 번역)

여기서 "동요하는(wavering)"으로 번역된 용어는 동사 diakrinō에서 온 diakrinomenos로 이것의 기본 뜻은 차이를 나게 하다, 구분하다, 판단하다, 무얼 선택할까 망설이다, 또 대안들을 놓고 무엇을 고를지 동요하다 등이다. 바오로가 하느님 지혜를 여러 관점을 만들어 내는 마음과 대조시킨 것과 똑같이, 야고보도 지혜의 선물에 열려 있도록 하기 위해, 마치 올바르다는 한 관점이 구원에라도 이르게 할 수 있는 것처럼 한 관점을 옳다고 강조하는 반면 다른 관점에 반대하는 그런 차별적인 생각에 들어서는 안 된다고 권고한다. 이는 생각과 물음이 무엇이든간에 가치가 없다는 것이 아니라 이것들이 신비적 의미의 직접성을 가로막아서이다. "두 마음 사이에서 동요"하는 한, 모든 의미는 매개된 개념의 유효성에 대한 판단에 따라 제한된다. 여러 관점의 균형을 잡는다는 것도 지혜의 가능성을 배제하는데 그 까닭은 지혜 자체가 한 사람을 위한, 또한 그 사람이 주장하는 진리를 확신하고 붙잡아야 하는 필요에서 나오기 때문이다. 이런 야고보의 묘사는 자랑하고 자기중심적인 세상의 지혜에 대한 바오로의 묘사와 조화를 이룬다. 뒤에서 따로 자세히 논하겠지만, 대승불교에서 분별(vikalpa)을 지혜에 이르지 못하게 하는 주요 장애물로 여겨 거부하는 데에서 본격적으로 보게 될 것이다. 바람에 밀려 흔들리는 바다 물결에 대한 야고보의 비유는 불교 경전에서 자주 등장하는 분별하는 마음을 묘사한 것이다.

바오로가 자만이나 자기중심성에 빠지는 등 비난할 만한 특성이 있는 것으로 세상의 지혜를 제시한 데에 비해서, 야고보는 이를 판단하고 특정한 것을 중요하게 생각하는 일상 행위와 관련해서만 단순하게 묘사한다. 우리는 단지 죄스러운 행동을 하여서만이 아니라 진리를 알면서도 의심으로 동요하며 자기중심적이고 자랑하는 우리 의식의 경험적 구조 때문에 지혜를 얻는 데에 장애물을 놓게 되는 것이다. 그러나 경험적 의식에 대한 비판은 인간의 사고 자체를 거부하는 것이 아니라 경험적 의식이 의미의 신비적 영역에서 어떤 것을 이해하기에는 부적절하다는 것을 나타낸다. 이 의식은 언어 상징들 안에서 의미를 조종(controlling)함으로써 훈육되고 발전하지만, 충분히 매개되지 않은 어떤 의미를 구체화하는 데는 서투르다. 자아에 중심을 두고 죽음을 궁극적인 재난으로 간주하는 "자연적" 인간 사고는 조종 불가능한 영역은 어떤 것이든 접근하기 어렵다는 것을 발견한다.

요한의 기적 이해

요한 복음은 인간 의식에 대해 앞서와 비슷한 이해를 보여 준다. 이는 카나의 혼인 잔치(2,1-12)에서 물을 포도주로 바꾼 것에 대한 설명과 고관 아들의 치유(4,46-54)를 내용으로 하는 구문에 예수의 기적(sēmeia)을 다루는 데에서 가장 잘 볼 수 있다.

현대 주석가들의 분석[27]에 따르면, 요한 복음사가는 여기서 한 초기 기적 사화 본문(sēmeia Quelle)을 예수의 기적을 설명하는 기초로 활용하는 것처럼 보인다. 그러나 요한은 이것의 해석에만 만족하지 않고 2장 13절에서 이야기를 중단하고 4장 46절에 가서 이를 다시 시작한다. 요한 복음 4장 43-46절은 예수의 표지에 대한 이야기들의 끊어진 실을 한데 이어 주는 구실을 하는데 이는 요한 복음사가의 한 발 더 나간 해석을 담고 있다. 따라서 이 두 기적 이야기로 엮인 이 구문은 요한 복음사가가 어떻게 표지를 이해하는지에 대한 통찰을 제공한다. 코린토 전서 2장 2절에서 이러한 기적은 세상의 지혜 의식으로써 구하는 대상으로 여겨지는데 다시 말해, 자기를 자랑하고 자기중심적인 의식의 대상으로 보인다.

2장 11절에서는 "당신의 영광을 드러내셨다. 그리하여 제자들은

---

27) James M. Robinson, "The Johannine Trajectory", in *Trajectories through Early Christianity*, pp. 242-246. 참고 Brown, *The Gospel according to John*, p. 195.

예수님을 믿게 되었다"는 예수의 첫 기적을 보고한다. 기적에 대한 이러한 적극적인 평가는 기적 자료(sēmeia Quelle)의 특성이어서 이 복음사가의 의도가 이렇게 표현될 때 무비판적으로 넘어가서는 안 되는데, 그 까닭은 요한 복음은 이 기적 자료를 받아들이는 데서 그치는 것이 아니기 때문이다. 곧, "요한 복음의 많은 부분에서 그러한 기적 전통을 비판하고 있으며, 예수 자신에 대한 하나의 징표로서 뚜렷이 이해하고자 하며, 기적에 대한 유치한 신앙에 반대하고 또한 현세적 속박에 따른 이해의 결여를 불신앙의 특성으로 책하는 지속적 경향이"[28] 있기 때문이다. 이러한 판단은 요한의 전반적인 주제, 곧 여러 "기적"을 행할 때 제자들이 있었음에도 이들은 예수의 죽음과 부활 때까지 사실 예수를 믿지 못했다는 것, 따라서 2장 11절에서· 제자들의 믿음이 빈약하기 그지없다는 것과 일치한다.

요한 복음 저자가 사용한 기적 자료에서 "예수의 기적은 모든 사람에게 예수의 신적 지위를 직접적이고 가시적으로 증명했다."[29] 그러나 요한 복음사가는 이런 직접적이고 가시적인 증거가 신앙으로 이끈다고는 생각하지 않았다. 그의 태도는 요한 복음 두 번째 기적 이야기에 삽입된 역설적인 부분, "너희는 표징과 이적을 보지 않으면 믿지 않을 것이다"(4,48)[30]에서 요약된다. 만일 기적과 신기한 일에 대한 이런 비판이 사실상 이 복음사가의 중심적인 의도를 반영하는 것이라면 카나 혼인 잔치의 기적과 고관의 아들의 치유 사이를 중재하는 기적 자료는 이 복음사가의 이해를 제대로 드러내야 한다.

---

28) G. Bornkamm, "Zur Interpretation des Johannes-Evangeliums 'Eine Auseinandersetzung mit Käsemanns Schrift' Jesu letzter Wille nach Johannes 17", *Geschichte und Glaube*, pp. 116-117. Robinson, "The Johannine Trajectory," p. 259에서 번역.

29) E. Haenchen, *Gott und Mensch*, p. 68. Robinson의 "The Johannine Trajectory", p. 225에서 인용됨. "사람은 대개 어떤 기적이 이들의 눈을 뜨게 할 때야만 비로소 이 진정한 신앙에 이르므로" 요한이 기적에 대한 필요를 수용한 것에 대한 Haenchen의 묘사는 기적을 전혀 보지 못한 이들에게는 부적절하다.

30) Robinson, "The Johannine Trajectory", p. 246.

실제로도 바로 그렇게 드러났다. 요한 2장 13-22절은 성전 정화를 다시 설명한다. 그러나 요한은 마태오 21장 12-13절이나 마르코 11장 15-17절의 설명에다가 다른 요점을 덧보태는데, 요한 복음의 이 부분을 보면 예수가 성전에서 장사치들을 쫓아내자 유대인들이 나서서 "당신이 이런 일을 해도 된다는 무슨 표징(ti sēmeion)을 보여 줄 수 있소?"(2,18)라고 묻는다. 예수는 어떤 기적을 행함으로 대답하는 대신 오히려 파괴된 성전을 다시 세우겠다는 수수께끼 같은 응답을 한다. 눈여겨보아야 할 점은 단지 이 말이 무슨 뜻이냐가 아니라[31] 예수가 유대인들의 기적 요구를 거절했다는 점이다.

요한 2장 23-25절은 기적의 의미에 대해 요한 복음이 이렇게 이해하고 있는 것을 지지하는 듯하다.

> 예수께서는 과월절을 맞아 예루살렘에 머무르시는 동안 여러 가지 기적을 행하셨는데, 많은 사람들이 그것을 보고 예수를 믿게 되었다. 그러나 예수께서는 그들을 신뢰하지 않으셨다. 그것은 사람들을 너무나 잘 아실 뿐만 아니라 사람의 본성에 대해서 누구의 말을 들어 보실 필요가 없으셨기 때문이다. 예수께서는 사람의 마음속까지 꿰뚫어 보시는 분이었다.(요한에 의한 복음[*The Gospel According to John*], 레이몬드 브라운[Raymond E. Brown] 역, 126쪽)

기적을 봐야지 믿는 이들(theōrountes authou ta sēmeia ha epoiei)에 대한 부정적인 판단은 2장 11-12절로 거슬러 올라가는데 여기서 제자들은 예수가 카나에서 행한 첫 기적을 보고 믿는다. 인간 본성은 두려움을 극복하고 피조물임을 부정하기 위해 영웅을 세우려는 끊임없는 경향이 있다. 그러나 예수는 인간의 마음에 무엇이 있는지 간파하고 이런 구실에 대한 기대에 따르는 것을 거부한다.

---

31) Brown, *The Gospel according to John*, pp. 116-125.

요한 복음 3장 1-21절은 니코데모 이야기다. 이 구문을 이해하는 열쇠는 기적과 신앙의 관계로 다시 돌아오는데, 기적이 이해로 나아가도록 이끄는 의미의 세계로 들어가면서 니코데모는 예수에게 다음과 같이 말한다. “스승님, 저희는 스승님이 하느님에게서 오신 스승이심을 알고 있습니다. 하느님께서 함께 계시지 않으면, 당신께서 일으키시는 그러한 표징들을 아무도 일으킬 수 없기 때문입니다.” 이 복음사가가 실제로 이 기적이 신앙으로 이끌어 준다고 생각한다면 예수가 다음과 같이 말한 어리둥절한 이야기를 이해하기란 지극히 어려워 보인다. “내가 진실로 진실로 너에게 말한다. 누구든지 위로부터 태어나지 않으면 하느님의 나라를 볼 수 없다.” 니코데모가 혼란스러워함에도[32] 예수는 아무런 기적을 행하지 않고 다만 두 차원의 이해가 있으며 기적만 추구하는 의식은 성령의 일을 이해하지 못한다는 것을 강조한다. “육에서 태어난 것은 육이며”(3,6)라는 말은 바오로가 말한 “육체에 따른 앎”에 대응하며 한편 “영에서 태어난 것은 영이다”는 바오로의 “신비로서 하느님의 지혜”와 조화를 이룬다.

요한 3장 22-26절에서는 세례자 요한이 마침내 예수에 관한 것을 증거하는데, 여기서 그는 예수가 “위에서 오신 분”(3,31)이며 “곧 하느님의 말씀”을 하는 분(3,34)임을 확인한다. 그런데 이 말은 “땅에서 난 사람은 땅에 속하고 땅에 속한 것을 말하는데”(3,31)라는 구절과 대조를 이룬다. 이 구문은 주제 면에서 니코데모의 설명과 부합하며 또 아래 구문을 강조한다.

> 내가 세상일을 말하여도 너희가 믿지 않는데, 하물며 하늘 일을 말하면 어찌 믿겠느냐? 하늘에서 내려온 이, 곧 사람의 아들 말고는 하늘로 올라간 이가 없다.(요한 3,12-13)

---

32) anōthen이라는 낱말은 “다시”와 “위로부터” 둘 다의 의미로 쓰인다. 니코데모는 전자의 의미로 간주한 반면 예수에 대한 주요한 의미는 후자라고 보인다. Brown의 *The Gospel according to John*, p. 130을 보라.

여기서 중요한 점은, 예수가 자신의 말을 자기중심적인 생각의 경험적 사고방식 안에서 효과 있게 만들려는 데 있는 것이 아니라, 이해하고 믿기 위해서는 새롭고 회심한 의식이 필요하다는 점이다.

요한 복음 4장 1-41절은 다시 신앙의 의식에 초점을 둔다. 사마리아 여자가 "저분은 제가 한 일을 모두 알아맞혔습니다"(4,39)라고 증언하여 믿게 되었는데, 다시 말해 이는 놀라운 기적에 다름 아니다. 그녀는 곧장 예배드리기 적당한 장소가 어딘가에 대해 물음을 던진다. 코린토 전서에서 바오로와 같이 예수는 이 질문에 어떠한 관점도 제시하지 않고 다만 장소가 어디든지 간에 진정한 예배를 하게 만드는 의식에 대해 생각해 보도록 제안한다. 이 여자는 마을 사람들에게 "제가 한 일을 모두 알아맞힌 사람이 있습니다. 와서 보십시오"라고 말하며 사람들을 모아 왔고 이들은 예수가 신기한 일을 행하는 사람임을 알게 된 뒤 "여자의 증언을 듣고 그를 믿게 되었다." 그러나 이 이야기는 여기서 끝나지 않는다. 다시 말해 중요한 점은 사마리아 사람들이 비록 간단하게 예수와 말을 나눴지만 이 여인에게 보여 준 기적 때문이 아니라 예수의 말, 곧 신비 속에서 말해지는 하느님 지혜의 말을 신앙의 통찰을 통해 들었기 때문에 더 깊은 차원의 믿음에 이를 수 있었던 점이다.

따라서 이 다양한 구절에서 요한 복음사가는 기적을 추구하는 신앙에 대해 부정적인 태도를 드러내며, 고관의 아들을 낫게 하는 구절을 설명하는 데서 다시 한번 그의 기적 자료를 끌어들인다. 특별히 지혜를 주제로 다루지 않고도 바오로와 야고보 서간에 제시된 이 두 층위의 의식과 믿음에 대한 이해가 요한 복음에도 널리 퍼져 있는 것이다. 기적을 추구하며 깊은 속으로 들어갈 줄 모르는 말을 통한 인간의 이해는 지혜나 신앙의 통찰로 나아가지 못한다.

그렇다면 이 지혜와 신앙 통찰의 내용은 무엇인가? 기적이 신앙으로 이끌지 못한다면, 또 특정한 것에 마음을 두어 지혜의 선물을 저버린다면, 또 말을 통한 지혜가 하느님 지혜에 장애물이 되는 것이라면 도대체 그리스도인의 신앙과 지혜는 무엇을 의미하는가?

앞서 말한 분석의 요점은 의식의 두 가지 차원을 강조하려 한 것인데 이는 왜냐하면 바로 신앙의 지혜는 의미의 신비적 영역으로 나아가기 때문이다. 따라서 논증할 수 있다는 태도로 신앙의 내용을 표현하기 위한 확실하고 잘 개념화된 틀을 기대해서는 안 되는데, 그것은 신앙은 오직 하느님을 직접 그리고 즉각적으로 체험할 때에야만 의미가 있기 때문이다. 신앙은 자기중심적인 관심, 또는 자신의 궁극적인 운명에 관한 관심이라고 하더라도 이를 (인간) 의식과 하느님 활동 사이에 놓는 세상의 말로서는 매개될 수 없다. 또한 신앙은 어떤 이념적이거나 신학적인 입장으로도 제한될 수 없는 것이다.

지혜의 내용

그러나 신약 성경 저자들은 하느님 지혜의 내용을 그릇되게 묘사하지 않는다. 오히려 자주 또 다양하게 이런 묘사를 제시한다. 에페소서 3장 10절은 "하느님 지혜의 다차원(hē polupoikilos sophia tou theou)"에 대해 말하는데, 말을 통한 규정을 초월하면서 이 지혜 의식은 많은 언어 구조와 주제 형태 안에 있어 왔고 또 표현되었다. 티모테오 후서 3장 15절에서 지혜의 담지자로서 성경이 강조된다.

> 그대는 어려서부터 성경을 잘 알고 있습니다. 성경은 그리스도 예수님에 대한 믿음을 통하여 구원을 얻는 지혜를 그대에게 줄 수 있습니다.

이는 그리스도의 의미에 대한 신비적 통찰이 논리적 분석이나 기적을 찾는 것을 방편 삼아 성경 내용에서 뽑아낼 수 있다는 것을 뜻하지는 않는다. 오히려 에페소서 3장 4절은 "[나의 말을] 읽으면, 내가 그리스도의 신비에 관하여 깨달은 것을 여러분도 이해할 수 있을 것입니다." 성경의 말은 예수의 기적이 하는 것처럼, 또 어떤 지침들로서 세상의 의식을 넘어 구원하는 그리스도의 신비에 대한 인식으로 이끌어 주는 구실을 한다. 성경은 그 자체로 어느 한 그리스도인의 관점을 나타내지 않고 오히려 신앙을 통해 지혜로 들어감으로써, 그래서 다른 이들에게도 자신과 같이 하라고 초대한 초기 그리스도인들의 경험을 기록한다.

그러나 지혜의 내용이 비록 신비적인 것이어도 묘사는 된다. 여기서 우리는 그리스도인의 지혜에 대한 주요한 주제들에 중점을 둘 것이다. 그것은 아바(Abba)인 하느님 체험, 바오로의 십자가 신학 그리고 부활이다.

아바인 하느님

요아킴 예레미아스(Joachim Jeremias)의 선구적 작업과 관련해[33] 학자들[34]이 널리 인정하는 점은 예수가 하느님을 끊임없이 아바, 곧 "나의 아버지"라고 습관적으로 부른 것이 독특하다는 점이다. 어쩌면 너무도 독특하여 우리들로 하여금 선포된 그리스도 뒤에서 역사적 예수[35]의 말씀(ipsissima vox) 그 자체를 찾게 해 줄 수 있는 것이다. 비록 이러한 용법이 다소 나중의 교회의 신앙을 반영한다고 해도 적어도 복음서에서 예수가 "아바"라는 용어를 점진적으로 사용한다는 것은[36] 이런 식으로 이해된 체험이 사실 그리스도의 의미에 대한 초기 이해에 있어서 중심이라는 인식이 성장하고 있음을 뚜렷이 반영하는 것이다.

시편 22장 1절에서 인용한 십자가 상의 기도(마르 15,34; 마태 27,46)만

---

33) Joachim Jeremias, "Abba", in *The Central Message of the New Testament*, pp. 17, 20. 더욱 본격적인 기록으로 *Abba: Studien zur neutestamentlichen Theologie und Zeitgeschichte*를 보라.

34) 이 주제와 관련된 참고 자료로 Edward Schillebeeckx, *Jesus: An Experiment in Christology*, pp. 256-257을 보라.

35) Jeremias, "Abba", p. 30.

36) 같은 책, p. 22.

빼고 예수의 모든 기도 가운데서 그가 "나의 아버지"[37]라는 용어를 사용했다고 알려졌다. 이것의 함의는 단지 예수가 자기 아버지로서 하느님에 대한 직접적이고 즉각적인 앎을 경험했다는 것만을 뜻하는 것이 아니라, 또한 체험 자체가 지혜요 하느님의 드러남인 한 예수는 이 경험에 바탕을 둔 지혜와 계시를 받은 것이다. 자기 아버지에게서 계시를 받는 아들들이라는 주제는 구약의 지혜 문학(잠언 1,8; 2,12; 3,1; 4,1; 5,1; 6,20; 7,1; 10,1)[38]에서 자주 발견된다. 이런 아버지-아들이라는 주제는 "어떻게 드러남이 전달되는가에 대한 설명"[39]에서 사용된다. 이 지혜-드러남의 형태는 위에서 말한 Q 자료 구문을 읽을 때 염두에 두어야 하는데, 여기서 아들이 그 아버지에 대해서 안다는 것은 결국 드러남을 보여 주는 것이 된다.[40] 따라서 아바 체험은 예수가 직접적, 즉각적으로 하느님을 자기 아버지로 체험한 것뿐만 아니라 아들인 예수가 이 체험에서 받은 끊임없이 일어나는 지혜 계시를 나타낸다. 이렇듯 하느님을 아바로 직접 체험한 것이 오직 예수에게만 한정된다는 것을 의미하지 않는데 이는 제자들이 기도하는 법을 가르쳐 달라고 하자 예수는 이들에게 "우리 아버지"라고 기도하라고 이른 데서도 알 수 있다.

바오로는 하느님-아바 체험을 성령으로 말미암은 것으로 보았으며 이에 따라 하느님 지혜에 대한 이해를 가능하게 하는 것으로 보았다. 로마서 8장 14-15절에서는 "하느님의 영의 인도를 받은 이들은 모두 하느님의 자녀입니다. 여러분은 사람을 다시 두려움에 빠뜨리는 종살이의 영을 받은 것이 아니라, 여러분을 자녀로 삼도록 해 주시는 영을 받았습니다. 이 성령의 힘으로 우리가 '아빠! 아버지!' 하고 외치는 것입니다"라고 말한다. 또 갈라티아서 4장 6절은 "진정 여러분

---

37) 같은 책, p. 17.
38) Schillebeeckx, *Jesus*, p. 262.
39) Jeremias, "Abba", p. 25.
40) Suggs, *Wisdom, Christology, and Law*, p. 76.

이 자녀이기 때문에 하느님께서 당신 아드님의 영을 우리 마음 안에 보내 주셨습니다. 그 영께서 '아빠! 아버지!' 하고 외치고 계십니다"라고 덧붙인다.

이러한 성령을 따른다는 것은 그리스도의 마음(1코린 2,16)을 나누고 하느님 지혜에 대한 통찰을 얻는다는 것이다. 따라서 이런 지혜의 내용은 직접적, 즉각적으로 하느님을 아바로 체험하는 것이다. 하느님-아바에 대한 이런 직접적, 즉각적 앎은 야훼의 침묵의 신비에 대한 하나의 그리스도교적 이해를 가능하게 한다. 그러나 이는 어떻게 이 하느님-아바 체험이 항존하는 현실인 고통과 죽음을 경감시킬 수 있는가를 잘 안다는 것과는 거리가 멀다. 이에 대해 우리는 바오로의 십자가 신학으로 눈을 돌려 보자.

십자가 신학

코린토 전서에서 자신의 지혜 설교의 첫 번째 층위와 더불어 바오로는 말을 통한 지혜(sophia logou)를 하느님의 지혜(sophia tou theou)가 아니라 십자가의 말(ho logos tou staurou; 1,18)과 대조시킨다. 바오로는 "십자가의 말"에 관하여 어떤 식으로든 그 뜻을 설명하지 않으며 심지어 2장 6절부터 이어지는 그의 두 번째 층위의 설교에서도 하느님의 지혜에 대하여 십자가에 관한 어떠한 설명도 없이 이야기를 해 나간다. 왜냐하면 십자가에 처형된 그리스도의 의미는 "인간의 지혜가 가르쳐 준 것이 아니라 성령께서 가르쳐 주신 말로"(1코린 2,13) 알기 때문이다.

이렇게 보면 바오로가 십자가의 말과 세상의 지혜를 대조시키는 초점은 십자가에 관한 명백한 사실, 곧 그리스도의 죽음에 놓여져 있는 듯하다. 서로 자기들이 옳은 관점을 가졌다고 자랑하는 코린토 분파들을 향해서 바오로는 한 예증으로서 그리스도의 죽음을 대치시킨다. 그것은 의식을 자랑하고 자기들 관점에 매달리는 것 모두가 자기의식의 마지막 분해와 함께 죽음에 이르러 녹아 버리기 때문이다. 인간 의식이 한 마지막 관점, 곧 구원의 한 길을 유효하게 한다고 여기는 능력에 의지해 자랑함을 멈추지 않는 한, 바오로는 하느님 지혜를 이러한 의식을 부정하는, 곧 십자가의 말로서 표현해야 한다. 따라서 이 십자가의 말은 장애물(skandalon)이고 광기(mōria)인데 왜냐하면 그리스도의 죽음이 "세계관(Weltanschauung)을 구원의 길이라고 여기는 모든 시도를 파괴하는 것"[41]이기 때문이다. 죽음을 향해 가는 삶으로서의 삶을 안다는 것은 자랑이나 자만을 허용할 여지가 없다. 복음에 나오는 예수의 의식은 아바 체험에서처럼 자랑이 아니라 아무도 고통과 죽음에 대한 체험을 쉽게 상상할 수 있는 것이 아님을 보여 준다. 예수의 겟세마니 동산 체험은 아바 체험의 지속과 함께 또 죽음의 임박함을 바라보는 고통을 동시에 선명하게 드러낸다.

> 그분께서는 공포와 번민에 휩싸이기 시작하셨다. 그래서 그들에게 "내 마음이 너무 괴로워 죽을 지경이다. 너희는 여기에 남아서 깨어 있어라" 하고 말씀하셨다. 그런 다음 앞으로 조금 나아가 땅에 엎드리시어, 하실 수만 있으면 그 시간이 당신을 비켜 가게 해 주십사고 기도하시며, 이렇게 말씀하셨다. "아빠! 아버지! 아버지께서는 무엇이든 하실 수 있으시니, 이 잔을 저에게서 거두어 주십시오. 그러나 제가 원하는 것을 하지 마시고 아버지께서 원하시는 것을 하십시오." … "마음은 간절하나 몸이 따르지 못한다."(마르 14,33-38)

임박한 죽음으로 말미암은 커다란 슬픔과 고통은 얕은 수준의 것이 아니었는데, 앞서 코헬렛 저자와 마찬가지로 예수가 죽음에 직면한 사람이 갖는 두려움과 불안을 맛보았기 때문이다. 따라서 "이 잔"을 할 수만 있다면 그에게서 거두어 달라는 대목을 달리 번역하기란 어려워 보인다. 예수는 가능하다면 그가 죽음에서 벗어나기를 기도

41) Conzelmann, *A Commentary on the First Epistle to the Corinthians*, p. 47.

한다. 이는 약한 육체의 욕망, 곧 항상 자기 보전에 신경을 쓰는 육체의 욕망이다. 그러나 심지어 이런 고난과 두려움 속에서도 예수는 여전히 하느님을 아바라고 부르며 기도한다. 예수는 극심한 고통과 죽음이 분명히 다가오는 것을 보면서조차 하느님을 자기 아버지로 체험한다. "제가 원하는 것을 하지 마시고 아버지께서 원하시는 것을 하십시오" 라는 예수의 응답은 복음사가들이 기억하는 것처럼 예수 안에서 자기 중심적이고 육적인 의식이 신비한 하느님 지혜의 깨달음과 자기희생적 의식으로 극복됨을 뜻한다. 여기서 하느님이 고통받고 죽어 가는 이를 구원하리라 기대하기 어려운데, 이는 하느님이 자기 보전을 위해 봉사하는 분이 아니기 때문이다. 지혜 의식은 고통을 경감시키거나 죽음에서 구해 줌으로써 코헬렛 저자와 욥의 질문에 답하지 않는다. 오히려 의식을 자기 부정적 사랑으로 변화시킴으로써 육체에 집착하고 삶을 자랑하는 자기중심적 자만에서 벗어나게 해 준다.

예수의 이런 의식이 좋은 예로 제시되고 있는 곳이 코린토 후서 5장 12절부터다. 바오로는 여기서 자신을 코린토인들에게 선물로 주어서 "마음이 아니라 겉만을 자랑하는 이들에게 준비된 한 가지 답을" 코린토인들이 갖도록 한다. 다시 한번 단지 그럴 것 같은 것을 보는 세상적 지혜와 그리스도의 죽음 한가운데로 이끄는 신앙 이해 사이의 대조가 두드러진다. 이 죽음에 대한 까닭이 설명된다.

> 그리스도의 사랑이 우리를 다그칩니다. 한 분께서 모든 사람을 위하여 돌아가셨고 그리하여 결국 모든 사람이 죽은 것이라고 우리가 확신하기 때문입니다. 그분께서는 모든 사람을 위하여 돌아가셨습니다. 살아 있는 이들이 이제는 자신을 위하여 살지 않고, 자기들을 위하여 돌아가셨다가 되살아나신 분을 위하여 살게 하시려는 것입니다.(2코린 5,14-15)

만일 그리스도가 모든 이를 위해 죽었다면 그리스도인들은 죽음이 실제로 그리스도인 삶에 구석구석 연결돼 있으므로 모든 의미의 끝이라고 여겨서는 안 된다는 것을 깨달아야 한다. "결국 모든 이들이 죽은 것(pantes apethanon)"이라는 말은 모든 이들이 자기중심적, 자랑하는 의식을 버려서 더 이상 자신을 위해(heautois zōsin) 살지 않게 된 것을 뜻한다. 따라서 그리스도의 마음을 아는 것(1코린 2,16)은 하느님이 인간 관심사 중심에 있는 세상적, 육체적 실존과 또 그 육체를 유지해 주는 분이라고 생각해서는 안 된다는 것을 의미한다. 또 하느님이 불행, 고통, 괴로움에서 구해 줄 것이라고 기대해서는 안 된다는 것을 의미한다. 이는 하느님의 지혜 이해가 아니라 오히려 자아에서 떨어지지 않으려는, 회심하기를 거부하는 인간의 고민이 투사된 것에 지나지 않는다. 이것이 종교적 환상의 기원이다. 하느님을 아바로서 깨달았을 정도로 친밀했지만 어떤 천사의 무리도 예수를 십자가에서 구하기 위해 내려오지 않았다. 따라서 지혜의 결과는 욥과 그의 친구들이 생각한 것처럼 장수와 번영스런 삶을 얻는 데에 있지 않다. 그리스도가 십자가 위에서 그렇게 죽어 가도록 버림받은 뒤에 하느님이 살아 있는 존재의 고통에 개입하려는 어떠한 강력한 행동도 기대하기 어렵다. 이는 그러한 육체적 기대를 버리고 바오로가 요청했던 이해에 대한 한 신비적 영역으로의 변화를 말한다. 이 영역 안에서 고민스럽게 질문을 던지고 자아의 운명에 대해 걱정하는 일이 점차 세상에서 하느님의 통치를 실천하는 일에 투신하는, 다시 말해 "우리들을 위해서 죽으셨다가 다시 살아나신 그리스도를 위한 삶"으로 바뀌어 가는 것이다.

부활

예수 부활은 바로 이 맥락에서 이해되어야 한다. 예수가 다시 산 것은 "십자가 스캔들에 대한 하느님의 바로잡음"[42]이 아니다. 그리스도인이 예수가 죽음에서 다시 사셨다고 선언할 때 이들이 표현하고자

42) Schillebeeckx, *Jesus*, p. 539.

한 근본적인 실체는 죽음조차도 예수의 아바 체험을 훼손시키지 못한다는 것이다.[43] 죽음은 이 체험의 깨달음을 특징짓는 직접성과 즉각성을 약화시키지 못한다. "그리스도인의 부활 전망(부활절 출현)은 세상의 빛으로 지금 오시는 그리스도이신 예수에게로 돌아서는 회심이다."[44] 오직 이런 지혜 이해만이 부활한 예수가 하느님 아버지를 거울처럼 한 점 티 없이 또 밖으로 환하게 비쳐 주는 것으로 볼 수 있는데, 이는 예수가 모든 사람들을 비추는 진정한 빛이기 때문이다(요한 1,9). 따라서 예수는 "우리 세계에 다시 돌아온"[45] 영웅적 인물이 아니다. 또 하느님의 부성(父性)이 그리스도가 우리를 모든 역경에서 보호할 것이라는 것을 의미하는 것도 아니다. 이런 생각은 신앙이 아니라 자기중심적인 태도로 어떤 표지에 매달리는 데서 생기는 것이다.

따라서 예수의 죽음과 부활에 대한 이 지혜 이해는 욥의 자기 정당화를 위한 탄원이나 코헬렛 저자의 자기중심적 낙담에 큰 위로를 주지 않는다. 그렇다고 지혜서에 나오는 것같이 그리스의 철학적 불멸 사상을 재확인하는 것도 아니다. 오히려 이것은 죽음을 향한 삶이라는 점이 이해되고 또 살아지는 그런 맥락으로 변화하도록 초대하는 것이다. 다시 말해 인간의 유한성을 깨닫고 받아들이는 것이 필요하다는 점을 강조한다.

> 예수가 이렇게 철저히 자신의 유한성을 받아들이고 또 죽음 속에서 하느님과 조화를 이루었다는 사실은 인간 역사의 유한성 속에서 구원이 우리의 유한성에 대한 영웅적 초월로 성취되는 것이 아니라, 우리가 가진 한계 내에서 역사 안에서는 결코 완성될 수 없는 그것을 거부할 준비가 되어 있는 상태에서만 가능하다는 점을 우리에게 확인시킨다.[46]

---

43) 같은 책, p. 542.
44) 같은 책, p. 384.
45) 같은 책, p. 395.

내 생각에 이는 바오로가 코린토 후서 5장 16-17절에 서술하고 있는 그리스도 이해와도 상응한다고 본다. "우리는 이제부터 아무도 속된 기준으로 이해하지 않습니다. 우리가 그리스도를 속된 기준으로 이해하였을지라도 이제 더 이상 그렇게 이해하지 않습니다. 그래서 누구든지 그리스도 안에 있으면 그는 새로운 피조물입니다. 옛것은 지나갔습니다. 보십시오, 새것이 되었습니다." 육체(oidamen kata sarka)에 따른 이해는 그리스도를 영웅적 인물, 곧 십자가의 현실적 승자로 보는 세상의 지혜이다. 그리스도 안에 있다(en christō)는 의미는 그를 육체에 따른 것으로 이해하지 않으면서 오히려 그리스도는 아바 지혜[47]를 비추는 거울로 새긴다.

결 론

그리스도의 의미에 대한 그리스도인의 기본적인 경험과 이해는 자기를 내세우는 의식에서 신비적, 직접적이고 즉각적인 하느님-아바 경험으로 회심하여 나아간다. 이 체험은 한편에서는 죽음을 피하지 않고 철저히 유한성과 태어남에서 죽음까지 변화하는 상황의 전체 흐름을 받아들이면서도, 이런 변화의 강물이나 또 죽음으로 끝나는 것으로 소멸되거나 무의미함을 뜻하지 않는다. 안티오키아의 이냐시오는 그리스도는 침묵하는 하느님의 말씀[48]이라고 했다. 그러나 말로 하는, 세상의 이해에 대해서도 이 침묵은 그대로 남는다. 모든 중재하는 "아버지 하느님(father-god)", 곧 인간의 유한성을 거두어 가서 우리를 고통과 죽음에서 구해 주실지도 모르는 그런 하느님에 대한 모든 기대는 환상이기 때문이다.

---

46) Schillebeeckx, *Christ: The Experience of Jesus as Lord*, p. 793.

47) 또한 Norman Perrin의 *The Resurrection according to Matthew, Mark, and Luke*를 보라.

48) Ignatius of Antioch, *Epistula ad Magnesios*, 8:2.

이런 자기 집착 의식의 정반대가 바로 하느님-아바가 예수 안에서 비추게 하고 또 신약에서 예수를 하느님의 적극적인 힘의 한 점 티 없는 거울로서 지혜와 동일시하도록 하는 것이다.

이 장에서 우리는 신약의 많은 구문들에 제시된 그리스도 의미에 대한 신비적 이해에 초점을 맞추었다. 그러나 이 의미를 정확하게 받아들이고 객관화하며 이를 명료하게 표현할 필요는 사실 처음부터 있어 왔다. 오직 신비적 이해의 영역에서만 그리스도가 하느님 지혜라는 통찰을 얻을 수 있다는 사실에도 불구하고 인간 이해는 이 영역에만 제한되는 것은 아니다. 계속되는 그리스도교 사고의 발전 속에서 정확하고 이론적인 이해에 대한 질문들이 초점으로 모아지면서 대답도 더욱 분명하게 제시돼야 했다. 초기 그리스도인 사상가들은 곧 (어떤 이들은 거의 즉시라고 말할지도 모른다) 신학을 구축하기 시작했고 가능한 사고 형식을 동원해 이들의 신앙 이해를 표현하기 시작했다. 이들의 암묵적 가정과 명시적 교의와 더불어 이런 사고 형식들이 우리 현 시대의 맥락에서 그리스도 의미를 세우려 하는 여러 시도들에 문제가 되고 있음은 주지의 사실이다. 이런 노력의 두 번째 흐름으로서 불교적 사고는 그리스의 철학적 신학에 대해 하나의 분명한 대안으로서 자리매김될 수 있으며 또 아바, 십자가, 부활과 같이 그리스도에 대한 신비적 이해를 더 잘 나타낼 수 있을 것이다. 그러나 전통적 그리스도인들의 신앙 이해인 그리스 형식이 적당하지 않다고 제안하는 것이 이 형식 전체를 부정하는 것은 아니다. 오히려 신학 자체가 항상 역사적 맥락에 뿌리를 두며 또 여기서 사용되는 언어적 바탕에 제한된다는 점을 강조하고자 한다. 누구든 역사적으로 전개된 초기 그리스도론을 잘 알아야 한다. 따라서 다음 장에서는 그리스도론 발전의 초기 단계와 이어 그리스도론 안에서 사고 형식이 어떻게 변화했는가를 중심으로 간단하게 살펴보겠다.

3장
그리스도 의미에 대한 이론적 통찰

앞장에서는 초기 그리스도인의 바탕이 되는 체험이라 할 수 있는 하느님-아바에 대한 직접적이고 즉각적인 체험의 얼개를 그려 봤다. 예수를 원형으로 모델 삼은 이 체험은 죽음으로도 훼손되지 않으며 삶에 대한 자기중심적 집착을 초월한다. 이 체험은 의미의 신비적 영역으로 나아가는데, 여기서 그리스도 의미가 재해석되고 또 명료하고 논리적인 용어로 표현할 필요 없이 이를 깨닫게 된다.

그러나 그렇다고 하더라도 초기 그리스도인들이 논리적 용어들의 의미 영역에 대해 비판적으로 의식하고 있었다는 것은 아니다. 오히려 대부분의 사람들처럼 이들은 각각의 영역을 따로 구분하려 애쓰지 않았다.[1] 이들은 차별화되지 않은 의식 상황(undifferentiated state of consciousness) 안에서 대부분의 삶을 보냈는데, 이 의식 상태에서 사람들은 실질적이고 일상적 상식의 의미를 이론적 의미와 구분하지 않았고 또 앞의 두 의미를 신비적 의미와도 구분하지 않았다. 그리스도인 대부분은 전문적 종교인도, 철학자도 아니며 언어로 이 체험의 의미를 펼치려는 이론적인 시도로부터 하느님-아바 체험을 한다는 것이 직접적으로는 무엇을 의미하는지에 대해 분명한 윤곽을 그려야 한다는 절박한 필요를 느끼지 못했다.

그러나 초기 그리스도교 사상가들이 점차 합리적인 논쟁과 실체적

1) 의미의 영역에 대한 설명에 관해서는 버나드 로너간(Bernard Lonergan)의 *Method in Theology*, pp. 81–85와 *The Way to Nicea: The Dialectical Development of Trinitarian Theology*, pp. 1–17을 보라.

인 수사에 익숙한 그리스 문화 토양 안으로 들어감에 따라 명시적으로 자신들의 신앙을 이론적으로 발전시킬 필요가 점점 더 절박해졌다. 첫 몇 세기 동안에는 유대인과 이교도 비판자들에 대항해 그리스도인들 자신을 보호해야 했던 것도 사실이었지만, 이 새로운 종교가 이방인 문화에 대해 점차 존중받는 종교로 자리 잡아 가자 이들 그리스도인 가운데 꽤 많은 이들이 그리스의 철학적 사상을 교육 받고 이 사상에 정통하게 된 것도 역시 진실이다.[2] 이들이 그리스도 신앙을 말로 표현하고 또 이해하기 위해서 이들이 그 철학적 사고 틀 안에서 이를 표현해야 했던 것은 당연한 일인지도 모른다.

그리스 사상의 수용과 문제점

신앙에 대한 철학적 이해는 기원후 132년 이전에 개종했던 순교자 유스티노(Justin Martyr)의 개종에 대한 유명한 설명으로 쉽게 설명된다. 그의 개종에 대해 흔히 사람들이 하는 이야기에 따르면, 유스티노는 자신이 서로 경쟁하는 여러 철학에서 종교적 이해를 구해야 했다고 말한다. 그는 스토아, 피타고라스, 소요학파(逍遙學派, Peripatetic)의 주장에서 의미의 결핍을 발견했기 때문에 플라톤 철학으로 기울었고 "불멸하는 것에 대한 인식이 나를 아주 압도했으며 사상들에 대한 명상은 내 정신에 날개를 달아 주었다."[3] 그러나 그는 한 늙은 그리스

2) 그리스도인 사상가들의 관련에 대해서 George L. Prestige는 *God in Patristic Thought*, p. 236에서 쓰기를 "이들은 하느님이 정말로 무엇인지 성경 자료에서 추론하는 참으로 이론적인 관심을 가졌다. 이들에게 신학적인 문제는 그리스도교 철학 안에서의 한 연습이었고 복음을 보존하기 위해서 책임을 지고 돌봐야 할 필요만큼이나 그 추론적 이론 자체에 대한 흥미를 위해 열중했다. …" 이는 그리스 그리스도교 사상가들에 있어서 변증론적 동기를 지나치게 강조하는 것에 대하여 적절히 교정해 주는 역할을 하고 있는 듯하다.

3) Justin, *Dialogue* 8, in Dods, Reith, and Pratten, *The Writings of Justin Martyr and Athanagoras*, in *Ante-Nicene Library*, vol. 1, p. 198. 유스티노가 그리스 철학에 대하여 어떠한 관심을 갖고 있는지에 관한 설명에 관해서 Erwin

도인을 만났는데 그는 플라톤 사상의 부적절함을 지적했고 유스티노를 그리스도 신앙으로 개종시켰다. 유스티노는 이 과정을 이렇게 말한다.

> 한 불꽃이 내 영혼에 확 지펴졌고 예언자들과 그리스도의 친구들의 사랑이 나를 사로잡았다. (그 늙은 그리스도인이) 그의 언어로 말을 하는 동안 나는 (그리스도 신앙의) 철학이야말로 오직 안전하고 득이 되는 것임을 발견했다. 따라서 이러한 까닭에 나는 비로소 한 철학자일 수 있는 것이다.[4]

따라서 그리스도 신앙에 대한 철학적, 이론적 이해의 발전은 외부에서 강제된 외래적 요소가 아니라 철학적 소양이 있는 그리스도인들이 이리저리 유기적으로 이해를 탐색해 나간 데에 있다.

이와 같은 이론적 시도는 얼마나 다양하게 독립된 신앙 통찰이 서로 연결돼 있는지에 초점을 맞추며 이 통찰을 논리적이고 일관적 형식[5]으로 표현하려 한다. 이를 위해 논리적이고 일관성 있는 용어들, 곧 기능적인 언어를 사용해야 한다. 오직 이런 기능적 용어는 그리스 철학 언어에서 찾을 수 있었는데 이는 성경의 저자들이 신앙에 대한 이론적 표현을 위해 일관되고 기능적인 용어를 개발해 내지 못했기 때문이다. 따라서 그리스도인 사상가들은 적응이 필요한 곳에서는 자기들의 신앙 통찰[6]을 이해하고 표현하기 위해 그리스 사고

R. Goodenough, *The Theology of Justin Martyr*, pp. 57-77을 보라.

4) Justin, *Dialogue* 8, in *Ante-Nicene Library*, vol. 1, p. 198.

5) 버나드 로너간은 그의 *The Way to Nicea*, pp. 4-5에서 이론적 신학의 목표는 유클리드(Euclid)의 수학적 형식의 정밀함과 명료함으로 교의를 표현하는 데에 있다고 말했다.

6) 단지 그리스 관념이 그리스도교 담론으로 이동해 들어간 것이 아니라 오히려 그리스도인 사상가들의 이해에 일치하고자 변화되고 적응되었다. Grillmeier, *Christ in Christian Tradition*, vol. 1: *From the Apostolic Age to Chalcedon (451)*, p. 107은 이 과정을 "두 걸음 진전에 한 걸음 후퇴"라고 묘사했다.

방식을 수용했다. 이에 대해 인용할 만한 사례들이 있는데, 위대한 유대인 신학자 알렉산드리아의 필로(Philo of Alexandria)가 그의 깊은 신앙 인식을 표현하기 위해 그리스 사고 형식을 재가공했던 점[7]이나 콜로새서 저자가 플라톤, 스토아 철학의 중심에서 나온 주제를 재해석하고 이어받았다는 점에서도 찾아진다.[8]

그러나 복음을 실제적이고 또 신비적으로 이해하는 데서 나오는 이론적 의미에 대해 그리스도인이 이원적으로 이해하는 과정은 쉽지도 평탄하지도 않았다. 그리스도인 공동체 안에서 여러 문제와 긴장을 일으켰으며 심지어 오늘날에도 이원적 이해의 모습이 보인다. 그리스도교 이론 안에서 초점이 한 사람의 일생에서 은총과 구원의 실현이라는 데에서부터 그리스도인 통찰을 논리적이고 일관된 형식으로 분명하게 설명하는 것으로 옮아갔다. 그러나 비록 이렇게 의미를 두 갈래로 갈라서 보는 태도가 실제로 일어나고 있었다고 해도 실은 아주 소수에 불과했는데, 이들은 신비적이고 또 한편으로는 이론적인 의미 영역에서 모두 신앙의 성장을 돕는 의미에 대한 비판적인 이해를 발전시켰다. 신비적이고 상식적이며 이론적인 영역 사이에 있으면서 무의식적 편견 없이 이런 전환을 설명할 수 있는 사람은 몇 안 되었다. 이론적 명민함은 지녔지만 그리스 철학의 문제의식에서 아무런 가치를 보지 못한 테르툴리아누스(Tertullian, 160–220) 같은 사상가에게 이론적 형식은 불필요했고 위험하기까지 했는데, 그 까닭은 이론적 형식이 관심을 규범적 신앙생활에서 아무 쓸모없는 공론으로 흩어 놓기 때문이었다.[9] 심지어 칼케돈 공의회(451)에서도 그리스도인 사상가들은 여전히 성경에 나오지 않는 말은 신앙을 성장시키는

---

7) 필로에 관한 완전하고 통찰적인 개요를 보려면 Louth, *The Origins of the Christian Mystical Tradition*, pp. 18–35를 참조하라.

8) Schillebeeckx, *Christ: The Experience of Jesus as Lord*, pp. 181–192.

9) Richard Alfred Norris, *God and World in Early Christian Theology*, pp. 99–128. 삼위일체에 대한 이론적인 이해에 있어 테르툴리아누스의 명민한 설명과 관련해서는 Prestige, *God in Patristic Thought*, pp. 104–106을 보라.

데서 쓰여서는 안 된다는 시대착오적인 조언을 했다.[10)]

그러나 의식의 전환이 하느님의 통치를 실천하는 데에 뿌리를 둔 분화하지 않은(undifferentiated) 신비적 의미 영역에서 이론 영역으로 나아갔기 때문에 그리스도인의 의미에 대한 기준이 달라지기 시작했다. 이론가들에게 의미는 이해 속에서 누구에 의해서든 이 의미가 깨달아지거나 아니거나 간에 종교적 가르침의 내적 일치를 포함한 데 비해, 신비적 사상가에게 의미는 실천 속에서 체득하거나 깨달을 때야만 비로소 발생했다. 체사레아의 에우세비오(Eusebius of Caesarea, 260-339)는 그의 저서 『교회의 역사』(*Ecclesiastical History*)에서 이론적 의미를 추구하는 데 몸담지 않았던 아펠레스(Apelles)와 이론화를 그리스도교 교사의 구실에서 필수적인 것으로 보았던 로돈(Rhodon) 사이의 논쟁을 소개한다.

> (아펠레스는) 자주 그의 실수가 반박당하자 우리는 지나치게 자세히 교의에 대해 물어서는 안 된다고 하면서, 또 모두가 그렇게 믿어 왔으므로 자신도 그 자리에 남아야 한다고 말했다. 그는 오직 선행을 할 때야만 십자가에 못 박힌 자에게 희망을 거는 이들도 구원받을 것이라고 주장했다. 그러나 그가 발한 것 가운데 가장 불분명한 것은 그가 하느님에 대해서 말할 때이다. 우리도 그렇게 하기는 하지만 그는 확신에 차서 하나의 원리(One Principle)만이 있다고 말한다. 그래서 내가 그에게 "그것을 어떻게 우리에게 보여 줄 수 있는지 또 무슨 근거로 하나의 원리가 있다고 하는지 말해 보라"고 하면 … 그는 자기도 모르지만 어쨌든 그것은 그의 신념이라고 대답한다. 그래서 내가 진실을 말하는 것임을 맹세하라니까 그는 자기가 진실을 말하고 있으며 오직 한 원인자인 하느님이 어떻게 계신지 모르지만 그럼에도 그는 믿는다고 선서했다. 그래서 나는 그를 비웃었고

10) Jaroslav Pelikan, *The Christian Tradition, A History of Doctrinal Development*, vol. 1: *The Emergence of the Catholic Tradition (100-600)*, pp. 209-210.

스스로가 선생이라고 불렀지만 자신이 가르친 것을 증명하지도 못 한다고 그를 공개적으로 비난했다.11)

이론적 영역에 몸담고 있는 로돈에게 아펠레스가 실천에 중심을 두고 또 논쟁에 관심이 없었던 점은 존경받을 수 없는 것이었다. 로돈은 합리적 주장을 바탕으로 하는 이론 영역 안에서만 의미는 획득될 수 있다고 보았는데 그것은 그가 의미의 다른 영역에 대한 하나의 이론적 편견 아래서 고생을 했기 때문이다.

그리스 이론적 사유 방식에 가장 열려 있던 그리스도인 사상가 가운데 한 명인 알렉산드리아의 클레멘스(Clement of Alexandria, 200)는 덜 이론적인 그리스도인을 못마땅하게 생각하고 또 그리스 철학을 수용하여 신앙의 의미에 대해 이론화하는 것에 반대하는 이들의 상식이라는 편견에 철저히 반대했다.12) 그는 이렇게 불만을 토로한다.

> 겁 많고 소심한 이들이 우리가 신앙을 형성하는 가장 필수적인 것에 오직 관심을 쏟아야 한다고 말하며 또 우리가 불필요한 것들은 그냥 지나쳐 가야 한다고 강조하는데, 이것들은 실현하려 하는 목표에 아무런 도움도 주지 않는 쓸 데 없는 데에 우리를 묶어 놓고 또 혼란하게 한다고 귀에 못이 박히도록 말하고 있음을 나는 알고 있다. 한편으로 철학이 장난기 있는 발명가의 손에 있는 사악한 자료, 곧 인간을 파멸하기 위해 주어진 것으로 판명될 것이라고 생각하는 다른 이들도 있다.13)

---

11) Eusebius of Caesarea, *The History of the Church*, trans., G. A. Williamson, p. 216.

12) 편견의 본성과 관련해서는 Bernard Lonergan, *Insight: A Study of Human Understanding*, pp. 226ff.

13) *Stromata*, 1:1는 Edwin Hatch의 *The Influence of Greek Ideas on Christianity*, pp. 130-131에서 인용됨. 또한 R. E. Lilla, *Clement of Alexandria: A Study in Christian Platonism and Gnosticism*, pp. 9-59, "Clement's Views on the Origin and Value of Greek Philosophy."

이 기록에서 클레멘스가 반대하는 것은 철학 이론이 구원이라는 목표로 이끌지 않으며 이 목표를 달성하지 못하게 붙잡아 놓기 때문에 버리는 것이 낫다는 점이다. 실제적이고 상식적인 영역의 의미에 있어 이론은 단지 실천 옆에 놓인다. 한편 신비적 이해의 의미에서 이론은 직접적이고 즉각적인 통찰에서 마음을 이탈하게 한다. 클레멘스의 비판은 실패했는데 그것은 이들이 도대체 이론이 무엇인지에 대해 이해조차 못하고 있었기 때문이다. 만일 믿음에 대한 이론적 사고의 과제가 신앙을 논리적이고 일관되게 이해하도록 전개해 나가고 분명하게 설명하는 것이라면, 이론적 사고가 구원으로 이끌지 못한다고 해서 이를 거부하는 것은 적절하지 않다. 이런 모순은 비판자와 이론가 둘 다 이 다른 영역들을 제대로 이해하지 못했다는 사실에서 기인하는데, 이들은 다른 영역들 안에서 의미를 이해하였기에 철학자들의 이론적 이해의 절박성과 성인(聖人)의 절박성이나 또는 상식의 세계에서 살아가는 종교인의 현실적인 수행을 위한 필요 간의 차이를 분명하게 구분하지 못한 것이다.

따라서 그리스도교 사고의 이론적 발전은 일부에서 주장하듯이[14] 복음 전체를 버려야 하는 것도 또 다른 편에서 말하듯이[15] 복음에서 단선적으로 성장하는 것도 아니다. 오히려 그리스도교적 사고는 그리스도교 이론의 내용을 발전시키는 데로 나아가는, 기본적으로는 신비적 복음 체험에서 나온 유기체적 성장이다. 성장의 지속성은 이 기본적 체험에서 비롯되는데 이는 그리스도인 사상가들의 생각의 원천이요 중심이다. 차이점은 영역의 전환과 이에 이어지는 의미를 형성하는 것에 대한 이해의 전환이다.

---

14) Adolph von Harnack의 *Lehrbuck der Dogmengeschichte* 영어 번역판. Neil Buchanan, *The History of Dogma*.

15) Charles D. Gore는 *The Incarnation of the Son*, p. 105에서 그리스 사상은 “교의적 목적을 위한 정확하고 영구적 용어를 갖추기 위해 어떤 다른 언어보다도 적합한 언어”를 제공했다고 썼다.

그리스도의 의미를 이해하기 위한 이런 이론적 시도는 하느님이자 동시에 인간인 그리스도 의미에, 또 마찬가지로 어떤 식으로든 그리스도와 성령 모두를 포함하는 하느님 의미에 초점을 둔다. 그 뒤 그리스도론과 삼위일체 사상은 전통적인 서구 신학 형식을 형성했고 이 책 2부에 나오는 대승불교적 신학을 설명할 때 자주 인용되는 꼬리표 구실을 한다. 따라서 우리는 육화와 삼위일체 교리 발전의 주요 흐름을 간단하게 개괄해 보려 한다. 그러나 무엇보다도 먼저 이 발전의 개념적, 용어상의 배경을 이해해야 한다.

논쟁 전개 과정에 따른 개념 형성

신과 동시에 인간이라는 그리스도에 관한 교리의 발전은 하느님이 의미하는 바와 인간이 의미하는 바에 대한 개념적 이해에 따라 뼈대를 이루었는데 이것은 이 두 차원이 동시에 하나의 그리스도에 적용될 수 있다는 형태로 이해되어야 했기 때문이다.

초기 그리스도인들은 성경적 전통의 계승자였고 그리스도의 삶과 죽음에서 아바로 표현된 야훼 하느님을 이해하는 데에 익숙했다. 이들은 지혜를 야훼와 관련시키는 데 정통했으며 그리스도가 하느님 지혜와 같다고 여겼다. 그러나 이런 생각들은 교리의 이론적 표현으로 쉽사리 옮겨 가지 않았는데 이는 이들이 하느님이 누구인가에 초점을 둔 것이 아니라 어떻게 하느님이 인간과의 관계 속에서 활동하는가에 중심을 두었기 때문이다. 그러나 상당히 발전된 이방인 그리스 신학이 이미 발전해 있었고 그리스도인들이 손쉽게 사용할 수 있도록 준비되어 있었다. 플루타크(Plutarch, 45)와 티로의 막시무스(Maximus of Tyre, 180)[16]가 묘사한 것처럼 그리스도인은 무근원적(unoriginated)이고 무감정한(impassible) 존재인 그리스적 하느님 개념을 적대감 없이 쉽게

16) Hatch, *The Influence of Greek Ideas*, p. 242를 보라.

받아들였다. 또 이 하느님 관념은 신에 관한 이론적 이해의 출발점이 되었다. 고대 그리스 신화를 오랜 철학적 과정을 통해 비신화한 결과로 등장한 이런 관념은 그리스도교 사상가들에게 매력이 있었는데 그것은 이 사상들이 미숙한 인간적 상상력(anthropomorphic imaginings)을 넘어서는 잘 발달된 이론을 제시했기 때문이다. 따라서 그리스도교 교의의 발전에서 이런 하느님 관념이 하느님이자 인간인 그리스도를 이해하는 하나의 축으로 구실한 것은 아주 자연스럽다. 만일 그리스도가 하느님이라면 그리스도는 무근원적이고 무감정한 존재이어야 하는 것이다.

무감정하고 무근원적[17] 특성을 띠는 그리스도는 어떤 식으로든 피조물 세계에서 겪는 고통과 변화를 벗어나고 또 넘어서야 했다. 따라서 문제는 그리스도가 인간이 내포하는 온갖 쉼 없는 변화와 고통을 당하며 인간처럼 행동했다는 것, 곧 신약 성경이 전하는 대로 실제로 고통받고 죽었다는 점에 있다.

그리스도론의 다른 한 축은 단순히 한 인간을 성립하게 하는 것에 관한 질문이었다. 그러나 무감정하고 무근원적인 하느님에 대한 그리스의 철학적 신학이 중세라는 웅덩이에 두루 퍼져 있었던 반면 그에 상응하는 어떠한 일치된 인간학적인 이해는 없었다. 중기 플라톤 철학의 주제에 기반을 두었던 영지주의 분파들은 인간이 물질의 나락으로 떨어진 불멸하는 영혼을 갖고 있는 것으로 이해했다. 그러나 영혼은 여전히 인간을 더 높은 차원으로 묶어 놓으며 따라서 구원은 이 "진정한" 자아를 깨닫고 이 높은 차원을 얻는 것으로 이루어진다.[18] 이러한 인간학적 형태는 일부 그리스도인들이 받아들이고 또 적용했는데, 이들은 그 뒤 그리스도를 유일자(the One)에서 물질이 파생됨에 있어서 하느님에게서 나온 첫 발산(emanation)으로 간주하는

17) agenetos(무근원의)와 agennetos(태어남이 없는)이라는 용어의 혼합에 관해서는 Prestige, *God in the Patristic Thought*, pp. 37–54를 보라.

18) Pelikan, *The Emergence*, pp. 81–97.

경향을 보인다. 아마도 이는 영혼에 대한 이런 인간학적 영향력 때문이었을 것으로 보이는데, 이를테면 초기 그리스도인들은 그리스도가 일부 영지주의에서 말하는 발산(emanation)을 의미하는 것으로 여겨질까 우려하여 그리스도가 인간의 영혼을 가졌다는 것을 강조하거나 심지어 인정하는 데 있어서도 주저했다. 또한 이들은 인간 영혼이 불멸한다는 것을 부정하려는 경향이 있었다. 오히려 불멸성은 신앙의 결과로 하느님이 이 영혼에 부여한 것으로 이해됐다.[19]

무엇이 인간을 성립시키는가에 대한 엇갈리는 이해 가운데 주요한 것은 아리스토텔레스의 사상인데, 그는 모든 사물을 종(種)과 류(類)를 기준으로 규정하려 했다. 그는 인간은 이성의 동물[20]이며 자신이 무엇인지를 결정하는 이성의 형식이 영혼이라고 가르쳤다. 이런 이해에서 영혼은 더 높은 차원으로 연결하는 고리는 아니지만 인간 활동의 기본이 된다. 이런 생각이 결과적으로 그리스도론 논의에서 주류를 이루게 됐고 그리스도는 육체와 영혼을 지닌 한 인간으로 이해되는 것이다. 삼위일체 교의의 발전이 육화 교의의 발전으로 이어졌다는 것은 사실이지만, 신앙의 깨달음을 표현하는 데에 쓰도록 받아들일 만한 개념적이고 철학적인 틀은 없었다. 그리스도 안의 신성과 인간이라는 문제를 다루면서 교부들은 자신들의 뜻대로 하느님과 인간에 대한 아주 잘 정리된 생각들을 갖고 있었다. 그러나 하나 안의 셋으로서 하느님 교리의 발전은 개념적이고 언어적인 도움을 받지 못했는데, 그것은 사실 그리스 철학자들이 특히 신적 다양성에 관한 어떤 생각이든지 초월하기 위해 무근원적, 무심한 본질의 하느님이라는 생각을 발전시켰기 때문이다.

삼위일체인 하느님이라는 이들의 이해 속에서 교부들은 새로운 개념적이고 용어론적 장치를 만들어 내야 했으며, 이 과정의 역사가 자주 사용되는 용어의 의미를 정제하거나 또 원하지 않는 함의를

19) Goodenough, *The Theology of Justin Martyr*, pp. 212ff.
20) Frederick Copleston, *A History of Philosophy*, vol. 1: *Greece and Rome*, pp. 69-73.

빼 버리는 역사였던 것이다.

사용된 주요 용어 대부분은 그리스 철학에서 광범위하게 사용되지 않았다. hupostasis도 또 prosōpon도 잘 규정된 철학적 용어가 아니었다. ousia라는 용어가 비록 "존재" 또는 "본질"이라는 의미로 그리스 사고에서는 공통적으로 쓰였지만, 셋이기보다는 하나인 하느님의 본질에 적용시키는 데서는 그리스도인의 손을 거쳐야 했다.

그러나 삼위일체 교리를 표현하기 위한 철학적 개념과 언어학적 도움이 없었다고 해서 그리스의 그리스도교 사상가들이 아무 문화적 바탕이 없는 진공 상태에서 작업을 한 것을 뜻하지는 않는다. 삼위의 독특성을 명확히 밝히는 데 있어 부동의 자리를 차지했던 기준은 하느님을 아바로 이해한 것이 아니라, 무근원적이고 무감각적 본질의 하느님에 대한 관념이었다. 그리고 진정한, 객관적인 내용을 각각의 관념과 용어로 일치시키는 그리스 사고의 존재론적 주요 흐름도 이 전개 과정에서 분명하게 보이듯 커다란 구실을 했다.

그리스도론의 내용

교회의 첫 몇 세기 동안 그리스도론적 사고의 발전은 실제로 신실한 그리스도인들의 신앙을 반영한다. 이 신학에 대해 대승불교적 대안을 제시함에서도 신학을 훼손하거나 특정한 언어, 문화적 상황 안에서 나온 신학의 유효성을 퇴색시켜서는 안 될 것이다. 한 신학이 뒤로 밀려난다면 이는 상황이 변했기 때문이다. 따라서 새로운 신학이 등장해야 한다면 이것의 기원을 잘 이해하고 새 언어 안에서 이 신학의 중심 주제를 다시 생각해야 한다. 초기 신학 전통에 익숙함 없이는 그리스도론을 전개할 수 없으며 이 전통을 넘어서려 아무리 애쓴다 해도 성취해 낼 수 없다.

그리스도는 어떻게든 하느님이자 인간으로 이해돼야 한다는 주장은 하느님이 인간에게 완전히 개방한 예수의 근본 체험을 되풀이

한 말에 지나지 않는다. 예수가 어떤 의미에서 신이 아니라면 어떻게 이런 완전한 개방이 가능했겠는가? 또한 그가 인간이 아니었다면 어떻게 그의 체험이 인간에게 의미가 있었겠는가? 하느님이자 인간이라는 두 극단적 축을 부정하는 선택들을 배제하는 데에 있어서 오고 가는 주장들은 그리스도 신앙의 이 기본적 체험, 곧 예수를 통한 아바(Abba)에 대한 깨달음에 비춰 볼 때야만 이해가 가능하다. 우리가 어떻게 이 체험을 분명하고 일관되며 논리적인 언어로 표현할 수 있을까?

기본 주제는 안티오키아의 이냐시오가 사용했던 두 단어로 조합된 대구 형식에서 드러난다.

육체적인 것과	영적인 것
생긴 것(begotten)과	생기지 않은 것(unbegotten)
육체로 된 것과	하느님
(죽음의) 체험과	진정한 생명
마리아에게서와	하느님에게서
고통받는 첫 사람과	무감각한 사람[21]

이 대조적 묘사는 성경과 전통의 예수를 말하고 있는데, 신적이고 인간적인 특질이 예수에게 있음을 보여 준다. 그러나 이런 식의 설명은 단지 모순적일 뿐이라는 비판[22]을 불러왔음이 분명해 보인다. 그리스도인들 사이에서 이를테면 첼수스(Celsus) 같은 이는 "그들이 말하는 것처럼 하느님이 정말로 자신을 유한한 생명의 몸으로 변화시키든

---

21) Ignatius, *Epistle to the Ephesians*, 7:2는 Grillmeier의 *Christ in Christian Tradition*, p. 87에서 인용되고 번역되었다.

22) 하느님에 대한 철학적 관념 제시, 이런 관점에서 보면 앞서 말한 예수에 대한 그리스도인의 주장은 사실 터무니없다. 이와 관련해서 Richard A. Norris, *God and the World in Early Christian Theology*, 1장, "Greek and Hellenistic Cosmology," pp. 11-40을 보라.

가… 아니면 그는 변화되지 않고 다만 그를 보는 이들을 자신이 그렇게 변화했다고 생각하게 만드는 것이다. 그러나 이 경우 그는 기만자거나 거짓말쟁이이다."[23] 그리스도인이 이 비판에 응답하기 위한 노력은 곡예단의 줄타기 같은 것이었는데, 말하자면 그리스도인들은 한편이나 다른 편에 지나치게 기우는 것을 피하기 위해 끊임없이 재조정을 해야 했다.

한편으로 기우는 것은 그리스도의 인간성을 강조하는 방향을 말하는데 여기서 신성은 무시된다. 사모사타의 바오로(Paul of Samosata, 268)는 이런 경향의 아주 극단적인 예인데, 그는 이 모순을 그리스도는 "단순한 사람"이었다고 말함으로써 풀었다. 그러나 그의 해결책은 그리스도인 대부분의 의식 안에서 공명을 일으키지 못했는데, 당시 그리스도인들은 어떻게 보자면 예수가 구체화된 신의 지혜와 힘이라는 생각에 익숙했기 때문이다.

그리스도는 인간 이상이었다는 그리스도인의 체험을 기본적으로 주장하는 이들에게는 더 타당함을 부여할 것 같은 다른 식의 설명은 유일신론을 보호하기는 했지만 "아버지"와 관련해 그리스도의 초월이라는 면을 축소했다. 신성을 지녔지만 유스티노의 로고스는 이 아버지와 똑같은 차원의 신이 아니다.[24] 오리게네스(Origen)[25] 같은 일부 사상가들은 하나의 궁극적 실재에서 나와 밑으로 내려오는 질서를 얘기하는 다양한 플라톤의 이론에 기우는 경향이 있는데, 이는 그리스도를 신이지만 아버지처럼 완전한 신이 아니라는 해석을 위한 틀로서 구실하는 하나의 배경을 제공하기 때문이다.

로고스 곧 그리스도를 아버지에게 복속시키는 이 가르침은 알렉산

---

23) Origen, *Against Celsus*, 4:18는 Grillmeier의 *Christ in Christian Tradition*, p. 105에서 번역됨.

24) Goodenough, *Justin Martyr*, pp. 139–173; Grillmeier, *Christ in Christian Tradition*, pp. 108ff.

25) Grillmeier, *Christ in Christian Tradition*, pp. 138–148.

드리아 출신 사제였던 아리우스(Arius, 336)가 이어받아서 최종 발전시켰다. 아타나시오(Athanasius)는 아리우스의 입장을 다음과 같이 정리한다. "만약 그(로고스)가 바로 그 하느님이라면 어떻게 그가 하느님이 될 수 있는가? 만약 그가 몸을 지녀서 이 모든 것을 경험할 수 있다면 어떻게 감히 로고스가 하느님의 현존을 나눈다고 할 수 있는가?"[26] 이런 반대의 근저에는 무기원적이고 창조되지 않은(unborn) 하느님이라는 철학적 개념에 대한 명확한 시각이 있다. 오직 하느님이 "시작도 없고 처음부터 완전한 하나로서 유일하고 하나"이지만 로고스의 생겨남과 더불어 하느님이 "둘"이 되었다. 펠리칸(Pelikan)이 설명하는 것처럼 "초월적 존재로서 하느님은 세상의 변화 과정에 어떠한 개입도 하지 않고 계속 멀리 떨어져 있어야 하는 것이다. 그의 '무기원적이고 순전한 본질'은 창조되고 변화하는 것들의 영역을 철저히 초월해서 이들 사이의 직접적인 접촉점이 존재론적으로 있을 수도 없고 또 있지도 않다."[27] 따라서 그 아들은 비록 세계가 형성되기 이전에 창조되기는 했지만 하나의 창조물(Ktisma)이어야 한다. 로고스를 하느님 지혜로 파악하는 잠언 8장 22-31절은 이를 증명하는 본문으로 인용되는데, 그것은 이 구절에서 야훼가 세상 창조 전에 지혜를 창조했다고 말하기 때문이다. 그러나 분명히 지혜 전통과 조화롭지만 이 아리우스의 가르침은 325년 니케아 공의회에서 배척된다. 니케아 공의회는 아들을 호모우시오스(homoousios, 동일 본질), 곧 아버지와 "같은 분(same substance)"[28] 이라는 교리를 확립한다.

그리스도를 피조물 가운데 첫째로 여기는 것만으로는 충분하지 않아서 공의회 교부들은 다른 선택 가능성을 부정하기 위해 그리스 철학

26) Athanasius, *Orations against the Arians*, 3:27은 Grillmeier의 *Christ in Christian Tradition*, p. 247에서 인용됨.

27) Pelikan, *The Emergence*, p. 195.

28) William G. Rusch, *The Trinitarian Controversy*, p. 49. Denzinger and Schonmetzer, *Enchiridion Symbolum Definitionum et Declarationum de Rebus Fidei et Morum*, no. 125, p. 52.

의 언어를 받아들인다. 모리스 윌리스(Maurice Wiles)가 설명하는 것처럼, 아타나시오(373)는 아리우스파와 논쟁하면서 "아리우스 주의의 근본적 오류는 아버지인 하느님이라는 성경의 사상을 하느님은 무기원적인 존재(본질)라는 철학적 관념으로 대체한 데에 있다"[29]고 주장했다. 따라서 윌리스는 "성경상의 용어가 아닌 homoousios를 교회에서 필연적으로 사용하도록 만든 것"[30]은 아리우스파라고 주장한다. 그러나 이 비성경적 용어 사용을 아리우스만의 책임으로 돌리는 것은 불공평해 보인다. 그것은 많은 전통 사상가들도 이와 비슷한 시도를 해 왔기 때문이다. 하지만, 무기원적이고 변하지 않는 본질의 하느님이라는 기본 관념을 논리적인 결론으로 이르도록 하는 데에 있어서 아리우스가 니케아 공의회 교부들로 하여금 homoousios라는 용어를 형성하는 데에 그리스 용어를 수용하고 또 적용하도록 강제했다는 것은 확실한 듯하다. 더욱이 아리우스파는 자기들의 주장을 구약의 지혜 전통에 호소함과 더불어 보강함으로써 정통 논의의 맥락에서 이 주제를 한 걸음 더 진전시켰으며 또 그리스 철학의 본질적 범주라는 점과 관련해서 이 주제의 내용을 그리스도 사상가들이 재해석하도록 밀어붙였다.

따라서 이 대조적인 경향은 그리스도의 신성을 강조하는 쪽으로 기우는데, 이는 하느님이 단지 인간이 되는 것처럼 보인다는 첼수스의 개념으로 이해하는 데까지 이른다. 펠리칸이 주목한 것처럼, "Docetism[가현설, 하느님이 단지 인간이 되는 듯한]은 또한 그리스도의 인간성을 희생하는 한이 있더라도 그리스도가 하느님이어야 한다는 집요함을 증거한다."[31]

이 그리스도론의 입장은 그리스도 안에 인간 의식이 존재함을 부

29) Maurice Wiles, *The Making of Christian Doctrine: A Study in the Principles of Early Doctrinal Development*, pp. 33-34.

30) Maurice Wiles, "Homoousios ēmin", *Journal of Theological Studies* 16 (1965):454-461.

31) Pelikan, *The Emergence*, p. 174.

정한다. 알렉산드리아의 클레멘스의 말로 하면[32] 하느님이 "(예수 그리스도) 주님의 육체로 내려왔다"고 표현할 수 있다. 그리스도의 생각과 행동의 역동적인 중심(hēgemonikon)이 이 신적 로고스이기에 인간의 느낌이나 행위는 설 자리가 거의 없다. 신적 존재로서 그리스도는 따라서 무감정하다. 이렇게 그려지는 그리스도의 모습은 이 세상에서 다소 멀리 떨어진 듯한데, 이는 이 로고스가 그리스도의 몸을 바꿔 놓아서 물리적인 소화나 음식의 배설도 일어나지 않는다.[33] 이러한 가현설(假現說)적 경향은 실제로 첼수스의 결론까지 나아가는데, 곧 하느님이 정말로 인간이 되었다고 하더라도 오직 그런 척한 것이며 따라서 하느님은 기만자인 것이다.

알로이스 그릴마이어(Aloys Grillmeier)는 설명하기를 아리우스파나 사모사타의 바오로와는 대조적으로 그리스도교 사상가들은 로고스-육체라는 주제에 더욱 초점을 두기 시작했는데, 이 주제의 주요 특징은 신적 로고스를 직접적이고 즉각적인 그리스도의 육체(sarx)에 접촉케 하는 것으로 봄으로써 그리스도 안의 인간 의식이나 인간 영혼의 중요성이나 필요를 중시하지 않게 된다는 것이다.[34] 니케아 공의회 이후 이런 경향은 위에서 말한 알렉산드리아의 클레멘스 같은 사상가들에게서 이미 보이며 점점 더 표면으로 떠오른다. 종속주의자(subordinatist)와 아리우스파의 오류와는 상당히 다르게 체사레아의 에우세비오(340) 같은 사상가들은 로고스는 육체도 영혼도 아니며 내재하는 로고스의 운송 수단이거나 도구로서 그리스도의 육체를 입었다고 주장했다.[35]

이 사상가들의 의도는 한 피조물인 로고스가 변화와 고통을 경험

---

32) *Stromata*, 5:105,4는 Grillmeier, *Christ in Christian Tradition*, pp. 137-138에서 인용됨.

33) *Stromata*, 3:7,59,3는 Grillmeier, 같은 책, pp. 137-138에서 인용됨.

34) Grillmeier, *Christ in Christian Tradition*, p. 178.

35) 같은 책.

할 수 있다고 가르친 아리우스에 대항하기 위해 무감각한 신이라는 개념을 지지하는 것이었다. 이를 위해 이들은 특히 고통의 체험 같은 그리스도의 인간 의식을 경시할 수밖에 없었고 인간 육체의 모습을 한 신적 주체를 강조했다.

『위(僞)-이냐시오 서한』(*Pseudo-Ignatian Epistles*)은 선택을 분명히 했다.[36] 인간 영혼 없이 "그리스도는 진정으로 로고스와 육체(sarx)가 하나"라는 주장과 하느님이 들어와 사는 "그는 단순한 인간"이라는 주장 가운데 하나를 선택해야만 하는 것이다. 본질 규정에 중점을 둔 철학적 상황 아래서는 다른 어떠한 선택도 가능해 보이지 않는다. 이 로고스-육체 이론을 가장 정통적으로 옹호한 이는 아마도 아타나시오인 듯하다. 그릴마이어가 설명하는 것처럼 "그는 그리스도의 영혼으로 어떤 대목도 설명하지 않는다. … 이 그리스도 영혼은 그리스도의 내적 삶의 한 요소도 아니다."[37] 아타나시오는 로고스를 우주 전체의 생명을 가져오는 힘으로 보았다. 따라서 로고스가 그리스도의 몸에 생명을 주는 것에 어떠한 문제도 없었으며 이는 결국 우주의 일부라는 뜻이다. 그리스도의 고통이나 그의 인간적 체험을 다룬 성경 구절에 설명이 필요해질 때 아타나시오는 이를 다음과 같은 식으로 설명하려 했다. 그리스도의 괴로움은 "그런 체하는" 것이고 그리스도의 무지는 실질적으로는 무지가 아니다. 로고스는 단지 몸을 도구(organon)[38]로 사용하며 또 그리스도 안에서는 어떠한 중심적인 인간적 체험이란 없는 것이다.

마치 아리우스가 앞의 종속주의자들의 사상을 로고스가 피조물이라는 논리적 결론에 이끌어 간 것과 똑같이 라오디체아(Laodicea)의 주교 아폴리나리우스(Apollinaris, 390)도 이 로고스-육체 사고방식(Logos-sarx pattern of thinking)을 그리스도 안에서는 오직 한 본성, 곧 생생한 역동성

36) 같은 책, p. 34.
37) 같은 책, p. 308.
38) 같은 책, pp. 316-317.

안에서 이 몸을 단지 로고스의 도구로 사용하는, 스스로 결정하는 (self-determining) 신적 존재만이 있다는 논리적 결론으로 이끌어 갔다.[39] 아폴리나리우스와 더불어 로고스-육체 사고방식은 그 논리적 귀결에 이르는 것이다. 그 이론은 신적 로고스를 예수의 모든 행동과 체험의 주체로 만듦으로써 예수라는 인격체의 단일성은 지켜 갔다. 그러나 이 설명으로는 로고스가 한 인간이 되기보다는 한 몸을 취한다고 이해된다. 그리스도의 인성은 뒤로 쳐지고 무시되는 것이다. 결국 그리스도에 대한 이러한 이해는 그리스도교 신학자들의 인정을 받는 데에 실패했다.

따라서 아폴리나리우스는 그리스도론 전통의 마지막에 서 있다.[40] 아폴리나리우스 뒤로 그리스도교 사상가들은 그리스도가 한 창조물이라는 아리우스파 개념의 위험성뿐만 아니라 그리스도는 단지 인간의 몸에 있는 신적 로고스라는 아폴리나리우스의 사상도 고려해야 했다. 이 두 반대되는 개념은 변수 구실을 했는데 교부들은 이를 가지고 그리스도에 대한 이해를 신적 아버지와 동일 본질(homoousios)로 또 인간과 동일 본질로서 전개해 나갔다.

아폴리나리우스 가르침의 명성이 퇴색되면서 그리스도가 인간 영혼을 지닌 완전한 인간이라는 것을 인정하려는 일반적 경향이 대두됐다.[41] 그리스도 안에서 신과 인간 양쪽의 실재에 초점을 두면서 문제는 그것이 이해될 수 있는 태도를 고려하는 것으로 옮아갔다. 그리스도의 인간 의식을 경시하거나 빼먹는 경향이 있는 로고스-육체 형식은 로고스-사람(anthropos) 형식에게 자리를 내주었는데, 여기서 그리스도는 완전히 하느님이고 완전히 인간으로 확인된다. 그러나 다시

---

39) 같은 책, pp. 330-340.

40) 같은 책, p. 345.

41) 그리스도의 영혼에 대한 교의적 이해에 영향을 끼친 전례 행위의 영향에 관한 논의를 보려면 Wiles, *The Making of Christian Doctrine*, pp. 56-59를 참고하라.

한번 어떻게 무감정한 신의 본성이 인간이 될 수 있느냐는 첼수스의 목소리를 듣는다.

문제가 지극히 어려운데 그 까닭은 개념적 형식이 서로 반대되는 상황 아래서 "신"과 "인간"이라는 용어를 규정했기 때문이다. 신성의 본질은 무기원적이고 불변하는 것이며 반면 인간성의 본질은 변할 수밖에 없고 기원을 갖는 것을 나타낸다. 어떻게 그리스도가 불변하고 무감정한 하느님이면서 동시에 몸과 영혼이 있고 변화하고 고통을 당하는 인간일 수 있는가를 이해하기 위한 시도는 많은 신학자들을 끌어들였다. 넓게 봐서, 좀 과장된 구분이기는 하지만 알레산드리아를 중심으로 한 사상가들은 예수 그리스도의 모든 행위의 주체인 그리스도의 단일성을 강조하는 경향이 있었던 반면, 안티오키아를 중심으로 한 사상가들은 예수 그리스도의 행동에서 고유한 인성에 초점을 맞추었다. 이어지는 신학적 논쟁은 아리우스주의와 아폴리나리우스주의 사상을 단죄했던 틀 안에서만 전개됐지만 많은 경우 양극단을 좇아 이 틀을 넘기 일쑤였다. 대개 신학자들은 이들이 실제로 말한 내용 때문이 아니라 어느 사상을 받아들이고 또 어떤 경향이 있느냐에 따라 비난당했다.

안티오키아의 주요 사상가 모프수에스타의 테오도로(Theodore of Mopsuesta, 428)는 "내재하는(indwelling) 로고스에 관한 신학"을 전개했다. 펠리칸이 설명하듯이 "내재하는 로고스에 대한 이 신학은 예수 그리스도 안에서 신성과 인성의 관계에 대한 하나의 해석으로 여겨질 수도 있다. 여기서 예수 그리스도는 로고스가 몸을 빌었던 한 사람 안에서 내재하는 로고스로서 신성과 인성의 조화라는 독특성을 보호하려는 존재인 것이다."[42] 테오도로는 자신의 생각을 다음과 같이 표현한다. "이 존재(곧 그리스도)를 우리는 하느님 아버지의 신적 본성이 있는 하나의 주님으로 이해하는데, 이분은 우리 구원을 위해

---

42) Pelikan, *The Emergence*, pp. 251-252.

한 인간(의 형태)을 취하시고 그 안에 사시고 또 그를 통해 나타나시고 인간에게 알려지셨다."[43] 테오도로는 그리스도의 역동적 중심(hēgemon)이 로고스라는 것을 부정하고 그리스도는 한 완전한 인간, 몸, 영혼을 취했다고 주장한다. 그릴마이어가 적절히 지적하듯이 "그리스도의 인간 본성은 정말로 물리적인 인간의 내적 생명과 행동 능력을 다시 얻는 것이다."[44]

그러나 테오도로가 그리스도의 신성과 인성 사이의 차이를 강조하고 그리스도의 인간 경험에 중점을 두지만 그는 자신의 이론을 다루는 데 있어 적절한 도구도, 또 그리스도의 위격의 단일성을 다루기 위한 언어적, 개념적 도구도 갖추지 못했다. 그의 주장은 로고스가 이미 충만한 한 인간을 취했다는 뜻으로 여겨질 수 있었고 또 실제로 그렇게 받아들여졌다. 이 판단에 따르면 테오도로의 사상을 양자론이라고 보는데, 이 이론에서 로고스는 실제로 육화하지 않으며 이미 존재하는 한 인간을 양자로 삼는다는 것이다.

이와 반대로 알렉산드리아의 치릴로(Cyril of Alexandria, 444)는 신적 주체의 단일성을 주장한다. 그는 아폴리나리우스파의 주장을 일부 수용하지만 그리스도의 영혼 중심성을 강조함으로써 이 주장을 바로잡는다. 대개 치릴로와 알렉산드리아 신학 일반은 그리스도의 인성을 적절히 설명해 내기 위한 여러 시도들을 하는 가운데 그리스도의 신성에 초점을 맞추었던 것이다. 그릴마이어가 설명하듯이 "하느님은 한 인간에 들어온 것(come into a man)이 아니라 (내재하는 로고스 신학이 암시하는 것처럼) 진정으로 인간이 되었으며 그러면서도 여전히 하느님인 것이다."[45] 치릴로는 "하나의 본성(mia phusis)"이라는 아폴리나리우스의 이론에 매여 있었기에 그리스도의 신성과 인간성의 관계를 설명하는 데에 문제가 있었다. 치릴로에게 그리스도는 신

---

43) *Catechetical Homilies*, 3:5, quoted and trans. Pelikan, *The Emergence*, p. 251.
44) Grillmeier, *Christ in Christian Tradition*, p. 427.
45) 같은 책, p. 477.

성과 인성이 일치된 존재였지만 인간 이상으로 또 인간에게서 멀리 떨어진 존재로 보이는 경향이 있었다.

콘스탄티노플의 주교이자 안티오키아 중심의 사상을 지지한 네스토리우스(451)는 동정 마리아를 설명할 때 theotokos(God-bearing, 하느님을 낳는)라는 용어의 사용이 정당한가에 관한 논쟁을 중재하는 구실을 하고자 이 대목에서 끼어들게 된다. 그는 이 용어의 정확성에 관해서뿐만 아니라 그리스도에 적용됐던 "고통받는 하느님"이라는 용어[46]에 대해서도 의문을 제기했다. 나아가 그는 치릴로와 그의 추종자들의 신학을 아폴리나리우스주의라고 부르며 비판했으며 특성을 공유했다(communicatio idiomatum)고 하는 알렉산드리아파 사상도 공격했다. 치릴로는 이 사상을 어떻게 신성과 인성의 특성이 모두 하나의 그리스도에 적용될 수 있는가를 설명하기 위해 사용했으며 또 이 사상은 "하느님을 낳는"과 "고통받는 하느님"이라는 용어 사용을 위한 원천으로서 구실했다. 그러나 다시 한번 네스토리우스는 한 주체가 되어서 주님의 모습이 분열되는 것을 피하도록 하는 데 있어서 어떻게 그리스도 안에서 인간이 신과 일치할 수 있는지 설명할 수 없었다.

로마 주교였던 교황 레오(461)의 『플라비아노에게 보낸 교의 서한』(*Tome to Flavian*)에서, 이런 질문에 대한 칼케돈주의적 해결로 이어지게 되는 중심 통찰이 마침내 나오게 됐다. 앞에서 논쟁이 됐던 용어-prosōpon, hupostatis, phusis -는 그리스도의 본질이나 본성을 가리키는 말로 자주 번갈아 쓰였다. 그러나 교황 레오는 이 용어들의 의미를 더 엄밀하게 규정했고, 그리스도에 있어서 위격(person)과 본성을 구분했다. 그리스도 안에서 신성과 인성의 차이는 두 본성이라는 차원에서 일어나는 것으로 설명했고 반면 주체의 단일성은 위격의 차원에서 찾아지는 것으로 정리했다. 레오는 "생김새(countenance)"나 "드러남

46) 같은 책, pp. 447ff.

(manifestation)"[47]으로 새겼던 prosōpon이라는 낱말과 "본체(substance)"로 새겼던 hupostatis라는 낱말을 그리스도의 위격을 가리키는 용어로 해석했고 반면 phusis는 두 본성을 가리키는 것으로 했다. 따라서 양자의 단일성을 본성의 차원에서 찾으려 하지 않았고 또 둘의 상이성은 위격의 차원에서 논의되지 않았다. 다시 말해서 신성과 인성은 본성과 관련해서 구분될 수 있었고 반면 주체(subject)의 단일성(unity)은 위격의 동일성 속에서 찾을 수 있었다.

451년에 열린 칼케돈 공의회는 그리스도의 단일성에 대한 치릴로의 주장을, 그리스도의 "존재(being)"를 두 본성 안의 한 위격(person): hen prosōpon, mia hupostasis en duo phusesin[48]으로 규정한 레오의 통찰 및 용어와 합치시켰다. 공의회는 이 용어들을 그 이상으로 규정하지 않았으며 로고스는 두 본성 속에서 하나이며 같은 것(eis kai ho autos)이라고 정리하는 데 만족했다. 최종 결과는 앞서 말한 신학의 요약인 셈인데, 다소 교리나 언어 상에서 불안정한 균형 잡기라고 하겠지만, 이어지는 그리스도론의 패턴을 고정시켰다.

개념을 중심으로 전개된 논쟁 형식은 이런 신학화의 결과에 있어서 상당한 영향을 끼쳤다. 그릴마이어는 이방 철학의 추진력은 "그리스도론을 위한 중요한 결과를 낳았다. 곧 구원 경륜은 하느님이자 인간인 그리스도의 실재에 대한 정적인 존재론적 인식으로 점점 더 채워지게 됐다."[49] 펠리칸도 거의 마찬가지로 이 점에 대해 다음과 같이 썼다.

> 하느님의 로고스이자 아들로서 그리스도는 하느님의 본성을 드러냈다. 곧 이레네오의 표현대로 "아버지는 아들에 관해서 볼 수 있게 해 주지 않지만, 아들은 아버지에 관해서 볼 수 있게 해 준다." 이레

47) 같은 책, pp. 530-539.
48) 같은 책, p. 549.
49) 같은 책, p. 36.

네오가 심지어 더 오래된 자료에서 인용한 한 구절대로 "만약 아들이 아버지를 재는 척도"라고 한다면 혹자는 하나님의 신성에 관한 그리스도인의 정의가 그리스도에서 드러난 신성의 내용으로 제한될 것이라고 생각할지 모른다. 그러나 사실 초기 그리스도인이 그린 하느님 모습은 모든 이들이 받아들인 바, 신적 본성의 절대성과 무감정함(impassibility)이라는 자명한 원칙(axiom)에 의하여 조절되었다. 이 자명한 원칙은 그리스도교 교의 가운데 그리스도론에 가장 큰 영향을 주었으며, 그 결과로 그리스도에서 드러난 신성의 내용 자체도 하느님의 신격에 대한 규정에 의하여 조정받게 된 것이다.[50]

그러나 초기 그리스도 사상가들이 예수가 드러낸 것인 바, 성경의 개념인 아바-하느님을 사용하지 않은 것은 놀랄 만한 일은 아닌데, 그것은 이 개념이 신비적 영역 안으로 들어왔고 어떻게 이러한 신비적 의미가 이론적인 신학 발전에 실제로 쓰일 수 있는지 확실히 이해하지 못했기 때문이다. 그러므로 그리스도론 논쟁이 복음의 말보다는 철학적 논문에 가깝게 보인다는 것을 놀라워할 필요가 없다. 사실이 그러했으니까 말이다.

삼위일체에 대한 이론적 이해

그리스도의 신성을 인정하고 나자 그리스도인들은 이제 한 분의 하느님이라는 생각이 분명하게 부정되는 것에 직면하게 됐다. 하느님이 한 분이라면 어떻게 이들이 예수를 주님으로 또 궁극으로 체험할 수 있음을 이해할 수 있는가? 로고스-그리스도를 아버지에게 종속시키거나 한 피조물로 해석하는 시도는 단지 두 분의 하느님이 있을 수 없다는 강한 인식에 따른 것이다. 따라서 그리스도인이 하느

50) Pelikan, *The Emergence*, p. 229.

님을 이해하는 데 있어 문제는 그리스도를 신성, 아버지와 함께 하는 동일 본질(homoousios)로 인정하는 데서 오는 것임이 분명하다.

신성을 확실히 받아들인 교회의 비이론적 생활 안에서이기는 하지만 성령의 신성 인정은 아들의 신성에 대한 명시적 인정보다는 훨씬 뒤의 일이다.[51] 그러나 380년 난지안조의 그레고리오(Gregory of Nanzianzus)는 성령의 지위에 대해 상당히 광범위한 이론들을 기록한다.[52] 어떤 이들은 성령을 힘으로 또 어떤 이들은 피조물로 또 다른 이들은 하느님으로 생각하였다.[53] 신으로서 성령에 대한 본격적인 이론적 인식은 성령을 피조물로 보는 관념에 대한 아타나시오의 반박에서 명시적으로 나타난다고 보이는데, 이 관념은 트로피시(Tropici)라는 한 이집트의 주석가 그룹이 제창한 것이다.[54] 『세라피온에게 보내는 서한』(360)에서 그는 이렇게 주장한다.

> 성령의 신성은 성령이 우리를 하느님의 동업자로 만들었다는 사실에서 온다는 것을 반드시 알아야 한다. 성령이 한 피조물이라면, 우리는 하느님 사업에 동참하지 못했을 것이다. 다시 말해 우리는 한 피조물에 일치됨으로써 신적 본성에서 멀어지게 되고 만다. … 만약 사람에게 신성을 지니도록 한다면 그의 본성이야말로 의심할 여지없이 하느님의 본성임에 틀림이 없다.[55]

성령이 신과 같다는 이 동일 실체성은 381년에 열린 콘스탄티노플

51) 왜 성령의 신성이 명확한 가르침으로 인정되지 않았는가에 관한 논의에 대해서는 Prestige, *God in Patristic Thought*, pp. 80ff를 보라. 그는 이것이 실제로는 교부와 교회의 신앙 깨달음 안에서 인정되었다는 사실을 강조한다.

52) J. N. D. Kelly, *Early Christian Doctrines*, p. 67.

53) G. W. H. Lampe, *God as Spirit*, p. 67.

54) Kelly, *Early Christian Doctrines*, p. 256.

55) *Ad Seraphion*, 1:24, quoted in Pelikan, *The Emergence*, pp. 215-216; Kelly, *Early Christian Doctrines*, p. 107.

공의회에서 명시적으로 확인된다.[56] 그러나 하느님 안의 다원성이라는 문제는 성령의 신적 본성에 대한 이 같은 명시적 공식화를 기다리지 않았다. 카논 프레스티지는 다음과 같이 설명한다.

> 신성이 단일하지 않았다면 두 위격을 생각하는 것과 마찬가지로 세 위격을 생각하는 것도 간단한 일이었다. 따라서 그리스도의 신격은 논쟁의 범위를 확대할 필요 없이 삼위일체 논의의 무게를 감당하는 것이었으며, 역사상 아버지와 아들에 연결된 문제의 해결은 전체 삼위일체 교의의 문제의 즉각적인 해결로 이어지는 것이었다.[57]

교부들은 자신의 사고를 발전시켜 나가면서 두 극단을 피해야 했다. 신이 셋이라는 설명에 대해서는 누구든 부조리하다고 인식하여 원칙적으로 배격하였다. 하지만 또 어떠한 의미에서는 하느님이 정말로 셋이라는 것을 부정하는 어떤 설명도 예수와 성령이 실제로 궁극이라는 그리스도인들의 체험을 거스르는 것이었다. 이런 두 가지 범위 안에서 삼위일체(三位一體)의 하느님이라는 정통 이해가 나온 것이다.

아무도 세 분의 하느님이 있다는 그 첫 명제를 드러내 놓고 확언하지 못했다. 삼신론이라는 비난이 이런저런 사상가에게 퍼부어졌는데, 이는 이들이 이를 명시적으로 밝혀서가 아니라 이들의 가르침이 논리적으로 삼신론을 암시하는 것으로 이해됐기 때문이다. 따라서 삼위일체 사상이 전개되어 온 역사는 대개의 경우 하느님의 삼자성(threeness)을 부인하려는 이론들에 대한 거부로 가득 차 있다.

니케아 공의회에 앞선 초기 교부들은 유일신론의 확증에 초점을 두면서도 한 분 하느님인 유일한 아버지, 또 그의 이성인 로고스 그리고 그의 지혜인 성령에서 유추하여 삼위일체를 생각했다.[58] 이들은

---

56) Kelly, *Early Christian Doctrines*, pp. 260-263.
57) Prestige, *God in Patristic Thought*, p. 80.
58) Kelly, *Early Christian Doctrines*, p. 107.

신의 수준(plane)과 지배(dispensation)(예를 들어 신적 경륜, oikonomia)[59] 에 관심을 집중했는데, 이에 따라 아버지, 아들, 성령이 세상에 드러나며 따라서 이들의 생각은 "경륜적 삼위일체론(economic Trinitarianism)"이라고 불린다.[60] 그러나 이런 종류의 경륜적 삼위일체 사상은 아들과 성령을 아버지의 기능에 종속시키는데 이는 인간의 이성과 지혜를 인간의 기능에 종속시키는 것과 아주 비슷하다. 더욱이 구원(경륜)의 통치 안에서 아버지, 아들, 성령이 이런 독특한 표현을 제시하는 것조차도 하느님의 유일성이 위협받는다고 생각하는 일부의 두려움으로 이어졌다. 따라서 단일신론(monarchianism)이라고 알려진 사상의 흐름이 일어났는데 이것은 하나의 신적 통치(monarchia)를 강조했다.[61] "아들"과 "성령"은 단지 이 경륜 안에 다르게 표현된 하나의 원천인 아버지의 다른 이름들에 지나지 않는다.[62]

이런 생각은 사벨리우스(Sabellius, 217)가 가장 잘 표현했는데 그는 신성을 "아들아버지(Sonfather, huiopatōr)"라고 불렀다고 한다. 이것은 곧 하나의 하느님은 아들이거나 또는 아버지이며 표현하는 형식에 의존한다.[63] 이 하나의 하느님이 단지 서로 다른 세 형태로 표현된 것이다.

이것은 전개돼 온 정통 삼위일체 교의에 대한 이해와 상당히 다르다. 정통 신앙을 명확히 밝히는 데 있어서 중요했던 것은 한 분의 하느님이라는 생각을 놓지 않으면서도 동시에 세 분의 하느님임을 확고하게 인정하는 개념과 낱말을 전개시켜 나가는 것이었다. 교부들이 이 삼자를 나타내기 위해 ousia라는 낱말을 사용한 여러 예가

---

59) "경륜"(the economy)에 대한 테르툴리아누스의 깊은 이해를 강조하는 설명과 관련해서는 Prestige, *God in Patristic Thought*를 보라.

60) Kelly, *Early Christian Doctrines*, pp. 104–108 on Irenaeus.

61) 같은 책, pp. 109–110.

62) 역동적(dynamic) 단일신론과 양태론적(modalistic) 단일신론 사이의 차이에 대해서는 같은 책, pp. 115–123을 참조하라.

63) Reported by Epiphanius, *Against Eighty Heresies*, 62:1,4ff., quoted in Kelly, *Early Christian Doctrines*, p. 122.

있지만 이것의 의미론적 범위는 점차 한 분 하느님을 지시하는 것으로 제한됐다. 따라서 주요 과제는 이 삼자에 대한 개념적 용어를 찾는 일이었고 hupostasis와 prosōpon이라는 두 낱말이 나오게 됐다.

hupostasis는 삼위일체론적으로 쓰이지 않은 용법에서 때로는 ousia와 동의어로 여겨졌고 (칼케돈 공의회에서 나온 그리스도론적인 정의처럼) 단순히 한 사물의 본성이나 본질을 뜻했다. 그러나 이것은 삼위일체론의 전개상의 의미는 아니었다. 이 낱말은 "기초가 되는" 또는 "지지하는"의 뜻을 나타내는 동사 huphistēmi에서 왔다.[64] 또 비신학적인 용법에서 이 낱말은 기반이나 어떤 것의 바탕에 있는 물체를 뜻하며 따라서 때로 단순히 한 사물의 "존재"를 말하는 ousia와 같게 쓰인다. 그러나 이 논의에서 hupostasis의 뜻은 ousia와는 다르다. 카논 프레스티지는 다음과 같이 설명한다.

> … 그러나 hupostasis가 더욱 빈번히 다르게 사용되는 경우가 있으며 강조점도 달랐다. 이 두 번째 용법이 일반적임을 기억하는 것이 중요하다. ousia는 하나의 객체(object)로서, 곧 추상적이거나 철학적인 한 단위를 이루는 객체이며, 이 가운데서 개별성이 내적 분석으로 드러난다. 그러나 우리가 관심을 가지려 하는 hupostasis라는 의미에서 강조점은 내용이 아니라 외부적인 구체적 독립체, 곧 다른 물체들과 관련하는 객관성을 말한다. 따라서 삼위일체 교의가 마침내 세 hupostaseis에 있는 하나의 ousia로 정식화되기에 이른 것이며 내적 분석의 관점에서 나온 하느님이 한 객체임을 암시하지만 또한 내적 표시로 보자면 이 하느님은 세 객체(objects)인 것이다. 이 세 객체라는 표현은 … 하나와 똑같다는 교의로 하느님의 일치성(unity)이 보장된다.[65]

64) Prestige, *God in Patristic Thought*, p. 163.
65) 같은 책, p. 167.

따라서 테르툴리아누스와 히폴리토(Hippolytus, 236) 같은 사상가들은 영원함 속에 존재하는 하느님이 하나를 이루는 것으로 이해했으며 아버지, 아들, 성령을 ousia 안의 하나로 보았다. 그러나 하느님이 "경륜"이나 성육화를 통한 구원 계획의 펼침 안에 드러나기 때문에 아버지, 아들, 성령의 hupostaseis는 독특한 것이다.[66]

또한 프레스티지는 "hupostasis와 ousia는 모두 '존재하는(is, to on)' 또는 '존속하는(subsist, to huphestēkos)' 적극적이고 실체적인 존재를 묘사하는 말이다. 그러나 ousia는 내적 특성과 관계 또는 형이상학적 실재에 초점을 두는 경향이 있는 데 반해 hupostasis는 보통 외부적인 구체적 특성 또는 경험적 객관성을 강조한다"[67]고 설명한다. 따라서 ousia 안에서 하나인 하느님은 세 객관적 실체로서 표현된다. ousia 안에서 하나가 된다고 하더라도 아들과 성령은 아버지의 형태나 기능인 것은 아닌데, 왜냐하면 모두가 동등하게 같은 신적 ousia이고 따라서 다른 형식만 취한다는 삼위양태설(modalism)은 배제되기 때문이다. 반면에 예수와 성령 안에서 궁극을 체험한 그리스도인의 측면에서 보자면 이 삼자는 객관적으로 부여받은 실체를 강조하는 차원에서 hupostaseis로 불리게 된다.

prosōpon이라는 낱말도 이와 거의 같은 뜻으로 쓰인다. 본래는 "얼굴" 또는 "외적 표현"이라는 뜻이었던 이 낱말은 "외부적 존재 또는 구경꾼을 가리키는 개인"을 표현하게 됐으며 이어 단순히 구체적인 개별성의 표현[68]을 뜻하기에 이르렀다. 삼위일체 사상 속에서 이 낱말은 "인간이 보게 되는 신성의 영원하고 객관적인 형태(forms) 곧 위격(Persons)"[69]을 의미한다. prosōpon의 이러한 뜻은 라틴어에서는

66) Kelly, *Early Christian Doctrines*, p. 110. 또한 참고로 칼 라너의 *The Trinity*의 경우, 이것의 기본적인 논제는 "경륜적"이고 "내재적(immanent)" 삼위일체의 동일성이다.

67) Prestige, *God in Patristic Thought*, p. 188.

68) 같은 책, pp. 157-160.

69) 같은 책, p. 162.

persona라는 낱말에 수용되었다. 이 낱말을 현대에서 자기의식적인 개체라는 개념의 개인(person)을 뜻하는 것으로 이해해서는 안 된다. 서구 라틴 세계에서 하느님의 이 삼자성이 객체적인 표현보다는 주체적인 것으로 이해되는 것은 사실이지만 그렇다고 이 주체가 각기 자기의식을 갖는다는 것을 의미하지는 않는다. 그리스 교부들에게 신적 의식은 항상 ousia, 다시 말해서 하느님이라는 단일한 존재에서 찾아져야 하는 것이었다.[70] 켈리(J. N. D. Kelly)가 분명하게 설명하듯이 그리스 개념인 prosōpon은 "오늘날 '개인'과 '개인적인'이라는 의미와 관련된 자기의식이라는 관념"[71]의 뜻은 없었다.

켈리가 히폴리토와 테르툴리아누스를 논하면서 적절하게 설명했듯이 세 hupostaseis 안의 한 ousia라는 교의를 이해하는 열쇠는 "반대되는 두 방향에서 동시에 접근하는 것으로서, 하느님이 자신의 영원한 존재 안에 있다는 것으로 또 한편으로는 하느님이 창조와 구속의 과정 안에 자신을 계시한다고 보는 것이다."[72] 하느님의 영원한 존재 속에서 아버지, 아들, 성령은 ousia 차원에서 하나이다. 그러나 경륜에서 드러나는 것처럼 hupostaseis나 prosōpon이라는 낱말로 표현된 아버지, 아들, 성령이라는 객체적 표현은 독특한 것이다.[73]

동방에서는 카파도키아 사람들(Cappadocians)이 또 서방에서는 아우구스티노(Augustine, 430)가 삼위일체 사상의 고전적 형태를 확립한다. 기본 개념은 하나의 하느님이 세 객체적인 표현(presentations) 속에 존재한다는 것이다. 바실(Basil)은 이 세 객체적 위격을 부성, 아들됨

70) 같은 책, p. 301. "person"이라는 낱말에 붙어 있는 자기의식(self-consciousness)에 대한 현대적 내적 의미로 발생하는 문제와 이 용어를 계속 사용할 만한가 하는 문제에 대한 논의는 칼 라너의 *The Trinity*, 42-45, 113-115쪽을 참조하라.

71) Kelly, *Early Christian Doctrines*, p. 115.

72) 같은 책, p. 110. 히폴리토의 입장에 대한 더 자세한 정보를 원하면 R. A. Markus, "Trinitarian Theology and the Economy", *Journal of Theological Studies* (1955): 89-102를 보라.

73) 경륜에 대한 테르툴리아누스의 사상의 본성에 대해서는 Prestige, *God in Patristic Thought*, pp. 97ff를 보라.

(sonship), 성화(sanctification)로 이해했다.[74]

하느님의 세 객체적 위격의 개별성을 표현하기 위해 바실은 "동일한 특이성, gnōristikai idiotētes"[75]이라는 용어를 썼다. 이 동일한 특이성은 아버지에 대해서는 스스로 기원하는(unbegotten) 것으로, 아들은 (아버지에게서) 낳은(begotten) 존재로 또 성령은 아버지에게서 나와서 아들을 통하므로 발현(procession)으로 표현됐다. 이들은 존재의 형식으로서 이것에 따라 이 세 표현은 같은 하나의 ousia를 취한다. 후대 신학은 이를 위격적(hypostatic) 특이성, idiotētes hupostatikai라고 불렀다.[76] 위-치릴로(Pseudo-Cyril)는 그의 *De Sacrosancta Trinitate*에서 "(스스로 존재하고 아버지에게서 나시고 또 발현하는) 이 위격적 특이성에서 세 hupostaseis가 서로 다르다"[77]고 말한다. 이 특이성이 hupostaseis가 하나의 ousia로서 존재하게 하는 형식을 나타내는 한 이 특이성들은 또한 "존재의 형식(modes of existence)," tropos huparzeōs라고 부를 수 있다. 아버지의 존재 형식은 스스로 존재하는 하나의 신적 본질의 독특한 객체적 표현이다. 아들의 존재 형식은 낳은 존재로 똑같은 하나의 신적 ousia의 독특한 객체적 표현이라고 할 수 있다. 또 성령의 존재 형식은 아버지에게서 나와 아들을 통해 발현하는 같은 하나의 신적 본질의 독특한 객체적 표현이다.

위-치릴로는 이 세 신적 hupostaseis의 공시적 천부성(co-inherence, perichōrēsis)이라는 개념을 정립함으로써 논의를 한 단계 더 발전시켰다. perichōreo라는 낱말은 "주기의 순환(revolution of cycles)에서 나오는

---

74) *Epistles*, 214:4 and 236:6, quoted in Kelly, *Early Christian Doctrines*, p. 265.

75) *Epistles*, 38:5, and *Fourth Book against Eunomius*, 2:29, of Pseudo-Basil, quoted in Kelly, *Early Christian Doctrines*, p. 265.

76) Prestige, *God in Patristic Thought*, p. 245.

77) 같은 책, pp. 243-245. 치릴로의 저작들 마지막에 인쇄된 소논문 *De Sacrosanta Trinitate*는 미상의 작가가 7세기 중엽에 쓴 작품이다. Prestige의 책 280, 311쪽을 보라. 상당한 부분이 *The Orthodox Faith of John of Damascus*에 포함되었다.

상호 교환"을 암시한다.[78] 신적 hupostaseis에 이를 적용한다는 것은 아버지, 아들, 성령이 본래 서로에게 내재해 있으며 신적 ousia 안에서 같은 시간과 경계에 접한다는 것을 뜻하므로 이는 다시 한번 그리스도교 삼위일체 교의, 곧 독특하지만 서로 동시적으로 구체화하는 세 위격 안에 표현된 하나의 하느님을 강조한다.

서구 라틴 세계에서 아우구스티노의 사상에서도 이와 같은 강조를 볼 수 있다. 삼위일체를 아버지를 다루는 것으로 시작하는 동방 그리스 교부들과는 다르게 그는 신격(Godhead)의 불변하는 본질, 곧 신성에서 삼위일체에 대한 자신의 생각을 전개한다. 아우구스티노는 세 위격을 특별한 방식으로 다루려 했는데, 여기서 그는 삼위가 이 본질을 취한다고 보았다. 위격들 간의 차이는 신격 안의 상호 관계성 속에서 찾아진다. 켈리는 설명한다.

> … 따라서 문제는 이 삼위가 무엇인가라는 사실에서 제기된다. 아우구스티노는 삼위가 전통적으로 지정된 위격이었다는 것을 알고 있었지만 분명 이 용어를 만족스럽지 않게 여겼을 터인데, 그것은 이 용어가 그에게는 따로 떨어진 개체를 의미하는 것으로 받아들여졌을지도 모르기 때문이다. 만일 마지막에 가서 그가 현재 쓰이는 이 용법을 받아들이는 데에 동의한다면 이는 인간 언어의 한계에 대한 깊은 자각과 더불어 (삼위)양태설적 단일신론(Modalistic Monarchanism)에 대항해 세 위격의 독특함을 확인해야 하는 필연성 때문이다. 서구 삼위일체론의 역사에서 그의 위치는 원형적인 것일 뿐만 아니라 세 위격은 실재이며 또한 고유의 관계를 갖는다는 내용으로서 매우 중요하게 받아들여진다.[79]

나중에 캔터베리의 안셀모 주교(bishop Anselm of Canterbury, 1109)는

78) Prestige, *God in Patristic Thought*, p. 291.
79) Kelly, *Early Christian Doctrines*, p. 274.

삼위일체에서 모든 것은 하나지만, 상대적인 대조가 있는 곳에서는 예외[80]라고 말함으로써 이 사상을 나름대로 표현했다. 서구의 이 사변 신학(speculative theology)은 토마스 데 아퀴노(Thomas Aquinas, 1274)에서 정점에 달했는데 그에게서 이후의 서구 신학자들은 삼위일체의 주류 사상을 물려받게 된다.[81]

헬레니즘화의 문제

주로 현대 학자들 이를테면 자로슬라프 펠리칸(Jaroslav Pelikan), 켈리(J. N. D. Kelly), 알로이스 그릴마이어(Aloys Grillmeier), 프레스티지(G. L. Prestige)의 주요 생각을 따 모은 그리스도론과 삼위일체 사상의 발전에 대한 이런 밑그림은 그리스도 의미에 대한 그리스도인의 이론적 이해의 성격을 강조하며 또한 이는 여기서 몇 가지 잠정적 결론을 내릴 만한 역사적 배경에 대한 일단의 관념을 제공하도록 돕는다.

결론 가운데 첫 번째는 이 사상의 발전은 실제로 이론적 의미의 내용 안에서 일어난다는 것이 분명하다는 점이다. 이 발전은 카논 프레스티지의 말을 빌리면 "영감적인 그리스도교 합리주의(rationalism)"[82]를 만들어 냈다. 그 목적은 그리스도교 신앙의 기본적 교의에 대한 분명하고 논리적이며 일관된 설명을 제공하는 것이었다. 따라서 이 발전이 이론적이라거나 "형이상학적"이라고 비난하는 것은 논점을 벗어나는 것에 지나지 않는데, 왜냐하면 비난하는 바로 그 점이 발전의 목적이었기 때문이다. 따라서 이러한 이론화를 복음의 "헬레니즘화"라고 공공연히 비난하는 것은 문화적인 편견이다. 이는 그리스 문화로 훈

80) Lonergan, *De Deo Trino*, vol. 2, pp. 201–294를 보라.

81) Thomas Aquinas, *Summa Theologiae*, pp. 146–223(질문 27에서 43까지). 참고. Paul Vanier, *Theologie trinitaire chez Saint Thomas d'Aquin: Evolution du concept d'action notionelle*.

82) Prestige, *God in Patristic Thought*, p. 299.

육된 그리스인들이 복음을 달리 해석하고 받아들이기가 어렵기 때문이다. 다른 길이 있다면 비성경적 문화 맥락에 있는 사람들을 이들의 문화 관점에서 신앙을 생각하지 말도록 막는 일이 될 것이다.

그러나 이렇게 말한다고 해서 이 발전에서 분명히 나타난 그리스 사고방식이 이론적으로 그리스도교 신앙을 표현할 수 있는 유일한 형식임을 뜻하는 것은 아니며, 앞으로 보게 될 대승불교적 신학에서는 이 그리스적 개념 형식 전체가 폐기될 것이다. 그리스 철학은 그것이 받아 온 모든 찬사에도 불구하고 풍요로운 전통으로 가득 차 있는 세계에서 단지 하나의 특정한 철학 전통으로 자리매김될 것이다. 그리스 철학은 그리스도교 신앙을 해석함에 있어서 어떤 배타적 특권을 주장할 수 없다. 이러한 사고를 규정했던 위격(person), 본성, 실체, 본질 등의 개념은 모든 문화적 상황에 주어지지 않으며 만약 주어진다면 대개는 철학적 오류로 무시된다. 이런 철학적 개념들이 보편적으로 유효하다는 순진한 주장은 명료한 사고나 신학적 이해에도 방해만 될 뿐이다.

위에서 본 발전에 영향을 미친 특정 개념들은 더 많은 질문에 열려 있어야 하며 그럼으로써 새로운 이해의 장을 열 수 있어야 한다. 고통받지 않는(impassible) 완전한 본성으로서의 하느님 개념은 사실 신성에 대한 정밀하고 잘 확립된 이론적 개념이다. 또 몸과 영혼을 가진 인간이라는 개념은 오랜 성찰의 결정체임을 보여 준다. 그러나 이 두 개념은 그리스 사고의 존재론적 영향력 안에서 나오는 것이며 또 각 이해 행위의 내용을 어떤 존재의 본질로 확실하게 일치시키려는, 의미에 대한 한 이해에서 나오는 것이다.

모리스 윌리스의 설명처럼, 그리스 형식은 "신학에 하나의 접근 방식을 제시하는데, 그 안에서 신학적 주장들은 영적 세계에서 궁극적 실재에 대한 묘사적 설명(매우 부정확한 설명이기는 하지만)으로 간주된다. 이런 배경 아래서 교부 신학이 성장해 왔다는 사실은 교부 신학에 장점과 단점 모두를 지닌 존재론적 확신과 존재론적 절실성

(urge)을 주었던 것이다."[83] 계속해서 그는 "오늘날 우리가 마주하는 초기 교의 형성에 관한 난점과 문제의 원천이라고 볼 수 있는 것이 바로 이렇게 객체화하는 경향"이라고 말한다.[84] 그리스 사상 대부분에 암묵적으로 있는 의미에 대한 이러한 이해는 딱히 그리스도교적인 것이라거나 아니면 그리스도교 가르침의 설명에 꼭 맞게 적용된 것이라고 명확히 주장하기가 어렵다.

그러나 그리스도교적인 이해에 있어 이러한 철학의 발전을 이론적이니 "헬레니즘화"니 하면서 무시하는 것이 부당하다는 사실에도 불구하고 아바 체험의 신비적 내용과 초기 그리스도인들의 성자와 성령에 대한 깨달음을 여기서 좀처럼 볼 수 없는 것 또한 진실이다. 위에서 인용한 에우세비오와 클레멘스의 예에서 보듯이 그리스도인 이론가들이 스스로의 이론적 선입견 아래서 작업했다는 사실은 흔한 일이었다. 아펠레스의 경우에서 보듯이 철저히 헬레니즘적인 경향을 띠지 않으면 선생으로 불릴 가치가 없다고 여겨졌고 또 클레멘스의 비평가들의 예에서 보듯이 깊이가 없거나 완숙하지 않다고 무시되었다.

이런 문화적 선입견 아래서 그리스도인 이론가들이 어떠한 한 "이해에 대한 이해"(강조-옮긴이)의 전개에 관심을 갖고 연구할 수 없었다는 것은 놀랄 일이 아니다. 이 이해는 다양한 의미의 영역을 서로 연결하고 이해할 수 있는 것으로 이 안에서 신앙생활을 하고 실천한다. 몇 가지 예외가 있기는 하지만 칼 라너는 삼위일체 교리는 그리스도인의 신앙생활에서 동떨어져 있다고 불평했다.[85] 더욱이 폴 틸리히도 이와 비슷한 이유로 다음과 같이 말한다.

> 본래 이러한 (삼위일체 교리 같은) 교의의 기능은 세 중심적인 상징 안에서 인간에게 드러나는 하나님의 자기 계시를 표현한다. 신적인

83) Wiles, *The Making of Christian Doctrine*, p. 117.
84) 같은 책, p. 174.
85) Rahner, *The Trinity*, pp. 10-15.

심연의 깊이를 열어젖히고 존재의 의미에 대해 답하면서 이 삼위일체 교리는 뒤에 꿰뚫을 수 없는 신비로 숭배되도록 제단 위에 올려지는 것이다. 그래서 이 신비는 존재의 기반에 대한 신비를 끝내게 하였다. 다시 말해 이 교의는 대신 풀리지 않는 신학적 문제라는 수수께끼가 되고 만 것이다. … 이런 틀에서 이 교의는 교회의 권위주의를 위한 또 끊임없이 찾으려 하는 마음을 억누르는 강력한 무기가 되었다.[86]

성령 중심 그리스도론 복원을 지지한 램프(G. W. H. Lampe)는 이렇게 단언한다.

심지어 인간의 영혼을 지닌 신적 존재로서 그리스도라는 관념은 발전 과정에서 필연적으로 도달한 마지막 단계로서 그리스도의 인격(manhood)이 한 벌의 옷같이 외적인 형태에 지나지 않으며 이 옷 안에서 하느님-아들이 인간처럼 차림새를 한 것, 곧 왕이 거지로 변장한 것이라고 제안한다. 말씀이 인간이 되었지만 이때 인간은 한 인간 개체가 아니라는 고전적인 확언은, 그리스도교 사상이 예수의 위격을 로고스/아들로 파악하고 "하느님의 아들"이라는 이미지를 예수라는 역사적 인물로부터 신성의 제2위격으로서 선재하는 로고스로 전이하게 되었고, 그렇게 되자 이것은 그리스도의 인간됨에 관한 하나의 환원주의적 교리로 귀결되어져 갔으며 또한 그리스도는 새 아담이고 "형제들의 대가족 가운데 맏자식"이라는 믿음으로 표현되는 통찰들의 영향력의 약화를 초래하게 되었다.[87]

기도와 고백의 성찰을 통하여 그리스도교 전통은 한편에서는 풍부

86) Paul Tillich, *Systematic Theology*, vol. 3, p. 291.

87) G. W. H. Lampe, "The Holy Spirit and the Person of Christ", in *Christ, Faith and History*, pp. 119-120.

한 신비적 전통을 발전시켜 왔지만, 이러한 사유의 흐름은 결코 이론적 사고의 발전과 온전히 연결되지 못했다. 신의 본질을 객관적으로 파악한다는 식의 태도를 거부했기 때문에 이 신비 전통은 철학에 있어서는 의심의 대상이 되었으며 이에 따라 신학적인 발전도 없었다. 따라서 특히 서구 라틴 세계에서 이 신비 사상은 수도승이나 수녀들의 영역이 되어 버리는 정도로 주변적인 것에 머물렀으며 거의 주요 신학자들의 관심을 받지 못했고 일반 그리스도인도 이에 관하여 깊이 생각하지 않았다.

따라서 확실히 이상적인 목표는 이론에서뿐만 아니라 의미의 신비적 영역에서도 구실을 할 수 있는 그리스도인다운 이해에 관한 하나의 이해이며 또한 건강하고 역동적인 긴장 속에서 의미의 영역을 유지할 수 있는 것이다. 이러한 이해야말로 이 책의 목표이기도 하다. 그러나 우리가 이 대승불교의 철학적 관점 안에서 종교 이해의 형식에 대해 밑그림을 그리기 시작하기 전에 우리는 그리스도교 신비 전통에 좀 더 관심을 가져야 하는데, 이 전통은 (주류 신학과) 늘 함께 가다가 또 자주 교차하기도 했으며, 많은 경우 교의적 전통의 이론적 통찰과 부딪히기도 했다. 이 책 전체 논의는 불교적 사고가 어둠에 관한 그리스도교의 신비적 전통을 중심 사상으로 바로잡도록 또 그리스도 의미에 대한 그리스도인의 통찰을 깊게 하도록 도울 수 있다는 데에 있다.

4장
초기 교부의 빛의 신비

3장에서는 초기 교회의 신앙, 가르침, 고백 안에서 전개된, 그리스도에 대한 이론적 이해의 중심 주제를 간단하게 살펴봤다.[1] 그러나 의미는 이론적 의미 영역뿐만 아니라 오직 직접 접촉을 통해 자기 자신의 것으로 구체화된다는 신비 영역도 있다. 이 책은 이론과 신비적 통찰을 유기적으로 연결시킴으로써 어쩌면 그리스도교 신비 전통의 중심을 바로 세울 수도 있는, 종교적 의식(religious consciousness)에 대한 하나의 불교 철학적 해석을 제공하는 것을 목적으로 하는 바, 이어지는 두 장에서는 초기 그리스도교 신비가와 교부의 신비 사상에서 구체화된 그리스도 의미를 검토하려 한다.

신비 의미에 대한 이해에서 초점은 진리에 대한 논리적이고 일관된 사고가 아니라 오히려 의식의 경험에 있어 이 진리에 대한 직접적이고 즉각적인 파지(appropriation)이다. 그리스도의 이론적 의미를 아는 것이 아니라 비록 이것이 올바르게 이해됐다 하더라도 어떻게 이 의미를 한 사람의 고유한 것이 되도록 하느냐가 목적이다. 니사의 그레고리오(Gregory of Nyssa)가 한 말처럼 "이것은 예수님이 선포한 하느님에 관한 어떤 앎이 아니라 한 사람 안에 계신 하느님이다."[2] 신비적 이해의 초점은 하느님의 불변하는 본질을 아는 것이 아니라 이 불변성에 어떤 식으로든 참여하는 것이다. 단지 삼위일체 교리를 이해하는 것만으로는 충분하지 않으며 이 삼위일체에 대한 의식적 체험으로

1) Pelikan, *The Emergence of the Catholic Tradition*, pp. 1–10.

2) Gregory of Nyssa, *Patrologia Graeca*, vol. 44, p. 1269c, Beatitude 6.

나아가야 한다.[3)] 그리스도의 모상(Imitation of Christ)에 관해서 말하자면, 그리스도와 아버지의 관계를 어떻게 규정할 것인가를 아는 것보다는 그리스도의 존재를 느끼고자 하는 것이다.

초기 그리스도인 신비가들의 이런 신비적 의식은 개념적 선언과 또 이 선언을 형성했던 언어를 초월한다. 바로 여기에 신비주의의 본성에 대해 쓰려고 하는 사람들에게 걸림돌이 있다. 토마스 머튼이 지적한 것처럼, "신비 신학에서 주요한 문제 가운데 하나는 개념을 초월하는 하느님의 애정이 넘치고, 떨어질 수 없으며 초월적인 사랑을 설명하는 것이며, 더군다나 어떤 방식으로든 철저히 오해될 수밖에 없는 언어로 이를 설명해야 한다는 것이다. 신비 신학자들은 정말로 말로 표현할 수 없는 것을 말해야 하는 문제에 직면하는 것이다."[4)]

이것은 정말 말로 표현될 수가 없는데 왜냐하면 그리스도에 대한 신비적 체험은 항상 또 반드시 명료한 의미를 끌어낼 수는 없는 하나의 의식 상태이기 때문이다. 버나드 로너간(Bernard Lonergan)이 설명하듯이 의식의 역동적인 상태는 통찰, 이해, 판단의 행위에 있어서 항상 명료하게 표현될 수 있는 것이 아니다. 오히려 이러한 체험은 말로 표현된 의미가 형성되도록 하는 바탕이 되는 기저의 체험이다. 신비적 의미 체험이 가능한 것은 이러한 신비적 상태가 정확히 알려지는 것을 넘어서는 의식 상태이기 때문인 것이다.[5)]

그럼에도 이 가장 내밀하고도 즉각적인 체험이 신앙 체험의 중심이 된다고 여겼기 때문에 그리스도인들은 이런 체험을 자기들만의 사적인 것으로 유지하는 데에 좀처럼 만족하지 않았고 예언자처럼 이를 공개적이고 대중적으로 표현하는 방향으로 나아간 것 같다. 따

---

3) K. E. Kirk, "The Evaluation of the Doctrine of the Trinity", in *Essays on the Trinity and the Incarnation by Members of the Anglican Communion*, pp. 226–237.

4) Thomas Merton, in the foreword to William Johnston's *The Mysticism of the Cloud of Unknowing: A Modern Interpretation*, p. viii.

5) Lonergan, *Method in Theology*, p. 106.

라서 교부들은 하나의 신비 신학을 전개했는데 이 신학은 그러한 신비적 이해를 구체화하고 주제화하려 했다.

교부들이 전개한 신비 사상의 첫 단계는 교의적 사고의 형식을 가깝게 따랐는데 그것은 그리스도교 이론을 위해 구실을 한 신플라톤 철학의 틀 안에서 표현됐기 때문이다. 이러한 패턴-빛의 신비라고 적절하게 묘사된-이 전혀 도전받지 않은 채 그냥 흘러왔다면 그리스도교 사상이 양분되는 일은 생기지 않았을 것이다. 그러나 그렇게 되었다면, 신학적 일관성을 위해 그리스도 체험에 맞지 않는 부적합성이 점증하게 되는 대가를 치르게 되었을 것이다.

신비 전통의 플라톤적 형식

신약은 사실 그리스도 의미에 대한 신비적 체험들을 묘사하고 있지만[6] 그리스도교 이론의 발전을 위한 어떤 이론적 언어도 제공하고 있지 않기 때문에, 그리스도인의 신비적 사유를 설명하는 어떠한 정교한 틀도 제시하지 못했다. 신앙에서 시작해 가르침과 고백으로 나아가는 과정에서 복음서 저자는 신앙의 맥락에서 아바-하느님 체험과 그리스도 안에서의 생명에 대해 말했는데, 이것 자체가 신비적 의미 영역 안에 있는 것이었지만 이 저자들은 후대 사상가들이 사용할 수 있는 일관된 신비적 신학 교의를 발전시키지 않았다.

따라서 이 상황에서는 이론뿐 아니라 신비적 상승을 위한 언어를 발전시켜야 했다. 다시 말하지만 그리스도교 신비 사상가들은 그리스 사고방식을 수용하고 적용했는데, 물론 이들 가운데 대부분은 그리스인이었다. 신적인 것에 참여하는 데에 온 관심을 쏟았던 그리스도교 신비가들은 이런 참여를 설명 형식으로 표현하지 못하는 상황에서, 이 체험을 명확히 가리키기 위해 개념적 틀을 필요로 했다. 이것은

---

6) Schillebeeckx, *Christ: The Experience of Jesus as Lord*, pp. 307-349에 설명되어 있는 요한 복음의 특히 배경적 상황을 주목하라.

"형이상학, 인류학, 세계에 대한 하나의 이론"을 뜻했고 "또 신플라톤주의는 이 사상의 성찰적인 특성에 의해, 그리고 손에 잡히는 현실적인 것에 대한 경멸 그리고 신중심주의에 의해, [신비적인] 은둔적 운동의 이 특별한 통찰에 놀랍도록 적용되는 일견 매우 적절한 사상을 제공했다."[7] 그리스도교 신비 사상이 그리스도인이 이론적으로 이해하는 자리와 같은 곳에서 개념적 틀을 발견했다는 것은 놀랄 만한 일이 아니다. 왜냐하면 많은 경우 그리스도인 신비가들이 육화와 삼위일체에 대한 교리적 이해를 이론적으로 발전시킨 데 대한 책임이 있는 바로 그 사상가들이었기 때문이다. 곧 그들은 신약 본문에서 직접 개념적 틀을 전개시켜 내고자 하는 대신, 자신들이 생각하는 그리스도의 신비적 의미를 기존의 그리스 플라톤 신비 교의라는 줄기에 접붙였던 것이다. 페스투지에르(A. J. Festugière)의 말처럼, "예수에서 나온 이 운동은 플라톤으로 거슬러 올라가는 구조를 지닌 기존의 유기체에 새로운 생명을 주었다. 교부들이 자신들의 신비주의를 '생각할' 때 이들은 플라톤 철학에 근거하고 있었던 것이다."[8] 따라서 여기서 이 플라톤 신비 사상의 모델을 개괄적으로 언급하는 것이 좋겠는데, 특히 뒷장들에서 신비 체험의 명료화를 위한 하나의 대안으로서 불교적인 교의의 틀을 제시하는 데 이러한 언급이 도움이 될 것이다.

플라톤의 사상을 고려할 때 플라톤에게 앎(epistēmē)은 어떤 것에 대하여 초연한 이론적 지식이 아니라, 오히려 알려져야 할 것에 대한 참여라는 것을 인식할 필요가 있다.[9] 플라톤 사상 전체의 핵심은 그 자체가 신비적인데, 곧 알려진 진리에 참여하려고 애쓴다는 것이 그렇고, 또 그 출발점 자체가 신비 체험이었다는 점이 그렇다. 페스투지에르가 설명하는 것처럼 이상적 형태로서 불변하는 영역의 실재에

---

7) John Meyendorff, *Christ in Eastern Christian Thought*, pp. 118-119.

8) A. Festugière, *Contemplation et vie contemplative selon Platon*, p. 5.

9) Werner Jaeger, *Paideia* 2:65ff; Louth, *The Origins of the Christian Mystical Tradition*, p. 2.

대한 앎은 "한 체험에서 나왔다. 이것은 보여져 왔기 때문에 알려진다. 또 이것은 직관의 진리인데, 이성에서 나온 것이 아니라 내가 이것을 신비적이라고 부르는 것보다 어떻게 더 잘 규정해야 할지 모르는 그런 심리적인 체험상의 사실에서 나온 것이다."[10) 따라서 페스투지에르는 "안다는 것은 언어와 지적 작용을 초월한다. 여기에서 보이는 대상은 ousia(존재)를 넘어선다. 이는 말로 나타낼 수 없는 것이며 어떤 규정으로도 정의될 수 없다."[11)

이런 앎이 실제로 발생한다는 사실은 이상적 형상들을 아는 주체로서의 지성 곧 nous(정신, 이성)와, 알려지는 대상이자 진정한 앎을 가능하게 하는 유일한 원천으로서의 그 불변하는 이상적 형상들 곧 noēta(직관의 대상이 되는 것들) 사이에 본성적 유사성 내지 친연성이 있음을 암시했다. 『파이돈』(*Phaedo*)에서 플라톤은 "영혼은 신성을, 몸은 유한성을 모방하는데, 영혼은 실로 신성 및 불멸성과 아주 비슷하다"[12)라고 설명하고 있다. 영혼은 신성에 대한 본성적 친연성(suggeneia)이 있는 바, 철학자들은 바로 자신들의 "진리를 향한 타고난 욕구"[13)를 각성시켜야 하는 것이다.

그러나 이런 본성적 친연성 내지 유사성은 우리가 느끼고 볼 수 있는 세계 안의 우리들의 삶으로부터는 도출될 수 없는데, 왜냐하면 이 세상은 끊임없는 변화와 흐름, 또 착각을 일으키는 혼란으로 차 있기 때문이다. 사실 "만물은 유전한다(panta rei)"[14)라고 하는 헤라클레이토스(Heraclitus)의 통찰에 대한 깊은 이해가, 플라톤으로 하여금 불변하는 이상적 형상들의 존재에 관한 개념들을 전개하도록 한 출발점으로 여겨질 수 있다. 철학자를 포함해 모든 것이 변하고 죽고 사라

10) Festugière, *Contemplation et vie contemplative*, p. 217.

11) 같은 책, p. 5.

12) *The Dialogues of Plato*, trans. Jowett, vol. 1, p. 456; *Phaedo*, 388:80.

13) Festugière, *Contemplation et vie contemplative*, p. 160.

14) Copleston, *A History of Philosophy: Greece and Rome*, pp. 62–63.

져 가는데도 참으로 안정적인 지식이 획득 가능하려면, 영원하고 안정적이며 변하지 않는 또 다른 세계가 있어야 하고, 그 세계와 영혼은 어느 정도의 친연성을 지녀야 하는 것이다.[15] 플라톤은 결론짓기를, 영혼이 이러한 유사성을 가지고 있는 것은 그 영혼이 이미 이전에 비경험적인 존재로서 실제로 그 불변의 이상적 형상들을 보았기 때문이라고 하였다. "이처럼 여기 하계(下界)에서 관조될 수 있는 이 형상들은 현세에서의 경험 이전의 존재라는 맥락에서 이미 존재해 왔음에 틀림없다. 우리가 이 형태에 대해서 알게 되는 것은 오직 재발견이거나 혹은 깨어남일 뿐인 것이다."[16] 따라서 진정한 앎은 기억하는 것(anamnēsis)이며 영혼의 본성적 친연성은 그 이상적 형상들을 관조했던 이전의 생에서 도출되는 것이다.

이와는 반대로 인류의 현 상태는 확실히 이 경험 이전의 존재로부터 타락한 것이며, 우리는 끊임없이 유동하는 감각의 세계에 갇힌 채로 무지와 혼돈(aporia)에 빠져들어 있는 것이다. 플라톤의 『공화국』(*The Republic*)에 나오는 유명한 동굴의 비유는 이런 상황을, 태어나면서부터 동굴에서 사슬에 묶인 채 뒤에서 비치고 있는 빛을 향해 움직이거나 몸을 틀 수도 없는 사람들의 상황으로 묘사한다.[17] 진정 존재하는(ontōs on)[18] 것은 감각적인 것들(aisthēta)의 세계가 아니라 오히려 보이지 않는 실재(noēta)의 세계이며, 이것만이 실재를 형성하는데 이 안에서 감각적 현상이 단지 다양한 수준에서 참여하고 있을 뿐인 것이다. 플라톤은 변화하고 일시적인 감각적 물질의 세계 곧 잘못된 견해와 혼돈(aporia)으로 이끌고 마는 그런 세계와, 진정한 앎(epistēmē)을 가능하게 하는 원천으로서 불변하며 객관적으로 실재하는 지성적이고 이상적인 형상들(eidē)의 세계를 철저한 이원론의 바탕 위에서 분리했다.

---

15) Festugière, *Contemplation et vie contemplative*, pp. 77–78.

16) 같은 책, p. 215.

17) *The Dialogues of Plato*, trans. Jowett, vol. 2, pp. 341–346; *Republic*, 514–518.

18) Étienne Gilson, *Being and Some Philosophers*, pp. 10–22를 보라.

『파이돈』에서 영혼의 불멸성을 논하면서 플라톤은 다음과 같이 주장하는 소크라테스 모습을 소개한다. "우리는 우리가 상상하듯이 쉽게 흩어져 버리는 것은 무엇이며, 두려워하는 것은 무엇인지 우리 스스로에게 물어야 하지 않겠는가? 또 우리가 두려워하지 않는 것은 무엇인가?"[19] 소크라테스는 나아가 영혼을 단일하고 조합된 것이 아닌 순수한 것으로서 규정하면서 변화하거나 분해되지 않으며 따라서 영혼은 죽어서도 "흩어져 버릴 수" 없다고 말한다. 근본 문제는 영혼이 감각적 눈 곧 육안(肉眼)을 제외하고는 눈(eye)이 없으며, 육체에 오염되고 마음을 빼앗기며, 이 육체적 욕구 때문에 너무 무거워 주저앉게 되고 만다는 것이다. 영혼은 "육체에 의해 변화하는 영역으로 끌려들어 간다."[20]

보이지 않는 것(aeides)과 보이는 것(horaton) 사이의 철저한 이원론과 더불어 지혜를 사랑하는 이들의 과제는 감각적 현상에서 "진정으로 존재하는" 곧 불변하는 이상적 형상의 세계에 대한 성찰로 나아가는 것이다.[21] 감각적인 육체에 묶여 있기는 하지만 영혼은 nous(정신, 이성)[22]이라는 관조의 기관을 갖고 있다. 이 기관은 감각적인 것과 지성적인 것 중간에 자리 잡는다. 그러나 변화하는 감각의 세계에서 존재 자체인 지성적 세계로 상승하기 위해 영혼은 감각이라는 외피적 진흙(en borborō barbarikōtini)[23]으로부터 영혼 자체를 정화할 필요가 있다. 이 정화 과정(katharsis)은 영혼을 위한 구원의 길인데, 이는 오직 이 과정에 의해서만 이 깊은 관조의 목표를 성취할 수 있기 때문이다.

---

19) *The Dialogues of Plato*, trans. Jowett, vol. 1, p. 454; *Phaedo*, 78.

20) 같은 책, vol. 1, p. 455: *Phaedo*, 79.

21) Festugière, *Contemplation et vie contemplative*, p. 95.

22) nous는 번역하기 어려운 용어다. 이것은 대개 "정신"(mind) 또는 "지(이)성"(intellect)으로 번역한다. 루트(Louth)는 이 nous가 "정신이나 지성이 제시하는 어떤 것보다도 신비적인 일치의 기관에 더 가깝다"고 설명한다. *The Origins of the Christian Mystical Tradition*, p. xvi.

23) *The Dialogues of Plato*, trans. Jowett, vol. 2, p. 361; *Republic*, 7;533d. Jowett translates "some outlandish slough."

페스투지에르가 설명하듯이 "관조(theōria)는 보이지 않는 것을 보는 것이다. 이 봄은 영혼 자체가 질료(matter)에서 벗어나는 그런 수준에서만 가능하다. 이것이 카타르시스(정화)다."[24] 따라서 영혼을 가능한 한 최대한 육체에서 분리해야 한다. 곧 영혼 자체의 힘을 집중시키기 위해 육체라는 껍데기에서 영혼을 떼어 내는 훈련을 해야 하며, 또 영혼에 집중하여, 사슬에서 해방되듯이 육체의 속박에서 해방되어 그 자체로서만 있어야 한다.[25] 따라서 정화는 육체에서 멀리 벗어나 있음을 또는 죽음의 연습을 뜻한다.[26]

영혼의 정화에 있어 첫 단계는 도덕적 정화인데, 그것은 덕의 실천과 열정의 통제[27] 없이는 이 nous가 보이지 않는 것에 대한 관조에 도달할 수 없기 때문이다. 그러나 이 도덕적 정화는 첫 단계로서 필요한 것이기는 하지만 그것만으로는 관조와 관련을 맺기에는 적절하지 않다.[28]

또한 지성의 정화도 필요한데 이는 변증법적(dialezis)으로 이행되면서 아는 자(the knower)를 알려진 것(the known)과 하나가 되게 한다.[29] 이러한 지성의 정화 특징은 "더 영적이고 그 비가시적인 것에 가까운 어떤 차원을 얻기 위해 항상 자신을 질료에서 점점 더 벗어나게 해야 한다는 것이다. 어떤 사람이 자신을 몸에서 분리해 낸 그만큼, 그 사람은 그 형상들의 절대적 순수성에 가깝게 다가간다."[30] 영혼은 마치 계단 위에서처럼 순차적이고 추론적인 운동의 과정을 통하여, 감각적인 것에 대한 인식으로부터 영혼 자체에 대한 인식으로 또 지성적인 것에 대한 인식으로 상승해 가며 마침내 관조의 행위를

24) Festugière, *Contemplation et vie contemplative*, pp. 128-129.
25) 같은 책, p. 129, based upon *Phaedo*, 67c; trans. Jowett, vol. 1, p. 440.
26) Louth, *The Origins of the Christian Mystical Tradition*, p. 8; *The Dialogues of Plato*, trans. Jowett, vol. 1, p. 389; *Phaedo*, 67d.
27) Louth, *The Origins of the Christian Mystical Tradition*, p. 8.
28) Festugière, *Contemplation et vie contemplative*, p. 157.
29) 같은 책, p. 164.
30) 같은 책, p. 165.

성취하게 된다.[31]

마지막 지점인 봄의 행위[32], 곧 관조(theōria, thea와 horaō에서 왔다. 논리적이고 일관된 의미로서 "이론"이라는 낱말로 사용되는 현대 어법과 혼동해서는 안 된다)는 영혼과 비가시적 형상들의 합일이다.[33] 이 비가시적인 것에 대한 관조적 바라봄은 영혼이 경험 이전의 상태로 돌아가는 것이다. 그러나 이는 단지 철학적 노력의 최고 정점이라 할 수 있는 추론적 앎의 가장 높은 상태가 아니다. 왜냐하면 변증법적 과정에서 카타르시스를 통해 열정에서 자유로워진 nous는 모든 감각적 모습들과 모든 환상(phantasia)에서부터 noēta라는 이 비가시적 개념을 정화하고 벗기어 내기 때문이다. 따라서 관조적 봄(seeing)은 이것이 무엇과 같다고 설명하거나 증명할 수는 없고 차라리 그냥 "현존에 대한 감각(sense of presence)"[34]으로 특징지을 수 있다.

페스투지에르는 말한다. "그 관조에 이를 때까지 영혼의 눈은 자신을 제한된 범위의 형상들의 현존 속에서 찾는다. 각각의 형상은 제한된 본질을 나타낸다. … 보이는 것은 구분할 수 있다. 그러나 [관조의] 시간에는 영혼을 감싸는 빛의 바다가 있다. 대상은 더 이상 제한되지 않으며, 정신을 멀게 할 정도로 그 빛이 가득하게 된다."[35] 관조의 대상은 부정적인 단언을 통하지 않고는 규정할 수 없는데, 그것은 여기에서는 "더 이상 자신이 파악한 것을 언표하기가 어렵기 때문이다. 이것은 보는 것을 넘어서는 접촉이며 말로 표현할 수 없는 일치로서, 여기서 nous는 대상 안에서 사라신 채로 그 대상에 접촉하면서도 그것이 무엇인지 정의할 수 없으며, 접촉의 느낌 그 자체 외에는 아무런 느낌도 없다."[36]

---

31) 두 종류의 변증법의 본성에 대한 설명과 관련해 같은 책, pp. 164-209 참조.
32) 같은 책, p. 13.
33) *The Dialogues of Plato*, vol. 1, pp. 442-461 (*Phaedo*, 69a-84b).
34) Festugière, *Contemplation et vie contemplative*, pp. 260-262, 343-346.
35) 같은 책, pp. 226-227.
36) 같은 책, p. 227n을 보라. 여기서 페스투지에르는 이것의 유사성을 신플라톤

플라톤 사상의 이러한 구조는, 플로티누스의 네오플라톤주의와 더 대중적인 중기 플라톤주의 사상[37]을 통하여 더욱 발전되었는데, 바로 이러한 구조가 그리스도 의미에 대한 그리스도인들의 신비적 통찰을 표현하기 위한 개념 형식으로 받아들여진 것이다. 감각 세계를 초월하는 별도의 실재가 존재한다는 이런 직관적인 주장은 하느님과 더불어 사는 천상의 삶에 대한 그리스도인의 관념을 반복하는 듯하다. 그러나 앞에서 말했듯이 그리스도인은 이 모델을 그리스도인의 신앙 선언의 필요성을 충족시키기 위해 그 구조를 수용하는 데서뿐만 아니라 적용하는 데에서도 사용했다. 따라서 페스투지에르가 그리스도인이 자신의 신비주의를 "생각"할 때 이들이 플라톤주의화한 것이라고 말하면, 이의를 제기할 사람은 거의 없을 것이다. 그러나 그가 계속해서 "이 사상 체계에 독창적인 것이란 없다"[38]고 말하면 분명 반대해야 하는데, 그 까닭은 그리스도 의미에 대한 통찰과 신앙 경험은 정말로 새로운 것이기 때문이다. 따라서 다음 절에서는 플라톤의 틀 안에서 그리스도교 신비가들이 표현했던 공통 교의의 배경을 형성한 기본 주제들을 살피고자 한다.

지속적인 신비 전통은 구원이라는 보편적으로 받아들여진 주제 안에서 발전됐다. 존 메옌도르프(John Meyendorff)는 이 주제를 "인간 안의 하느님 형상과 인간의 본래 운명에 대한 교부들의 교의, 또 원죄와 구속에 대한 교부들의 해석"[39]으로 정리했다. 따라서 신비 사상가 자체에 대한 검토의 기초를 마련하기 위해서 무엇보다도 우선 이런 교의적 주제를 분명히 해야 하는데, 이 주제들은 그리스도교 신비

주의자와 위(僞)-디오니시오의 부정(apophatic) 사상과 더불어 설명한다. 페스투지에르는 플라톤을 이러한 신플라톤주의자들의 빛 아래서 해석하고 이들의 해석이 정확하다고 주장한다.

37) 플로티누스와 필로의 유대인 플라톤주의 사상에 대한 설명과 관련해서는 Louth, *The Origins of the Christian Mystical Tradition*, 2-3장을 보라.

38) Festugière, *Contemplation et vie contemplative*, p. 5.

39) Meyendorff, *Christ in Eastern Christian Thought*, p. 144.

사상의 공통적 신앙 이해를 형성하는 것이다.

신비적 플라톤주의에 대한 그리스도인의 적용

구원에 대한 그리스도인의 교의적 이해는 위에서 살폈듯이 플라톤 철학의 구조와 긴장을 이루며 중요한 부분에서 서로 수정하고 수정받으며 발전했다. 플라톤 철학에 대해 그리스도교 사상가들은 초기에는 다소 논쟁적으로 대응했다. 일찍이 순교자 유스티노 시대에 영혼의 본성적 불멸성에 관한 플라톤의 생각은 반박됐다.[40] 오리게네스가 영혼의 선재-육체 속으로 떨어지기 이전의 진정한 상태-를 가르친 것은 사실이지만 대부분의 그리스도인들은 이 가르침이 자신들의 신앙 이해와 조화를 이룬다고는 결코 생각하지 않았다.[41] 그리고 creatio ex nihilo(무에서의 창조)의 가르침에 대한 확실한 수용과 더불어 영혼의 신적 본성이라는 관념이나 또는 영혼과 영혼의 창조자 사이의 어떤 본질적 유사성도 받아들여지지 않았다. 앤드류 루트(Andrew Louth)가 설명하듯이 "… 영혼과 신성의 유사성이라는 플라톤식 관념은 … creatio ex nihilo라는 교리로 박살났다."[42] 그러나 그리스도인들은 창조주와 창조물 사이의 근본적인 차이를 견지하면서도, 변화하고 흘러가는 이 감각 세계를 초월하는 독립된 실체가 있다는 플라톤 사상은 의심의 여지없이 인정했다. 영혼은 단지 감각 세계에 사슬로 묶여 있는 것이 아니며 하느님을 향해 솟아날 가망이 없는 것도 아닌데, 그 까닭은 창세기 1장 26절에서 말하고 있거니와, 남자와 여자가 "하느님의 모상"으로 만들어졌기 때문이다. 세상 안에서 겪는 끊임없는 흐름을 초월하여 불변하는 실체에 대한 요구는 인간 안에 있는

---

40) Erwin R. Goodenough, *The Theology of Justin Martyr*, pp. 66-71.

41) 오리게네스주의에 대한 비난과 관련해서는 Meyendorff, *Christ in Eastern Christian Thought*, chap. 3, pp. 47-68.

42) Louth, *The Origins of the Christian Mystical Tradition*, p. 76.

하느님 이미지라는 플라톤적 관념의 바탕 위에서 가능했는데, 그것은 하느님이 불변하고 사라지지 않는 본질로 간주되었기 때문이다.

인간 안의 하느님 이미지에 대한 가르침은 아마도 제2경전(deutero-canonical book)인 지혜서에서 처음으로 발견되는데, 이 지혜서 자체가 기원전 약 50년경 알렉산드리아의 그리스 환경에서 나온 산물이다. 지혜서 2장 23절은 창세기 1장 27절을 표현만 약간 바꿔서 "하느님께서는 인간을 불멸의 존재로 창조하시고 당신 본성의 모습에 따라 인간을 만드셨다"고 쓰고 있다.

여기서 그리스 사상의 영향은 두드러진다. 앤더스 니그렌(Anders Nygren)은 "이 하느님 이미지에 대한 교리는 그리스 언어가 유대인의 종교적 저술에 들어오는 상황에서 처음으로 발전했다"[43]고 썼다. 많은 현대 신학자들은 구약의 여러 경전들에서 인간 안의 하느님 이미지에 대한 가르침이 보이지 않기 때문에 이 교리도 그리스도교의 본질적 가르침에 속한다고 보기 어렵다고 주장한다.[44] 심지어 "이 이미지 신학"의 유효성을 강하게 주장한 블라디미르 로스키(Vladimir Lossky)도 인정하기를 "성서에서 구약의 여러 경전이 형성된 상황 내에서 해석할 때에, 순수한 히브리 본문에서는 우리가 하느님 이미지라는 관념에 기반하여 종교 인류학을 구성할 근거를 전혀 (또는 거의) 주지 않는다."[45] 따라서 교부들이 인간 안의 하느님 이미지라는 의미를 다루는 데서 우리가 그리스 및 플라톤 사상을 다루고 있는 것은 합리적이라고 생각된다.

아타나시오가 이런 관념을 사용했던 첫 그리스도교 교부라고 보이는데, 그것은 그가 영혼을 거울에 비유해 "한 거울이 깨끗하면 하느님 이미지를 비춘다"[46]고 말했기 때문이다. 그는 『이교도 반박론』(*Contra*

---

43) Anders Nygren, *Eros and Agape*, p. 230n.

44) Karl Barth, *Church Dogmatics*, III.1, pp. 191ff.; Emil Brunner, *Man in Revolt: A Christian Anthropology*, p. 449; and A. Nygren, *Eros and Agape*, p. 230.

45) Vladimir Lossky, *In the Image and Likeness of God*, p. 129.

46) Louth, *The Origins of the Christian Mystical Tradition*, p. 79.

Gentes)에서 다음과 같이 쓴다.

> 따라서 영혼이 죄로 얼룩진 모든 때를 벗고 이 이미지 안에 있는 것만을 순수하게 유지하여 밝의 것을 비춘다면, 영혼은 거울처럼 아버지의 이미지인 말씀을 진정으로 관조하고 그 말씀 안에서 아버지를 명상할 수 있는 바, 아버지 안에서 그 이미지는 구세주가 되는 것이다.[47]

아타나시오에 의하면 "사람은 무에서 하느님 모상을 따라 창조됐다. 곧 사람은 본래 불멸하는 존재가 아니라 창조된 존재이지만 하느님 말씀을 명상함으로써 하느님과 불멸성의 친교를 나누는 관계로 진보해 갈 가능성이 있다는 것이다."[48] 또 "그리스도의 빛, 이것으로 인간은 그 아버지를 볼 수 있는데, 이 그리스도의 빛을 받을 수 있는 것은 인간이 영혼의 깊은 곳에서 하느님을 그릴 수 있는 능력이 있기 때문이다."[49] 곧, "아타나시오는 영혼을 하나의 거울로 비유하여 이 거울이 하느님을 비출 수 있다고 주장하면서 영혼과 하느님 사이에는 진정한 유사성이 있음을 말한다. … 그러나 이러한 비유에서도 영혼과 하느님 사이에 본성적 친연성이 있다는 암시는 하고 있지 않다. 존재론적 연속성은 없는 것이다. … 따라서 익숙한 플라톤의 주제가 적용되면서도, creatio ex nihilo의 극명한 중요성에 대한 니케아 공의회의 정통적 통찰은 전혀 흐려지지 않고 있는 것이다."[50]

그러나 교부들이 창조자와 피조물 사이의 차이에 대한 니케아 공의회의 정통적 이해와 조화시키기 위해 그리스 사상을 변용시켰다고 하더라도 교부들은 변화하는 감각의 세계를 넘어서는 불변의 상태로

---

47) Athanasius, *Contra Gentes*, 34, quoted in Louth, *The Origins of the Christian Mystical Tradition*, p. 79.

48) Maurice Wiles, *Christian Fathers*, p. 84.

49) Jaroslav Pelikan, *The Light of the World: A Basic Image in Early Christian Thought*, pp. 55-57.

50) Louth, *The Origins of the Christian Mystical Tradition*, p. 80.

서 그리스적 구원 개념을 거의 그대로 받아들였다. 교부들은 오랫동안 여러 해석을 통해 불멸성을 가능하게 하는 이미지의 본성에 대해 깊이 생각했다.[51] 그러나 존 메옌도르프가 설명한 것처럼, "그리스 교부 전통에서는 이 이미지가 태초에 사람이 받은 것으로서 또 사람의 본성에 있어 하느님과의 관계에서 독립적인 속성으로서 유지되어 온 것으로서, 외적 모습이 아니라는 것을 분명히 하는 데에서 철저한 일관성이 있다. 하느님 모상이라는 이 '이미지'는 신적 본성에 참여함을 암시한다."[52] 인간 본성은 신적 본성에 참여하는 잠재성을 갖고 있고 그 안에서 절대성을 성찰하도록 개방돼 있으며 하느님과 함께 나누는 불변의 상태를 성취할 수 있는 능력이 있다.

알렉산드리아의 치릴로는 이 이미지를 인간이 이성적(logikos)이라는 사실에 적용하여, 인간이 신적 말씀(the Divine Logos)에 참여할 수 있다고 가르쳤다. 죄에 떨어지기 전에 아담은 "순수하고 한 점 티 없는 자신 안에 하느님이 이미 그에게 준 빛나는 광명을 보존하고 있었고 그의 본성의 존엄을 값싸게 팔아 버리지 않았다."[53] 따라서 죄에 물들기 전 신적 광명에 참여할 수 있었던 인간은 자유롭게 하느님을 구하고 찾을 수 있었다. 또 죄에 떨어진 뒤에조차도 이 가능성은 열려 있는 것이다.

그러나 안타깝게도 타락하기 전 아담의 상황은 변화하는 이 지상 사람들의 삶의 체험은 아닌 바, 우리는 더러움에서 벗어난 순수한 삶을 살지 못하며 또 신적 광명은 매일 볼 수 있는 것이 아닌 것이다. 교부들은 창세기에 대한 바오로의 독법에 기초하여 이러한 분명한 불일치를 설명하기 위해 타락에 관한 교의를 가르쳤다. 여기서 다시 메옌도르프가 해석한 치릴로의 말을 들어 보자.

---

51) Meyendorff, *Christ in Eastern Christian Thought*, p. 114.

52) 같은 책.

53) Cyril of Alexandria, *Commentary on John*, 1:9, quoted in Meyendorff, *Christ in Eastern Christian Thought*, p. 115.

아담은 타락에 물들지 않고 생명을 영위하도록 창조됐다. 낙원에서 그는 거룩하게 살았고 온전한 지성으로 항상 하느님을 명상하는 데에 힘썼으며 몸 또한 어떤 사악한 쾌락의 흔적도 없이 안정과 고요함에 처해 있었는데, 그것은 아담이 쉽게 동요되는 기질을 타고 나지 않았다는 것을 말한다. 그러나 그가 죄 때문에 타락해 부패한 삶으로 빠져들어 가자 쾌락과 불순이 육체의 본성을 침범했으며 우리에게 있는 야만의 법이 나타났다(로마 7,5.23). 본성이 아담의 불복종과 죄를 통해 병들었다. 그리고 무리들은 아담의 죄를 나눔으로써가 아니라 -이 무리들은 그때에 아직 존재하지도 않았다- 죄의 법 아래에 있는 그의 본성을 나눔으로써 죄를 지은 것이다(로마 7, 23; 8, 2). 아담에게서처럼, 사람의 본성은 불복종을 통해 타락(corruption)이라는 병에 물들었는데(errōstēsen tēs phthoran) 왜냐하면 불복종함으로써 어떤 욕정이 사람의 본성으로 들어갔기 때문이다.[54)]

여기서 두드러진 특색은, 플라톤이 말하는 선험적인 존재와 매우 비슷하게 인간의 원래의 본성이 변화와 타락을 초월했었다는 것이다. 추락이 타락과 죽음을 일으키게 된 것이다. "신적 본성에 인간이 참여하는 것을 막는 것은 바로 죽음과 타락이었다."[55)] "이 추락의 결과로 사람은 죄에 대한 하느님의 명확한 판단에 따라 죽음, 타락, 부재(nonexistence)로 회귀하게 되었는데, 애초 하느님은 자신의 사랑으로 이것들에서 사람을 밖으로 불러내어 창조했던 것이다."[56)] 사람이 무에서 창조됐다면 이 추락으로 말미암아 인간은 그 무로 돌아가야 할 운명이었던 것이다.

이러한 배경에서 부활한 그리스도를 통한 구원은 죽음을 극복하는

54) Cyril, *In Rom*, in *Patrologia Graeca*, vol. 74, p. 789a-b, quoted in Meyendorff, *Christ in Eastern Christian Thought*, pp. 116-117.

55) Pelikan, *The Emergence*, p. 285.

56) Wiles, *Christian Fathers*, p. 84.

불멸의 선물로서 자연스럽게 이해되었던 것이다. 인간적이고 신적인 그리스도가 인간의 본래 불멸의 운명과의 연결 고리를 재확립해 주었던 것이다. 그리스도는 충만한 형태로 하느님 이미지를 복원했으며 인간 본성이 존재하는 조건을 변화시켰다. 그리스도는 죽은 자들 가운데서 부활하여 모든 인간을 구원한다. 아타나시오가 쓴 것처럼,

> 그리스도의 몸은 모든 인간과 동일한 실체(substance)였다. … 그리고 그는 죽어서 그와 같이 처형된 이들처럼 공동의 장소에 묻혔다. … 죽은 모든 이들은 주님의 몸 안에서 완성되고 있으며, 또 한편으로 이 몸에 현존하는 말씀으로 말미암아 죽음과 타락은 파괴되었다.[57]

교부들의 죽음에 대한 사고에 있어 중심적인 문제는 코헬렛과 플라톤을 사로잡았던 바로 그 문제에서 영향을 받고 있었다. 모든 사물이 끊임없는 사라져 간다는 것, 영혼이 한 움큼의 연기처럼 흩어져 버릴 것이라는 두려움은 지혜서 저자들과 그리스 철학자들뿐만 아니라 그리스도교 교부와 사상가들에게도 커다란 불안을 야기했다. 코헬렛의 경우에는 이에 대한 적절한 답을 찾을 수 없다. 그러나 플라톤은 영혼의 본성적 불멸성 안에서 답을 찾았는데 그것은 페스투지에르의 적절한 문구에서처럼 "고통에서 일종의 보상을 주는"[58] 것이었다. 교부들에게 죽음과 사라져 가는 것으로부터의 구원은 여전히 추구하는 목표였는데, 그 목표가 육화한 그리스도의 죽음과 부활로 말미암아 성취된 것이다.[59]

이 불멸이라는 개념을 그리스도교 신학에서 규범적인 것으로 받아

---

57) Athanasius, *De Incarnatione*, 20; *Patrologia Graeca*, vol. 25, p. 132b; quoted in Meyendorff, *Christ in Eastern Christian Thought*, pp. 117-118.

58) Festugière, *Contemplation et vie contemplative*, p. 61.

59) 창조, 타락, 구원의 교의가 그리스도론의 전개에 영향을 주었으며 이 교의에 대한 비판과 관련해서는 윌리스(Wiles)의 "Does Christology Rest on a Mistake?", *Christ, Faith and History*, pp. 3-12를 보라.

들였을 뿐만 아니라, 교부들은 또한 인간이 변하는 감각적이고 물질적인 몸과 영적 영혼으로 이루어져 있다는 플라톤적 사상을 거의 아무런 의심 없이 받아들였다. 나중에 창조자에게 철저하게 의존하는 인간이라는 교의가 확립되자 그리스도교 신학은 심지어 창조된 영혼의 본성적 불멸성이라는 개념을 재도입했다.[60)]

인간이 그리스도를 통해 죽음을 넘어 불변하는 상태를 얻는다는 이 가르침은 곧 하나의 철학적 입장 내에서 발전하고 있었다. 이 철학적 입장에서는 한 인간에 있어서 그 본질이 그것을 단순히 나누어 가지는 어떤 개별적 존재보다도 더 실재한다고 주장했는데, 이러한 관념은 플라톤의 이데아적 형상들이나 본질들로 거슬러 올라갈 수 있는 것이다. 교부들은 대개 본질주의적 범주(essentialist categories)에서 생각했다. 모리스 윌리스는 다음과 같이 설명한다.

> 그리스도에 관해 중요한 것은 말씀이 사람이 되었다는 것이 아니라 말씀이 인간을 구원하기 위해 인간의 본성을 취했다(assumed)는 데에 있다. … 육화로써 신과 인간의 본성은 서로 만났고 인간 본성 전체에 불멸이 주입됐다. 이는 알렉산드리아 사상가들과 같이 본성을 진짜 실체(entities)로 여기는 이들에게 어울리는 사고방식이었다. 알렉산드리아의 치릴로는 … 이런 사고방식은 그리스도의 인간 본성이 개별적이지 않고 보편적이라고 주장하기 위해 그리스도의 격을 일치시키는 데에 있어 필수적인 이해임을 발전했다. 이와 비슷하게 그리스도의 인간성의 보편적 본성도 강조됐는데 이는 죽을 수밖에 없는 인간의 유한성이라는 문제에 대한 방어 수단으로서 육화의 표현과 잘 어울렸다.[61)]

더욱이 더 깊은 차원이라고 할 수 있는 곳에서 교부들은 자주 대립

60) Wiles, *Christian Fathers*, p. 95.

61) 같은 책, pp. 78, 94.

적인 생각으로 그리스식 사고를 기준으로 받아들였다. 페스투지에르가 설명하듯이 그리스인에게는 이해되는 대상에 그 초점이 있었는데, 이는 이해하는 정신(mind)과 대립되는 것이었다.[62] 앤드류 루트는 다음과 같이 쓰고 있다. "그리스인들은 전기 데카르트 추종자였고 우리는 모두 후기 데카르트 추종자이다. 우리는 말한다, '나는 생각한다, 고로 존재한다'고. 곧 사고는 내가 하고 있는 하나의 행위(activity)이며 따라서 이 행위에 관계하는 '나'라는 존재가 반드시 있어야 한다는 것이다. 반면 그리스인들은 '나는 생각한다, 고로 내가 생각하는 것-to noēta-이 있다.' 내가 생각하는 것이 내 머릿속에서 일어나고 있다. 그리스인이 생각한 것-to noēta-은 (예를 들어 플라톤의 경우) 더 높고 실재적인 세계에 존재하는 생각의 대상이었다."[63] 아는 주체(knowing subject)에 대립하는 알려진 것의 존재라는 이러한 생각은 아주 자연스럽게 보일 수도 있는데 그것은 내가 보는 나무가 이것을 보고 있는 나와는 다르기 때문이다. 그러나 이러한 해석의 여지가 많은 인식론(epistemology)은 버나드 로너간[64] 같은 현대 사상가들에게 규범적인 것으로 받아들여지지 않았다. 그리스인들처럼 적어도 지혜를 추구하는 데에 익숙한 다른 전통, 비그리스도교 전통의 신비가들에게는 전혀 맞지 않는 것으로 보였다.

궁극적 구원에 관한 그리스인의 네 가지 생각, 곧 경험된 세계, 육체와 영혼(soul)으로 이루어진 인간 존재, 개인보다도 더 실재적인 인간 본성에 대한 본질주의적 개념, 이론이거나 신비적이거나 상식적이든 간에 이해에 있어 대립적인(confrontational) 형식, 이 모두를 넘는 불변하는 상태로서 구원에 관한 이 사고는 그리스도인 신에 대한한 불교적 관점을 빌리는 것과 관련한 논의를 진전시키는 데에 있어

62) Festugière, *Contemplation et vie contemplative*, pp. 220ff., 247-249.

63) Louth, *The Origins of the Christian Mystical Tradition*, pp. xv-xvi.

64) Lonergan, *Insight*, pp. 251-262; "Cognitional Structure", *Continuum* 2, no.3 (1964): 530-542.

서 중심적인 질문을 제기할 것이다. 그리스도교 신비 전통 안에서 궁극적 구원에 대한 불변하는 본성이라는 개념은 니사의 그레고리오가 재평가했지만 육체와 영혼으로 이루어진 인간이라는 개념은 전혀 의문시되지 않았다. 개인보다도 더 실재적인(real) 인간 본성의 본질이라는 개념도 교부 시대(Patristic period) 당시 의심받지 않았던 듯하다. 그러나 규범적인 것으로서 대립적인 이해에 대한 생각은 일부 신비사상가들에게 긴장을 일으켰는데, 이는 사고가 인간의 한 구조적인 행위라는 것을 깨닫자마자 진정한 실체에 부여한 것으로서 이해에 대한 대립적인 개념은 "이해를 이해하는 데에"(강조-옮긴이) 적합하지 않았기 때문이다. 이는 특히 관심의 초점이 신비적 의미에 있을 때 또는 자신들이 주제화한 의미는 이러한 앎을 넘어선다고 주장해 온 니사의 그레고리오나 위-디오니소스 같은 그리스도교 신비가들의 경우에 잘 들어맞는다. 그리스도교 신비 작가의 주요한 관심사 가운데 하나는 신비적 이해의 본성과 함께, 니사의 그레고리오와 더불어 교부들은 사실 아는 주체(knowing subject)에 대립하는 뭐라 규정할 수 있는 알려진 객체(known object)라는 표상과 일치하지 않는 신비적 이해에 대한 이해를 발전시켰다.

그러나 이러한 신비적 이해의 본성이라는 주제는 아직도 학자들 사이에 일반적인 합의를 찾지 못했고 각기 다른 해석이 종종 교회 초기 신비주의 작가들에 대한 다른 평가로 이어지게 했다. 그러면 여기서 잠시 신비적 이해에 대한 이해를 간단하게 살펴보기로 하지.

신비적 이해의 본성(nature)

하느님에 대한 신비로운 참여를 체험하거나 하느님을 아바(Abba)로 체험하는 것 또는 하느님의 지혜를 얻는 것과 이런 체험에 대해 생각하는 것 또는 체험의 본질에 대한 설명을 전개해 나가는 것은 아주 다르다. 이론적 가르침은 뒤 세대가 원래 의도한 바에 가까운 충실한 이해를 그들 안에서 재구성할 수 있도록 하는 통찰과 판단의 행위를 이끌어 낼 수 있다는 확신과 더불어 전수될 수 있다. 그러나 신비적 가르침은 더 큰 부담 아래 더 큰 노력을 기울여야 하는데, 그것은 신비 체험의 내용이 그 체험을 표현하는 데 사용될 수도 있는 어떤 언어를 끊임없이 넘어서기 때문이다.

윌리암 제임스(William James)는 그의 『종교 경험의 다양성』(*Varieties of Religious Experience*)에서 신비 상태를 "추론적인 지식으로는 측량할 수 없는 진리에 대한 깊은 통찰의 경지이다. 이것은 밝음이고 드러남이며 의미와 중요함으로 가득 차 있다. 모든 것이 모호함으로 남아 있는 채로 … "[65]라고 묘사한다. 이는 성 막시무스(Maximus Confessor, d.662)가 "신학적 비법 전수"는 여러 공의회에서 정의한 교의를 초월하는데 그 까닭은 교회의 교의는 "바로 교의가 담고 있는 내용에 의해 초월되기 때문"[66]임을 주목함으로써 초기 그리스도교 신비적 저술을 정리할 수 있었다고 이해한 것과 더불어 보면 좋겠다.

따라서 신비적 체험이 입으로 표현하거나 개념으로 아는 것의 한계를 강조하기 위해 부정적(apophatic)인 형태로 표현되는 것이 가장 적절해 보인다. 사실 이러한 부정적 신비 신학(mystic theology)은 사람은 "알지 않음"(not-knowing), 곧 개념적 이해의 내용을 부정함으로써 하느님을 사실상 가장 잘 안다는 기본적인 선언 위에서 전개돼 나갔다. 이 부정 신학은 그리스도교 신비 사상에서 비주류였지만 지속적인 흐름을 형성해 왔다.[67]

그러나 말로 표현하기 어려운 신비 체험을 경시하고 말로 해석하거나 표현될 수 없는 영향력 있는 그리스도교 신비 체험이 정말로

---

65) William James, *The Varieties of Religious Experience*, p. 367.

66) Jaroslav Pelikan, *The Christian Tradition: A History of the Development of Doctrine*, vol. 2: *The Spirit of Eastern Christendom (600–1700)*, pp. 30–31.

67) 이 주제는 5장 아래에서 논의될 것이다. 십자가의 성 요한의 부정 신학의 발전에 관해서는 Jacques Maritain, *The Degrees of Knowledge*, pp. 236ff., 그리고 7장 310–387쪽을 참고하라.

있기나 한 것인지에 관해 의문을 던지는 잘 알려진 그리스도교 학자들이 있다. 만일 신비가들의 영향력을 완전히 발휘하도록 허락한다면 그리스도교 신앙이 과연 무엇인지 명확하게 표현하기는 불가능해 보이며, 따라서 신비적 내용이라고 주장된 것에 관한 모든 의심은 말로 표현할 수 없음을 이해하는 데에 필수적인 신비 체험을 질문자가 하지 않았다고 주장함으로써 그 중요성이 떨어졌다. 에드워드 스힐레벡스(Edward Schillebeeckx)는 "체험은 항상 해석된 체험이다" 또 "모든 새로운 체험의 내용은 말 안에 놓인다. 곧 새로운 체험은 말의 사건(speech event)이다. 말하기는 체험의 한 요소이다"라고 썼다. 따라서 "해석을 통한 정체성 확인은 본질적인 요소이므로 … '이론화' 없이, 곧 추론, 가설, 이론 없이 체험은 있을 수 없다. 특정하고 사적이며 직접 체험이라고 부르는 것은 항상 일반적인 말로써 소통이 가능해진다. … 이는 또한 우리가 '종교 체험'이라고 부르는 모든 경우에도 해당된다. 우리는 실재(reality)를 경험한다. … 항상 실재의 모델들을 통해서 말이다."[68] 이러한 이해 위에서 한 신비 체험의 본성이 구성적(constituent) 설명에서 오는 것으로 생각될 수 있으며, 이것으로 신비 체험은 해석되는 것이다. 따라서 재너(R. C. Zaehner) 같은 사상가는 신비주의자들의 체험에 대한 자신들의 해석을 분석함으로써 일원론적인, 일신론적인 신비주의를 본질적으로 구분해 낼 수 있다.[69] 그러나 체험과 해석의 일치에 대한 이런 주장은 초기 많은 그리스도교 신비가들 자신이 신비 체험에 대해 "생각하는 것"(thinking)을 그 체험을 체험하는 것(the experiencing)에서 분리된 것으로 여겼을 뿐만 아니라 언어의 한계로

---

68) Schillebeeckx, *Christ*, pp. 31-34.

69) 그의 *Mysticism: Sacred and Profane*. R. C. Zaehner는 신비 체험의 유형을 제시한다. 재너의 사상에 대해 더 자세한 연구에 대해서는 William Lloyd Newell, *Struggle and Submission: R. C. Zaehner on Mysticism*을 보라. 재너에 대한 공격이 그와 베단타(Vedanta)에 대한 헉슬리(Huxley)의 philosophia perennis 관점과의 논쟁이라는 점에서 이해될 수 있겠지만, 재너의 불교 경전 해석은 거의 전반에 걸쳐 오류로 보인다.

말미암아 기초에서부터 그 체험을 잘못 설명한 것으로 보았던 것과 상충한다.

종교적 체험에 관해 말하면서 버나드 로너간은 "이 역동적인 상태가 의식적이라고 말하는 것이 이를 안다고 말하는 것은 아니다. 의식(consciousness)은 단지 경험이지만 지식(knowledge)은 체험, 이해, 판단의 종합이다. 이 역동적 상태는 앎 없이도 의식적이기 때문에 신비에 대한 체험인 것이다"70)라고 설명했다. 말은 의식에서 그저 자동적으로 흘러나오는 것뿐만 아니라 이해 행위의 내용을 표현하기 위해 발전해 나가는 것이다. 이런 체험이 이해되지 않는다면, 그것은 체험이 의식적이어도 판단될 수 없는, 곧 알지 못하는 상태와 같다. 신비 체험은 말로 표현될 수 없다고 주장하는데 이는 통찰에까지는 이르지 못하여 이런 통찰을 구체화할 수도 있을 언어에 도달하지 못했기 때문이다.

그러나 인간 의식이 체험에서 이해와 판단으로 나아가는 것과 똑같이 많은 경우 신비가들은 자신의 체험을 이해하려 하며 이 체험의 본성이 무엇인지에 대한 판단을 제공하기도 한다. 그러나 이들의 해석도 체험 뒤에 따라오는 별개의 행위이며 체험에 대한 구성적 요소가 아닌데, 그 까닭은 이 해석이 체험 자체에는 반드시 필요한 것은 아니기 때문이다. 원시적(primal) 앎에 있어 "신비가는 ultima solitudo(절대 고독)로 칩거한다. 그는 하느님에 다다르는 자기 본위의 새로운 매개된 직접성으로 돌아가기 위해 문화의 구조와 복잡한 세상사를 조정하는 대중들 전체를 버린다."71) 신비 체험의 이런 직접성은 언어적 의미로 매개된 세상에서 물러나서 언어의 부적절함을 아는 것, 바로 그것으로서 매개된, 곧 "기도하는 신비가의 알지 못함의 구름 속에서 … 매개된"72) 재발견이기도 하다. 따라서 신비적 의미 표현이 어려운 것은 바로 이 체험의 직접성이 언어적 이해와 선언(enunciation)

70) Lonergan, *Method in Theology*, p. 106.
71) 같은 책, p. 29.
72) 같은 책, p. 77.

의 행위의 발생보다 먼저이고 또 이를 초월하는 것이기 때문이다.

신비 체험의 직접성은 단지 지식에 앞서는 것만이 아닌데, 그것은 그런 체험이 신생아실의 아기 같은 직접성으로 돌아가는 것을 뜻하지 않기 때문이다. 신생아실에서 체험은 "통찰이나 개념, 성찰이나 판단, 숙고나 선택으로부터 어떠한 인지적 적극성(perceptible intrusion) 없이"[73] 그냥 주어진다. 신비가들은 언어가 (자신의 체험을 설명하기에) 얼마나 부적절한지를 생각하든 간에 소통 가능한 말로 이 체험을 구체화하려 시도한다. 신비 체험이 모든 언어적 표현과 모든 지식 행위를 초월한다고 잘못 여기는 것은 이런 실패한 시도들 때문이다. 비록 신비가들이 말과 지식을 완전히 부적절한 것으로 생각하지만 모든 전통에서 신비가들은 사실 자기 체험의 본성과 의미에 대한 광범위한 글(treatises)을 생산해 왔다. 사실 신비적 앎의 본성이 논의될 수 있는 것이라면 이 앎의 기저에서는 언어를 여읜 것이라 하더라도 말은 반드시 필요하다. 에드워드 스힐레벡스 같은 작가의 기본 관심은 말로 표현하는 모든 것이 초점을 벗어나 있다고 가치 절하하면서 신비적 증명 자체도 부적절하고 애매모호하게 만든다는 주장에 대해 대항하는 것이다.

이런 관심은 매우 필요하며 버나드 로너간 같은 철학자와 더불어 다음과 같은 말로 충분히 옹호된다. "이해(apprehension)에는 상당히 다른 두 가지 형태, 곧 관계된 것으로서의 형태와 지각적으로 현존(consciously existing)하는 형태가 있는데, 다시 말하면 의미로 매개된 세상 안에서 작동하는 상식의 형태와 침묵 속에 온통 몰입한 자기 비움(self-surrender)으로 들어가는 의미로서 매개된 세계에서 나오는 신비적 형태가 있다."[74] 여기서 의미로 매개된 세계 안에 상식은, 곧 실용적(practical)인 의미뿐만 아니라 이론적인 이해도 포함해야 하는데, 이는 사람의 통찰은 매개하는 말과 개념 안에서 표현되기 때문이다. 이 두

---

73) 같은 책, p. 76.

74) 같은 책, p. 273.

형태의 이해는 우선으로 치는 신비적 앎을 위한 것일 뿐만 아니라 말로 표현하기라는 그 다음 과제의 윤곽을 잡기 위한 것이기도 하다. 신비적 무지(unknowing)의 구름으로 침잠한 뒤에는 이 알려지지 않은 어떤 것을 말로 하기 위해 언어와 관습의 세계로 다시 진입해야 한다.

대부분의 그리스도교 신비가 자신이 이런 형태의 차이와 특징을 증언한다. 위-마카리오(Pseudo-Macarius)는 많은 예 가운데서 하나를 인용한다.

> 세속적 정신을 가졌지만 성령으로 태어나지 않은 사람이 의식적인 경험(conscious experiencing, en peira gnōseōs) 안에서 무엇을 안다는 것은 불가능하다. 성령의 산물임에도 사람이 모험 삼아 앞으로 더 나아갈 경우 세속적 지식으로 부풀어 오르게 된다. 만일 사람이 세상의 지혜에 의지하고 성령의 계시와 성령의 도래 없이 단지 자기의 지식만으로 영적 실재를 깨달았다고 한다고 하더라도 그는 진정한 기반인 주님이 없기 때문에 무가치하게 되어 파멸에 이를 것이다.[75]

위 구문은 코린토 전서 2장 11-14절에 나오는 바오로의 생각과 같다고 할 수 있다. 여기서 바오로는 세상의 지혜와 어떠한 이론적 입장의 내용도 취하지 않는 하느님의 지혜를 대조한다.

> 하느님의 영이 아니고서는 아무도 하느님의 생각을 깨닫지 못합니다. 우리는 세상의 영이 아니라, 하느님에게서 오시는 영을 받았습니다. 그래서 하느님께서 우리에게 주신 선물을 알아보게 되었습니다. 우리는 이 선물에 관하여, 인간의 지혜가 가르쳐 준 것이 아니라 성령께서 가르쳐 주신 말로 이야기합니다. 영적인 것을 영적인 표현

---

75) *Pseudo-Macarie, Oeuvres spirituelles*, vol. 1: *Homilies propes a la collection III, introduction, traduction, et notes (avec le texte Grec)*, trans., Vincent Desprez, p. 189.

> 으로 설명하는 것입니다. 그러나 현세적 인간은 하느님의 영에게서 오는 것을 받아들이지 않습니다. 그러한 사람에게는 그것이 어리석음이기 때문입니다. 그것은 영적으로만 판단할 수 있기에 그러한 사람은 그것을 깨닫지 못합니다.

신비적 앎은 상식과 이론적 의미와는 다른 영역의 의미로 들어가는데 이것의 유효성은 앎의 직접성 안에서만 주어진다. 그러나 그리스도교 신비 작가들이 자기 체험에 관해 실제로 말한 것을 정독함으로써 이를 검토해 보는 일이 필요하다.

교부들의 신비 사상의 전체적인 형태는 빛과 어둠이라는 두 주요 주제를 중심으로 전개된다. 첫째 주제인 빛의 신비는 초기 그리스도 사상에 상당한 영향을 미쳤던 선구자 오리게네스(d. ca. 254)와 완전함을 찾으려 사막에서 은둔하였고 또 끊임없이 오리게네스의 사상을 좇았던 그리스인 성직자 에바그리우스 폰티쿠스(Evagrius Ponticus, d.399)에게서, 또 메살리안주의(Messalianism)라고 알려진 영적 가르침의 간헐적 긴장을 대변하는 위-마카리오(380-430 사이)에서 찾을 수 있다. 이런 초기 교부들의 빛의 신비는 앎(knowing)에 대한 주체-객체 구조의 유효성을 강조하는 그리스 철학 안에서 표현되었으며 따라서 신비 체험에 대한 지적인 접근으로 발전해 갔다. 이런 지적 접근은 위에서 잠시 언급한 성육화와 삼위일체에 대한 이론적인 이해와 조화를 이루었다.

둘째 주제인 어둠은 -우리가 5장에서 자세히 다루겠지만- 니사의 그레고리오의 사상에 중점을 두는데, 그는 그리스도교 신비주의의 아버지요 모든 현 사상가들 가운데 가장 정통한 권위자로 여겨진다. 또 어둠의 신비는 바오로의 제자로 처세하며 알려지지 않은 작가인 위-디오니시오에도 초점을 맞춘다. 이런 경향은 무지의 어둠 속에서 하느님과의 만남을 추구함에 있어 지적 태도를 버리며 따라서 이 신비적 사상과 이론 사이에는 이원론적 구분이 자리 잡게 된다. 신비주의에 대한 이 접근 방식은 신비적 깨달음에 대한 다른 방식의 해석을 전제로 하는데, 1부 나머지 부분에서 다루게 될 것이다. 이 접근 방식은 대승불교적 사고를 받아들여 이에 적응시킴으로써 새롭게 깊어지도록 하기 위한 이 책의 의도로서 그러한 신비 전통을 강조하는 것이다.

빛의 신비주의

오리게네스와 에바그리우스는 신비주의의 "지적" 흐름의 옹호자(intellectualist)로 자주 묘사된다. 앤드류 루트는 다음과 같이 쓴다.

> 우리는 오리게네스를 에바그리우스가 발전시켰으며 동방 교회에 그 유산을 남긴 지적 신비주의 전통의 창시자로 본다. 이 전통 안에서 관상적 일치는 영혼의 가장 높은 지점인 nous가 변환하는 환시(vision)를 통해 하느님과 일치하는 것을 말한다. 이러한 일치 안에서 이 nous는 이것의 진정한 본성을 찾는다. 그러나 자신에서 빠져나와 다른 것으로 들어가는 것이 아니며 또 접신의 황홀경도 없다. 따라서 어두움은 영혼이 상승하는 데에 놓여진 한 단계일 뿐이며 하느님 안에서는 절대적 어둠이란 없다. 우리는 빛의 신비를 갖고 있다.[76)]

이 지적 전통은 플라톤 사상에서 큰 영향을 받았다. 통합적 통찰을 얻는 이 nous(이를테면 지성)는 세속적 이해의 능력이 아니라 신비적 통찰의 한 기관이다. 따라서 결과적으로 얻은 통찰은 epistēmē로서 플라톤 지식에 가까운데, 이는 세속적 생각에 대조된다.

오리게네스는 신비적 고양의 과정을 솔로몬이 썼다고 추정하는 구약 지혜 문학서의 내용과 나란히 비교함으로써 이를 그려 보인다.

---

76) Louth, *The Origins of the Christian Mystical Tradition*, p. 74.

『아가 주석』(*Commentary on the Song of Songs*)[77]에서 그는 이렇게 쓴다.

> 따라서 [솔로몬은] 먼저 잠언에서 적절하고 간결한 금언으로 생명을 위한 제한 사항들을 함께 놓으면서 도덕적 주제들에 대해 가르쳤다. 그는 또 Ecclesiastes(이를테면 코헬렛)[78]에서 자연적 교육이라고 불린 두 번째 주제를 다루었는데, 여기서 그는 많은 자연적인 것들에 대해 논의한다. 그리고 그는 공허하고 허무한 것에서 유용하고 필수적인 것을 구분함으로써 이런 공허함을 버리고 유용하고 합당한 것을 추구해야 한다고 경고한다. 또한 그는 우리가 갖게 된 책 아가에서 관상이라는 주제를 다시 다루는데, 이 책에서 그는 신랑과 신부 안에서 피어나는 천상의 신적 사랑의 영혼을 강조했다. 그는 우리가 사랑스런 느낌과 사랑의 길로써 하느님과 함께 하는 친교를 얻어야 한다고 가르친다.[79]

---

77) 아가를 구약의 광범위한 지혜 문학 안에 놓는 문제에는 다양하고도 다른 의견들이 있어 왔다. 이는 분명 앞서 1장에서 다룬 지혜 경전들의 장르와는 다르며 따라서 거기서 다루지 않았다. 그러나 아가의 저자가 이스라엘 지혜의 본보기인 솔로몬이라고 여겨지므로 아가는 유대와 그리스도인 사상가 모두에게서 지혜 문학과 더불어 다루어졌다. 한 가지 예로서 Marvin H. Pope, *Song of Songs: A New Translation with Introduction and Commentary*, pp. 17-229를 보라. 아가의 격앙된 상상은 분명히 성적이며 왜 이런 작품이 경전에 포함되었는가를 이해하려는 시도는 야훼와 이스라엘, 또는 하느님과 교회 사이의 사랑을 대변하는 이 시의 비유적 해석의 발전에 있어 주요 요소가 되어 왔다. 유대 율법학자의 지도를 따라, 그리스도교 교부들 또한 이런 비유를 주장했다.

78) 이 책의 제목은 "The Words of Qoheleth, Son of David, King in Jerusalem"이다. 여기서 "코헬렛(Qoheleth)"이라는 낱말은 대개는 집회(qahal, 그리스어로는 ekklesia)에서 말하는 사람의 기능을 가리키며 따라서 결과적으로 그리스와 라틴어 형식인 "Ecclesiastes"가 된다. *The Jerusalem Bible*, pp. 978-979의 서문을 보라.

79) *Origen: An Exhortation to Martyrdom, Prayer, First Principles: Book IV, Prologue to the Commentary on the Song of Songs, Homily XXVII on Numbers*, trans. and introduction by Rowan A. Greer, p. 232.

도덕의 첫 번째 길의 목표는 냉철함과 치우침 없는 감정(apatheia)으로 나아가는 열정에서 순수함을 얻는 것인데, 이는 "계명의 준수를 통한 완전한 순수함과 자비"[80]를 얻음을 말한다. 기울어짐이 없는 마음(apatheia)은 냉철하고 넘쳐 나오는 열정을 넘어선 상태이다. 이는 신의 경지로 여겨지는 마음의 평정과 고요함을 나타내는데, 이 상태로 말미암아 천상적인 것에 대한 통찰을 얻을 수 있다. 이것은 인간 안에 있는 감정의 치우침이 없는 하느님 이미지를 복원하는 것을 뜻하며 이로써 죽음이라는 최후의 적을 극복해 낼 수 있다.[81]

오리게네스의 추종자인 에바그리우스는『기도에 관하여』(*Chapters on Prayer*)에서 "기도의 상태는 습관적인 평상심의 상태로 간단하게 묘사할 수 있다"[82]고 비슷하게 설명한다. 존 밤버거(John Bamberger)가 주목하듯이 "마음을 깨끗하게 비우지 않고 순수한 기도 속에서 하느님과 일치하도록 열망한다는 것은 에바그리우스에게는 말이 안 된다. 오직 이 평상심(apatheia), 열정과 완전한 조화를 이루는 데서 나오는 고요함을 따르는 이런 경지에 이를 때에야 인간은 … 하느님을 알고자 바랄 수 있다."[83]

그러나 플라톤에게서처럼 도덕적 정화는 충분하지 않은데, 그 까닭은 관상(contemplation)을 얻기 위해 인간은 이해를 정화하고 이를 감각적인 것에서 벗어나도록 지시할 필요가 있기 때문이다. 다시 한번 여기서 목적은 궁극적 실재의 불변함과 하느님의 치우치지 않는 평상심을 나누기 위해 감각적인 세계의 변하는 속성을 극복하는 데에 있다. 따라서 오리게네스에게 둘째 단계는 자연적 수련, 곧 "모든 사물을 이 세계와 보이는 모든 것이 허무하다는 강한 생각에 대해 종교

---

80) Karl Rahner, "Le début d'une doctrine des cinq sens spirituelles chez Origène", *Revue d'ascétique et de mystique* (1932), p. 132.

81) *Pseudo-Macarie*, Desprez, p. 77.

82) *Evagrius Ponticus: The Pratikos, Chapters on Prayer*, trans. with introduction and notes by John Eudes Bamberger, p. 63n52.

83) *Evagrius*, Bamberger, p. 49.

적 성찰을 위한 좋은 예로 활용하는 것"[84]이다. 따라서 도덕적 정화 다음에 코헬렛의 가르침으로 나아가는데 오리게네스는 이를 그의 『아가 주석』에서, "눈에 보이는 모든 것과 몸은 변하고 약하다. 그러므로 지혜를 애써 찾는 사람이 정말 그렇다는 것을 발견한다면 의심의 여지없이 이것들을 멸시할 것"[85]이라고 설명한다.

대화를 통해 감각적인 것에서 벗어남에서 지적 정화에 대한 플라톤의 생각과 나란히 비교되는 것이 놀랍다. 셋째 단계로 나아갈 수 있고 또 진정한 영적 사랑으로써 신성을 관상할 수 있는 것은 오직 영혼이 앞의 두 단계 안에서 이 감각적 세계에 대한 모든 집착에서 정화를 얻을 때야만 가능하다.[86] 이 관상은 영혼이 진정한 본성과 하느님 말씀의 빛에 대한 체험으로 돌아가는 것이다. 오리게네스는 『첫째 원칙에 관하여』(*On First Principles*)에서 아래와 같이 설명한다.

> 마음의 눈은 지상적인 것에 사로잡혀 있는 데에서 또 물질적인 것에 대한 인상으로 가득 차 있는 상황에서부터 높은 곳을 향하게 한다. 눈은 높이 고양되어 현세 질서를 넘어 하느님에 대한 순수한 명상에 또 하느님에게 경건하고 합당하게 이야기를 하고 듣는 데에 이르게 된다. 얼굴을 드러낸 주님의 영광을 바라보고 있는, 영광에서 영광으로 하느님과 같은 것으로 변하고 있는 이 눈을 어떻게 그토록 위하지 않을 수 있는가? 눈은 어떤 신적이고 지적인 광휘에 참여한다. 이는 "주님, 당신의 빛나는 표정을 우리 위에 새겼습니다"(시편 4,6)[87]라고 지혜롭게 보여 주고 있다.

여기서 관상은 "얼굴을 맞대고 주님의 영광을 바라보는" 것인데,

---

84) Rahner, "Le début", p. 132.
85) *Origen*, Greer, p. 234.
86) 같은 책.
87) 같은 책, p. 99.

이는 마음이 하느님의 찬란함으로 넘쳐흐르기 때문이다. 따라서 오리게네스에게 이러한 영적 생활의 정상에서 하느님은 더 이상 알려지지 않는 존재로 남지 않으며, "얼굴을 드러낸" 영혼에 현재해 있다. 이 관상의 상태는 또한 영혼의 본성으로 돌아감인데, 그 까닭은 육체로 떨어지기 전에 이 영혼은 축복받은 순수한 상태에서 이미 존재했기 때문이다.[88] 오리게네스의 『첫째 원칙에 관하여』에서 그는 하느님이 자유 의지를 부여받은 많은 이성적인 영혼을 창조했는데 그 결과 죄를 짓고 육체적 존재라는 이 세계에 떨어졌다고 설명한다.[89] 하느님은 현세를 오직 벌하기 위해서만 창조했으며 이 죄지은 영혼을 육체에 묶어 두었다.[90] 이 우주가 태어나기 전의 계획 속에서 심지어 육체에 떨어진 뒤에도 영혼은 하느님 모상 안에 머물렀는데 이 하느님은 영혼의 지적 본성으로 파악된다. 오리게네스는 인간은 하느님을 좋아하게 된다고 가르친다. 그는 말한다.

> 인간은 작은 것에서 큰 것으로, 눈에 보이는 것에서 보이지 않는 것으로 나아감으로써 더 완전한 이해에 도달할 수 있다. 왜냐하면 이 이해는 몸에 놓이며 또 물질적인 것으로서 감지할 수 있는 것에서 영적이고 지성적인 것으로서 영적인 것으로 필연적으로 발전하기 때문이다.[91]

따라서 이성적이고 지적인 본성으로서 영혼은 "지성적인 빛에 참여"하며 "하느님을 이해하여 파악할 수 있다."[92] 오리게네스는 『순교의 권고』(*An Exhortation to Martyrdom*)에서 말한다.

---

88) Pelikan, *The Emergence*, p. 48.
89) Kelly, *Early Christian Doctrines*, p. 180.
90) Kelly의 *Early Christian Doctrines*, pp. 180–181에 주어진 *On First Principle*에서 번역.
91) *Origen*, Greer, p. 216.
92) 같은 책, pp. 214–215.

> 우리 각자가 본성에 합당한 관계를 보존하는 본성으로 말미암는 것과 똑같이 눈은 보이는 것에, 귀는 듣는 것에 관련하며 또한 마음은 알 수 있는 것, 지적 세계를 초월하는 하느님과 맺는 관계를 보존한다는 것은 분명하다.[93]

그러므로 이성적이고 지적 본성으로 창조된 마음(mind)은 원래 상태로 돌아감과 하느님을 알 수 있는 능력이 뛰어난데, 이는 마음이 하느님의 이미지로 만들어져서 하느님을 감각적으로 아는 것을 넘어서는 능력을 보존한다.

그러나 오리게네스는 이러한 지식이 마음의 앎에 있어 신적 속성을 고갈시키는 것을 의미하지 않는다. 『첫째 원칙에 관하여』에서 오리게네스는 마음은 "사람이 구하는 것에 대한 완전한 마지막에 도달할 수 없다. 완전하게 이해하는 능력을 가지도록 창조된 마음은 없다"[94]고 설명한다. 로완 그리어(Rowan Greer)가 지적하듯이 이 역동적이고 마침이 없는 관상의 특성은 오리게네스에게서 그 씨를 보았고 니사의 그레고리오에 이르러서야 이에 대해 충분히 설명할 수 있었다.[95] 하느님을 아는 영혼의 능력에 있어 이러한 한계를 갖는 이유는 마음의 창조적 본성에서 나오는데, 그 까닭은 창조주인 하느님은 모든 창조된 본성을 완전하게 초월하기 때문인 것으로 보인다. 오리게네스는 지식을 찾으려고 마음 자체의 분석에 초점을 두지 않았는데, 이는 마음이 애초 이성적이고 지적 본성으로서 창조되었으므로 사실 영혼이 하느님을 아는 능력을 가졌다는 것은 그에게는 자명한 것이기 때문이다.

에바그리우스는 오리게네스의 인류학적이고 우주론적인 견해에 동조하고 논리적 결론 부분에서는 이런 견해를 오리게네스 자신보다도

93) 같은 책, p. 76.
94) 같은 책, pp. 203-204.
95) 같은 책, p. 25.

더 강조한다.[96] 558년에 열린 5차 교회일치위원회에서 오리게네스주의에 대한 파문(anathema)의 기초를 이루었던 *Kephālaia Gnostica*[97]에서 그는 이성적 영혼의 선재, 육체로의 추락, 영적 현존인 잃어버린 원초적 상태로의 복귀에 대해 설명을 내놓는다. 빛은 영혼에게도 또 "핵심적 관상(theōria ousiōdēs)"을 얻는 데 있어서도 자연스러운데, 이 관상은 "이해에 관한 높은 차원의 형태를 중재(interfere)할 수 있는 모든 표상(images)과 왜곡된 모든 열정을 완전히 정화하는 이러한 피조물의 활동만을 말한다."[98] 관상에 도달하였으므로 영혼의 본성으로 돌아갈 수 있게 된다. 『기도에 관하여』에서 에바그리우스는 이렇게 쓴다. "정신(spirit)이 자기가 가진 빛을 보기 시작할 때, 잠자는 동안 이것이 가진 여러 이미지의 현존 속에서 평정함에 머물러 있을 때 또 삶의 여러 일들을 관조하는 것처럼 평온을 유지할 때 평상심(apatheia)을 성취했음이 증명된다."[99]

이 내부의 빛은 마음의 자연적인 빛으로 보이는데, 이 빛은 하느님과 자연적으로 닮은 데에서 유래한다. 따라서 오리게네스와 에바그리우스의 지성적 전통에 있어 가장 높은 경지의 신비적 깨달음(awareness)은 빛과 이해 안에 있는데, 이는 마음이 영적 지성으로서 원래 상태를 자연스럽게 회복할 수 있기 때문이다. 여기서 조금만 더 나가면 인간 지성(intellect)이 하느님의 본질(essence)을 알 수 있다는 에우노미오(Eunomius, d.ca. 395)의 생각에 이르게 된다.

빛의 신비라는 개념 안에서 마음은 하느님을 직접 알게 되지만, 이 개념은 오리게네스와 에바그리우스의 그 대단한 사색에 의지하고 있지는 않다. 위-마카리오는 우주에 앞서는 어떤 상황 주위를 도는

---

96) *Evagrius*, Bamberger, p. xxv.

97) Antoine Guillaumont, *"Kephālaia Gnostica" d'Evagre le Pontique et l'histoire de l'Origénisme chez les Grecs et chez les Syriens*, p. 158.

98) *Evagrius*, Bamberger, p. lxxviii.

99) 같은 책, p. 34.

사색적 여정 없이 빛의 신비를 말한다. 이집트 신비주의 아버지인 마카리오의 이름으로 행한 작업은 소아시아나 시리아-메소포타미아에 있었던 메소포타미아의 시메온(Symeon)이라고 짐작되는 무명의 작가가 썼다.[100] 그는 영적 삶에 대한 여러 편의 강론을 보여 준다. 학자들은 이 강론이 시리아 낱말 m^esalleyane(곧 기도하는 사람)를 번역(mesalianoi)한 메살리안(Messalians)이라는 수도자 그룹에서 나온 것으로 본다. 이 이름은 다른 것들을 완전히 배제할 때까지 오직 기도하는 삶에만 초점을 둔 데서 유래한 것이 분명해 보인다. 이렇듯 끊임없는 기도에 대한 필요는 항상 존재하는 악마(demons)의 위협을 분명하게 아는 데서 온다. 빈센트 데스프레즈(Vincent Desprez)가 설명하듯이, "이들에게 악마는 각자 사람이 태어날 때부터 '실질적으로' 함께 있는 존재다. 면도칼날처럼 세례는 과거의 죄를 잘라 내버리지만 열망과 같은 뿌리는 완전히 제거할 수 없다. 오히려 악마를 쫓아 버리고 치우침이 없는 성령을 맞아들이는 힘은 열렬하고 지속적인 기도에 있다."[101]

위-마카리오가 비록 오리게네스의 사색적 색채를 띠지는 않지만, 그는 오리게네스에게 영향 받은 것으로 보인다. 베르너 예거(Werner Jaeger)는 "그는 오리게네스의 성찰에서 발전한 신비적이고 금욕적인 신학을 전적으로 받아들였다"[102]고 수복한나. 인간의 타락 뒤에 영혼이 악마와 한 몸이 됐고 갈망이라는 진흙[103] 수렁 속에 빠졌지만, 또 어둠에 갇혀 버렸지만,[104] 그럼에도 영혼은 "하느님이 모상대로 만들어지고 그분이 거처하게 되어 있는 값진 작품"[105]이다.

그러나 하느님 모상의 조건을 회복하고 구현하기 위해서 영혼은

---

100) *Pseudo-Macarie*, Desprez, pp. 37-46.

101) 같은 책, p. 38.

102) Werner Jaeger, *Two Rediscovered Works of Ancient Christian Literature: Gregory of Nyssa and Macarius*, p. 229.

103) *Pseudo-Macarie*, Desprez, p. 280.

104) 같은 책, p. 305.

105) 같은 책, p. 303.

수련되고 교정돼야 한다. 영혼은 "완전한 성숙"이 필요하며 그렇게 함으로써 "완벽한 그리스도의 표상을 새길 수 있다."[106] 위-마카리오는 육체의 고통과 두려움을 능숙하게 통제함 안에서 이 표상적 본질(image-nature)을 구현하는 것으로 이어 주는 열망의 통제가 모든 동물의 독을 이겨 내고 또 최후의 적인 죽음을 무력화시킨다고 가르친다.[107] 영혼을 그리스도와 일치시키는 것은 성령의 구실인데, 이 일치는 빛의 표상으로 표현된다. "표현할 수 없는 빛 안의 영혼 속에 잠겨 있는 것이 그리스도다. 그리스도는 사실 영혼의 눈으로만 알 수 있으며 이것의 맛도 못 본 사람이 성령의 일을 안다는 것은 불가능하다."[108]

자연적 수련의 길이며 코헬렛과 비슷한 태도를 갖는 한 오리게네스의 둘째 방향에서 영혼은 모든 피조물에 대한 집착을 버려야 했다. 더욱이 오리게네스의 『아가 주석』에서 우리는 모든 물질과 눈에 보이는 것이 스쳐 지나가는 것으로 폄하되는 것을 본다.[109] 위-마카리오는 이 주제를 반복한다. "이 세계라는 구조물은 빈약하고 견고한 기반이 없는데, 세계의 정점에서 모든 구조물은 파괴될 것이기 때문에 '하늘은 책처럼 말려들 것이고 지구는 끝장날 것이다'(마태 24,25)."[110] 그러나 그리스도의 빛을 통해 영혼은 이 덧없는 세상을 넘어서는 상태를 얻는다. "영광스러운 그리스도의 얼굴의 표현할 수 없는 아름다움으로 완전히 비추므로"[111] 사람은 "그리스도의 향기를 느끼며 실제로 이 형용할 수 없는 기쁨의 빛을 누린다."[112]

---

106) 같은 책, p. 75.
107) 같은 책, p. 77.
108) 같은 책, p. 147.
109) *Origen*, Greer, p. 234.
110) *Pseudo-Macarie*, Desprez, p. 105.
111) A. J. Mason, *Macarius: Fifty Spiritual Homilies* 에서 인용했다. Louth, *The Origins of the Christian Mystical Tradition*, p. 122도 보라.
112) Louth, *The Origins of the Christian Mystical Tradition*, p. 123에 인용된 Mason의 본문을 보라.

오리게네스나 에바그리우스처럼 이론적인 경향을 띠지 않으면서 위-마카리오는 이성적 지성에서 인간의 마음으로 강조점을 전환한다. 존 메옌도르프가 설명하듯이 "지성이 아닌 마음(heart)이 복합 구조물인 인간 안에서 중심 장소를 차지한다. … (에바그리우스의) '지성적 기도'는 '마음의 보관함(custody)'이 되고 그 결과는 신적 빛을 관상하는 것이다."[113]

그러나 오리게네스, 에바그리우스, 위-마카리오가 빛 속에서 하느님을 아는 정신(mind)의 능력을 강조했다고 해서 이들의 신비적 깨달음(awareness)이 개념적이고 언어적인 앎에서 매개된 의미와 같다고 결론을 내려서는 안 된다. 신비적 이해는 이 빛 안에서도 말을 넘어선다. 오리게네스는 『첫째 원칙에 관하여』에서 다음과 같이 설명한다.

> 진실에 관심을 갖는 모든 사람은 이름과 말을 크게 염두에 둬서는 안 되며 … 말로 어떻게 표현됐는가가 아니라 그것이 무엇을 의미하는가에 더 관심을 가져야 한다. … 이는 모든 인간의 언어에서 쓰이는 말로 어떤 것들의 의미를 적절하게 설명할 수 있는 방법이 없어서가 아니라 이것들이 어떠한 특정한 말에 의해서라기보다 더 순수한 지적 이해(apprehension)에 의해 평이하게 만들어지기 때문이다.[114]

이 정신의 순수한 지적 이해는 말과 언어를 넘어서는 영역에서 기능한다고 이해된다. 『기도에 관하여』에서 에바그리우스는 "건강한 정신(spirit)은 기도하는 때에 이 세상의 이미지를 갖지 않는다"[115]고 비슷한 얘기를 한다. 기도의 순간과 하느님을 신비적으로 아는 때에는 가장 순수한 생각조차도 하지 말아야 하는데, 이는 "이런 생각이 정신에 관한 어떤 형태를 만들어 하느님에게서 멀어지게 하기 때

113) Meyendorff, *Christ in Eastern Christian Thought*, p. 60.
114) *Origen*, Greer, p. 204.
115) *Evagrius*, Bamberger, p. 33.

문"[116]이다. 따라서 "모든 생각과 인식을 넘어서는 하느님을 보기 위해"[117]서는 "당신 안에 형성된 어떤 표상 같은 신(Divinity)에 끌려서는 안 된다."[118]

마찬가지로 위-마카리오도 영적 체험이 말로 표현될 수 없음을 강조했는데, 이런 체험은 성령의 흐름(direction) 아래 오직 비유로서만 표현될 수 있다. 그는 『강론』(*Homilies*)에서 "성령 자신이 체험을 통해 이 실재를 가르치지 않고 또 성령의 행위로 영혼을 용감하고 충직하게 만들지 않는다면 영적 실재(realities)는 말로 표현할 수 없다"[119]고 말한다.

에바그리우스뿐만 아니라 위-마카리오 경우에서도 신비적 앎을 말로 표현할 수 없다고 이해했는데 이는 인간의 이해로 신적 본질에 도달할 수 있다고 분명하게 가르쳤던 아리우스파 에우노미오의 주장과 대조된다. 에우노미오의 생각은 니사의 그레고리오가 자신의 신비적 작품을 쓰게 했던 배경 일부를 제공하기도 했는데, 이는 『에우노미오에 대항하여』(*Against Eunomius*)라는 주요 교의적 저작의 제목에서 잘 드러난다.[120] 에바그리우스는 이런 이성적 접근에 대응했다. 그는 *Kephālaia Gnostica*에서 말한다.

> 창조주를 존재의 조화 안에서 보는 사람은 창조주의 본질을 실제로는 알지 못하지만 창조주가 모든 것을 만들 수 있었던 그의 지혜를 안다. 여기서 나는 본질적 지혜를 말하고자 함이 아니라 사물 안에 표현된 것을 말하려 한다. … 만일 그렇다면 하느님의 본질을 안다고 말하는 이들이 얼마나 허무맹랑한지 알게 된다.[121]

---

116) 같은 책, p. 64.
117) 같은 책, p. 56.
118) 같은 책, p. 66.
119) *Pseudo-Macarie*, Desprez, p. 187.
120) Meyendorff, *Christ in Eastern Christian Thought*, p. 93을 보라.
121) A. Guillaumont, *Les Six Centuries des "Kephālaia Gnostica" d'Evagre le Pontique*.

따라서 에바그리우스로서 신비적 이해가 내적 빛에 대한 깨달음이라고 하더라도 표상과 개념을 넘어서는 이러한 깨달음[122]이 개념적 앎과 혼동되어서는 안 된다. 위-마카리오도 이에 동의하는데, 그 까닭은 이런 깨달음이 "언어의 살(flesh)로는 표현할 수 없는 표현 불가능한 바라봄"[123]이기 때문이다. 그러나 이는 언어를 넘어서는 앎인데, 이 언어는 인간으로 하여금 감각적 표상과 개념적 이름 너머의 분리된 실체를 이해하도록 한다.

결 론

빛의 신비주의 흐름은 우주의 드라마라는 관점에서 인간 정신이 어떤 형태로든 자연적으로 하느님을 알 수 있다고 보는 인간학에서 나온 것으로 보이는데, 이는 인간의 본래적 이미지 본성으로서 잠재된 인간성이 하느님에게 나아갈 수 있으며 타락하고 유한한 인간 조건의 끝없는 흐름을 넘어서는 불변하는 영원함을 얻게 한다고 확신한다. 인간 본래의 표상적 본성과 결합함에 있어 마지막 목표는 플라톤의 말로 하자면, 물질적 욕망의 흐름을 넘어서는 불변하는 상태로서 받아들여진다는 것이다. 불변하는 하느님을 아는 것과 이런 상태를 체험하는 것이 빛에 대한 신비적 깨달음 속에 구체화되지만 경험상의 개념적 이해와는 확실히 구분해야 하는 것이다.

따라서 이 경우 문제는 우리가 어떤 종류의 앎(knowing)을 말하고 있는가이다. 우리가 개념과 표상을 통해서도 하느님을 알지 못한다면 어떻게 하느님을 알 수 있다는 말인가? 정신에 오는 빛의 무궁함

Édition critique de la version syriaque commune et édition d'une nouvelle version syriaque, intègrale, avec une double traduction frnçaise, p. 199. 또한 참고로 Guillaumont, *Les "Kephālaia Gnostica" d'Evagre le Pontique et l'histoire de l'Origénisme chez les Grecs et chez les Syriens*, pp. 49-50.

122) *Evagrius*, Bamberger, p. 48.

123) *Pseudo-Macarie*, Desprez, p. 185.

은 무엇인가? 지혜로운 개념이나 언어로 표현 불가능하다면 어떻게 앎이라 불릴 수 있는가? 말과 개념을 갖지 않는 하느님의 앎은 도대체 무엇인가?

이런 복잡한 질문의 중심은 플라톤 사상에서 물려받는 형이상학적 가정이다. 알려지는 대상인 불변하는 noēta(직관의 대상)의 본성으로 관심을 돌리면서, 몇몇 그리스 사상은 초기 그리스도교 사상가들에게 신비적 깨달음에서 기능하는 의식에 대한 자세한 검토를 넘어서라고 자극한다. 하느님은 앎의 대상이 되기 때문에 알려진다. 하느님은 앎의 주체-객체 형식(이 형식이 비판적 분석을 거친 적이 결코 없지만)을 초월하기 때문에 표상과 말을 넘어서는 것이 아니다. 오히려 하느님은 객관적으로 진정한 존재라는 당당한 위대함(superiority) 때문에 언어를 초월한다. 여기서 의미의 신비적 영역을 구분하거나 윤곽을 그려 보거나 할 필요는 없다. 하느님은 말과 표상으로 표현될 수 없음을 전제로 한다면 하느님에 관한 지식은 이론적 지식에서와 같은 구실을 한다. 신비적 의미의 본성에 대한 더욱 선명한 이해로 인도하는 것도 바로 이러한 전제다. 니사의 그레고리오의 신비 사상을 더 발전시킨 것으로서 신비적 의식에 대한 한 새로운 이해를 얻고 또 이를 발전시켜 갈 수 있을 듯하다. 이는 에우노미오의 이성적 접근, 곧 오리게네스의 지적 경향에서 쉽게 찾을 수 있는 그러한 접근과는 대조되는 비언어적 앎을 설명할 필요에 의해 가능해질 것으로 보인다. 오리게네스 뒤를 이어 그레고리오와 위-디오니시오는 신비적 지식을 다루면서 이런 이해가 모든 경험적 지식과 균형을 이루지 못하는 데 대해 초점을 맞추었다. 이들은 어둠의 신비주의를 전개했는데, 이는 이들이 표상과 말에 묶여 있는 인격화한 이미지뿐만 아니라 이론적 지식도 더 자세하게 알고 있기 때문인 것으로 보인다. 이론적 신학이라는 맥락에서는 항상 주변적이기는 하지만 이들의 신비 사상은 그리스도교 신비 전통에서 점차 중요하게 여겨진다. 이들의 사상이야말로 재조명돼야 한다.

5장
어둠의 신비주의: 니사의 그레고리오와 위-디오니시오

4장에서는 빛의 신비주의를 간단하게 살펴보았다. 빛의 신비주의에서는 앎의 주체(knowing subject)가 불변하는 (객관적) 신적 실재를 잡기 위해 다가간다는 이분법적인(confrontational) 모델을 따라 일정한 흐름으로서 신비적 의식에 대한 이해가 강조되었다. 앎의 정신(knowing mind)의 형태인 nous는 알려지는 객체(knowable objects)인 noēta와 대조를 이루는데, 이 형태는 오리게네스, 에바그리우스, 위-마카리오의 생각에서 은연중에 드러난다.

그러나 어둠의 신비주의에서는 초점이 변한다고 할 수 있는데, 이는 신비적 의미가 어떠한 지적 형태로서 하느님에 대한 앎을 구하는 것이 아니라, 주체-객체의 형태를 전적으로 넘어서는 즉자성(immediacy) 속에서 발견되기 때문이다. 신비적 의미는 신적 무감각성(impassibility)에 대한 앎이 아니라 직접 하느님과 접하는 인간 의식 안에서 일어나는 깨달음(awareness)이다. 니사의 그레고리오(335-394)의 어둠의 신비주의와 여기서 더 나아간 위-디오니시오의 신비주의와 더불어 하느님을 알 수 없음(unknowability)으로 파악하는 이런 경향은 신적 탁월성을 드러내며 그뿐 아니라 어떠한 신비적 의식을 얻는 데 있어 경험적이고 이분법적인 사고가 전혀 쓸모없다는 깨달음을 잘 보여 준다. 어둠의 신비주의가 자주 그리스도교 사상에서 주변적인 것으로 여겨지기는 하지만, 장 다니엘루(Jean Daniélou)는 그레고리오를 그리스도교 신비 전통의 아버지라고 묘사하는데, 이는 그가 오리게네스와 클레멘스의 사상을 발전시켰고 이 사상을 뚜렷한 흐름으로 자리매김했으며 또 후대 그리스도교 사상가들에게 이 사상을 남긴 데서 찾을 수 있다.[1] 그레고리오와 디오니시오가 주변부에 위치한 것은 그리스도교 신학에서 이들의 사상이 중요하지 않아서가 아니라 이들의 글이 그리스도교 신학자들에게 긴장을 일으켰다는 (지금도 일으키고 있는) 까닭 때문이다. 곧 이들의 이해 방식은 그리스도교 이론과 빛의 신비주의 모두에 내재하는 주체-객체 형식과 전혀 일치하지 않음을 보인다.

그리스도의 의미에 대한 이론적 이해의 발전이 아리우스파 사상과 반대되는 것으로서 이루어져 나간 것과 같이 모든 신비적 사상은 오리게네스의 극단적 지성주의에까지 이른 아리우스파 에우노미오의 주장, 곧 인간 정신이 하느님 본질을 알 수 있다는 주장과 대립하는 것으로서 발전해 나갔다. 이 생각은 앎에 대한 이분법적 태도의 논리적 발전이라고 할 수 있다. 만일 하느님이 알 수 있는(또는 알려지는) 불변하는 본질이라면 정신이 합당하게 순화된 경우 이 본질을 안다고 할 수 있는 것이다. 아무리 불완전하다 하더라도 도덕적, 자연스런 훈련, 관상이라는 오리게네스의 세 가지 길, 그 최고점에서 실질적으로 하느님 본질을 알 수 있다는 신념이 내재해 있다고 보인다.

이런 생각과는 대조적으로 그레고리오는 오리게네스의 이 세 길을 수정한다. 이는 오리게네스의 둘째 길인 자연 철학(natural philosophy)에서 싹트는 세 번째 길인 관상 안에서 일어나는 이해를 포함하고자 한 것인데, 이로써 그레고리오는 셋째 길이 더 경지가 높고 이분법적이지 않은 신비적 이해의 영역으로 묘사한다. 따라서 그는 신비적 의식의 정상에서 하느님의 본질을 알 수 있다는 어떠한 생각도 명백하게 피한다. 그레고리오에게 이 세 번째 길은 어두움의 하나인데 이는 현존을 깨닫는 데서 오는 일치의 열매이다. "분명한 것은 그레고리오가 에우노미오의 오류를 인식하면서 한계 지운 신비적 앎의 영역

---

1) Jean Daniélou, *Platonisme et théologie mystique: Doctrine spirituelle de Saint Gregoire de Nysse*, pp. 6-7.

을 더욱 확실히 넓혔으며 이런 점에서 그를 (신비 신학의) 창시자라고 할 수 있다는 점이다."[2]

여기서 보이고자 하는 것은 한 이론적 사고의 성립과 상식적 의미와 갈라지는 분기점을 양립시킨다. 교의적 이해에 있어 교부들은 실제 생활에서 의미를 실질적으로 실천하는 데에 초점을 두었던 그리스도의 믿음에 대한 분화되지 않은 그리스도교 주장으로부터 이론적 의미의 영역을 구분하고 설명해야 했는데, 여기서 초점은 개념들의 내적 연관에 있었다. 그러나 의미에 대한 기본적인 복음적 체험은 단지 이런 이론과 동질화하는 데에 있지 않았는데, 이는 하느님을 아바(Abba)로 체험하는 것은 신비 영역 안으로 들어가는 것이기 때문이다. 이론적 사고가 필요하고 또 유효하다는 점을 인정한다는 데에 일치했으므로, 이제는 한 걸음 물러서서 신비적 의미 영역을 좀 더 확실히 구분하는 것이 필요하다.

그레고리오는 이런 신비적 의미를 분명히 구분하려 한다. 그는 그의 『아가 주석』(*Commentary on the Song of Songs*)에서 집회서, 코헬렛(Qoheleth), 아가를 유아, 청년, 성년(maturity)이라는 영적 생활의 세 단계로 대비시킴으로써 오리게네스를 따른다.[3] 첫 단계는 영적 재화에 대한 깨달음을 나타내는데 이 영성 재화는 이를 구하려 애쓰도록 사람을 이끈다. 둘째 단계는 지상의 모든 변하는 것에 대한 곧 헛됨에 대한 깨달음을 보여 준다. 셋째 단계에서는 모든 사물이 헛되다는 깨달음 안에서 모든 집착을 정화시킨 뒤에, 영혼은 신의 성역으로 인도되는데 여기서 신과 영혼의 일치가 이루어진다.[4] 『모세의 생애』(*The Life of Moses*)에서 그레고리오는 모세의 체험을 묘사함으로써 이 과정의 전체 틀을 보여 준다. 곧 "하느님의 모습은 모세에게 빛(dia

---

2) 같은 책, p. 10.

3) *Patrologia Graeca*, vol. 44, p. 758b.

4) 같은 책, p. 722a; 프랑스어 번역본은 Daniélou, *Platonisme et théologie mystique*, p. 18.

photos)으로 드러나셨고(탈출 19,18) 그런 다음 하느님이 그에게 구름(dia nephēles)을 통해 말씀하셨고(탈출 20,21) 마지막으로 더욱 완전한 형태로서 모세는 하느님을 어둠(en gnophō) 속에서 관상했다(탈출 24,15-18)."[5] 따라서 어떠한 매개적 표상이나 개념의 완전한 부재 속에서 하느님을 관상할 때까지 경험적이고 이분법적 이해라는 과정상의 어둠이 있는 것이다. 그레고리오 사상을 이해하는 데에서 두 주제가 중심적이라고 보이는데, 곧 인간의 기원적 본성(original nature)에 대한 생각과 신비적 이해의 본성에 대한 이해가 그것이다.

인간의 기원적 본성에 대한 그레고리오의 이해

인간 본성에 대한 이해에서 그레고리오는 세계 내 인간 존재를 현상학적으로 묘사하는 것으로 시작하지 않는다. 왜냐하면 그에게 이런 접근은 인간 존재의 진정한 기원적 본성을 보여 주지 못할 뿐만 아니라 오히려 열망과 환상에 묶여 있는 인간의 타락상을 보여 줄 뿐이다. 인간의 원래 행복이라는 주제[6]를 바탕으로 하면서 그레고리오는 인간과 하느님 사이의 진정한 공동체라는 생각을 다듬는다. 『인간의 창조에 대하여』(*On the Creation of Man*)에서 그는 "하느님 모상을 따라 창조됐다는 사실은 그의 창조 이래 고귀한 한 특징이 사람에게 주어졌다는 것을 의미한다. … 그러나 이런 존엄함은 외적 특성이 아니라 사실 정의와 영원함이라는 지극한 행복으로 이루어진다."[7] 그는 계속해서 설명하기를 인간의 기원적 본성을 드러내는 이 표상은 정결, 무상성(impassibility), 지복, 모든 악에서의 분리를 포함한다고 한

5) 같은 책, p. 1000c; Daniélou, *Platonisme et théologie mystique*, p. 18. 영어 번역본을 보려면 Jean Daniélou의 서문이 붙은, Herbert Musurillo, *From Glory to Glory: Texts from Gregory of Nyssa's Mystical Writings*, p. 247을 보라.

6) Gegory of Nyssa, "Homily on the Beatitudes", *Patrologia Graeca*, vol. 44, p. 1125c.

7) *Patrologia Graeca*, vol. 44, p. 136c-d.

다.[8] 이는 정신에 자리하는데, 그 까닭은 인간 본성이 생각하는 데에 있기 때문이다.[9] 따라서 그리스도인의 삶의 목적은 이 기원적 본성을 다시 찾는 것이며 정결과 행복의 원래 상태로 되돌아가는 것이다. 곧 "만일 영혼이 자신에게 돌아간다면, 만약 영혼이 영혼의 진정한 본성을 안다면, 그러면 영혼은 거울이나 한 표상에서처럼 영혼의 고유한 아름다움 속에서 이것의 모델을 관상할 것이다."[10]

본래적 순수의 상태는 또한 의식의 원초적 일치로 특징지어지는데, 이는 신비적 앎이 기원적 본성을 특징짓는 의식으로 돌아가기 때문이다. 아가의 한 구절인 "당신은 단 한 번의 눈길로 나를 사로잡아 버렸다"에 대한 주석에서 그레고리오는 다음과 같이 설명한다.

> 영혼은 두 갈래가 있다. 하나는 진리를 추구하는데 다른 하나는 환상 속에서 잃어버린다. 그러나 [아가에서] 신부의 순수한 한 눈은 선한 진리에만 열려 있으며 다른 눈은 결코 뜨지 않는다. 따라서 [아가에서] 친구들은 오직 그 한 눈만을 찬양하는데, 이것만을 통해서 신부는 유일한 하느님을 관상한다. 다시 말해 하느님 홀로 불변하고 영원한 존재로 진정한 아버지요 독생자(the only begotten Son)이며 성령이다. 그분은 진정 하나인데 그 까닭은 한 본성 안에 존재하고 복수의 세 위격(位格, three persons, hupostaseis)이라는 분리를 낳지 않는다. 그러나 바보같이 여러 개의 눈으로 가짜인 것(the unreal)에 관심을 돌리며 왜곡된 눈으로 하나의 본성을 여러 개로 나누는 사람들이 있다. 이들은 많이 보았다고 말하지만 사실은 그 많은 것에서 아무것도 보지 못한다.[11]

---

8) 같은 책, p. 137a–b; Daniélou, *Platonisme et théologie mystique*, p. 49.
9) 같은 책, p. 137b–c.
10) 같은 책, p. 89c; Daniélou, *Platonisme et théologie mystique*, p. 43.
11) 같은 책, pp. 949c–952a: Musurillo, From Glory to Glory, pp. 219–220.

여럿으로 분리되지 않는 존재를 통찰하기 위해서는 여러 갈래의 의식을 버리는 것이 전제가 된다. 장 다니엘루가 설명하듯이 "이 글에서 우리는 이 여러 갈래(diapharos)를 독립적인 현존을 갖지 않으며 가상의 것(anuparktos)으로, 또 오직 상상(phantasia)에만 존재하는 것으로 본다."[12] 신비적 의식은 하느님 본질을 여러 개념과 표상으로 파악해 보려는 경험적이고 이분법적인 이해에 반대한다. 신비적 의식은 하나를 다른 하나와 차별해 내지 않고 둘 사이에서 동요하지도 않으며, 다만 어떤 관점을 갖기에 앞서 원초적 일치에 자리한다.

의식의 깨달음의 이런 일치된 상태에 이름으로써 영혼의 기원적 본성으로 돌아간다. 영의 이러한 원초적 일치는 선악과를 만져서는 안 된다고 명령하는 내용의 창조 이야기에 나오는데, 그레고리오는 이 이야기를 분열의 한 상징으로 본다. "첫째 계율은 이 [순수성의] 교의를 확인해 주는데, 이는 낙원의 모든 나무를 인간에게 허용하면서 서로 반대되는 것의 혼합을 본성으로 하는 오직 하나만을 금하고 있기 때문이다."[13] 이 원초적 일치는 하느님 모상을 닮은 인간의 자연적 상태를 말해 주는데, 그레고리오에 따르면 이 상태는 감각이나 동물의 삶과는 거리가 멀다. 인간이 창조된 기원적 상태에 있어 일치는 신성화와 같으며 인간의 진정한 본성을 이룬다. "영혼이 전적으로 순수(aplē)하고, 일치되고 또 전적으로 신성시되면 영혼은 진정으로 순결(aploun)하고 불변하는 선(Good)이 된다."[14]

따라서 이 기원적 본성은 하나에서 다른 하나로 순차적으로 지나가 버리는 의식이나 의미의 영역이 아니라 그러한 일치되고 단순한 깨달음의 상태에 자리 잡는 것임을 암시한다. 기원적 상태로 돌아가는 것은 이분법적 앎의 여러 표상과 개념에서 오는 다양성(multiplicity)

---

12) Daniélou, *Platonisme et théologie mystique*, pp. 38–39.

13) *Patrologia Graeca*, vol. 46, p. 81b: Daniélou, *Platonisme et théologie mystique*, p. 39.

14) 같은 책, p. 93c; Daniélou, *Platonisme et théologie mystique*, p. 39.

을 버리는 것을 포함한다. 여기서 그레고리오는 신비적 이해를 인간 존재의 근원적 본성의 적절한 특성으로 제시한다. 따라서 제아무리 정제된 것이라도 평범한 앎을 통해 하느님의 신비한 의미에 대한 이해를 얻을 수는 없고 오히려 더 근본적이고 단순한 의식의 상태, 곧 표상을 관찰하거나 이것에서 어떤 통찰을 얻는 일들을 하지 않는 그런 의식 상태로 돌아가야 하는 것이다.

그러나 인간 본성은 불변성이나 순수성으로 특징지을 수 없고 열망(pathē)이라는 폭군, 곧 인간이 겪는 모든 고통과 변화, 이를테면 태어남, 먹기, 성애, 병, 죽음뿐만 아니라 감각적 앎, 욕망, 화 등과 같은 정신적 활동과 아주 미묘한 죄의 경향성에 지배를 받는다.[15] 그러나 이 pathē는 기원적 본성을 부정하거나 제거하지 않는다. 『대 교리서』(*The Great Catechism*)는 설명한다.

> 따라서 잔인한 창조에서 말미암은 죽음에 대한 부채는 잠재적으로나마 불멸성을 위해 창조된 본성을 덮어 버리게 되었다. 겉으로 본성을 싸 버렸지만 안으로는 그렇게 하지 못했다. 인간의 감각적 부분을 사로잡았지만 신의 이미지는 손도 대지 못한 것이다.[16]

따라서 모든 죄스런 열망과 더불어 생물학적인 삶은 기원적 본성인 신적 표상을 덮어 버리는데, 이는 삶을 유한하게 하고 또 환상으로 이끈다. 이 환상은 타락하지 않는 본성을 특징짓는 순수한 신비적 이해 대신 감각적 인지에서 오는 이분법적 앎으로 대체한다. 성마르고 욕망으로 가득 찬 욕구인 모든 이 열망은 "영혼을 싸고 있지만 영혼은 아니다. 이것은 영혼의 사고하는 부분에서 자라나는 혹과 같다."[17]

---

15) Daniélou, *Platonisme et théologie mystique*, p. 46을 보라.

16) Schaff and Wace, *A Select Library of Nicene and Post-Nicene Fathers of the Christian Church*, vol. 6, p. 483a; Daniélou, *Platonisme et théologie mystique*, p. 71.

17) 열망(the passions)에 관한 논의에 대해서는 Daniélou, *Platonisme et théologie*

또한 이것은 아담이 태초 동산에서 쫓겨난 뒤에 자신을 가렸던 "겉옷"과 비교되는데, 이들은 이것으로 인간의 근원적 본성을 가린 것이다.

그레고리오는 『영혼과 부활에 대하여』(*On the Soul and the Resurrection*)에서 "하느님의 표상을 형성하고 본질상 인간에게 속하는 것은 관상하고 비판적이고 전체를 바라보는 능력이다. 다시 말해 정신을 말한다. 나머지 분노와 두려움은 밖에서 오는 것이다"[18]라고 썼다. 이와 비슷하게 그레고리오는 발람(Balaam)의 마술적 주문을 다루는 22ff번에 대해 논평한다. "발람의 마술적 주문으로 우리는 현 삶의 여러 미혹함을 이해하는데, 이를 통해 키르케(Circe)의 미약(媚藥)에 취하게 된 사람들이 자신의 본성을 동물 형태로 전락하도록 그대로 둔다."[19]

열망은 단지 동물 수준으로 전락하는 것을 말할 뿐만 아니라 또한 마술적 환영(goēteia)이라고 할 수 있다. 따라서 기원적 본성으로 돌아가는 것은 이 열망을 통제하는 것[20]을 의미하며 아울러 환상적 모습에서 멀어지는 것을 말한다. 『아가 주석』에서 그레고리오는 구름의 두 번째 길이라고 부른 코헬렛의 의도를 이렇게 설명한다.

> 이 책에서 그는 사람이 겉모습에 집착하는 것을 책망하고 또 사라져 가는 모든 것이 헛되다고 말함으로써 모든 것은 불안정하고 덧없는 것이라고 주장한다. 그러면서 그는 보이지 않는 아름다움에 대한 지각 가능성(sensibility)을 통해 알려지는 모든 것보다도 우리 영혼의

---

mystique, pp. 71-83을 보라.

18) *Patrologia Graeca*, vol. 46, p. 57b; Schaff, *Nicene and Post-Nicene Fathers*, p. 441a.

19) *Patrologia Graeca*, vol. 44, p. 428c; Gregory of Nyssa, *The Life of Moses*, trans., introduction, and notes by Abraham J. Malherbe and Everett Ferguson, p. 135.

20) 그레고리오의 두 종류의 부정(apatheia)에 관한 논의, 곧 살아 있을 동안의 열망의 통제와 죽은 뒤의 최후의 제거의 경우에 대해서는 Daniélou, *Platonisme et théologie mystique*, pp. 92-103을 보라.

자연적 활기를 강조했다.[21]

정신에 드러나는(phaninomena) 모든 것에 집착하는 영혼을 정화함으로써 모든 현상이 헛되다고 받아들이게 되며[22] 두 번째 길의 목표인, "현상을 넘어 눈에 보이지 않는 세계로 영혼을 이끌어 주는 감추어진 것들을 더 주의 깊게 깨닫는 그런 목표를 성취한다. 이는 모든 현상을 가리는 구름(nephelē)의 종류이며 영혼으로 하여금 숨겨진 것을 향해 나아가도록 안내하고 길들게 한다."[23]

숨겨진 것들을 봐야 한다는 필요성은 현상이 실제로는 환영(apatē)[24]임을 암시한다고 할 수 있는데, 이는 의미를 이분법적 대상의 파편으로 보는 생물학적 태도를 넘어서는 깨달음이 있다는 점으로 설명할 수 있다. 이러한 통찰과 깨달음은 둘째 길의 이해 안에 있는데, 자세히 살펴보면 잠정적인 대상 자체에 확실하고 영속적인 의미가 있다고 주장할 수 없음을 이해하게 된다. 그러나 오리게네스와는 반대로 그레고리오에게 이러한 깨달음은 아직 신비적 이해 자체는 아니다. 신비적 이해는 모든 지적 이해를 초월하고 오직 가리는 구름으로 묘사될 수 있을 뿐이지만 밤처럼 충만하고 완전한 어둠이며 모든 매개적 표상과 개념을 정지시킨다.

그러나 경험적 앎을 가리는 것은 환상과 집착에서 멀어지게 이끌고 또 신비적 의미의 어둠으로 들어가도록 준비하는 데에 핵심적인 구실을 한다. 『코헬렛 주석』(*Commentary on Ecclesiastes*)에서 그레고리오는 이렇게 말한다.

---

21) *Patrologia Graeca*, vol. 44, p. 769d.
22) Cf. Daniélou, *Platonisme et théologie mystique*, pp. 119-120.
23) *Patrologia Graeca*, vol. 44, p. 100d; Musurillo, *From Glory to Glory*, p. 247.
24) Gregory, "On Virginity", *Patrologia Graeca*, vol. 46, p. 376b-c; Daniélou, *Platonisme et théologie mystique*, p. 120을 보라.

감각적으로 아름다운 모든 것은 오직 평가라는 환영(dia tēs kata tēn oiēsin apatēs)을 통한 겉모습으로서만 아름다울 뿐이지만 본성적으로 보자면 이것들은 존재하지도 지속적이지도 않으며 잠정적으로 단지 흘러갈 따름이다. 이것들이 진짜로 존재하는지 의심을 품어 본 적도 없는 이들이 환영과 잘못된 생각을 통해 믿는 것과 같다. 따라서 이들이 정작 영원한 것은 구하지도 않으면서 영속적이지 않은 사물을 전적으로 받아들이려 할 때, 코헬렛에서는 높은 관측소 위에서 바라보기나 하는 것처럼 인간 본성에 호소하여 말한다. "사랑할 때가 있으면 미워할 때가 있다"는 말처럼 예를 들어 다른 것들(goods)도 아름답기도 하고 적어도 진짜이며 또 이에 참여하는 이들에게는 아름답게 된다.[25)]

따라서 신비적 이해는 감각 현상, 곧 이분법적 대상이라는 현상이 안전하다고 매달려 어떤 영속적인 의미를 제공한다는 잘못된 생각을 뒤로 제쳐 두는 것도 포함한다. 다시 그레고리오는 『시편 주석』(*Commentary on the Psalms*)에서 설명한다.

[시편은] 거짓말과 진실의 헛됨을 구분하지 않는 이들을 "굳은 마음"이라고 부르는데 이들은 지속적이지 않는 것(anuparkton)을 사랑하고 영속적이고 사랑할 가치가 있는 것은 무시한다. 사실 시편은 거룩함이란 참으로 찬양할 만한 것이며 인간이 좋게 여겨 따르고자 하는 모든 다른 것들도 오직 이들의 마음 안에서만(en hupolēpsei) 그러하며 그것들 자체 안에 존재하는 것은 아니라고 말한다. 그러나 이것들이 보기에는 인간의 헛된 평가 안에 존재하는 것처럼 보인다.[26)]

이런 환영의 원천을 이루는 것은 인간의 감각적 본성인데, 이는

---

25) *Patrologia Gracea*, vol. 44, p. 737c; Daniélou, *Platonisme et théologie mystique*, p. 123.
26) 같은 책, p. 445b; Daniélou, *Platonisme et théologie mystique*, p. 123.

대상이 감각을 진짜라고 접하는 것처럼 진실도 정신을 진짜라고 대한다는 생각으로 이끈다. 그러나 이러한 모든 의미는 오직 정신적 구조물이며 영속하는 가치를 갖는 것은 아니다. 『코헬렛 주석』에서 그레고리오는 말한다.

> 인간이 태어나자마자 감각 능력을 먼저 부여받는 것이라면 이와는 대조적으로 이성은 주체 안에서 조금씩 드러나도록 하기 위해 나이가 들면서 대응이 늘 때까지 기다린다. 이와 마찬가지로 이성이라는 정신은 감각에 지배되고 억지로 이에 복종하는 데에 익숙해지기 때문에 이 정신은 감각이 수용하거나 거부하는 것을 아름답다거나 추하다고 판단하는 것이다. 이는 우리가 착함에 대한 이해가 왜 힘들고 어려운가를 설명해 준다.[27]

모든 이해에 관한 형식이 구체적인 대상과 대면하는 감각적 앎의 이해로, 다시 말해 의식의 생물학적 외향성 때문에 사람들은 외부 사물이 진짜이고 일정한 의미를 지닌다고 상상하게 되어 결국 꿈 같은 환영에 빠지게 된다고 『아가 주석』은 말한다.

> 주님은 당신 제자들에게 많은 가르침을 주었는데 이것으로 이들의 정신이 먼지 덩어리 같은 모든 물질적인 요소를 털어 내어 초월자를 향하도록 일으켜 세우도록 했다. 이 가르침 가운데 하나는 천상의 삶에 깊은 관심을 갖는 모든 이들은 잠에 빠지면 안 된다는 것이다. 곧 이들은 영 안에서 늘 깨어 있어야 하며 어둠의 구름처럼 영혼을 속이고 진리를 파괴하는 세력을 쫓아내야 한다. 여기서 내가 말하고자 하는 졸음과 잠이란 삶의 환영에 잠겨 있는 이들이 만든 꿈 같은 환상을 가리킨다. 다시 말해 공공 사무소, 돈, 영향, 외모, 성적 쾌감,

27) 같은 책, p. 736b-c; Daniélou, *Platonisme et théologie mystique*, p. 124.

명예욕, 즐김, 영예 그리고 모든 다른 세속적인 것들을 뜻한다고 할 수 있는데 이것들은 성찰 없이 사는 사람들이 헛되게 추구하는 일종의 상상(dia tinos phantasias)으로 말미암는다. 이 모든 것들은 시간이 지나면 사라지고 마는 것으로 단지 현존하는 것처럼(en tō dokein) 보이지만 이것들은 우리가 생각하는 그런 존재도 아니고 또 우리가 이들에게 부여한 그런 개념을 지속적으로 지니지도 않는다. 이것들보다 빨리 사라지는 것은 없다. 파도 꼭대기의 물결처럼 잠시 동안 바람의 작용으로 일정한 물질의 형태를 띠는 것과 같다. 그러나 이것들이 지닌 존귀함은 영속적이지 않으며 바람으로 일어난 뒤에 곧바로 이것들이 왔던 자리로 돌아가고 남는 것은 결국 바다의 평평한 수면 그것뿐이다. 따라서 우리 마음이 이런 환영(tōn toioutōn phasmatōn)에 빠지지 않으려면 영혼의 눈으로써 이런 무거운 잠에서 깨어나야 한다. 우리가 비존재적 허상(to anuparkton)에 마음을 빼앗겨 진정한 존재에서 벗어나지 않으려면 말이다.[28)]

여기서 환영의 뿌리는 마치 단순한 이미지의 드러남(phainomenon)이 부분적으로만 실체를 파악하는 것처럼 이해에 대해 잘못된 상상(phantasia)을 하는 것에 있다. 그러나 이런 이미지의 원천인 인간의 생물학적 삶은 그 자체가 기원적 본성을 잃은 결과이며 이 순수한 본성, 아담의 피부 같은 이 본성을 전혀 파괴함 없이 덮어 버린다.[29)] 『코헬렛 주석』은 다음과 같이 말한다.

모든 것이 무상하므로 존재하지 않는(ouch huphestēken) 어떤 것도 현존하지 않는다는 것을 우리는 반대할 수도 있다. 사실 헛된 것은

---

28) 같은 책, p. 996a–b; Daniélou, *Platonisme et théologie mystique*, pp. 126–127; Musurillo, *From Glory to Glory*, p. 243.

29) 기원적 표상과 피부라는 옷에 관해서는 Daniélou, *Platonisme et théologie mystique*, pp. 48–62를 보라.

불연속이고 실재하지 않으며 따라서 실재가 있는 것들 가운데에다 실재(reality, anuparkton)를 갖지 않는 것을 포함시켜서는 안 된다. 실재가 전혀 존재하지 않는다면 도대체 존재하고 남아 있는 것은 무엇인가? 이 질문에 대한 답이 코헬렛에 요약돼 있다. 만약 네가 덕으로 성장한다면 무엇이 될지를 알라. … 만일 네가 이를 안다면 기원에서부터 있었던 하느님의 모상 그대로 창조된 것을 이해할 것이다.[30]

장 다니엘루가 설명하듯이 이 대목은, 진정한 것은 (창조의) 기원에서부터 오는 표상-본성(image-nature)이며 사람이 이 표상-본성으로 회복되어 간다고 가르친다.[31] 그레고리오는 "부활(resurrection, anastasis)은 기원적 상태(original state, apokatastasis eis to archaion)로 회복됨에 다름 아니다"[32]라고 가르친다.

그레고리오는 구름의 길을 묘사하기를, 현상을 넘어서는 감각적 앎으로부터 기원적 표상-본성에 투영된 신성을 깨닫는 것으로 나아감에 있어서 경험적 앎이라 했다. 결과는 경험적 말과 표상을 부정하는 관상의 상태이다. 그레고리오는 기원적 표상-본성을 불변하는 존재, 진정으로 존재하는 것과 유사성을 갖는 것으로 이해한다. 불변하는 실재라는 면에서 볼 때 경험적이고 생물학적 삶은 환영이므로 거부된다. 그러나 이는 여전히 두 번째 길의 단계에 있으므로 아직 신비적 경험의 정상에 이르지 못했다. 이 구름은 마지막 지점이 아닌데 이는 이 구름이 어떤 종류의 존재이든 뭐라 규정하기 어려운 신비적 어둠으로 이끌고 가며 따라서 어느 것도 거부되지 않기 때문이다. 이는 앎의 한 영역인데 여기서 하느님 현존이 "현존의 느낌(aisthēsis

30) *Patrologia Graeca*, vol. 44, p. 633a–b; Daniélou, *Platonisme et théologie mystique*, p. 128.
31) Daniélou, *Platonisme et théologie mystique*, p. 128.
32) *Patrologia Graeca*, vol. 44, p. 633c; Daniélou, *Platonisme et théologie mystique*, p. 128.

parousias)"[33]으로 구체화한다. 따라서 그레고리오는 신비적 이해의 기원을 셋째 길, 어둠의 길이라는 상황에서 묘사한다.

그레고리오와 신비적 이해의 기원

『시편 주석』에서 그레고리오는 영혼이 "영을 통해 모든 현상을 넘어서 천상의 성소로 관통해 들어간다"[34]고 말한다. 성소(sanctuary)를 뜻하는 낱말 aduton은 의식의 가장 안쪽에 있는 자리를 말하는데, 이는 모든 경험적 앎을 초월한다.[35] 이 가장 심층의 정신은 『모세의 생애』에서 여러 부정적인 낱말로 묘사된다. "거룩함 중의 거룩함이라 불리는 이 심층은 수나 양으로 헤아릴 수 없다. … 실재의 진리는 진정 거룩한 것, 거룩함 중의 거룩함이며 따라서 수로 파악되거나 이해할 수도 없다."[36] 열망과 상상을 통한 환영에 집착함에 따라 반응하도록 이끌려 가는 인간 존재는 이들의 표현 능력을 넘어 이들의 기원적 본성이라는 진리를 찾으며 따라서 이해될 수도 파악될 수도 없다. 『모세의 생애』에서 이 신비적 영역은 또 "삶에 있어 감추어지고 말로 표현할 수 없는 것들이 있는 창고"[37]로 묘사된다.

오리게네스의 경우 이 세 번째이자 마지막인 관상의 길은 theologia (이를테면 하느님의 지식)에 나온다. 그러나 그레고리오는 역설적이지만 하느님을 아는 것은 알지 못함(a not knowing)이라고 가르친다. 신비적 앎(theognōsia)은 성소, 곧 신비적 의식 가장 내면의 자리에 있는 숨겨진 것에 대한 앎이다. 『시편 주석』은 "이는 진정으로 감추어져

---

33) 같은 책, p. 1001b; Daniélou, *Platonisme et théologie mystique*, p. 177; Musurillo, *From Glory to Glory*, p. 248.

34) 같은 책, p. 453b; Daniélou, *Platonisme et théologie mystique*, p. 185.

35) Daniélou, *Platonisme et théologie mystique*, p. 185.

36) *Patrologia Graeca*, vol. 44, p. 345d; Gregory, *The Life of Moses*, p. 70.

37) 같은 책, p. 345d; Gregory, *The Life of Moses*, p. 70; Dniélou, *Platonisme et théologie mystique*, p. 186.

있고 이해할 수도, 보이지도 않으며 모든 상상을 통한 앎을 넘어선다."[38] 따라서 theognōsia라는 낱말은 특히 『모세의 생애』에서 설명되었듯이, 의미의 신비적 영역을 지시하는데 이는 "신비적 앎이라는 감추어진 거룩한 장소로 인도되기 때문이다."[39]

그레고리오는 항상 어둠이라는 주제를 모세가 하느님을 만나는 시나이 산의 어둠으로 들어가는 모습을 그리는 탈출기 20장 21절과 관련해서 전개한다. 그레고리오는 『모세의 생애』에서 묻는다.

> 모세가 어둠 속으로 들어가 그 안에서 하느님을 보았다는 것은 무엇을 뜻하는가? 지금 여기서 보이는 설명은 하느님의 첫 번째 현현과 모순되는데, 왜냐하면 앞에는 하느님이 빛 속에서 드러나지만 지금은 어둠 속에 보이기 때문이다. 그렇다고 이것을 우리가 영적으로 관상한 결과에 모순된다고는 생각하지 말자. 성경은 우리에게 종교적 지식이 처음에는 이를 빛으로 받아들이는 이들에게 온다고 가르친다. 그러므로 종교에 반대되는 것으로 여겨지는 것은 어둠이며 빛에 직접 들어가야 이 어둠에서 탈출한다. 그러나 매우 크고도 완전한 성실함을 통해서 이 정신이 발전하고 실재를 파악하고 또 거의 관상에 가깝게 다가가듯이 어둠은 신적 본성이 눈에 보이지 않는다는 것을 더욱 분명히 한다. 감각이 받아들인 것뿐만 아니라 정신이 지각한 것, 이 성찰된 모든 것을 뒤로 하고 이해를 추구해 가는 정신을 통해 보이지 않고 이해되지도 않는 하느님에 이 정신이 다가갈 때까지 끊임없이 더욱 깊이 안으로 들어가면 거기서 하느님을 만난다. 이것이야말로 찾고자 하는 진정한 지식이다. 다시 말해 이것이야말로 보이지 않는 것을 본다고 할 수 있는데, 이는 찾고자 하는 모든 지식, 일종의 어둠으로서 이해 불가능성 때문에 모든 차원에서

---

38) 같은 책, p. 504b; Daniélou, *Platonisme et théologie mystique*, p. 190.

39) 같은 책, p. 377c; Gregory, *The Life of Moses*, p. 95; Daniélou, *Platonisme et théologie mystique*, p. 190.

벗어나는 그런 모든 지식을 초월하기 때문이다.[40)]

구름을 통해 빛에서 어둠으로 나아가는 이 똑같은 과정이 『아가 주석』에서 보인다. "하느님이 모세에게 자신을 드러내시기 시작한다. 그리고 하느님은 구름을 통해 그에게 말하신다. 마침내 모세가 더 높이 올라가 더욱 완전해졌을 때 하느님을 어둠 속에서 보았다."[41)] 이와 마찬가지로, 『아가 주석』에서 어둠에 이르고 나서 신부는 사랑하는 임이 "우리의 마음을 잘 보라고 재차 요청했다"는 것을 깨닫고 천사 같은 무리에게 물었을 때 "이들의 답은 오직 침묵과 이 침묵으로써 이들은 그녀가 추구하는 것이 그들에게는 이해할 수 없는 것임을 보여 준다. … 왜냐하면 그녀가 찾는 것은 오직 이것의 본질을 파악하지 못하는 불가능성 바로 그것 안에서만 이해될 수 있는 것이기 때문이다."[42)]

따라서 "어둠"이라는 낱말은 분화되지 않은 상식이든 아니면 분명하게 규정한 이론적 의미이든, 또 빛의 신비에서 보이는 이분법적 직관이든 간에 모든 매개된 의미와 단절함을 가리킨다. 이것은 현존함에 대한 깨달음이며 이것으로서 어떠한 방식으로든 하느님을 알거나 볼 수 없더라도 하느님을 안다. 그레고리오는 『아가 주석』에서 한 걸음 더 나아간다.

> [모든 감각적인 것을 넘어선 뒤에] 신부는 하느님의 빛(아가 3,1)으로 둘러싸여 있고 이때 그녀의 신랑은 모습을 보이는 일 없이 그녀에게 다가간다. 어떻게 보이지 않는 존재가 밤에 드러날 수 있겠는가?

---

40) 같은 책, pp. 376c–377a; Gregory, *The Life of Moses*, pp. 94–95; Daniélou, *Platonisme et théologie mystique*, p. 193.

41) 같은 책, p. 1000d; Musurillo, *From Glory to Glory*, p. 247; Dniélou, *Platonisme et théologie mystique*, p. 193.

42) 같은 책, p. 893a; Musurillo, *From Glory to Glory*, p. 201.

그러나 신랑은 보이지 않는 그의 본성으로 몸을 숨긴 채 그녀의 이해에서 벗어나 있지만 그 순간에도 그녀의 영혼에게 현존의 느낌을 준다.[43)]

하느님은 상상할 수 있고 파악 가능한 다른 존재들 사이에서 가장 현저한 분이지만 그럼에도 결코 하나의 현상으로 결코 드러나지(phainetai) 않는다. 오히려 하느님은 표상과 이름의 부재 속에서 오거나 더듬어(paraginetai) 볼 수 있다. 이것이야말로 경험적 앎(ezō tōn phainomenōn, ou phainetai)[44)]을 넘어서는 의미 영역이다. 위-마카리오는 이 두 의미의 영역을 구분하는 오류를 범했다. 이를 구분함으로써 그는 하느님의 현존을 그렸는데, 여기서 하느님은 경험적인 형태로서 영혼과 만나는 존재로 묘사된다.[45)]

그레고리오는 이런 신비적 현존을 다양하게 묘사했다. 향기, 감촉, 어둠의 상태로 여겨진다. 그러나 하느님에 대한 앎에 있어 가장 적절한 낱말은 사랑(agapē)이다. 오리게네스의 지성주의와는 대조적으로 사랑은 어둠으로 가는 영적 고양의 정상에 놓이는데, 그 까닭은 영혼이 기원적 본성으로써 말과 표상을 넘어서 하느님에 참여하는 데로 이끌려 가기 때문이다. 그레고리오는 설명한다.

각 본성이 유사 관계를 지니는 경향이 있듯이 또 사람도 하느님과 유사한 관계를 맺는데, 사람은 자신의 보넬의 표싱을 지신 안에 품고 있으므로 영혼은 신성으로 이끌려 가는 것은 당연하며 이는 타고난 본성이다.[46)]

---

43) 같은 책, p. 1001b-c; Musurillo, *From Glory to Glory*, p. 248; Daniélou, *Platonisme et théologie mystique*, pp. 195-196.

44) Daniélou, *Platonisme et théologie mystique*, p. 21.

45) Louth의 *The Origins of the Christian Mystical Tradition*, p. 114를 보라.

46) *Patrologia Graeca*, vol. 46, p. 97b: Daniélou, *Platonisme et théologie mystique*, p. 204.

따라서 사랑의 체험은 경험적으로 정초된 인간 존재가 기원적 표상-본성을 충만히 구현하는 데로 나아가는 완전한 상태다. 『산상수훈에 관한 여섯 번째 강론』(*Sixth Homily in the Beatitudes*)에서 그레고리오는 하느님을 본 순수한 마음에 대해 논평한다.

> 우리는 축복된 하느님에 관해서 아는 사람이 아니라 그들이 자신 안에 하느님을 품었다는 점에서 이 구절을 이해해야 한다. … 하느님이 영혼의 눈을 정화한 사람에게 제공하는 그런 이분법적인 바라봄이 아니다. 이 구절의 깊은 뜻은 주님이 어느 곳에서나 분명히 선포했던 것이다. "하느님 나라가 너희 안에 있다." 그러니 우리는 모든 피조물 가운데 자신의 마음을 정화한 이가 자신의 아름다움에서 신적 본성의 표상을 본다고 이해한다.[47)]

여기서 "이분법적 바라봄(confrontational vision)"이라는 말이 중요한데 왜냐하면 그레고리오가 생각하기에 하느님은 앎의 주체(subjective knower)에 상대해 있는 객관적 실재로서 등장하는 것은 아니기 때문이다. 이 점이 왜 신비적 깨달음을 어둠 속에서 얻는가를 설명하는 기본적인 이유가 된다. 하느님은 실제로 인간과 얼굴을 맞대고(antiprosōpou) 있는 불변하는 본질로서 이해되기 위해 여기에 있는 것도 아니고 또 바라봄(theama)의 객체도 아니다. 오히려 이 근본적으로 순수한 표상-본성이 열망과 환영이라는 덧보태진 여분의 겉옷으로부터 정화되면 그때 하느님을 자기 안에서 깨닫게 된다. 그레고리오가 말한 "사랑"은 바로 이런 깨달음과 참여이지 하느님에 대해 인간이 어떻게 생각하느냐에 매달리는 것이 아니다.[48)] 『산상수훈에 관한 네 번째

---

47) *Patrologia Graeca*, vol. 44, p. 1269c; Daniélou, *Platonisme et théologie mystique*, p. 209.

48) P. Arnou and P. Festugière의 글에 대한 그의 비판에 관해서는 Daniélou, *Platonisme et théologie mystique*, p. 9를 보라. 이 비판은 그레고리오가 그리스

강론』(*Fourth Homily on the Beatitudes*)에서 그는 설명한다.

> 창조에서 하느님은 자신의 선한 성품의 표상을 새겼다. 그러나 죄로써 이 신적 유사성이 물들었고 부끄러운 옷으로 선한 성품을 덮어 버림으로써 사라지게 했다. 그러나 네 심장을 더럽혔던 진흙[49]을 엄격한 생활로써 씻어 버린다면[50] 이 하느님-같은(God-like) 아름다움은 네 안에서 새로운 빛을 발하리라. 따라서 네 자신을 살피어봄으로써 네 안에서 네가 찾는 분을 볼 것이다.[51]

이와 비슷하게 그는 『영혼과 부활에 관하여』에서 말한다.

> 만일 영혼이 자신에게로 돌아오고 또 영혼의 진정한 본성에서 자신을 깨닫는 바람에 영혼이 열망의 선동에서 해방된다면, 그 무엇도 영혼을 (신적) 선함(good)에 참여하는 데서 떼어 놓지 못할 것이다. 그러면 영혼은 마치 거울에 비친 한 표상처럼 자신 고유의 아름다움 속에서 참모습을 관상한다.[52]

인간 현존의 기원적 표상-본성은 죄의 진흙 덩어리를 깨끗이 씻어 내게 되면 마치 거울에 있는 것처럼 하느님을 비추게 되는데, 이는 하느님에 대한 깨달음이 외적 존재로서 신을 대상적으로 구함으로써

도교 신앙 대신에 그리스 플라톤 사상을 썼다는 것을 시사한다.

49) 세례에 대한 참고로 Daniélou, *Platonisme et théologie mystique*, pp. 23-35를 보라.

50) 여기서 그리스 교부들 전체를 통해 플라톤의 주제와 용어의 영향이 분명하다는 점을 지적할 수 있다. Daniélou의 *Platonisme et théologie mystique*의 의도는 그렇게 플라톤의 용어를 수용함으로써 그리스 교부들이 복음의 메시지를 왜곡하는 이론을 반박하는 데에 있다.

51) *Patrologia Graeca*, vol. 46, p. 1272a-c; Daniélou, *Platonisme et théologie mystique*, p. 211.

52) 같은 책, p. 89c; Daniélou, *Platonisme et théologie mystique*, p. 212.

가 아니라 하느님에 참여하는 의식이라는 순수한 거울에 비추는 것을 알아보는 것으로써 얻게 된다.

이런 신비적 깨달음은 실로 말과 표상을 뛰어넘는다. 그러나 그렇다고 해서 이것이 단지 말과 표상이 쓸모없다는 뜻은 아닌데, 이는 기원적 본성이 사고의 비판적 능력을 포함하기 때문이다. 그리스도교 신비신학의 아버지라고 불리는 그레고리오는 카파도키아 교부들 가운데 가장 사색적이었으며 그 자신이 삼위일체와 육화에 대한 고도로 이론적인 가르침을 전개했다. 이론적 의미와 신비적 의미를 구분하고 또 신비적 깨달음을 말과 표상을 넘어서는 것으로 묘사한다고 해서 그가 언어를 전혀 가치가 없다고 부정한 것은 아니다. 그렇지만 언어 자체는 절대적 진리를 잡을 수 있다고 주장할 수 없는데 이는 어떠한 말도 하느님을 잡을 수 없는 것과 같다. 그레고리오는 설명한다.

> 신적 본성은 모든 지적 이해를 초월한다. 우리가 [신적 본성을 표현하기 위해] 만든 개념은 우리가 찾는 모조품에 불과한데, 왜냐하면 이는 아무도 본 적도 또 볼 수도 없는 [신적] 형태(form) 자체를 보여주지 못하며 단지 우리 영혼이 어림짐작하여 만들어 낸 어떤 객관적인 이미지를 "환상과 수수께끼"로 밑그림을 그릴 뿐이다. 이런 개념을 표현하는 모든 말은 언어도단의 상황에서 나름의 유효성을 지니지만 정신이 말하고자 하는 바를 표현하지는 못한다. 따라서 이런 개념을 통해 알 수 없는 실재를 이해하는 데로 인도되는 영혼은 모든 이해보다도 본성 자체에 머물러야 한다.[53)]

따라서 이론적 사고는 상징적이고 또 이것의 한계를 통해 경험적 앎이라는 어둠, 곧 신비적 어둠을 향해 나아가도록 돕는다.

인간 존재의 기원적 표상-본성에 바탕을 두고 있지만 이런 신비적

---

53) *Patrologia Graeca*, vol. 44, p. 821a-b; Daniélou, *Platonisme et théologie mystique*, p. 221.

참여는 여전히 하느님에게서 흘러나오며 그리스도와 관계함을 말한다.[54] 이는 기원적 본성이 하느님에게서 창조됐으며 그리스도를 통하여 구원되기 때문이다. 『완전함에 관하여』(*On Perfection*)라는 논문은 논문 전체를 통해 그리스도 모방이라는 주제를 다룬다. 이러한 모방은 표상-본성의 정화로 인도되고 하느님과 영혼의 친밀함을 위한 바탕을 이루는데 이로써 하느님을 "아바"로 부를 수 있는 것이다. 그레고리오는 심지어 그의 첫 저작 『처녀성에 관하여』(*On Virginity*)에서 아래와 같이 설명한다.

> 그리스도 안에 있는 신성의 충만함이 마리아에게 비추었을 때 티없는 마리아에게 일어났던 그것은 동정의 삶을 지키는 모든 영혼에서도 발생한다. 더 이상 주인은 모습을 보이는 일 없어서, "우리는 더 이상 육체의 모습으로서 그리스도를 아는 것이 아니라" 그리스도가 우리 안에 거하시고 아버지 하느님을 당신과 더불어 불러오신다. …[55]

이런 머무름이 전혀 새로운 사실은 아니지만 표상-본성의 특성이라고 할 수 있으며 이제 다시 이를 얻게 된다. 『산상수훈에 관한 강론』(*Homily on the Beatitudes*)은 "하느님이 우리 각자 안에 모르게 숨어 계시고 그분에게 돌아설 때 뵙게 된다"[56]고 말한다. 그리스도의 현존은 성장의 세 단계에서 체험되는데 이는 이 현존이 신비적 성장의 결과로 여겨진다는 의미다. 『아가 주석』에서 주인(Master)을 영적 성장의 열매에 대한 깨달음이라는 점에서 그린다.[57] 그러나 이 성장은 모두

---

54) Daniélou, *Platonisme et théologie mystique*, p. 252를 보라.

55) *Patrologia Graeca*, vol. 46, p. 324b; Daniélou, *Platonisme et théologie mystique*, p. 254.

56) 같은 책, p. 373a; Daniélou, *Platonisme et théologie mystique*, p. 254.

57) *Patrologia Graeca*, vol. 44, p. 828b; Musurillo, *From Glory to Glory*, pp. 167-168; Daniélou, *Platonisme et théologie mystique*, p. 255.

에게 똑같은 것은 아닌데, 이는 각자가 받아들이는 능력이 다르기 때문이며 따라서 주인은 "그를 받아들이는 사람의 마음속에서 다른 방식으로 드러난다. 그는 모든 사람에게 같은 존재가 아니며 각자에게 능력만큼 드러낸다."[58] 『산상수훈에 관한 네 번째 강론』에서는 그레고리오가 영혼 속에서 이 세상의 현존을 하느님의 영혼 안에서 머무는, 곧 영혼에 의해 하느님을 "맛보는" 것으로 이해하는 것을 보여 준다.

> 따라서 위대한 사도 바오로, 낙원을 위해 준비한 열매를 맛본 바오로는 나에게는 그가 전에 맛본 것에 만족했지만 그러면서도 한편으로는 항상 채워지지 않는 목마름이 있었던 것으로 여겨진다. 곧 "그리스도가 내 안에 산다"고 말하면서도 그는 항상 "앞을 향해 나아가는데(epekteinetai)" 이는 "내가 찾고자 하는 것을 이미 아는 것도 아니고 그렇다고 내가 완전함에 이른 것도 아니다"라고 말할 때까지 지속된다.[59]

그리하면 그리스도의 현존은 우리의 근원적인 창조의 표상-본성에서 흘러나오는 하느님을 찾고자 하는 체험적 욕구를 충만하게 실현하게 되는데, 이는 완성에 있어 이 지평을 더 확장하여 끊임없이 앞으로의 전진을 새롭게 하고 또 역동적인 성장으로써 이 현존에 대해 깨닫게 한다.

그리스도의 의미에 대한 신비적 이해는 의식적인 마음의 정화 과정이라는 면에서 설명할 수 있다. 이는 자아에서 벗어나 경험적인 앎을 잊은 채 의식의 본성에 대한 더욱 친밀한 깨달음을 통해 얻게 되는 절정(ekstasis)[60]과도 같다. 자아에서 벗어남은 마음의 침잠과 평

58) 같은 책, p. 829a; Musurillo, *From Glory to Glory*, p. 167.
59) 같은 책, pp. 1245d-1248b; Daniélou, *Platonisme et théologie mystique*, p. 257.
60) 황홀경(ecstasy)에 관하여, Daniélou, *Platonisme et théologie mystique*, p. 261을

온(apatheia)의 상태를 포함한다. 그레고리오는 이를 『모세의 생애』에서 설명한다.

[모세의 고독함과] 같은 방식으로 더 이상 적대적인 이들과 얽히거나 이들을 중재하지도 않으면서 우리는 고독한 삶을 살게 될 것이다. 목자에 인도되는 양들처럼 마음의 인도를 따라 일치된 우리 영혼의 모든 움직임이 있지만 우리의 생각과 성격이라는 하나의 동행자 속에서만 고독하게 살 것이다.[61)]

이렇게 평정한 자신에게로 돌아감은 초월에 대한 깨달음과 깊이 관련돼 있다. 그레고리오는 『처녀성에 관하여』에서 설명한다.

나에게 다윗 대왕은 [모든 선함을 넘어서는 하느님의 본성을 표현하는 것이] 불가능하다고 말했던 것처럼 여겨진다. 다윗은 그에게서 나오는 영의 힘으로 들려졌고 닿을 수도, 이해할 수도 없는 아름다움을 축복받은 절정에서 보았다. 그는 육체라는 덮개에서 빠져나와 의식에 의해 오직(dia monēs dianoias) 영적이고 지적인 것을 관상하는 데까지 나아갔던 사람이 볼 수 있을 정도로 완전하게 보았다. 그는 또 그가 보았던 가치 있는 것을 말하고자 갈망하면서 모든 이들이 되풀이하는 소리를 외치려 한다. "모든 인간은 거짓말쟁이다."[62)]

이는 시편 116장 11절에서 나오는 영적 구절에서도 나오는데 70인역 성서는 이렇게 말한다. egō eipa en tē ekstasei mou pas anthrōpos

---

보라.

61) *Patrologia Graeca*, vol. 44, p. 332b–c; Gregory, *The Life of Moses*, p. 59; Daniélou, *Platonisme et théologie mystique*, p. 36.

62) *Patrologia Graeca*, vol. 46, p. 361a–6; Schaff, *Nicene and Post-Nicene Fathers*, pp. 354–355; Daniélou, *Platonisme et théologie mystique*, p. 265.

esti pseustēs(나는 절정에서 말한다. 모든 인간은 거짓말쟁이라고.). 예루살렘 성경이 번역한 히브리어 본문은 이렇다. "놀라움으로 나는 단언한다. '믿을 만한 사람은 아무도 없다!' "(시편 116,11). 그러나 그레고리오는 ekstasei라는 낱말을 놀라움의 상태를 나타내기 위해서 쓴 것이 아니라 신비적 통찰과 깊은 곳으로 침잠을 의미하기 위해 사용했다. 경험적 앎에서 나오는 상태에 있어 모든 언어는 신비적 이해의 내용을 제대로 드러내지 못하고 여기서 멀어져 간다. 그레고리오는 계속해서 말한다. "이를 통해 내가 말하려는 것은 어떤 사람이 언어가 말로 표현할 수 없는 빛을 드러내는 과제를 수행할 수 있다고 한다면 그는 정말로 거짓말쟁이인데, 이는 그가 말한 어느 부분이 싫어서가 아니라 설득력이 없기 때문이다."

여기서 그레고리오가 다룬 것을 오리게네스와 필로가[63] 어떻게 다루고 있는지 대조해 보는 일은 흥미롭다. 필로에게 절정은 사람이 가진 고유한 마음을 없애는 것을 뜻하며 여기서 신적 원칙(divine principle)이 인간의 기능적 정신을 이어받고 이를 대신하는 것이다. 몬타누스주의자(Montanist)들이 재정립한 것으로서 필로의 사상에 대한 그리스도교판에 대응하면서, 오리게네스는 절정이 감각적인 것을 넘어서는 마음을 수평으로 유지하는 것이라고 해석했다. 그러나 그레고리오는 새로운 통찰을 발전시켰는데, 그에게 엑스타시는 모든 경험적 지식을 넘어서는 것이지만 여전히 인간 의식의 상태라는 것을 부각한 점이 그것이다. 엑스타시는 어디에서 분출해 나오는 것과 동시에 사람이 오직 의식(dia monēs dianoias eiselthōn)을 통한 신비적 의미를 깨닫고 궤뚫어 볼 수 있기 때문에 발생한다. 곧 마음이 잡다한 표상과 말을 잠재우고, 이런 표상과 말로서 신비적 의미가 이분법적 대상으로서 파악될 수 있다는 생각으로 더 이상 잘못 빠져들게 하지 못하게 한다. 또 한편에서는 이를 의식적으로 앞으로 나아가려 하는 것으로

---

63) Daniélou, *Platonisme et théologie mystique*, p. 266.

의식함으로써 점차 순수함 안에 있는 하느님을 비추는 마음의 근원적 순수성을 깨닫게 된다. 따라서 엑스타시에서 벗어남은 다시 순수한 마음의 기원적 표상-본성으로 돌아가는 것이며 동시에 이분법적 앎의 감각적 형식을 거부하는 것이다. 이런 해석은 『에우노미오에 대항하여』(*Against Eunomius*)에서 더 잘 드러난다.

> 신의 명령을 받은 아브라함은 그의 집에서, 친족에게서 나와 미지를 향해 떠났지만 그의 떠남은 하느님을 알고자 하는 예언자에 걸맞는 행동이었다. 그러나 사실 물리적인 떠남이 성령으로 발견되는 것을 알기 위해 우리를 준비시키는 것은 아니라고 생각한다. 그의 고향을 떠나서, 다시 말해 그 자신을 떠나서, 또 상식적이고 세속적인 영역의 의식을 떠나서 아브라함은 우리 인간 본성의 공통적 한계를 넘어설 수 있을 만큼 그의 마음을 고양시켰으며 영혼이 지닌 감각적인 친밀성을 포기했다. 따라서 현상에 방해받지 않고 그의 마음은 보이지 않는 존재를 이해하려는 데에 집중할 수 있었고 또 현상을 통해 그가 보고 듣는 것으로 그의 마음이 미망에 빠지지 않을 수 있었다.[64)]

여기서 자아에서 빠져나옴은 기본적이고 세상적인 의식, 감각적 현상을 따라 기본적으로 형성되는 의식에서 바뀌는 변화로 여겨지는데, 여기서 출발한 의식은 상상적인 환영에 몰입함 없이 보이지 않고 상상할 수조차 없는 것을 관상할 수 있는 의식으로 변화하는 것이다. 아래 구절은 의식의 회심의 상태를 설명하면서 앞선 논의를 계속한다.

> 아브라함은 순전히 현상에만 매달리는 그의 부족의 지혜인 칼데아(Chaldea) 철학의 이해 방식을 넘어선다. … 신적 기원에 관한 가능한

---

64) *Patrologia Graeca*, vol. 45, p. 940a-c; Musurillo, *From Glory to Glory*, p. 119; Daniélou, *Platonisme et théologie mystique*, p. 268.

모든 이성을 통해서 그리고 모든 개념에서 자신의 마음을 정화하고 난 뒤에 아브라함은 어떠한 개념 속으로도 섞이지 않는 순수한 믿음을 붙잡았고 그 스스로 완전히 깨끗하고 오류에서 벗어난 하느님에 대한 앎의 표지, 다시 말해 하느님을 알 수 있다는 어떤 표지도 완전히 초월한다는 그러한 신념을 만들어 냈다. 그리하여 여러 고고한 환시의 결과로서 그에게 다가왔던 엑스타시 뒤에 아브라함은 다시 한번 인간의 연약함으로 돌아온다. 그는 "나는 먼지요 재"이며 반벙어리이고 또 나약하기 그지없고 자기 마음이 봤던 하느님을 이성적으로 설명하지도 못한다고 인정했다.

여기서 아브라함이 자신에게서 나온 것, 곧 그의 엑스타시는 다시 한번 말해서 표상 없는 믿음과 정화된 개념에 대한 모든 표상과 개념들을 뒤에 두고 떠나는 것이다. "표지(sēmeion)"라는 낱말은 "에피쿠로스 사상에서 빌려 온 것으로 형이상학적이거나 눈에 보이지 않는 추론을 위한 기초로서 구실하는 감각 자료를 가리킨다."[65] 오리게네스에게 표지에서 이해로의 진전은 엑스타시에서조차도 유효하지만 그레고리오는 순수한 신앙의 표지는 어떠한 표지도 갖지 않으며 따라서 표상도 개념도 없다는 점을 강조한다.

신비적 의식을 얻는 것은 지혜와 동일하게 여겨진다. 『아가 주석』에서 그레고리오는 지혜의 단지라는 주제를 다루는데, 여기서 참가자는 경험적 의식에서 맑은 정신으로 만취한 상태로 들어 올려진다. 그레고리오는 높은 곳에서 울려오는 지혜의 부름을 이 지혜의 단지와 연결시키는데, 이는 신비적 의식이 개념과 표상을 초월하기에 그러하다.

포도주는 "사람의 심장을 즐겁게 해 주는 술이며" 이는 또 언젠가

65) Musurillo, *From Glory to Glory*, p. 291n16.

> "지혜의 단지를" 채우며 이 포도주는 악의 없이 맑음으로 만취함을 위해 높은 곳에서 오는 손님들에게 제공한다.[66]

이런 지혜는 상식이든 이론적인 것이든 간에 경험적 의식에서 벗어난 결과이다. 아가 5장 1절 "먹어라, 벗들아. 마셔라, 사랑에 취하여라"를 주석하면서 그레고리오는 "모든 취함은 술로 정신의 엑스타시를 일으킨다. 따라서 이 문구에서 취하라는 요청은 실질적으로 신적 음식과 술을 통해 복음 안에서 실현된다.[67] 이런 음식과 술과 더불어 여기서는 낮은 상태에서 더 나은 조건으로 나아가는 변형과 엑스타시가 끊임없이 일어난다."[68]

그러나 이러한 지혜는 참가자에게 단순히 신비적 통찰만을 목적으로 하지는 않고 어떻게든 다른 사람을 위해 표현되어야 한다. 비록 신비적 깨달음의 상태가 말하는 모든 사람이 거짓말쟁이라고 암시한다고 하더라도 바오로를 따르는 그레고리오에게는 이것이 여전히 어떤 식으로든 다른 사람에게 표현돼야 한다. 신비 작가들을 일정한 본문 안에서 이들의 이해를 설명하도록 이끄는 것은 필요한 일이다. 『아가 주석』의 설명이 이어진다.

> 이는 다시 [만취함과 더불어] 바로오는 … 그가 취한 상태에서 엑스타시에 들어갔을 때 단언했다. 만일 우리가 우리의 감각에서 벗어난다면 이는 하느님을 위한 것이지만 우리가 이성적이라면 이는 우리

---

66) *Patrologia Graeca*, vol. 44, p. 873a–b; Daniélou, *Platonisme et théologie mystique*, p. 270.

67) 성체(Eucharist)와 신비적 황홀경의 관계에 대해서는 Daniélou, *Platonisme et théologie mystique*, pp. 271–272를 보라. 다니엘루는 자주 분명하고 날카로운 용어로 그레고리오가 얼마나 깊이 신비적 깨달음의 성사적 차원–이 주제는 다뤄야 할 주제가 많은 이유 때문에 여기서 조명받지 못함–을 이해하고 있었는가를 보여 준다.

68) *Patrologia Graeca*, vol. 44, p. 989c; Daniélou, *Platonisme et théologie mystique*, p. 271; Musurillo, *From Glory to Glory*, p. 240.

> 자신을 위한 것이다(2코린 5,13). 엑스타시가 연관되는 것은 하느님이다. 그러나 그(바오로)가 페스투스(Festus)에게 답하면서 자기는 미치지 않았고 진실과 깨어 있음을 말할 뿐이라고 단언한다(사도 26,25).[69]

여기서 "우리가 감각에서 벗어난다"는 것은 하느님을 위한 것이며 말로 표현할 수 없는 신비적 의미를 가리킨다. 그러나 어떤 식이든 의사소통을 해야 한다면 사람에게 말하기 위해서 "이성적인 것"이 필요하다. 바오로에게 "바오로, 당신은 제정신이 아니다. 당신의 그 아는 바가 당신을 미치게 만든다"고 악다구니를 했던 로마 통치자 페스투스에게 답하면서 바오로는 진실과 맑은 깨어 있는 말로 다시 말한다.

그러나 이러한 신비적 이해는 한 번으로 끝나 버리는 고정되고 요지부동의 것이 아니다. 장 다니엘루가 설명하였듯이 그레고리오가 전개한 신비적 사고 전체에서 보이는 전반적인 주제는 앞으로 지평을 끊임없이 확장하는 것이다.[70] 이 주제의 원천은 필리피서 3장 13절, "뒤에 있는 것을 잊어버리고 앞에 있는 것을 향하여 내달려라"는 말에서 찾을 수 있다. epektasis라는 낱말은 앞으로 다가서거나 앞을 향해 뻗어 나가는 것을 뜻하며 다니엘루는 이를 지속적이고 영원한 전진이 그레고리오 사상의 기본적인 핵심임을 강조하기 위해 사용한다. 이러한 전진은 성취함(깨달음)의 한 단계 한 단계를 앞으로 더욱 나아가는 전진을 위한 출발점으로 여기는 것이다. 신비적 깨달음의 어둠에 들어간 뒤에도 쉴 마지막 장소를 찾았다고 할 수 없다. 오리게네스와 에바그리우스가 묘사한 불변하고 영원한 존재의 목적은 더 이상 이 전진의 끝으로 여겨지지 않는데, 이는 그레고리오가 한 체계를 최종

---

69) 같은 책, p. 989d; Musurillo, *From Glory to Glory*, p. 239; Daniélou, *Platonisme et théologie mystique*, p. 272.

70) Daniélou, *Platonisme et théologie mystique*, pp. 291–307; Musurillo, *From Glory to Glory*, pp. 56–71 in Daniélou's introduction.

적인 고정불변한 상태로 이끌어 가는 요지부동의 자기 폐쇄적인 단계로 제시하지 않고 오히려 지평을 확장하는 끝없는 과정으로 묘사한다.[71] 따라서 목표는 변화를 넘어서는 어떤 최종적이고 규정적인 행복의 상태에 있지 않고 결코 파악될 수 없고 소멸하지 않는 하느님의 의식 안에서 끊임없이 성장해 가는 데에 있다. 이러한 지평의 확장은 끊임없이 표상과 개념을 버리는 것을 포함한다. 경험적 앎, 지적 통찰, 특정한 신비적 체험은 모두 끊임없이 변하는 출발점에 놓인다. 경험적 삶에서 이 출발점은 『프라실라를 위한 추도사』(*The Funeral Oration for Placilla*)에서 나온다.

> 눈을 가린 채 방앗간에서 방아를 돌리느라 씩씩대며 땀 흘리는 동물처럼, 우리는 인생이라는 방앗간에서 똑같은 동작으로 나갔다가 또 다시 똑같은 자리로 되돌아온다. 배고픔과 안정된 삶 사이에서, 잠자리에 들고 일어나며 우리를 비우고 또 채우는, 그야말로 한 가지 일이 다른 하나를 따르는 끊임없는 반복 속에서 우리는 결코 이 방앗간에서 벗어나기 전까지는 계속해서 쳇바퀴를 멈출 수가 없다.[72]

쳇바퀴 속에서 일어나는 모든 이러한 행위는 안정됨 없이 환영에 매달리는 것이다. 『코헬렛 주석』은 설명한다. "모든 인간이 갖고 있는 세상사에 대한 흥미는 어린이가 모래 위에 짓는 성과 같다. 즐거움이란 이 성을 지으려 노력하는 만큼밖에 없게 되는데, 이를 그만두자마자 모래는 무너지고 이것을 만드느라 쏟은 노력의 흔적조차도 사라져 버린다."[73]

---

71) 알고자 하는 철학적 욕구의 확장된 성취에 대한 같은 개념에 대해서는 Bernard Lonergan, "Metaphysics as Horizon", *Current* 5 (1964): 307-318을 참고하라.

72) *Patrologia Graeca*, vol. 46, p. 888d; Musurillo, *From Glory to Glory*, p. 50.

73) *Patrologia Graeca*, vol. 44, p. 628c-d; Gregory, *The Life of Moses*, p. 217; Musurillo, *From Glory to Glory*, p. 51.

그러나 인간의 움직임, 그 바닥에는 이렇듯 단순히 헛된 쳇바퀴로 부서지는 것만이 아니다. 오히려 기원적 표상-본성의 순수성으로 말미암아 사람은 끊임없는 신비적 성장을 깨쳐 나갈 수 있다. 『완전함에 관하여』에서 그레고리오는 인간 본성이 선함 속에서 변하고 성장할 수 있음을 보여 준다.

> 따라서 우리는 끊임없이 더 나은 것, 곧 "영광에서 영광으로 변하는 것"(2코린 3,18)으로 나아갈 수 있으며 매일 성장함에 따라 항상 발전하여 더욱 완전하게 될 수 있으며 결코 완전함의 어떠한 한계에 정착하지 않는다. 이 완전함은 선함에서 커 가는 우리의 성장이며 결코 어떠한 한계로도 우리의 완전함을 제한하지 못한다.[74)]

따라서 끊임없이 "앞으로 뻗어 나감(stretching forth)"이라는 개념은 영적 성장의 모든 단계에 속한다. 『에우노미오에 대항하여』에서 그레고리오는 아래와 같이 가르친다.

> 이미 전에 발견했었던 것에 의지했으므로, 그(이를테면 아브라함)는 전에 있던 것들까지 앞으로 나아간다. … 그런데 그의 마음 안에서 이 모든 것들을 재배치할 때 그는 이미 그의 능력으로 파악했던 것들을 끊임없이 초월해 넘어서는데, 이는 그가 찾고자 하던 것보다 가치가 덜하기 때문이다.[75)]

처음 영혼을 빛 안에서 그린 뒤에[76)] (여기서 신비적 깨달음으로

---

74) *Patrologia Graeca*, vol. 46, p. 285b-c; Musurillo, *From Glory to Glory*, pp. 51-52, 83-84.

75) *Patrologia Graeca*, vol. 45. p. 940d; Musurillo, *From Glory to Glory*, pp. 59, 120.

76) *Patrologia Graeca*, vol. 44, p. 876b; Musurillo, *From Glory to Glory*, pp. 68, 190.

나아가기도 하지만) 마음은 모든 표상, 이름, 개념에서 마음 자체를 비워 버리도록 이끌린다. 이런 비움은 코헬렛의 의도였으며 그레고리오도 마음이 감당해야 하는 정신적 혼란에 대해 잘 알고 있었다. 그레고리오는 『코헬렛 주석』에서 이런 신비적 무정향(disorientation)에 대해 말한다.

> 순전하고 가파르고 붉은 빛을 띠는 저 아래 바위산이 영원성으로 뻗어 있음을 상상해 보라. 꼭대기에는 밑이 보이지 않는 틈이 있고 그 주위를 굽어 보는 이 용마루가 있다. 이제 어떤 사람이 밑바닥은 아무것도 디딜 만한 것이 없이 갈라진 틈이 있다는 것을 보지 못한 채 그의 한 발을 이 용마루 끝에 내디뎠을 때 그가 과연 무엇을 경험했겠는가를 상상해 보라. 이것이 바로 내가 영혼이 겪는 것이라고 생각한 것이다. 영혼이 어떠한 차원도 지니지 않으며 영원함을 위해 존재하는 것을 찾으려고 물질적인 것에 발을 딛는 것을 넘어설 때 영혼이 경험하는 것이다. 따라서 영혼이 디딜 수 있는 것이란 없고 또 공간도 시간도 없으며 또 측량할 수도 없다. 이는 우리의 정신이 도달할 수 있도록 허락하지 않는다. 따라서 영혼은 파악될 수 없는 모든 관점에서 미끄러져 어지럽고 혼란스러워지는 것이다.[77]

이와 유사함이 『산상수훈 주석』(*Commentary on the Beatitudes*)에서 보인다.

> 해안가를 따라 바다를 향하고 있는 꼭대기에서 바닥까지 험준한 산을 자주 보게 될 것이다. 꼭대기 끝에는 삐죽 나온 용마루가 절벽을 이루고 바다 위에 서 있다. 이제 누군가 갑자기 절벽에서 저 아래

77) 같은 책, pp. 729d–732a; Musurillo, *From Glory to Glory*, pp. 42, 127–128.

바다를 내려다볼 때 어지러움을 느낄 것이다. 마찬가지로 내 영혼도 "마음이 가난한 사람은 복이 있다. 이들은 하느님을 보게 되리라"는 이 위대한 주님의 말씀으로 높이 들어 올려져서 어지러움에 빠진다. 그러나 요한은 "어느 때이고 하느님을 본 사람은 없다"고 말한다. 따라서 이것이 모세가 우리에게 다가갈 수 없다고 일러 줬던 그 가파르고 험준한 바위이며 따라서 우리의 마음은 어떤 방법으로든 여기에 도달할 수가 없다. 말을 통한 어떠한 방법으로도 이해할 수 없으므로 "어떠한 사람도 살아 계신 주님을 보지 못한다."[78)]

하느님을 봄은 하느님을 대상적으로 보는 것이 아니라 끊임없이 익숙한 뒷받침을 뒤로 하고 무지(unknowing)의 어둠 속에서 지평을 확장해 가는 것이다. 시나이 산 위에서 모세는 하느님을 직접 뵈도 되냐고 묻지만 하느님은 "부정된 것 가운데 요청된 것을 주었다." 그 까닭은

> 만일 그 광경이 이 구경꾼의 열망을 끝장낸다면 그는 그의 종에게 스스로를 드러내지 않을 것이다. 왜냐하면 하느님의 진짜 광경은 이것을 이루므로 하느님을 고대하는 사람은 이 열망 안에서 결코 멈추지 않을 것이다. … 하느님을 알 수 있다고 생각하는 사람은 진정한 생명을 지녔다고 할 수 없는데, 이는 그가 자기만의 상상에 속아서 진정한 존재를 보지 못하기 때문이다.[79)]

모세는 하느님을 어둠 속에서 보았지만 어둠은 사랑 속에서 신비적 깨달음을 확장하는 것에 대한 끝없는 자각을 보증하는 것을 뜻하며 개념이나 상상 속에서 어떠한 핵심적인 것으로도 파악하는 것과는

---

78) 같은 책, p. 1264c; Musurillo, *From Glory to Glory*, pp. 42-43.
79) 같은 책, p. 404a-d; Gregory, *The Life of Moses*, p. 115; Musurillo, *From Glory to Glory*, p. 55.

거리가 멀다. 『모세의 생애』에서 그레고리오는 “구하고자 하는 것은 모든 지식을 초월하고 어둠과도 같이 파악하기 어려움에 의해 모든 면에서 분리된다.”[80)]

그레고리오는 이 끝없는 과정이라는 생각으로 하느님을 불변하는 본질로 보는 관념을 넘어서려 하는 듯한데, 이런 관념은 그가 오직 구름의 두 번째 길에서 다루고 있다. 오히려 그는 모든 개념과 생각을 비우고 끊임없이 역동적으로 확장해 나가는 것을 깨닫고 이런 깨달음에 머무는 비이분법적인 지혜의 마음에 초점을 둔다. 그레고리오는 그리스도교 신비주의의 아버지인데, 이는 바로 그가 이런 영역을 어둠 속에서 셀 수 없고 비매개적인 하느님에 대한 깨달음과 일치시키기 때문이며 따라서 신비적 경험을 상식이거나 이론적인 것이거나 간에 매개된 앎에서 구분한다.

위-디오니시오(Pseudo-Dionysius)의 위치

그레고리오의 주제는 위-디오니시오를 따르는 작가들이 자신들의 작품 속에서 주제로 삼았고 또 발전시켰다. 사도 바오로가 사도행전 17장 34절에서 언급한 아테네 사람으로서 개종한 아레오파고의 디오니시오가 썼다고 경건하게 잘못 알려진, 4권의 책과 한 묶음의 편지로 이루어진 『아레오파고 전집』(*Corpus Aeropagiticum*)은 신비적 이해라는 그레고리오의 주제를 다룬다. 이 저작들이 다루고 있는 내용을 보면 저자들은 프로클로(Proclus, 410-485)의 신비 철학에 깊은 교육을 받았다. 당시 프로클로는 아테네 신플라톤주의 학교 교장이었다. 따라서 위-디오니시오는 신플라톤 사상에 가장 영향을 많이 받았던 그리스도교 사상가들의 노선에 속하며 그리스 철학과 관련해 그리스도교 신앙을 설명하는 데에 있어서 카파도키아인들과 오리게네스, 클

---

80) 같은 책, p. 377a; Gregory, *The Life of Moses*, p. 95.

레멘스를 따른다.[81] 사제인 소시파트로(Sosipatrus)에게 보내는 「여섯째 편지」에서 위-디오니시오는 말한다.

경애하는 소시파트로, 훌륭해 보이지 않는 한 견해나 종교를 악의로 대했던 것을 승리라고 생각하지는 마시오. 당신이 그 견해를 정확하게 반박했다고 하더라도 소시파트로 당신의 견해가 제대로 설명된 것은 아니오. 한편에서는 당신이 눈에 확실히 보이나 그릇된 많은 사물을 다루지만, 하나이면서 숨어 있는 진리는 당신과 다른 사람들을 넘어선다는 사실 또한 사실이오. 만일 빨갛지 않은 사물이 있다고 해서 이것이 하얀 것이어야 하고 또 말이 아닌 사물이 있는데 이것이 반드시 사람이어야 한다고 주장한다면 이는 사실 진리가 아니오. 만일 당신이 나를 신뢰한다면 당신은 다음과 같이 행하시오. 당신은 더 이상 다른 사람과 대항해 말하지 말고 대신 당신이 말하는 것이

81) 디오니시오가 썼을 때, 그리스 철학을 반박할 절박한 필요는 거의 없었는데, 그 까닭은 이것의 영향이 이미 전반에 미치고 있었기 때문이라는 것을 기억해야 한다. 바실리브(A. A. Vasiliev)는 그리스 "학문은 이미 원래 의도보다도 더 오래 살았다. 더 이상 그리스도교 세계에서 심각하지 않다"(*History of the Byzantine Empire*, vol. 2, p. 187)고 하였다. 자로슬라브 펠리칸은 "아테네 학문의 쇠퇴는 사형 집행관보다도 검시관의 상황과 같다." 그리고 "따라서 철학 교사들은 별볼일이 없어 해를 끼칠 수 없다"(*Emergence*, p. 41)고 썼다.
디오니시오의 문서의 진위에 대한 사상사에 관하여는 Ronard F. Hathaway, *Hierarchy and the Definition of Order in the Letters of Pseudo-Dionysius: A Study in the Form and Meaning of the Pseudo-Dionysian Writings*, introduction을 보라. 그리스도교 전통 안의 디오니시오의 위치에 관한 견해에 대해서는 H. Koch, "Die Lehre vom Bösen nach Pseudo-Dionysius Aeropagita", *Philologus* (1895): 438-454; and "Der Pseudepigraphische Character der Dionysischen Schriften", *Theologische Quartalschrift* 77 (1898): 353-420; J. Stigmayr, "Der Neuplatoniker Proklus als Vorlage der sogen. Dionysius Aeropagita in der Lehre vom Ubel", *Historisches Jarhbuch im Auftrag der Görresgesellschaft* 16 (1895): 253-273, 721-748; J. Vanneste, *Le mystique de Dieu: Essai sur la structure rationelle de la doctrine mystique de Pseudo-Denys Aeropagite* (Paris, 1959); and L. H. Grondys, "La terminologie métalogique dans la théologie Dionysienne", *Nederlands Theologisch Tijdschrift* 14e Jaargang, Afl. 6(1960): 420-430.

> 완전히 반박당하지 않을 수 있는 그런 방식으로 진리를 변호하기 위해 말하시오.[82)]

디오니시오에게 진리를 변호하기 위해 말한다는 것은 다른 사람에게 대항하기 위해 한 사람의 입장을 변호하는 것을 뜻하지 않는다. 나중에 점차 밝히겠지만 부정적(apophatic)인 그리스도교 신학과 의식을 전개하지 긍정적(affirmative)인 관점을 생성하는 것은 아니기 때문이다. 「일곱째 편지」는 이 일치적 태도와 그리스 사고를 연결한다.

> 나는 결코 그리스 사람이나 다른 이들을 대항해 말해 본 적이 없다고 기억하는데, 이는 훌륭한 사람들이 정말로 참인 것을 알고 이에 대해 말할 수 있다면 그것으로 충분하다고 생각하기 때문이오. … 따라서 진리에 관해 논쟁하는 이들이 (이런저런 의견을 좇는 파당을 이루는) 이런저런 사람들과 말싸움을 한다는 것은 수준이 낮은 짓이오. 모든 사람이 말하기를 어떤 사람 혼자만이 확고한 평판을 받고 있다고 하더라도 그 사람도 진리의 한 부분에서는 잘못된 표상을 갖고 있을 수 있소. 그런 경우 당신이 이를 반박한다면 한두 유파가 당신에게 동의하고자 할 수도 있소. 하지만 나름의 진리를 담은 주장이 제대로 제안되어서 다른 모든 이들도 이를 반박하지 않는 경우, 모든 면에서 여기에 일치하지 않은 모든 것은 이 진리의 움직일 수 없는 지위 때문에 어떻게 달리 해 볼 도리가 없소. 내 생각에 내가 이를 잘 알고 있어서 그리스인이나 다른 사람들을 상대해 말하는 데에 조바심을 떨지 않는 것이오. 하느님이 내게 허락하신다면 내가 먼저 진리를 알고 또 알아 가면서 내가 반드시 말해야 할 것을 말하는 것으로 족하다고 생각하오.[83)]

---

82) Hathaway, *Hierarchy and the Definition of Order*, p. 136.

83) 같은 책, pp. 136-137.

이 구절은 그리스도인이든 그리스인이든 앞에서 말한 말의 경우처럼 서로에게 대항하는 의견들을 주장하는 모든 이분법적 이해를 버리라고 권고한다. 오히려 이런 차이를 초월하는 다른 차원의 이해를 제시한다. 하타웨이(Hathaway)가 적절히 지적한 것처럼, 『편지』(*Letters*)의 핵심은 "그리스도인이든 이교도이든 (종교적) 신념에 관한 분쟁을 거부하라"[84]는 데서 찾을 수 있다. 이런 이해는 사람이 신비적 의미 영역 안으로 들어갈 수 있다는 전제에서만 가능하다. 그 까닭은 만일 사고가 이론이나 상식에만 제한된다면 서로 다른 견해들이 서로에게 명백히 대립하기 때문이다.

신비적 이해에 대한 디오니시오의 이해

디오니시오는 그의 사고 틀에 있어서 프로클로의 신플라톤 철학에 의지한다.[85] 프로클로는 기본적으로 가장 높고 근원적인 하나에서 모든 단계의 존재로 내려가는 세 길이 있다고 가르친다. 이 아래로 진화해 가는 과정은 세 가지 운동을 포함하는데, 곧 내재, 전진 그리고 돌아옴이 그것이다. 유일자에서 전개해 나가는 각 존재가 그 존재 근거에 부합하는 것과 가까운 만큼 그것을 발생시키는 기원과 일치하며 따라서 각 존재는 이 근원적 유일자에 여전히 남는다. 그러나 각 존재가 이 발생적 기원에서 달라지는 만큼 밖으로 전진한다고 할 수 있다. 따라서 비록 궁극적 유일자에서 벗어난다고 하더라도 각 존재는 사랑(eros)이라는 타고난 경향을 갖고 있으며 이로써 돌아가 유일자와 다시 하나가 되는 것이다.

그러나 근본적 원칙은 존재를 초월하며 따라서 어느 것이라도 이것에 적용될 수 있다고 단정하는데, 이는 "우리는 궁극자가 모든 묘사적 사고와 긍정적 단언을 넘어선다는 것을 깨달으면서 우리는 단지

---

84) 같은 책, p. xvii.

85) Copleston, *History of Philosophy*, vol. 1: *Greece and Rome*, p. 222.

궁극자가 아닌 것에 대해 말할 수 있다"[86]고 할 수 있다. 그러나 인간의 영혼은 사고를 넘어서는 능력, 곧 nous(지성, 이성)를 갖고 있으며 이로써 엑스타시를 통해 궁극자와 일치할 수 있다.

디오니시오는 『신의 이름들』(*Divine Names*)에서 이 세 길을 반복해 설명한다.[87] 그의 『천상계』(*Heavenly Hierarchy*)에서 그는 "가능한 한 하느님에 동화하여 하느님과 일치하고자 애쓰는"[88] 세상의 질서 정연한 단계를 묘사한다. 그는 이런 수고로움을 에로스로 묘사[89]하면서, 이 사랑은 궁극자에 대한 사랑으로서 여기에서 사랑이 오는데, 프로클로의 말을 빌면 이 사랑은 "마음에 현존한다."[90] 디오니시오는 설명하기를, "모든 것은 궁극자와 관계되어 있으며 또 궁극자를 위해 있다. 이는 모든 것에 존재하며 또 모든 것은 궁극자 안에 남는다. … 또한 모든 것들이 추구하는 것도 바로 이 궁극자이다."[91] 궁극자는 개념적 앎이라는 점에서 다루어지지 않는데, 이는 모든 개념을 넘어서기 때문이다. 오히려 모든 존재에 현존하면서 궁극자는 모든 운동을 궁극자로 되돌리도록 하는 근본적인 목적이기도 하다. 디오니시오는 이 "돌아가는" 과정을 정화, 빛을 비춤, 일치[92]라고 묘사한다. 여기서 디오니시오는 그레고리오에게 영향을 받았던 것처럼 보인다. 디오니시오의 "신비 신학(Mystic Theology)"은 "신적 어둠이란 무엇인가(tis ho theios gnophos)"라는 질문으로 시작한다. 그리고 코디어(Cordier)는 미그네의 파트롤로기아(*Patrologia*)에 실린 논평에서 "이 가장 충만하고 풍

---

86) 같은 책, p. 223.

87) *Patrologia Graeca*, vol. 3, p. 640d; Meyendorff의 *Christ in Eastern Christian Thought*, p. 96을 보라.

88) 같은 책, p. 165.

89) 같은 책, p. 713a.

90) Proclus의 *Elements of Theology*, p. 106에서 Hathaway가 *Hierarchy and the Definition of Order*, p. 54에 인용함.

91) *Patrologia Graeca*, vol. 3, p. 593d.

92) 같은 책, p. 1000c-d.

요로운 신학은 무엇이 어둠이고 여기에 어떻게 들어가는지에 대한 이해로 이루어져 있다"[93]라고 한다.

그러나 무엇으로부터 정화되는가? 어디를 향해 비추어 가는가? 신비적 의미에 대한 디오니시오의 이해는 무엇인가? 이는 디오니시오의 『신비 신학』(*Mystical Theology*)의 서론에서 또 이에 대한 막시무스의 주석[94]에서 명백해진다. 디오니시오는 말한다.

> 이 세 길은 본질, 신, 선함(goodness)을 넘어선다. … 또 우리를 신비적 언어의 최고점으로 안내하는데, 이는 앎과 빛도 넘어서며 여기서 순수하고 무조건적이고, 불변하는 신적 언어의 신비가 숨겨진 신비의 침묵의 빛을 넘어 숨겨진 어둠에 놓이고 또 빛보다도 더 빛나는 어둠에 놓인다.[95]

이 구절의 첫째 구문은 삼위일체를 칼케돈 공의회의 정의와 대조시키기 위하여 의식적으로 사용된 용어로 정의 내리고 있다. 이 용어들은 성부(Father)는 불변하는 본질로 규정되는 것이기보다는 "본질(essence, huperousie)을 넘어서는" 존재이며 성자는 성부의 신성과 동일본질(consubstantial)로 규정되기보다는 신성(huperthee)을 넘어서며 성령은 선함 자체(goodness itself)로 규정되기보다는 "선함(huperagathe)을 넘어서는" 존재를 뜻하는 것으로 쓰이는 듯하다. 그러나 디오니시오가 삼위일체의 교의 자체를 반박한 것은 아니다. 오히려 그는 마치 삼위일체가 이분법적 의식에 의해 이해되는 어떤 주어진 본질인 것처럼 여기는 이러한 삼위일체의 이해 양식을 부정하고 있다. 이해를 위해

---

93) 같은 책, p. 998a–b.

94) *Patrologia Graeca*, vol. 4, p. 186; 이 주석의 저자와 관련된 논의에 대해서는 U. von Balthasar의 "Das Scholienwerk des Johannes von Skythopolis", *Scholastik* 15 (1940): 31–32를 보라.

95) *Patrologia Graeca*, vol. 3, p. 998a.

물체의 겉모습에 집중하는 이러한 외향적인 의식을 대신하여 신적 지혜(divine wisdom)는 신적 신비를 이해하는 진정한 태도로서 권고된다. 이러한 신비는 순전하고(simple, apla), 무조건적이며(apoluta) 불변하는(atrepta) 것으로 묘사되는데, 이 용어는 그레고리오가 사용한 개념인, 주체-객체적인 앎의 형식의 기원보다도 앞서는 근원적 의식에 대한 기원적 일치와 단순성이라는 개념을 반복한다. 더욱이 그레고리오가 가장 높은 앎을 어둠으로 묘사했듯이 여기서 신비는 어둠과 침묵 안에 숨겨진 채 놓인다. 이 어둠과 침묵은 실제적으로 주어진 본질에 조응하기 위해 말과 표상을 차용할 수도 있는 어떠한 주체-객체 이해나 깨달음의 영역을 초월한다. 막시무스는 그의 『신비 신학에 관한 주석』(*Scholia on the Mystical Theology*)에서 더 구체적으로 설명한다.

> 순전(simple)하고 무조건적인 것은 어떤 표지들과는 상관없으며 표상에 매이지 않는 것들을 말한다. "무조건적(unconditioned)"이라는 낱말은 이름과 표지들에 매달림으로써 말해지는 것을 말하는 것이 아니라 오히려 모든 사물과 개념을 정지시키고 또 여기서 해방됨으로써 구현되는 것을 가리킨다. 거룩함과 관련해 모든 정신적 활동의 정지(quiescence)는 사고의 비움을 뜻해 왔다. 이제 여기서는 가장 짙은 어둠으로 불리는데 이 안에서는 누구도 볼 수 없다.[96)]

막시무스는 바깥의 표지(sumbolōn)을 향하는 외향적인 의식과 표상 그리고 이름에 매달림으로써(kata anaptuzin onomatōn) 진전하는 것들은 신비적 이해의 장애물임을 분명히 한다. 이런 모든 정신 활동은 반드시 중지되어야 하고(tē tōn noēseōn apopausei) 이름과 표상, 개념에 집착하지 않게 하는 무기능인 결과적인 정지는 바로 사고의 정지(anoēsian)[97)]

---

96) *Patrologia Graeca*, vol. 4, p. 416c.

97) Aptly translated as cogitationis vacuitatem by Petrus Lansselius in *Patrologia Graeca*, Vol. 4, p. 418a.

이거나 가장 혼탁한 어둠(skoteinotaton)이다. 왜냐하면 마음은 외향적인 의식을 버리며 또 어떤 생각, 표상, 이름 또는 신비적 깨달음의 가능성을 여는 개념에 집착하거나 이를 개입시키지 않는다. 디오니시오는 『신비 신학』에서 어떻게 이런 중지를 얻게 되는지 자세히 설명한다.

> 사랑하는 티모티, 나는 기도합니다. 신비적 관상의 대상과 관련해 신실하게 수행하고 있는 당신은 지각되거나 이해되는 모든 것, 감각과 정신 활동, 존재하고 존재하지 않는 모든 것을 버려야만 합니다. 그러면 하느님을 알 수 없는 분이라는 태도 속에서 하느님과 일치를 향한 긴장은 모든 본질과 이해를 넘어서게 되는데, 당신이 그렇게 하도록 기도합니다. 순수함 속에서 당신 자신과 모든 것에서부터 끊임없이 무조건 벗어남으로써 본질을 넘어서는 신적 어둠의 그 광채를 향해 앞으로 인도되어 나갈 것입니다. 모든 것을 버려서 해방된 상태로 말이지요.[98]

앞으로 전진해 나아가는 것(epektasis)에 대한 그레고리오의 생각은 위에서 본 디오니시오의 글에서 보인다. 곧 일치를 "향하는 긴장(anatathēti)"으로 나가야 한다는 대목이 그것인데, 이런 앞을 향한 긴장은 바로 감각과 정신 활동을 망각한 무지(unknowing) 속에서 발생한다고 덧붙일 수 있다. 여기서 다시 막시무스의 설명을 들어 본다.

> [모든 감각과 정신 활동을 버리라는 구문은] 감각과 정신 활동을 비교해 봄으로써 분명해지는데, 고대인들은 감각된 것을 "있지 않다"고 불렀다. 그 까닭은 변하는 모든 것에 속해 있고 항상 같은 것이 아니기 때문이었는데, 이들은 반면 이해된 것을 "있다"고 불렀

98) *Patrologia Graeca*, vol. 3, p. 998b.

는데, 왜냐하면 창조주의 뜻으로 항상 있는 것이고 또 그 본질을 변화시키지 않기 때문이다.[99]

변하는 세계에 대한 감각적 경험과 변하지 않고 비물질적인 본질에 대한 이해라는 이원론은 플라톤 자신의 것이기도 한데, 그는 진정한 실재(ontōs on)를 오직 이상적 형태(eidē)라고 여기며 감각적 경험의 세계는 단지 환영적인 그림자에 불과하다고 보았다. 그러나 디오니시오는 감각과 정신 활동 모두, 또 감각된 것과 이해된 것 모두를 버려야 하며 무지의 어둠 속에서 초월해야 한다고 본다. 플라톤은 감각 대상에서 지적인 것으로 상승해 갔고 따라서 초점을 정신 자체가 아니라 앎의 대상(noēta)에 두었다. 그러나 디오니시오는 모든 외향적이고 이분법적 이해 형태는 버려야 한다고 요구했는데, 그 까닭은 저기 밖에서 알려지도록 기다리고 있는 한 의미 단위로서 본질에 대한 이해는 이름에 매달리도록 하며 따라서 알 수 없고 이름 지을 수도 없는 하느님과 일치를 미리 막아 버리기 때문이다. 막시무스가 다시 설명한다. "모든 분리에서 벗어나게 하는 '모든 것을 버려서 해방된 상태'라는 구문은 모든 집착을 버려서 자아든 또는 어떤 피조물이든 간에 어떤 집착으로도 사람을 가눌 수 없다는 것을 의미한다."[100] 위에서 이름과 개념을 이해하는 것으로 묘사된 것이 여기서는 자아(pros auton)든지 또는 어느 창조물(pros to tōn ktismatōn)에 대해서든지 간에 한 집착(schesis)이라고 밝힌다. 직접적인 부지(direct unknowing)라는 즉자성(immediacy) 안에서는 관념(ideas)과 개념조차 창조물로 여겨지는데, 그 까닭은 이런 관념과 개념들이 이해하려는 정신과 이 정신이 일치하려는 알 수 없는 하느님 사이에 창조된 매개물(medium)을 놓기 때문이다. 이렇게 되면 외향적이고 이분법적 의식은 신비적 의식을 막는 자아나 다른 것들에 대해 집착하도록 끌고 간다.

---

99) *Patrologia Graeca*, vol. 4, p. 418a.
100) 같은 책, p. 418b.

『신의 이름들』에서 디오니시오는 신비적 이해에 관한 이와 똑같은 내용을 가르친다. 첫 장에서 그는 본질에 대한 외향적이고 이분법적 이해를 비언어적, 비개념적 지혜와 뚜렷하게 구분한다. 이 첫 장 앞부분에 쓰인 서문에서 디오니시오는 그의 목적이 신의 이름에 관련된 전통을 설명하는 것이라고 말한다. 그런 다음 그는 어떤 새로운 교의를 주려 하지 않고 오히려 하느님에 이름 붙이는 것에 관한 전통적 교의가 이해되는 방식을 명확히 밝히려 한다. 다시 말해 의미의 영역을 밝히려 하는데 이 안에서 신의 이름은 중요성을 얻는다. 그는 "인간 지혜의 조리 있는 말"을 "성령이 신성한 저작들 안에서 일으키는 힘을 보여 주는 것"(특히 1코린 2,4과 같은)과 대조시키면서 시작한다. 그는 계속해서 체계적인 태도로써 이 "보여 줌"의 본성을 묘사하며 또 그의 글 전체는 적절한 용어로 바오로가 인간적 앎과 신적 지혜를 구분한 주석을 설명한다. 그는 어떻게 성령의 힘이 작용하는지 설명한다. "말로 표현할 수 없고 알 수도 없다는 태도로 한 일치 안에서 표현 불가와 알 수 없음에 참여하게 되는데, 이 일치는 우리의 논리적이고 직관적인 능력을 넘어선다."[101)]

여기서 의미 영역은 신비적인데, 그것은 의미가 논리적이거나 직관적인 능력에서 나오는 것이 아니라 오히려 이 표현 불가능함에 참여하고 일치하는 접촉 속에서 나온다. 이런 접촉과 일치는 모든 생각과 언어를 넘어서기 때문에 외향적인 이해를 완전하게 초월하므로 이를 "무지(unknowing)"라 부르는 것이다. 그는 쓴다. "말과 정신, 본질을 넘어서는 이것(신성)에 대한 이해는 본질을 넘어서는 그 무지에도 합당하다."[102)] 따라서 무지(agnosia)는 모든 깨달음을 부정하는 것이 아니라, 이름을 이름 지어진 것으로, 또 표상을 드러난 것으로 간주하는 언어적, 이성적 이해를 부정한다. 또한 이 언어적이고 이성적 이해는 신적 의미를 외적 본질의 요소로 부지불식간에 간주해 버린다. 그러

---

101) *Patrologia Graeca*, vol. 3, pp. 586b-87a.

102) 같은 책, p. 588a.

나 신성(Godhead)이 이런 앎을 넘어선다고 하더라도 신성이 인간 이해에서 멀리 떨어져 있는 것은 아니다. "신적 원칙인 선함의 작용을 통해서 … 신적인 것은 각자 마음(mind)의 능력에 따라 드러난다."[103)]

외향적인 집착과 이해를 버린다는 것은 바로 이런 신적인 것들이 드러나게(anakaluptetai) 하는 것을 막는 방해물을 제거하는 것이다. 표상과 개념이 외적 의미 단위로 붙잡혔을 때 표상과 개념은 마음을 덮어 버리고 신적 드러남을 막는 방해물이 된다. 신과 접촉함으로 들어오는 대신 정신은 자신만의 구조를 세우느라 거기에 빠진다. 이런 장애물을 없애고 마음의 능력을 드러내는 것은 신적 원칙의 지속적인 일인데, 이는 곧 하느님의 선함(goodness)의 일이다.[104)] 여기서 중심적인 생각은 이 신적인 일이 모든 시대에 존재했던 것이었다고 하더라도 의식에 매달림으로써 덮이고 희미해지고 또 방해받게 됐다는 점이다. 이것이 왜 디오니시오가 하느님을 드러내는 데에 어떠한 개념도 그러한 능력이 없다는 점을 그토록 강조했던가를 설명해 준다. "이것은 존재하는 모든 것의 원인이지만 존재하지 않는데, 이는 이것이 모든 본질을 넘어서고 또 오직 이것만이 유효하고 이해 가능하게 이것 자체에 빛을 던져 줄 수 있다."[105)]

『신의 이름들에 대한 주석』(*Scholia on the Divine Names*)에서 막시무스는 하느님은 도무지 알 수 없는 분이라는 견해에 논평하면서 이를 삼위일체 교의에 연결시킨다.

> 오직 하느님 자신만이 자신을 이해하며 자기 자신임을 안다. 모든 다른 이들에게 하느님이 누구이고 어떤 분인지 알려지지 않는다. "아버지 외에는 아무도 아들을 알지 못한다. 또 아들 외에는 아무도 아버지를 알지 못한다"(마태 11,27). 하느님 아버지에게 있어서 경배

103) 같은 책, p. 588b.
104) Cordier는 Tēs thearchikēs agathotētos를 Dei bonitatis로 번역한다.
105) *Patrologia Graeca*, vol. 3, p. 588b.

> 되는 그의 표상, 곧 아들을 아는 것은 그 자신을 아는 것이다. 성령의 경우도 똑같이 말할 수 있다. "하느님의 일부인 성령을 빼놓고는 아무도 하느님을 알 수 없다." 따라서 여기서 축복받은 사람이 나타내는 모든 것은 숭엄한 삼위일체의 일부로 이해돼야 한다.[106)]

따라서 막시무스에 따르면 디오니시오의 신비적 무지라는 개념은 의미의 신비 영역을 가리키는데, 이 안에서 삼위일체 교의가 이해될 수 있다. 이 교의는 신적 본질과 위격(person)에 대한 이론적 설명으로 다 소화될 수 없고 오히려 개념을 통한 깨달음에 집착하는 모든 것을 버리는 데서 구체적으로 드러난다. "객관적 표상(presentation)"으로서 세 위격이라는 생각이 이론적으로 이해해야 하는 세 객체라기보다는 본질을 온통 뛰어넘은 한 하느님에 대한 구체적인 세 표상으로서 순수한 의식으로 현존한다. 표현 불가능한 아버지는 아들에 의해 알려지고 성령을 통해 구현된다. 그리스도는 아버지의 표상이고 아버지의 침묵에서 오는 말씀이며 예수 그리스도의 삶과 가르침에서 그가 아바 체험 속에서 표현한 것과 같다. 우리 심장으로 들어오는 성령은 힘인데 이것으로 우리는 어떤 주어진 본질로서 하느님을 상상하는 데에서 벗어날 수 있으며, 그리스도를 표상과 언어로서 이해하는 지혜를 얻는 의식의 회심을 구현한다. 신적 원천이 전적으로 앎을 넘어서지만 경전들의 가르침과 소통함에 있는 이 원천의 탁월함(goodness) 덕분에, 이 경전들에 주목하고 또 이름과 개념에 대한 모든 집착을 제거함으로써 마음의 회심을 얻고 하느님을 아바(Abba)로 중재하고 또 일치로 이끄는 그리스도의 표상 속에서 경전의 표상들과 이것의 모습(summation)을 이해하는 것이다. 인간 안의 신적 표상(theoeideia)은 경험적 인간 본성의 어떤 면에서도 찾을 수 없으며 다만 외향적 의미에 집착하는 것을 거부하는 순수한 의식에 있다. 디오니시오는 이런 회심을 구현하는

---

106) *Patrologia Graeca*, vol. 4, p. 189c–d.

데 있어 발전을 다음과 같이 설명한다.

> 이 선이 전적으로 존재에 연결되지 아니한 것은 아니지만 오히려 존재 자체에 머물거나 본질을 넘어서는 빛의 광채에 싸여 있는 한편 이 선의 애정 어린(loving) 선함(goodness)으로부터 선함은 각각의 모든 존재에 대한 균형 있는 깨달음을 통해서 또 이러한 관상과 참여 또 그것 자체의 유사성으로 이 깨달음을 끌고 간다.[107]

디오니시오는 계속해서 설명하기를, 첫 단계는 외향적 의식을 버림으로써 얻게 되는 하느님에 대한 관상(theōria)이라고 한다. 두 번째 단계는 참여로서, 이 선함이 인간 이해와의 참여(ou mēn akoinōnēton esti) 속에 전적으로 있기 때문에 가능하다. 세 번째 단계는 유사성(homoiōsis)으로서, 이것으로 지혜 의식인 내적 신의 이미지는 하느님을 세상에 비춘다. 이를 얻기 위한 기본적인 요인은 하느님의 선함에서 비추어 나가는 깨달음(ellampesin)이다.[108]

그러나 이러한 회심은 완전히 새로운 마음의 상태를 얻은 것은 아닌데, 그것은 외향적 의식을 거부하고 깨달음의 순수 의식으로 돌아갈 수 있는 가능성이 항상 존재하기 때문이나.

> 우리는 그것(곧 선)이 모든 것의 원인이요 기원이며 본질이라는 것을 안다. 또한 이것에서 떨어져 나갔던 사람들을 위한, 돌아오라고 부르는 소리이자 다시 일으킴(rising)이며, 자신 안에서 신의 표상을 더럽혀 나락에 떨어진 이들을 위한 쇄신이요 개조이다.[109]

"돌아오라는 부름(anaklēsis)", "다시 일으킴(anastasis)", "쇄신(anakainismos)"

---

107) *Patrologia Graeca*, vol. 3, p. 588c.
108) 같은 책, p. 588c.
109) 같은 책, p. 590b.

과 "개조(anamorphōsis)"라는 낱말은 모두 의식의 한 잃어버린 상태를 암시하며 또한 근원적 마음이 집착에서 자유로워서 하느님을 비춘다는 것을 의미한다. 이 낱말들은 프로클로의 "되돌아 옴"이라는 생각뿐만 아니라 그레고리오의 가르침인 의식의 기원적 일치와 인간의 표상-본성을 반영한다.

신학의 두 갈래 전통

모든 이름과 표상을 버리는 과정은 디오니시오가 "부정 신학"이라고 말한 것인데, 이는 하느님을 설명하기 위해 사용될 수도 있을 모든 가능한 개념을 부정함으로써 생각의 비움이 신비적 통찰을 위해 필수적이라는 것을 깨닫는 데서 찾을 수 있다. 따라서 부정 신학은 관념이나 표상으로 하느님을 묘사하는 어떠한 (긍정) 신학보다도 우위에 있다. 그러나 "신적 무지(ignorance)"가 단순한 무지로 오해되지 않기 위해서라도 하느님에 관한 생각은 신비적 경이로움에만 빠져 침묵할 수는 없다. 디오니시오는 그의 『편지』에서 보이는 사고의 발전에서, 무지라는 첫 번째 원칙에 대한 부정을 통해 상승해 가는 부정 신학을 강조하는 것에서 출발해 긍정(affirmative) 신학으로 나아가는데, 이 신학은 한 번 하느님이 도저히 이해할 수 없는 존재라는 확고한 통찰을 얻은 뒤에는 말과 사고를 통해서 하느님에 대해 긍정적으로 묘사하는 데로 내려가는 것이다.[110)]

『편지』의 구조는 이 과정을 묘사한다. 로날드 하타웨이가 설명한다.

…「첫째 편지」에서 하느님은 알 수 없는 존재와 같다. 「둘째 편지」

110) Hathaway는 *Hierarchy and the Definition of Order*, pp. 61–76에서 『편지』의 교계적 모습을 묘사한다. 이 편지들은 일상의 잡다한 일에 관해 친구들에게 쓴 편지가 아니라 사상의 진전이 보이는 내용을 담고 있다.

에서 이 알 수 없는 존재는 심지어 "신성"이라는 낱말도 초월하며 어떠한 다른 존재와 관계도 맺지 않는다. 「셋째 편지」와 「넷째 편지」에서는 하느님이 이 세상으로 내려온다. 「다섯째 편지」부터 「일곱째 편지」에서는 하느님이 일반적으로 지각 가능한 사물 안에서 드러나며 나아가 본질로서는 이러한 사물의 "원인"으로서, 또 심원한 우주에 대한 생각과 다른 기적의 원인이라고 확언한다. 「여덟째 편지」는 정의의 행동으로서 그리스도의 강생에 관한 이야기로 끝을 맺으며 또 이 세상에 정의로 계시하는 하느님을 보여 준다. 「아홉째 편지」의 주제는 성경과 모든 가시적인 자연 모두의 "상징" 속에 드러나는 하느님을 다루고 「열째 편지」에서는 하느님의 계시(가장 낮은, 심지어 그림자나 꿈보다도 낮은), 이런 계시가 개인적으로 사람에게, 요한에게 드러나는 것 같은 계시를 언급한다.[111)]

이 『편지』에서 보이는 전개는 처음에 하느님에 관한 진리를 표현할 때 이름과 표상을 변호하고 매달리는 외향적이고 긍정적인 신학에서 개념적 사고의 단절과 신적 무지를 취하는 부정 신학으로 옮겨 간다. 그러나 한 번 이러한 "무지"를 깨닫고 난 뒤에는 사고는 상징, 곧 이름과 표상을 통해 긍정적으로 발하는 데로 나아간다. 중요한 차이는 더 이상 이런 이름과 표상에 매달리지 않으며 이것들은 개념적으로 설명할 수 있는 어떤 절대적 본질을 드러낸다고 간단히 생각한다. 부정 신학의 카타르시스를 통해서 긍성 신학은 상징적 신학으로 들어가게 되는데, 이는 집착함 없이 상징적 주장을 사용한다. 「아홉째 편지」에서 디오니시오는 상징 신학을 "신적인 것을 설명하려 시도된 지각 가능한 사물에서 나온 이름"[112)]으로 보며 따라서 상징 신학은 신적 어둠의 "광채" 안에서 전개하는 긍정적인 신학이기에

---

111) 같은 책, p. 82.

112) *Patrologia Graeca*, vol. 3, p. 1003a; Hathaway, *Hierarchy and the Definition of Order*, p. 107.

부정 신학인데, 이는 이것이 앞선 부정이라는 맥락에서 시작하기 때문이다. 이름은 감각으로 지각된 표상이나 이해된 개념을 가리키지 않으며 의미는 단순한 이름과 표상이 이름과 표상을 넘어서는 것으로 나아감을 통해 통찰로 이해된다. 신학은 하늘에서 떨어지는 것이 아니라 신학하는 사람의 근원적 의식을 반영하는 정신의 구조물이다. 외향적 신학자는 본질이라 불리는 객체적 의미 단위를 다룬다고 생각하며 이런 신비를 "설명"하기 위해 긍정적인 언술을 사용하는 것에 반해서, 상징 신학자는 단순히 이름과 표상을 사용해 이런 신비를 소개한다. 모든 사고를 정지하거나 신적 어둠을 완전히 받아들이는 것을 아무렇지도 않게 동의하는 이들이 없을 수도 있다. 그 까닭은 「아홉째 편지」에서 설명하듯이 "상징 없이 확실한 신학을 듣는 이들 모두는 어떤 (신학) 모델을 그들 자신에게 짜 넣어서 이들을 이러한 신학의 한 이해에 도달하도록 안내하기"[113] 때문이다.

디오니시오는 부정 신학과 또 다른 하나인 상징 신학이라는 두 갈래 신학의 전통을 제안하는 것으로 나아간다. 「아홉째 편지」는 다음과 같이 설명한다.

> 신학자의 전통이 두 갈래로 이해돼야 하는데, 하나는 말(arrētos)로 표현되지 않는 신비적(mustikē)인 것이고 다른 하나는 공적인(emphanē) 것과 상식의 문제(gnōrimōtera)이며, 이는 또 한편에서는 상징적이며(sumbolikē) 개시 행위(telestikē)를 목적으로 하고 다른 한편은 철학적(philosophon)이며 드러냄(apodeiktikē)을 목적으로 하는데, 이것들은 말해지지 않은 것이 말해진 것과 함께 엮여 있다.[114]

위에서 언급한 차이는 두 축으로 구분될 수 있다.

---

113) 같은 책, p. 1105d; Hathaway, *Hierarchy and the Definition of Order*, p. 111 and again on p. 155.

114) Hathaway, *Hierarchy and the Definition of Order*, p. 154.

말해진 것	말해지지 않은 것
언어 속에서 표현되지 않음	공적
신비적	상식
상징적	철학적
창조를 목적으로 함	드러냄을 목적으로 함

첫째 축은 신비적 무지에 대한 비언어적 깨달음을 말하는데, 이는 신비의 직접적 체험인 개시 행위(initiation)를 통해서만 표현되고 또 상징을 통해서만 표현될 수 있다. 두 번째 축은 언어적 가르침을 나타내며 모든 사람에게 해당하며 논의할 수 있다. 만일 언어적 신학에만 의지한다면 입장들이 생겨나고 이에 매달리며 또 변호하게 된다. 자기 주장에 집착하는 것이 비록 유효한 호교적 목적을 지닌다고 하더라도 신비적 깨달음에 방해물로 결과한다. 다른 한편에서 만일 비언어적 깨달음에만 의존한다면 신학은 전혀 쓸 수도 말할 수도 없는 것이 되어 버린다. 이 둘이 의미하는 것은 이론적 신학은 신비적 의미를 깨닫는 데서 이루어져야 하며, 이는 이론과 신비적 통찰 모두가 하나의 같은 의식 안에 엮여 있기 때문이다. 디오니시오의 설명을 더 들어 보자.

> 신학자는 일정한 사물을 이 세계(politikōs)와 관련 있는 것으로 또 관습(ennomōs)에 해당하는 것으로 보고 다른 것은 정화(katharutikōs)와 더럽혀지지 않음(achrantōs)의 관점에서 본다. 또 어떤 것은 인간적(anthrōpikōs)이고 매개적(mesōs)인 것으로 보지만 다른 것은 세상(huperkosmiōs)을 초월하는 것으로 또 완전함(telesiourgikōs)의 관점에서 보는데 … 이는 신성한 글쓰기와 정신과 영혼에 적합한 것에 따른다.[115)]

115) *Patrologia Graeca*, vol. 3, p. 1108b; Hathaway, *Hierarchy and the Definition of Order*, p. 155.

앞에서 말한 신학의 두 갈래 전통이 서로 엮이면서 상호 의존하고 있는 필요성을 강조하는 반면, 위의 대조는 각각 신학을 배우는 개별적인 사람들의 다양한 필요에 따라 사용돼야 함을 강조한다. 이를 정리하면 아래와 같다.

세상과 관계함	정화 목적
관습에 해당	더렵혀지지 않음을 추구
인간	세상을 초월
매개	완전함의 관점

이는 위에서 말한 일치, 정화, 빛의 비추임이라는 주제를 반복하고 있는데, 정화되고 깨끗해진 뒤에 세상을 넘어서는 광명을 얻게 되고 일치 속에서 완전함을 구현한다는 것이다. 그러나 이 신비적 의미에 대한 깨달음은 세상적으로 이해 가능한 말, 다시 말해 전통적인 말과 표상으로 사람에게 매개되어야 한다. 각 사람의 필요에 따라서 신학자가 부정적으로 신학 용어를 사용하는지 긍정적으로 사용하는지를 결정한다.

신비적 사고와 이론적 사고의 관계

디오니시오에게 의미의 신비적 영역은 독특하며 이론적인 영역과 차이가 있는데, 신비적 의미에 대한 통찰은 논리적으로 관련된 생각의 다발이 체계적으로 상호 관련을 맺은 것으로 볼 때 일어나는 것이 아니라 직접 접촉이라는 비매개성 안에서 발생한다. 그러나 신비적 깨달음을 지닌 이 똑같은 정신은 또한 이론적으로 "생각(think)"한다. 니사의 그레고리오는 신비 이론만을 전개한 것이 아니라 교의적이고 이론적인 주제에 관해 많은 논문을 썼다. 그레고리오가 의미의 신비적 영역을 묘사한 것은 사실이지만, 어떻게 이런 의미 영역들이 서로 연결되어 있는지는 분명하지 않다. 어떻게 그레고리오는 고도로 치밀하고 이론적으로 하느님의 ousia(본성)와 hupothaseis(세 위격)를 다루면서도 또 이를 신비적 깨달음의 어둠으로 연결시켰을까? 이것들은 결국 높은 단계에 이르러서는 부정되었는가? 디오니시오가 제안했던 신학의 두 갈래 전통과 이에 대한 강조는 일종의 지적 형태로 이 두 영역을 연결시키려는 시도로 보이는데, 그것은 언어적이고 이론적인 지식이 항상 뒤따라오고 신비적 무지의 깨달음에서 전개되기 때문이다. 따라서 디오니시오가 주요 교의의 주제인 성육화와 삼위일체를 어떻게 다루는지 살펴보는 일은 흥미로운데, 더욱이 그는 모든 그리스도교 가르침을 신비적 의미에 대한 일관된 깨달음으로 해석하려 한다.

언뜻 보기에 디오니시오의 그리스도론은 이 책의 3장 이후 전개해 온 이론적인 밑그림과 아주 달라 보인다. 그의 글에서 중심은 기술적인 용어로 설왕설래하는 논쟁이 아니다.[116] 때때로 디오니시오가 그리스도에 대한 이해에 있어 칼케돈 공의회의 그리스도론을 반대하는 것(단성론적 [monophysite] 입장)으로 보이기 때문[117]이기도 하지만, 실은 반칼케돈 그리스도론의 용어도 없고 칼케돈의 규정보다도 우월하다는 것을 보이려는 시도도 거의 없었다. 디오니시오가 전개한 그리스도론이 독특했던 주요한 까닭은 그가 반칼케돈 그리스도론을 알고 있어서가 아니라 그리스도론에 관한 전체 논의가 진행됐던 그 의미 영역을 바꾸려 했기 때문으로 보인다.

디오니시오는 반복해서 강한 어조로 그리스도가 하느님이요 동시에 인간임을 단언했다. 르네 로크(René Roques)는 관련 있는 여러 구문들을 모으고 결론짓기를 디오니시오의 그리스도론은 본질적으로 정통(substantially orthodox)[118]이라고 했다. 그러나 디오니시오의 사고는

---

116) René Roques, *L'univers Dionysien, structure hiérarchique du monde selon le Pseudo-Denys*, p. 313.

117) Meyendorff의 *Christ in Eastern Christiann Thought*, p. 99를 보라.

118) Roques, *L'univers Dionysien*, p. 305.

다른 방향으로 전개되어 갔다. 우리가 만일 그의 그리스도론을 두 갈래 신학 전통이라는 관념에 따라 해석한다면, 그리스도는 한편으로는 말을 초월하는 신비적인 존재이고 다른 한편 인류에 대한 신적 침묵이라는 선언이 된다. 디오니시오는『신비 신학』에서 "본질을 넘어선(ho huperousios Iēsous) 예수는 인간 본성의 진리에 있어 필수적인 것이 되었다"[119]고 썼다.

여기서 그리스도는 초기 그리스도론의 논의처럼 신이면서 인간의 본질을 지닌다는 그런 관점에서 해석된 것이 아니다. 디오니시오는 신과 인간의 본질이라는 개념과 씨름하기보다는 본질 아님(no-essence)과 본질이라는 개념을 사용했다. 이를 초기 니케아 공의회와 칼케돈 공의회의 그리스도론적 규정에 대한 비판으로 보지 않기는 어려워 보인다. 부정 신학이라는 점에서 디오니시오는 자주 성육화는 말을 초월하며 설명이 불가능하다고 강조했다. 그는『신의 이름들』에서 "신학의 가장 분명한 가르침, 곧 성육화와 인간의 몸으로 태어난 예수는 어떠한 말로도 설명이 불가능하며 어떠한 정신으로도 알 수가 없다"[120]고 말했다.

그러나 언어 도단이요 언어적 사고를 초월한다고 하더라도 예수는 인간이 되었고 인간의 복합적 현존을 취했다. 디오니시오는『신의 이름들』에서 설명한다.

> 그리고 그것[신적 삼자]은 자비로운 것으로 불리었는데 그 까닭은 이것의 hupostaseis(세 위격) 가운데 하나에서 이 삼위는 진정으로 또 전적으로 우리 인간의 조건을 지녔으며 그것 자체를 부르며 인간의 낮은 한계를 높이기 때문이다. 이 때문에 말로 표현할 수 없는 태도로 이 순전한 예수는 복합적인 현존으로 들어왔으며 영원이 임시적인 기간을 취했다. 또 모든 고정적인 속성을 초월하며 모든 본질을

119) *Patrologia Graeca*, vol. 3, p. 1033.
120) 같은 책, p. 648a.

넘어서는 그는 그의 영원성에 대한 혼돈이나 변화 없이 우리 인간의 본성으로 태어났다.121)

여기서 디오니시오는 그리스도는 신적 hupostasis라는, 곧 그는 인간의 본성을 취했다는 일반적인 가르침을 되풀이한다. 그러나 이런 묘사는 순전한 예수(the simple Jesus, ho aplous Iēsous)가 복합적인 현존(compound existence)으로 들어옴을 말하며 따라서 성육화의 알려지지 않는 내용에 대한 공적이고 언어 형식적 상징으로 이해돼야 한다. 위에서 언급한 막시무스의 주석에 따르면 이 "순전함(simple)"이라는 낱말은 "표지(signs)와는 상관없으며 또 표상(images)으로도 그려지지 않는다고 이해되는 것"122)이다. 따라서 예수를 순전함이라 함은 그는 외향적인 표지와 상징에 매달리는 수단을 통해서는 적절히 이해될 수 없다는 것을 뜻한다. 그러나 예수는 복합적인 현존으로 들어오는데, 이는 예수가 침묵에서 나오는 하느님의 말하심(speaking)이기에 그렇다. 「넷째 편지」에서 이 주제를 다시 다룬다.

모든 본질을 넘어서는 예수가 어떻게 완전하고 실체적으로(substantially) 인간과 같은 차원에 있다고 할 수 있는가? 이는 마치 예수가 인간의 원인자[따라서 간단히 하느님이 될 수도 있는]로서가 아니라 그 안에서 자신 전 존재가 진정으로 한 인간이라고 할 수 있다. 그러나 우리는 예수를 인간의 언어로 규정하지 않는다. 그것은 그가 단지 인간에만 제한되지 않기 때문이다. [만일 그가 단지 인간으로만 그쳤다고 하더라도 우월한 존재로 되려 하지 않았을 것이다.] 그러나 [우리가 정의 내리는 그는] 참으로 인간을 넘어서고 인간의 실체에서 나오는 인간의 속성으로 만들어진 것을 넘어서는 존재이다. 그러나 예수는 지고의 흐름 안에 있는 그의 영원한 초월성을 결코 덜

121) *Patrologia Graeca*, vol. 4, p. 416c. p. 592a.
122) 같은 책, p. 416c.

지니고 있지 않다. 우월한(above) 존재이면서도 참으로 존재로 들어옴으로써 [어떤 방식으로] 인간을 넘어서는 인간의 일을 행한다. … 신적 방식으로 보는 사람은 알게 된다. … 인간을 사랑하는 예수에 관한 [한 사람의] 생각(mind)을 넘어서는 긍정(신학)적인 언술은, 예수가 인간이 아니라는 의미에서가 아니라 그가 사람에게서 왔지만 인간을 넘어서고 그럼으로써 진정으로 인간이 되는 그러한 의미에서 이 단언적 언술을 알게 된다. 마지막으로 예수는 하느님의 일을 하느님으로서가 아니라 또 인간의 일을 인간으로서가 아니라 하느님이 인간이 되었을 때 예수는 우리를 위해 새로운 형식의 신적-인간적(divine-manlike)인 행위를 하는 것이다.[123)]

여기서 디오니시오가 예수를 인간의 언어로 규정하기를 거부한 것은 모든 이름과 표상을 버리는 부정(신학)적 접근을 보여 주는데, 이는 알 수 없음이라는 신적 방식으로만 긍정적 언술을 이해할 수 있기에 그렇다. 따라서 디오니시오가 진정으로 하느님에게 속한다고 보는 본성이라는 개념을 전적으로 거부하므로 본성의 일치에 대한 논의는 없다. 오히려 그리스도는 이중의 전통, 곧 표현할 수 없는 것을 명확하게 언표하는 역설적 전통의 총화(sum)이다. 그리스도에 대한 이러한 이해는 초기 논쟁에서 전개된 존재론적 묘사는 아니고 한 신비적 이해인데 여기서 그리스도는 말로 표현할 수 없는 신에 대한 명증한 언표로서 순전하고 지속적으로 정화, 빛의 비추임, 일치라는 행위와 관련되는 것으로 그려진다. 디오니시오는『교회 제도』(*Ecclesiastical Hierarchy*)에서 설명한다.

우리는 가장 신적인 예수가 본질을 넘어서는 향기로서 자신을 지적 형식을 통해서 우리 마음에 전달하며 우리 마음을 신적 기쁨으로

---

123) Hathaway, *Hierarchy and the Definition of Order*, p. 134. 또한 Pelikan, *The Spirit of Eastern Christendom*, pp. 65-66을 보라.

채운다는 것을 안다. … 예수는 신적 향기의 비옥한 원천이며, 신성에 적합한 척도 속에서 가장 깊게 하느님과 일치함을 얻는 그 마음을 채우는 것은 바로 그리스도 자신이다.[124)]

예수의 방식은 여기서는 향기의 비유로 표상된 신비 체험이었는데, 이는 예수가 이성적 물음과 거리가 있고 보이지 않는 마음으로 다가오기 때문이다.

그러나 모든 학자가 디오니시오의 그리스도론이 정통이라는 데에 동의하는 것은 아니다. 많은 이들은 디오니시오가 비언어적 무지(unknowing)에 전적으로 초점을 맞추고 있기 때문에 육화에 대한 어떠한 가르침도 받아들일 여지조차 주지 않는다고 주장한다. 딘 인지(Dean Inge)는 "아레오파고의 법정 판사(the Aeropagite) 디오니시오는 하느님 아버지를 '가장 본질적인 불확정성(superessential indetermination)', 곧 각각의 일치를 통일하는 커다란 하나의 일치이며 모든 일치 위에 있는 절대적 무(no-thing)라고 묘사한다"고 생각한다. 그러고 나서 그는 이 "철학적" 개념은 신성이 인성의 기원으로 주어져야 하는 "종교의 요구"를 충족시키지 못한다고 주장한다.[125)] 이와 비슷하게 크리스티안 바우어(Christian Baur)는 "본질을 넘어서고, 신성과 선함도 넘어선다"는 말은 철학적 추상화를 반영하며 이것들은 실재(reality)가 없기 때문에 하느님 안에서 어떠한 새로운 관계가 들어설 틈도 없으며 따라서 육화의 여지도 없다고 주장한다.[126)] 에티엔느 바체로트(Étienne Vacherot)는 "살아 있는 하느님을 대신해" 디오니시오는 "추상적이고 이해하기 어려운 삼위일체"를 제시했는데, 이 삼위일체는 성육화의 예수에게 연결될 수 없다는 비판을 되풀이한다.[127)]

---

124) *Patrologia Graeca*, vol. 3, pp. 477c-480a.

125) W. Inge, *The Philosophy of Plotinus*, vol. 2, p. 112.

126) Christian Baur, *Christliche Lehre von der Dreieinigkeit und Menschwerdung Gottes*, vol. 2, pp. 207-251.

그러나 이러한 비판은 디오니시오가 가르친 신학의 두 갈래 전통을 충분하게 소화하지 못한 것으로 보이는데, 이 신학 전통에 따르면 상징적, 신비적, 비언어적인 부정 신학과 철학적, 일반적, 관습적인 긍정 신학(affirmative theology)이 뚜렷하게 구분된다. 디오니시오에게 있어 신적 무지는 철학적 추상화와 같다고 보아서는 안 되는 것이다. 이런 동일화와는 아주 다르게 디오니시오는 이름과 개념에 대한 언어적, 철학적 형태에서 기능할 뿐만 아니라 직접적 깨달음이라는 비언어적 형태-이 안에서는 어떠한 기원도 절대적으로 또 말 그대로의 진실로 파악되지 않는-에서 기능하는 의식에 대한 이해를 불러오는 데에 초점을 두었다. 따라서 요점은 감지하기 어려운 신학적 지식의 요소로서 이 신적 이해 불가능성을 주장하는 것이 아니라, 자기 안에 있는 종교적 의식의 기원을 성찰하도록 초대하는 데에 있다. 한번 신비적 의식의 영역이 분명히 이해되면 모든 종류의 표상은 육화와 삼위일체에 대한 이론적이고 철학적 이해를 설명하는 데 사용되는데, 그것은 모든 신학자들이 자기 안에서 스스로 표현하지 못하는 것의 다양한 예들을 엮어 넣을 수 있기 때문이다. 디오니시오는 오직 신비적 어둠의 "광채" 안에서만 그리스도론의 언어를 말하는 한 신비적 예를 엮어 넣으려 했던 것으로 보인다. 그는 그리스도에 관한 이론적 제시를 무너뜨리면서 동시에 상징적 신학이라는 측면에서 이를 다시 주장하는데, 상징적 신학은 모든 사고가 텅 비어 있음을 깨닫게 하는 기능을 한다.

결 론

그레고리오와 디오니시오의 신비 사상은 모든 매개된 표상과 언어와 멀리 떨어져 있고 또 외향적이고 추론적(imagined) 본질에 대한 이분

127) Étienne Vacherot, *Histoire critique de l'École d'Alexandrie*, p. 34.

법적 앎과도 다른 신비적 의미 영역의 윤곽을 그리고 구분해 내는데 성공했다. 디오니시오의 『편지』에서 묘사된 신학의 두 갈래 전통에서 이 신비적 이해와 신앙의 교의적이고 이론적인 의미를 연결하려 시도했다. 그러나 이 『편지』는 많은 영향을 주지 못하여 후대 사상가들이 이를 거의 인용하지도 않았다. 심지어 중세 전체를 통해 소중하게 여겨져 온 『신의 이름들』과 『신비 신학』도 있는 그대로 가치를 인정받지 못했다. 부정 신학[이를 바탕으로 상징적 긍정 신학을 전개할 수도 있는]에 우선권을 두는 대신에 그리스도교 사상가들은 아리스토텔레스를 따라서 종교적 의미에 대한 긍정적 이해를 우선시했다. 서구 신학의 역사 전체를 통해 그레고리오와 디오니시오의 주제는 지배적인 지적 사상의 흐름에서 멀리 떨어진 채 주변부에 머물면서 영성이나 수도를 주제로 하는 책에 담겨 전해져 왔다. 이들은 주변부였는데 그것은 이들이 주류 신학이 강조한 주체-객체 형식의 사고에 직접적으로 도전했으며 이런 이분법적 신학의 유효성에 대한 근본적인 문제 제기 없이 이를 받아들일 수 없었기 때문이다.

중세 스콜라 신학자들에게 진리는 주체적인 아는 자(knower)와 객관적 실재 사이의 거리를 메우는 것(adequatio rei et intellectus)이었다. 스콜라 사상가의 보기로서 토마스 데 아퀴노(1225-1274)의 경우, 인간은 본질적으로 잠재적인 이성적 존재인데, 잠재적으로 그렇다는 말은 실질적으로 이들이 현존하는 이들의 본질에 관한 것이 아니기 때문이다. 다른 한편 하느님이 필연적으로 현존하는 존재인데, 이는 하느님의 본질이 바로 현존(ipsum esse)[128]에 있기 때문이다. 하느님이 모든 창조된 존재의 원인자이므로 또 인과 관계는 창조된 존재에 영향을 미치는 한 유입(influx)을 뜻하므로[129] 모든 피조물은 창조를 통해 하느님에게서 받은 자기 존재가 나눌 수 있는 만큼 참여하는 것이다.

128) Thomas Aquinas, *Summa Theologiae*, I, q. 13, a. 11.

129) Thomas Aquinas, *In. Metaphysica*, lib. 5:1. Gilson의 *The Spirit of Medieval Philosophy*, p. 86을 보라.

이는 마치 한 결과가 존재의 원인으로 말미암아 생긴 존재함 속에서 나누는 것과 같다.[130] 따라서 피조물은 어느 정도는 이 신적 원인성을 닮았으며 사람은 피조물의 기원에서 자신이 지니고 있는 창조되지 않은 원인성으로 상승해 올라감으로써 하느님을 알 수 있다. 그러나 피조물의 기원을 하느님에게로 돌리는 것이 이 두 경우에 있어 똑같은 의미(sense)를 지닌다는 뜻은 아닌데, 그 까닭은 우리가 어떻게 하느님이 선함, 진리, 아름다움 등을 지녔는지 모르며, 단지 하느님 안에서 이것들이 하느님의 존재 자체와 일치한다는 것을 뜻하기 때문이다. 에티엔느 질송의 설명처럼 "하느님이 자신이 창조한 결과를 담지하고 있고 따라서 피조물의 완전함은 하느님에게서 그 기원을 찾을 수 있다는 말이야말로 아주 애매모호한 해석(예를 들어 전혀 다른 두 사물을 의미하는)이다."[131] 그러나 원인과 결과를 묶는 이 관계 때문에 하느님에 관해 우리가 말하는 것은 전적으로 모호하지는 않은데, 이는 피조물이 자기가 유래한 존재 안에 일정하게 참여하고 있기 때문이다.

디오니시오의 경우 명확하고 상징적인 신학은 알 수 없음에 대한 깨달음에서 유래하는, 곧 부정 신학에서 오는 긍정적 예들을 엮어 내는 것이다. 우선권은 항상 부정 신학에 있다. 토마스 데 아퀴노도 우리가 이 세상에서 보는 속성(quality) 가운데 어느 것도 (primo quidem et principaliter in omnium ablatione) 그 기원을 하느님에게 돌리는 것을 부정했다. 그러나 디오니시오와는 명확히 대조적으로 토마스 데 아퀴노는 신학에 대한 긍정적인 평가를 발전시켰다.[132] 질송이 설명하듯이 "따라서 부정 신학의 마땅한 목적은 피조물의 이름이 무비판적으로 하느님에게 적절히 적용된다고 이해되는 수준에 머물지 않도록 하는 것이

130) *Summa Theologiae*, I. q. 44, a. 1.

131) Gilson, *The Philosophy of St. Thomas Aquinas*, p. 105.

132) *Summa Theologia*, I, q. 13을 보라. 여기서 디오니시오는 12개 논문 가운데 6개 논문에서 수표나 티켓을 떼어 주고 남은 부본으로 묘사되고 있다.

다."[133] 그러나 이 첫 단계 뒤에 두 번째 단계는 "이런 것을 초월하는 데에 있으며, 또 이것들이 초과(excess)로써(secundario vero per excessum) 하느님에게 기원을 두는 데에 있는데," 이는 "우리가 피조물에서 발견하는 모든 것이 이것의 원인자에서 오는 것처럼 하느님에게서 말미암는다는 것을 염두에 두면 우리는 이런 인과성을 통해 하느님을 알기" 때문이다. 따라서 하느님에게 적용하는 이 이름들은 비유적인 뜻에서 유효하며 "하느님의 실체(substance)라고 말해지는데, 곧 하느님 자신이라고 할 수 있다."[134] 하느님에 대한 이러한 비유적 앎은 토마스 데 아퀴노의 경우, 이 이름들이 피조물의 형태를 드러내고 또 피조물 안에서 어떠한 의미든지 무한하게 이해되는 한, 하느님에게 긍정적이고 명시적으로 적용되는 그 유효성(validity)을 근거 짓는다.

이론적 의미는 언어도단의 상황을 표현하기 위해 여러 예를 상징적으로 엮어 가는 것이 아니라 실질적으로 하느님에 관한 진실된 것을 유비적이고 유효하게 밝히는 것이다. 이러한 신학은 그 자체를 그레고리오나 디오니시오의 신비 사상에 유기적으로 관련시킬 필요가 없다고 보았다. 이 신학은 신비 주제에 대한 이들의 주장 가운데 진리인 것을 이미 포함하여 내장하고 있다고 여겼다. 그러나 신비 사상의 초점은 그 내용에 있는 것이 아니라 의미의 영역과 신비적 의미가 이해되는 의식의 근원적인 형식들을 구분하는 데에 있다. 토마스 데 아퀴노는 부정 신학이 이것의 신비적 침묵에 머물러서는 안 된다는 것을 잘 알고 있었지만 이론적 의미 영역과 신비적 의미 영역을 구분하는 데에 실패했다. 『능력론』(*De Potentia*)에서 토마스 데 아퀴노는 이렇게 쓰고 있다.

> 부정(negation)의 의미는 확언(affirmation)에서 기초를 이루는데, 이는 각각의 부정적 확언이 한 명시적(affirmative) 확언에 의해 증명되는

133) Gilson, *Elements of Christian Philosophy*, p. 142.
134) 같은 책, p. 140.

> 사실에서 드러난다. 따라서 인간 이해가 하느님에 대한 어떤 것을 분명하게(affirmatively) 알지 못했다면 하느님에 관해 아무것도 부정할 수 없다. 이런 경우는 이를테면 하느님에 대해 말하는 것 가운데 아무것도 분명하게 증명될 수 없는 상황에 해당한다.[135]

그레고리오는 이런 토마스 데 아퀴노의 생각에 동의하지 않을 듯한데, 이는 그의 신비적 무지(unknowing)가 하느님에 관한 어떤 우선적인 명시적(affirmative) 지식의 확실성에서 오는 것이 아니라 모든 확언은 전적으로 어두움 속에 있다는 관점에서 사랑과 현존에 대한 체험에서 나오는 것으로 보기 때문이다. 궁극적 의미로서 하느님에 대한 우선적 깨달음은 지식의 영역으로 그레고리오 자신을 나아가게 한 것이 아니라 신비적 만남(contact)의 직접성으로 이끌었다. 따라서 그레고리오의 깨달음은 개념적으로 표현될 수 없으며 명시적 앎의 유효성을 전제할 수 없는 것이다.

이렇듯 그리스도교 신비 사상의 형태는 유기적으로 그리스도교 이론에 연결된 적이 없는데, 이는 신비 사상이 이론의 기준으로 판단되거나 흡수되어 버렸기 때문이다. 그리스도교 신비주의는 교의가 흘러나오는 원천으로서보다는 이론적 교의에 이미 표현된 진리를 구현하는 것으로 기우는 빛의 신비주의가 되는 경향이 있었다. 따라서 신앙은 체험과 통찰의 나눔으로써가 아니라 종교적 진리 주장의 유효성을 선언하는 차원으로 설교되었다. 그리스도교 사상사에서 그레고리오와 디오니시오의 신비적 가르침은 주류 신학에 유기적으로 연결되지 못해 왔다. 신비가들은 자신들이 이뤄 낸 것은 깊이 추앙받으면서도 주요 사상가로는 고려되지 못했다. 신학자들은 많았던 반면 이들의 종교적 체험은 자주 이들의 신학 작업에서 중심적인 것으로 여기지 않았다.

---

135) *De Potentia*, q. 7, a. 5, quoted in Gilson, *Elements of Christian Philosophy*, p. 140.

이쪽으로 기울든 저쪽으로 기울든 간에 이러한 불균형은 모든 영역에 있는 의미를 생성하는 종교적 의식(religious consciousness)을 이해함으로써 다시 균형을 잡을 수 있다. 의식에 대한 한 비판적 이해는 신비적, 이론적 의미의 영역과 과정에 대한 윤곽을 잡음으로써 또 이들이 하나의 같은 종교적 정신 안에 기초가 됨으로써 이 두 의미의 핵심(genesis)을 밝히고 옹호할 수 있다.

그리스도교 이론에 대한 지나친 강조는 이러한 종교적 의미에 대한 비판적 이해에 초점을 둘 필요를 피하는 경향이 있는데, 이는 신비가들이 단지 시적이고 비유적으로 신학 이론의 내용을 표현하고 있음을 암암리에 가정하고 있기 때문이다. 그러나 그레고리오와 디오니시오–또 이들을 따르는 그리스도교 신비가들의 전 계보와 더불어–는 의미를 발생시키는 체험, 곧 직접적이고 비매개적 체험에 대하여 다르게 이해하고 또 다른 기조(key)를 바탕으로 말한다. 이론적 그리스도교 사상은 대개 이론적인 범위 밖에서 생각하고 말하는 신비 사상가들에게서 심각하게 도전받고 있다고 생각하지 않았다.

이와는 대조적으로 인도에서 부처의 사상이 전개된 역사적 환경은 대승불교(Mahāyāna) 사상가들로 하여금 신비적 깨달음과 종교적 담론의 관계를 직접 다루도록 강제했는데, 대승불교는 이론의 유효성을 전적으로 부정하는 신비 운동으로서 출발한 데에서 그 이유를 찾을 수 있다. 중관학파(中觀學派, Mādhyamika)와 오직 의식의 실재만을 주장한 유식학파(唯識學派, Yogācāra)는 신비적 바탕에 대한 명확하고 논리적인 생각을 어떻게 평가할 것인가 하는 문제와 씨름했던 하나의 결과다. 두 학파는 이 문제를 다루면서 의식에 대한 한 이해를 전개했는데, 이 의식은 인간 의식에 대한 한 이해 속에서 신비적 의미와 이론적 의미의 영역을 파악하려 함으로써 창조적 긴장을 유지하려 했다. 의미는 논리적이거나 일관된 이론으로도 또 직접적인 신비적 통찰로도 이해되지 않았다. 그보다는 오히려 유식학파에서 의미는 환상(illusory)이거나 아니면 진정한 의식에서 나오는 하나의 의식 작용의 기능으로서 이해됐다. 상식과 이론적이고 신비적인 의미의 영역뿐만 아니라 유식학파는 또 다른 비판적 의미의 영역을 제시했는데, 여기에서는 사실적이고 논리적이며 신비적 의미를 이해하는 것이 아니라 이들을 생성시키는 의식(consciousness)을 이해한다. 이 비판적 영역에서 의미는 사실적인 성찰, 논리적 필요, 직접적 통찰에 의해서가 아니라 이 정신(mind) 안에 있는 핵심(genesis)과 근거를 이해함으로써 형성된다.136)

따라서 다음 장에서는 그리스도교 사상의 전개에 대한 밑그림에서 대승불교 사상가들이 발전시킨 의식에 대한 이해를 성찰하는 논의를 다룰 것이다. 의식에 대한 이해는 불교적 체험뿐만 아니라 복음에 표현되었듯이 그리스도에 대한 그리스도교적 의미를 파악하는 바탕이 될 수 있으며, 나아가 무지와 어둠이라는 그리스도교 신비 전통의 중심을 다시 한번 강조하는 바탕이 될 것이다.

136) Lonergan, *Method in Theology*, pp. 81–85. Lonergan의 *Insight: A Study of Human Understanding*뿐만 아니라 Emerich Coreth의 *Metaphysics*(trans. Donceel) 같은 다른 저작들은 이해에 대한 비판적이고 초월적인 분석을 시도한다. 다음 장에서 다루게 될 유식론(Yogācāra)은 종교적 내면성의 구조에 더 초점을 맞추며 이것의 내적 구조를 설명하려 할 것이다. 내 생각에 이들은 경쟁적인 체계가 아니라 이들의 강조점은 분명 다른 것 같다.

제 2 부

신학의 협조자(Theologiae Ancilla)로서 대승불교 사상

6장
불교 교의의 발전 형태: 중관학파의 공(空, emptiness)

대승불교(Mahāyāna) 철학, 특히 나가르주나(Nāgārjuna, 龍樹)의 중관학파(Mādhyamika, 中觀學派) 사상 그리고 아상가(Asaṅga, 無着)의 유식학파(唯識學派) 사상이 그리스도교의 신비 전통의 중심을 다시 세우고 또 이론적 체계를 위한 유효한 위치를 유지하도록 그리스도교 신학을 도울 수 있다는 것이 이 장의 주요 논지다. 유식학파 철학은 이 목적에 잘 부합하는데 그 까닭은 그 근거를 묻는 질문에 대한 대응에서, 또 종교적 의미의 기준에 대한 응대에서 이 사상이 발전해 갔기 때문이며 또한 이 사상은 신비적 깨달음과 그 깨달음의 관습적이고 언어-형식적인 표현을 정당화(validate)하려는 의도가 있기 때문이다. 그러나 대승불교의 기본 교의는 유식학파 형성 시기를 앞선다. 반야경(般若經, Prajñāpāramitā scriptures)과 중관파 철학은 먼저 공과 연기론(dependent co-arising)의 주제를 제시했고 이어 두 진리, 곧 이론과 신비적 깨달음 사이의 긴장을 강조했다. 유식학파를 이런 맥락에서 이해하기 위해 우리는 불교 사상의 역사를 유식학파의 등장에 앞서 개략적으로 살펴봐야 한다. 특히 이론적이고 체계적인 사고와 신비적 이해 사이의 긴장의 전개에 관심을 가지며 이를 살피고자 한다.

부처의 깨달음의 본질

모든 불교의 근원적 체험은 기원전 486년경에 죽은[1] 고타마 석가모니(Śākyamuni Gautama)의 깨달음에 근거한다. 원시 불교 공동체에서 이 깨달음은 사성제(四聖諦, four noble truths)와 십이연기(十二緣起, twelvefold chain of causes)로 표현됐다. 그러나 인도 사상의 첫 움직임은 부처로 시작한 것이 아니고 부처는 인도 사상의 전개 과정에서 나온 인물이다. 초기 인도 경전인 우파니샤드(Upaniṣad)는 인간은 많은 고통스러운 현생으로 윤회하는 인간의 끊임없이 변하는 체험을, 자아(ātman)와 일치하는 불변하고 항상 존재하는(ever-abiding) 실재인 브라흐만(brahman)-찬도갸 우파니샤드(Chāndogya Upaniṣhad)[2]에 나오는 유명한 구절 tat tvam asi(그 [브라흐만]는 바로 당신[아트만]이다)에서 보이듯이-과 대조시킨다. 아트만이나 브라흐만은 시간을 초월하고 모든 말과 표현을 넘어선다. 이 일원론적 가르침은 부처 생존 당시에 가장 일반적인 세계관이었다.

그러나 부처는 영원한 아트만(자아)이라는 이 교의를 받아들이지 않았고 모든 존재는 변화와 고통의 끊임없는 흐름에 있다고 여겼다. 그는 시작함 없는 시작에서 온 인간이 끝없는 생사(saṃsāra)를 통해 고통의 수레바퀴 안에서 윤회하며 영원한 브라흐만과 일치되거나 동화될 희망조차 없다고 가르쳤다. 부처는 모든 현상이 어쩔 도리 없이 변하는 데서 도망칠 탈출구를 제시하지 않았다. 그의 무아(無我, no-self, anātman)에 대한 가르침은 어떤 자아의 개념도, 이를테면 인간 내면의 핵심이든 저 밖 우주의 핵심이든 간에 자아 개념을 거부하는 것을 뜻한다. 이는 모든 것은 무상하다는(impermanence) 통찰, 영원하고 불변하는 자아[3]에 대한 어떠한 이론으로 도망쳐도 회피할 수 없는 그러한 무상함의 근거를 이루었다.

부처의 최종 목적은 끊임없이 변하는 이 고통스러운 생사의 윤회를 중지시키는 것이라고 할 수 있다. 다시 말해 해탈(nirvāṇa)은 바로 이

1) 이 연도는 에티엔느 라모트(Étienne Lamotte)가 *Histoire du Bouddhisme Indien: Des Origines a l'ere Śaka*, p. 15에서 제시했다.

2) Mascaro, *The Upanishads*, p. 117을 보라.

3) 袴谷憲昭(Hakamaya Noriaki), "Kūshō rikai no mondaiten" [The Point in Understanding Emptiness], *Riso* 610 (1984): 50-64.

윤회의 흐름을 끊는 것이다. 그러나 이는 자아가 어떤 상태에 도달함(self-abiding)을 뜻하기보다는 오히려 자아에 대한 모든 관심, 심지어 궁극적인 관심마저도 철저하게 버리는 것을 뜻한다. 깨달음이라는 지혜에서 생기는 자비로서 깨달은 이는 머묾이 없는 정지함(nonabiding cessation, apratiṣṭhita-nirvāṇa)에 머문다. 그는 현세 어느 순간에 머물지도 또 윤회에 집착하지 않고 다만 자비행을 위해 사람들 사이에 처한다.

이 사성제도 자비에서 나오는데, 사성제는 부처가 깨달은 내용을 나타내므로 이로써 다른 이들도 부처처럼 깨달을 수 있다. 사성제 가운데 첫 번째는 현실의 모든 것은 고통이라고 보는 고제(苦諦, duḥkha-satya)인데, 모든 기쁨과 쾌락은 순식간에 지나가 버리고 지속할 가치가 없다. 두 번째는 고통의 원인이 집착에서 온다는 집제(集諦, samudaya-satya)다. 이는 십이연기에서도 보이는데, 우리의 현상적 경험에서 각 요소는 계속 돌고 도는 지루함의 연속에서 앞의 요소가 일어남에 따라 뒤의 것도 일어나게 된다. 세 번째는 고통이 소멸한다는 멸제(滅諦, nirodha-satya)로서 부처의 깨달음에서 볼 수 있으며 고통은 끝낼 수 있다. 네 번째 진리인 도제(道諦, mārga-satya)는 인간이 스스로 집착을 끊어 버릴 수 있음을 깨닫도록 하는 구체적인 길을 가르친다.

인도 불교의 모든 전통적인 형식에서 고통의 기원은 하나가 다른 하나를 일으키는 십이연기(十二緣起)에 있다고 본다. 십이연기는 무명(無明, ignorance), 무지에서 일어나는 행(行, impelling condition), 식(識, consciousness), 명색(名色, named forms), 육처(六處, six senses), 사물에 접촉함을 말하는 촉(觸, sense), 외부에서 받아들이는 수(受, mental contact), 애(愛, sensation), 취(取, desire to possess), 유(有, experience of rebirth), 생(生, rebirth itself) 그리고 노사(老死)[4]이다. 이 십이연기는 고통스런 현생으로 끊임없이 윤회하는 것을 설명하려 하며 개인의 영속적인 실재로서이든 초월적 자아에 참여를 말하든 자아(ātman)는 단지 환상임을 뜻한다.

---

4) Lamotte, *Histoire*, pp. 38-43.

자아를 의식한다는 것은 십이연기가 상호 연관되어 일어남을 제대로 이해하지 못한 탓이다.

그러나 이러한 가르침은 현세의 삶을 철학적으로 설명하려 한 것이 아니다. 이것은 논리적으로 일관된 형식으로 하나가 다른 하나의 원인에 관계시키려 한 것이기보다는 인간 체험을 현상학적으로 묘사한 것이다. 이 원시 불교의 가르침을 엄격한 논리적인 분석에 종속시키는 것은 잘못인데, 현대 학자뿐만 아니라 고대 불교 제자들도 이런 잘못을 범했다. 중국어본 아함경(阿含經, Āgama)[5] 가운데 『십이인연(十二因緣)의 가르침에 관한 경전』(*The Scripture on the Teaching of the Twelve Causes*)에서는 이 연기의 성격을 명확한 개념과 일관된 논리로 체계적으로 파악하려는 모든 시도를 무력화하는 한 설명을 제시한다. 이는 부처의 제자 아난다(Ānanda)가 십이연기를 명상하는 것으로 시작한다. 십이연기가 아주 깊고 심원하다고 알려졌지만 그는 실제로 이것을 잘 이해한다고 생각했다. 아난다는 명상을 끝내고 부처에게 자신이 생각한 것을 반복해 말했다.

> 그러자 부처가 아난다에게 말했다: 그만두라! 그렇게 말하지 말라! 십이연기 교의는 실로 심원하여 명확히 이해하기 어렵다. 아난다여, 십이연기는 보기도 또 이해하기도 어렵다. 모든 신과 신령(spirits), 사제와 은자들 또 브라흐만(brahmins)도 십이연기를 아직 제대로 깨닫지 못했다. 만일 이들이 그 뜻을 개념화하고 분석하고 또 합리적으로 해명하려 한다면 숲 속에서 길을 잃는 것과 같으며 십이연기에 대한 통찰을 얻기 불가능할 것이다.[6]

---

5) 이 Nikāya들은 팔리어로 보존된 현존하는 가장 오래된 경전이다. 아함경(Āgama)은 이것의 중국어 번역본이다. 이 경전들에 들어 있는 여러 본문의 계보와 이들의 관계에 대한 해명은 차후의 과제로 남겨 둔다. 서구 그리스도교 경전을 이해하기 위해 사용해 온 문헌 비평은 이 원시 불교 경전들에는 거의 이루어지지 않았다. 원시 불교 경전은 그리스도 초기 경전에 비해 훨씬 많다.

6) *Mahānidadopāyasūtra*; Chinese Āgama, 『大緣方便經』(*Ta-yüan-fang-p'ien ching*),

아난다가 단계마다 이 가르침을 알아듣겠다고 하자 부처는 고통으로 결과되는 연기의 사슬을 더 설명해 나갔다. 사실 아난다는 불교의 가르침 가운데 가장 기본적인 이것을 잘 알고 있는 듯이 보였다. 그러나 본문은 이어서 십이연기에 대한 더 오래된 판본으로 보이는 것을 제시하는데, 여기서는 고통의 가장 근원적인 요인을 무명으로 보지 않고 이름 짓는 것과 의식(consciousness) 사이의 상호 작용으로 파악한다.[7] "그러므로 아난다여, 의식은 물질적 형태의 이름 지음을 의식의 원인으로서 삼고 또 물질 형태의 이름 지음은 의식을 이것의 원인으로 삼는다." 고통으로 귀결하는 전체 과정은 물질 형태를 이름 짓는 데서 의식이 일어나기 때문인데, 이 형태는 의식에 직면하고 이어 이를 구조화한다. 부처는 계속해서 말한다. "의식이 이름과 형태에 거하지 않는다면, 의식이 머물 곳이 없다. 또 의식이 거할 곳이 없다면 태어남, 늙음, 병, 죽음, 슬픔, 애석함, 고통, 열망도 일어나지 않을 것이다."

아난다가 정확한 이름과 십이연기 교의의 문자적 의미를 제대로 파악했다고 하더라도 그가 실질적으로 이것의 근원적인 뜻을 이해했다는 뜻은 아니다. 그가 이 교의가 드러나는 이름에만 단지 집착한다면, 그의 의식은 생사윤회의 고통에서 벗어나지 못한 것이다. 부처는 나아가 자신이 십이연기를 제시한 것은 설명을 위해서이지 어떤 이론을 제안하기 위해서가 아니고 말했다. 부처는 "아난다여, 내가 이[십이연기 교의]를 제시한 것은 이를 말하기 위함이요, [인간 이해에] 맞게 가르치기 위함이며, 또 [지적 형태로] 정리하기 위함이며, 지혜

---

in Chalmers, *Further Dialogues of the Buddha*, pp. 305-306. 방랑자 바차고타(Vacchagotta)와 더불어 숙고하기를 거부한 부처에 대한 똑같은 설명에 대해서는 342쪽을 보라.

7) 梶山雄一(Kajiyama Yuichi), 「佛教における言葉と沈黙」[Speech and Silence in Buddhism], in 『宗教體驗と言葉: 佛教とキリスト教との對話』[Religious Experience and Language: Buddhist Christian Dialogue], pp. 21-22. 또한 Digha-Nikāya, ii.30; ii.56; *Milinda's Questions*, trans. I. B. Horner, p. 68을 보라.

의 통찰과 중생을 위해서이다"라고 말했다.

따라서 십이연기의 제시는 이성적 분석을 통해 알게 되는 언어적 연구가 아니라 이러한 이성화로 파악될 수 없는 것을 말하기 위한 수단이다. 곧 언어를 빌린 것은 단지 중생의 깨달음을 위해서이다. 이 깨달음은 사물의 그림인 언어에 집착하는 이런 이름 짓는 의식에 대한 신비적 정지(mystic cessation)이다. 부처가 형이상학적 논의를 거부했다는 잘 알려진 이야기는 그의 시원적 깨달음이 신비적 본성을 지녔다는 데서 찾을 수 있다. 그의 법(doctrine, dharma)은 이름에 있지 않으며 이름이 지어지는 곳에서 생기는 집착과 고통에서 자유롭다. 부처의 근원적 깨달음은 오직 신비적 의미 영역 안에서만 중요성을 갖는다.

『중아함경』의 『사자후경』(獅子吼經, *The Greater Discourse on the Lion's Roar* in *The Middle Length Sayings*)은 부처의 통찰이 모든 이성을 넘어선다고 분명히 묘사한다. 이 이야기는 부처가 다음과 같은 저주를 퍼부었다고 묘사한다.

> 이제 이 모든 것을 알고 있는 나에 대하여 누군가가 속세를 등진 고타마의 귀한 능력, 그의 지식과 통찰에 대해 이무것도 초인적인 것이 없다고 말한다면, 또 이것이 고타마 자신이 만들어 내고 전개시킨 어떤 교의를 애써 확립하기 위해 합리화한 것이라고 한다면, 그러고 나서도 그가 자기가 한 말이나 마음을 바꾸거나 그런 관점을 버리지 않는다면 그는 나중에 지옥으로 떨어질 것이다.[8)]

따라서 원시 불교 경전인 팔리어 니카야(Nikāya)들과 같은 의미로서 중국어 아함경들은 신비적 앎으로서 부처의 깨달음을 말한다. 부처의 관심은 구체적이고 현상학적인 이러한 신비적 깨달음에 대한 체험에

---

8) *Mahāsīhanādasūtta*, as in Chalmers, *Dialogues*, pp. 52–53; I. B. Horner, trans., *Middle Length Sayings*, 1, pp. 95–96를 보라.

있었다. 이것이 왜 그가 형이상학(적인 논의)에 대해 "마지막 정지(cessation)로 이끌지 못하기 때문"[9]이라며 거부했는지를 보여 준다. 이는 또 부처가 왜 영원하고 불변하는 아트만이라는 교의에 들어 있는 덧없음에서 벗어나려는 시도 자체를 거부했는지를 말해 준다.

부처 이론의 형성

그러나 사람들은 생각하며, 아무런 이익도 없는 질문에 얽매이지 말라는 조언이 있음에도, 많은 이들은 교의가 의미하는 것과 어떻게 이 교의가 일관된 전체를 이루는가 하는 것을 이해하고자 하는 데에서 여전히 갈증을 채우지 못한다. 앞서 본 초기 경전인 니카야(Nikāya)들과 아함경들에는 이론적인 절박성(exigency)을 보이는 구절들이 있는데, 이는 나중에 나온 아비달마(阿毘達磨, Abhidharma) 학풍에서 완전한 형태로 전개된다. 아비-달마라는 낱말은 원래 "교의에 관하여"[10]라는 뜻으로 쓰였고 아비달마 소책자들은 부처가 가르쳤던 경(經, Sūtra)들의 교의를 설명하고 종합한 것을 가리킨다.[11] 이 이론의 흐름은 결국 부처 경전의 세 "바구니(basket, piṭaka)"를 형성하는 경(經)과 비나야(Vinaya, 계율) 선집과 더불어 주석본인 아비달마 선집으로 따로 묶였다.

마지막 단계에서 아비달마의 대가들은 경전의 가르침에 대한 주석을 체계화했을 뿐만 아니라 자신들의 관점으로 재정리하고 또 이러한 가르침의 의미에 관한 이론을 제시했다. 사실 이런 이론적 가르침이 불교적 스콜라 철학을 낳았다고 할 수 있는데, "아비달마"라는 용어는

9) F. L. Woodward, *The Book of Kindred Sayings*, 5, p. 354.

10) 櫻部建(Sakurabe Takeshi), 『俱舍論の研究』[A Study of Abhidharma], p. 15.

11) 木村太賢(Kimura Taigen)의 『Abhidharmaśāstraの研究』(Abhidharmaśāstra no kenkyū) (1922)는 처음으로 아비달마 사상의 역사적 발전을 검토했다. 특히 32-58쪽을 보라.

"더 경지가 높고 특별한 가르침"이라는 의미가 됐다. 나중에 상좌(上座, Sthavira) 불교 전통의 주석에서는 이것을 "가장 높은 교의"[12]로 여겼다. 이 최고 교의는 근본 불교에 대한 신비적 깨달음을 의심할 여지없이 이론적이고, 철학적으로 이해한 것이다.

현대 상좌 불교(Theravāda, 소승불교)의 스님 니야나틸로카(Nyanatiloka)는 "[아비달마 선집]은 … 결코 부처의 교의를 왜곡하거나 변조했다고 여겨지지 않고 오히려 경(經, Sūtra, 선집)에 놓인 모든 교의를 체계화하려는 한 시도로서, 또 이 교의를 철학적 … 관점에서 밝히려는 시도로 여겨진다."[13] 복음의 헬레니즘화가 의미의 갈라짐을 동반했던 것처럼, 불교 교의의 역사에서도 아비달마의 스콜라적 발전은 초기 경전에 대한 상식적이고 신비적인 의미를 이론적 의미와 날카롭게 구분했다.

새로운 기술적 언어가 발달했고 초기 아비달마 경전이 이들의 언어적 "모체"(matrix, matṛka)[14]를 규정하는 데 상당한 관심을 쏟았는데, 이는 용어의 정확한 정의 없이는 교의의 의미를 실질적으로 잃을 수 있다고 여겼기 때문이다. 근본설일체유부(根本說一切有部, Mūlasarvāstivāda)의 율장에서는 이렇게 설명한다.

> 후대 사람들은 지혜가 적고 무딘 감각을 지닌 것이다. 이들은 이해하기 위해 경전에 매달리고 깊은 뜻을 파악하지 못한다. … 따라서 나 자신(곧 카샤파[Kāśyapa])은 모체를 제시하고자 하는데, 이는 내가 경전과 수행의 의미를 확실히 보호하고자 하기 때문이다.[15]

---

12) 櫻部(Sakurabe), 『俱舍論』(Kusharon), p. 16.
13) Nyanatiloka, *Guide through the Abhidhammapitmaka*, p. 1.
14) Louis de la Vallée Poussin, *L'Abhidharmakośa*, introduction, p. vii를 보라. 또한 Leo M. Pruden's "The Abhidharma: The Origins, Growth and Development of a Literary Tradition", in *Abhidharmakośabhāṣyam* (Louis de la Vallée Poussin의 영어 번역), pp. xxxviii-xl.
15) T. (『大正新修大藏經』[Taisho Shinshū Daizokyo]-the Chinese Buddhist Canon) 24, p. 408b.

이 구절은 단지 이론적 사고의 발전을 강조할 뿐만 아니라 경전의 통합을 보호하려는 필요를 근원적인 욕구와 동일시하고 있다. 서구 그리스도교와 똑같이 경전의 의미가 잘못 해석될 수 있으며 따라서 명확한 체계화와 규정이 이들의 근원적 가르침을 보호하려는 것을 목표로 하게 됐다. 아비달마 주석은 이 원래의 가르침을 식별하는 것을 구성하는 것으로 여겨진다. 『아비달마구사론』(阿毘達磨俱舍論, *Commentary on the Abhidharma Treasury*)에서 바수반두(Vasubandhu, 世親)[16]는 아비달마를 "요소들을 동반하는 순수한 지혜. 지혜는 교의의 식별이다"[17]라고 정의한다. 이런 식별은 모든 가르침에 대한 지속적인 조사와 절대 진리를 이론적으로 파악한 결과이다. 아비달마 가르침에 객관적으로 드러나 있는 지혜는 모든 가르침의 내용과 다르마(법), 또는 모든 것들의 본질에 대한 분석적 이해가 된다.

바수반두는 나아가 상대 진리(saṃvṛti-satya)인 상식(commonsense)과 철학적으로 분석된 개념의 절대 진리(absolute truth, paramārtha-satya)[18]를 구분함으로써 이 식별의 내용을 설명한다. 여기서 절대적 진리의 개념은 절대 진리를 매개하는데, 만약 이행되고 실천된다면 이것은 고통의 중지로 또 깨달음을 얻는 것으로 나아갈 수 있다. 개념적 분석은 사물의 본질(essence, svabhāva), 또는 확고하고 안정적이며 겉으로 드러난 상식 뒤의 지속하는 요소들에 대한 앎에서 나온다. 이를테면,

---

16) 바수반두는 유식학파의 주요 사상가 가운데 한 명이다. 그는 그의 형인 아상가에 의해 대승불교, 좁게는 유식론 이론가로 바뀐다. 에릭 프라우왈너(Erich Frauwallner)는 그의 *On the Date of the Master of the Law Vasubandhu*에서 바수반두가 썼다고 알려진 저작이 너무 다양하고 쓰여진 연대도 너무 달라서 분명히 두 명의 다른 바수반두가 있다고 주장한다. 노엘 페리(Noel Péri)는 "A propos de la date de Vasubandhu", *Bulletin de l'École francaise d'Extreme-Orient*, 9 (1911)에서 전통적으로 바수반두는 한 명이라는 견해를 지지하면서 바수반두는 그의 사상이 *Abhidharmakośabhāṣya*를 쓸 때와 유식론 사상의 후기 시기와는 다르다고 주장했다.

17) De la Vallée Poussin, *L'Abhidharmakośa*, 1, 3; Pruden, p. 56.

18) 같은 책, pp. 6, 139.

아비달마의 학장(學匠)들이 자아라는 일반적인 개념을 다룰 때, 이들은 자아(the self)라 할 만한 본질이 없음을 발견하고는 이를 환상이라고 규정한다. 그러나 이들은 이 환상의 근저에 있는 다섯 가지 영속적인 요소를 제시하는데, 곧 물질적 형태, 감각, 개념화, 업에 의한 기질들(dispositions), 그리고 의식을 말한다. 이것들은 절대적으로(paramārtha-sat) 존재하는 것으로 간주되고 이러한 지식은 자아에 대한 집착에서 벗어나게 한다. 『아비달마구사론』은 75개의 이런 요소(dharma)들[19]로 이루어진 한 목록을 제시한다. 모든 사물은 이러한 요소들이 구성된 것으로 철학적으로 이해될 수 있으며, 이것은 이 요소들 자체가 절대적인데 그 까닭은 이것들이 어떤 분석을 통해서 더 기초적인 요소로 축소될 수 없기 때문이다. 그리스 사람들만이 알려진 것의 내용에 초점을 두는 존재론적 형태를 전개시킨 것이 아니었다. 그리스 사람들의 noēta는 사물의 본질인 svabhāva로서 이런 요소들에 대한 아비달마의 개념과 같다고도 할 수 있는 것이다. 아비달마에서 지혜는 이론과 같게 여겨지고 상식과 의미의 이론적 영역 사이의 차이는 이 상대적 진리인 상식과 철학적으로 절대적인 진리 사이의 차이로 간주된다. 니야나틸로카는 "경(Sūtra)에서 이 교의들은 대개 누구든지 이해할 수 있는 일상 언어, 곧 '관습적인' 철학석으로 부정확한 언어로 설명되는 것에 반해서 아비달마는 절대적인 의미에서 순수하게 철학적인 언어를 사용한다"[20]고 설명한다. 이와 마찬가지로 15세기 상좌 불교(Therevāda)의 학장인 부다고사(Budddhaghosa)는 "아비달마는 사물의 절대적 본질을 가리킨다"[21]고 말했다.

아비달마는 깨달음의 내용과 절대적 진리의 체계적인 객관화가 되며 또한 이론적인 용어로 이 내용을 펼치는 것이 된다. 부처의 근원

---

19) 平川彰(Hirakawa Akira), *Index to the Abhidharmakośa*, pp. xii-xx.

20) Nyanatiloka, *Guide*, p. 9.

21) *Attasālinī* 3:488; quoted in Herbert Guenther, *Philosophy and Psychology in the Abhidharma*, p. 2.

적 깨침이 신비적 깨달음이라 하더라도 아비달마의 시도는 아주 이성주의적인 것이 되었다. 플라톤에 가장 큰 영향을 받은 그리스도교 교부들의 것에 유사한 언어로 아비달마의 학장들은 오직 관습적으로 유효하고 실용적인 진리를 제공하는 이 감각 세계에 대한 변화하는 인상과, 절대적으로 존재하며 잘 분석된 개념 속에 파악될 수 있는 진정한 지식의 영역을 분명하게 구분했다. 변화하는 세계를 넘어서 영속적이고 불변하는 실재가 있다. 어떤 이는 실제로 올바른 관점(samagdṛṣṭi)을 얻을 수 있는데, 이는 그로 하여금 열망을 근절하고 깨달음을 얻도록 한다. 또 어떤 이는 이 길을 알고 또 오랜 묵상 속에서 이를 수행함으로써 성인에 이를 수 있는데, 이는 모든 열망이 소진되고 중지가 이루어지는 마지막 단계에서 이루어진다.

이 방법의 체계에 대한 아비달마의 제안은 아주 스콜라적이며 신앙인을 위한 지시들이기보다는 연구의 교육 과정에 더 가깝다. 이렇듯이 이것은 시간이 있어서 묵상 수련할 수 있는 지적 엘리트 승려를 목표로 하며 따라서 이론에 덜 기대는 재가불자[22]의 필요성을 지나쳐 버린다. 전 체계를 통하여 깨달음의 한 가지 걸림돌은 잘못된 관점으로 이끄는 열망(passion)이다. 그러나 이러한 잘못을 잘라 버리는 경우, 인간의 앎은 진리에 도달하고 마지막 중지를 얻을 수 있다고 이해된다. 이러한 지적 접근은 이론적으로 덜 정교한 것으로 하여금 다른 곳을 찾게 만드는데, 그것은 아는 체하는 많은 사람이 그것에 도달했다는 잘못된 관점을 교정하는 데에 모든 사람이 능력이 있거나 또는 관심이 있는 것이 아니기 때문이다. 니야나틸로카는 한 비유(parable)를 통해서 이런 상황을 묘사한다. "위용에 차서 날아오르는 백조가 진흙 웅덩이 속의 흙범벅이 된 거위 한 마리를 자세히 살폈다. 보기에 안되어서 백조는 내려와 이 비천한 처지의 새에게 히말라야가 얼마나 높은지, 시원한 산의 계곡이며 빛나는 보석에 대해 말해 주었

22) Lamotte, *Histoire*, pp. 444–445, 667–705, 756–759를 보라.

다. '하지만 나는 진흙 속에 사는 고기를 먹고 살아야 하거든. 거기에도 그런 물고기가 있어?' 거위가 물었다. '거기에는 그런 물고기도 없을 뿐만 아니라 진흙도 없지.' 백조가 대답했다. '그럼 나는 네가 말하는 산이나 보석이 필요 없어.' 거위가 말했다."[23] 이 비유처럼 아비달마 이론에 대한 부정에서, 후대 반야(般若, Prajñāpāramitā) 사상가들은 저지대 진흙 웅덩이에 있는 거위의 처지를 자랑스럽게 생각한다.

그리스도교 전통에서 궁극적 의미의 내용에 대한 완전한(thoroughgoing) 이론적 제시는 마지막 말로 여겨지지 않았는데, 그것은 복음 자체가 끊임없이 하느님은 모든 개념과 말을 초월한다고 주장하기 때문이다. 이와 반대로 인도 불교 전통에서 아비달마 모델은 한때 단지 신비 사상의 자리를 빼앗은 사상이었으며 따라서 이에 대한 대응으로 단지 아비달마의 가르침이나 사상을 부정하는 것뿐만 아니라, 이론적인 가르침으로 이해되었던 그러한 형태 전체를 부정하는 완전히 만발한 신비주의를 불러왔다. 이러한 대응의 영향은 서구 그리스도교의 비유에서보다 인도 불교에서 훨씬 더 컸는데, 이는 아마도 아비달마 주지주의(intellectualism)라는 앞서 말한 경향이 한때 이것의 궁극적 유효성을 확신했기 때문인 듯하다. 불교 신비 사상은 모든 이론을 완전히 부정한다. 반야(Prajñāpāramitā) 경전들은 아비달마의 가정을 비웃거나 부정하는 식으로 자신의 통찰을 끊임없이 표현한다.

반야경전의 신비 운동

반야경전들의 구성은 대승불교 운동을 낳게 했는데, 여기서 신비 체험은 중심 구실을 한다. 이런 반야(지혜의 완성)경전들(50B.C.E.-150C.E.)과 후대 나가르주나의 중관 사상(Middle Path, Mādhyamika)은 전대의 아비달마 사상과 철저하게 결별하며 이를 해체해 새로운 체계를

23) Nyanatiloka, *Guide*, p. xiv.

구축한다.[24] 아비달마의 학장들은 의식을 상대적 진리로서 관습적인 상식의 영역과 절대 진리로서 이론적 영역으로 나눈다. 이에 반해서 이름도 알려지지 않은 반야의 저자들은 철저하게 그 이론화를 깨버린 새로운 신비 운동을 소개했으며, 상식의 언어만을 사용하는 신비적 통찰의 우선성을 옹호했다. 이 경전들은 특히 지적 이해가 절대 진리의 해방적 지식에 이르게 된다는 아비달마의 가정을 부정하고 이에 맞서기 위해 쓰였다. 이 경전들이 도입한 신비 운동은 대승경전(Great Vehicle, Mahāyāna)으로 묶였으며 보살(Bodhisattva)의 이상을 강조했는데, 이들은 비개념적 지혜의 수행과 깨달음에 있어서 아비달마 성인(arhat)을 훨씬 넘어선다.[25] 인도뿐만 아니라 티베트, 중국, 한국, 일본의 후대 불교 역사는 이들 불교의 바탕을 이 신비 불교의 기초 위에 세운다.[26]

사물의 본질(svabhāva)을 아는 능력을 계속 언급한 아비달마의 지적인 확신에 바탕을 두고 있는 아비달마 경전에 반해서 반야경전들은 모든 사물(dharma)들은 본질이 텅 비어 있으며 이론적 앎에 종속되지 않는다. 아비달마는 사리푸트라(Śāriputra, 舍利弗 또는 秋露子: 석가모니 주요 제자 가운데 한 사람-옮긴이)의 모습으로 의인화되었는데, 그는 분석적 지식에 통달한 학장으로 여겨졌지만 비개념적 지혜의 대가인 수부티(Subhūti, 善現) 수하에 있다. 그는 수부티에게 "끊임없이 지식을 물어 오고, 수부티의 우월성을 재차 인정했으며 수부티는 때로는 아주 우둔한 모습을 보이면서도 사리푸트라가 언어에 관한 한 어떤

---

24) 리차드 마그리올라(Richard Magliola)는 그의 *Derrida on the Mend*에서 자크 데리다(Jacques Derrida)의 철학을 아비달마의 형이상학에 대한 나가르주나처럼 서구 형이상학에 대하여 똑같은 기능을 행하는 것으로 해석한다. 그러나 데리다와는 대조적으로, 대승불교 사상에서 나가르주나의 중심적 위치는 모든 대승불교 사상가들에 의해 인정된다.

25) Har Dayal, *The Bodhisattva Ideal in Buddhist Sanskrit Literature*, pp. 18–19.

26) Mervyn Sprung, *Lucid Exposition of the Middle Way: The Essential Chapters from the Prasannapadā of Chandrakīrti*, p. 1.

문제를 제대로 파악하고 있는데도 그를 '훈계했다'고 한다."[27] 『대반야경』(大般若經, *The Large Sutra*)은 이 주제에 대해 이렇게 말한다.

> 만일 이 잠부드비파(Jambudvīpa, 贍部洲: 모든 우주의 동, 서, 남, 북 대륙 가운데서 남쪽 대륙을 뜻함–옮긴이) 대륙이 사리푸트라 정도의 수준에 있는 승려들로 가득 차 있다고 하더라도 … 이들의 지혜는 백분의 일, 천분의 일, 심지어 십만 분의 일로도 완전한 지혜를 좇는 한 보살의 지혜에도 다가가지 못할 것이다.[28]

이와 동일한 관심이 나가르주나의 중관학파 사상에서 보이는데, 그는 반야에 대한 통찰을 엄밀하게 변증법적으로 공사상으로 발전시켰다.[29] 나가르주나의 가장 유명한 작품인 『중론송』(中論頌, *Stanzas on the Middle*)의 첫 번째 품 곧 관인연품(觀因緣品)에 대한 주석에서 핑갈라(Pingala, 靑目)는 이 작품의 의도가 단지 잘못된 관점뿐만이 아니라 불교의 관점에 대한 문자적 의미에 집착하는 것을 반박하는 데 있음을 밝힌다. 핑갈라는 "(십이)연기(causes)나 오온가화합(五蘊假和合, five aggregates)에 대한 규정적인 본성을"[30] 구하는 사람을 비판한다. 부처는 어떤 것이든 모든 "관점(views)"을 살라 버리려 하고자 했다고 여겨지는데, 이는 이 관점들이 공에 대한 통찰을 막아 자아에 집착하게 이끌기 때문이다. 나가르주나는 "나는 석가에게 귀의한다. 그는

---

27) Conze, *The Prajñāpāramitā Literature*, p. 6.

28) Edward Conze, trans., *The Large Sutra on Perfect Wisdom, with the Divisions of the Abhisamaya–alankāra*, p. 58. 콘즈에 따르면, 반야경전 가운데 가장 권위 있는 것 가운데 하나로, 기본 경전은 『팔천송반야』(*The Perfection of Wisdom in Eight Thousand Verses*)이다. 그런데 이것은 십만, 십오만, 십팔만 구절로 확대된다. 이 확대된 경전들의 차이는 주로 반복의 수로 달라지며 이것이 경전의 총 길이를 결정한다. 『대반야경』(*The Lagre Sutra*)은 콘즈가 팔천, 십오만, 십팔만 구절의 본문을 합쳐서 번역한 것을 가리킨다.

29) Frederick Streng, *Emptiness: A Study in Religious Meaning*, pp. 139–152.

30) T. 30, p. 1b–c.

자비로움으로 모든 관점(sarvadṛṣṭi)을 잘라 버리기 위해 이 교의를 가르쳤다"[31]고 선언했다.

모든 관점의 부적절함에 초점을 맞춘 것은, 사도 바오로가 코린토인들의 생각을 비판한 것이나 디오니시오가 그의 친구 소시파트로(Sosipatrus)에게 그리스인을 반박하는 데에 몸담지 말라고 조언한 것과 내용적으로 같다. 나가르주나가 여기에 초점을 둔 것은 절대 진리를 얻을 수 있는 이론의 능력을 아비달마가 믿고 있는 것을 직접 겨냥한 것이다. 이러한 이론적인 관점을 뒤집어 버리는 중심 주제는 공(śūnyatā)이다.

아비달마 사상가들은 끊임없이 법(dharma)들을 "검토(reviewing)"[32]하고 이들의 목적은 실재의 본성에 대한 더 분명하고 명확한 파악을 얻는 데에 있다. 이들에게 dharma라는 용어는 특정한 본질(svabhāva)을 결정하는 분석을 통해 절대 진리로 여겨지는 요소의 존재를 가리킨다.[33] svabhāva라는 낱말은 글자 그대로 "존재 소유(ownbeing)"이며 문제 아래 놓인 것의 영구적인 의미로서 파악되는 한 객체의 본질이나 본성을 가리킨다. 아비달마의 경우 해방하는 관점을 위한 기초를 형성하는 것은 이러한 본질에 대한 개념적인 앎이다. 그러나 반야나 나중의 중관학파 철학에 따르면, 모든 사물의 본질은 바로 공, 텅 빔이다. 따라서 어떤 관점도 자신의 인지에서 온 것이며 따라서 환상이다. 아비달마의 모든 다르마 목록을 쓸어 버리는 것뿐만 아니라 심지어 부처의 방법적 체계와 사성제에 대한 아비달마의 제시는 무효이며 쓸데없는 것으로 단언한다. 『반야심경』(般若心經, *The Heart Sutra*)은 이렇게 말한다. "여기 사리푸트라, 모든 것은 공이라고 특징짓는다. … 고통도 없고, 기원도, 중지도, 통로도 없다. 인식도 증득함도 또 증득

---

31) T. 30, p. 34b. *Nāgārjuna: Mūlamadhyamakakārikāḥ*, de Jong ed., p. 43; chap. 27, stanza 30.

32) Conze, *The Prajñāpāramitā Literature*, p. 7.

33) Conze, *Buddhist Wisdom Books: The Diamond Sutra*, p. 85.

함이 아닌 것도 없다."[34)]

전 대승불교(Pre-Mahāyāna) 교인들은 무아(no-self)라는 교의를 가르쳤으며 사람의 개인적 지속성에 대한 감각(sense)은 오직 오감의 총합에서 온다고 주장했다. 그러나 대승불교 사상가들은 한 걸음 더 나아가 이 오감이 유효하지 않다고 부정했으며 모든 것이 공하다고 가르쳤다. 『대반야경』에 따르면 "지혜의 완전함을 좇는 보살은 모든 것이 본질상 공(空)임을 찾아야 한다."[35)] 『반야심경』은 이 주제를 반복한다.

> 고귀한 주인(the noble Lord)이자 보살인 관세음(觀世音, Avalokita)은 지혜의 완전함을 깊이 추구해 나가는 과정에서 높은 경지에서 바라보기를 이 다섯 감각은 단지 공한 것으로 보면서 … 모든 것은 텅 빈 것으로 특징짓는다.[36)]

분석으로 파악될 수 있는 본질이 없으므로 사물은 관점들의 기원을 뒷받침해 주지 못한다. 따라서 공 개념 자체는 똑같은 분석적 틀 안의 다른 관점으로 이해되지 않는다. 오히려 이것은 이 틀 자체를 뒤집은 것이다. 심지어 부처의 교의도 한 "올바른" 관점으로서 여겨지지 않는데, 이는 『금강경』(金剛經, *The Diamond Sutra*)이 가르치듯이 부처는 결코 어떠한 교의도 가르치지 않았으며, "교의로 여겨지는 교의는 없기 때문이다."[37)] 교의가 없는 까닭은 교의는 표지나 개념으로 배울 수 있는 것이 아니기 때문이다. 실로 해탈(cessation)의 얻음은 "바로 멈추는 것, 이름 붙인 것들의 표지에 대한 지각 기능의 중지"[38)]

---

34) Conze, *Buddhist Texts through the Ages*, p. 7.
35) Conze, *The Large Sutra*, p. 101.
36) Conze, *Buddhist Wisdom Books*, pp. 77-78, 85.
37) 같은 책, p. 61.
38) Sprung, *Lucid Exposition of the Middle Way*, p. 262.

이다. 따라서 나가르주나는 『중론송』에서 투박하게 결론을 내리기를 "중지는 사물을 취하는 모든 길을 중지함이며, 이름 붙인 것들의 쉼이다. 따라서 어떤 곳에서 누구를 위해서도 부처에 의해 가르쳐진 진리는 없다."[39] 그러므로 의미에 대한 유효한 지각은 없는데, 이것은 마치 마음이 사물 자체 안에 있는 이미 주어져 선재하는 의미의 단위와 만날 수 없는 것과 같다.

따라서 지혜를 추구하는 자는 어떠한 스콜라적 방법 체계(path system)를 수행하려 해서는 안 된다. 『팔천송반야』(八千頌般若, *The Perfection of Wisdom in Eight Thousand Lines*)를 시의 형태로 제시한 『불설불모보덕장반야바라밀경』(佛說佛母寶德藏般若波羅蜜經, *The Accumulation of Precious Qualities*)은 어떠한 수련에도 몸담지 말라고 권고하는데, 이것은 "수련하는 것과 수련하지 않는 것을 차별하지 않는 사람은 그 자신이 이 부처의 교의 안에서 수련하고 있는 것이기 때문이다."[40] 의미를 객관화하고 문자로 정리하는 것을 배우는 것으로서 또 수행의 실천으로서의 수련은 모두 거부돼야 하는데, 이는 이것들이 깨닫는 체험의 직접성을 학습된 이해력과 매개된 관념들의 수행으로 전락시키기 때문이다. 그러나 어떠한 외적 의미 집합 사이를 차별함 없이 수련하는 사람은 공의 깨달음을 통해 부처의 참 교의를 알게 될 것이다.

언어는 부처의 교의를 배우는 수단이 아니다. 『대반야경』은 설명하기를 "언어는 인위적이고 … 명명하기로 합의한 것으로서 관습적인 태도로 표현한다"[41]고 한다. 『금강경』은 "물질적 객체를 잡는 것은 사실적 내용 없는 언어상의 표현 문제이다"[42]라고 덧붙인다. 어떠한 절대 진리를 제시하는 것에서 한참 떨어져 있기는 하지만 철학적

---

39) T. 30, p. 36b. *Nāgārjuna: Mūlamadhyamakakārikāḥ*, de Jong ed., p. 40; chap. 25, stanza 24. Sprung, *Lucid Exposition of the Middle Way*, p. 217을 보라.
40) Conze, *The Accumulation of Precious Qualities (Ratnaguṇasamuccayagāthā)*, p. 260.
41) Conze, *The Large Sutra*, p. 57.
42) Conze, *Buddhist Wisdom Books*, p. 65.

으로 정확한 언어를 쓰는 아비달마의 합리적 설명조차도 단지 아비달마의 언어적 맥락 안에서 의미 있는 것이라고 동의하는 관습적인 것 이상이 아니다.[43] 이것들은 지시된 사물들과 아무런 본질적 관계가 없는데, 그것은 모든 사물이 공하기 때문이다. 따라서 모든 언어적 가르침은 절대적 유효성 없는 상대적 진리이다. 이 이론적 앎에 대한 아비달마의 확신을 철저히 해체하는 것을 이행하면서 신비적 반야 저자들은 재치문답이나 수수께끼를 이론적 의식에 던져 주는 것을 즐거워한다. 그러나 이것 자체로 이 신비 반야 운동이 대승불교 사상의 중심 위치를 지탱할 수 있는지 의심스러운데, 그 까닭은 공의 직접적 즉자성(immediacy)의 침묵에 오랫동안 머물지 못하기 때문이다. 후대 나가르주나의 중관학파 철학이 아니었으면, 마치 서구에서 그리스도교 신비적 어둠의 전통이 그랬던 것처럼 반야 운동은 아마도 불교 사상의 주변부에 머물고 말았을지도 모른다.

중관학파 철학

중관학파 사상은 대승불교의 가르침의 근본 입장이다. 반야경전들에서 영감을 얻어 나가르주나(ca. 200)는 어떤 본질에 대한 믿음이든, 또는 이런 믿음이 나타낼 수 있는 어떤 형식이든지 간에 이를 부정하는 엄격한 이성화라는 해체 전략을 발전시켰다. 중관학파 사상은 두 가지 주요 주제가 상호 연관되는 형태로 제시된다. 첫째 주제는 공을 상호 의존적으로 일어나는 연기로 보는 것이고 둘째는 절대 의미와 세상적 관습이라는 두 진리의 이원성에 대한 상호 보완적 가르침이다. 이 두 가지 주제는 살아 있는 체험에 대한 똑같은 깨달음에 관련되어 있지만 접근 방식이 다르다. 이 주제들은 그 자체가 깨달음에 대한 요구에 있어 우리의 실질적인 체험을 직접적으로 유의하는 상호 의존

43) Sprung, *Lucid Exposition of the Middle Way*, p. 33.

성을 바탕으로 세워져 있다.[44)]

공과 연기

공은 자아에 대한 완전한 거부이며 또 자신이 가장 자기답다고 생각하는 안정감을 흔들어 놓을 수 있는 자기 정체감(self-identity)과 본질에 대한 폐기이다. 공의 통찰은 혼란스러운 두려움과 고통의 감정을 몰고 올 수 있다. 여기서 부정된 자아는 모든 것의 내적 존재를 감싸 안아야 하는데, 이것은 지각된 내적 정체성뿐만 아니라 우리의 약한 존재의 겉모습으로부터 견고한 은둔처를 찾아낸다는 희망에 매달리는 우리의 모든 것의 내적 안정감도 포함한다. 모든 사물의 내적 본질(svabhāva)을 부정하면서 중관학파 대가들은 유효하고 고정된 관점을 생산해 내는 바로 그런 가능성을 약화시켰는데, 이것은 실재의 본질이라는 가정에서 오는 상상 속의 유효성에서 온다. 공의 교의는 어떤 고정된 관점의 유효성도 부정하는 근본 입장을 제시하는데, 이 근본 입장 자체가 입장이 전혀 없음을 의미한다. 이는 사고의 모든 본질주의적 관점을 철저히 거부하는 것이다. 공의 교의조차 그 자체가 어떤 절대적 입장이라는 유효성이 없다.

> 만일 공 아닌 것이 있다면 공이라 부르는 어떤 것이 있을 수 있다. 그러나 공하지 않음이 없으니 어디에 공한 어떤 것이 있을 수 있는가? 승자(Victors)는 모든 관점을 몰아내는 공으로 선언하지만 공을 하나의 관점으로 여기는 이들은 치유하기 어려운 병에 걸렸다고 선언하는 것과 같다.[45)]

---

44) 다음에 이어지는 중관학파 철학은 나가오 가진(長尾雅人)의 『中觀と唯識』, pp. 3-144의 "中觀哲學の根本的立場"에서 연원한다. 존 키난(John Keenan)의 영어 번역, *The Foundational Standpoint of Mādhyamika Philosophy*를 보라.

45) T. 30, p. 18c: *Nāgārjuna: Mūlamadhyamakakārikāḥ*, de Jong ed., p. 18; chap. 13, stanzas 7-8.

공은 한 관점이 아닐 뿐더러 모든 관점을 몰아내고 해체한다. 공을 통해 대승불교는 모든 존재가 환영이라는 것을 똑똑히 깨닫고 이 깨달음의 끈을 놓지 않고 끊임없이 사고하는 것으로 이동해 갔다. 나가르주나의 『중론송』에서 증명되었듯이 중관학파는 "백 가지의 부인(negation)과 천 가지의 부정(denial)"으로 가득 차 있다.

그러나 중관학파 철학은 반박과 부정에 한정되어 있는 것만은 아니다. 곧 중관학파 사상은 모든 본질주의적 관점을 반박하는 데에 만족하는 단순한 해체 전략이 아니다. 생각해 낸 본질이 실재한다는 데 대한 집요한 집착을 없애 버리고 또 끊임없는 자기라는 상념만 키우는 환영적 존재론의 투영(prapañca, 戱論)을 잘라 버리는 것을 목적으로 하면서, 중관학파는 우리 체험의 직접성에 대한 이해와 체험을 왜곡하거나 막아 버리는 고정된 지위를 만들어 내는 일 없이 이를 해석하는 것을 기본적이고 중심적인 것으로 삼는다. 공은 단지 없음(nothingness, nāsti)이 아니며 오히려 상호 의존적으로 일어나는 존재 안에서 본질의 부재함(niḥsvabhāva)에 대한 통찰이다. 이러한 해체는 본질주의적 주장을 만들어 내는 똑같은 의미 범주 안에 해체 자체를 놓고 그렇게 이해하려 하는 단순한 부정이 아니다. 이것은 무차별적인 깨달음의 직접성을 강조하면서 한편으로는 본질주의와 이론의 전체 맥락을 완전히 부정하는 것이다. 찬드라키르티(Candrakīrti, 月稱)는 그의 『알기 쉬운 해설』(*Lucid Exposition*)에서 이렇게 설명한다.

> 공은 어떠한 예외 없이 모든 차별을 내려놓기 위해 가르친다. 따라서 공은 차별함을 완전히 쉬도록 내려놓는 것을 의도한다. 그러나 비존재라는 느낌을 공으로 [돌림으로써] 혹자는 이를 실체화하기도 한다.[46)]

---

46) Jacques May, *Chandrakīrti: Prasannapadā Madhyamikavṛtti, Douze chapitres traduits du Sanskrit et du Tib'tain, accompagn's d'une introduction, de notes et d'une 'dition critique de la version Tib'taine*, pp. 223–224. 다른 번역을 참조하려면 Sprung, *Lucid Exposition of the Midddle Way*, pp. 172–173을 보라.

중관학파 사상가들은 환상은 언어의 조작으로 생겨난다고 주장하는데, 이것으로 말미암아 언어는 사물의 본질을 대변한다고 여겨진다. 중관학파는 이렇듯 언어를 통한 외적 의식이라는 조작된 형식 안의 진리만을 부정하는 것이 아니라 모든 형식을 부정한다. 찬드라키르티는 다음과 같이 설명한다.

> 모든 사물에는 본질이 없다는 것을 인정하지 않으면서 사물이 실체라고 집착하게 되면, 사람들은 조작의 그물에 걸린다. 그러나 마치 자식 못 낳는 여자가 아들이 없는 것처럼, 사물은 진정으로 본질이 없으며 비어 있으므로, 욕망으로 타오르는 이들이 사물이 실체라고 집착하지 않았다면 이들은 조작의 그물에도 걸리지 않으며 이러한 사물을 알려지는 객체라고 여긴다. 또 조작의 그물에 걸리지 않으므로 이들은 투사한 상상의 그물에도 걸리지 않는데, 이것들은 이런 조작을 객체로 생각할 때에 생긴다. 또 투사한 의미의 그물에 걸리지 않기 때문에 이들은 열망(passion)을 일으키지 않는다. 이 열망은 자아가 있다는 믿음에 의존하며, 나아가 "나"와 "나의 것"에 집착함을 일으킨다. 따라서 공에, 또 본질의 없음에 기초한다면 이들은 꾸며 내고 추론해 내는 것을 완전히 잘라 버린다. … 따라서 조작을 완전히 잘라 내므로 공은 해탈(cessation)이라 불린다.[47]

여기서 조작(prapañca, 戱論)은 개념 안에서 의미를 구축하는 것을 말한다.[48] 이것은 본질의 집착에 바탕을 두는 개념적, 언어적 표현이며, 마치 이런 표현들이 참된 앎의 영속적인 원천을 제공할 수 있는 것처럼 보이는 듯하다. 따라서 찬드라키르티는 "조작은 말하는 자와 듣는 자, 아는 자와 알려지는 자 [사이의 이원론으로] 특징짓는다."[49]

---

47) May, *Chandrakīrti*, pp. 223-224.

48) Theodore Stcherbatsky, *The Concept of Buddhist Nirvana*, index, p. 38을 보라.

49) Quoted in 山口益(Yamaguchi Susumu), 『佛教における有と無との對論』(Bukkyō

한 번 마음에 이러한 이원론이 자리를 잡고 나면 주체로서 아는 자는 신비적 깨달음의 즉자성을 지나쳐 버리고, 초점을 온통 알려지는 것에, 밖에서부터 그에게 언어를 통해 매개되는 지식에 두게 된다. 이러한 사람은 공이라는 해독제가 필요한데, 그것은 이 사람이 얼마나 종교적이거나 이론적으로 올바르건 간에 깨달음의 직접성에 마음을 열기 위해 먼저 스스로 투사한 자기 생각에서 벗어나야만 한다. 따라서 공은 앎에 대한 이원론적 형태를 부정한다. 이는 단순한 허무주의가 아니다.

그러나 공에 대한 통찰은 체험에 있어 추상적인 작용을 하지 않는다. 오히려 중관학파 사상과 후기 대승불교 발전 전반에 걸쳐서 항상 상호 의존적으로 일어나는 연기론과 상승 작용으로 이해된다. 연기론은 모든 불교의 중심 사상이다. 초기 불교에서 원시 불교의 가르침 –아마 석가모니 자신도–에서도 윤회(saṃsāra)의 핵심을 설명하는 십이인연(十二因緣, twelve–staged cycle of factors)을 묘사하는 데에 사용되었다. 이러한 초기 대승불교적 용법에서 상호 의존적 일어남은 무명(無明, avidyā), 곧 고통의 끊임없는 반복을 넘지 못하고 또 해탈(nirvāṇa)을 얻지 못하는 윤회의 차원 안에서 일어나는 체험을 끊어야 하는 것을 표현했다.

나가르주나는 초기 가르침에서 나온 상호 의존적으로 일어나는 것에 대한 생각을 다시 강조했으며 이를 공과 동일시했고 공의 존재를 내보이기 위해 이를 재해석했다. 따라서 공에 대한 통찰의 내용이라는 초월적인 차원을 이 상호 의존적으로 일어나는 연기에 부여했다. 이처럼 심화된 연기론에 대한 이해로서 나가르주나는 더 이상 단지 윤회의 세계를 말하는 것이 아니라, 의식 안에서 표현되고 알려지는 전체 세계가 어떠한 영속적인 본질도 없는 텅 빈 덧없는 껍데기라는 것을 말한다. 따라서 공은 상호 의존적으로 일어나는 존재의

ni okeru yu to mu to no tairon)[The Dispute over Being and Non–Being in Buddhism], p. 20n3.

본질 없는 현존이다. 공과 연기를 동일시하면서, 나가르주나는 본질과 무(nothingness)에 대한 극단적 집착을 피한다. 초기 중관학파적 의미에서 상호 의존적으로 발생하는 행동은 고통의 윤회로 이어지지만 나가르주나의 재해석에서는 연기론은 모든 사물의 본질 없음에 대한 통찰이라는 해방적 지혜를 제시한다. 이것은 해방된 체험의 장이고 여기에서 우리는 삶과 죽음 곧, 생사(saṃsāra)가 공이라는 통찰에 의해 살고 죽는다.

나가르주나의 사상에서 공과 연기 개념은 서로 바꾸어 쓸 수 있다.[50] 이 둘 다 세상에서 인간이 체험하는 똑같은 실재를 가리킨다. 사물의 철저한 비존재(nonbeing)는 본질의 부재 또는 무아(no-self)로서 공으로 표현되고 반면 본질이 텅 비었다고 선언된 사물 자체의 현상적 존재는 이들의 상호 의존적인 일어남의 연기로 표현된다. 중관학파 철학에서 공과 연기는 따로따로 설명하지 않는다. 공은 그것 자체에 의해서 세상에 현상적으로 주어진 존재를 부정하고 그러함으로써 이 세계에서 살고 있는 사람에 거의 관심을 두지 않는 부정 신비주의로 이끌고 간다. 이와 비슷하게 연기는 그것 자체로서 끊임없는 고통

50) 서구에서 중세 스콜라주의자들은 존재로서의 존재(being-as-being)에 속하는 고유성(유일함, 진리, 선함, 아름다움)을 초월적인 것으로 규정했다. 이것들은 transcendentia라고 불렸는데 이는 이 고유성이 모든 종류와 범주를 초월하며 이것이 단순히 현존한다는 사실이 존재의 속성으로 단정할 수 있기 때문이다. "존재," "유일성," "진리," "선함," "아름다움" 등의 용어는 서로 바꾸어 쓸 수 있는데 그것은 각각이 서로에게 아무것도 덧보탤 수 없기 때문이고 오직 어떻게 보느냐에서만 달라진다. 한 존재가 존재하는 한 유일하고 (또는 선하며 등) 또한 이것이 유일한 한 존재한다. Gilson, *The Elements of Christian Philosophy*, pp. 145, 308n19를 보라. 중관학파에서 "바꾸어 쓸 수 있는(convertible)" 용어를 수용하는 경우 이는 공과 상호 의존적으로 일어나는 연기라는 개념이 똑같은 체험적 세계에 동일한 시공에 겹쳐 있다는 것을 강조하려는 것이다. 스콜라주의는 항상 유일성, 진정함, 선함, 아름다움의 존재에 우선성을 부여했는데 스콜라주의 용법과는 대조적으로, 중관학파에서는 존재에 대한 어떠한 철학에도 관심이 없다. 공과 상호 의존적으로 일어나는 연기는 공히 모든 종류와 범주를 넘어서고 경험의 세계, 있는 그대로의 그 세계를 지시한다.

과 지루함으로 결과되는 끝없는 환상으로 조건 짓는 과정 이상이 아니라는 것을 간파한다. 공과 연기가 중관학파 사상의 근본 입장을 형성하는 것은 바로 이들의 동일성과 상호 교환성에 있다.

그러나 부정(negation)은 우선성을 갖는데 그 이유는 존재가 우리에게 본래의 직접성(pristine immediacy)으로 주어지지 않기 때문이다. 존재는 우리 언어의 구조와 개념적 형태를 통해 왜곡되어 다가온다. 고통의 길에 갇혀 있기 때문에 인간은 끊임없이 그들 스스로가 만들어 낸 환상 속에서 안정을 구한다. 중관학파뿐만 아니라 사실 모든 불교에서도 그 주요 취지는 환상을 정당화하기 위해 쓰이는 관념과 안정을 부정하고 불식시키는 데에 있다. 이것의 우선성은 『중론송』의 기원문 몇 줄에서 명확히 드러난다.

> 일어나지 않고, 사라지지 않고, 영원하지 않으며,
> 완전히 제거되지도 않고
> 하나도, 많음도 아니며 오지도, 가지도 않는다.
> 부처에게 경의를 표하네, 스승 가운데 가장 위대한 분
> 그분은 이 상호 의존적으로 일어나는 연기를 가르치셨네.
> 품위 있게 모든 의식적 조작(fabrication)을 뿌리 뽑기 위해.[51)]

여기서 나가르주나는 부정을 우선 원리로 하는 상호 의존적으로 일어나는 연기에 대한 한 이해를 제시한다. 위에서 밀한 깃치럼 연기는 사물에 본질이 있는 것으로 투사하고 우리 체험에 있어 개별적인 존재가 본질적으로 그것들 스스로 존재하는 것으로 간주하는 이 작위적 꾸밈(prapañca)을 뿌리 뽑으려는 목적이 있다. 이와 대조적으로 공의 측면에서 연기는 존재가 되는(coming into) 자성(self-identity)이 공인 존재를 의미한다. 공으로 감싸 안아진 연기는 부정의 부정으로서의 존재를 확

51) T. 30, p. 1b; Inada, *Nāgārjuna: Mūlamadhyamakakārikāḥ*, p. 38.

증하는 것이며 공(nonbeing, 비존재)인 연기의 존재를 확인한다. 나가르주나에게 연기와 공의 정체에 대한 이러한 깨달음은 중도의 길(middle path)을 존재와 비존재 사이의 중간에서 균형을 잡는 행위로서가 아니라, 공의 측면에서는 존재를, 또 연기의 측면에서는 비존재를 부정하는 것으로 성립한다. 따라서 그의 『회쟁론』(廻諍論, *Overcoming Vain Discussions*)에서 나가르주나는 이 중도의 길을 공과 연기로 동일시한다.

> 나는 견줄 것 없는 부처에게 경의를 표하네,
> 그분은 공과 상호 의존적으로 일어나는 연기를 가르치셨고
> 중도의 길은 그 뜻에서는 하나이네.[52)]

중도의 길은 절충이나 균형의 방법이 아니라 현상적으로 일어나는 것의 텅 빈 존재에 대한 통찰을 수련하는 것이다. 이와 같이 그러함(suchness, tathatā)이라는 개념은 존재 배후나 근저에 있는 어떤 본질적 바탕을 가리키는 것이 아니다. 그러함은 존재들의 내적 존재가 아니다. 오히려 이것은 연기적 존재의 동시적 즉자성이며 이 안에서 공은 어떤 내적 자아(selfhood)이든지 "속을 비워 버리는(hollowed out)" [공의 산스크리트어 śūnyatā의 어원은 śvi 곧 '비워 버리다'이다] 것이다.

상호 의존적으로 일어나는 연기가 어떻게 실제 사물이 인과적으로 서로 연결되어 있는가를 이론적으로 설명하는 것이 아닌 까닭은 이것이 모든 개념적 조작의 정지이기 때문이다. 이것은 원인에 따라 결과가 일어난다는 인과율(causality)이 아니며 어떤 종류의 이론도 아니다. 연기는 본질을 존재하는 것들에 부과하고 생각으로 꾸며 내는 과정에서 자유로운 변화하는 존재의 흐름에 대한 깨달음이다. 『육십송여리론』(六十頌如理論, *The Sixty-Verse Treatise on Logic*)에서 나가르주나는 말하기를 "나는 석가모니를 경배한다. 그분은 하나의 원칙에 의해 (모

---

52) *Vigrahavyāvartanī*, stanza 71.

든 사물의) 일어나고 사라지는 것을 부정하면서 상호 의존적으로 일어나는 것을 설명하고자 했다."[53]

이와 비슷하게 그의 『중론송』에서 아마도 가장 자주 인용하는 것으로서 그는 "내가 공이라 말하는 것은 상호 의존적으로 함께 일어나는 연기이다. 이 명칭(designation, prajñapti: 假 또는 設로서 일반적인 가르침이나 교리가 현상[the phenomenal]에서 도래한다는 것을 말함-옮긴이)을 취함에 따라, 이것(공)이 확립된다. 이것 홀로만이 중도(中道, Middle Path)이다"[54]라고 말한다.

여기서 연기는 prajñapti(지시 또는 명칭)라는 말로 쓰이는데, 이는 중관학파에 있어 중요한 기술적인 용어다. 머빈 스프렁(Mervyn Sprung)은 이것은 "비인식론적이고 지시적인 용어로서 상상적인 실재들을 다루는 적절한 방법을 제시하는 것을 돕는다. 이 용어는 상상적인 실재들의 의미를 위해서 기초를 두고 또 이것들에 의미를 부여한다"[55]고 예리하게 주장한다. 따라서 나가르주나는 유효한 의미의 영역으로서의 이론을 가져다 쓰는 것을 거부함에 있어 이해를 막는 조작된 환상을 다루기 위한 방법을 가르치기 위해 상식적 의미를 받아들이는 것이다.

상호 의존적으로 일어나는 연기는 사물에 대한 실제적이고 신비적인 깨달음을 구체화한 상식적인 용어다. 이것은 절대적 관점의 생성을 위한 출발점으로서 기능할 수 있는, 변하는 현상의 전체 흐름과는 동떨어진 어떤 본질도 없음을 가리킨다. 이것은 플라톤과 초기 그리스도교 교부들의 출발점이었다. 이들은 지각적 사물을 끊임없이 유동하는

---

53) *Yuktiṣaṣṭikā*, stanza 1; Lindtner, *Master of Wisdom*, pp. 72-73을 보라.

54) T. 30, p. 33b; *Nāgārjuna: Mūlamadhyamakakārikāḥ*, de Jong ed., p.35; chap. 24, stanza 18, 이것은 다음과 같이 말한다: "yaḥ pratītyasamutpādaḥ śūnyatāṃ tāṃ prackaṣmahe/sā prajñaptir upādāya pratipat saiva madhyamā"

55) Sprung, *Lucid Exposition of the Middle Way*, p. 17. 또한 Sprung, "Non-Cognitive Language in Mādhyamika Buddhism", *Buddhist Thought and Asian Civilization*, pp. 241-253을 보라.

것으로 보았지만 동시에 이러한 유동 뒤에 어떤 영속적이거나 끊임없이 확립해야 할 극점(point)이 있다는 이들의 생각을 거부하는데, 이는 어떠한 이상적 형태나 또 어떠한 불변하는 신적 본질도 없기 때문이다. 따라서 이러한 형태나 이러한 한 본질, 곧 중도적(centrist) 철학이나 신학[56]을 전개하는 것에 대한 연구는 궁극적 의미를 얻는다는 희망을 주지 못한다. 공과 연기라는 두 개념은 설명적 관점의 기원보다도 앞서는 즉자적인 현존에 대한 깨달음을 가리키며 이해의 출발점으로서 본질의 상상적인(assumed) 안정성을 부정한다. 이 두 개념은 깨닫는 길로 가는 한 길로서 개념적 앎을 버려야 함을 시사한다. 『중론송』에서 그는 이렇게 말한다. "상호 의존적으로 일어나지 않는 어떠한 것도 존재하지 않는다. 따라서 모든 현존 가운데 공하지 않은 것이 없다."[57]

따라서 상호 의존적으로 일어나는 연기의 의미는 공과 똑같은 말이며 이는 관점에 이르게 하는 본질이라는 개념적 구성에서 자유로운 세계에 대한 깨달음으로 돌아서는 것을 의미한다. 이러한 깨달음은 개념적이고 언어적인 표지와 멀리 떨어져 있으며 무차별적이다. 그렇다면 불교의 신비 사상가들은 모두 언어를 모른다는 말인가? 결코 그렇지 않은데, 그것은 이 사상가들은 사실 이 신비 주제에 대한 길고도 긴 논문들을 썼다는 데서도 증명된다. 그러면 신비적 깨달음과 언어적 표현 사이의 관계는 무엇인가? 중관학파에서 두 진리 교리는 이 문제를 다룬다.

두 진리(Two Truths)

중관학파의 첫 주제인 공과 연기의 정의는 오직 반쪽 이야기밖에 안 되는데, 그것은 우리의 주의를 공이 상호 의존적인 연기라고 주장

---

56) 본질적 존재에 이들의 사고의 중심을 두려 하는 철학에 대한 논의에 대해서는 Magliola, *Derrida on the Mend*를 보라.

57) T. 30, p. 33b; *Nāgārjuna: Mūlamadhyamakakārikāḥ*, de Jong ed., pp. 35; chap. 24, stanza 19.

하는 이 세계 -안에- 있는 존재에 대한 체험으로 이끌고 나아가기 때문이다. 궁극적 의미(paramārtha-satya)와 세상적 관습(saṃvṛti-satya)이라는 두 진리에 대한 보완적인 가르침은 이러한 진리를 세상적이고 관습적으로 구체화한 것으로부터 궁극적 의미의 진리에 대한 영속적이고 철저한 다름으로 관심을 돌린다. 이 두 진리(satya-dvaya) 개념은 아비달마 사상가들이 절대적으로 참인 이론과 관습적이고 상식적인 이해를 구분하기 위해 사용했다. 그러나 대승불교 사상가들을 위해 이것의 의미를 해설해 준 사람이 바로 나가르주나이다.[58] 아비달마 사상가들이 사용했던 똑같은 용어인 paramārtha-satya와 saṃvṛt(t)i-satya가 중관학파에서 사용되었지만 그 해석에서는 큰 차이가 있다. 궁극적 진리는, 문자 그대로 궁극적(parama) 의미(artha)의 진리(satya)는 어떠한 의미의 개념적 구체화를 반영하는 것이 아니라 말로 표현 불가능(avācyatva)한 깨달음에 대한 침묵(tūṣṃīṇbhāva)의 즉자성을 반영하는데, 이는 무엇이라고 정의를 내리거나 어떠한 말이나 개념으로 지시할 수가 없다. 그러나 공이 항상 연기와 함께 이해되는 것과 똑같이 궁극적 진리도 완전히 다르며 초월하는 반면에 관습적 진리와 동떨어져 있지 않다. 『중론송』은 이렇게 말한다.

> 부처의 교의는 두 진리에 달려 있다. 곧 세상적, 관습적 진리와 궁극적 진리다. 이 두 진리의 차이를 모르는 사람은 부처 가르침의 깊은 실체를 모른다. 관습에 의지하지 않고서는 궁극적 의미는 가르쳐질 수 없다. 반면 궁극적 진리에 도달하지 않고는 해탈(cessation)은 이룰 수 없다.[59]

공과 연기를 정의하라는 주제는 수평적으로 우리의 체험 전체를

---

58) 長尾雅人(Nagao Gadjin)의 『中觀と唯識』(Chūkan to yuishiki), p. 23을 보라.
59) T. 30, p. 32c; *Nāgārjuna: Mūlamadhyamakakārikāḥ*, de Jong ed., pp. 34-35; chap. 24, stanzas 8-10.

포함하는 것으로 나아가서 결국 일시적 직접성과 아름다움에 있는 존재에 대한 깨달음을 강화한다. 궁극적 의미와 세상적 관습이라는 주제는 수직적으로는 초월성과 다름에 대한 우리의 깨달음을 표현하는데, 이 다름은 수평적 차원의 체험에서는 규정할 만한 것을 넘어선다. 따라서 공과 상호 의존적으로 일어나는 연기가 두 진리에 대한 이해와 상승 작용을 일으킨다는 통찰을 견지해야 하는데, 그것은 어느 진리 하나만으로는 중관학파 철학을 성립시킬 수 없기 때문이다.

두 진리에 대한 교의는 공의 통찰에 뿌리를 둔다. 모든 사물과 모든 언어가 비어 있고 본래적 성격이 없으므로 진리를 구체화하려는 전략 수립은 항상 실패하며 궁극적 의미의 이원적 다름 앞에서 자기 소멸한다. 궁극적 의미는 침묵 안에서 다름으로 남고 또 항상 인간의 이론적 구성물(construct)과 차이를 갖는다. 이러한 의미에서 단계 정도에 대한 전체적 묘사 방향은 그 자체가 이론적 구성물(kṛtima)이며 깨달음을 향한 전체 여정은 세상적이고 관습적이며 상호 의존적으로 일어나는 연기적인 것이다. 궁극적 의미는 전 과정을 초월하며 최고점에 이르는 마지막 단계가 아니다. 해탈은 얻을 수 있는 어떤 것이거나 지속적인 노력의 최종 보답으로서 완수되는 상태가 아니라, 그 길을 시작하는 바로 그 지점의 다름 안에서 그리고 또 그 길이 지시하는 최종적인 극점을 넘어서는 것으로 존재한다.

여기서 궁극적 의미는 표현 불가능한 사물의 텅 빔이나 침묵이며, 이와는 대조적으로 모든 상호 의존적으로 일어나는 사물은 세상적이며 관습적으로 표현할 수 있다. 어떤 것을 궁극적 의미 자리에 놓는다면 그것은 자기 소멸할 것이요, 당당한 지위에서 굴러 떨어질 터인데, 이는 어떠한 궁극적으로 의미 있는 자아(selfhood)도 관습적으로 완벽한 상태에 있는 것은 없기 때문이다. 그럼에도 공이 단지 연기를 부정하는 것이 아닌 것처럼 궁극적 의미 또한 세상적 관습을 부정하지 않는다. 오히려 궁극적 의미에 대한 침묵의 통찰을 얻는 사람은 세상적 관습에 재투신할 것이요, 또 절대적인 것인 의미로가 아니라 철저히 세상적이고 관습적으로 자아를 회복한다.

궁극적 의미에 대한 통찰의 부재 속에서 세상적 관습은 언어로 된 형식으로 이해를 미혹케 하는 기능을 하는데, 이것은 궁극적 의미를 표현하려 하기도 하지만 이 궁극적 의미를 아예 막아 버리기도 한다. 이것은 궁극적 의미를 언어의 영역으로 가져 가고자 하는데, 이는 언어의 자생적 절박성이 궁극적 의미 실현에 있어 인간의 질문에 대한 완전한 성취(fulfillment)를 향하기 때문이다. 그러나 마치 신적 본질이 있는 것처럼 궁극적 의미에 집착한다면 이를 표현 가능한 어떤 것으로 잘못 여김으로써 궁극적 의미를 알 수 없게 한다. 세상적인 관습적 이해는 무의식적 무지 속에 빠지고 동시에 선함(goodness)과 진리를 향해 자생적 힘으로 상승해 나아간다. 그러나 어떠한 언어적 의식의 상승적 추진이라고 하더라도 결코 아무것에도 이르지 못하는데, 그것은 사람이 끊임없이 자아(selfhood)라는 맥락 안에서 자아(a self)가 아닌 것을 찾기 때문이다. 어떤 이가 궁극적 의미를 세상적 관습과 동떨어진 아주 다른 것으로 깨닫는 것은 오직 지혜가 자기의 고유한 내용을 부정하고 궁극적 의미의 침묵에서도 이것의 표현 불가능성을 인정하는 바로 그때이다.

깨달음은 궁극적 의미에 대한 갖가지 묘사와 설명에서 궁극적 의미의 완전한 다름에 대한 깨달음으로 도약함을 동반하는데, 이 덕택으로 더 이상 궁극적 의미를 세상적 관습의 맥락 안에 가두어 두려 하지 않으므로 자유롭게 다시 세상적 관습의 세계로 들어가고, 또한 이것의 원초적 자생성을 단순한 세상적 관습이라고 주장할 수 있다. 또 모든 인간의 사고는 구름에 덮여 있고 언어의 문제로 해 보려고 하고, 또 그러한 노력에서 영원히 벗어나려는 것과 같다고 여기려 하지 말아야 함을 깨닫는 것이다. 중관학파가 궁극적 의미와 세상적 관습의 동일성에 대해 말하고자 하는 것은 바로 이러한 세상에 재투신한다는 맥락에서이다. 이러한 규정은 결코 궁극적 의미를 언어적으로 이해하려는 문제가 결코 아니다. 오히려 이는 세상적 관습이 결코 세상적 관습 그 이상의 어떤 것이 아니라는 깨달음 안에서 또 세상적 관습이 결코 세상적이고 관습적인 것을 넘어선다는 가정이 아니라는 데에 있다. 이것은 반대되는 것으로 남아 있는 반대되는 것에 대한 의식적인 동질화(identification)이지, 어떤 계보에서 진리의 높고 낮음의 정도를 뒤섞어 버리는 것이 아니다. 한편 현자는 궁극적 의미의 완전한 다름에 대한 침묵의 깨달음에 머물러 있으며 다른 한편, 그와 똑같은 깨달음에 의해서 사람들은 그 침묵의 세상살이 마디마디(articulation)에 몸을 담는 것이다. 이것은 관점의 문제가 아니다. 마치 세상적 관습에서 진리가 궁극적 의미에서는 진리가 아닌 것처럼 말이다. 궁극적 의미가 관점이 없는 침묵임에도 모든 관점은 세상적이고 관습적이다.

궁극적 의미와 세상적 관습 사이에는 어떠한 지속성도 없으며 이들의 정체성은 정반대되는 것으로 남는다. 만일 세상적 관습의 표현이 궁극적 의미에서 발산되는 것으로 보인다면 궁극적 의미의 다름(otherness)은 의미 없음을 가리키게 되는데, 그렇게 되면 궁극적 의미가 밑으로 내려가서 세상적이고 관습적 자아라는 맥락 안으로 범위를 좁히기 때문이다. 궁극적 의미에서 발산된다거나 직접적으로 기반을 두고 있는 것이 아니라 세상적 관습은 항상 그리고 오직 세상적 관습으로 있으며 어떠한 최종 유효성도 주장할 수 없는 항상 구름처럼 뿌옇게 이해의 길을 막아 버리는 것으로 남는다. 그러나 이것은 오직 이 궁극적 의미의 다름이 환상의 집착에서 자유롭고 세상적 관습의 영역으로 재투신함으로써 세상적 관습의 유효성과 한계를 발견하는 오직 그때에야만 깨달을 수 있다. 중관학파는 세상적 관습의 유효성은 궁극적 관점이어서가 아니라 상호 의존적으로 일어나는 규범, 곧 궁극적 의미의 침묵을 섣부른 개념적 "절대"로 채우지 않는 그러한 규범의 관습적 유효성을 재주장함으로써 확증하는 것이다.

이러한 두 진리(세상적이고도 관습적인)의 범주 안에서 궁극적 의미와 세상적 관습은 모두 진리로 말해진다. 궁극적 의미의 진리는 표현할 수 없는 깨달음의 침묵으로서 어떠한 정신 활동도 없는 상태다. 이것은 아무 곳에도 머물지 않는 비추론적(nonimaginative) 지혜의 영역이다. 궁극적으로 의미 있는 진리는 언어라는 자루에 공(空)을 잡아넣을 수 있다는 명제적 진리가 결코 아니며 우주의 신비를 깊이 들여다보게 하지도 못한다. 그러나 그 어떤 것도 마치 낮은 차원의 진리처럼 단순히 개념적 언술인 세상적 관습이 아니다. 두 진리 사이의 수준 차이를 정할 수 없는데, 그것은 이들은 절대적으로 다르고 연속성이 없기 때문이다. 세상적 관습에서 궁극적 의미로 올라가거나 궁극적 의미에서 세상적 관습으로 내려오는 법은 없는데, 그것은 이들이 동시에 모두 완전히 다르고 이미 같기 때문이다. 이렇게 세상적 관습의 수준에서 궁극적 의미 수준으로 이행한다면, 이는 궁극적 의미를 규정하는 바로 그 사실에 의해서 자아의 테두리 안에, 곧 세상적 관습 안에 궁극적 의미를 가두는 것이 된다. 궁극적 의미에서 세상적 관습으로 움직임은 궁극적으로 의미 있는 것이라며 잘못된 어떤 것으로, 변형된 세상적 관습의 유효성에 대한 가짜 확증으로 이끈다. 사실 중관학파 사상의 부정은 궁극적 의미와 세상적 관습 사이의 절대적 다름과 불연속성에 바탕을 두지 어떤 다른 개념을 부정하는 데에 의미가 있지 않다. 궁극적 의미는 세상적이고 관습적인 개념들의 전체 차원의 최종적 유효성을 부정하는 것인데, 곧 이는 모든 지평을 뒤엎고 모든 관점을 날려 버린다.

두 진리의 상호 작용과 공과 연기의 개념은 궁극적 의미를 세상적 관습으로 동일화하는 데서 보이며 이것은 궁극적 의미로서 공에 대한 깨달음과 관습적으로 상호 의존하여 일어나는 연기의 세계와 그 언어적 확증에 재투신하는 것의 동시적 현존을 의미한다. 곧 궁극적 의미와 세상적 관습 사이의 완전한 불연속성에 대한 철저한 깨달음을 말하는 것이다. 세상적이고 관습적인 이해는 비록 궁극적 의미로 나아가려 한다고 하더라도 궁극적으로 의미 있는 것을 얻지 못하며, 세상적 관습이라는 진리는 상호적인 자기 소외와 두 진리 사이의 부정에 대한 깨달음 안에서, 또 세상적 관습 안에서 궁극적 진리를 발견한다는 것에 대한 거부 안에서 발견된다. 이러한 상황 아래서 관습적 이해로서 표현된 이 진리는 항상 왜곡의 위험에 처하며 실재의 진술로서의 유효성이 아니라 잠시라도 침묵의 깨달음과 조화로울 수 있는 표상의 희미한 기색으로 유지하는 것이며 이것들이 무(nothingness)로 사라져 버리기 전에 궁극적 의미를 가리키는 것이다. 궁극적 의미에 대한 통찰은 소수 영적 엘리트를 위해 예약된 신비적 환영이 아니다. 이는 미혹되기 쉬운 일반 사람들에게는 거부되는 어떤 신비적 직관(gnosis)이 아니다. 이 통찰은 신비적인데 어떤 특별한 본성을 갖고 있어서가 아니라 이것은 매개적이지도 또 규정할 수 있는 내용을 갖고 있지 않다는 바로 그러한 의미에서만 신비적인 것이다. 사람의 삶의 행동을 궁극적 의미에 그 중심을 두기는 어려운데, 이는 궁극적 의미가 어떤 한 중심되는 점이 아니기 때문이다. 궁극적 의미에 대한 통찰은 끊임없이 세상적인 관습으로 자꾸 되돌려 보내는데, 궁극적 의미를 위한 이것의 절박성은 영원히 열리지 않는 문을 두드리는 것과 같다. 그러나 두 진리를 구별하는 수련은 그 두드림 자체를 궁극적 의미의 다름에 대한 깨달음과 세상적 관습에 재투신하도록 하게 한다. 이러한 세상적 관습은 궁극적 의미와 조화로운 기능을 하면서 궁극적 의미의 다름에 대한 깨달음의 과정을 보여 주는 기술적인 방법으로서 언어적 유효성을 유지하는 언어적 진술을 엮어 나간다.

신비적 통찰이 발생할 때, 그 통찰을 표현하려 했던 언어는 더욱더 멀어지고 만다. 이는 디오니시오의 두 신학 전통과 동일하다는 점에서 가히 충격적이다. 디오니시오에게 신비적 깨달음은 어떠한 긍정적이고 공적이며 관습이 형성한 형식으로도 표현 불가능하지만 이 부정을 표현하기 위해서 반드시 언어의 모델을 구성해 내야 한다. 공과 궁극적 의미의 침묵이 존재에 대한 모든 관념을 내려놓을 때, 바로 그때에야 이러한 관념은 마음속에서 다시 부활하여 이상적 본질에 집착함에서 벗어나고 보살행을 위한 자리로서 상호 의존적으로 일어나는 연기적 세계에 재투신한다. 이것은 세상적 관습의 복원이다. 언어로 표현됨으로써 공은 사물의 덧없음에 대한 깨달음을, 또 텅 빈 허무함이 아니라 원래 비어 있는, 곧 연기로서의 존재의 그러함에 대한 깨침을 보여 준다. 따라서 공의 수행은 상호 의존적으로 일어나는 것에 재투신하는 것인데, 본질에 집착함으로써 생기하는 고통의 윤회가 아니라 공과 교환 가능한 상호 의존적으로 일어나는 연기의 세계로 재투신함이다. 깨달은 사람, 곧 보살의 초점은 이 연기의 세계와 관습적 세상에 있는데, 그것은 공과 궁극적 의미가 초점의 대상이 될 수 없기 때문이다. 따라서 보살은 철저한(total) 관심으로 구체적인 세계에 재투신하는 존재이다. 여기서 궁극적 관심이란 어떤 초월적 객체를 직접적으로 지향하는 것이 아니라 오류투성이의 이 세계를 향하는 것이다.

이러한 재투신은 역사와 사회로 들어가는 것인데, 이는 공의 덕택으로 공을 통해서이거나 궁극적 의미 때문이 아니라 세상적이고 관습적인 논의를 통해서 기능한다. 재투신에 대한 논거(예를 들어 공에 대한 변증)는 중관학파 사상에 있어 진리의 이름으로 잘잘못을 따져 반박하지 않는다. 중관학파의 해체적 논법에서는 중관학파의 논의는 진리와 허위 모두를 반박하여 세상적 관습을 보여 주는데, 여기서 이 진리와 허위는 -항상 세상적이고 관습적인 기준으로 판단되지만- 변화무쌍하게 나타났다가 사라지면서 결코 고정된 영속성을 견지하지 않는다. 중관학파는 구성적 논법에서 궁극적 의미의 다름을 지시하기 위해 모범을 만들어 내고 동시에 자비행(compassion works)을 지적이고 기술적으로 구체화하기 위해 세상적이고 관습적인 사고를 통해 이 세상 안에서 기능한다. 보살은 오직 구체적이고 역사적인 세계에 초점을 두며 이 안에서 우리가 살고 있다. 자비는 이 세상 안에서 깨우침을 촉진하는 방향으로 또 이 세상 안에서 지적인 행동을 하도록 지향한다. 보살행은 오직 세상적 관습으로 기초가 되며 궁극적 의미는 결코 인간 행동의 객체가 될 수 없다. 따라서 세상적 행동의 재투신은 해탈(nirvāṇa)에 이를 때까지 하는 것이 아니라, 오히려 세상 그대로가, 그 안에 있는 세상의 그러함(suchness)이 투신과 자비의 전적인 장이 되는 것이다.

인간(세상적 관습)과 성스러움(numinous, 궁극적 의미)은 합쳐지거나 뒤섞이지 않는다. 세상적 관습에 재투신하는 것이 가능한 이유는 바로 궁극적 의미와 세상적 관습이 불연속적이기 때문이다. 만일 궁극적 의미가 세상적 관습으로 끌려들어 가거나 섞인다면 재투신은 가능하지 않을 것이다. 성스러움이 한 사회의 원인이 된다면 결과는, 이 사회는 하느님에 대한 관념이나 진리를 의심의 여지없는 본질적인 진리로 보는 신정 정치(theocracy) 체제가 된다. 중관학파의 관점에서 본다면 이것은 궁극으로서 세상적이고 관습적인 자아에 대한 오만한 정의가 될 것이다. 깨달은 뒤의 재투신하는 영역은 종교적 선언을 통해서 어떤 구실을 할 수 있는 것이 아닌데, 이는 그러한 관점에서는 이런 선언이 종교적이 아니라 세속적인 것이기 때문이다.

세상적 관습은 항상 그리고 오직 상호 의존적으로 일어나는 것이지 어떤 신적 원칙의 규정이나 지시에 의해서가 아니다. 언어가 만들어 낸 통찰과 말로 표현된 형태 그 자체 안에서 자율성을 갖는다. 궁극적 의미는 이 세계가 마치 이 세상 안에서 위엄 있고 위계적인 위치를 갖고 있음을 간과하지 않는 것과 같다. 궁극적 의미는 오직 완전히 다름으로 존재하며, 심지어 이 세상의 개선을 위할 때조차 이 세상 안에서 궁극적 의미를 규정하려는 모든 시도에서 벗어나려 한다. 이것은 침묵의 경이로움 안에 침묵으로 현존하며 이 경이로움은 결코 객체들 사이에서 한 객체로 균질화될 수 없다. 말의 행위에서 이것의 기능은 관습적 그물 안에서 절대를 붙잡고자 하는 오만한 시도를 해체함에 있어서, 또는 자비의 과제를 수행하기 위한 계획과 프로그램을 수립하려 함 안에서 경험되는데, 그러나 이는 절대적인 어떤 것에 의한 것이 아니라 항상 세상적이고 관습적인 통찰의 지적인 노력(application)의 판단에 따른다. 세상을 적극적으로 관찰하고(oversee) 모든 보이는 것–그것을 비록 파악할 수 없다고 하더라도–을 통해 이것의 과정을 지시하는 궁극에 대한 믿음은 종교적 자아(selfhood)에 대한 환영적 단정이다. 초자연적 하느님이든 역사적 발전을 지시하는 물질적인 역동성이든 간에 이러한 궁극은 자아의 고유한 투영에 불과하다. 세상에 재투신함은 공이라는 신적 원리를 세상사에 적용한 것이 아니다. 다시 말해 궁극적 의미가 세상적 관습의 세계 안으로 침투해 들어간 것이 아니다. 오히려 재투신은 처음부터 존재해 왔던 상호 의존적 일어남에 대한 발견, 곧 덧없고 연약한 세상 안 집에 –머무는– 존재에 대한 발견이다. 새 삶이 세속적 관습 안으로 숨쉴 수 있고 새 삶의 진술이 상황적으로, 잠정적으로 진실로서 유효화할 수 있는 것은 오직 이러한 세속적 사고와 논의의 맥락 안에서뿐이다. 연기적 세계로 재투신하는 차원을 강화하는 것은 그 자체가 세속적이고 관습적이지 궁극적 의미에서 곧바로 흘러나오는 것은 아니다. 따라서 보살이 상호 의존적 세계, 곧 연기의 세계로 재투신함은 한 아름의 지시를 갖고 들어오는 것이 아니다. 이것은 오직 궁극적 의미에서 말미암는 세상적 관습을 식별하는(differentiating) 수행을 통해서, 또 특정한 목표를 결정하고 이에 투신함을 의미하는 특정 수행(particular practices)에 의해서만 이룰 수 있다. 사회와 역사의 해방은 여전히 궁극적 의미와는 거리가 있음을 아는 사회적이고 역사적 행동을 하는 사람들을 통해서 가능하다. 이러한 사회적 실천 속에서 변화하는 필요에 적응하지 못한 채 궁극적 의미에 대한 과학은 빈 수레처럼 요란한 소리만 낸다. 이 요란한 소리는 오렌 세월의 요구이거나 이념적 혁명이 아니라 모든 결정은 항상 불확실하고 원초적 무지에 의해 길이 막혀 있다는 깨달음에 다름 아니다.

이 모든 주장에 대한 분명한 반대는 만일 궁극적 진리가 완전히 표현 불가능하다면 중관학파는 어떠한 유효성도 갖지 못할 것이라는 데에 있다. 이러한 반대는 사실 나가르주나에 의해 평정(leveled) 되었다. 그는 『회쟁론』에서 공의 개념을 언어는 원초적 의미를 갖기 때문에 유효하다는 니야야학파(Nyāya school, nyaya: 곧 논증을 중시하는 학파로서, 인도 육파 철학의 하나-옮긴이)와 대조시킨다. 니야야학파의 논사들은 "만일 모든 사물이 전적으로 어떠한 본질도 없다면 언어도 본질을 지니지 않는다. 그렇다면 이 경우에는 당신은 (언어를 사용함으로써 모든 사물의) 본질을 부정할 수 없다"[60]고 말한다. 논사들은 본질주의적 관점을 제시하면서 나가르주나가 사물이 본질이 없다고 단언함으로써 모순에 빠져 있다고 주장한다. 이와 비슷하게, 앞에서도 보았지만 토마스 데 아퀴노도 모든 부정은 어떤 우선적인 확증을 전제한다고 주장했다.[61] 그러나 나가르주나는 이러한 비판에 대해 이렇게 대응한다.

> 공을 통해 부정한다는 것은 마치 마술로 만들어진 한 사람이 마술로 만들어진 또 다른 사람을 부정하는 것과 같다. 마술로 만들어진 또 다른 사람을 부정했던, 마술로 만들어진 이 사람(자신이)이 공이다. … 이와 똑같은 식으로, 마술이나 환상으로 지어 낸 모든 다른 것과 마찬가지로 내 말도 공하다. 따라서 언어는 모든 사물의 본질을 부정할 수 있다.[62]

중관학파가 사용하는 언어는 어떤 절대 가치를 주장하지 않고 철저히 상징적이고 관습적인 것으로 남는다. 이 언어는 모든 관점과 모든 아는 체하는 사람들을 쓸어 내 버림으로써 궁극적이고 신비적 의미의 표현 불가능성을 표현하는 기능을 하는데, 이는 마치 그레고리오에게서처럼 암흑 속 하느님의 현존에 대한 표지는 그러한 표지가 없다는 것과 같다. 이들은 언어를 다른 방식으로 사용할 수 있다는 것을 부정

---

60) *Vigrahavyāvartanī*, stanza 1.

61) 토마스 데 아퀴노가 말한다: "부정의 의미는 항상 확증 안에서 찾아지는데 이는 마치 모든 부정적인 명제가 하나의 확증적인 것에 의해 증명된다는 사실에서 오는 것처럼 보인다"(Gilson, *Elements of Christian Philosophy*, p. 140).

62) *Vigrahavyāvartanī*, stanza 23.

하기 위해 일시적으로 이를 사용한다. 이들은 어떤 우선적인 선언적 내용에서 부정적 설득(force)을 끌어내는 것이 아니라 신비 체험의 비언어적 직접성(비매개성)에서 이를 끌어낸다. 그러므로 나가르주나는 이렇게 말한다. "만일 내가 신비 체험에 대한 어떠한 제안을 한다면, 나는 오류에 빠지지만 나는 그러한 제안을 하지 않는다."[63] 신비적 의미의 영역에서 제안적 진리는 단순히 초점을 비켜난 것이며 그 기준 또한 의미가 없다. 나가르주나와 논쟁하는 이들은 마치 "이상한 나라의 앨리스"와 얘기하는 것과 아주 비슷하다고 느꼈을 것이 분명한데, 여기서 앨리스는 그녀가 이들이 의미하기를 바라는 것이면 어떤 것이라도 말을 만들어 낸다. 그러나 전체를 통해서 볼 때, 의미 영역의 똑같은 상승에 있어서 또 따라서 언어의 가치는 분명하다. 표피적으로 바라보면, 중관학파 사상가들은 잘 둘러대고 교활하기까지 하다고 생각할 수 있다. 다른 이들의 관점을 부정하고 난 뒤 중관학파 사상가들은 그들 자신은 제안할 입장이 없다고 주장함으로써 논쟁의 여지가 없는 난공불락으로 숨어들어 가는 한편 대신 자주 공과 연기 그리고 두 진리에 관해서 지나치게 난해하고 황당한 담론을 제시한다. 그러나 중관학파의 논의에서는 신비적 의미에 대해 이해하고자 시도하는 여러 이론들을 배제한다. 서구 그리스도교에서 중세 스콜라주의 교범의 초기 수행은 논쟁이 벌어질 경우 질문하는 데에 사용하는 용어를 규정하는 것이었다. 중관학파에서는 가치 없는 개념주의로 이어지지 않게 하기 위해, 사실 스콜라주의도 그러한 경향이 있었지만, 심지어 겉으로 보기에 아주 순수하고 명백하게 보이는 문제도 의심을 받았다. 공은 개념적 의미의 지평 안에 있는 어떤 특정한 이론에 대한 부정이 아니라 궁극적 의미라는 면에서 전체 지평의 유효성을 부정한다. 따라서 중관학파가 이원론적인 앎의 어떠한 형태에서든지 벗어나 있다고 해도 놀랄 일은 아니다.

---

63) *Vigrahavyāvartanī*, stanza 29.

그러나 중관학파 철학의 목표는 사람들을 혼란스럽게 하는 데에 있는 것이 아니라 이들로 하여금 정신의 껍데기를 벗게 하고 중관학파 자신들은 이들의 해체적 관점을 완숙하게 하기 위해서 변증적 논의의 확고한 사용에 전적으로 몸을 싣는다. 초기 반야 사상(Prajñāpāramitā) 저자들은 상식적 용어로 신비적 깨달음을 표현했다. 이들이 아비달마 학장들의 지적 주장에 초점을 두어 논의할 때, 이들은 대체로 아비달마 학장들의 이론을 조롱하는 데에 만족해 했다. 이들은 아비달마 사고방식을 부정하기 위해 수수께끼와 역설을 사용하기를 즐겼고 이들의 어느 이론에도 진지하게 주의를 기울이려 하지 않았다(중국 선의 경우 선사들에 의해 이러한 수행이 완벽에 이르기도 했지만 말이다). 이와는 대조적으로 중관학파 사상가들은 엄격한 부정 변증법적 방법을 발전시킴으로써 맞불을 놓는 식의 싸움을 택했으며, 이 방법으로 어떠한 이론가라도 신랄하게 반박할 수 있었다.

중관학파의 논리와 변증법 자체는 특별한 것이 아닌데, 왜냐하면 이것들은 모순과 완전 중립(excluded middle)이라는 원칙에 바탕을 두고 있기 때문이다. 이들의 논리는 세상적 관습의 영역 안에서 기능하며 어떠한 특별한 지위나 세상적이고 관습적인 것을 넘는 어떤 특수한 논리도 없다고 주장한다. 이러한 논리의 변증법적 적용은 "공식적이고 최종적인 또는 이것 아니면 저것이라는 어떠한 문제들에 관한 가능한 관점을 이원화하기 위해 추구된다. … 중관학파는 완고한 '이것 아니면 저것'이라는 방법을 세워 놓고 양쪽 모두에게 각자가 자기모순적이라거나 또는 경험에 반한다거나, 깨달음의 가능성이 없다는 것을 보여 줌으로써 양쪽 모두가 옹호될 수 없음을 드러낸다."[64] 이러한 논법이 목표로 삼는 것은 모든 관점을 반박하고 어떠한 가능한 이론적 입장, 그것이 비록 충분히 확고하다고 하더라도 반드시 오류라는 것을 보여 주기 위해서이다. 나가르주나는 논리를 논리적 반박을 위한 수단

---

64) Sprung, *Lucid Exposition of the Middle Way*, p. 6.

으로 삼고 또 그 반대되는 어떠한 정확한 견해도 없다는 것을 나타내 보이는데, 그것은 목적이 이 견해 또는 저 견해를 반박하기 위해서가 아니라 이론적 의미의 전체 영역을 부정하는 데에 있기 때문이다. 논리에 관한 언어는 다른 사람을 반박하는 한 만화 주인공(앞서 본 나가르주나의 마술로 만들어진 사람)과 같은데, 이는 공의 맥락 안에서 어떠한 언어도 유효한 논리적 관계를 갖게 하는 어떠한 본질도 없기 때문이다. 직접적이고 비매개적인 모든 언어의 공을 깨닫고서 나가르주나는 모든 이론의 진리 주장에 대응할 논리적 방법을 제시할 의도를 갖고 그의 시대에 이론적 논쟁에 참여했다. 어떠한 명확한 진술에 관한 논리적인 분석이든 제아무리 확고하다 하더라도 어떠한 주장에 대한 논리적 결과(prasaṅga)는 그 주장이 오류임을 이끌어 낸다.

이러한 과정은 강한 반대를 불러일으키는데, 그것은 이론적인 성향의 사람들에게는 의미 없음을 제시하기 때문으로 보인다. 그러나 이러한 반대는 중관학파 사상가들이 주장하는 것처럼 환상과 이름에 집착하는 데에 바탕을 둔다. 반대자들은 항상 타협의 위치에 서게 되는데, 이는 확정적인 진술을 하는 쪽은 항상 이 반대자들이기 때문이다. 이와 반대로 중관학파는 이러한 확언을 하지 않으며 따라서 오류임을 증명할 수 없다. 찬드라키르티는 설명한다.

> 반대자들은 완고한 논리적인 필연성으로 내린 결론에 매달린다. 우리는 그렇게 매달리지 않는데 어떠한 우리의 이론도 진척시키지 않기 때문이다. 따라서 우리에 대한 어떠한 주장을 무효화하는 것은 불가능하다. 우리 반대자들이 내적 모순으로 많은 논리적 결점에 빠지게 되면 우리의 의도는 족히 만족스럽다.[65]

중관학파 변증의 요지는 매개하는 언어와 개념에서 마음을 자유롭

65) 같은 책, p. 38.

게 하여 비매개적 진리에 대한 깨달음으로 이르게 하는 것이다. "이 비-미개적 진리의 현존은 … 나가르주나 시대의 종교 문헌에서는 반야바라밀(prajñā-pāramitā)-초월적 또는 완벽한 prajñā(지혜)-로 알려졌다."[66] 이것은 바로 이러한 지혜를 깨닫지 못하도록 하는 가공한 관점을 말하는데, 왜냐하면 사도 바오로가 알았던 것처럼 어떠한 입장(Weltanschauung)도 직접 접촉을 통한 절대에 대한 깨달음을 대신할 수 없기 때문이다. 어떠한 이론적 설명도 이 과정을 뒤집을 수 없는데, 이는 본질에 대해 확증한다고 하더라도 이론적 설명이 없애려 할지도 모르는 바로 그 환상 안에서 움직이기 때문이다. 만일 경험적 세계가 마술적 환상이라면 "형이상학은 환상을 벗겨 버리는 것이 아니라 차라리 전처럼 빈 모자 속에서 토끼가 나오거나 콧구멍 속에서 동전이 나오는 것을 합리적으로 설명하려는 것이 된다."[67]

종교적 의미는 이론적 용어로 표현될 수 없는데, 그것은 사물이 모두 본질이 비어 있는 경우 언어는 객관화하는 유효한 기능을 갖지 못한다. 나가르주나는 "생각의 대상이 더 이상 없다면 언어가 가리킬 대상 또한 없다"[68]고 했다. 확증적으로 단언하지 못하는 언어의 무능력은 말이 사실 본질을 가리키기 때문이다. 중관학파는 어떤 것을 설명할 수 있는 언어의 부재함 속에서 경험의 방향을 가리키는 지시자로서 그 가르침을 제시한다.

신비적 일원론으로서 여래장(如來藏, Tathāgatagarbha)

중관학파는 전혀 염세주의적이지 않으며 환상적인 개념에서 마음을 자유롭게 하고자 하는데 이는 모든 것이 일시적이며 끝없이 관계 속에 있는 이 세상에 재투신하기 위함이다. 그러나 사실 중관학파의

66) 같은 책, p. 10.
67) 같은 책, p. 14.
68) 같은 책, p. 177.

이런 해체주의적 사유 형식의 세밀함을 따라오지 못하는 이에게는 염세적으로 보인다. 따라서 주어진 부정주의에 맞서기 위해 더욱 확증적인 신비 경향이 나와야 하는 것은 놀랄 일이 아니다.

『보성론』(寶性論, *The Participation in the Jeweled Lineage*)은 반야와 중관학파 사상에 대해 여러 반대를 기록하고 있는데, 이 가운데 주요한 것은 희망을 주지 않는 것같이 보인다는 데에 있다.[69] 따라서 여래장 사상가들은 공의 가르침이 받아들이기 어려운 것으로 보았다.

> 여기저기서 말하기를 모든 사물이 모든 곳에서 구름이나, 꿈속(의 환시), 또는 환상처럼 비실재로서 알려졌다고 한다. 그러나 그렇다면 왜 부처는 모든 중생에 부처의 본성이 있다고 선언했는가?[70]

여기서 말하는 가르침은 반야와 중관학파 경전을 가리킨다. 『중론송』에서는 "이것은 마치 환상과 꿈 또는 하늘에 있는 상상의 도시 같다. 이런 식으로 (관념들의) 기원과 지속함, 또 중지(해탈)를 묘사한다."[71] 중관학파의 변증은 깨달음에 대한 장애물로서 모든 이론을 쓸어 버렸다. 여래장 사상가들은 이런 내용을 잘 알고 있으면서도 중관학파 변증이 지나치게 비관적이고 아주 자만에 빠진 것으로 간주해 버린다.

중관학파의 이러한 부정적인 논조에 반해서 여래장 경전들은 확실하고 긍정적 논조로 모든 것이 부처의 영역, 부처-여래의 garbha(자궁, 씨앗, 기반)에 존재한다고 밝힌다. 『부증불감경』(不增不感經, *The Sutra on Neither Increase nor Decrease*)의 기본 주제는 경험적 삶의 실재, 곧 중생계(衆生界, sat-tva dhātu)[72]를 궁극적 법계(法界, dharmadhātu, Dharma

---

69) 高崎直道(Takasaki Jikidō), *A Study of the Ratnagotravibhāga (Uttaratantra), Being a Treatise on the Tathāgatagarbha Theory of Mahāyāna Buddhism*, pp. 305-306.

70) 같은 책, p. 305.

71) *Nāgārjuna: Mūlamadhyamakakārikāḥ*, de Jong ed., p. 11; chap. 7, stanza 34.

72) sat-tva에 대한 이해에 관해서는 高崎直道의 『如来藏思想の形成』[The Formation of Tathāgatagarbha Thinking], pp. 76-77을 보라.

Realm), 곧 궁극적 법신(法身, dharmakāya, Dharma Body)과 동일시한다.

> 법계는 중생계와 다르지 않고 중생계는 법계와 다르지 않다. 중생계가 바로 법신이며 법신이 바로 중생계이다. 사리푸트라여, 이들은 오직 이름만 다를 뿐 두 상태에 있지만 뜻은 하나다.[73)]

여기서 보면 여래장 사상가들은 일원론적으로 궁극적 영역인 법계를 경험적 세계의 영역으로 단순하게 일치시킨다. 모든 법(dharma)은 공하지 않으며 그것은 부처의 영역, 곧 부처 본성이 진정으로 실재하기 때문에 그러하며 이는 이를 영원함, 지속성, 순수함, 불변성[74)]이라는 네 가지 완벽한 특성에 돌리는 데서도 증명되는데, 나가르주나는 이 특성을 개념적 조작이라고 곧바로 부정했을 것이다. 여래장 전통에서 세계는 환영이기는 하지만, 일상의 삶에 보이는 변화하는 겉모습 뒤에서 부처-본성은 참으로 실재한다.[75)] 영속적이지 않고 참으로 실재하지 않는 세계의 변화하는 흐름 뒤에, 그것 너머에 있는 불변하는 하느님을 본 초기 그리스도교 교부들과 비슷한 태도로 이 불교 사상가들은 이 하나의 궁극적이고 일원적인 부처-본성이라는 실재를 하나의 불변하는 영원한 실재로 간주했다. 『승만경』(勝鬘經, *The Lion's Roar of Queen Śrīmālā*)에서는 이렇게 말한다.

> 여래의 씨(garbha)는 모든 더렵혀진 것을 가리는 공(śūnya)인데 이것은 여래의 씨와는 다르고 차이가 있다. 그러나 여래의 씨는 결코 부처의 속성에서 공을 의미하지 않으며(aśūnya), 이것은 이 공과 다르

---

73) *Anūnatvapūrṇatvanirdeśa*; T. 16, p. 467b.

74) 高崎直道, *A Study of the Ratnagotravibhāga*, p. 167n28.

75) 高崎直道, 「法身の一元論 如來藏思想の法觀念」[The Monism of Dharmakāya as It Relates to Tathāgatagarbha Thinking], in 『平川彰 博士還曆記念論集: 佛教における法の研究』[Studies in Honor of Doctor Akira Hirakawa on Dharma in Buddhism]을 보라.

지도 또 떨어져 있지도 않다.[76]

모든 더러움은 우연적(āgantuka)이며 이 씨앗의 원래 본질을 담고 있지 않다. 공의 영역은 더렵혀진 것을 가리는 것으로 제한되며 또 이 씨를 강조하거나 본래적 특성을 가리키는 것으로 제한된다. 공은 더 이상 모든 것을 포함하지 않는데, 이는 경험 세계의 모든 더러움을 환상이라고 부정한 뒤에는 영원하고, 불변하며 이미 순수한 부처-본성의 실재라는 정제물(avaśiṣṭa)만 남게 된다.[77]

그러나 이러한 실재는 인간 이해에 도달하지 못하는데 『승만경』에서 어떻게 본질적으로 순수한 부처-본성에 대한 통찰을 얻을 것인가에 대해 의문을 제기할 때, 대답은 단순히 마음의 근원적 순수함을 다시 강조하는 것으로 주어지는데 이는 "부처의 가장 높은 진리는 오직 믿음으로서만 이해될 수 있기 때문이다."[78] 따라서 이 실재로의 신앙의 회심은 그 전의 깨달음과 철저하게 결별하는 것이 아니라 오리게네스와 그레고리오와 거의 비슷하게 원래의 본성으로 되돌아가며 되찾는 것이다. 회심은 이미 현존하지만 알려지지 않은 마음의 근원적 본성을 회복하는 것이며 이 회심은 이 세상의 존재(sat-tva)가 실질적으로 궁극적 법계와 다르지 않다는, 이것은 (여래)장(garbha)과 똑같으며 이 안에서 모든 것이 존재하며 법계는 모든 것 안에 존재한다는 일원론적 깨달음을 말하는 것이다.

여래장은 실재의 본성이나 마음의 본성을 이론적으로 분석하려고 하지 않으며 오히려 그 길을 수행하도록 신비적으로 북돋는, 다시 말해서 믿음으로써 불성을 얻을 수 있는 진정한 가능성을 북돋는

76) Alex and Hideko Wayman, *The Lion's Roar of Queen Śrīmālā*, p. 99; T. 12, p. 221c.

77) 長尾雅人, "What Remains' in Sūnyatā: A Yogācāra Interpretation of Emptiness", in *Mahāyāna Buddhist Meditation: Theory and Practice*, ed. 淸田 實(Kiyota Minoru), p. 776.

78) Wayman and Wayman, *Lion's Roar of Queen Śrīmālā*, p. 106-107.

것인데, 그것은 그 씨앗이 마음의 밑바닥에 이미 존재하기 때문이다. 그러나 이러한 긍정적인 신비적 의미를 강조하는 것은 좀처럼 이 세상 안의 인간의 체험에 대한 어떠한 깨달음도 발전시키도록 용납하지 않는다. 여기서는 세상에 재투신한다는 중관학파의 생각에 거의 흥미가 없다. 재투신 속에서 궁극적 의미는 세상적 관습과 일치하고 보살행은 상호 의존적으로 일어나는 연기의 세계에 있어 자비행이라는 이 모든 것이 불필요하다고 털어 버린다.

중관학파 사상가들은 오류화의 부정 변증을 통해 이론을 반박하고자 했다. 여래장 사상가들은 단지 모든 이론을 궁극적 실재에 대한 상식적 확증과 부처의 본성에 대한 유효성을 위해 아예 무시한다. 여래장 전통이 반야 운동에서처럼 신비적 의미에 우선적으로 초점을 두고 있다고 하더라도 부처의 본성에 대한 이들의 확신은 우파니샤드의 브라흐만/아트만 교의-역사적 부처 자신이 이에 반대해 대응했던-와 비슷한 대승불교 사상의 주제를 재도입했다.

그러나 일정한 교의적 담론의 유효성과 세상에 다시 투신함을 향한 길이 필요함을 느꼈다. 따라서 경험적 의식을 검토해야 할 필요성이 점점 더 절박해졌다. 어떻게 마음이 원래 순수하다면 (또는 순수했다면) 지금 그 마음이 더렵혀질 수 있는가? 비록 이 더러움이 순수한 본성 위의 우연적으로 생긴 혹이라 하더라도, 그 혹도 원인이 있는 것이 아니겠는가! 어떻게 이 깨달은 마음이 교의를 표현할 수 있는가? 어떻게 보살이 세상에서 자비행을 완성할 수 있는가? 이런 질문을 다루는 초기 경전들 가운데 하나는 『대승장엄경론』(大乘莊嚴經論, *The Ornament of the Scriptures of the Great Vehicle*)이다.

내면성(interiority)을 향한 전환의 시도

중관학파의 공의 교의와 여래장의 씨앗으로서 장의 실재에 대한 주장은 모두 신비적 가르침이지만 풀리지 않은 질문을 남겼다. 공에 대한 통찰은 어디에서 오는가? 만일 모든 사물이 공하다면 왜 사람들은 본능적으로 이것들이 실재한다고 생각하는가? 만일 장이 하나의 진정한 실재라면 왜 환상은 계속 일어나는가? 한마디로 말해서, 어떻게 의식이 일깨워지거나 착각될 수 있는가? 중관학파와 여래장 모두는 환상이 우리가 모두 경험하는 일상을 성격 짓는다는 데에 동의한다. 이 둘은 이 환상에 대해, 중관학파는 관점들에 관한 엄격한 이성적 설명을 통해서, 여래장은 믿음과 수행에 대한 깨우침을 통해서 반대를 분명히 한다. 그러나 이 환상의 기원(genesis)은 무엇인가? 여래장의 대가들은 수행과 깨달음이 자신들을 이 세상에서 경험된 것으로서 의식에 대한 어떠한 고려로부터 벗어나게 한다고 주장한다. 이 현상적 세계 전체는 무의미하다. 그러나 이 세상 안에서 우리가 살고 이 안에서 우리가 깨닫는다. 심지어 중관학파의 이성적 설명도 적어도 어느 정도는 이들의 실제 경험에서 벗어나 보인다.

이러한 질문을 다루고자 했던 이들이 유식학파 철학자들이었는데, 이들은 착각이든 깨달음이든 의식에 대한 이해를 통해 공에서 나온 여러 가지들을 설명하려 했다. 그러나 이들은 진공에서 나오지 않았다. 이들은 본성을 캐물었고 공의 맥락에서 이론을 구축하려고 힘썼다. 이들은 또한 여래장 전통과 장(garbha)에 내한 순수한 마음에 대한 이들의 주장에 영향을 받았던 것으로 보인다. 이들은 반야경전들과 중관학파의 저작에서 공의 가르침을 받아들였고 이러한 맥락 아래 새로운 아비달마 철학을 발전시키려 했다. 유식학파의 초기 발전의 역사는 매우 복잡하지만 마이트레야(Maitreya, 彌勒)의 『대승장엄경론』에서 한 전환적 국면을 찾아낼 수 있다. 이 저작은 유식학파의 교의적 계보 안에 포함되기도 하지만 전의 여래장 경전들에서 더 이론적으로 보이는 유식학파로, 지혜의 마음과 환상의 기원에 대한 선명하고 날카로운 설명을 제공하는 유식학파의 시도를 보여 준다.[79] 여기서 우

79) Takasaki, *A Study of the Ratnagotravibhāga*, p. 296.

리는 잠시 이것을 아상가와 다른 유식학파 사상가들이 씨름했던 문제들을 초점으로 가져가기 위해 고려하고자 하는데, 이는 7장과 8장에서 다루게 될 것이다.

『대승장엄경론』의 기본적인 가르침은 여래장의 주제들과 아주 근접해 있다. 마음의 원래 순수함과 후천적인 더러움을 확인하는데, 이는 "마음은 항상 빛나고 있지만 우연적 잘못으로 오점을 남기기"[80] 때문이다. 이것은 (여래)장의 실재를 가르친다. 곧 "비록 그러함이 모든 이(중생)와 관련하여 다르다고 하더라도 정화된 경우 여래가 되며 따라서 모든 중생은 그 씨(seed, tadgarbha)이다."[81] 이것은 순수한 장에 대한 기본적인 주제를 명확하게 정의한 것이며 바수반두의 주석은 이것이 사실 모든 중생이 여래장(tathāgata-garbha)을 갖고 있다는 의미라고 설명한다.[82] 이 경전의 기본적인 초점은 이미 순수하고 항상 존재하는 부처-본성의 하나의 실재에 있다. 궁극적 법계를 논할 때 『부증불감경』의 일원론적 주제는 반복해서 말하기를, "실제로 이 세상에는 다른 것은 없지만 세상은 이것을 의식하지 못한다. 어떻게 이런 종류의 세상적 환상이 일어나며, 이것으로 인해서 있는 것을 철저히 무시하면서 있지 않는 것에 집착하는가?"[83]

그러나 진정으로 현존하는 부처-본성에 이러한 초점을 둔다고 하

---

80) 『대승장엄경론』(*Mahāyānasūtrālaṃkāra*)은 전통적으로 한편에서는 유식학파의 창시자로 보는 마이트레야(Maitreya)가 썼다고 여겨지는데, 이런 주장은 宇井伯壽의 "On the Authorship of the Mahāyānasūtra-alaṃkāra" in *Zeitschrift für Indologie und Iranistik*, 6 (1928): 215-225에서 지지된다. 그러나 山口益, Giuseppe Tucci, Paul Demiéville은 마이트레야가 역사적 인물이라거나 이 책의 실제 저자일 가능성 모두를 부정한다. "La Yogācārabhūmi de Saṅgharakṣa", *Bulletin de l'École française d'Extreme-Orient* 44 (1954) 381n4를 보라.

81) *Mahāyānasūtra-alaṃkāra, Exposé de la Doctrine du Grand Véhicle*, ed. and trans. Sylvain Lévi, 1, p. 88. 宇井伯壽(Ui Hakuju), 『大乘莊嚴經硏究』(Daijoshōgonkyō kenkyū), p. 284.

82) *Mahāyānasūtrālaṃkāra*; Lévi ed., vol. 1, p. 40; Ui, p. 153.

83) 같은 책, p. 40; Ui, p. 153.

더라도, 『대승장엄경론』에서는 여래장 경전을 넘어 한 걸음 더 진전하며 어떻게 마음이 더러워질 수 있는가에 대해 답하려 한다. 이러한 시도는 삼자성(三自性, trisvabhāva)과 관련하여 말로 표현되는데, 이 주제는 7장에서 자세히 다룰 것이다. 마이트레야가 『대승장엄경론』에서 이 주제를 사용할 때 그는 장의 순수한 마음의 실재를 전제하며 따라서 어떻게 이 순수함에서 경험적 의식으로 넘어오게 되는지를 설명하려고 한다. 삼자성은 실재나 그러함(suchness, tathatā)의 형식으로 간주되는데, 왜냐하면 어떤 형태에 있는 의식은 실제적으로 경험된 것이 아니라 이 세계 안에서 그러함의 일어남(arising, vṛtti)으로 보여지기 때문이다.

> 실재(reality, tattvam)는 항상 이중성이 없으며 혼돈의 바탕이 되고 또 결코 말로 표현될 수 없는데, 그것은 이것의 존재가 개념화할 수 없기 때문이다. 이것은 비록 근원적으로 더렵혀질 수 없지만, 알려지고 거부되며 정화된다.[84]

바수반두의 주석은 이러한 세 상태를 고전적인 유식학파에 제시된 세 가지 의식의 형태와 동일시한다. 곧 이것은 선적으로 상상에 불과하고(imagined, parikalpita, 遍計所執性), 다른 것들에 의지하며(dependent on, paratantra, 依他起性), 철저히 완벽하다(fully perfected, pariniṣpanna, 圓成實性).[85]

『대승장엄경론』의 요점은 경험적 의식에 있지 않고 그리함(suchness)의 순수한 마음의 실재, 철저히 완벽한 마음에 있으며, 이는 항상 이러한 환상의 바탕이 되고 또 이것에 비추어서 모든 이중성은 존재하지 않는다. 이것이 장의 마음이며 근원적으로 옛 상태로 존재하지만 여전히 다른 두 형태의 우연적인 더러움으로부터 정화될 필요가 있다. 혼돈(bhrānteśca samniśrayaḥ)의 기초로서 다른 것들에 의존하는 패턴에

84) 같은 책, p. 58; Ui, p. 204.
85) 같은 책, p. 58; Ui, pp. 202-203.

대한 묘사는 이를 실재가 완전히 결여(dvayena rahitaṃ)된 상상적인 의식의 환상의 원천으로 간주한다.

이 설명에서 그 출발점은 경험된 의식이 아니라 순수한 장(garbha)의 확증이며 의식의 의존적 형태의 기능은 오직 일상 의식의 혼돈의 원천을 파악하는 것이다. 이중성이 존재하지 않는다는 사실을 이해하는 경우, 이것의 바탕이 되는 원천은, 곧 의존적으로 일어나는 의식의 본성을 거부하는 것이다. 여기서 끊임없는 긴장은 철저히 완벽한 형태에 대항해 상상적이고 의존적인 형태의 짝 사이에서 발생한다. 따라서 회심은 상상적인 환상뿐만 아니라 일상 의식의 의존적인 형태를 부정하는 근원적인 본성으로 되돌아가는 것을 말한다. 여래장 전통의 기본적인 약점은 경험적이고 더럽혀진 의식을 적절하게 이해하기가 어렵다는 데에 있는데, 이 약점은 더렵혀진 의식의 기원에 대해 설명하고 있기는 하지만 『대승장엄경론』에서도 완전하게 회복되지는 못했다.[86]

『대승장엄경론』의 세 가지 형태의 방법은 단지 의식의 이해를 전개시켜 보기 위한 첫 시도이다. 그러나 이것은 여전히 근원적으로 순수한 실재에 대한 선언으로 시작하는데, 우리가 이것을 경험하는 것으로서 의식에 거의 접근하기 어렵고, 이 순수한 마음이라는 측면에서 보면 우리가 경험하는 의식은 상상적이고 단지 다른 것에 의존하는 것으로서 거부돼야 할 것이라고 낙인찍는다. 이 이론은 나가르주나의 공 개념에 거의 자리를 내주지 않는데, 그것은 순수한 마음이 공이 아니며 더러움을 덮는 배후에 실제로 존재하기 때문이다. 나아가 이것은 나가르주나가 의존적으로 일어나는 세계에의 재투신에 대해 강조하는 것도 부정하는데, 이는 의식의 다르게-의존적인 의식(other dependent pattern)이 이러한 환상의 원천으로서 거부되기 때문이다.[87] 아상가의 유식학파 사상에서 (뒤에 다시 검토하겠지만) 의식의

86) 같은 책, p. 58; Ui, p. 203.

87) Takasaki, *A Study of the Ratnagotravibhāga*, pp. 58–60. 또한 John Keenan,

이 세 가지 형태라는 교의는 재해석되고 더 깊어질 것이다. 여기서 중요한 점은 중관학파와 여래장에 바로 뒤이어 대승불교 사상가들이 공(그리고 연기)이라는 주제를 의식의 구조와 발전이라는 의식 안에서 기초 지으려 하기 시작했다는 사실이다. 중관학파의 이성적 설명으로부터 또 여래장의 의식적인 내면성, 환상적 마음과 마음의 지혜에 대한 실질적인 수행의 가르침으로부터 하나의 전환이 일어난 것이다.

결 론

이 장에서는 불교 철학의 발전을 개략적으로 그려 봄으로써 모든 영역에서 의미에 대한 이해, 곧 신비적, 상식적, 이론적인 의미 이해에 관련된 문제를 강조하고자 했다. 만일 아비달마가 의미를 혼자서만 지니고 있었다면 아무런 신비적 통찰도 필요 없었을 것이다. 그러나 반야경전들이 깨달음을 구체화한다면 이론은 도무지 설 자리가 없다. 원시 불교의 상식적인 신비적 깨달음에서 이론으로, 또 반야 사상의 신비적 통찰로, 그리고 나가르주나의 해체적 변증으로, 또 여래장 가르침의 신비적 일원론적 확증으로 설왕설래한 것은 어떤 이론을 이해하는 데에 협조적으로 도울 수 있는 신비적 의미에 대한 이떤 이해를 개발할 필요가 있음을 증거한다. 이원론적이고 본질주의적 사고에 기반을 둔 아비달마의 이론 형식은 반야경전과 모든 이론을 미혹함으로 간주하려 한 중관학파 철학자들에 의해 거부되었다. 그러나 그것만이 이론화하는 유일하고 가능한 방법인가? 똑같은 의식 안에서 신비적이고 이론적인 의미를 기초 짓기 위해 의식 자체의 본성에 대해 검토해야만 한다. 서구에서 이론은 주류 신학의 주변부로서만 어둠의 신비 전통을 인정했는데, 그것은 긍정 신학이 어떠한 신비적 어둠 없이도 아주 잘 진행되어 나갔기 때문이다. 그러나 인도 불교

"Original Purity and the Focus of Early Yogācāra", *Journal of the International Association of Buddhist Studies 5*, no. 1 (1982): 7-18을 보라.

안에서 이론은 그 지위가 곤두박질쳤는데, 그것은 대승에 있어 신비적 통찰의 우선성에 동의함과 더불어 이론이 교의적 담론에서 아무런 중요한 구실을 하지 못했던 때문인 듯하다. 그러나 비록 이론이 이러한 신비적 위세에 눌려 있었다고 하더라도 사람들은 계속 생각하고 자신의 생각을 일관된 틀 안으로 체계화한다. 유식학파 사상가들은 종교적 의미의 본성과 담론의 문제들에 의해 안으로 관심을 돌려서 새롭지만 의미에 있어 파악하지 못한 것, 곧 의식적 내면성(conscious interiority)을 찾으라고 요구되었다. 의미의 의식적 기원에 대한 이해에서부터 이들은 신비적 공과 지속적이고 언어적 이론 모두를 의식에 대한 이해 안에서 기초를 마련하기를 바라며 앞에서 전개한 모든 이론적 표현 안에서 종교적 언어를 해석하기 위한 하나의 해석학을 제공하고자 한다.

7장
유식학파(唯識學派, Yogācāra): 의미의 기원에 대한 비판적 이해

개 요

유식학파 사상가들은 이들보다 앞선 모든 교의적 사상의 흐름에 영향을 받았다. 대승불교의 한 유파로서 이들은 반야경전의 신비적 의미에 우선성을 두고 기본 원리로서 공과 연기에 관한 중관학파의 가르침을 받아들였다. 아상가(Asaṅga)는 반야경전[1]과 나가르주나의 『중론송』[2]에 주석을 달았다. 아상가의 동생인 바수반두(Vasubandhu)는 그의 주석 기술을 『금강경』에 활용한다.[3] 스티라마티(Sthiramati)는 『중론송』[4]에 대한 확대된 주석서를 썼고 다르마팔라(Dharmapāla)는 아리야데바(Āryadeva)의 『백론』(百論, *Hundred Stanzas*)[5]에 대해 준 주석서를 썼다. 그러나 이들이 대승불교의 공의 교리에 여전히 충실했던 반면, 유식학파 사상가들은 철학적 이해에도 깊은 관심을 가졌고 또 공에 대한 이들의 이해 안에서 이론적인 분석에 있어 아비달마 같은 시도를 부활시켰다. 마음의 근원적 순수성에 대한 여래장 사상 또한 우리가 앞에서 마이트레야

---

1) *Triśatikāyāḥ-prajñāpāramitāsaptaiḥ*. Text and English translation in Giuseppe Tucci, *Minor Buddhist Texts*, vol. 1, pp. 1-128.

2) *Madhyamaka-śāstrārthānugata-mahāprajñāpāramitā-sūtrādiparivarta-dharmaparyāya-praveśa*. 중국어 번역본으로만 남아 있는데, T. 30, pp. 39-50을 보라.

3) *Āryabhagavatī-prajñāpāramitā-vajracchedikakāyāḥ saptapadārthāṭikh*. 義淨(I-ching, T. 25, pp.875-884)과 菩提流支(Bodhiruci, T. 25, pp. 781-797)에 의한 중국어 번역본으로만 남아 있다.

4) *Mūlamadhyamaka-saṃdhinirmocana-vyākhyāna*. T. 30, pp. 136-158.

5) *Śataśāstravaipulyaṭikā*. 중국어 번역본으로만 남아 있는데, T. 30, pp. 187-250을 보라.

(Maitreya)의 『대승장엄경론』에서 본 것처럼 유식학파의 여러 시도에서 중요한 구실을 했다. 그러나 일원론적이고 비경험적 논조를 싫어했으므로 유식학파 사상가들은 부득이 이를 공에 대한 이들의 이해의 맥락에서 재해석해야 했다.

유식학파 사상의 주요 핵심은 아비달마의 사실주의(realism)와 여래장의 일원론을 더 파고드는 대신, 철학적 담론이라는 측면에서 공에 대한 통찰이 어떠한 의미를 주고 있는지를 이해하고자 하는 것이었다. 이것은 공과 연기라는 중관학파 교의의 지류를 설명하고자 하는데 이는 마이트레야, 아상가, 바수반두를 의식(consciousness)에 대한 비판적 철학으로 발전시켜 나가고자 하는 시도였다.

유식학파 철학자들은 공에 대한 해체적 변증이나 순수한 마음이라는 선언으로 시작하지 않고 우리가 경험하듯이 의식을 검토(examination)하는 것으로 시작한다. 이들은 이해와 오해라는 일상 과정이라는 면에서 공과 연기의 주제를 발전시켜 나가고자 했다. 나가르주나는 상상의 허위(fabrication, prapañca)를 주제화하여 상세히 설명했고 모든 관점을 지혜의 장애물로 보는, 해체적 변증으로써 언어적으로 표현된 명제를 진리로 가정하는 것을 반박했다. 아상가와 그의 학파는 관심을 이러한 환영적 의식의 구조와 어떻게 이것이 반전되고 또 지혜로 전환되는지에 관심을 돌렸다. 이렇게 함으로써 아상가는 불교 사상을 새로운 의미 영역으로 확장시켰는데, 이는 곧 의식의 내면성(interiority)으로서, 여기서 모든 의미가 이것의 의식적 근원(genesis)을 이해함으로써 파악된다.

주요 인물들: 생애와 저작

제대로 발달된 사상 체계처럼 유식학파도 잘 알려진 사람들과 결코 얕잡을 수 없는 수준의 많은 경전을 보여 줌으로써 독자들을 흡족하게 한다. 많은 경우 유식학파의 설명은 난해하고 장황하게 자기주장을 늘어놓는다. 앞선 불교 사상과 어떻게 다른지 그 전체 출발점은 분명한 데에 비해서 특정한 개별 경전의 위치(Sitz im Leben)는 자주 다소 불투명하게 보인다. 어느 체계에서처럼 유식학파의 용어는 복합적 참고문(cross reference)으로써 스스로 규정하려 하며 따라서 쉬운 접근을 배제한다. 어려움은 유식학파가 오래도록 불교 철학 밖의 영역에 거의 영향이 미치지 못했다는 점이다. 이 주제를 다룬 드문 서구의 책이나 그것보다는 좀 더 많은 논문들[6]은 다방면의 특징(mark)을 보여 주거나 철학적이고 경전적 의미에 대한 협소한 질문에 집중하는 경향이 있다. 서구학자[7]에게서 철학적(insightful) 관심을 받아 온 중관학파와는 다르게 유식학파는 대개의 경우 (거의 일본인인) 불교학자들이 내부 학자들 영역을 보호하는 것으로만 남아 있다. 따라서 비록 유식학파가 철학함에 있어서 통찰적이고 유효한 방법을 만들어 내는 것이 현재 작가들이 주장하고자 하는 바라고 하더라도, 서구 사상가와 닮은 점이 거의 없다는 점에서 어려움을 겪을 것으로 보인다. 우리가 유식학파 사상을 통한 간단한 탐사를 시작하기 전에 이 학파의 주요 사상가들과 이들의 주요 작품을 일별해 보는 것이 도움이 될 듯하다.

유식학파의 기본 경전은 『해심밀경』(解深密經, *The Scripture on the Explication of Underlying Meaning*)[8]이다. 하나의 경으로서 이것은 부처의 말씀으로 여겨진다. 그러나 다른 많은 경들처럼 이것도 붓다시대로까지 거슬러 올라가지는 않고, 부처에 대한 영감으로 썼다고 확실히 믿어지는 누군가에 의해 250년경 씌어진 것이며 따라서 그가 쓴 하나

---

6) 케네스 이나다(Kenneth Inada)의 *Guide to Buddhist Philosophy*, pp. 18-20을 보라. 참고 도서에 나오는 알란 스폰버그(Alan Sponberg)가 쓴 탁월한 논문들을 특히 주목하라.

7) 예를 들면 머빈 스프렁(Mervyn Sprung)의 *Lucid Exposition of the Middle Way*와 프레드릭 스트렝(Frederick Streng)의 *Emptiness: A Study in Religious Meaning*, 그리고 Kenneth Inada의 *Nāgārjuna: A Translation of His Mūlamadhyamakakārikā* 등이 있다.

8) *Saṃdhinirmocana-sūtra: L'Explication des Mystères*, trans. Étienne Lamotte. 내 영어 번역본도 곧 佛教傳道協會(Bukkyo Dendo Kyokai) 시리즈에 나올 것이다.

의 경으로 여겨질 만하다. 이 경은 세 부분으로 나뉜다. 반야바라밀 형식의 궁극적 진리에 관한 개론적 이야기, 의식에 관한 간단하지만 상당히 중요한 부분, 마지막으로 초심자를 위한 실제적인 의미를 그리고 있는 긴 부분이 그것이다. 이 작품은 이후의 논의에서 자주 인용할 것이다.

유식학파 경전의 뿌리의 또 한 지류는 아상가의 스승인 마이트레야[9]로 여긴다. 전통적인 설명에서 마이트레야는 일반 인간으로 그리지 않고 도솔천(兜率天, Tuṣita)에 거주하는 천상의 보살로 여긴다. 아상가는 마이트레야의 현존으로 올라가고 거기서 공의 교의에 대한 그의 당혹감이 진정된다. 일찍이 아비달마의 제자였던 아상가는 그가 배운 아비달마의 시각으로 공을 이해하지 못하는 그의 무능에 대한 당혹함이 그의 전기적 문헌에서 다시 보인다. 마음을 혼란하게 하는 상태에서 그는 자살의 문제를 풀었다. 한 친구의 설득으로 자살을 하지 않게 했다고 하더라도 그는 깊은 혼란의 상태에서 그가 도솔천에 이르기까지 공에 대한 혼란은 여전히 남으며 마이트레야 보살에게서 지시를 받으며 그는 대승으로 개종하고 모든 사물이 공이라는 통찰을 얻는다. 이어서 그는 이 가르침을 받아 적어 주었으니, 말하자면 점차 천상의 마이트레야를 위한 지상의 서기가 되었다. 따라서 마이트레야는 『대승장엄경론』,[10] 『중변분별론』(中邊分別論, *The Analysis of the Middle and Extremes*),[11] 『유가사지론』(瑜伽師地論, *The Stages of Yogic Practice*)[12]의

---

9) 아상가에 대한 현존하는 전기는 없지만 그에 대한 정보는 그의 동생인 바수반두를 설명하는 가운데 나온다. 다카쿠스 준지로(高楠順次郎, Takakusu J.)의 "The Life of Vasubandhu by Paramārtha", *Journal of the Royal Asiatic Society* (1935): 33-53.

10) *Mahāyānasūtra-alaṃkāra, Exposé de la Doctrine du Grand Véhicle*, ed. and trans. Sylvain Lévi, 2 vols. *Daijōshōgonkyō kenkyū*, trans. Hakuju Ui.

11) *Madhyāntavibhāgabhāṣya, A Buddhist Philosophical Treatise Edited for the First Time from a Sanskrit Text*, ed. Gadjin Nagao. 좀 더 시기가 앞서고 덜 정확한 번역은 Theodore Stcherbatsky, *Madhyāntavibhāga, Discourse on Discrimination between Middle and Extremes*.

작가로 일컬어져 왔다.

많은 학자들이 마이트레야의 역사적 위치를 부인하고 그를 아상가의 "수호신," 곧 그의 천상적인 영적 감화[13]로 여기는 것은 이해할 만하다. 그러나 문제는 전 아상가 경전(pre-Asaṅgan texts)이 존재한다는 것이다. 아상가는 자주 『대승장엄경론』과 『중변분별론』을 자신의 가르침의 근거로서 인용한다. 뛰어난 일본 불교학자 우이 하쿠주(宇井伯壽)가 마이트레야의 역사성을 옹호하고 있는데, 이는 이런 경전이 있음에 바탕을 두고 있다. 그는 분명 전통적인 설명을 성인전적으로 윤색한 배경 뒤에 아상가의 스승이자 불확실한 경전의 실제 작가인 역사적 마이트레야가 존재했다고 주장한다. 다음 논의에서는 이 질문에 대해 판단을 내리지 않고 마이트레야라는 이름을 단지 이 전 아상가 경전의 저자를 가리킬 때 사용할 것이다.

아상가(ca 310-390)는 유식학파에서 이 사상을 집대성한 역사적으로 검증 가능한 첫 인물이다. 그의 대표적 작품은 『섭대승론』(攝大乘論, *The Summary of the Great Vehicle*)[14]으로 아래서 자주 언급된다. 이 책은 유식학파의 기본적 사상을 체계화하여 논리적인 형태로 제시하고자

12) T. 20, pp. 279-883. 자니스 딘 윌리스(Janice Dean Willis)가 한 장을 영어로 번역했다. *On Knowing Reality: The Tattvārtha Chapter of Asaṅga's Bodhisattvabhūmi*. Bodhisattvabhūmi 부분의 산스크리트어는 나릴나크샤 두트(Nalinaksha Dutt)가 편집한 *Bodhisattvabhūmi*(Being the XVth Section of Asaṅgapāda's Yogācārabhūmi)이다.

13) 저자에 관해서는, 우이 하쿠주의 확실한 판단을 보라. "On the Authorship of the Mahāyānasūtra-alaṃkāra", *Zeitschrift für Indologie und Iranistik* 6 (1928):215-225, 그리고 그의 "Maitreya as an Historical Person", *Indian Studies in Honor of Charles Rockwell Lanman*, pp. 95-102. 山口益(Yamaguchi Susumu), 쥐세페 투씨(Giuseppe Tucci), 또 폴 드미에빌(Paul Demiéville)은 모두 마이트레야가 역사적 인물이 아니고 또 이 경전의 실제 저자도 아니라고 본다. Demiéville의 "La Yagācārabhūmi de Saṅgharakṣa", *Bulletin de l'École française d'Extreme-Orient* 44 (1954): 381n4를 보라.

14) *La Somme du Grand Véhicle d'Asaṅga (Mahāyānasaṃgraha), Traduction et Commentaire*, trans. Étienne Lamotte. 현존하는 네 중국어본과 티베트어판은 *Kanyaku shihon taishō Shodaijōron*, Gessho Sasaki, Tokyo, 1977에 실려 있다.

했다. 이 경전은 아마도 유식학파의 저작 가운데 가장 중요하고 또 발전의 씨앗을 내장한 작품으로 후기 유식학파 사상가들에게 한 준거를 제시했다. 또한 아상가는 유식학파 철학을 요약한 무척 두꺼운 『유가사지론』이라는 책과도 관련이 있다.

바수반두(ca.320-400)는 아상가의 남동생이다. 그의 전기에 따르면 바수반두는 주요한 아비달마 학파 가운데 하나인 설일체유부(說一切有部, Sarvāstivāda)의 열렬한 추종자였다. 실제로 그가 『아비달마구사론』을 썼다고 한다.15) 그는 아상가가 그를 변화시킬 때까지 대승불교의 "명예를 실추시키는"(slandered) 솜씨로 이름을 날렸는데, 변화를 겪고 통절히 회개한 뒤 그 표시로 혀를 자르려 했다. 아상가는 그에게 혀를 자르는 대신 그것으로 대승불교를 알리라고 권고했고, 바수반두는 아상가의 말대로 논문 몇 개를 썼다. 가장 유명한 것으로는 『유식삼십송』(唯識三十頌, *Thirty Stanzas on the Establishment of the Doctrine of Conscious Construction Only*)이 있다. 이 경전은 『성유식론』(成唯識論)이라고 하는 더 긴 주석서에 포함됐는데, 이것은 다르마팔라(Dharmapāla, 護法)에서 연원한다고 하지만, 오직 중국어판으로만 보존되고 있으며, 이 판본은 후기 중국의 유식학파 사상(法相宗, Fa Hsiang school)도 반영하고 있다.16) 또한 바수반두는 『섭대승론석』(攝大乘論釋, *Commentary on the Summary of the Great Vehicle*)17)도 썼다.

아스바브하바(Asvabhāva, 無性 450-530)는 아상가 저작에 대해 후기에 주석을 달았고 별도의 『섭대승론석』(*The Exposition of the Summary of the Great Vehicle*)을 쓰기도 했다.18) 그는 유식학파 가운데 다르마팔라 계

---

15) De la Vallée Poussin, *L'Abhidharmakośa*.

16) *Vijñaptimātratāsiddhi, La Siddhi de Hiuan-Tsang*, trans., De la Vallée Poussin; *Ch'eng Wei-shih Lun, Doctrine of Mere Consciousness*, trans., Wei Tat.

17) *Mahāyānasaṃgrahabhāṣya*는 세 중국어본으로 남아 있다(Paramārtha: T. 31. pp. 152-270; Dharmagupta: T. 30. pp. 271-320; and 玄奘; T, 30. pp. 321-379). 그리고 티베트어로 된 하나: *Theg pa chen po bsdus pa*, p. 5549, trans. Yes hes sde.

18) *Mahāyānasaṃgrahopanibandhana*는 오직 중국어와 티베트어로만 남았다. 중국

보의 선구자로 여겨지며 여러 곳에서 아상가의 저작에 대해 새롭고 흥미로운 통찰을 제공한다.

스티라마티(Sthiramati, 安慧 ca.470-550)는 또 다른 후기 주석가로서 자신의 주석에 관한 한 완전한 설명을 제시하기 위해 집요한 노력을 기울였다. 『대승장엄경론』[19]에 대한 주석에서 명확하게 보이듯이 그는 원래 저자보다도 더 직설적으로 논평을 하는 주석가로 보인다. 그 주석은 같은 경전에 대해 아스바브하바가 달은 주석보다 거의 두 배가 길기는 하지만 두 배로 깊은 통찰을 보여 주고 있지는 않다. 또한 스티라마티는 『중변분별론석소』(中邊分別論釋疏, *Sub-Commentary on the Analysis of the Middle and Extremes*)[20]를 썼다.

비록 다르마팔라(530-561)가 일찍 입멸하기는 했지만 유식학파 사상의 독특한 계보를 형성한 창시자로 여겨져 왔는데, 이 사상은 중국의 탁발승이자 번역가였던 현장(玄奘, Hsüan-tsang, 600-664)에게 전수되었으며 그의 제자인 규기(窺基)가 동아시아 유식학파의 정통 법상종으로 성립시키기 위해 중국에서 이를 체계화했다. 다르마팔라는 유식학파의 대 논리학자였던 디그나가(Digñāga, 陳那 ca.400-480)에게 영향을 받은 듯하며 또 관습적 사고가 한계가 있기는 하지만 진정으로 유효성이 있다고 옹호했다. 그러나 어떻게 발전해 나갔는지 정확한 계보를 추적하는 일은 지극히 어려운데, 그것은 그의 글이 중국어로만 보존되었고 또 중국인의 관점을 통해서만 볼 수 있기 때문이다. 중국어로 된 『성유식론』(成唯識論, *Treatise on the Establishment of the Doctrine of Conscious Construction Only*)은 그의 사고를 알기 위한 주요 자료

어는 玄奘에 의하여 번역되었다(Hsüan-tsang, T. 30. pp. 380-450). 또 티베트어는 P. 5552이다.

19) *Sūtrālaṃkāraṭīkā*, 티베트어로만 남아 있다. P. (Peking ed., Tibetan canon) 5531.

20) *Madhyāntavibhāgaṭīkā*. 산스크리트 경전 in *Sthiramati: Madhyānta-vibhāgaṭīkā, Exposition systématique du Yogacaravijñaptivāda*, 山口益의 서문. 또한 그는 일본어 번역도 제공한다. 山口益 譯註『安慧阿遮梨造 中邊分別論釋疏』(Anne ajiyaru zō chuhen-funbetsuron shakusho).

인데,[21] 이 저작은 정확하게 그의 해석을 제시한다고는 하지만, 다른 인도 대가들의 생각은 종종 잘못 전달하고 있다.[22] 다르마팔라는 앞에서 말한 저작들의 저자로 여겨지는데, 비록 현장이 실질적으로 유식학파 사상에 있어 다르마팔라의 위치에 대한 그의 이해에 준하여서 이를 편집했다고 하더라도 말이다. 또한 다르마팔라는 중관학파인 아리야데바(Āryadeva, 提婆 또는 聖天)의 『백론』[23]에 대한 주석을 쓰기도 하였다.

인도 승려 파라마르타(Paramārtha, 眞諦, 499-569)는 중국에 파견된 유식학파의 첫 주요 포교자였다. 그는 어려운 정치적 상황 아래서 힘겹게 일했으며 집으로 돌아가기를 그토록 원했으면서도 많은 유식학파 경전을 중국어로 번역하기 위해 여러 해를 중국에서 보냈다.[24] 그는 여래장 사상을 좋아했고 자주 이를 번역했으며 많은 경우 원본에 새로운 절을 통째로 덧붙이기도 했다. 아상가의 『섭대승론』을 번역했으며 또 같은 책에 대한 바수반두의 주석도 번역했는데, 이런 작업이 유식학파의 근원적인 순수한 마음을 강조하는 것과 더불어 중국 유식학파의 섭론종(攝論宗, She-lun school)을 확립하는 것으로 이어졌다. 이런 번역은 현장(玄奘)을 매우 혼란하게 하였고 그래서 그는 인도에서 유식학파의 참된 가르침을 찾으러 나섰으며 결국 다르마팔라 계보에서 이를 찾아 중국으로 갖고 돌아와서 파라마르타의 섭론종의 영향력을 능가하게 되었다.

다르마팔라의 동시대인인 실라바드라(Śīlabhadra, 戒賢, 529-645)는 "불지경론(佛地經論)"이라고 하여, 『불지경』(佛地經, *The Scripture on the*

---

21) 위의 각주 15번을 보라.

22) 『成唯識論』에 있는 Dharmapāla의 사상을 Sthiramati의 *Triṃśikāvijñaptibhāṣya*와 비교하는 것에 관해서는 勝又俊教(Katsumata Shunkyo)의 『佛教における心識說の研究』(Bukkyō ni okeru shinishikisetsu no kenkyū), pp. 191-294를 보라.

23) *Śataśāstravaipulyaṭīkā*, T. 30, pp. 187-249.

24) Paramārtha의 전기에 관해서는 Diana Y. Paul, *Philosophy of Mind in Sixth Century China: Paramārtha's "Evolution of Consciousness"*, pp. 11-37을 보라.

Buddha Land)의 주석서를 썼는데, 이는 오직 티베트어로 보존되었다. 반두프라바(Bandhuprabha, 親光, ca.700)는 중국어로 보존된 동일한 제목의 작품의 저자로 밝혀졌는데, 이 작품은 사실 실라바드라의 저작에 바탕을 두고 있지만 한편으로는 다르마팔라-법상종 전통에서 온 엄청난 분량의 자료를 포함한다.[25)]

이 유식학파라는 특정한 숲에서 몇 그루 나무의 정체성을 밝혀 보았으므로, 이제는 유식학파 철학의 숲 안으로 발길을 내디딜 차례이다.

유식학파 사상

유식학파는 반야바라밀 경전에 바탕을 두고 있으며 중관학파 사상을 의식에 대한 비판적 이해라는 면에서 재고하고자 한다. 유식학파 철학은 세 가지 서로 맞물려 있는 주제로 표현된다. 곧 의식의 구조, 의식의 기능적 형태(gestalten)와 이것의 원인론(etiology), 그리고 경전의 이해와 해석에 있어서 의식에 대한 이러한 비판적 이해의 갈래들이 그것이다.[26)] 이러한 세 주제는 모든 사물은 오직 의식의 구조물이라는 확언으로 요약될 수 있다. 각 주제는 설명을 필요로 한다.

의식의 구조

아비달마 이론가들은 마음(citta, vijñāna)을 객제적으로 참인 것(objectively real entities, dharma)에 대한 주체적으로 참되게 아는 자(subjectively real knower)로 간주했다. 반야바라밀 경전들과 나가르주나

25) 西尾京雄(Nishio Kyōyu), *The Buddhabhūmisūtra and the Buddhabhūmivyākhyāna* 와 『佛地經論の研究』(Buchikyōron no kenkyū). Bandhuprabha의 본문에 대해서는 존 키난, *A Study of the Buddhabhūmyupadeśa: The Doctrinal Development of the Notion of Wisdom in Yogācāra Thought*를 보라.

26) *Mahāyānasaṃgraha*, Lamotte ed., 2.32 (장과 섹션의 수는 長尾雅人의 『攝大乘論: 和譯と註解』[Shōdaijōron: Wayaku to chūkai]에 사용된 것이다.)

의 중관학파 철학은 앎(knowledge)에 있어 이 주체-객체 형태를 부정했지만 우리가 일상 삶에서 겪는 생각과 이해 안에서 공에 대한 신비적 통찰에 근거가 될 수 있는 의식에 대한 어떠한 설명도 제공하지 않는다. 여래장 사상가들은 공에 대한 추상적 불가지론(negativism)에 반대하면서 순수한 태(胎, garbha), 곧 모든 사람이 여래를 깨달을 수 있도록 하는 의식의 순수한 바탕인 이 태가 텅 비어 있지 않은 실재(non-empty reality)라고 단언한다. 그러나 여래장 이론가들도 이 순수한 마음에 대한 어떠한 비판적 이해도 제공하지 않으며 이들 스스로가 그저 순수한 마음이 현존하는 것을 믿는 것에 만족한다. 공에 대한 부정적인 다양성이든지 아니면 여래장이라는 긍정적인 것이든지 이러한 신비적 주장은 설명이 필요한데, 이는 어떠한 신비적 통찰의 현존도 중관학파나 여래장에서는 찾아볼 수 없다고 함으로써 이들을 쉽게 부정해 버릴 수 있기 때문이다. 궁극적 의미와 세상적 관습 사이의 차이를 강조하고 궁극적 의미가 완전히 다르다고 주장함에 있어, 공에 대한 중관학파 철학은 이 법(Dharma)을 언어의 영역으로 끊임없이 언표해 보려는 노력에서 철저히 무시된다는 위험을 감수하게 된다. 마음이 근원적으로 순수한 것임을 단언하면서, 여래장 전통은 표현 불가능한 실재로서 모든 현상 뒤에 있는 이 하나, 증명 불가능하고 비체험적인 이 유일성에 대한 일원론적 이론으로 흘러들어 가는 경향을 띤다.

이러한 교의적 모순에 대해 유식학파는 의식의 구조에 초점을 맞춤으로써 대응하는데, 그 까닭은 아비달마 이론, 중관학파의 부정론, 여래장의 신앙적 확언이 이 의식에서 일어나기 때문이다. 이렇게 함으로써 유식학파는 이론을 되살리고 이를 공에 대한 통찰이라는 맥락에 놓는 데에 성공한다. 아비달마를 추종하는 이들은 진짜로 현존하는 의식과 실제의 외부 사물 사이의 주체-객체 이원론에 대한 규범적인 유효성을 가정했다. 이와는 다르게 유식학파는 공과 연기의 개념을 의식에 적용하고 이것이 상호 의존적으로 일어나는 연기, 곧 공 자체가 되는 것으로 이해했다. 이들은 객관적 본질에 대한 순진한 믿음과 이러한 본질과 부닥치는 주체적인 마음이 있다는 무비판적인 가정 모두를 거부했다. 오히려 이들은 잠재적이고 근본적인 저장고로서의 의식(container consciousness, ālaya-vijñāna)과 감지하고 지각하고 생각하는 표현적이고 적극적인 의식(active consciousness, pravṛtti-vijñāna) 사이의 끊임없는 상호 작용 위에 이 의식이 구조화한 것이라고 주장한다. 『중변분별론』은 이렇게 말한다.

> [한편으로 의식은 잠재적이고 원인적 의식으로서 일어나고 다른 한편 결과적이고 드러나는 현상적 의식으로서 일어난다.] 저장고로서의 의식은 원인으로서의 의식인데, 그것은 모든 다른 [일곱] 의식에 대한 기본적인 원인이기 때문이다. 따라서 [어떤 표현 양식 안에서] 원인이 됨으로써 이 적극적인 [일곱] 의식은 체험을 [저장하는 창고로서의 의식에] 관련된다.[27)]

가장 초기 유식학파 경전인 『해심밀경』은 저장고인 의식의 개념을 의식의 씨로 소개하면서 이를 윤회의 수레바퀴 속에서 과거의 체험에서 생기는 잠재적이고 전의식적인 업의 씨앗의 축적이라고 이해했다.[28)] 이 씨앗의 축적에 의해서, 의식의 전체적 성장과 발전은 숙명적으로 더렵혀진다. 이 경전은 이 씨앗과 같은 아뢰야식(阿賴耶識)을 오감의 근원적인 여섯 개의 적극적인 의식으로 제시하며 또 차별적인 언어[29)] 안에서 표상과 이름의 환영적 조작(fabrication)을 향한 경향으

---

27) Nagao, *Madhyāntavibhāgabhāṣya*, p. 21. 일본어 번역을 보려면 長尾雅人 外, 『大乘佛典15 世親論集』(Daijō butten 15 Seishin ronshū), p. 228을 참조하라. 두 중국어 사본과 티베트어 번역본 하나가 山口益의 『漢藏對照 辯中邊論』(Kanzō taishō Benchūheron), pp. 10-11에서 볼 수 있다.

28) *Saṃdhinirmocana*, Lamotte ed., pp. 58, 186-187: "아뢰야식은 깊고도 예민하다. 이는 마치 거친 물줄기와 같아서 [지난날 경험했던] 씨앗과 함께 나아간다. 완숙에 이르지 못한 이들이 이를 자아라고 생각할까봐 나는 이를 그들에게 드러내지(reveal) 않았다."

29) *Saṃdhinirmocana*, Lamotte ed., p. 185: "씨앗 의식은 완숙하여 적극적으로 되고,

로 결과되는 것으로 본다. 여기서는 더렵혀지지 않거나 순수한 마음에 대한 언급은 없으며, 이 순수한 마음에서 여래장 가르침을 유효하게 할 수도 있는데, 그 까닭은 모든 의식 행위와 체험이 아뢰야식이라는 근원적인 씨앗 때문에 일어나며 또 사물을 실체로 상상하고 꾸며진 관점들의 환영적 형태 안에서 기능하기 때문이다. 따라서 모든 경험은 되풀이되는 숙명적인 더럽힘의 힘으로 조작되고 만들어지는 것이다.

『해심밀경』에서 그려진 다섯 감각 의식과 지각 의식(manovijñāna)을 구성하는 것으로서 적극적인 의식이라는 이러한 도식은 앞서의 아비달마가 의식을 감각 의식과 사고(manovijñāna)로 분리하는 것에서 도출된다. 이 도식에 따르면 사물의 본질(svabhāva)에 대한 진정한 앎에 이르기 위해 단순히 감각 자료를 분석한다. 그러나 더 성찰해 보면 유식학파 사상가들은 이 도식이 부적절함을 발견한다. 아상가는 『해심밀경』의 의식(意識, manovijñāna: 마음의 기관. 識, vijñāna의 하나-옮긴이)을 감각된 객체의 수용으로 축소시키고 사고(thinking, manas)라고 부르는 일곱째 의식을 소개하는데, 아상가는 이를 더럽혀지고 환영적인 사고에 대한 가장 가까운 자료라고 파악했다. 아뢰야식에 있는 잠재적인 씨앗에 의해 조작되어 있으면서도, 고정적이고 안정적인 연속체를 덧없고 일시적인 것으로 보고 또 내적 주체와 밖의 사물 모두가 자성(selfhood)이 있다는 잘못된 믿음을 갖게 하는 것은 다름 아닌 이러한 사고 안에서다.[30)]

따라서 의식은 겉껍데기를 견고하고 항상적인 실재로 잘못 받아들이는 차별적인 외적 의식으로서 일어난다. 아상가는 이러한 환영적인 조작의 기원이 겉으로 보기에는 중립적이지만 실제적으로는 객체-

---

이것의 발전을 통합하고 자라게 하고 풍부하게 하는데 그것은 이 씨앗 의식이 두 가지를 만들기 때문이다. 하나는 감각 기관과 더불어 육체적 몸이고 또 하나는 차별적인 언어로 이름과 표상을 조작하는 어떤 기질이다."

30) *Mahāyānasaṃgraha*, Lamotte ed., 1.7.

이미 이 환경에 주어진 외적 의미 단위인-에 대한 마음을 환영적으로 제시하는 것으로 그리고 있다. 사물에 대한 상상 속의 존재와는 대조적으로, 인간은 자신의 몸을 감각하고 지각하는 존재로 받아들이고 또 그러한 생각에 집착한다. 따라서 세상에 대한 생물학적으로 확실하고 유효한 우리의 대응은 바로 앎의 주체-객체 형태이며, 이는 여기서 환상이라고 묘사되는데, 그것은 양극단의 실재가 어떠한 본질이든지 비어 있기 때문이다.

주체-객체라는 감각 형태에서 주어지는 상상적인 실체를 바탕으로 내적 자아, 곧 "내가 있다는 생각(aham iti vijñapti)"이라는 "선명한" 개념을 상상해 낸다. 그러나 근본적(primal)이고 자아-유효성(self-validating)을 강조하는 데카르트 추종자들의 출발점에서는 한참 떨어져 있는 것으로서, 이러한 사고는 마치 밖의 세계와는 대립하여 멀리 떨어져 있는 어떤 견고하고 지속적인 실재처럼 그렇게 자아에 집착하게 하는 오염된 사고에서 기인한다. 마치 몸이 하나의 집으로서 자아라면, 전체 환경은 구하거나 매달리거나 또 피하거나 도망가거나 하는 따로 독립된 객체라는 집으로 보인다.[31)]

이러한 환영적인 이해의 태도에서는 의미는 꾸며 낸 상상으로 외부 지향적이 되고 공과 겉모습의 덧없음의 형태에 대한 우리의 통찰은 사물의 본질을 드러낸다고 가정하는 생각들에 우리가 집착하게 됨으로써 방해를 받는다. 우리의 생물학적 외향성에 확실히 주어진 유효성 때문에 우리는 우리 몸과 자아를 우리를 둘러싼 환경적 세계

31) 아뢰야식의 현존을 보여 주는 데에서 취한 구절로 이는 *Yogācārabhūmi* (T. 30, p. 579a)의 Viniścayasaṃgrahaṇī 부분 안에 나오며 아상가의 *Abhidharmasamuccaya* (T. 31, p. 701b)와 *Śāsanodbhāvana* (T. 31, p. 565b)에서 반복된다. 나는 여기서 袴谷憲昭(Hakamaya Noriaki)의 비교론적 일본어 번역을 따른다. 袴谷憲昭의 「アーラヤ識存在の八論證に關する諸文獻」(Ālaya shiki sonzai no hachi ronshō ni kansuru shobunken)[Source Materials on the Eight demonstrations of the Ālaya Consciousness], 『駒澤大學 佛教學部 硏究紀要』(Komazawa daigaku bukkyō gakubu kenkyū kiyō), 36, p. 19를 참조하라.

와 떨어뜨려 놓고 이를 조작하려 한다. 감각-형태적인 마음은 외적이고 객체적 실체에 직면하는 내적이고 주체적 자아라고 잘못 본다.

그러나 이러한 과정은 잠재적인 아뢰야식 안에서 축적되는 숙명적인 씨앗이 두루 미치는 힘의 근원적인 현존을 잊도록 하는 데서 기능한다. 이것은 환영의 기원과 환영적 객체에 오염된 집착을 이해하는 데 실패하고 의식에 대한 불완전한 이해에 만족한 채로 있으며 따라서 공에 대한 통찰에 이르지 못하고 환영에 집착하는 것을 버리지 못하도록 영향을 미친다.

유식학파는 의식의 구조는 이렇듯 독립적이고 자기 충족적인(tabula rasa) 내적 마음이 외적 사물을 보는 것이 아니라고 주장한다. 오히려 아뢰야식과 감각하고, 지각하고, 생각하는 적극적인 의식 사이의 끊임없는 상호 작용은 모든 의식적 이해가 이 둘러싼 세계에 대한 첫 대응을 계획하고 생성해 내는 잠재적 씨앗에 의존한다는 것을 의미한다. 그러나 그렇다고 해서 우리의 경험과 이해가 단순히 숙명적인 오염(defilement)의 저장에서 발생하는 것은 아니다. 그 까닭은 아뢰야식과 적극적 의식 사이의 상호 작용이 잠재적인 것에서 드러남으로 가는 일방통행의 길이 아니기 때문이다. 오히려 이것은 양방향의 과정인데, 곧 아뢰야식에서 나오는 잠재적인 씨앗이 사고와 이해로 고루 퍼져 들어가는 것과 더불어 동시에 일어나므로, 이 바로 잘못된 이해와 외적 앎에 대한 환영은 아뢰야식에 새로운 씨앗을 심으면서 끊임없이 유전하는 고통의 삶으로 나아간다.[32)]

여기서 아상가는 중관학파의 개념인 연기를 우리의 일상 경험의 일시적인 상황뿐만 아니라 의식 구조 자체에 적용한다. 따라서 마음은 주체-객체 형태가 실질적으로 어떠한 유효한 실재의 공이므로 이 공과, 이것의 구조 자체가 상호 의존적으로 일어나는, 유식학파의 용어로는 다른 것에 의존하는(other-dependent) 연기이므로 이 연기 모

---

32) *Mahāyānasaṃgraha*, Lamotte ed., 1.17: "아뢰야식과 오염된 마음 상태는 동시에 하나가 다른 것을 일으킨다." 또한 1.27을 보라.

두에 초점을 두게 된다. 따라서 정신의 기능에서 결과되는 모든 의미는 잠재적인 아뢰야식과 사고 의식의 오류들 이 모두에 의존함에서 성립한다.

그러나 의식은 이렇듯 잠재적인 아뢰야식과 드러나는 적극적인 의식 사이의 끊임없는 상호 작용 덕분으로 상호 의존적으로 일어나는 것뿐만이 아니다. 또한 상호 의존적으로 일어나는 까닭은 감각하고, 지각하고 생각하는 정신이 드러나는 활동이 지각적인 표상(image, nimitta)과 이 표상에 대한 통찰(insight, darśana)[33]이라는 것 모두에 의존하고 있기 때문이다. 따라서 아비달마의 관점－곧 이해는 내적이든 외적이든 간에 사물의 표상에 대해 충실하게 그림을 그리는 것, 또 실체의 세계에서 찾는 것을 가정한다－은 진정한 이해란 없음을 확신한다. 이 표상의 의미에 대한 통찰이 일어나지 않는다면, 이는 그림 표상에 대한 몰이해(nonunderstood), 곧 지각된 주어짐에 있어 현재적 의미와 꾸러미에 잘못 담긴 것이다. 따라서 사물은 카메라로 찍은 듯한 마음 안에서 견고하고 진짜인 것처럼 보이고 따라서 사람은 존재하지도 않는 자아가 영구하다고(security) 생각하게 하는 요구로서 사물을 다루고 조작하도록 강제된다.

끝없이 반복하는 윤회적 사고의 환영과 이것들의 헹렬로 이어지는 집착은 더 없이 많은 씨앗을 아뢰야식에 뿌린다. 따라서 생로병사의 끊임없는 반복(saṃsāra)은 단순히 사물의 실재를 묘사하는 것이 아니라 의식에 의해 미혹된 공과 연기의 세계에 투영된 환영적 조작의 끊임없는 반복을 가리킨다. 잠재적인 씨앗과 드러난 생각의 행위는 서로 원인이고 결과가 되며 고통에 찬 삶의 반복의 상승 작용을 한다. 오염된 숙명적 씨앗이 있는 이 아뢰야식도 또 자기－확신적인 드러난 사고 활동도 독립적으로 존재하지 않는다. 숙명적 씨앗이 저장되지 못한다면, 의식은 분명 근원적으로 순수하거나 적어도 중립적인 마음

---

33) 반두프라바의 *Buddhabhūmyupadeśa* (T. 26, p. 303b－c)에서 깨달은 지혜 안에 표상이 존재하는가의 여부에 관한 논의를 보라. 키난, pp. 577－584.

으로 일어날 것이다. 오염된 정신적 활동이 없다면 고통에 찬 반복하는 환영은 이 일시적인 세계의 고통의 현존 안으로 결코 표현되지 않을 것이다. 상승 작용 속에서 이 둘은 분열과 고통의 인간 경험을 낳는다. 따라서 단지 생각을 억제하고 행동을 변화시킨다고 하여 고통을 없애고 해탈을 이루지는 못한다. 이를 위해서는 아뢰야식 속에 잠복해 있는 내적이고 전의식적인 씨앗을 뽑아 내야만 한다.

의식의 세 형태

의식의 세 형태(trilakṣaṇa)라는 교의적 주제는 유식학파 사상의 특징인데, 이는 오염되고 경험적인 형태 안에서 또 지혜와 깨달음을 얻을 수 있는 가능성 안에서 의식을 검토하기 위해 이 사상가들의 전체적인 의도를 드러낸다. 사실 중국에서 이러한 주제는 아주 중심적으로 보여서 유식학파의 "정통" 계보는 법상종으로 말 그대로 "정신 상태의 형태"의 학파이다. 세 형태는 의식의 기능에 있어서 세 가지 다른 방식(mode)을 보여 준다. 의식의 구조는 위에서 설명한 대로 잠재적인 아뢰야식과 활동적인 의식 사이에 또 표상과 통찰 사이의 적극적인 의식 안에 상호 의존적인 작용에서 성립한다. 세 형태는 이 구조화된 관계가 다르게 기능하는 만큼 다르다.

세 가지 형태는 첫째, 상상적 형태(parikalpita-lakṣaṇa)로서 여기서 의식은 환영을 만들어 내고 마치 환영이 영속적인 실체인 듯이 여기에 집착한다. 두 번째 형태는 다른 것에 의존하는 형태(paratantra-lakṣaṇa)로 의식의 기초적인 구조적 기능을 하며 상상적 형태를 처음으로 지지하지만 세 번째 형태인 완전한 형태(pariniṣpanna-lakṣaṇa)로 변환할 수 있는데, 이 단계에서는 의식의 의타기적 구조 안에 집착이나 환영이 없다. 오염된 숙명적인 행동의 근원적인 씨앗의 효력은 의식의 오염에서 근본적인 움직이는 힘이며 환영적이고 상상적 형태로 퇴화한다. 이러한 씨앗의 영향의 확산이 부정되고 이 씨앗들이 뿌리째 뽑혀 버릴 때만이 다른 것에 의존하는 의식이 정화되고 환영적 앎은 지혜-의식으로 전환한다. 그러나 상상적인 형태 안에서부터 아뢰야식과 활동적 의식 사이의 관계를 설명하기는 어려운데, 그것은 생산적인 아뢰야식이 잠재적이고 전의식적이며 숙명적인 씨앗에 의해 영향을 미치는 언어 자체를 통해서 기능하기 때문이다. 따라서 유식학파는 이 세 형태의 분석에 있어서 적극적 이해의 드러난 상호 의존적 구조에 초점을 맞춘다. 『섭대승론』에서 아상가는 다음과 같이 말함으로써 이러한 검토의 맥락을 짚어 준다. "적극적 의식을 특징짓는 정신적 상태는 표상과 통찰에 부여된 이것들의 본질로서 생성된 관념(idea, vijñapti)을 갖고 있다."[34]

세 형태는 의식의 똑같이 기초적인 상호 의존적인 구조만큼 다른데, 이것에 의해 표상과 통찰은 우리의 전의식과 잠재적 체험을 표현하며 환영적 생성을 일으키거나 아니면 이러한 환영적 생성에서 해방되거나 하는 다른 기능을 할 수 있다. 아상가 본문을 번역한 티베트인 번역가 예 쉐 제(Ye Shes sde)는 요점을 분명히 한다. "왜냐하면 이들은 정신적 단계가 세 형태를 갖는 표상과 통찰을 주기 때문이다."[35]

따라서 아상가는 이 세 형태에 대한 가르침을 아뢰야식 안의 숙명적 경험의 잠재적 축적을 표현하는 것으로서 적극적 의식의 상호 의존적인 표상-통찰 구조에 대한 이해의 맥락에서 제시한다. 앞에서 보았듯이, 다른 것에 의존하는 형태는 의식의 기본 구조이다. 이것은 중심축의 구실을 하는데 이를 중심으로 상상적 형태의 오염과 완전한 형태의 정화가 순환한다. 『대승아비달마』(大乘阿毘達磨, *The Abhidharma of the Great Vehicle*)는 이렇게 설명한다. "[의식의] 세 단계가 있다: 오염된 것으로 이루어진 것, 정화된 측면으로 이루어진 것 그리고 이 모두를

34) *Mahāyānasaṃgraha*, Lamotte ed., 2.32.2.

35) *rgyu mtshan lta ba dang bcas pa las*// de dag mtshan nyid gsum shes bya ba/ zhes ji skad gsungs pa lta bya'o// 이탤릭체로 된 부분의 말 대신에 모든 중국어 번역은 단지 "이것 때문에"(because of this, yü shih)를 쓰는데 이것은 그렇게 명확하지가 않다. 여기서 이탤릭체 부분 전 구절은 문법상 조격(助格)적 탈격(奪格, instrumental ablative)이다.

동시에 포함하는 것."[36] 오염과 정화 모두를 구성하고 있는 것은 의타기적 형태인데, 이는 초기 일어남이 상상적 형태와 연결이 되고 또 정화와 더불어 깨달음에 관련되는 한에서 그러하다.

아상가는 『섭대승론』 둘째 장을 상상적이고 환영적인 형태를 지지하는 것으로서 의타기적 형태를 고려하는 데에서부터 이런 환영과 상상에서 해방된 의타기적 형태를 고려하는 것으로 나아가기 시작한다. 의타기적 형태는 가장 중심적 상태다. 이것은 환영의 그물 안에서든지 아니면 이러한 환영에서 해방되는 것에서 기능을 할 수 있다. 그는 이것의 이러한 환영적 기능을 "아뢰야식에서 싹트고 비실재적 상상으로 구성되는 의식 구조"[37]라고 묘사한다.

조작적이고 비실재적 상상이 발생하는 것은 사물의 본질을 틀어잡고 나타내기 위해 마음의 생각들을 상상하는 데서 결과된다. 비실재적 상상은 실재의 그림에 대한 잘못된 표상인데, 이는 마치 니사의 그레고리오에게 상상의 공상적인 세계 안에서 영속성이 발견될 수 있다는 환영으로 이어졌던 것과 똑같다. 이와 똑같은 강조점이 마이트레야의 『중변분별론』의 유명한 구절에서 보인다. "비실재적 상상(abhūta parikalpa)은 현존하지만 이 안에서 이 두 가지 [주체와 객체의 상상적인 측면]은 존재하지 않는다. 그러나 이 안에서 공은 존재하며 그 [공 안에서] 이 [비실재적 상상도] 존재한다."[38]

외적 의미의 그림을 표상화하고 진짜 실물(entities)에 대한 관념을 생성하는 비실재적 상상이 실질적으로 존재하는데, 그 까닭은 그것이 끊임없는 환영의 조작으로서 의타기적인 이해의 환영적인 기능이기

---

36) *Mahāyānasaṃgrahabhāṣya*, Lamotte ed., 2.29. Mahāyānābhidharma의 얼마 되지 않은 남은 부분은 結城令聞(Yūki Reimon)의 『心意識論より見たる唯識思想史』(Shinishikiron yori mitaru yuishiki shisōshi), pp. 240-250에서 수집되고 검토되었다.

37) *Mahāyānasaṃgraha*, Lamotte ed., 2.2.

38) *Madhyāntavibhāga*, Nagao ed., p. 17. 다양한 사본과 일본어 번역과 주석을 비교한 것에 대해서는 葉阿月(Yeh A-yüeh), 『唯識思想の研究』(Yuishiki shisō no kenkyū), appendix, p. 1.

때문이다. 그러나 진짜인 외적 사물과 마찬가지로 진짜인 내적 아는 자(knower)를 이원화하는 이원론적 앎에 대한 이것의 환영적 형태는 어떠한 실재도 대변하지 못하는데, 그것은 주체와 객체라는 이원론은 빈 것이기 때문이다. 앎의 주체-객체 형태의 상상적 실재는 경험에서 생긴 관념의 초과 부과(superimposition), 곧 감각에 주어진 상상적이고 또 개념에서 유효한 실재이다. 이것은 현상에 집착하고 끊임없는 객관화를 향하는 아뢰야식 안에서 숙명적인 경험의 씨앗의 저장을 견인하는 힘에 대한 어떠한 깨달음도 없이 작용한다. 이것은 단지 일시적인 사물의 체험이 누군가는 확실하다고 매달릴지도 모르는 어떠한 견고한 본질이 비어 있음만을 말하는 것이 아니다. 곧 주체와 객체의 형태는 그 자체가 비어 있음이며 어떠한 영속적인 의미도 없다. 그럼에도 의타기적 형태, 여기서 상상의 힘으로 끌려 내려오는 형태는 그 자체가 텅 빔 안에 존재한다.

이것의 기본 구조 안에 있는 의타기적인 것으로서 이해는 상호 의존적으로 일어나며 따라서 어떠한 본질도 비어 있다. 환영의 상상적인 형태는 의타기적 형태와 의식의 의존적으로 상호 일어나는 구조에서 일어나며 이 구조의 왜곡이다. 그러나 이는 그것에 의해 의존적인 상호 일어남과 환영 없는 이해의 가능성을 부정하지 않는다. 니사의 그레고리오에게서 용어를 빌려 온다면 그것은 진정한 이해의 의타기적 기능에 대한 "혹(wart)"이 될 것이다. 『중변분별론에 대한 주석』(*Sub-Commentary on the Analysis of the Middle Path and Extremes*)에서 주석기 스티라마티는 이 구절의 의미를 다음과 같이 설명한다.

> 비실재적 상상은 주체와 객체의 차별이다. (이 구절에서) "둘"이라는 낱말은 주체와 객체를 가리킨다. … 그러나 공은 주체와 객체의 이런 이원론과 다른데, 이것은 비실재적 상상에서 (일어난다) … 따라서 비실재적 상상은 공 속에 존재한다.[39]

---

39) *Madhyāntavibhāgaṭīka*, Yamaguchi ed., p. 13.

비실재적 상상은 실제로 존재하는데, 그것은 표상들이 나타나고 이것들 고유의 의미를 암시하는 것처럼 보이기 때문이다. 그럼에도 이것은 비실재이고 환영인데 왜냐하면 이 주체와 객체라는 이원론이 암묵적으로 유효하다고 가정되며 지각된 표상들의 형태는 규범적인 것으로 취해지기 때문이다. 비록 이 형태들이 아뢰야식에 있는 근원적인 씨앗으로 말미암아 조작(programmed)된다고 하더라도 말이다. 모든 내적, 외적 본질이 공이라는 통찰은 이러한 이해의 형식의 유효성을 부정한다. 여기서 공은 의식적 이해가 환영적 꾸밈의 그물 안에 잡히지 않는다는 것을 뜻하는데, 이는 상상적인 형태의 겉으로 보이는 유효성 뒤에 있는 추진하는 힘(driving thrust)이 아뢰야식에 축적된 오염된 경험의 숙명적 저장에서부터 오는 이해이다. 모든 사물이 오직 의식적 구조물이라는 자주 반복하는 유식학파의 주제는 상상적인 자아와 마찬가지로 상상적인 실재의 유효성을 부정한다. 따라서 아상가는 상상적인 형태를 "객체가 없지만 오직 의식의 구조물(vijñaptimātra)[40]로 한 객체로 보인다"고 구분한다.

이 점을 강조하기 위해서 바수반두는 자신이 쓴 『섭대승론석』에서 위의 구절을 이렇게 해석한다. "이 '어떤 객체로 보인다'는 구절은 이것이 이해되는 한 객체로 또는 이해하는 한 자아로 보인다는 것을 뜻한다."[41]

일단 외적인 사물이든지 아니면 내적 자아든지 활동적인 의식에서 표상들이 고정되고 영속적인 의미의 단위로서 진짜로 현존하는 본질이라고 유효성을 부여하는 것으로 여겨지면, 외적 사물이거나 내적 자아이거나 간에 이해의 의타기적 형태는 완전히 상상적이고 환영적인 지평 안에서 기능하는데, 이는 통찰이 마치 이 이미지 자체가 실재(reality)를 이미 그러쥔 것처럼 이 이미지 그대로 굳어 버리기(frozen) 때문이다. 의존적으로 상호 일어나는 것 안에 있는, 따라서 공한 것 안에

---

40) *Mahāyānasaṃgraha*, Lamotte ed., 2.3.

41) *Mahāyānasaṃgrahabhāṣya*, no. 3 to section 2.3.

있는 이해를 향한 개방은 좌절되고 지혜는 불가능해진다.

위의 분석에서 중요한 점은 유식학파가 도출한 기본적인 의타기적인 형태와 이것의 상상적인 변화 사이의 차이점이다. 유식론자들은 단지 의식의 비판적인 이해와 중관학파 사상가들이 부정했던 환영적 조작의 기원에 대한 설명을 할 수 있는 이 비판적 의식의 작용을 발전시키려 할 뿐만 아니라, 또한 이들은 지혜의 한 표현으로서 분명하고 지속적인 교의적 담론을 위해 한계가 있기는 하지만 유효한 역할의 영역을 주고자 했다. 의미가 어떤 근원적 마음의 반박된 "순수함"에 있는 환영에서 일단 벗어나면 공에 대한 완전한 깨달음, 곧 모든 이해의 상호 의존적으로 일어나는 구조에 대한 깨달음 안에서 이론을 생각하고 세우도록 자유롭게 된다. 따라서 바수반두는 상상적인 형태의 비현존으로서 공의 특징(śūnyatālakṣaṇa)을 설명할 수 있었지만 의타기적 형태의 현존은[42] 이것의 완전히 완벽한 형태 안에서 기능하는데, 아상가는 완전히 완벽한 형태를 "의타기적 형태 안에 있는 진정한 객체의 모든 특성의 완전한 부재"[43]라고 규정했다.

따라서 이 세 의식의 형태는 의식의 세 개의 다른 별개의 층위로 여겨진다. 오히려 이것들은 의식의 한 의타기적 구조가 오염된 의식의 근원에서 나오지만 또한 지혜 얻음을 향해 반전(reversal)할 수도 있다고 묘사한다.[44] 이 세 형태가 다른지 아니면 또 같은지에 대해 질문이 제기됐을 때 아상가는 대답했다. "이것들은 다르지도 또 같지도 않다. 하나의 존재(paryāya) 형태에 있어 의타기적 [형태]는 그 자체가 다른 것에 의존한다. 한 형태에서는 상상적인 것인데, 또 다른 형태에서 이것은 완전히 완벽하다(fully perfected)."[45]

---

42) *Madhyāntavibhāgabhāṣya*, Nagao ed., p. 18.

43) *Mahāyānasaṃgraha*, Lamotte ed., 2.4.

44) 長尾雅人, 「轉換の論理」(Tenkan no ronri), in 『中觀と唯識』(Chūkan to yuishiki), p. 244를 보라.

45) *Mahāyānasaṃgraha*, Lamotte ed., 2.17. Nagao, "I-mon (paryāya) to iu kotoba", in *Chūkan to yuishiki*, pp. 406-413을 보라.

의타기적인 형태는 상상적인 것에도 또 완벽한 것(the perfected)에도 존재하는데, 그 까닭은 이것이 세 형태를 규정하는 데에 있어서 핵심적인 구실을 하기 때문이다. 환영적인 의식에서 이것은 상상적인 본질을 지지하는 구실을 하는데, 이는 이 경우 이것이 비실재적 상상으로서 기능하기 때문이다. 그러나 완벽한 형태에서 이것은 환영적 실재를 상상하는 것을 중지하고 더 이상 숙명적인 오염의 근원적인 씨앗에 의해 조정되지 않으며 공의 통찰을 상호 의존적으로 일어나는 말로 가져옴으로써 충만하게 완전한 지혜의 통찰을 지지한다. 이러한 완벽한 형태에서 이 의타기적이고 완전히 완벽한 형태는 비판적으로 두 진리라는 중관학파 주제를 기초 짓는데, 여기서 이 궁극적 의미라는 진리, 곧 침묵은 기술적으로 지혜의 말을 엮어서 말을 하게 된다. 이 주제는 다음 장에서 더 자세하게 다룰 것이다. 상상적 형태에서 해방된다는 것은 완전한 완벽함을 얻는 것뿐만 아니라 또 이미 존재하지만 이제 의타기성의 비왜곡적인 형태를 재발견하는 것이다. 따라서 이 위의 구절은 다른 형식들에 의존하고 있는 한 형식 안의 의타기적인 형태에 대해서 말하고 있다. 이 다른 형식들은 환영에서 벗어나고 상호 의존적으로 일어나는 표상과 통찰에 대한 깨달음으로서 공 안에서 기능하며 따라서 궁극적 의미의 의미에 관한 관습적인 이야기를 끝없이 엮을 수 있는 것이다.

유식학파 사상가들은 상상적인 형태에서 완벽한 지혜와 깨달음의 형태로 지지의 회심(conversion of the support, āśraya-parivṛtti), 곧 의식의 회심으로서 전환을 가리키는데, 그것은 의식의 기초적인 의타기적인 구조로 이 둘 모두를 지지하며, 이 구조는 환영에서 지혜로 돌아서기(turned around, parivṛtti) 때문이다. 깨달음에 있어 아뢰야식의 오염된 씨앗은 근절되고 깨달음의 근원적인 마음은 이것의 궁극적인 공 안에서 사물의 그러함(suchness)을 반영하는 거울-지혜가 된다. 깨달음에 있어서 표상은 사물의 본질을 그린 그림으로서 보이지 않지만 사물이 상호 의존적으로 일어나고 또 사라져 가면서 이 과정에서 사물에 대한 정화되고 관습적인 깨달음 안으로 지혜적 통찰이 밀고 나가는 것이다. 아상가는 자기가 쓴 『섭대승론』에서 궁극적인 법신을 증득함으로서의 이러한 전환(conversion)을 이렇게 묘사한다.

> 깨달은 법신의 특성이 무엇인가? 이것은 지지로의 전환으로 특징지을 수 있는데 그 까닭은 이것의 오염된 측면에서 의타기적인 형태를 없애 버리므로 모든 장애에서 자유롭고, 모든 상태를 확실하게 장악하고 또 이것의 정화된 측면으로 이 의타기적인 형태가 변형해 간다.[46]

이러한 전환은 단지 공에 대한 통찰만이 아니다. 이것은 본질을 부정하는 것에만 만족하지 않고 공의 맥락, 곧 의타기적인 의식의 형태의 진정한 기능에서 사물에 대한 진정하고 유효한 이해도 선언한다. 다르마팔라의 입장을 반영하면서 『성유식론』은 표상의 통찰에 대한 의타기적인 구조는 그 자체가 상상적이고 환영적이라는 견해를 부정한다.

> 마음과 정신적 상태는 이러한 경향성 때문에 [표상과 통찰]의 두 측면으로 발전한다. 이 두 측면이 원인들에서 일어나기 때문에 이것들은 의타기적인 것이다. … 그러나 환영적인 집착 때문에 사람들은 보편적으로 고정된 존재 또는 비존재, 같음과 다름, 또 [존재와 비존재도, 같음과 다름도] 모두 포함하고, 반면 [존재이지도 비존재이지도 않는, 같음도 다름도] 아니며 따라서 이와 같은 [견해들]이다. 따라서 이 두 측면은 상상적인 것으로 불린다.[47]

한 표상의 마음에 보이는 겉모습과 이 표상에 대한 통찰은 상호 의존적으로 일어나며 따라서 의타기적인 것이다. 그러나 마치 표상들 자체

---

46) *Mahāyānasaṃgraha*, Lamotte ed., 10.3.

47) *Vijñaptimātratāsiddhi*, De la Vallée Poussin ed., pp. 133–134; *Ch'eng Weishih lun*, Wei Tat, p. 143.

가 상상적 통찰에서 사물의 고정된 본질을 나타내는 것처럼 보이는 표상에 집착함은 환영적인 관점의 조작에 따른 결과이다. 다르마팔라는 『대승광백론석론』(大乘廣百論釋論)에서 이 똑같은 주제를 반복한다.

> 의식의 발전이 외적으로 철저히 오염된 것으로 보이는 것은 전적으로 상상적인 것에 집착하기 때문이며 이러한 오염 때문에 영속적이지 않은 집착이 일어난다. 영속적이지 않은 집착 때문에 (사람들은) 자아나 다른 사람들의 진정한 현존에 집착하거나 상상한다. 그러나 모든 불순하고 순수한 상태는 이것의 본질이 주체나 객체로 여겨지는데, 실질적으로 다른 것들에 의존한다.[48]

따라서 세 형태의 주제는 전환의 역동성에 대한 비판적 이해를 보여 주며 지혜의 깨달음의 본성에 관해 비판적으로 이야기할 수 있게 한다. 다시 말해서 의타기적인 이해를 유효화하는 데에 있어서 이론을 되살려 낼 가능성과 기초적이고 의타기적 이해의 규범적 기능의 가능성을 제안한다.[49] 따라서 유식학파의 이 세 번째 요점은 아상가가 전통에서, 다시 말해 교의적 해석과 담론에서 물려받은 의미에 대한 해석으로 파악한다.

유식학파의 해석학

경전에 대한 해석

유식학파의 목표는 반야경전과 중관학파의 해체 사상의 신비적 이해

---

48) *Śataśāstravaipulyaṭīkā*, T. 30, p. 248a.

49) 현재의 논의는 의식의 구조적 형태로 제한하고 나머지 관심은 어떻게 이러한 회심이 일어나도록 수련할 수 있는지에 할애한다. 물론 이것은 유식론 대가들에게 중심 주제이고 따라서 이들을 소개할 때에는 자세히 다룬다. Alan Sponberg, "Dyanmic Liberation in Yogācāra Buddhism", *Journal of the International Association of Buddhist Studies* 2, no. 1 (1979): 44-64를 보라.

를 올바로 나타내는 의식적인 이해에 대한 일관된 이해를 발전시키는 것이며 또한 한편 동시에 교의에 대한 이론적 설명의 여지를 남겨 두는 것이다. 모든 말이 어떠한 본질이든 공하며 따라서 의미는 오직 상호 의존적으로 일어나는 상황에서 주어지므로 해석은 문자 그대로를 따라서 나갈 수가 없는 것이다. 혼자서 경전의 말을 분석해서는 안 되며 이것의 근원적인 의미를 밝혀야 한다. 『해심밀경』은 제목이 시사하는 것처럼 그 방법의 개요를 보여 준다.

> 교의를 [듣는] 데에서 나오는 지혜를 통해, 보살은 스스로를 [경전의] 언어에 근거하며 본문을 문자 그대로 받아들이며, 아직 그 의도를 이해하지는 않는다. … [이러한 언어를] 성찰함에서 나오는 지혜를 통해, 보살은 자신들을 언어에 근거 짓지도 또 그 의미를 문자 그대로 받아들이지 않으며 그 의도를 이해한다. … 명상에서 나오는 지혜를 통해 보살은 자신을 언어에 근거 짓거나 또는 그렇지 않거나, 또한 경전을 말 그대로 받아들이거나 또는 그렇지 않거나 하는데, 그러나 그 의도를 이해함에 있어, 이들은 집중하여 이해한 표상을 통해 문제의 핵심을 본다.[50]

지혜에 대한 경험이 문제의 핵심을 드러내 보일 때에만 해석은 진정으로 경전의 의도와 의미를 표현한다. 이런 의도가 무엇인지 파악하려는 것을 거부하는 문자적 읽기는 부속하다. 아비달마의 방법같이 경전의 "불확실한(inexact)" 말 뒤에 있는 본질을 파악하려 하는 어떠한 철학적 접근도 적절하지 않다. 상상에서 완전한 완벽함으로 전환하는 것을 경험하고 의타기적인 이해의 기본적 작동 구조를 회복할 때만이 해석은 진정으로 경전이 경전으로 선포되는 그러한 지혜를 성찰할 수 있다. 3세기 불교 사상가들이 저자의 의도를 고려해야 한다

50) *Saṃdhinirmocana*, Lamotte ed., 7.3.

는 생각은 받아들이기 어려웠을 것이다. 해석한 본문이 현대 서구 주석가들에게 일반적이고 따라서 이러한 권고에 더 깊은 영향을 찾을 수도 있는 상황과는 아주 다르다고 하겠다. 그러나 이러한 제안은 사실 당시 경전의 언어를 문자 그대로 절대적이고 자기-정당화(self-validating)하는 것으로 취할 것인지 아니면 사물의 본질을 규정하는 잘 분석된 아비달마 이론의 범주로 받아들일 것인지 선택해야 한다는 점에서 실로 혁명적인 것이다.

아스바브하바(Asvabhāva)는 그가 쓴 『섭대승론석』에서 이렇게 설명한다. "지금까지, [경전의] 의미에 대한 설명은 저자들의 의도를 고려한 것이 아니다. 그러나 [경전에서] 선포된 것의 의미를 설명해야 한다는 바로 이 의도를 고려하는 것에 다름 아니다."[51] 따라서 끊임없이 경전의 본문에 대해 질문하고 그것의 근원적인 뜻을 이해하려 노력해야 한다.

이러한 방법은 모든 상황에 있어 의미에 대한 분명한 이해를 필연화하며 유식학파 사상가들을 이 교의적 의미가 발전해 가는 것을 보도록 도왔다. 『해심밀경』의 다음의 유명한 구절은 교의적 의미의 발전을 유식학파가 어떻게 이해하고 있는지 보여 준다.

> 승의생보살(勝義生菩薩, Bodhisattva Paramārthasamudgata)이 부처님께 아뢰었다.
>
> "애초에 세존께서는 첫 번째 때[一時]에 바라니사(婆羅痆斯) 선인(仙人)이 떨어진 곳인 시록림(施鹿林)에서 성문승(聲聞乘)에 나가는 이를 위해 사성제(四聖諦)라는 형식으로 바른 법륜(法輪)을 돌리셨습니다. (그 법문은) 비록 매우 기특하고 드문 것이어서, 모든 세간과 천(天)과 인(人) 가운데 이보다 앞서 능히 법대로 설법을 한 자가 없긴 하지만, 그때에 하신 설법은 더 높은 경지도 아직 남아 있고 비판의 여지도 있는 미요의(未了義)이니, 여러 쟁론이 발을 붙일 수

51) Mahāyānasaṃgrahopanibandhana, in *Mahāyānasaṃgraha*, Lamotte ed., 32.3n.3.

있는 것이었습니다.

세존께서 두 번째 때[第二時]에는 오직 대승을 닦는 사람들을 위해서 일체 법이 모두 자성이 없고, 생겨남도 없고, 소멸함도 없으며, 본래가 고요하고, 자성이 열반임에 의거하여, 은밀한 형식[隱密相]으로 바른 법륜을 돌리셨습니다. 비록 더욱 기특하고 더욱 드문 일이 되나, 그때에 하신 설법은 더 높은 경지도 아직 남아 있고 비판의 여지도 있는 미요의이니, 여러 쟁론이 발을 붙일 수 있는 것이었습니다.

세존께서는 지금 세 번째 때[第三時]에 널리 모든 승(乘)에 나가는 이를 위해 일체법이 모두 자성이 없고, 생겨남도 없고 소멸함도 없으며, 본래가 고요하고, 자성이 열반인 무자성성에 의거하여 현료상(顯了相)으로 바른 법륜을 돌리셨습니다. 최고로 기이하며 최고로 드문 것이니, 지금 세존께서 하신 설법은 더 이상 위의 경계가 없고 이론의 여지가 없습니다. 참된 요의이니 모든 쟁론이 발을 붙일 여지가 없습니다."[52)]

이 구절은 교의의 발전에 대한 유식학파의 이해를 잘 보여 준다. 법륜을 첫 번째로 돌리는 것은 니카야(Nikāya)와 아가마(Āgama)에 대한 초기의 상식적 가르침과 또 이러한 가르침에 대한 아비달마의 이론적 제시 모두를 포함하며, 또한 이 둘은 사성제를 이들의 중심 주제로 삼았다. 이러한 가르침들은 완벽하지 않다고 여겨졌으며 모든 사물은 본질이 없다는 반야의 신비적 부정을 필요로 했다. 아비달마 이론에서 이론적으로 다듬었지만 여전히 해석(neyārtha)될 필요가 있었는데, 그 까닭은 이 이론의 의미(artha)가 도출될 필요가 있기 때문이며, 이는 명백하게 표현되고 의식에 있어 비판적인 기원이라는 점에서 파악되었다는 데서도 확인된다. 그러나 법륜의 두 번째 돌림, 곧 반야가 이론의 비판적 근거를 해명하지 못하고 이 역시 해석되어야 하는데, 이는 의식 안에서 부정을 이 이론의 기원으로 파악하지 않기 때문이다. 대

52) *Saṃdhinirmocana*, Lamotte ed., 7.30. 우리말 번역은 다음의 저작을 따랐다. 서대원 역, 『해심밀경』(시공사, 2001), pp. 107-108.

신, 반야의 신비적 가르침은 논란과 비판의 대상으로 남았다. 세 번째 돌림, 곧 유식학파에 이르러서야 유식론의 비판적인 기초를 분명하게(nitārtha) 보여 줬는데, 이는 이것의 의미가 나오고(nita) 의식의 내면성의 작용 안에서 이를 파악함으로써 표현했기 때문이다.

그러나 유식학파는 이것으로 더 깊고 더 근본적인 교의적 내용을 제공한다고 주장하지 않는다. 세 번째 돌림의 대승적 주제는 공과 본질이 발생하지 않는다는 두 번째의 그것과 똑같다. 유식학파는 어떠한 새로운 교의적 내용을 주려 하지 않지만 오히려 우리의 의식적 이해의 형식의 측면에서 이러한 통찰의 기원을 분석함으로써 반야와 중관학파의 가르침의 묵시적인 근거를 명백하게 보여 주려 한다. 유식학파는 중관학파를 비판적으로 정당화한다고 할 수 있는데, 의식적 이해의 기능에 적용된 공에 대한 통찰이라는 맥락 안에서 이론을 재조명하는 것이다. 일본 불교학자 다카사키 지키도(高崎直道)의 적절한 말을 빌려 보면, 유식학파는 "아비달마 불교의 진정한 계승자이지만 반야의 가르침에 바탕을 둔 아비달마이므로 (이것의) 경전 제목 가운데 하나가 가리키는 것처럼 '대승적 아비달마'라고 불러야 합당하다."[53)]

위의 구절은 유식학파는 한 가지 뜻만을 이해한 것이 아니라는 점을 보여 준다. 오히려 상호 의존적으로 일어나는 의미의 차이점을 아는 것 안에서 이들의 해석학이 기능한다. 모든 의미의 의식적 기원에 대한 유식학파의 비판적 이해에 있어서, 이들은 의미의 독특한 영역을 구분하게 되고 비판적인 철학자로서 공에 대한 통찰을 유효하게 하고 교의적 담론의 과제를 앞으로 진전시켜 나가는 하나의 방법으로서 비판적 의미를 이들이 어떻게 이해하는지 제안한다. 『보살지지경』(菩薩地持經)의 "진실의품(眞實義品)"에서는 네 가지 의미의 영역을 제시했는데, 이는 "세상에 받아들여지고, 이성으로 받아들여지고, 열정의 장애물에서 정화된 지혜의 차원이며, 알 수 있는 것에 대한

53) Jikidō Takasaki, *A Study of the Ratnagotravibhāga*, p. 59.

장애물에서 정화되는 지혜의 차원으로 이루어져 있다."[54)]

이 첫째 의미, 곧 세상(lokaprasiddha)에 받아들여지는 것은 깊이 고려하거나 생각함 없이 습관이나 관습으로 받아들이는 의미로서 설명된다. 이렇게 하여 이것은 상식의 의미라는 영역을 나타내는데, 이것의 기준은 실용적인 삶에 적절하다. 두 번째 영역은 이성(yuktiprasiddha)에 의해 받아들여지는 것으로 증거와 보여지는 것에서 나오는 잘 분석된 지식으로서 설명될 수 있는데, 그 기준은 이성적 판단과 분석의 논리적 일관성이다. 이것이 아비달마 철학자들의 의미 영역이며, 이들의 논리적 분석과 표현은 본질의 이론을 유효하게 나타내 보일 수 있었다. 의미의 세 번째 영역은 열망(kleśāvaraṇaviśuddhijñānagocara)의 장애물에서 정화된 지혜의 범위로서 순수하지 않은 열망의 분출에서 정화됨을 통해 얻어진 지혜라고 규정된다. 이는 지혜의 수행자로 더 이상 세상을 자세히 이해하려고 하거나 열망이라는 과제를 수행하는 데 대한 관심 없이 정지함을 따른다. 여기서 의미는 어떠한 관습적인 진리도 필요 없이 오직 직접적이고 신비적인 통찰만으로 유효하게 한다. 이는 고독한 은수자의 영역인데, 그는 무소와 같이 혼자서 교의적 담론으로 자신의 체험을 다른 이에게 소통해야 한다는 어떠한 필요도, 느낌도 없이 신비적 통찰을 얻는 경우이다. 의미의 네 번째 영역은 알 수 있는 것에 대한 장애물에서 정화된 지혜의 범주인데 이것은 부처들과 모든 의미의 기원에 대한 비판적인 앎으로써 자아와 다른 이들 모두가 공하다는 것을 깨달은 보살의 지혜이다. 따라서 환영적이고 상상적인 형태나 상호 의존적으로 일어나는 것과 또 쓸모없는 조작에 불과한 관습적인 의미를 부정할 필요가 없다. 유식학파는 아뢰야식에 있는 오염된 씨에서 흘러나오는 열망이라는 장애물에서뿐만 아니라 표상을 통찰하는 의타기적 형태의 정지에서 오는 아는 것에 대한 장애물에서도 정화되어야 한다.

---

54) *Boddhisattvabhūmi*, Dutt ed., p. 25; Willis, *On Knowing Reality*, p. 149.

따라서 경전을 해석한다는 것은 단지 절대적 공에 대한 통찰을 수행하는 것이 아니다. 이는 또한 특정한 때에 특정한 표상에 대한 상호 의존적인 일어남의 통찰과 경전의 언어가 구체화하는 근원적 의미에 대한 설명 이 모두에 대한 통찰을 필연화한다.

유식(唯識, Conscious Construction-only)의 교의

이 세 가지 기본적 주제는 모든 사물과 모든 정신 상태는 유식(唯識) 곧 오직 의식의 구조물(sarva-dharmaḥvijñaptimātra)이라는 교의로 간단히 요약된다. 이 유식학파의 요점은 공의 통찰의 즉자성으로서 본질에 대한 신비적 부정을 확인하고, 의타기적 이해를 매개된 의미의 구조로 이해함으로써 관습적으로 유효한 교의적 담론을 근거 짓고자 한다.

중심 용어인 식(識)의 산스크리트 원어 vijñapti는 vi-jñā(알다)의 사역형 어근에서 형성되는 추상명사이며 앎을 일으키는 것을 가리킨다. 따라서 소식을 전하는 편지같이, 무엇에 관해 아는 것을 불러오는 표지나 상징을 의미하게 된다. 유식학파의 기술적인 용법에서 이것은 일어나는 의식적인 앎을 발생시키고 의미를 매개하는 언어나 관념의 정신적 구조를 의미하는 것을 가리킨다. 이러한 언어와 관념은 비록 마치 마음의 내적 실재에서 사물의 외적 실재를 성찰하는 것처럼 보이지만 사실은 아뢰야식 안의 씨앗의 침투와 영향을 통해 형성되는 것이다. 이들의 구조는 이러한 씨앗으로 형성되고 이들이 전하고자 하는 가정의 실재는 어떠한 근본적인 실재라도 비어 있는 것이다. 관념과 언어가 외적 본질의 인과론을 통해 마음에 인상을 남기지 않는 사실은 "오직(only, mātra)"이라는 용어에 의해 강조됐다. vijñapti-mātra 곧 유식(唯識)의 가르침은 일찍이 핵심적 의식의 프로그램이 짜여졌고 이원론적 앎의 상상적인 실재에 어떠한 호소함 없는 덕택에 관념의 구조를 통해 의미의 기원을 나타낸다.

과거의 행동(karma)의 오염된 씨앗과 더불어 활동적인 의식의 침투(permeation) 때문에 언어와 관념은 상상과 욕망에 의해 집착할 수 있는 실재를 그리는 것으로 이용되면서, 지각된 표상의 의미의 통찰에 대한 필연성뿐만 아니라 심지어 가능성까지 배제한다. 모든 의미가 다수의 문화적, 언어적 상황에서 상호 의존적으로 일어나는 이해보다는 환영적인 형태에서 어떤 표상의 주어짐에서 의미는 얼어붙는다. 따라서 유식학파는 주장하기를 "오직 의식의 구조만의 지혜라는 기능은 지혜는 객체적이지 않다는 것을 시사한다."[55] 의식적인 구조만이라는 교의의 의도는 의식적 이해의 환영적인 형태의 유효성을 부정하고, 관념에 집착하는 상상을 부정하여 환영적인 참주체와 이것이 투영된 참객체 사이의 틈을 메꾸려 하는 것이다. 이 교의는 "밖 저기에"서 지각하기를 바라며 기다리는 의미 단위를 부정하고 모든 매개된 의미는 이해의 구조적 행위임을 단언하는 것을 확신한다.

유식학파 사상가들은 이 점을 계속 주장하는데, 그것은 이들이 주체-객체적인 앎의 환영적 형태를 가장 집요한 환상으로, 그대로 구체적인 인간이 생물학적으로 물리적인 환경에 대응하는 데에 뿌리를 둔다. 『해심밀경』에서 명상적 표상이 이것을 아는 마음과 같은지 또는 다른지를 묻는 물음을 다루는데, 대답은 "그것은 다르지 않은데 왜냐하면 이 표상들은 오직 구조물이기 때문이다. 나는 모든 이 의식의 대상이 구조물로만 온다고 선언한다."[56] 비록 표상이 이 표상을 고려하는 생각과 다르게 보인다 하더라도, 마치 이것이 진정한 의미단위를 나타내는 것처럼 보이지만, 사실 표상들은 단지 표상에 대한 상호 의존적인 통찰의 의식적인 과정에 있는 한 요소에 지나지 않는다. 그러나 주체-객체 형식은 더 멀리 보기가 어려우며 이 객체는 그것에 눌리게 되는데, 만일 표상이 이 경우 아는 것이 생각하는 마음과 다르지 않다면, 어떻게 사고(thinking)는 생각하는 것(what is thought)을 볼 수(see, utprekṣata) 있는가? 사실, 앎(knowing)이 진정한 대상을 보는 내적 주체라면, 보여진 것과 보는 이 사이에 분명한 차이가 있다.

---

55) *Madhyāntavibhāgabhāṣya*, Nagao ed., p. 72.

56) *Saṃdhinirmocana*, Lamotte ed., 8.7.

『근원적 의미 해설』에서 부처는 이해는 어떤 종류의 보는 것(looking)과 아는 것(seeing)이 아니라고 부정하는 모습으로 그려진다.

> 어떠한 정신 상태도 아직 어떤 것을 보는 상태에 이르지 않는다.[57] 오히려, [조건 의존적으로] 일어나는 생각은 주체와 객체라는 두 면을 갖는 태도로 나온다. … 따라서 사고가 나오고 집중 속에서 알려진 표상들은 다른 것으로 보이지만 이것들은 [이해의 같은 과정의] 다른 두 측면일 뿐이다.[58]

객체적인 실재를 향해 나아가는 주체적인 사고의 겉모습은 자기-유효성(self-validating)이 아니라, 단지 공의 맥락에 있어 매개적으로 의미를 형성하는 과정이다.

확언과는 반대로 유식학파는 여기서 진정한 앎의 유효성을 부정하는 주체적인 이상주의의 한 형식을 제안하지 않는다. 오히려, 그 의도는 양극단의 유효성을 부정함으로써 주체와 객체(grāhyagrāhaka)의 이분법을 넘어서려는 것이며, 이는 이 이분법이 단지 내적 형식으로 이것에 의해 마음은 표상에 대한 통찰을 얻고 매개된 의미를 구축한다. 만일 실재하는 것의 그림으로서 그 표상에서 그친다면 표상하기(imagining)는 이 과정을 중지하고 상호 의존적으로 일어나는 이해의 가능성을 막는다.

의식적인 구조만의 교의는 상상화된 형태를 표상하는 것을 부정하며 앞에서 설명한 의식적 앎의 세 가지 형태의 주제에 대한 교체하는 진술을 의도한다. 의타기적 이해는 표상에 대한 통찰을 통해 기능한다. 그러나 이 과정이 깨어지거나 이미 의미를 내장한 표상들의 표상하기에서 굳어 버리면 상상화된 형태를 얻게 된다. 이러한 표상하기

---

57) "de la chos gang yang chos gang la 'ang rtog par mi byed mod"– 정신적 "봄(looking)"을 통해 그 이해가 기능한다는 것에 대한 명확한 부정.

58) *Saṃdhinirmocana*, Lamotte ed., 8.7, response.

에서 벗어나게 되면 마음은 해방되고 공에 대한 완벽한 통찰과 매개된 의미에 대한 의타기적인 통찰이 일어날 수 있다.

이 점은 주요한데, 경전(매개된 의미)의 표상과 언어에 대한 명상 없이 환영은 제거될 수 없으며 따라서 이해는 얻어질 수 없다. 아상가는 유식의 주제를, 알 수 있는 것의 의미에 대한 관통이라는 제목하에, 곧 이것의 세 가지 형태의 의식에서 다룬다. 그는 이러한 형태에 대한 진정한 이해는 아뢰야식에서 나오지 않는다는 것을 강조함으로써 시작하는데, 그것은 이것 스스로 핵심적인 의식만이 오직 이것의 투영에, 표상에 또 실재의 그림으로서 관념에 집착하는 숙명적(karmic) 표상하기를 발생시킨다. 진정한 이해는 오직 "경전의 교의를 많이 들어야 감화된다"고 말하는 경전의 가르침에 물들임으로써 이러한 표상하기에 맞서는 의식 상태에 있을 때 가능하다. 따라서 의식적 이해의 구조와 형태를 이해하는 것뿐만 아니라 이 인식을 경전들에 대한 명상과 성찰(examination)로 돌리는 것도 또한 주요한 중요성이다. 아스바브하바는 자신의 주석에서 이렇게 설명한다.

> 이러한 상태는 대승의 의미 교의에 대해 많이 듣는 것에 물든 마음의 지속성과 정신적 상태로 특징시을 수 있다. 이러한 [경전에 친숙함과] 들음에 약한 이들은 완전한 이해에 도달할 수 없다. 『존자라호라경』(尊者羅怙羅經, *The Noble Rāhula Scripture*)에서 세존께서 어떻게 말씀하셨는지 기억하라. 라훌라가 그에게 "세존께서 나에게 완전한 이해를 가르쳐 주었으면 좋겠습니다"고 여쭙자 세존께서 되묻기를 "그대는 이미 바른 가르침을 모은 경전들을 알고 있는가?" "세존이시여, 저는 모릅니다." 그러자 세존께서 그에게 말씀하시기를 "그대는 먼저 그 경전들을 반드시 알아야 한다."[59)]

59) Mahāyānasaṃgrahopanibandhana, in *Mahāyānasaṃgraha*, Lamotte ed., 3.1n; T. 31, p. 413b.

여기서 강조점은 공에 대한 비언어적, 신비적 통찰이 아니라 오히려 의타기적 이해 안에서 표상과 통찰을 확립하는 데에 있다. 첫 깨달음은 표상에 대한 통찰에 의해 매개되어야 하며 적절한 표상을 결여한다면 아무것도 일어나지 않는다. 따라서 아뢰야식에서 흘러나오는 환영적인 표상에 맞서는 것은 경전의 교의이다. 경전적 이해는 단지 학문적 행위만이 아니라 부처의 근원적인 의도에 대한 통찰을 일으킬 수 있는 매개된 의미의 축적의 구축을 위해서도 중요하다. 나가르주나의 표현을 빌면, 궁극적 의미는 오직 언어에 의존해서만 표현될 수 있다고 할 수 있다. 내적 언어와 경전에 쓰인 언어는 모두 마음이 이해한 의미를 구체화하는 구조물이다.

모든 매개된 의미가 표상들 위에 세운 관념들의 의식의 과정이라는 것을 이해한다면 추론적인 환상에 매달리는 것을 피할 수 있으며 교의적 담론을 유효하게 하는 것으로 나아갈 수 있다. 나가르주나의 말, 곧 공은 의존적으로 일어나는 지시(designation, prajñapti, 假名)를 취하는 것이 여기서 다시 유식의 교의라는 점에서 영적으로 재해석되는데 이것은 공에 대한 모든 관념과 표상은 오직 경전적 명상을 바탕으로 하는 지혜의 마음으로 짠 구조물(vijñapti, 識)을 뜻한다. 이런 언어는 의타기적인 것이며 유효한 이론이지만 이것이 실재의 본질이나 매개된 의미의 절대성을 시사하지 않는 선에서 그러하다. 따라서 보살은 의식이 하나로서 관통할 수 있는데, 왜냐하면 사람들은 이 주체와 객체의 이원론에 대한 궁극적 공을 이해하며 한편으로는 또 둘로 보는데 그 까닭은 이들이 매개된 관습적인 의미 안에서 이해가 둘로 나타나기 때문이다.

따라서 유식학파의 해석학은 모든 사물은 오직 (의식의) 구조물이라는 주제로써 표현된 의미의 비판적인 영역 안에서 경전적 전통의 의도를 분명히 하라는 권고이다. 이는 언어적 가르침과 경전에 대한 철저한 비문자화와 언어적 유효성을 절대화하는 모든 주장을 철저하게 해체하는 것을 구성해 내는 반면, 경전에 대한 명상과 유효한 생각이 필연적이라고 주장한다.

그러나 지혜는 의타기적인 교의적 유효성에 대한 이해에 제한된다. 가장 먼저 비차별적인 통찰의 영역으로 들어가는 것이다. 아상가는 "반야바라밀(般若波羅蜜, prajñāpāramitā, 완벽한 지혜)은 비차별적인 지혜와 다르지 않다."[60] 정신적 언어와 표상에 대한 통찰을 얻는 것을 넘어, 중관학파의 형식에서 심지어 "유식"이라는 개념조차 거부함으로써 직접적인 경험에 의해 비차별적인 깨달음의 법(Dharma)의 영역에 머문다. 아뢰야식의 씨앗을 상상적인 형태와 거리를 떨어지게 함으로써 이 궁극적 법의 영역과 접촉의 씨앗(sparśa-bīja)을 발전시킨다. 따라서 지혜는 기본적인 비차별적 지혜(nirvikalpa-jñāna)를 통해서 얻는 표현 불가능한 것과 직접적이고 비매개적인 접촉이며 한편 이런 경험을 바탕으로 오해 없이 교의를 유효하게 선언할 수 있는 그 뒤에 얻어진 지혜(pṛṣṭhalabdha-jñāna)를 말하기도 한다. 경험의 지평은 아뢰야식의 숙명적으로 오염된 축적물 안으로 포함될 수 없고 회심(conversion)할 때 궁극적 의미에 대한 직접적인 체험과 접촉에 열려 있게 되는 것이다.

결 론

위의 세 가지 요점(그리고 유식이라는 주제 아래 이것의 표현)에서 유식학파는 공과 상호 의존적으로 일어나는 것을 가르침의 출발로 삼으며 신비적 반야경전들과 타협을 이루었고 이것의 의식에 대한 이해를 의식적 내면성(conscious interiority)의 영역 안으로 확장한다. 활동적인 의식, 곧 감각하고, 지각하고 사고하는 의식과 끊임없이 상호 작용하는 아뢰야식에 대한 이해는 유식학파 선승들로 하여금 의식을 환영으로 제시하도록 하는 한편, 그럼에도 완벽에 열려 있다. 의식의 기본 구조는 의타기적인 것인데 그것은 경험과 사고는 상호 의존적이

60) *Mahāyānasaṃgraha*, Lamotte ed., 2.22.10.

며 언어적 사고에 있어 표상과 통찰과 같다. 이것이 왜곡되고 상상적인 형태로 일어나는 것은 주체-객체 이분법적 현상을 기준으로 삼는 바로 그 이유 때문이다. 이 왜곡을 없애고 완벽한 형태로 의식이 전환되는 것은 이러한 숙명적 씨앗을 없애고 자아와 다른 것들 모두가 공이라는 통찰을 얻음으로써 가능하다.

그러나 질문은 여전히 남는데, 이를테면 만일 의식이 경험적으로 오염됐고 이것 스스로가 오직 상상적인 환영만을 만들어 낸다면 어떻게 이것이 정녕 교의를 들음으로써 회심에 열려 있을 수 있는가? 만일 이것의 기본 구조가 이러한 회심에 열려 있다고 하더라도 실상 어떻게 이것이 영향을 받는가? 이것은 근원적으로 순수한 마음이라는 개념을 시사하는 것은 아닌가? 또는 의식 안에서 깨달음에 대한 기본적인 잠재성이 있음을 말하는 것은 아닌가? 모든 중생은 근원적인 불성을 갖고 있고 그들 안에 여래(如來, Tathāgata)의 씨(tathāgatagarbha, 如來藏)를 갖고 있는 것인가?

다음 장에서는 유식론이 근원적으로 순수한 마음과 깨달음(buddhatva)의 본성을 삼신불(buddha-trikāya)로 보고 있음을 보여 줄 것이다. 그러나 이는 먼저 유식론에서 이해된 두 진리라는 주제에 대한 논의로 시작할 텐데, 그것은 이 개념이 유식학파의 해석학을 실질적으로 신비적 깨달음의 본성에 대한 경전적 이해에 구체적으로 적용하고 있기 때문이다.

8장
지혜 마음의 구조

7장에서 개괄적으로 다룬 의식에 관한 유식학파의 기본적인 이해는 경험적 의식에 초점을 두었고 교의적 담론과 이론적 사고의 가치를 재확인하는 데에 주로 근거를 두었다. 그러나 유식론은 일상의 사고를 검토하는 것뿐만 아니라 의타기(依他起)로서 이론의 유효성을 유지하는 데에도 관심이 있다. 또한 이는 신비적 깨달음의 우선성을 지지하는 데에 적극적이기도 하다. 유식학파 사상가들은 반야 사상인 공과 중관학파의 공과 연기 사이의 정체성을 감싸 안는데, 여기서 이 둘 사이의 정체성이란 의식에 대한 원래 의타기적인 구조(따라서 관습적인 이론의 한계적인 유효성)의 회복이라는 측면뿐만 아니라 완전하게 완벽한 형태라는 점에서 또 궁극적 의미에 대한 비매개적이며 개념 없는(contentless) 깨달음이라는 점에서 그러하다.

유식학파 사상가들은 여래장(Tathāgatagarbha) 전통에 영향을 받았지만 이들은 근원적으로 순수한 마음이라는 이 전통적 개념을 대신해 의식의 의타기적인 구조가 원래부터 존재한다고 주장했다. 아상가는 공의 범위를 양적으로 제한하지 않으면서 이를 근원적으로 존재하는 순수한 장 마음(pure garbha mind)을 흐리게 하는 "우연적 오염(adventitious defilements)"으로 한정했다. 오히려 그는 공을 모든 정신 행위, 이를테면 상호 의존적으로 일어나는 존재를 나타낸다고 진정으로 이해한 것이든 아니면 상상적인 형태 안에서 존재가 진정으로 있다고 암시하는 잘못 생각한 것이든 간에 이러한 모든 행위를 적용하는 것으로 이해했다. 유식학파 대가들은 신비적 통찰의 중심적 통찰을 깨달았으며 여래장 사상이 공이라는 개념의 허무주의적 시각을 반대한 것에 고무되어, 이들은 의식에 대한 자신들의 비판적인 이론의 틀 안에서 신비적 의미를 명백하게 하려 했다.

대승이 규정하는 신비적 의미는 비매개적이고 이분법적이지 않은 깨달음의 문제이다. 따라서 이는 손쉬운 분석이나 논리적으로 일관된 제안을 쉽게 받아들이지 않는다. 결과적으로 교의 안에서 신비적 구조를 표현해야 하는 과제는 여러 교의적 주제, 곧 두 진리, 철저히 완벽한 구조, 부처의 세 몸, 깨달음의 다섯 요소와 같은 주제를 활용해 풀 수 있다. 그러나 이 모든 주제 안에 우리의 주의를 사로잡는 재현하는 구조적 특색이 있다.

두 진리

반야바라밀과 중관학파의 경전은 궁극적 진리는 표현할 수 없다는 것을 강조하는 것과 더불어 두 진리의 주제를 제시한다. 관습적인 진리(saṃvṛti-satya)는 진리를 차단하고 "덮어 버리는 것"이다. 이와 반대로 유식학파 사상가들은 관습적인 진리에 대해 상대적이지만 유효한 상태를 일치시키려는 두 진리에 대한 이해를 전개하려 하며 동시에 궁극적 의미에 대한 통찰의 신비적 직접성을 유지하려 한다.

아상가는 반야 사상이 지혜를 언표하기 불가능하다고 주장하는 데에 동의하며 또한 보살은 "형태, 소리, 냄새, 맛, 촉감, 마음-대상에 의지하지 않는, 또 교의 또는 비교의에 의지하지 않는, 어떤 것에도 의지하지 않는"[1] 자신의 마음을 유지해야 한다는 권고에도 동의한다. 그가 쓴 『금강경 주석』(*Commentary on the Diamond Scripture*)에서 아상가는 이렇게 말한다.

---

1) *Vajracchedika*, Conze, *Buddhist Wisdom Books*, pp. 47-48.

> 비록 그대로 있음(suchness)이 항상 그리고 어디에나 있지만 무지로 마음이 굳어진 이들은 여전히 이것을 깨닫지 못한다. 이와 반대로 올바로 이해함으로써 어떤 것으로도 영향을 받지 않는 마음을 지닌 이들은 이를 깨닫는다.[2)]

관습적인 진리는 궁극적 의미를 깨닫는 임시적 방법으로서 유효하다. 이것은 오직 관습적인 진리의 일시적 본성을 알아채는 깨달은 마음의 기술적인 표현 "sub specie vacuitatis"로서 진리다. 그러나 관습적인 표현 없이는 궁극적 의미의 진리는 침묵으로 남게 되고 자비와는 아무런 상관이 없게 되어 곧 인간 삶에 하찮고 부적당한 것으로 여겨지게 된다. 교의의 진정한 선언은 궁극적 의미를 먼저 깨닫고 임시적 담론을 만드는 데에 몸담는 것을 동반한다.

궁극적으로 의미 있는 침묵에 대한 관습적인 제안의 구조, 곧 유식학파 사상가들이 의식적 이해의 세 가지 형태에 비판적인 초점을 두는 것을 통해 수행하고자 하는 과제를 명백하게 표현해야 하는 것이 이들의 과제였다. 의식이 전환(conversion)할 때, 기본적인 의타기적인 표상에 대한 구조는 침묵하는 궁극적인 의미에 대한 지혜의 통찰의 완벽한 형태를 돕는 구실을 시작하면서, 지혜 표상을 세우고 지혜 통찰을 제공한다. 아뢰야식의 환영적 주입(programming)은 이제 더 이상 사물의 투영적 본질에서 멈추어 버리지 않으며 지혜 의식으로 변환해 가며 비매개적 통찰의 내용을 추구하고 세시하는 것을 돕는 표상을 만들어 낸다. 지혜-이해(wisdom understanding)는 관습적 담론의 표상이나 언어에서 직접 오는 것이 아니라 비언어적이고 비추론적인 통찰에서 간접적으로 온다. 유식론의 분석에서 이러한 철저히 완벽한 지혜 의식의 형태는, 침묵을 말로 가져가는 것을 돕는 데에 있어서 상호 의존적으로 일어나는 작용을 재확인함으로써 언어로

---

2) *Triśatikāyāḥ-prajñāpāramitāsaptaiḥ*, Tucci ed., 1.70, verse 34.

표현된다. 모든 관습적인 담론은 궁극적 의미의 침묵 위에서 사례를 엮어 가는 것으로 보이며 모든 교의적 문자주의(literalism)는 완전히 배제된다. 이러한 것의 한 예가 『금강경』에 대한 아상가의 주석에서 보인다.

> 세존께서 말씀하셨다. "만일 어떤 보살이 말하기를 '내가 조화로운 불국토를 만들겠다'고 한다면 그는 잘못 말한 것이다. 왜 그러할까? 조화로운 부처의 나라로서 조화로운 불국토는, 수부티(Subhūti)여, 여래가 조화롭지 않은 불국토라고 가르쳐 왔다. 그러므로 그는 조화로운 불국토에 대해 말했던 것이다."[3)]

여기서 신비적 통찰은 순수한 불국토에 관한 말의 유효성을 부정하는데 이는 그러한 개념은 지혜를 구현할 가능성을 배제하는 개념이기 때문이다. 따라서 불국토는 불국토가 공이라고 선언하는 부정을 통해서만 확언될 수 있다. 아상가는 『금강경 주석』에서 위 구절의 함의를 정밀한 용어로 그린다. "불국토를 손에 잡을 수 없는데, 그것은 지혜에서 세워진 관념이기 때문이다. 불국토는 물리적인 장소가 아니라 훌륭한 [지혜의 묘사이며 따라서] 불국토의 조화란 사실 비조화인 것이다."[4)]

세상적 관습은 궁극적 의미와 "조화로울 수 있다"고 이미 앞에서 (6장, 앞부분) 말했다. 여기서 아상가는 이런 조화를 어떠한 구조화된 관념과 궁극적 의미 사이의 조화가 없음을 아는 것이라고 설명했다. 그에 앞서 나가르주나처럼, 아상가는 궁극적 의미의 완전한 다름을 단언하면서 이런 담론의 유효성을 하나의 의미 있는 관념으로 지혜 의식 안의 불국토에 위치시켰는데, 만일 추론화된 실재로서 (문자적 조화에) 집착하지 않는다면 이는 지혜의 철저한 완벽함(비조화의 조

---

3) Vajracchedika, Conze, *Buddhist Wisdom Books*, p. 46, verse 10b.
4) *Triśatikāyāḥ*, Tucci ed., p. 1.63, verse 20.

화)을 돕는 데 있어 의타기적인 유효성을 갖는다.

마이트레야의 『중변분별론』*(The Analysis of the Middle Path and Extremes)*은 두 진리에 대한 도식적인 이해를 제공하면서 궁극적 의미를 목표(artha)로, 증득함(prāpti)과 수련(pratipatti)[5]으로 묘사하는 반면 세상적 관습은 진리를 선언하고 의타기성으로 기능하는 것으로 묘사되며 언어로 표현된다.

궁극적 의미의 첫째이자 주요한 의미는 지혜의 마음의 객관성이다. artha라는 낱말은 동사 arth, 곧 얻기 위해 애쓴다는 뜻의 동사에서 왔고 여기서는 궁극적 의미[6]를 향해 나아가는 마음의 객관성을 가리킨다. 궁극적 의미를 실현하려는 시도 속에서 세상적 관습의 상승운동을 설명하는 마음의 이러한 애씀을 말한다. 그러나 궁극적 의미는 다른 객체 같은 그런 객체가 아니며 이것은 매개된 앎에 대한 주체-객체 양극단을 넘어선다. 이렇게 분투함으로써 그레고리오가 무한히 확장하는 지평을 향한 끝없는 "앞으로의 진보(stretching forth)"라고 한 개념과 비슷하게 결코 얻은 적이 없는 목적을 향해 나아가는 것이며, 부차적인 의미라 하더라도 얻은 것은 소리 없는 침묵이며 매개할 수 없는 궁극적 의미에 대한 깨달음이다. 궁극적 의미의 얻음은 이를 객체 가운데 하나의 객체로 축소하는 것이 아니라 공에 대한 통찰에 머물고, 계속 물러서는 침묵의 지평에서 말을 인간 언어에 마구잡이로 집어넣으려 하지 않는 인내에 머문다. pratipatti라는 낱말은 궁극적 의미를 수행으로 시사하는데, 이는 두 진리를 구분하고

5) *Madhyāntavibhāgabhāṣya*, Nagao ed., p. 41.

6) Monier Williams, *Sanskrit Dictionary*, p. 90. 長尾雅人의 『攝大乘論: 和譯と註解』(Shōdaijōron: Wayaku to chūkai), p. 281n3. '객관적인'이라는 뜻으로 사용되는 artha 낱말은 하리바드라(Haribhadra)의 설명:"[보살의] 고유한 객관적인(svako'rthaḥ) 것은 이중의 뜻이다. 곧 이익의 얻음과 불이익의 버림"이다. 이는 *Aṣṭasāhaśrika Prajñāpāramitā with Haribhadra's Commentary called Āloka*, Vaidya ed., p. 273. 또한 Baghi, "Glossary and Critical Notes", p. 574를 보라. 이와 비슷하게 호너(I. B. Horner)의 *Milinda's Question*, 1. 26에서 paramattha를 "가장 높은 목표"(the highest goal)라고 번역한다.

자비행[7]에 몸담는 수련에 의해 증거하고 그것 안에 구현되는 지혜이기 때문이다. 바로 이 수련이 침묵을 증득함에서 언어화된 교의로 넘어가는 신호를 보내는 것이며, 또 이것은 사물에 대한 유식론의 설계에 있어 침묵의 표현으로서 진리의 범위 안에서 관습적인 진리를 가져온다.

마이트레야는 관습적 진리에 대해 세 겹의 이해를 제시했는데, 그것은 의식적 이해의 세 가지 형태라는 면에서 형성되고 바탕을 이루었다. 그는 말하기를 "세 종류의 관습이 있다. 언어라는 관습(prajñapti-saṃvṛti), 기능이라는 관습(pratipatti-saṃvṛti), 표현이라는 관습(udbhāvana-saṃvṛti)이 그것이다."[8] 이 본문에 대한 『준주석』(*Sub-Commentary*)에서 스티라마티는 첫 관습이 말로 사고하는 것, 다시 말해 의미의 진짜 현존 단위로서 사물을 확립하는 것이라고 설명한다. 이처럼 언어의 관습은 의식의 추론적 형태에 일치시키는데, 이는 의미를 본질이 있다는 가정에 돌림으로써 의미를 차단하는 조작 과정이다. 둘째 종류의 관습은 의식적 이해의 실질적 작용을 지시하는데, 이는 추론적 실재를 상상한다. 이와 같이 이것은 의타기적 형태에 상응한다. 셋째 관습은 비언어적, 비상상적 공에 관한 표상과 언어에 표현된 의미인데, 곧 의식의 완벽한 형태의 지혜에서 나오는 것은 바로 말과 표상 안에서이다.[9]

이 세 종류의 관습 가운데 가장 기본적인 것은 기능의 관습인데, 그것은 의식에 대한 의타기적 구조를 지시하기 때문이다. 나가오(Nagao)는 설명하기를 "첫째 말로 생각하는 것과 셋째 [궁극적 의미를] 표현하는 것은 그것 자체로는 관습적이지 않고 관습적인 [의식] 안에 있는 다른 상태이다. 다시 말해 차별하고 판단하는 일상의 의식적

---

7) *Madhyāntavibhāgaṭīkā, Exposition systématique du Yogācāra-vijñaptivāda*, Sylvain Lévi ed., p. 125. 일본어 번역을 보려면 山口益, 『譯註 安慧阿遮梨造 中邊分別論釋疏』(Anne ajiyaru zō chuhen funbetsuron shakusho), p. 197을 보라.

8) *Madhyāntavibhāgabhāṣya*, Nagao ed., p. 41.

9) *Madhyāntavibhāgaṭīkā*, Lévi ed., p. 123. 야마구치 번역, p. 195.

세계는 관습적 진리이며 이는 중심적인 위치를 갖는다. 이름으로 생각하는 것, 그것은 추론적인 것에 집착을 확립해 주고 철저히 완벽한 표현은 [의타기적인 기능]에서 발전하는데, 이는 하나가 내려가면 다른 것은 올라가는 것과 한가지다."[10] 유식학파 대가들은 여기서 이 기본적인 관습적 진리의 본성을 의타기적인 의식의 구조로 해석하였는데, 이것은 본질로서 이름에 집착하지 않는 한, 진리를 드러낼 수 있고 또 어떤 형태로 전환할 수도 있는데 여기서 언어는 스스로 그 안에서 상호 의존적으로 일어나는 연기의 유효성의 진리를 표현할 수 있다.

아상가는 의타기적 형태를 "신기루, 꿈, 투영, 희미한 표상, 메아리, 물에 비친 달"[11]로 묘사한다. 이것의 추론적인 형태에서 이러한 묘사는 의타기적 형태의 환영적인 특징을 나타내지만 이것의 완벽함의 형태에서는 언어는 또 다른 중요함을 갖는데 그것은 지혜의 언어와 표상은 희미한 흔적의 표상이고 궁극적 의미의 망상 같은 반영이기 때문이다. 따라서 의타기적인 의식은 환영에서 지혜로 전환하는 데에 있어서 상호 의존적으로 일어나는 특성을 잃지 않는다. 오히려 사물의 동일한 겉모습은 모든 사물이 공임을 철저히 아는 지혜 의식에 맞는 일정한 구실을 한다.

다르마팔라 같은 유식학파 사상가는 궁극적 의미와 이것의 관습적 표현 사이의 지속성을 강조하는데, 이는 두 진리는 지혜 가르침의 언어적 표현에서 만나기 때문이다.[12] 의타기적인 유효성을 갖는 언어는

---

10) 長尾雅人의 「中觀哲學の根本的立場」(Chūkan tetsugaku no konponteki tachiba), in 『中觀と唯識』(Chūkan to yuishiki), p. 42. 영어 번역은 "The Foundational Standpoint of Madhyamika Philosophy", 존 키난 번역.

11) *Mahāyānasaṃgraha*, Lamotte ed., 2.26.2.

12) 勝呂信靜(Suguro Shinjō)의 「成唯識論における護法説の特色」(Joyuishikiron ni okeru gohō setsu no tokushoku)[The Specific Character of Dharmapāla's Teaching in the Ch'eng Wei-shih lun], in 『令聞教授上壽記念佛教思想史論集』(Yūki kyōju shōju kinen bukkyō shisōshi ronshū)[Essays on the History of Buddhist Thought in Honor of Professor Reimon Yūki]를 보라.

상호 의존적으로 일어나는 선언에 있어 궁극적 의미의 공을 표현한다. 아리야데바의 『백론에 관한 확장된 준주석』(*Extensive Sub-Commentary on the Hundred Stanzas*)에서 다르마팔라는 말한다. "궁극적 의미에서 화자와 그의 언어, 그리고 이 언어들의 의미는 모두 존재하지 않지만 이들은 관습적으로 존재한다. … 이는 이것들이 의타기적인 것으로서 확립되는 것을 뜻한다. … 의타기적인 것으로서 유효하게 되지 않는 모든 것들은 산토끼의 뿔처럼, [비실재적]이다."[13]

모든 상호 의존적으로 일어나는 담론이 공임을 아는 의타기적인 사고는 관습적인 데에서 논리적으로 유효한 의미를 문제 삼는데, 이것은 산토끼의 뿔처럼 완전히 환영으로 치워 버리지는 않는다. 이것들은 제한적이고 상대적인 유효성을 얻고 교의적 담론의 전개를 지지할 수 있다. 표상에 대한 의타기적인 통찰은 교의적 제시와 표현 불가능한 궁극적 의미에 관한 이론을 근거 짓고 유효하게 한다. 의미가 표상에 대한 통찰로 만들어지는 것이 아니라 그림 표상(picture images)의 현존에 이미 주어졌다고 가정하는 것으로 되는 것은 오직 "사물이 실질적으로 있는 방식"에 대한 대표적인 그림으로서 관념에 집착할 때이다. 심지어 교의에 대한 개념적 형태에 집착하는 것도 지혜를 구현하는 데에, 또 교의의 바로 그 내용을 이해하는 데에 방해물이 된다.

그럼에도 의타기적인 이해는 언어로는 궁극적 의미를 결코 잡을 수 없는데, 그 까닭은 궁극적 의미는 말로 표현되기보다는 항상 초월적 상태로 남기 때문이다. 궁극적 의미는 지혜를 얻는 경험으로만 의식 안에 기초 지어지며 이 경험은 말 속에 "구체화"된 것을 항상 넘어서며 그 안에서 궁극적 의미는 영원히 잡히지 않는 상태로 있게 된다. 지혜를 얻는 경우, 맹아(萌芽)적인 아뢰야식의 내용 계획(programming)은 근절되고 마음은 비차별적인 공의 영역으로 들어가는데, 이는 결과적으로 궁극적 의미의 희미한 흔적의 표상을 나타내는

---

13) *Śataśāstravaipulyaṭīkā*, T. 30, p. 243a.

것은 교의를 만드는 기술적인 훈련을 통해 표현된다. 마지막 분석에서 모든 언어는 공인데, 이는 언어가 결코 지혜의 직접 경험을 대체할 수 없기 때문이다. 다르마팔라는 계속 설명한다.

> 오랜 교의의 대가들(Doctrine Masters)이 [말한 것]에서 우리는 두 진리를 세울 수 있는데 이는 [중생들의] 성향이 다른 덕분이다. 관습적인 의미는 언어로 매개되며 [의미를] [이 중생들의] 관습적인 성향으로 드러낸다. 그러나 궁극적 진리는 언어와는 완전히 다르며 절대로 표현된다. 비록 세상적이고 관습적인 교의가 관습적인 성향에 전달된다고 하더라도 실재에서는 여전히 비어 있는 공이다. 따라서 이것은 진정으로 참이 아니다.[14)]

궁극성을 표현할 수 있는 유일한 표상은 (역설적이지만) 표상의 결여다. 유일한 언어는 침묵이다. 침묵을 위한 유일한 기반은 의타기적인 사고의 공을 깨닫는 것으로 지혜의 원체험을 적나라하게 나타냄이다. 어느 누구도 결코 교의적 가르침을 깨달음에 이르는 지도로 간주할 수 없다. 모든 언어는 궁극을 단순히 관습적으로 구조화한 것으로 묘사할 뿐이며 표현 불가능한 궁극을 말해 보려는 기술적인 수단(upāya)의 구실을 한다. 디오니시오의 말로 하면 이것들은 무지의 깨달음에서 흘러나오는 신학적인 본보기다. 그러나 기술적인 수단이라고 하더라도 또 중관학파가 신비적 의미를 수상하는 데에 우선성을 부여한다고 하더라도, 유식학파 사상가들은 언어와 사상은 논리적 논쟁과 이론적 발전에 종속돼야 한다고 주장한다. 이는 언어와 사상이 자신의 고유한 내용을 침해하지 않는 이상 유효하며 궁극적 의미는 이들의 객관적이고 항상 침묵으로 또 지혜 깨달음에 대해서는 다른 것으로 현존한다는 것을 말한다. 지혜에 관해서 반두프라바는

14) 같은 책, T. 30, p. 247a.

『불지경론』(佛地經論, *Interpretation of the Buddha Land*)에서 이렇게 말한다.

> [지혜의] 본질이 하나라고 하더라도 의미를 나타내는 지혜의 행태는 여러 가지다. 어떠한 논리적인 비일관성 없이도 이것은 [비차별적이고 또 차별적인] 지혜 둘로 구분한다. [그러나] 관습(convention)적 진리를 이해할 수 있는 것은 오직 궁극적 의미의 진리에 도달할 때라야 한다.[15]

따라서 유식학파 사상가들에게 관습적 진리는 지혜의 매개이며 언어 속에서 진리가 "되는 것"(coming to be, vṛt)이며 마지막 분석에서는 항상 공으로 이해된다.[16]

철저한 완벽함의 구조

또한 유식론은 철저히 완벽한 의식 형태의 구조를 설명하는 데 있어 신비적 이해에 관해서 말한다. 아상가는 그의 『섭대승론』에서 의식의 완벽한 형태 안에서 교의적 "드러남"의 기능을 포함시킴으로써 지혜의 구조 안으로 더 가까워진 교의적 담론을 이끌어 낸다. 의타기적인 의식의 오염된 측면에서 정화된 면으로 전환(conversion)이 일어날 때, 전에 상상적인 환영으로 빠뜨리는 구실을 도왔던 언어는 궁극성의 표상을 드러낼 수 있게 된다.[17] 아상가는 이것을 의식의 완벽한 형태를 구성하는 순수한 네 요소를 다루면서 설명한다.

---

15) *Buddhabhūmyupadeśa*, T. 26, pp. 302c–303a; Keenan, p. 565.

16) 長尾雅人, 「中觀哲學」(Chūkan tetsugaku), 『中觀と唯識』(Chūkan to yuishiki), p. 39.

17) 袴谷憲昭의 "The Realm of Enlightenment in Vijñaptimātratā: The Formulation of the 'Four Kinds of Pure Dharmas' ", *Journal of the International Association of Buddhist Studies*, 3, no.2 (1980):21–22, 35–36을 보라.

이 네 가지 가운데, 첫째는 근원적 순수성(original purity, prakṛti-vyavadāna)으로, 다시 말해서 있는 그대로 있음(suchness), 공, 실재, 표상 없음, 궁극적 의미를 말한다. 이것은 법의 영역(Dharma Realm)이다. 두 번째는 오염되지 않은 순수성(undefiled purity, vaimalya-vyavadāna)으로, 곧 이것이 모든 장애물에서 벗어난다면 앞의 [근원적인 순수성]과 똑같다. 셋째는 길의 순수성(purity of the path, mārgavyavadāna)으로, 이것으로 [오염되지 않은 순수성]을 얻는 데, 곧 깨달음을 얻는 데 알맞은 모든 덕성을 말한다. 넷째는 객관적인 이해(purity of the object understood, ālambana-vyavadāna)로 그 [길]을 생기게 한다. 이것이 대승의 교의이다. 이 교의가 순수성을 일으키기 때문에 이것은 단지 상상적인 것만이 아니다. 순수한 법의 영역(viśuddhi-dharmadhātu-niṣyanda)에서 나오는 흐름이므로 의존적으로 일어나지 않는다.[18]

궁극적인 법의 영역에서 흘러나온다는 교의에 대한 개념은 교의적 담론은 지혜의 결과, 곧 담론으로 흘러들어 가면서 깨닫는 직접적인 경험이라는 반야 사상의 주제를 반복한다.[19] 그러나 이것은 중관학파가 궁극적 의미의 완전한 침묵을 강조하는 것과는 다르게, 교의의 유효성에 대한 더 확실한 신뢰를 보인다. 의식의 철저히 완벽한 형태에 대한 논의 안에서 교의의 순수성을 포함시킴으로써 아상가는 교의를 말로 하기 전에 지혜의 우선적인 실현의 필요성뿐만 아니라 선언된 교의는 그 자체가 완전한 조화와 깨달음 안에 구현된 궁극적 의미와 일치해 있다는 사실을 강조하는데, 여기서 새겨 둘 것은 이런 일치가 둘째 차원의 진리가 아니라 침묵의 궁극적 깨달음에 대한 언어표현(verbalization)이라는 점이다. 이 교의의 흘러나옴은 의존적으로 일어나는 것이 아닌데, 그 까닭은 궁극적 의미에서, 곧 법의 영역에서

18) *Mahāyānasaṃgraha*, Lamotte ed., 2.26.3.

19) *Aṣṭadaśasāhaśrikā-prjñāpāramitā*, Vaidya ed., pp. 2.10-3.2; Conze, *The Perfection of Wisdom in Eight Thousand Lines*, p. 83.

직접적으로 흘러나오는 것이기 때문이다. 그러나 아상가는 교의에 대한 언어적 표현이 그러한 흘러나옴(outflow)이라고 말하지는 않는다. 문자 그대로의 형태는 아니겠지만 오히려 담론의 목적(ālambana)인 그 의도와 의미가 궁극적 의미에서 흘러나온다.[20] 따라서 교의는 정화된 의타기적인 형태에 있는 표상에 대한 단순한 통찰이 아니다, 그것은 이 역동적인 흐름이 궁극적 법의 영역의 깨달음에서 나오는데, 이는 마치 오염된 의타기적인 의식 안에서 환영이 아뢰야식 안의 씨앗에서 흘러나오는 것과 같다. 교의는 비언어적, 비매개적, 정화된 비차별적인 지혜를 내용으로 하는데, 이 지혜는 기술적으로 세운 가르침에 구체화되고 깨달음의 얻음을 향한 순수성의 길, 곧 비오염된 순수성을 수련할 수 있도록 한다.

위에서 말한 네 가지 순수성 가운데 첫째는 근원적인 순수성으로서 유식론의 여래장(Tathāgatagarbha)의 장(garbha) 이론을 재해석한다. 바수반두는 자신이 쓴 『섭대승론석』에서 근원적 순수성에 대해 논평한다. "근원적 순수성은 모든 현세 사람의 근원적인 본성이다. 변화하지 않고 그대로 있음(suchness)은 모든 사물의 일반적인 특성이다. 이것은 이 그대로 있음, 곧 모든 존재는 여래의 씨라는 금언이 확인하는 그대로 있음 때문이다."[21] 이 설명은 『보성론』(寶性論, *The Participation in the Jeweled Lineage*)의 용어를 반복하며 장이라는 근원적으로 순수한 마음의 개념을 확인하는 듯하다. 오히려 의식의 근원적인 순수성은 궁극적 의미의 결코 채워지지 않는 목적을 향해 안간힘 쓰는 의타기성의 관습적인 구조이다. 상상적인 형태에서 이것은 숙명적으로 오염되고 본질에 집착하는 환영이라는 올가미에 빠지게

20) 모니어 윌리암스(Monier Williams)의 *Sanskrit Dictionary*, p. 153b는 ālamb으로서 곧 "전하고, 지탱하고, 가까이 가져오고, 변호하는" 뜻으로서 ālambana의 어근을 제공한다. 여기서는 이를테면 수용물, 지시 대상, 의도 같은 언어적 교의에 의존하고 있는 것을 의미한다.

21) *Mahāyānasaṃgrahabhāṣya*, Lamotte ed., note to 2.26.3; T. 31, p. 406b.

된다. 그러나 심지어 전환에 있어서도 지속적인 퇴각이나 완전히 다른 목적을 얻는 것이 아니라 궁극적 침묵의 다름을 아는 침묵으로 들어가는 것인데, 자비 안에서 근원적 의식의 순수성은 언어적 시야를 넘어서는 그런 표상을 좇기 위한 교의적 본보기를 세우는 것으로 방향을 돌린다.

근원적으로 존재하는 의식은 이것의 고유한 깨달음[22]을 얻게 할 내적 능력이 없지만, 절대적으로 제한되지 않는 존재를 환영적으로 찾는 데 있어 이 교의의 의미를 물들이게 되고 교의를 듣고 생각하는 경우, 의식은 상상적인 형태에서 지혜의 완벽한 형태로 전환하는 경험에 열려 있다. 장(garbha) 또는 깨달음의 씨앗은 의식의 어떤 내적 순수성에서 찾아지는 것이 아니라 바로 오염되고 절대 본질에 대한 환영적인 상상에서, 다시 말해 의타기적인 형태에서 찾아지는 것이다.

요점은 『대승아비달마』(大乘阿毘達磨)의 한 유명한 구절에 대한 주석에서 명확히 강조된다. "시작도 없는 영역은 모든 사물이 공통적으로 옹호한다. 이것 때문에, 모든 [윤회의] 숙명이 존재하고 정지에 접근할 수도 있다."[23] 여래장 전통은 모든 감각 있는 존재에 있는 순수한 장(garbha)을 가리키기 위해 이 구절 "시작도 없는 영역" (anādikāliko dhātuḥ)을 해석한다. 그러나 유식학파 사상가들은 이를 아뢰야식이라고 부르는데, 이는 이것 스스로 고통스런 세계의 오염, 곧 "모든 윤회의 숙명"[24]으로 발전해 가지만, 이것은 또한 만일 순수한

---

22) *Mahāyānasaṃgraha*, Lamotte ed., 3.1를 보라, 여기서 정화를 실현하기 위해서 아뢰야식은 법의 영역에서 흘러나오는 교의의 영향과 대면해야 한다.

23) *Mahāyānasaṃgraha*, Lamotte ed., 1.1.

24) 문제는 단지 "시작 없는 영역"이라는 뜻에 있다. 아상가, 바수반두 그리고 다르마팔라(그의 『成唯識論』, De la Vallée Poussin ed., p. 169를 보라)는 이를 아뢰야식을 가리키는 것으로 해석하는데, 반면 바수반두의 *Mahāyānasaṃgrahabhāṣya*에서 Ratnagotravibhāga와 Paramārtha의 번역은 이를 tathāgatagarbha를 가리키는 것으로 해석한다.

법의 영역에서 흘러나오는 교의를 깊이 생각하고 오염되지 않은 순수성을 수련하면 깨달음에 이르도록 도울 수 있다. 아스바브하바는 자신이 쓴 『섭대승론석』에서 이렇게 말한다.

> "시작도 없는 영역(the beginningless realm)"이라는 구절은 시작점이 없기 때문에 시작함 없이 있는 것이다. 여기서 영역은 원인이나 씨를 뜻한다. 이는 오염된 상태에 대한 원인이지만 순수한 상태를 위한 원인은 아니다. [아상가의 본문에서] 나중에 설명되듯이 [교의]를 듣는 것에 물들게 되는 옹호는 아뢰야식 안으로 포함되지 않는다. 그러나 이 창고가 [성숙하는] 것처럼 이 [들음]은 싹이 트고 [교의에 대한] 올바른 성찰에 포함된다. 이러한 [들음]의 씨앗은 교의와 이것의 의미와 관련하여 커 오른다. 왜냐하면 [이 아뢰야식이] 이 씨앗을 지지하므로, 이는 모든 사물을 지지하는 것이지만 이것의 원인은 아니다. 지지(support, dhṛti)의 개념은 원인(hetu)이라는 개념을 암시하지 않는다.[25]

비록 숙명적으로 오염되고 환영을 진리로 받아들이는 형태라 하더라도 이 아뢰야식의 의타기적 구조는 근원적으로 순수한 지혜의 지평으로 열리고 전환될 수 있다. 그러나 의타기적 구조의 경험적인 기능에 있어 교의에 대한 성찰과 이것의 영향을 받음 없이 숙명의 그물에 걸린 아뢰야식은 전적으로 이러한 실현을 할 수 없다.

궁극적 의미에 대한 직접적이고 비매개적인 앎은 의식의 완벽한 형태의 가장 주요한 내용이며 이것은 추론적인 환영에서 벗어나 이것의 근원적으로 의타기적인 구조를 복원하고 교의적 담론의 관습적으로 유효한 본보기를 엮어 가는 것이다. 비록 이러한 의타기적인 관습적 본보기들이 마음의 근원적 구조를 회복한 것이라고 하더라도 궁극적 의미의 얻음은 비차별적이고 어떠한 보기의 이해로부터 완전한

---

25) *Mahāyānasaṃgrahopanibandhana*, Lamotte ed., 1.1n; T. 31, p. 383a.

불연속성 안에서 언어와 표상을 넘어서는 것으로 남게 된다. 심지어 유효한 관습적 담론의 보기가 공으로 남고 아상가와 바수반두가 공의 영역에 어떠한 질적 제한을 두지 않는데, 이는 마치 여래장 사상가들이 한편으로는 오염됨이 공이지만 장의 실재는 공이 아니라고 주장하는 것과 같다. 오히려 유식학파 대가들은 공을 의식적 이해와 관련하여 재해석하면서 단언하기를 모든 이해는 추론적인 형태든 의타기적인 형태든 공이며 첫째는 상상적 본질의 실재를 부정하는 것이고 둘째는 궁극적 의미의 표현 불가능성에 대한 깨달음이 그러하다는 것이다.

부처의 세 몸

교의적 이해 안의 계획들은 일관되고 논리적인 태도 안에 있는 이 계획들의 기본적 관념에 존재해야 하는 것뿐만 아니라 수련과 신도의 헌신을 반영하고 협조해야 한다. 한 종교 전통은 단지 이 전통의 신학화에 기반을 두는 것이 아니라 이 종교 구성원의 체험과 종교 행위에 기초를 둔다. 의식의 구조, 세 가지 형태, 그리고 두 진리와 네 가지 순수성에 대한 이해에 있어 공의 근거에 대한 유식학파의 이해는 의식적 내면성에 대해 잘 정리된 철학을 나타낸다. 이와 반대로 삼신불(三神佛, buddha-trikāya)은 철학적인 절박한 요구에서 나오는 것이 아니라 부처를 숭배하는 숭배 행위를 반영한다. 초기 부처의 여러 신체에 대한 생각을 가지고 이를 삼신불 교의로 발전시킨 이들이 바로 유식학파 사상가들이다. 그러나 이 교의의 뿌리는 더 멀리 대승불교의 과거로 거슬러 올라간다. 유식학파 대가들은 이 교의를 받아들였고 이를 공과 연기에, 곧 의식의 내면성에 대한 이들의 이해와 결합시키려 했다. 부처 몸에 대한 이론은 역사적 석가모니 부처의 구실과 기능에 대한 대승불교의 이해와, 또 석가모니와 다른 부처들에 대한 직접적인 숭배와 밀접하게 함께 엮어 들어간 것이다. 위에서 말한 상승하는 궁극적 의미와 철저한 완벽함에 관한 가르침과 대조적으로, 이것은 세상 안의 부처의 하강하는 행위에 대한 깨달음을 제시하는데, 이것의 의도는 깨달음(buddhatva)의 실재라는 관점에서 예배 행위에서 기억되고 숭배되는 것으로 부처의 본성을 설명하려는 것이었다. 깨달음을 나타내는 부처의 세 몸은 민간 신심의 부처상으로 구체화했다. 이들은 대승불교적 부처론, 곧 그리스도인이 그리스도론을 전개하려 하는 것과 비슷한 부처에 대한 한 교의적 이해로서 이를 형성한다. 확실한 것은 모든 중생의 마음이 지혜의 마음이요 이 부처들의 몸에 부여된 것이다. 그러나 민간 신심에 있어 부처 몸에 대한 교의의 사회적 기원 때문에, 지속적인 초점은 경험적으로 이미 부처가 된 이들 안에서 찾아볼 수 있는 그 의식의 이상적인 형태에 있다.

초기 두 몸의 교리는 역사적 부처의 세계의 모습 뒤에 있는 실재를 강조하는 것으로 석가모니의 몸(rūpakāya)의 마법적으로 창조된 모습에서 법의 몸(nirmāṇa)이라는 근원적인 실체를 구분했다. 따라서 역사적 부처는 깨달음을 얻은 여러 부처 중 하나로서 간주되는데 이 부처들을 통해 법의 실재가 다른 시대에서 드러나는 것이다. 그는 실제로 역사적 존재가 아니라 중생에게 교리를 설하기 위해 그렇게 나타난다. 대중부(大衆部, Mahāsaṃgika)의 고전적인 형태에서 이 설명은 철저한 가현설(假現說)로 발전했다. 법신과 대조적으로 부처의 지상적 몸은 유래된 것이고 마법으로 전환된 꾸며 낸 이야기인데, 이는 근원적 의미와 공에 있어 법신의 근원적인 실재를 표현하려는 것을 뜻했다.

그러나 아상가 시대와 또 그 전 시대에 대승적 신심(devotion)은 역사적 부처로 향한 것뿐만 아니라 많은 다른 부처와 보살로도 향하였다. 부처에 대한 초기 가현설적 평가는 그를 단지 법신을 나타내는 것으로 간주했는데, 다른 많은 부처도 이렇게 나타내는 것이 인정됐다. 많은 부처들이 이야기 되었고 많은 "정토(淨土, Pure Land)"가 많은 경전에서 묘사되었는데, 각각은 고통받는 중생을 돕는다는 그의 서약을 통해 특정한 부처의 장점과 특징을 묘사하고 소개하며, 그 부처를 떠오르게 하는 명상 수련을 하며 또 그의 서약에서 위안을 구한다. 이러한 숭배는 아상가 시기 전의 언제쯤 『비화경』(悲華經, *The Lotus Blossom of Compassion*)이 석가모니 부처에 대한 약해지는 신심을 강화하기 위해 저술되어야 했던 그 지점까지 확장됐다.[26] 유식학파 대가들이 두 몸에 대한 가르침에 보신(報身, saṃbhoga-kāya)을 포함시키려는 것으로 확장하려는 것이 바로 이 맥락이다. 보신은 부처와 보살들이 법열을 느끼고 법을 이들이 전생에서 지은 행에 대한 보상으로 경험하며(saṃbhoga) 또 이 부처들은 그들을 숭배하는 수련자들에게 보여지는 부처로 여겨진다.[27] 보신의 개념의 발전은 그리스도교의 금언인 "기도하는 바대로 믿는다(lex orandi lex credendi)"의 불교적 보기로서 이것에 의해 신앙의 규율이 신심 행위에서 진척돼 나간다. 아상가는 이 주제를 분명하게 제시한다.

> 최상의 지혜는 삼신불로서 이해되는데, 이는 법신(法身, the essence body), 보신(報身, the enjoyment body), 응신(應身, the transformation body)을 말한다. 이들 가운데 법신이 모든 여래의 법의 몸(Dharma body)인데, 그 까닭은 이것은 보든 것을 숙달하도록 지지해 주는 것이기 때문이다. 보신은 여러 부처의 몸으로 특징지을 수 있으며 법의 몸의 지지를 받는데, 왜냐하면 보신은 불국토의 완전한 정화를 누리며 대승의 교의에 법락을 맛보기 때문이다. 또한 응신은 법의 몸에서 지지를 얻는데 이는 이것이 그 자체를 [다양한 지각 가능한 태도로] 표현한

26) *Karuṇāpuṇḍarika*는 야마다 이시(Yamada Isshi)가 편집하고 서론과 각주를 덧붙였다.

27) *Karuṇāpuṇḍarika*, p. 163과 Nagao, "On the Theory of Buddha-Body", *Eastern Buddhist* 6 (May 1973):1을 보라. 두 몸 교의에서 삼신불 교의로 발전해 간 것에 대해서는 長尾雅人의 「金剛般若經における無着の釋義」(Kongohannyakyō ni okeru Muchaku no shakuge)[Asaṅga's Commentary on the Diamond Sutra], 『中觀と唯識』(Chūkan to yuishiki), pp. 569-574를 참조하라.

다. 이를테면 도솔천(兜率天, Tuṣita, complete knowledge) 궁에서 내려와 머물기, [카필라바스투(Kapilavastu, 迦毘羅城)에서] 태어나기, 욕망(desire)을 충족시키기, 출가하기, 이교도의 장소로 가기, 금욕 수행하기, 완벽한 깨달음 얻기, 교의의 바퀴 돌리기 그리고 마지막 해탈(cessation)로 들어가는 것 등이다.[28]

여기서 응신(應身)은 석가모니 부처를 직접적으로 가리키고 그의 하강에서부터 마지막 해탈까지의 생의 과정을 묘사한다. 보신은 많은 신심 그룹(cults)에서 숭배되는 부처를 가리키는데, 이를테면 서방정토(淨土, Sukhāvatī)의 아미타불(阿彌陀佛)을 예로 들 수 있다. 보신들은 이들이 역사 속에서 파악되지 않는 한 응신과는 다르지만 투시(visualization)와 명상의 상태에서는 만날 수 있다. 이렇듯 이들은 법의 몸이 보살로 나타나는데, 곧 이 명상을 수련하는 대승불교 수행자에게 나타난다. 응신은 지각할 수 있는 형태를 가지고서 모든 중생으로 나타난다. 이 응신과 보신은 모두 법의 몸의 도움을 받으며 이것이 자비심을 발산하고 드러내는 것으로서 이로부터 말미암는다.

이 특정한 문화적 상황에 빠진다고 하더라도, 이 유식론의 삼신불에 대한 교의는 신비적 깨달음과 지혜의 구조에 관한 한 이해를 제시하는데 이는 앞서 말한 두 진리와 철저한 완벽함의 구조와 같다. 법신(Dharma Body)은 모든 개념 및 표상과 완전히 다르다는 측면에서 궁극적 의미와 같지만 이것에서 나온 다른 두 몸은 이 궁극성을 지각할 수 있는 형태로 구체화한다. 마이트레야의 『대승장엄경론』은 부처의 세 몸의 구조를 이렇게 묘사한다. "그는 다양한 세계의 영역에서 응신을 통해 보이고 [보살들의] 모임에서는 보신을 통해 보이지만 그는 그 어떠한 형태이든 간에 결코 법신 안에서는 보이지 않는다."[29] 따라서 법신은 파악할 수 있는 내용이 비어 있는 것이다. 오히려 깨달음에

28) *Mahāyānasaṃgraha*, Lamotte ed., 10.1.

29) *Mahāyānasūtra-alaṃkāra*, Lévi ed., p. 189.

대한 표현 불가능한 내용이다. 위 구문에 주석을 달면서 스티라마티는 설명한다. "'법신이 결코 어떤 형태로든 보이지 않는다'는 문장은 이것의 본질이 내적으로 구현되었기 때문에 지각될 수 없다는 것을 뜻한다. 이것은 사고의 영역을 초월하기 때문에 어떠한 세상적 은유로도 표현될 수 없다."[30]

아상가는 그의 『섭대승론』에서 마지막 장의 전체를 삼신불에 할애한다. 그는 법신을 침묵 안에서 절대적으로 의미 있는 깨달음의 구현체로 이해하고 이를 아뢰야식의 숙명적인 오염으로부터 지혜의 완벽한 구현으로 전환한 의식으로서 특징짓는다.

> 법신은 지지의 전환(conversion)으로 특징지을 수 있는데, 오염된 의타기적인 형태의 측면과 모든 장애를 파괴하기 때문이며 또한 이것은 이러한 장애에서 벗어나 모든 사물에 통달해 있고 정화된 면으로 의타기적인 형태로 전환한다.[31]

다시 여기서 법신은 기본적인 의타기적인 형태인데, 이제 전환한 것으로 유효한 관습적인 담론일 뿐만 아니라 침묵의 공에 대한 표현 불가능성에 열려 있다. 아상가에게서 초점은 항상 법의 몸(Dharma Body)에 있는데, 그 까닭은 법신은 공의 비차별적인 지혜이며 보신과 응신의 드러남을 지지하며 중생의 필요에 따라 솟아난다. 지혜가 공에 대한 비차별적인 깨우침과 그에 따라 상호 의존적으로 일어나는 연기의 세계 속에서 사물에 대해 얻는 차별적인 깨달음이듯이 아상가도 법의 몸을 이렇게 말한다. "법의 몸은 어떻게 첫 접촉을 통해 얻을 수 있는가? 비차별적인 지혜와 그에 이어지는 지혜의 얻음을 통해서이다."[32]

---

30) *Mahāyānasutrālaṃkāraṭīkā*, D. 4029, p. 174a[67].

31) *Mahāyānasaṃgraha*, Lamotte ed., 10.3.1.

32) 같은 책, 10.4.

신비적 의미의 구조는 여기서는 비록 하강하기는 하지만 공과 법의 몸에 대한 궁극적으로 신비적 깨달음의 하나로 남게 되는데, 이것은 지각할 수 있고 관습적으로 파악할 수 있는 보신과 응신의 드러남을 통해 노출한다. 이런 식으로 유식학파 사상가들은 신비적 의미와 의식의 내면성에 대한 이들의 이해 안으로 삼신불에 대한 깨달음을 통합시킨다.

깨달음의 다섯 요소

중관학파와 유식론은 대승불교의 주요한 논(論, śāstra)의 전통 가운데 일부지만 이들은 이 전통의 다양한 형태의 표현을 소진시키지 않는다. 이러한 더 지적인 시도들(endeavors)에 따라 일상의 깨달음에 대한 접근이 활발하다. 대중적 접근 가운데 하나는 정토(淨土, Pure Land) 사상인데, 이는 동아시아 불교에서 오늘날까지 적합한 것으로 유지되어 온다. 깨달음에 대한 다섯 요소가 『불설불지경』(佛說佛地經, *The Scripture of the Buddha Land*)에서 처음으로 전개되었는데, 이는 바로 이 정토 사상 전통 안에서다. 이 짧은 글은 정토를 투시하는 수행자에 의해 작성된 것으로 보이며 신비적 특징이 아니라 지혜의 기능이라는 점에서 정토를 이해한 초기 해석을 이룬다.[33] 깨달음의 상징인 대각지(大覺地)는 청정법계(淸淨法界), 대원경지(大圓鏡智), 평등성지(平等性智), 묘관찰지(妙觀察智) 그리고 성소작지(成所作智)로 구성되는 것으로 제시된다. 청정법계는 공에 대한 통찰의 표현 불가능한 내용이며, 특징이나 특성의 파악 없이 텅 빈 공간으로 묘사된다. 대원경지와 평등성지는 모두 모든 텅 빈 것들과 이들의 결과적 비이원론적 동등성에 관한 그렇게 있음(suchness)에 대한 비차별적인 깨달음이다. 묘관

33) *Buddhabhūmisūtra*, T. 16, pp. 720–723. John Keenan, "Pure Land Systematics in India: The Budhabhūmisūtra and the Trikāya Doctrine", *The Pacific World*, N.S.3 (Fall 1987): 29–35를 보라.

찰지와 성소작지는 이어서 얻어지며 관습적인 앎과 행동을 통해서 상호 의존적으로 일어나는 세계 안에서 구실을 하도록 하는 차별적인 깨달음이다.

이러한 생각들은 곧 유식론 사상가들이 받아들이고 유식론의 맥락에서 다듬어진다. 아상가는 뒤의 네 가지 지혜를 그의 『섭대승론』에서 전환하는 마음을 묘사하는 데 사용했다.[34] 그는 나아가 청정법계를 근원적인 순수성, 곧 공과 그렇게 있음(suchness)과 동의어로 쓸 수 있는 그 순수성과 같게 보았다.[35] 그러나 그는 의식이나 기능의 세 형태에 대한 유식학파의 의식 안에서 이들의 관계를 설명하지 않았다.

그러나 아스바브하바는 『섭대승론석』에서 이 네 지혜를 의식의 다른 수준의 전환을 묘사하는 것으로 재해석한다. 대원경지는 아뢰야식의 전환인데, 이는 이것이 아무런 장애 없이 사물들의 그렇게 있음에 대한 통찰을 얻기 때문이다. 평등성지는 사고하는 의식의 전환인데, 이는 이것이 "나"와 "나의 것"이라는 개념과 또 이들이 불러오는 모든 환영적 차별을 버린다. 묘관찰지는 지각적인 의식의 전환인데, 이는 구원받아야 하는 존재의 필요를 분명히 알 수 있다. 성소작지는 감각 의식의 전환인데, 이것은 자비행을 통해서 이 구체적인 세상을 다룬다.[36]

표현할 수 있는 침묵의 궁극적 의미의 똑같은 구조는 여기서 다시 한번 명확해지는데, 기본적인 의타기적인 의식의 형태의 전환으로서 강조된다. 상상의 미혹함에 의해 더 이상은 조종될 수 없는 이 지혜의 의식의 역동성은 그렇게 있음과 공에 대한 깨달음에서부터 흘러나와서 구체적인 통찰과 자비행으로 나아간다.

『불지경론』을 실라바드라와 반두프라바가 저술하면서 부처의 세

34) *Mahāyānasaṃgraha*, Lamotte ed., 10.5.5.

35) 같은 책, 2.26.3.a.

36) *Mahāyānasaṃgrahopanibandhana*, in *Mahāyānasaṃgraha*, Lamotte ed., 10.5.5n.

몸을 이 다섯 요소의 관점에서 묘사했을 때 한 단계 앞으로 더 나아간 것이다. 다시 유식론의 의도는 의식적인 앎에서 깨달음에 구현되는 궁극적 의미를 근거 짓고 파악하려는 분명한 목표를 향했다. 법의 몸은 표현 불가능한 지혜의 내용으로서 순수한 법과 동일시된다. 보신은 대원경지와 평등성지로 지지되는데, 이는 한 부처의 구현된 몸으로서 보신은 자아와 다른 사람 사이의 완전한 무차별성까지 나아갔고 공에 대한 통찰에 물들어 있으면서 자비의 세계로 향한다. 그러나 이 자비는 멀리 떨어져 있는 동정의 느낌이 아니라, 뒤의 두 지혜를 통해 고난받는 존재의 특정한 상황으로 직접 향한다. 따라서 응신은 묘관찰지와 성소작지의 지지를 받는데, 이는 이것이 실질적인 자비행을 행하고 이 세상에서 보살행을 완수하기 때문이다.[37]

다시 한번 우리는 똑같은 구조적 계기, 곧 상호 의존적으로 일어나는 세계에 구체화하는 신비적 의미를 보는 것이다. 부처의 몸에 관한 교의라 하더라도 공은 의존적으로 일어나고 궁극적 의미는 표현되기 위해서 여전히 관습적인 담론이 필요하다는 것을 시사한다.

결 론

신비적 의미의 이러한 모든 주제 안에서 똑같은 구조적 형태가 통용된다. 두 진리를 다루면서 유식학파 선사들은 의타기적인 사고와 말하기가 제한된 유효성만을 지닌다고 주장했을 뿐만 아니라 의타기적인 마음이 아뢰야식의 오염된 영향에서 멀어져서 궁극적 의미와 침묵의 통찰로 나아간다고 주장했다.

이들은 완벽한 형태의 구조를 묘사하면서 교의를 듣고 그 들음으로 궁극적 의미와 공과 그렇게 있음에 대한 통찰로 전환하는 것뿐만 아니라 또한 교의 안에서 대상의 순수성으로서 이 앎을 결과적으로

---

37) 반두프라바의 논의, *Buddhabhūmyupadeśa*, Keenan, pp. 850-856; T. 26, p. 326a.

구체화할 수 있음을 강조한다.

부처(깨달은 자)의 세 몸은 나아가 이 세상에서 자비의 드러남(nirmāṇa)을 낳은 궁극적 의미(dharma)를 경험하고 향유(saṃbhoga)하는 신비적 앎으로서 신비적 깨달음에 대한 구조를 묘사한다.

깨달음의 다섯 요소는 다시 한번 주장하기를 공의 순수한 법의 영역에 대한 무차별적 통찰은 상호 의존적인 연기의 세계에서의 관습적인 이해와 행동에 관한 지혜를 얻는 것으로 구체화한다.

만일 복음에 대한 초기 그리스도인의 선언이 앞서 논의한 불교의 이러한 교의를 듣는 것을 익힐 수만 있었다면 지혜로서 그리스도에 관한 이해는 그리스도의 의미를 이해하는 하나의 분명한 길이었을 것이다. 그러나 아직 늦지는 않았다. 그리스도교 공동체는 여전히 성장하고 있다고 말할 수 있으니 말이다. 따라서 의식과 지혜 구조에 대한 이러한 불교적 분석은 삼위일체와 성육화의 의미를 재발견하는 지속적인 그리스도인의 과제에 있어서 잠재적으로 유용하다. 다음 장에서 바로 이 과제를 다룰 것이다.

9장
대승불교적 신학에 대한 반대 없애기

이 장의 목표는 공과 의식적 내면성(중관학파와 유식론)에 대한 한 대승불교 철학의 관점에서 그리스도인의 성육화와 삼위일체 신앙을 이해하는 데에 있다. 이를 염두에 두고 이 작업의 첫 부분에서 이 두 교의에 대한 그리스도교의 발전을 검토하는 한편 둘째 부분에서는 공, 연기, 두 진리에 대해 중관학파가 가르치고 있는 것과, 또한 의식의 내면성, 곧 오염되고 깨어 있는 이 두 가지 내면성에 대한 유식론 이해의 윤곽을 그리는 과제에 관심을 가질 것이다. 앞 장에서 논의한 모든 것은 단지 이 발전 단계를 제시하기 위한 것이 아니라 한 대승불교적 관점 안에서 그리스도교 신앙을 해석하기 위해 요청되는 통찰을 모아 보고 준비하기 위한 것이었다. 앞의 모든 연구와 해석과 역사적 판단은 이 목적에 맞도록 집중시키기 위한 것이었다.

그러나 우리가 성육화와 삼위일체에 대한 대승불교적 신학의 윤곽을 그리기 전이라면, 근거를 명확히 해 놓는 것이 좋을 텐데, 왜냐하면 한 혼성(混成, hybrid)의 불교적 신학에 대하여 일반적이고 특수한 점 모두에서 이에 대한 반대가 있기 때문이다. 어떤 이들은 기본적인 대승불교의 가르침이 결코 그리스도교 이해와 양립할 수 없다고 주장한다. 이들은 주장하기를 이러한 외래 철학적 관념을 수용하는 것은 그리스도교 신앙의 중심적 주장에 의해 배제된다는 것이다. 그리스도교 교의의 역사에서 일부 철학적 모델은 수용되었고 적용되었다. 교부들은 신플라톤 사상을 자유롭게 취했고 중세 스콜라 학자들은 아리스토텔레스에게서 환영할 만한 철학 모델을 찾았다. 더 근대에는 일부 신학자들은 마르틴 하이데거(Martin Heidegger)의 실존 철학을 수용하는 한편 다른 이들은 해방에 관한 어떤 신학을 설명할 때 마르크스의 범주를 빌려 왔다. 그러나 이것은 모든 철학이 그리스도교 신앙의 논리에 받아들여질 수 있다는 것을 의미하지는 않는다. 스토아학파의 사상의 요소들은 초기 그리스도교 사상으로 가는 길을 찾았지만, 스토아 사상의 모델을 기반으로 하는 어떠한 발전된 신학이 없었는데, 이는 deus sive natura(신이자 곧 자연)에 대한 기본적인 동질화는 그리스도교 정신 안에서 어떠한 동조도 얻지 못했다. 그리고 그리스 소피스트(Sophist)의 회의론[1]의 관점에서 그리스도교 신학을 읽는 것에서 한참 벗어나 일부 초기 교부들은 그리스 사상의 오류와 정반대로 신앙을 규정하는 것으로 이들의 변증론의 목표를 삼았다. 더욱이 길고도 힘든 전쟁 뒤에 영지주의 사고의 형태는 그리스도교 교의의 범주에서 사라져 버렸다. 대승불교의 수용이 이런 사례들처럼 비실용적으로 증명될 수도 있지 않을까?

과거에는 신학에서 이렇게 철학을 수용하려는 것을 반대한 것은 주로 신학자들 자신이었는데, 이들은 자신들이 진리라고 생각한 것에 대해 구체적으로 고백한 것에 투신한 이들이다. 오늘날 또 다른 반대는 종교 철학자에게서 나오는데, 이들은 명확하고 논리적인 형태로 종교 철학과 종교적 체험을 구축하려는 데에 전념한다. 종교 사회학과 현상학에서 나오는 무르익은 통찰의 커다란 증가는 종교적 관념과 실행에 새로운 빛을 가져다 주었고 종교적 체험과 해석의 전통적 개념에 대해 중요한 질문을 제기했다. 이 문제들 가운데 일부는 간단하게 이 책의 앞 부분에서 "신비적 이해의 본성"(The Nature of Mystic

1) 에드워드 콘즈(Edward Conze)가 쓴 논문 "Buddhist Philosophy and Its European Parallels"에 나오는 대승불교와 그리스 소피아 사상의 비교를 보라. 신학의 형이상학적 바탕을 해체하려는 그리스도인의 시도라는 빛 아래서, 어쩌면 복음을 회의주의자들의 "관점"에서 그리고 철학적 의혹에 대한 이들의 주장에서 재검토할 수도 있을 것이다.

Understanding)이라는 제목 아래서 다루었지만 이 책 뒤의 9-11장에 제시된 대승불교적 주제의 더 넓은 맥락에서 이 문제들이 다시 제기될 것이다. 일부 종교 철학자는 이 책의 주장에 대해 동의하지 않는데, 이 주장과 솔직히 반대일 것이다. 따라서 명확성과 정확성을 목적으로 우리는 간략하게 종교 철학의 몇 가지 예를 살펴보고 종교적 체험의 개관으로서 자주 제안되는 두 가지 주장을 다루려 한다.

종교 철학: 두 가지 선택

스테이스(W. T. Stace), 아놀드 토인비(Arnold Toynbee), 나카무라 하지메(中村元), 프리드리히 하일러(Friedrich Heiler)로 대표되는 첫 번째 선택은 얼마나 다르게 해석되느냐에 상관없이 종교적 체험을 공통의 핵심(common core)의 중심에 둔다.[2] 이 신비적 중심에서 모든 종교는 "같은 것을 말한다." 만일 누군가 신비가들이 체험한 것의 묘사를 식별한다면, 궁극적 의미의 모든 체험 안에서 공통의 특징을 찾을 수 있다는 점을 주장할 수 있다. 예를 들어, 프리드리히 하일러가 일곱 가지 공통의 영역을 제시했는데, 1) 초월적 실재의 현존, 2) 인간 마음 안에 그 실재가 내재하는 것, 3) 이 실재를 최상의 아름다움, 진리, 옳음, 선함으로 특징짓는 것 4) 그 실재를 사랑, 연민, 자비로 특징짓는 것, 5) 이 실재로 가는 길은 반성, 자기 부정, 기도, 6) 그 길은 이웃 사랑, 심지어 적까지도 사랑하는 것, 7) 그 길은 하느님의 사랑으로서 그리하여 행복은 하느님을 앎으로 여기고, 하느님과의 일치 또는 신으로 녹아듦으로 받아들이는 것[3] 등이다.

모든 종교 경험에서 공통의 핵심이라고 내세운 이러한 주장의 명백한 문제는 사실 세계의 종교들은 자주 곧바로 모순으로 보이는

2) 예를 들어 W. T. Stace, *Mysticism and Philosophy*, pp. 31-38을 보라.

3) "Heller, History of Religions as a Preparation for the Co-operation of Religions", in *The History of Religion: Studies in Phenomenology*, pp. 142-153.

그런 여러 방법으로 그 체험을 묘사한다. 뒤에서 논의하겠지만, 불교도는 구체적인 주장을 하는데, 곧 우리를 구원할 하느님은 없으며 구원받을 어떠한 영혼도 없다고 하는 반면 그리스도인은 보통 하느님과 그의 구원 모두를 주장한다. 유대인과 이슬람은 열렬히 하느님의 유일성을 주장하면서 그리스도교의 삼위일체를 특별한 종류의 다신론으로서 유일한 하느님이 아니라고 거부한다. 종교가 공통적인 묘사를 할 때조차도, 같은 단어로 다른 것을 뜻하는 경우가 허다하다. 따라서 불교와 그리스도교가 초월적 실재에 대해 말한다고 할 때, 이 종교들이 같은 형태의 실체를 이해하는지 증명할 수가 없다.[4)] 공통의 핵심을 이런 식으로 나누는 것 자체가 그러한 다양한 묘사가 존재한다는 것을 설명하는 것일 수도 있다.

자주 이용되는 방법 가운데 하나는, 종교 체험의 모든 해석을 근본적이고 해석되지 않은 신비적 체험에 이어지는 다음 단계로 삼고 그리고 이 순수한 신비 체험이 모든 종교를 하나로 묶는다고 주장한다. 그리고 해석상의 차이는 문화적 언어적인 요소라고 설명한다. 따라서 부처의 깨달음과 예수 부활의 내용은 신비 차원에서는 똑같은 것이지만 다르게 묘사되는데, 이는 인도의 문화적, 언어적 형태는 깨달음과 해방의 본성에 초점을 두는 반면 팔레스타인의 경우는 죽음에 대한 구체적인 극복을 중심에 두기 때문이다.

모든 종교에서 순수하고 비매개적이며 표현 불가능한 체험이 존재한다는 주장에 대한 지지는 거의 신비 작가들의 보편적인 주장에서 발견되는데, 이들의 묘사는 글자 그대로 받아들이지는 않는다. 그레고리오는 말하기를 모든 사람들은 거짓말쟁이인데, 이는 이들이 하느님의 의미를 표현하고자 할 때 그렇게 된다고 한다. 디오니시오는 하느님에 대한 모든 앎은 실상은 알지 못함(not-knowing)이다. 잘 알려

---

4) 스티븐 카츠(Steven T. Katz)가 *Mysticism and Philosophical Analysis*, pp. 51-55의 "Language, Epistemology, and Mysticism"에서 유대교 신비주의(Hasidism)와 불교에서 다룬 "절대무(nothingness)"에 관한 논의를 보라.

진 대승불교의 격언도 비슷한데, 곧 부처가 60년 동안 가르침을 폈지만 결코 한마디도 하지 않았다는 것이다. 아상가는 법의 몸을 모든 언어 구조를 잃어버린 어떤 접촉의 체험으로 묘사한다. 노자(老子)의 『도덕경』(道德經)에서는 이 점을 정리해서 말하기를 "아는 사람은 말을 하지 않고, 모르는 자가 말을 한다"[5]고 했다.

둘째 선택은 스티븐 카츠(Steven Katz), 재너(R. C. Zaehner), 또 조지 린드벡(George Lindbeck) 같은 사상가들에게서 볼 수 있는데, 이들은 앞의 주장을 거부하고 종교 경험의 다양성을 주장한다. 표현 불가능하고 순수한 체험의 확신에 공통의 핵이 있다는 주장을 이해하면서도 이 사상가들은 결코 그러한 체험은 있을 수 없다고 한다. 이들은 모든 체험은 문화적, 사회적 표상과 관념, 가치로 꾸며지고 형성되며 그 안에서 이 체험이 해석된다고 강조한다. 재너는 세 가지 독특하고 다른 신비 체험, 곧 자연적, 일원론적(monistic), 유신론적(theistic) 체험이 있으며 이것들은 이 체험들이 해석되는[6] 방식을 자세히 검토하는 데서 찾을 수 있다고 주장한다. 스티븐 카츠는 기본 요점을 분명하게 짚는다.

> 순수한(예컨대, 비매개적인) 체험이란 없다. 신비적 체험이든 좀 더 일반적인 것이든 어떠한 체험도 아무런 지시도 또는 어떠한 믿음을 위한 근거, 곧 비매개적이라는 근거나 지시를 주지 않는다. 다시 말해 모든 체험은 어떠한 과정을 통해 어떤 것에 의해 구성되는 것이며 지극히 복잡한 인식론상의 방식들을 안에서 우리가 접할 수 있을 뿐이다. 비매개적 체험이라는 생각은 자기모순적은 아니라 하더라도 적어도 허황되다.[7]

그렇다면 체험과 해석 사이의 유효한 차이는 없다. 마치 해석이

---

5) Lao Tzu, *Tao Te Ching*, 41; D.C. Lau, trans. p.117.

6) 그의 논문인 *Mysticism: Sacred and Profane*.

7) Katz, "Language, Epistemology, and Mysticism", p. 26.

단지 나중에 순수한 체험이라는 자료에 대해 행해진 것처럼 말이다. 해석은 모든 체험의 본성, 신비 체험을 포함해서 이것이 일어나는 동안과 그 후 모두에 앞서 체험의 본성을 결정한다.[8] 만일 하느님의 이미지나 기대하는 신의 모습을 미리 예상할 수 없다면 신적 사랑의 황홀경을 경험할 수는 없다. 또 불교 전통의 수행과 각성으로 준비되어 있지 않으면 "그렇게 있음(suchness)"과 공을 깨달을 수 없다. 이런 입장은 스콜라 철학의 금언, 곧 "nihil amatum nisi praecognitum"을 현대적 재진술로 나타내는데, 이는 "먼저 알려지지 않고는 어떤 것도 신비적으로(예를 들면 사랑으로) 체험되지 않는다"라는 뜻으로 이해될 수 있다. 관념과 표상, 그리고 한 사람이 가진 이념적 가치관은 "우선 그가 갖고자 원하는 체험을 규정하며 따라서 그가 가지고 있고 또 앞으로 갖게 될 것도"[9] 규정한다. 체험을 묘사하기 위해 쓰이는 언어의 차이는 "언어와 필연적인 상관관계에 있고 그 아래 놓이는 존재론적인 주장"[10]의 차이를 지시한다.

이런 태도는 모든 종교 체험은 똑같으며 말로 표현할 수 없는 순수한 체험이라는 무비판적 가정을 강하게 반대한다. 이는 정밀함과 명확함에서 나오는 것이라기보다는 일치의 관심에서 더 동기 부여를 받는 것으로서 모든 종교 체험에는 공통의 핵심이 있다고 특징짓는다. 이 주장은 유효하다고 보이는데, 그것은 자주 다른 종교 전통의 사람을 만나거나 친하게 될 때 드는 느낌은 우리가 공통으로 가진 인간적, 종교적 체험 이전에 우리를 하나로 묶는 그런 느낌이 들기 때문이다. 그러나 종교 경험상의 차이가 있다는 주장은 실제적인(descriptive) 증거에 대한 상황적 의미에 더 관심을 많이 기울인다. 맨체스터 대학과 옥스퍼드 대학의 종교 체험 연구팀이 수천 명의 자원자에게서 얻은 종교 체험에 대한 서류상의 설명에서 수집한 증거에

8) 같은 책, p. 27.
9) 같은 책, p. 33.
10) 같은 책, p. 52.

따르면, 인식론적 그리고 감정상의 요소 사이의 차이는 "근원적으로는 합당한 차이가 있다고 여겨졌지만 … 실제상에서는, 어떠한 차이도 상쇄된다."[11] 따라서 누구도 모두에게 공통적인 어떤 순수한 핵심에 초점을 두는 종교 체험의 인식론적 내용을 괄호쳐 버릴 수는 없다.

그러나 이러한 입장이 묘사적인 증거 뒤에 있는 다양한 상황적 의미의 그물망에 더욱 주의를 기울인다고 하더라도 "순수한" 체험의 일어남을 거부하는 것은 어디에나 있다고 주장하는 신비적 체험의 표현 불가능성과 해석 불가능성과 맞지 않는다. 이 순수한 체험은 얼마나 그것을 이해하든지 간에 이 체험이 언어나 이성적 사고로는 접근 불가능하다는 경고의 구실을 한다. 모든 전통에서 신비가들은 끊임없이 표면적 가치의 묘사만을 보는 것을 경고해 왔으며 이 표면적 가치들은 체험된 것을 적절하게 나타내지 못할 뿐만 아니라 실질적으로 이를 왜곡한다. 그러나 이런 철학자들에게 만일 이러한 주장이 인정된다고 하더라도 철학적 성찰의 자료로서 신비 체험의 묘사를 하지 못할 것이며 따라서 단지 특정 체험이 가리킬 수도 있는 "존재론적 사태(ontological state of affairs)"를 구체화할 수 없다. 여기서 다시 카츠는 이 주장을 더 선명히 한다.

> "역설(paradox)"이나 "표현 불가능한(ineffable)" 등의 낱말은 우리에게 체험의 상황을 말해 주거나 어떤 주어진 존재론적 "사태"에 관해 우리에게 정보를 주는 용어의 구실을 하지 못한다. 오히려 이것들은 연구에서 체험을 가리거나 존재론적 수행이 어떠하든지 간에 신비로운 것으로 남아 있는 구실을 한다. 결과적으로 "역설"과 "표현 불가능함"이라는 용어의 사용은 비교할 만한 자료를 제공하지 못하며 오히려 체험의 논리적 비교 가능성을 제거해 버린다.[12]

---

11) *The Encyclopedia of Religion*, ed. Mircea Eliade, vol. 12, p. 330.
12) Katz, "Language, Epistemology, and Mysticism", p. 54.

이렇게 보면, 신비 체험의 표현 불가능성과 알 수 없음은 오직 이 체험이 부분적으로밖에(inadequately) 알려지지 않는다는 것을 뜻한다. 표현 불가능성이 언어를 해체하고자 한다는 주장은 그 자체가 해체적이며 비유적으로 해석된 것이다. 실제로 신비 체험의 내용이 말 그대로 알 수 없다면 다른 것보다도 우선 이에 대해 결코 어떤 것도 듣지 못해야 한다.

이 두 가지 철학적 입장들은 이 책에서 주장하려는 것과 상반된다. 우선 첫째로 대승불교적 신학을 구축하고자 하는 것과 조화로워 보이는 공통의 핵심이 있다는 주장이다. 결국 이러한 신학은 그리스도교 신앙을 표현하기 위해 외래적인 설명적 용어를 수용하게 되면 모든 종교적 묘사는 한 중심적인 체험에 모인다는 것을 뜻한다고 이해될 수 있을 것이다. 그러나 사실 그리스도교 신학을 위한 이러한 대승불교적 방법의 무능은 대승불교적 사유의 범주가 실제로 다르며 전통적 그리스도교 신학이 말하는 것과 똑같은 것을 말하지 못하는 데서 비롯한다. 만일 이것을 똑같이 말할 수 있다면 사실 이러한 노력을 할 필요도 없는 것이다. 종교 체험 가운데 존재론적 다양성에 대한 두 번째 주장은 이런 전략 모두를 무효화시키는데, 이는 경험 자체를 형성하는 다른 묘사들이 다른 "존재론적 사태"를 가리키기 위해 사용될 수 없기 때문이다.

그러나 중관학파의 관점에서 두 입장은 본질주의적 사고의 사례로서 거부된다. 첫째 것은 모든 종교의 기본적 체험을 하나의 중심적 핵심으로 동질화시킨다. 근원적인 모든 종교는 이 하나의 본질인데, 여기서 모든 것이 참여하고 모든 것은 이들의 다양한 문화적 방향을 지향한다.[13] 이러한 입장은 거부되는데 그 까닭은 사물에 대한 묘사를 포함해 모든 사물은 어떠한 본질도 텅 비어 있기 때문이다. 궁극적 의미의 침묵은 보이는 것을 따르지 않을 뿐만 아니라 어떤 것의 증거

13) 여래장 사상(Tathāgatagarbha thought)과 비슷하다는 점에 유의하라.

로서도 사용될 수 없다. 상호 의존적으로 일어나는 해석은 오직 주어진 상황 안에서만 기능하는데, 이는 실제로 두드러지게 다르며 거의 어떠한 핵심적 체험을 증거하기 위해 사용되지 않는다. 그러나 이 첫째 입장을 거부하는 것이 두 번째 주장을 인정하는 것은 아니다. 디오니시오가 소시프라토(Sosipratus)를 언급한 것처럼, 어떤 것이 단지 검다고 해서 하얀 것을 따르는 것은 아니기 때문이다. 심지어 두 번째 입장도 거부된다. 언어와 해석이 체험을 형성한다고 주장하는 이들은 종교 체험의 언어적이고 문화적 표현상 차이에 더욱 섬세하게 주의를 기울인다고 강조한다. 그러나 이들은 순수하고 표현 불가능하고 따라서 내용 없는 체험이라고 부정하며 신비가의 표현 불가능성에 대한 설명을 -경전적 증거 안에 있는 모든 것에 의해 인정되는- 인정하지 않게 된다. 증거에 대한 확실성은 이런 묘사를 무시한다고 해서 유지된다거나 또는 이들이 실제로 말하는 것의 반대를 의미한다고 해석해서 되는 것도 아닌데, 이들은 신비 체험은 진정으로 (적어도 부분적으로라도) 언어로 알 수 있음을 의미한다고 주장한다. 만일 증거가 받아들여지면 신비 사상가들은 각자의 상황 속에서 그러한 경고를 주고 말을 통한 지식의 측면을 제한한다. 이런 경우 신비 체험에 대한 해석은 상응하는 존재론적 실체를 가리키는 이정표로 쓰일 수 없다.

대승불교적 사상은 그 자체를 깨달음의 발생에 바탕을 두는데 이것은 비추론적이고 무차별적인 지혜로 이해된다. 이런 깨달음은 "성인의 침묵"으로 묘사되거나 또 표현 불가능하여 오직 개인적이고 직접적 체험을 통해서만 알게 된다고 여겨진다. 이 체험은 파악할 수 있는 내용이 없고 궁극적인 어떤 것으로 구체화될 수 없다. 나가르주나의 표현에서 공을 구체화하는 사람들은 구제하기 어려운데, 그 까닭은 이들은 하나의 관점을 다른 관점에 대한 교정 수단으로 취하고 또 이들은 자신의 병을 고칠 수단을 갖고 있지 못하기 때문이다. 이는 공의 깨달음이라는 체험은 파악할 수 있는 내용이 없으므로 어떤 것을 증명하는 것으로 사용될 수 없다는 결론에 이르게 된다. 누구도 깨달음에 중심을 두지 못하는데 그 까닭은 이것이 중심이 없기 때문이다. 누구도 표현 불가능한 공통의 핵심에 관한 모든 종교 안에 어떤 공통의 본질이 있다고 주장할 수 없는데, 왜냐하면 카츠(Katz)가 분명히 보여 주었듯이 표현 불가능한 체험은 어떤 방식으로든 아무것도 증명하지 못한다. 이것은 이후의 성찰을 위한 자료의 원천이 아니다. 그러나 카츠는 이 결론에서 한발 물러선 느낌이 드는데 왜냐하면 이는 "순수한" 종교적 경험은 비교 분석에 의해 가늠해 볼 수 있는 것이 아니라는 것을 암시하기 때문이다. 나중의 비교 분석을 위한 자료로 되지 않는 것은 전혀 존재하지 않는 것과는 다르다. 또한 철학에서 horror vacui(공간 남기기를 꺼려 하는)가 있는 듯하다. 이와는 대조적으로 대승불교는 순수하고 해석되지 않은 깨달음의 체험과 지혜를 인정하며 신비 체험과 해석 사이의 차이를 확실히 구분한다. 대승불교의 두 가지 기본 지혜는 무차별적(nirvikalpa)이면서도 이어 차별적인(pṛṣṭhalabdhavikalpa) 것을 얻는 것으로 특징지을 수 있다. 중관학파나 유식학파나 모두 순수한 체험에서 직접 철학적 결론을 끌어내지는 않는다. 대승불교에는 어떠한 신비적인 명제도 없다. 이것이 왜 중관학파가 해체의 변증을, 또 유식론이 의식의 비판적 이론을 사용하고 있는지를 말해 준다.

유식론에서 체험은 가공적 언어(prapañca)로 형성된다. 그러나 이러한 체험은 착각이며 이것의 존재론적 실체에 관한 명제는 오해의 상상적인 형태 안에서 기능한다. 언어의 침투를 통해 꾸며진 체험은 신비적 중심을 찾는 데 실패하기 때문이 아니라 통찰을 얻기 위해 무비판적으로 표상을 취하기 때문에 거부되는 것이다. 그러나 불교 경전은 언어와 참고 문헌의 영역을 넘어 순수하고 즉각적인 깨달음에 대한 체험의 발생과 유효성을 끊임없이 가정한다. 이것이 한 사람을 부처로 만든다. 그리스도교나 불교 전통 어디에서도 언어가 체험을 형성한다고 주장하는 사람은 보이지 않는다. 디그나가(Dignāga) 같은 유식학파의 변증가들은 아주 평범한 체험을 언어보다 앞서는 비매개적이기까지 한 직접적 지각으로 묘사한다.[14] 사실 카츠가 그러하듯이 일반적인 비매개적 체험이 없다고 부인하는 것을 이해하기는 힘들다. 일상의 삶에서 사람은 자주 매개적이지 않은 표상이나 개념적 구조를 분명히 갖는 체험을 한다. 어떤 사람이 뜨거운 난로에 손가락을 데었을 때 그 뜨끔한 경우를 예로 들 수 있다. 이 체험을 매개하고 난로를 뜨거운 것으로 파악하는 해석은 거의 바로 뒤를 따라오지만 손가락이 데이는 순간보다 빠르지는 않다. 어떠한 해석도 체험 자체보다 앞서거나 아니면 체험 초기 순간에도 주어지지 않는다. 그 사람이 이 불행한 실수를 깨달았을 때는 바로 오직 직접적 감각이 겪고 난 뒤이다. 직접적 감각은 항상 문화적 또는 사회적 관념이나 표상에 의해 예시되는 것은 분명 아니다. 8월의 어느 날 밖을 걸으며 시원한 바람을 느낀다면 그것은 일기 예보를 먼저 듣지 않고서는 앞선 기대로 인해 그렇게 느끼기는 거의 어렵다. 일본 선사 반케이 요타쿠(盤珪永琢, 1622-1693)는 자주 그러한 비매개적 체험에 관심을 기울였는데 -주의를 기울이지 않는데 들리는 소리, 예컨대 개가 짖거나 까마귀가 우는 소리- 이는 그의 청중 각자 안에 순수한 의식의 존재가 있다는 것을, 이들 가운데 모든 것이, 기록되는 진술, 그의 말 하나하나에 귀를 기울이는 것을 가리킨다.[15] 우리는 즉자성의 세계 안으로 들어갈 수 있는데, 오직 점차적으로, 한 사람의 일생의 과정을 통해 그리고 오직 부분적으로만 매개된다. 만일 어떠한 순수한 체험도 해석 없이 가능하지 않다면 어떻게 새로 태어난 어린아이가 어떤 것을 체험할 수 있는가?[16]

---

14) keenan, *A Study of the Buddhabhūmyupadeśa: The Doctrinal Development of the Notion of Wisdom in Yogācāra Thought*, pp. 273-303을 보라.

15) Bankei Zen: 피터 하스켈(Peter Haskel)의 *Record of Bankei*, pp. 4, 79, 117에서 한 번역.

16) 로너간은 *Method in Theology*, pp. 76-77에서 육아실의 무매개성에서 매개된 의미의 세계에 점점 더 충만하게 참가하는 것으로 나아가는 통과를 강조한다.

신비 체험의 문제는 일상적인 직접적 체험보다 더 문제라고 보인다. 그러나 신비 체험은 중요한 점을 가리키는데, 그것은 신비가가 자주 이런 체험을 신비적 깨달음을 위한 은유로 사용했다는 점이다. 그레고리오는 하느님의 향기에 대해 말했는데, 하느님은 어떠한 이원론적인 시각으로는 알려지지 않는 분이라고 생각했기 때문이다. 아상가는 법신의 구현을 접촉(contact, sparśa)을 통해 일어나는 것으로 묘사했다. 성적 합일은 신비 체험을 나타내는 하나의 공통된 비유였는데, 이는 성경의 아가(雅歌)에서부터 쿠카이(空海, Kūkai)의 밀교(Esoteric Buddhism)[17]에까지 나타난다. (성적 합일은 사실 보편적으로 똑같게 보이며 모든 문화와 전통에서 일어난다.) 이러한 비유는 추론상의 존재론적 상황에 대한 어떠한 개념적 지식보다 깨달음은 더 직접적이고 비매개적인 체험임을 시사한다.

더욱이 다른 해석과 묘사가 항상 다른 실체를 가리킨다는 것은 사실이 아니다. 종교 체험 사이의 본질적인 차이를 옹호하는 사람이 자주 주목하는 것은, 비슷한 묘사가 상황적으로 해석된다고 하더라도 이 묘사들이 똑같은 실체를 나타내는 것은 전혀 아닐 수 있다는 점이다. 그러나 똑같은 일이 반대 방향에서도 일어날 수 있다. 니니안 스마트(Ninian Smart)는 한 가지 예를 보고한다. "만일 시베리아인들이 늑대를 죽은 사람의 잿빛 영으로 생각하고 이탈리아인들은 이를 위험한 동물로 생각한다면 이 양쪽 지역의 보고는 말하고 있는 그 존재가 과연 같은 종류를 말하고 있는지 여부에 대한 질문은 합당해 보인다."[18] 더 많은 예들이 성적 일치에 관한 광범위한 비유의 집합에서 찾아질 수 있다. 헤밍웨이가 "딸아, 지구가 너를 위해 움직이지 않았니?"(『누

---

17) 천둥번개와 자궁의 두 만다라 상은 통합이나 합일로서 깨달음의 표상으로 제시한다. 淸田實(Kiyota Minoru)의 *Shingon Buddhism: Theory and Practice*, pp. 81-104를 보라.

18) Smart, "Understanding Religious Experience", in *Mysticism and Philosophical Analysis*, p. 15.

구를 위하여 종을 울리나』에서)라고 말하는 것은 지진을 묘사하는 것일 수도 있다. 알란 파톤(Alan Paton)이 "그리고 그는 그녀를 가졌다"(『너무 늦은 도요새』[Too Late the Phalarope])는 노예 소유를 가리키는 것일 수 있다. 구약의 한 구절인 "그리고 그는 그녀를 알았다"는 가벼운 친구 관계를 나타내는 것일 수 있다. "옥으로 만든 궁전에 들어간다"는 중국인의 묘사는 실제로 옥으로 된 궁전을 가리킬 수 있다. 그러나 물론 이것들은 앞서 말한 것을 나타내는 것은 아니다. 상황적 의미에 대한 통찰은 비슷한 묘사가 똑같은 것을 의미하지는 않는다는 것을 항상 보여 주는 것이 아니라 다른 묘사도 같은 것을 나타낸다는 것을 자주 가리킨다.

이러한 체험이 존재하지 않는다는 주장은 자주 공통의 핵심을 옹호하는 이들보다 더욱 논리적으로 일관성이 있고자 하는 욕구에서 비롯한다. 그러나 로너간(Lonergan)이 자주 논평하듯이, 철학적 차이는 자주 더 기본적인 인식론적 이해를 반영한다. 이해에 대한 실증주의적(positivist)인 이해를 지니고 있는 사람에게 어떠한 신비적 체험은 어떠한 의미도 가리키지 않는데, 그 까닭은 어떤 신비적 대상도 경험적으로 구체화할 수 없기 때문이다. 사물에 대한 단순한 실재론적(naive realist)인 관점을 지닌 사람에게, 모든 언어는 객관적인 실재와 반드시 일치해야 하며 신비적 체험이 유효하다고 하더라도 이것의 신비적 대상을 가져야 하는 것이다. 그러나 자주 이러한 인식론은 그 자체가 암묵적으로 남을 뿐 표현되는 경우는 드물다. 카츠는 칸트의 모델을 연구했다고 보이는데, 여기서 체험은 항상 부분적으로 의식의 "종합적인 작용", 곧 차별과 통합[19]에 의해 형성되는 것이다.

---

19) katz, "Language, Epistemology, and Mysticism", p. 62. 조지 린드벡(George Lindbeck)의 *The Nature of Doctrine: Religion and Theology in a Postliberal Age*는 이 관점에 대한 흥미롭고도 신중한 주장을 제시한다(pp. 30-42를 보라). 그러나 그도 왜 해석이 체험을 형성하는지에 대한 논거를 제시하는 데 실패한다. 그는 공통의 핵심이라는 관념을 반박하는 데 만족하는, 마치 이 점을 보여 주기만 하면 충분한 듯하다. 린드벡은 "이것은 복잡한 논의이며 충분

그러나 그는 단지 이러한 근원적인 인식론을 이것의 형식에 대한 어떠한 분명한 논의를 제안함 없이도 이 인식론의 현존을 제안한다. "모든 체험은 과정을 거치며 어떤 것에 의해 조직되며 또 극단적으로 복잡한 인식론적 방법 안에서 우리가 쓸 수 있도록 할 수 있다"는 주장은 명확성에 아무런 도움이 되지 않는데, 여기서 그는 이러한 복잡한 방법이 어떠한 것이 되는가에 대한 통찰을 제공하지 않는다. 실제로 명확성과 관련해 이것은 종교적 체험의 신비에 대한 무비판적 주장에 관한 진전을 좀처럼 이뤄 내지 못한다.

이와 대조적으로 버나드 로너간은 신비 체험은 바로 의식이지만 비매개적인 것이라고 주장한다. 그는 이것은 신비에 대한 체험인데, 왜냐하면 의식적이면서 동시에 알려지지 않기(unknown) 때문이다. 의식의 내면성에 대한 그의 의식에서 -자주 유식론과 조화를 이루는- 의식은 체험을 가리키는 데 반해서 지식(knowledge)은 체험, 통찰, 판단의 복합물이다. 지식은 오직 체험이 표상이나 관념에 의해 매개될 때, 또 성찰적인 깨달음에 이를 때에야 일어난다. 로너간은 이렇게 말한다.

> [신비적 깨달음의] 역동적 상황이 의식이라면 알려지는 것이라고 말하는 것과는 다르다. 의식이라는 것은 실제로 체험된다. 그러나 인간의 앎은 단지 체험만이 아니다. 인간의 지식은 체험을 포함하지만 여기에 정밀한 조사, 통찰, 개념, 이름 짓기, 성찰, 검도, 판단을 더한다. 인식 이론의 전체 문제는 의식적 작용(conscious operation)에서 알려지는 작용(known operation)으로의 전환(transition)에 영향을 미친다. 정신 의학의 커다란 부분은 사람들로 하여금 의식적 느낌(conscious feeling)에서 알려진 느낌(known feeling)으로 전환하도록 도움을 주는 것이다. 이 같은 태도로 하느님의 사랑이라는 선물은 보통

한 논의는 이 논문의 범위를 넘어선다"고 말한다(p. 37).

지식으로 객체화하지 못하며 역동적 진로로, 신비로운 물결로 또 외경스러운 거룩함에 대한 운명적인 부름처럼 주관성 안에 남게 된다. 이 역동적 상태는 알려지는 것 없는 의식이므로 이는 신비에 대한 체험이다.[20)]

이 주제를 유지하는 데 있어서 어려움은 신비적 체험에 주의를 기울이고 이를 검토하기 시작하자마자 이 체험은 매개된다는 사실에서 온다. 매개되지 않은 어떠한 체험도 표현하게 마련인데, 이는 한 번 표현되면 매개되기 때문이다.

공과 상호 의존적으로 일어나는 연기의 정체성이라는 중관학파의 주제는 말과 표상을 넘어서는 공에 대한 깨달음으로서 깨어남을 설명하지만 이는 우리가 사용하는 상호 의존적으로 발생하는 말 안에서 관습적으로 표현된다. 이 언어는 유효한데 이 언어가 궁극적 의미와 조화를 이룰 때 그러하며 다시 말해, 상호 의존적으로 일어나며 또 공한 위치에 대한 완전한 깨달음 안에서 말해지는 것이다. 나가르주나의 중관학파 통찰은 모든 언어와 모든 관념이 공하고 영속하는 본질을 가리키지 않으므로 이성의 엄밀한 사용, 그 자체가 전적으로 세상적이며 관습적인 것으로서, 이것이 모든 사고의 잠재적이고 관습적인 특성을 드러낼 수 있다는 결론을 이끌어 내었다. 모든 철학 체계는 극단적으로 밀고 나간다면 이들의 고유한 의향에 따라 파괴될 수 있는데, 이는 모든 것은 체계라는 면에서 대답할 수 없는 질문이나 문제를 생성해 내기 때문이다. 따라서 철학은 사물에 대한 존재론적 상태에 대한 어떤 확실한 관점을 제시하는 것으로 보이지 않고 체험의 전체성을 말하게 하고 매개하려는 잠재적 시도를 해 보려는 것으로 보인다. 중관학파는 존재론으로서 철학의 해체와 일시적이고 상호 의존적으로 일어나며 관습적인 유효성으로서 철학을 확신한다.

---

20) Lonergan, *Method in Theology*, p. 106.

이런 모든 것의 영향은 어떤 존재론적 설명(account)을 세우기 위해 신비적 체험의 현상학을 넘어설 수 없다는 것이다. 유형학(typology)은 잠재적이고 대개는 이것이 그것들–신비 체험에 대한 실질적인 설명–에 사용할 수 있는 묘사적 자료에 초점을 맞추는 한 적절한 것으로 남을 것이다. "신비적 체험은 어떠한 종교적이거나 철학적 명제에 대한 진리의 본성에 관한 어떤 마지막 선언이 아니며 논리적으로 이것의 근거가 될 수 없을 뿐만 아니라 더 특별하게는, 어떠한 특정한 교리나 신학적 신념이 아니기 때문이다. 신비적 체험이 어떠한 유효성을 갖든지 주어진 어떤 종교적 명제에 대한 증거로서 번역되지 않는다."[21] 만일 이 유일한 증거가 설명과 묘사에 있어 현상적으로 이용할 수 있다면 이 증거가 허락하는 만큼만 갈 수 있다. 형제적 일치의 느낌이 있음에도 또 진정한 신비적 체험이 현존함에도 차이들의 부딪치는 증거를 무시하거나 부정함으로써 논리적으로 유사성에 대한 묘사를 넘어설 수는 없다. 존재론적 실체에 대한 신념과 이 실체에 일치하는 언어가 있음에도, 또 신비적 자료에 대한 설명을 가리키는 욕구가 있음에도 유사성에 대한 묘사를 무시함으로써 이 묘사적 차이를 넘어서는 결론을 내릴 수 없다. 이 증거는 분명한 같음과 완전한 차이 모두를 제시한다. 여기서 장자(莊子)의 심재(心齋) 곧 "정신의 단식(fasting of the mind)"을 행하고 이 증거를 하찮게 여기는 존재론적 설명을 구축하는 것을 거부해야 한다.[22] 신학자가 종교 현상학에 대해 던지는 주요 비판은 현상학자들은 현상학을 수행하지만 철학적 틀을 수용하지 않거나 그렇게 한다고 말하지도 않으면서 수용하는데,

---

21) Katz, "Language, Epistemology, and Mysticism", p. 22.

22) *The Complete Works of Chuang Tzu*, trans. Burton Watson, pp. 57–58: "어떤 정신의 단식인지 물어도 되는가? … 당신의 뜻을 하나로 하라! 귀로 듣지 말고 마음으로 들어라. 아니, 마음으로 듣지 말고 정신(spirit)으로 들어라. 듣는 것이 귀를 멈추고 마음이 인식하는 것을 멈추지만 정신은 비어 있고 모든 사물을 기다린다. 그 길은 텅 빔 안으로만 집중한다. 공은 마음의 단식이다."

이 철학적 틀이 종교적 현상의 어떤 부분에 얼마나 적당하든 간에 다른 부분을 선택한 틀과 잘 어울리는 자료로 제한한다.

똑같은 비판이 현재의 노력에 대해서도 제기될 수 있다. 대승불교적 신학이 그리스도교 신앙의 깨달음을 한 철학적 체계의 틀로 제한하고 있는 것은 아닌가? 만일 대승불교가 그리스도교 신학의 협조자로 봉사한다면 그리스도교 사상을 미리 설치된 관념의 복잡함으로 -공과 상호 의존적으로 일어나는 연기, 두 진리, 오직 의식만의 구축 등으로- 평준화시키는 것은 아닌가?

사실, 대승불교 철학은 한 다발의 서로 연결된 주제이며 이 틀 안에서 신앙의 의미를 해석한다. 그렇게 함으로써, 어떠한 다른 철학보다 덜 철학적이지 않은 대승불교는 신앙의 깨달음을 이런 철학의 관점으로 제한한다. 신앙은 항상 신학을 넘어선다. 신학의 유효성은 수용된 철학적 틀에 영향을 받는 것이 분명하다. 이것이 왜 그리스도교 사상-약점과 장점 모두-에서 전통적인 그리스 사상의 발전을 이해하는 것이 중요한가 하는 이유이다. 대승불교 철학을 받아들임에서 특별한 장점은 바로 이것의 한계에 대한 깨달음 안에서 기능하기 때문이다. 공과 연기, 두 진리, 의식만의 구축이라는 주제는 종교적이고 신학적인 의식에 대한 이해를 향하여 본질주의적 사고에서 한발 물러서는 것을 보여 준다. 공과 궁극적 의미를 해체적으로 밀고 나가는 것은 신적인 존재론적 사태를 묘사적으로 설명하는 것에 대해 이런 관념을 잘못 이해하는 단순한 신학에 대해 어떤 확실함을 제공한다. 의식의 구조와 기능에 대한 의식의 이해 안에서, 오염된 것과 깨우친 것 모두에서, 유식(唯識, conscious construction-only)의 건설적인 방향은 공이라는 맥락에서 신학을 전개해야 한다고 주장한다.

특정한 질문들

종교적 체험과 해석의 본성에 관한 일반적인 문제를 벗어나면, 특정한 대승불교 교의의 주제는 실제로는 그리스도교 신앙의 깨달음과 모순되게 보일 수도 있다. 우리는 이것의 주요 영역을 설명하고 대승불교적 해석과 그리스도교적 해석이 상호 모순되고 근본적으로 반대되는지 여부를 분명하게 판단할 것이다. 우리의 안내자로서 앞에서 여러 차례 등장한 버나드 로너간이 이런 차이가 1) 근본적으로 또 변증적으로 반대되고 따라서 서로 거부하는지 2) 시각 차이가 다른 방식의 역사적 문화적 표현을 동반하는지 3) 발생적(genetic) 차이가 이해의 비슷한 과정 안에서 발전의 다양한 단계에서 비롯되는 것은 아닌지 4)차이가 사용된 의미 영역의 차별성에서 기인하는 것인지[23]에 관한 판단의 틀을 제시할 것이다. 이 차이 가운데 첫째 범주에 속할 때에만 지금 시도하고자 하는 대승불교적 신학은 수행할 수 없어 보인다. 그러나 수행 가능성은 위에서 본 것처럼 일반 언어와 의미에 대한 신비적 영역(침묵의 체험 영역이므로) 사이의 어떠한 차별성에 호소함으로써도 입증될 수 없었다.

잠재적으로 부딪힐 가능성이 가장 높아 보이는 영역은 1) 무아 교의로 그리스도교의 영혼(soul)의 관념을 부정하는 것이고 2) 궁극자의 비인격성으로 이는 인격적 하느님을 부정할 수도 있으며 3) 모든 담론을 회의하는 것으로 보는 공이라는 중관학파 교의이고 4) 중관학파와 대승불교의 두 진리에 대한 이해인데 이는 진리의 일치성을 이원화하는 듯하고 5) 유식론 철학의 이상주의적 본성으로 이는 신조의 확실성의 밑바탕을 무시하며 6) 만일 삼위일체 이해의 한 모델로서 수용된다면 삼신불에 대한 유식론의 가르침은 단성론적(docetic) 이해로 나오게 될 수도 있다는 점 등이다.

무아(no-self)와 그리스도교 인간학

무아(anātman)에 대한 불교의 가르침은 불교 교의의 초기부터 보이

23) Lonergan, *Method in Theology*, pp. 236-237.

며 나중의 모든 전통에서 기본 통찰로 자리 잡는다. 자아를 부정함에서 이 교의는 영혼, 자아를 가진 그리스도교의 인간 개념과 완전히 다르다. 그리스도교 사상에서 하느님의 모상대로 창조된 것은 이 영혼이며 그리스도에 의해 구원받는 것도 이 영혼이다. 이 두 교의는 서로 변증적으로 반대되며 상호 배타적이며 따라서 그리스도교 사상에 있어 어떤 모델의 일부라도 이 무아라는 불교 교의를 받아들이기 어려워 보인다. 만일 사람이 정말로 애당초에 영혼을 지니지 않는다면 어떻게 영혼을 구하거나 잃을 수 있는가? 받아들이는 주체가 아무것도 없다면 어떻게 하느님과 인격적 관계가 성장할 수 있는가? 불교의 무아 교의는 인간 현존에 관한 그리스도교의 기본적인 이해와 상충하는가?

그러나 모순되지 않는다. 무아에 대한 불교의 가르침은 인간이 끊임없이 변하고 흘러가는 세상에 하나의 도피처의 구실을 하는, 정해지고 고정된 자아를 소유하고 있다는 생각에 반대하는 것이다. 이것은 영원하고 변하지 않는 본질로서 자아라는 그리스 개념에 반대한다. 불교도는 자아의식(self-awareness)이 어떠한 주체의 존재에 대한 어떠한 유효한 확신에 이를 수 있다는 것을 부정한다. 그러나 불교도는 이 세상에서 현상학적으로 체험되는 주관성(subjectivity)을 부정하지는 않는다. "나"에 대한 앎은 "그러므로 내가 있다"라는 확신으로 이어지지 않는다. 유식학파 사상가들은 주체-객체 이분법 전체가 의식 안에 실제로 나타나지만(pratibhāsa), 이런 나타남이 주체이거나 객체라는 존재론적 지위를 인정하는(validate) 것은 아니라고 가르쳤다. 『중변분별론』은 비록 의타기적인 비실재적 상상이 존재하지만 이는 그 상상의 주체-객체 구조가 실질적으로 실재를 반영하는 것은 아니라고 가르친다. 스티라마티(Sthiramati)는 비실재적 상상이 추론적인 의식의 형태로 이어지는데 이는 바로 상상적 주체에 대한 상상적 객체의 차별성으로 이루어져 있다고 주석을 단다. 그러나 모든 사물이 공이라는 통찰은 이 이분법적 의식의 형태 전체의 실재적 존재를 부정한다.

그러나 이러한 통찰은 헛된 명상처럼 멀리 떨어져 있는 데 만족하지 않는다. 무아에 대한 깨달음을 얻고 나서 정화된 의타기적인 의식이라는 새로운 형태, 곧 여기서 주체-객체 사고가 관습적이지만 유효한 의미를 갖는 그러한 형태에서 다시 상호 의존적으로 일어나는 연기의 세계에 몸담게 된다. 깨달은 주체는 자아에 대해 깨달은 뒤에도 다른 주체들을 지혜의 직접적 체험 안에서 나누기 위해 기술적으로 적당한 언어와 표상을 찾는다. 나가오 가진(長尾雅人)의 설명처럼, 불교는 실존적인, 의타기적인 주체/자아 개념을 부정하지만 고정된, 본질주의적인 자아에 관한 관념은 상상과 환상에 집착해 있는데, 마치 누구나 상호 의존적으로 흐르는 시간 안에서 모든 사물이 생기고 멸하는 데에서 탈출할 수 있다고 보는 듯하다.[24] 따라서 무아 교의는 고정되고 확고한 본질로서 인간 존재의 궁극적이고 최종적 구조라고 확언하는, 그래서 상호-본질적 주관성(inter-essential-subjectivity)의 다른 본질과도 연결될 수 있는, 그러한 그리스도교적 인성(personhood)이라는 개념에 정반대된다. 그러나 이는 끊임없이 변화하고 우발적으로 경험되는 것으로서 인간 삶에 대한 그리스도교적 이해를 거스른다. 진정한 불교인은 사람의 가치에 대한 현상학적인 묘사에 관심이 없으며 어떠한 현대 심리학의 개인성(personalist)의 맥락 안으로 들어가지 않는다. 불교도는 분명 이러한 범주를 불신하며 그리스도교적 신심에 그토록 소중한 사랑 이야기를 피한다. 그러나 이들은 타인에 대한 봉사에 온정적으로 참여하기를 강조하고 깨달음과 자비를 향하는 상호 의존적인 주체에 대한 이해를 제공한다. 그리고 그것은 사랑의 현상학에 관한 어떠한 검토보다도 단지 그리스도교적 내면성 분석을 위한 요소에 더 깊은 관계가 있다고 보인다.

더욱이 무아 같은 개념은 그리스도교 전통에서도 찾을 수 있다.

---

24) 長尾雅人, 「佛教的 主體性について」(Bukkyōteki shutaisei ni tsuite), in 『中觀と唯識』(Chūkan to yuishiki), pp. 333-340. 영어 번역, "Buddhist Subjectivity" in *Religious Studies in Japan*, pp. 257-262.

그리스도인이 항상 또 어디서나 자아(selfhood)에 대한 본질주의적 관념을 지지한다고 생각하는 것은 잘못이다. 그리스도인이 공통으로 인간의 잠정성(contingency)을 확언한다는 것은 인간은 자기 존재를 소유하지 않으며 단지 순간에서 순간으로 여기에 참여할 뿐이라는 것을 뜻한다. 바오로는 주장하기를 신비적 깨달음으로 더 이상 자신이 사는 것이 아니라 그리스도가 자신 안에 산다고 했다. 비슷하게 교부들도 자주 인간의 환영적, 경험적 인간성을 인간의 근원적 표상-본성으로 대치했다. 신비적 만남의 묘사 속에는 그리스도인이 하느님을 대상화하는 것을 부정한 것만은 아니다. 이들은 또한 자주 무아경에서 자아를 넘어 솟구친다고 주장한다. 이러한 묘사는 자주 비정상적이거나 이상한 현상으로 간주되었다. 그러나 그렇게 묘사된 이 체험은 불교도가 의미하는 무아와 같으며 진지한 신학적 사상을 위해 다시 주장될 수도 있다. 무아에 대한 체험에서, 황홀경의 순간에, 통찰을 객관화하고 매개된 것으로서 이 통찰의 의미를 알고자 하는 전체 형태는 모든 매개된 의미를 철회하는 데에서 폐기된다. 심지어 그 뒤의 신비가들도 항상 이러한 형태를 재구축하려 한 것은 아니다. 시나이 산에서 내려오면서 모세는 그의 체험을 검증과 입증하는 기준으로 삼지 않았다. 신비 체험은 앞으로의 인식론적 작용을 위한 자료가 아니다. 이는 아는(known) 체험이 아니라 단지 의식적 체험이다. 따라서 그리스도교 신앙 체험이 우리의 삶의 변화를 근거 짓는 영혼에 관한 그리스적인 그리스도교 교의를 어딘지 보이고 있다고 주장하는 것은 경솔하다고 할 수 있다. 신앙 체험은 그리스도교 인격주의(personalism)에 대한 이론적인 설명과 별 상관이 없다. 하느님의 사랑이 무엇보다 먼저 발생하고 두 번째 단계에 가서야 자주 이것의 본성과 함의를 설명하는 것이 발전한다. 사실 교부들 자신은 그리스도교 인격주의에 대한 일관된 이론을 발전시키지 않았다. 이들은 심지어 하느님도 현대적 인격(personhood)이라는 측면에서 정의하지 않았는데, 왜냐하면 "위격(person)"이라는 낱말은 이러한 의미에서의 인간성

(personality)과 상호 주관성이라는 개념을 의미하지 않았기 때문이다.

무아에 대한 불교의 가르침과 자아에 대한 그리스도교의 가르침 사이의 차이는 역사적이고 문화적 요소에서 기인한다. 초기 그리스도교 사상가들은 이들의 인간 본성에 대한 이해를 객관적인 본질이라는 유효성을 가정하는 플라톤 철학의 맥락에서 영혼과 육체로 구성된 것으로 진전시켰다. 이들의 관심은 인간 본성뿐만 아니라 그리스도의 본성에 대한 설명을 제시하는 그리스도교 인간학을 발전시키는 데에 있었다. 이러한 과제는 쉽게 완수되거나 단 한 번에 이룩할 수 있는 것이 아니었다. 이 지중해(Mediterranean) 중심의 세계는 하느님의 불변하는 본성을 믿었고 인간 본성에 관해서는 그렇지 않다고 보았다. 신약은 인간을 구성하는 것에 관한 이론을 제시하지 않았으며 이는 육체와 영혼으로 구성된 인간이라는 아리스토텔레스적인 개념이 일반적인 합의를 얻기 전까지 수세기의 시간이 흘러야만 했다. 인간 영혼에 대한 그리스적 개념은 그리스도의 인성에 관한 논쟁의 맥락에서 발전했으며 모든 그리스 철학의 한 무리 또는 부분을 이루었던 본질주의적 형태에 대해 문제를 제기하지 않았다. 이와는 대조적으로 무아에 대한 불교의 가르침은 어떠한 변화도 넘어서며 궁극적으로 절대적 브라흐만(brahman)과 하나로서 모든 인간 각자에 현존하는 영원한 아트만(ātman)이라는 초기 인도의 관념에 반대하는 것으로 발전해 갔다. 이런 상황에서 이들은 인간은 일상의 실제적인 조건을 무시하면서 자신 고유의 자아 속으로 피난하려 한다는 것에 관심을 가졌다. 바가바드기타(Bhagavad-gita)의 윤리적 행동은 실질적이고 상호 의존적으로 일어나는 절박한 전쟁의 상황이 아니라 전사로서 아르주나(Arjuna)의 지위에 대한 요구와 내면의 영원하고 불변하는 아트만에 확고하게 집착해 있는 데에서 나온다. 인척들과 존경하는 스승들과의 전투에서 살상하는 것이 아르주나의 임무(duty, dharma)로 보인다.[25]

---

25) *The Bhagavad-Gita: Krishna's Counsel in Time of War*, trans. Barbara Stoler Miller, pp. 29-47.

부처가 무아의 교리를 가르친 것은 바로 이런 상황에서였다. 부처가 가르치기를, 아무도 변화를 부정하고 초월적 자아의 안정만을 구함으로써는 고통에서 벗어날 수 없다는 것이다.

따라서 무아에 대한 불교의 가르침과 영혼에 대한 그리스도교의 교의 사이의 차이는 상호 배타적인 것이 아니라 다른 역사적이고 문화적인 맥락에서 나온 것이다. 이는 이 둘이 실제로 똑같다고 주장하려는 것은 아니다. 단지 그리스도교 이해에 대해 이러한 불교의 주제를 수용하는 것을 거부해야 한다는 어떠한 합당한 이유가 없다는 것만을 지적하려는 것이다. 이러한 노력의 적절성은 오직 이것의 실행, 이 책의 나머지 부분에서 이루어져야 할 과제인 실행으로부터 판단될 수 있을 것이다.

법(Dharma)의 영역과 인격신(Personal God)

아마도 그리스도교 변증론자는 그리스도교 담론에서 불교의 무아라는 주제를 받아들일 만하다고 볼 수도 있는데, 이는 그리스도인도 또한 고정되고 영구한 자아에 대한 가치를 부정하기 때문이다. 그러나 불교는 하느님의 존재를 부정한다. 애초부터 부처의 교의는 인격신이라는 개념을 거부한다. 대승불교의 전개 과정에서 불교는 이러한 존재가 우리의 삶을 굽어보고 있다는 것을 철저히 부정한다. 대승불교에서, 궁극적인 법의 영역(dharma-dhātu)은 결코 인격적 존재로 여겨지지 않는다. 어떻게 인격적인 술어로 깨달음과 지혜를 이해하는 것을 거부하는 모델이 인격적 하느님에 대한 그리스도인의 신앙을 표현하는 데에 사용될 수가 있는가? 다시 말해서 이런 차이는 변증법적으로 반대되고 상호 배타적으로 보인다. 하나를 받아들이기 위해서는 다른 쪽에 구축한 어떤 신학을 배제해야 할 듯하다.

그러나 재차 말하지만 사물은 이들이 보이는 것만큼 명확하지(obvious) 않다. 법의 영역에 대한 대승불교의 이해는 궁극적 의미와 진리가 비인격적임을 확인하는 것을 뜻하는 것이 아니라 이것이 인격적이든지 비인격적이든지 어떠한 것으로도 성격 지을 수 있다는 것을 부정하는 것이다. 궁극적 영역은 알 수 있는 본질이 아니며 이것의 특징은 마음의 언어로 표현될 수 있다. 궁극은 오직 개인적 깨달음을 통해서이지 논리적인 추론을 통해서 묘사될 수 없다. 따라서 불교도가 신의 존재를 반박했을 때, 이들은 본질주의 철학에 제시된 하느님 개념을 부정한 것이다. 전능함(Almighty, Īśvara)의 현존에 대한 질문은 불교 경전에서 단지 사물의 본질에 집착(dharmagrāha)하는 또 다른 예로서 반박된다. 『유식삼십송』에서는 다음과 같이 전통적 주장을 제시한다.

> 어떤 이들은 전지전능한 하나의 하느님이 있다고, 이분의 본성은 참이고, 무소부재하며 영원하고 모든 것을 창조할 수 있다고 한다. 그러나 이 의견은 다음과 같은 이유에서 논리적이지 않다. (1) 만일 그가 모든 사물을 창조한다면 그는 영원할 수 없고 따라서 영원하지 않다는 것은 무소부재하지 않다는 것이고, (2) 만일 그의 본성이 영원하고, 무소부재하고 또 모든 권능을 가졌다면 항상 그리고 모든 곳에서 그는 즉시 모든 것을 창조해야 하며 (3) 만일 그가 오직 자신의 뜻(desire)에 따라 또는 다른 조건에 따라 창조할 수 있다면 이는 하나의 원인자라는 가르침을 거스르게 되는데, 그것은 이 뜻이나 그 다른 조건이 동시에 일어나야 함을 말한다. 왜냐하면 이것들이 [또한] 영원하기 때문이다.[26)]

원시 불교는 영원한 자아에 대한 고정된 신념을 거부해야 했을 뿐만 아니라 존재(being) 가운데 신(God)을 가장 높은 존재(dharma)로 여기는 유신론적 신념도 거부해야 했다. 역사적 사실이라는 점에서 초기 그리스도교 교부들은 하느님의 존재에 관한 반대에 좀처럼 부딪히지 않았는데, 하느님의 현존은 그리스도인과 유대인에 의해서만

---

26) De la Vallée Poussin, *La Siddhi de Huien-Tsang*, p. 30; Wei Tat, *Mere Consciousness*, p. 39.

아니라 이교도 비판자(critics)들도 인정했다. 여기서 적어도 하나의 공통의 근거를 그리스도인과 이교도 사이에서 발견할 수 있는 듯하다. 사실 하느님에 대한 그리스의 개념은 특히 매력적인데 그 까닭은 이것이 이미 구약의 하느님을 의인화하여 묘사하는 데에 반대하는 비신화화의 과정을 겪었기 때문이다. 그리스도교 담론에 있어서 규범적인 하느님 관념은 신약에서 나오는 것이 아니라 이 세상 삶의 무상함 뒤에 있는 영원하고, 가장 힘 있고 변하지 않는 본질이라는 그리스 철학의 개념에서 나온다.

불교의 주장은 본질로서 하느님이라는 이 그리스 개념에 적용하는데, 이는 이 개념이 비판, 곧 만일 하느님이 덧없는 세상의 창조자로서 이 세상과 연관되어 있다면 하느님은 이 무상함 역시 함께 나누어야만 한다고 본다. 이 개념은 왜 창조가 끊임없이 반복되는 사건이 아닌지를 주장하는 데 실패했으며 또 끊임없이 하느님이 창조에 사용한 기본 자료와 같은 외부적 요소에 호소한다. 그러나 그리스도교 사상가들은 그리스 철학의 관념 아래에서 사고하기는 했지만 이러한 문제들을 모르고 있지는 않았다. creatio ex nihilo(무에서 창조)라는 관념은 어떤 조물주가 형성되지 않은 물질에서 어떤 물질을 형성함으로써 이 세상을 창조했다는 생각을 배제한다는 것을 의미했다. 그리스도인은 하느님이 단지 존재들 가운데 가장 존엄함 존재일 뿐만 아니라 존재의 존재 자체를 위한 원천이요 근거로서 항상 자신이 창조한 것을 초월하는 존재라고 주장했다. 이와 관한 첫째 비판은 창조가 하느님 안에서 임시적 변화를 필연화했고 셋째로 하느님은 다른 조건에 의지함이 필요하여 무에서 창조하는[27] 창조자 하느님에게 적용할 수 없다는 것이다. 많은 그리스도교 신학자는 나아가 창조 행위는 신의 한 번의 완전한(once-and-for-all) 행위로 빈 공간에 우주를 만드는 그런 것이 아니라 모든 사물의 현존을 근거 짓는 끊임없는 행위라는

27) creation ex nihilo 교의의 중심적인 중요성에 대하여는 Louth, *The Origins of the Christian Mystical Tradition*, pp. 75–77을 보라.

데에 동의했다. 따라서 이들은 둘째 주장, 곧 하나님은 언제나(at all times) 모든 장소에서 창조하신다는 것을 인정했다. 하느님에 대한 그리스도교의 개념은 불교 경전에서 부정되는 전지전능한 신이라는 개념-심지어 그리스 그리스도인에 의해 표현됐을 때조차도-과 똑같지 않다.

그러나 그리스도인의 하느님 개념은 그리스 철학에 갇히지 않는다. 사실 많은 당대 그리스도인 신학자들은 불교의 주장이 받아들일 만하다고 생각했을 것이다. 이러한 주장의 기본 가정은 이 전지전능한 신이 이 우주 안에 있다는 것, 다시 말해서, 파악 가능한 본질이라는 것이다. 이 가정을 고려한다면, 유식론의 주장은 논리적으로 이를 따라가는데, 그 까닭은 어떠한 dharma(법)이 우주 안에서 이 우주의 창조의 기반이 된다고 좀처럼 주장하기 어렵기 때문이다. 그럼에도 하느님을 창조주로 여기면서 그리스도인들은 하느님을 결코 많은 것 가운데 하나의 dharma로, 비록 가장 높은 것이라 하더라도, 그것 가운데 하나와 같다고 보지 않았다.

대승불교 전통에서 궁극에 대한 모든 묘사는 인간의 말을 수용하는데, 곧 이는 표현 불가능한 것을 언어적 깨달음으로 가져다 주는 기술적인 수단이다. 비슷한 형태로서 그리스 사상의 부정 신학적(apophatic) 전통은 그리스 사상의 본질주의 형태에서 벗어나도록 힘썼고 하느님은 전혀 알 길이 없고 접근 불가능하다고 주장했다. 하느님은 확증과 부정 모두를 초월하며 존재와 비존재를 넘어선다. "하느님을 '무(nothing)'로 파악하는 것은 부적절하지 않는데, 이는 창조주와 창조물에 대해 말함에 있어 동사 '되는 것'(to be)을 한 가지로만 사용하지 않기 때문이다. 따라서 디오니시오는 가르치기를 하느님은 알 수 없고 '하느님(God)'이라는 이름이 아무 뜻도 없다는 의미에서가 아니라 모든 의미와 이해를 초월한다는 뜻에서이다."[28] 막시무스는 하느님은 그의 창조물의 실재(reality)에 참여하지만 "비참여적인 길"로서가

28) Maximus in Pelikan, *The Spirit of Eastern Christendom*, p. 32.

아니라 창조주로서 그의 절대성이 심지어 그의 주권(sovereignty) 안에 남는 것이라고 설명했다. 사실 "신적 요소들에 대한 부정적인 진술은 오직 진실된 것이다."[29] "하느님"이라는 이름조차 하느님의 본질을 말하는 것이 아니라 -하느님은 이름이 불리어질 수 없고- 하느님의 인간을 향한 애정에 넘치는 돌봄을 가리킨다.[30]

이러한 부정 신학 전통에서 신학 작업은 언어-진리 이상으로 나아갈 수 없고 하느님은 결코 연구(investigation)의 대상이 될 수 없는데, 이는 하느님이 인간의 앎에 익숙한 대상이 아니기 때문이다. 이와 비슷하게 로너간은 하느님에 대한 일차적인 객관화할 수 없는 의미와 이차적 수준의 의미, 곧 하느님을 질문이나 가르침의 대상으로 삼는 것 사이의 차이를 나눈다. 로너간은 말한다.

> 내가 그 이름, 곧 하느님에 대한 일차적이고 근본적인 의미라고 불러왔던 것에서, 하느님은 하나의 대상이 아니다. 그 의미는 초월적인 신비에 대한 지향을 담은 관계를 나타낸다. 이러한 지향은 … 적절하게 물음을 제기하고 답변하는 문제가 아니다. 의미로 매개된 이 세계 안에 존재하는 것에서 멀리 떨어져 이 지향은 사람들을 그 세계에서 끌어내어 무지의 구름으로 들어가게 하는 원칙이다.[31]

하느님은 초월적 신비를 지향하는 한 대상이거나 그 관계(term)이다. 유식론의 용어로는 순수한 마음의 대상(the objective, ālambana)이다.[32] 하느님은 모든 세상과 모든 관념을 초월하는 궁극적 의미이다. 그러나 이 무지의 구름에만 머물러서는 안 되는데, 그 까닭은 궁극적 의미가 비록 모든 세상적 관습과 철저히 다르고 또 분리되어 있다고

---

29) 같은 책, pp. 32-33.
30) 같은 책, p. 33.
31) Lonergan, *Method in Theology*, p. 342.
32) Lamottte, *La Somme*, p. 121.

하더라도 관습적 의미에 구체화해 있기 때문이다. 로너간은 계속 설명한다.

> 그러나 물러섬은 돌아오기 위한 것이다. 어떤 사람의 기도가 모든 표상이나 생각들에 은연중에 빠져 버릴 수도 있고 … 또 그렇게 소모적인 형식으로 기도하는 이들도 기도를 멈추고 이들의 기도에 대한 생각으로 돌아올 수 있다. 따라서 이들은 표상과 개념 안에서 이들의 관심이었던 하느님을 객관화한다.

따라서 하느님이 관습적이고 세상적인(saṃvṛti) 의미의 대상인 한에서 하느님은 한 대상이 된다. 하느님은 오직 신적 현존(the divine presence)이 지난 이후에야 또 접촉에 대한 기억의 상태를 성찰하는 것 안에서만 대상이 된다. 하느님은 전지전능한 신으로서 신적 본질을 확인하는 것으로 알게 되는 것이 아니라 모든 표상과 언어에 대한 마음을 비움으로써 무지 안에서 알려진다. 하느님은 존재이거나 또는 비존재로도 특징지을 수 없고 인격 또는 비인격으로도 간주할 수 없다. 하느님을 객관화하는 교의적 담론은 관습적인 신학적 언어를 기술적으로 사용하는 것이 관건이지 절내적 범주를 파악하려는 것이 아니다. 궁극에 대한 불교의 개념은 그리스도교의 이 부정 신학적 전통과 깊이 조화를 이룬다. 그리스도교의 관심과 전혀 모순되지 않으면서 이것의 다름에 대한 주장은 그리스도인이 선호하는 싱싱적이고 허약한 구조에 결과적으로 연루되는 것을 좋아한다는 의인화하는 혐의(musings)를 버리기 위한 방법에 필요하다. 궁극에 대한 그리스도인과 불교인의 이해의 차이는 상호 배타적인 것이 아니라 문화적이고 역사적인 것이다.[33)]

33) Hans Waldenfels, *Absolute Nothingness: Foundations for a Buddhist-Christian Dialogue*, 특히 pp. 138-154를 보라.

공(emptiness)과 존재(being)

앞에서 제기한 문제를 통틀어 공에 대한 대승불교 교의가 계속해서 나온다. 무아의 가르침과 전지전능한 신에 대한 부정은 모든 사물이 공이라는 면에서 본질적 존재를 부정하는 데에서 기초를 이룬다. 공은 객관적인 실재의 기원을 사물에 두는 것을 거부하며 이러한 생각을 환영적 조작이라고 간주한다. 그러나 공의 구실은 단순히 부정하는 데에 그치지 않는다. 나가르주나가 아비달마의 본질주의를 거부한 것은 단지 옳은 관점을 위해 옳지 않은 관점을 부정한 것이 아니라는 말이다. 오히려 그가 거부한 것은 올바른 입장을 취함으로써 진리를 깨달은 체하는 의식의 한 형태를 겨냥한 것이다. 그는 사람들에게 용기를 북돋아 깨달음에 대한 이들 개인의 고유한 체험의 즉자성을 지지하면서 이론을 버리라고 하려는 의도를 갖고 있었다.

그러나 어떻게 신학이 모든 입장이 부재한다고 주장하는 모델을 바탕으로 성립할 수 있을까 물을 수도 있겠다. 어떻게 신학이 입장들을 전개하고 옹호하는 데에 연관될 수 있는가? 이것이 바로 지금 우리가 하고 있는 것이 아닌가? 어떻게 신학이 공의 맥락에서 기능할 수 있는가? 공에 대해 니니안 스마트는 이렇게 주장한다.

> 만일 우리가 종교적 궁극이, 이것이 공(śūnya)이든 하느님이든 간에, 묘사할 수 없는 것(또는 이해할 수도 없는 것 등)이라고 말한다면 또 그것이 말 그대로 매우 엄격한 의미에서 그러한 것이라면, 어떻게 부처나 그리스도는 이것과 연결될 수 있었을까? 만일 이것이 단지 하나의 X이라면 모든 것은, 아무것도 이것의 모습을 가질 수 없게 된다. 따라서 하나의 입장으로서 이것은 공이며, 설명하는 데 익숙한 그 전통을 해설하고자 하는 바람을 가질 수 없다. 그리고 만일 이것이 다른 전통을 배제하지 않는다면 모든 종교는 변증적으로 중관학파 같은 공격받는 입장들을 포함해서 동등하게 유효하다. 줄여서 말하면, X가 이해 불가능하고 파악할 수 없음 등등이라고 말하는

것, 그 안에서 묘사와 이해 등을 넘어서는 어떤 것이 있다고 말하는 것이 하나라면, 다른 하나는 이것은 전적으로 어떤 종류의 인간 이해력을 빠져나가는 것이라고 말하는 것이다.[34)]

어떻게 신학함을 부정하는 철학과 함께 하는 신학을 할 수 있는가? 다시 말해서, 겉으로 보기에는 믿기 어려워 보인다. 공은 대승불교의 기본적인 철학적 입장을 형성하는데, 이 입장은 해체적 입장으로 사실 어떤 입장도 갖지 않는다. 대승불교의 대가들 대부분과 함께 나가르주나와 아상가는 공은 무엇이든 간에 어떤 입장에도 적용된다고 주장한다. 그러나 공은 결코 그 자체를 절대적인 것으로 구체화하지 않는다. 이는 스마트의 "종교적 궁극"이 아니라 모든 언어적 진술의 환영적 지위를 보는 지혜의 마음을 위한 묘사적 용어이다. 어떻게 부처가 구체적으로 공과 연관됐느냐는 질문에 대해, 나가르주나는 다음과 같이 대응했을 것이다. 어떻게 부처가 그렇게 연관시키지 않을 수 있는가? 아주 작은 것이라도 공이 아닌 것이 있는가? 부처 못지않게 그리스도도 공의 맥락에서 살았고 활동했다. 실제로 대승불교에서 반대자들의 주장뿐만 아니라 모든 것은 공이며 그리고 중관학파의 설명도 바로 이 통찰을 이끌어 내려는 것이다.

위의 인용은 공이 한 전통을 설명하기를 바랄 수 없다고 단언함으로써 정도에서 더 벗어났다. 중관학파 철학에서 공은 항상 상호 의존적으로 일어나는 연기와 함께 파악되는 구실을 한다. 숭거를 숙고하고 이유를 제시하며 결론에 이르는 것은 항상 구체적인 상황과 맥락 안에서인데, 이 모든 것은 상호 의존적으로 일어나기에 공이며, 또 공이기 때문에 상호 의존적으로 일어난다. 공 자체는 아무것도 배제하지 않는다. 나가르주나가 『중론송』에서 제시한 주장도 공 덕택에 기능한 것이 아니라 관습적인 설명 -본질을 생각하려 하는 것을 억누

34) Smart, "Understanding Religious Experience", pp. 17-18.

를 수 없음을 지적하는- 안에서 또 이를 통해 기능한다.

더욱이 그리스도교 사상을 본질주의 철학으로 동일시하는 것은 잘못이다. 그리스도교 안에도 비본질주의적 사고 형태의 예들이 많이 있다. 코린토 전서에서 바오로는 입장을 만들어 내는 마음을 하느님의 지혜와 대조한다. 바오로는 어떤 올바른 입장을 세우는 데 관심이 없고 그리스도와 모든 코린토인의 파벌적 입장을 부정하는 십자가의 이해를 강조한다. 니사의 그레고리오가 어둠 속에서 하느님을 아는 것에 대해서, 또 디오니시오가 무지에 대해서 가르치는 것은 모두 모든 표상과 관념의 마음이 공이라는 것을 증거한다. 존재를 넘어서는 하느님은 무지를 통해서만 알려진다. 눈이 가리운 채 방아에 밧줄이 매여져 있는 동물처럼 매일 피곤한 동작의 쳇바퀴 안을 돌아야 하는 인간에 대한 그레고리오의 묘사는 불교의 개념인 saṃsāra(윤회, 고통)를 반영하는 한편, 마음이 "잡을 만한" 것이 없을 때 겪게 되는 정신적 혼란에 대한 그의 묘사는 반야바라밀 경전의 공에 대한 가르침을 마음에 불러온다. 모든 사물은 "허울뿐(anukpartos)"이라는 그의 선언은 모든 것은 공이라는 대승불교의 가르침과 직접적으로 동일하다.[35] 모든 것은 덧없고 오직 실재는 근원적인 표상-본성이 회복되었을 때 우리가 돼 가는 것에서 찾아진다. 따라서 우리는 "우리의 생각의 텅 빔(cogitationis vacuitas)"을 수행하고 환영에서 돌아서서 무지로써 홀로임이 참이라는 것을 구하는 것이 필요하다. 그리스도교 사상 안에서 신비적 어둠의 전통은 대승불교의 공이라는 주제에 대한 명확한 유비로서 제시된다.

스콜라학파의 금언 가운데 사람은 어떤 것이 실제로 일어나는(its

---

35) 그레고리오의 "허울(the unsubstantial)"이라는 개념은 대승불교의 공과 가장 근접한 교의적 유사성을 제시하지만, 자주 가정하는 대로 그리스도가 자신을 기꺼이 비움으로써 신적 지위를 벗어났다고 말하는 필리피서 2,5-8에 바탕을 둔 비움의 신학(kenosis theology)은 아니다. 대승불교의 공은 누군가가 비운다는 어떤 상태조차 인정하지 않는다.

actual occurrence, ab esse ad posse valet illatio) 가능성에 대해 유효한 결론을 내릴 수 있다는 것이 있다. 공의 교의를 수용하는 것이 어떤 전통을 설명할 수 없다는 것을 의미하는 것이라고는 좀처럼 주장하지 않는다. 역사적 사실이라는 점에서 대승불교 대가들은 아무런 입장 없이 이러한 입장으로부터 이들의 전통을 설명한다. 그리고 신비적 어둠의 신학에 대한 그리스도교의 옹호자가 그저 입 다문 채로 가만히 있는 것은 아니다.

공의 가르침은 변증법적으로 단순한 실재론이나 개념주의의 주장에 반대한다. 만일 사물의 본질이 없다면 어떠한 본질주의적 관념도 부정된다. 그러나 신비적 어둠이라는 그리스도교 전통에서 오는 이것의 차이는 단지 문화적, 시각적, 역사적 차이이다. 서구에서 그레고리오와 디오니시오의 무지에 대한 이해는 내면성의 철학으로 발전해 간 것이 아니라 그리스 존재론의 주류 이론의 주위에 머물렀다는 것을 암시한다. 의식적 내면성의 분석으로 철학이 변화하는 일은 신학적인 영역 내에서는 일어나지 않았다. 오히려 상식과 과학적 이론이라는 영역 안으로 의식의 분기점으로부터 긴장이 생김에 따라, 또 임마뉴엘 칸트(Immanuel Kant)가 순수 이성과 실천 이성이라는 지식의 초월적 선험 구조를 검토하기 시작했을 때인 현대 철학 안에서 일어남에 따라 분리되었다. 이와 대조적으로, 인도 불교에서는 이러한 변화가 아비달마 이론과 중관학파의 공 사이의 분기점으로부터 생긴 갈등에 의해 종교적 담론 안에서 촉발됐다.

유식론 철학은 종교적 의식의 내적 구조를 검토했는데, 곧 어떻게 환영이 생기고 어떻게 이것이 거꾸로 된 깨달음으로 될 수 있을까를 살폈다. 종교적 체험과 의식을 강조함으로써 대승불교 철학은 신학에 대해 지나친 자부심을 교정하는 구실을 할 수 있었다.

두 진리와 하나인 그리스도교 진리

중세기에 그리스도교 신학자들은 프랑스 학자인 브라방의 시거

(Siger of Brabant, 1266)가 두 진리 교의를 단언했다고 공격했다. 이 두 진리는 철학의 진리가 반드시 신학에서 진리일 필요는 없고 그 반대도 마찬가지라는 것을 뜻한다.[36] 오늘날 똑같은 문제가 학자들의 주장에서 보이는데, 이는 명제적 주장의 진리는 더 높고, 표현 불가능하고 알 수 없는 진리의 덕택으로 보여 줄 수 없다는 것이다. 따라서 두 진리에 대한 대승불교의 교의는 그리스도교 신앙의 깨달음을 설명하는 데 쓰일 수 없는데, 이것 역시 "진리에 대한 두 겹의 설명(double decker)"[37]이며 관습적 수준에서 진리가 궁극적 의미에서 진실이 아닌 것으로 판결나도록 두며 그 반대도 마찬가지로 보인다.

그러나 이는 전혀 그런 경우가 아니다. 두 진리는 진리로 제시된 두 다른 수준의 진술이 아니다. 하나는 즉자적 체험 덕택으로 또 하나는 세상적 체험 덕택으로 말미암을 뿐이다. 오히려 이 교의는 침묵하는 표현 불가능한 진리와 매개된 진리에 대한 관습적인 분석 및 정리 사이의 관계를 주제로 삼아 상세히 다룬다. 침묵의 진리는 어느 것도 결코 증명하지 않으며 결코 어떠한 명제로도 표현될 수 없다. 이와 대조적으로 관습적인 진리는 어떠한 비이성적 체험에 대해 호소함 없이 언어와 설명이라는 자율적인 영역으로 기능한다. 그러나 이 둘은 본질상 공이다. 곧 비묘사적인 깨달음의 침묵과 상호 의존적으로 일어나는 판단의 형성에 있어 세상적 관습은 본질상 모두 공이라는 말이다.

그러나 여전히 대승불교의 두 진리 교의를 받아들이는 데 주저하는데, 그 까닭은 이것이 신학적 담론을 상대화시키지 않을까 하는 우려 때문이다. 두 진리에 대한 중관학파의 해석은 모든 언어적 진술을 궁극적 의미의 진리를 덮어 버리고 막아 버리는 것으로 간주하여 최근까지도 그리스도교 신학자들 사이에서 이를 거의 받아들이지 않는다.[38] 대개의 경우, 신비적 어둠이라는 그리스도교 전통에 대해

36) Gilson, *Christian Philosophy in the Middle Ages*, p. 398.
37) Smart, *The Yogi and the Devotee*, p. 40.

알고 있는데도 불구하고, 서구 신학자들은 올바로 이해된 그리스도교 교의는 하느님에 대한 깨달음과 실현에 방해물이 아니라고 확신해 왔다. 상식의 언어(prajñapti)로서 교의적 선언에 대한 나가르주나의 개념은 그리스도교 신학 발전을 충분하게 따르지 못했으며 광범위한 이론적 종합과 중세 신학자들을 거의 지지하지 못한 듯했다. 일부에서 주장하듯이 이는 그리스도교 신학적 노력의 필요를 다루기 위해 충분히 준비되지 않았다.

중관학파 철학은 아비달마의 개념주의의 부적절함에 대조되는 방향으로 전개됐다. 확실히 나가르주나에 대해 이론을 이해와 깨달음의 방해물로 여기는 데에서 신랄한 비판을 했는데, 그것은 의식적 통찰의 행위 대신 개념을 쓰는 어떠한 체계든 통찰의 발생을 덜하게 만들었기 때문이다. 이론에 대한 그의 부정은 신비적 의미를 오직 상식적 언어로 표현되도록 강제했다. 그러나 공의 맥락 안에서조차 이론적 시도는 전개됐는데 이는 서구의 어떠한 조직 신학과 맞서기 위한 것과도 같다. 심지어 신비가들도 계속해서 자신이 체험한 것이 어떠한 의미가 있는지 생각하고 묻곤 했다. 중관학파 사상가, 이를테면 찬드라키르티와 유식학파의 아상가와 같은 학자는 이 문제를 직접 다뤘다. 유식학파 사상가들은 의식의 내면성이라는 새로운 의미의 영역을 발견했다. 이 철학적 진보는 이들로 하여금 직접적이고 신비

---

38) 불교-그리스도교 대화에 관한 중요한 주요 문헌이 있고 공의 개념을 받아들이는 Hans Waldenfels 같은 일부 신학자들이 있다. Waldenfels의 경우, 공은 西谷啓治(Nishitani Keiji, 『宗教と無』의 저자)의 교토학파(京都學派, Kyoto school) 철학을 통해 소개되었다. 또한 주목해야 할 것은 해체주의(deconstruction) 신학자들이다. 요셉 오리어리(Joseph S. O'Leary)는 그의 *Questioning Back: The Overcoming of Metaphysics in Christian Tradition*과 마크 테일러(Mark C. Taylor)의 *Erring: A Post-Modern A/Theology*는 그리스도교의 "형이상학적" 사상을 해체하려 하는데, 이것은 나가르주나가 아비달마의 "형이상학"을 해체하는 것과 아주 닮았다. 이런 현대 사상가들은 자크 데리다(Jacques Derrida)의 철학에서 영향을 받았는데, 그의 철학 자체가 나가르주나의 사상과 유사하다. 또한 Robert Magliola, *Derrida on the Mend*, part 3, 특히 pp. 91-97을 보라.

적 의미의 우월성을 유지하게 하고 또 덜하기는 하지만 그럼에도 여전히 유효한 언어로 표현된 진리에 대한 입장도 지지하게 했다. 진리에 대한 대승불교의 이해는 교의적 진술이 얼마나 불완전하든 간에 실질적으로 절대 진리를 표현한다고 생각하는 그리스도교 사상가들에게 직접적으로 반대한다. 두 진리 교의는 모든 문자주의와 경전엄수주의(biblicism)를 거부하는데, 이것들은 언어와 개념이 진리를 구체화하고 이를 담지하고 있다고 주장한다. 대승불교 사상가들은 이러한 관념은 이해에 대한 잘못된 상상에서 비롯된 것이라고 주장한다. 그러나 두 진리에 대한 교의는 이론적 진리에 대한 좀 더 온건한 그리스도교의 이해에 반대하지 않는다. 진리의 유일성은 의미의 같은 영역 안에 있는 모순적인 진술에 대한 동시에 일어나는 진리를 배제한다. 사실, 많은 경우 서구의 주도적 흐름에서 모든 종교가 "똑같은 것을 말한다"고 인정하는 혼합적인 성격의 일치 운동을 수용한다는 점에 비추어 보면, 우리는 모순이라는 원칙은 무시되지 않아야 한다고 주장해야 한다. 그러나 이렇게 주장한다고 해서 어떠한 식으로든 두 진리에 대한 대승불교의 개념을 부정하려는 것은 아닌데, 그것은 대승불교의 중심적 통찰이 궁극적 의미의 두 진리와 세상적 관습은 같은 의미 영역에 속하지 않기 때문이다. 궁극적 의미의 진리는 신비 영역에서 체험되는데, 여기서 유일한 기준은 직접 접촉이다. 세상적 관습의 진리는 의미의 매개된 영역에서 찾아지며 상식, 이론적이거나 비판적 기준으로 판단된다.

더욱이 진리에 대해 이 동일하지만 차이성을 갖는 구조는 그리스도교 사상 전체를 통해 볼 수 있다. 신약은 자주 그리스도를 하느님의 침묵의 진리를 매개하고 구체화하는 구실을 하는 존재로 표현한다(콜로 1,15; 2코린 4,4). "아무도 하느님을 본 적이 없다. 아버지와 가장 가까우신 외아드님 하느님이신 그분께서 알려주셨다"(요한 1,18). 로고스는 침묵에서 오는 하느님 아버지의 말씀이다. 니사의 그레고리오는 이를 잘 깨닫고 있다. "모든 신의 이름들은 인간 관습이 만들어 내고 또 신의 본성에 대한 우리의 이해를 드러낸다." 그리스도인은 신앙의 진리에 동의하는데 이들이 생각하기에 자신들의 언어로 형성된 관념이 하느님을 그저 있는 그대로의 하느님으로 보아서가 아니라, 그리스도의 삶과 말이 이들에게 하느님에 대한 체험과 깨달음을 매개해 주며 결과적으로 여러 신경(creeds)과 신학에 표현되었다고 생각하기 때문이다. 따라서 이레네오는 "아들에게서 보이지 않는 것은 아버지요 아버지에게서 보이는 것은 아들이다. 왜냐하면 아들은 아버지의 척도(measure)이기 때문이다"[39]라고 말하였다.

고백자 막시무스(Maximus Confessor)는 이 성경 말씀을 "물리적인 태도로 하느님의 표현 불가능하고 감추어진 계획으로써 우리가 같은 어원의 말씀과 소리를 바탕으로 신의 문제를 알 수 있으며, 그렇지 않으면 하느님의 마음은 알려지지 않고 그의 말은 말해지지 않은 채 그대로 남는다"[40]고 표현하는 것으로 해석한다. 그럼에도, 그는 비록 이러한 감추어진 계획이 언어를 통해서 표현된다고 주장하지만 모든 그리스도교 교의는 이것의 고유한 내용에 의해 초월한다. 진정으로 성경에 대한 신실함은 "이것의 언어가 하느님의 내적 존재를 드러낸다고 주장하는 데에 있지 않고 이것이 세상을 향한 하느님의 구원 의지에 관해 말하고 있다는 것을 깨닫는 데에 있다."[41] 초기 교부들은 말과 표상으로 이해될 수 있는 이 구원 경륜으로부터 신학이 하느님을 다루므로 그렇게 이해될 수 없는 이 신학을 구분해 냈다.

이러한 주제는 명백하게 디오니시오의 신학의 두 전통에 나오는데, 용어에 있어 유식론이 두 진리를 설명하는 것과 거의 똑같다. 관습적 진리는 실제로 공적이고, 일반적이며 철학적이고 증명을 목표로 하고 세상에 관여하면서 관습과 인간에 종속되며 매개한다. 이와 대조적으로 궁극적 진리는 언어로 표현되지 않고 신비적이며 상징적이고

39) In Pelikan, *The Emergence of th Catholic Tradition*, p. 229.
40) In Pelikan, *The Spirit of Eastern Christendom*, p. 17.
41) 같은 책, p. 35.

새로움(initiation)과, 정화, 더렵혀지지 않음, 완전함을 목표로 하며 이 세상을 넘어선다. (디오니시오의 전통에서 상징이 언어적 의미에 의해 매개되는 영역에서가 아니라 신비적 의미 영역에서 기능하는 그만큼 상징적이다.)

따라서 두 진리에 대한 대승불교의 교의와 진리에 대한 이 같은 그리스도 이해의 차이는 이들의 문화적 강조와 관점의 접근에 따라 달라진다. 대승불교 사상가들은 아비달마의 과중한(overbearing) 이론에 대해 궁극적 의미의 표현 불가능성을 강조한다. 이들의 문제는 언어적 진리를 지지하는 것이 아니라 이들의 추정적 주장에 물음을 던지는 것이다. 이와는 달리 초기 그리스도교 교부들은 대개의 경우 이론의 적절성에 관하여 앞의 대승불교에 상응하는 주장에 대한 대응을 할 필요가 없었는데, 그것은 이들이 플라톤식으로 이론을 그 자체가 빛의 신비주의 안에서 나오는 것으로 이해했기 때문이다. 대개가 부정적 변증이라는 관점에서 볼 때 이것의 역전을 추구해야 할 절박한 필요가 없었다고 느꼈다. 이는 아마도 왜 그레고리오와 디오니시오의 어둠의 신비주의가 그리스도교 사상사에서 주변에 머무르는지를 말해 준다. 그러나 뛰어난 이론과 형이상학의 보증된 가치와 더불어, 이 전통은 점점 더 주의를 끌었다. 대승불교의 진리에 대한 이해와 어둠의 신비는 둘 다, 표현되지만 한편으로는 표현 불가능한 진리에 대해 비슷한 설명을 제시한다. 침묵의 궁극적 영역이 이론으로 축소되거나 관습적 언어의 사용이 존재론적 지위로 올라선다면 아무것도 이해하지 못할 것이다. 그리스도교 신학을 위한 대승불교의 관점을 수용하는 것은 아마도 이 두 가지 실수에 대해 좀 더 안전하게 주의를 기울일 수 있을 것이다.

유식(唯識, Vijñaptimātratā)과 그리스도교 철학

유식학파 사상가들은 오직 의식만으로(vijñaptimātratā) 이론을 발전시켰는데 이는 의식에 대한 비판적인 이해 안에서 공과 상호 의존적으로 일어나는 연기를 정교화하기 위함이다. 이들은 모든 사물은 공이라고 주장하는데 왜냐하면 이것들은 자신의 유효성을 확증해 줄지도 모르는 이것에 상응하는 어떤 본질조차 없이 오직 마음속의 관념에 지나지 않기 때문이다. 첫눈에 보면 관념(ideas, vijñapti)이 객관적인 실재를 가리키지 않는다는 이런 주장은 누구도 교의의 객관적인 진리에 대한 확고한 보증도 할 수 없음을 시사한다. 그리스도교 사상가들은 이들이 단순히 관념에 대해 생각하고 있다는 주장을 하고자 하지 않았다. 이상주의 철학자 조지 버클리(George Berkeley) 주교는 결코 신학적 노력을 위한 뼈대를 이루지 못했다. 칸트주의자들은 신학적인 분리를 구축했지만 이들은 칸트의 실천 이성에 관한 관념에서 나온 것이지 순수 이성이 아니며 어떻든 간에 지속적인 중요성은 지니지 않았다. 이상주의 철학은 그리스도교 신학과 양립할 수 없어 보였고 따라서 유식론은 오직 의식만으로라는 이론과 더불어 변증법적으로 그리스도교 신학에서 주장하는 객관적 진리와 반대됐고 이것의 표현을 위한 수단이 되지 못하는 것으로 보였다.

이렇게 주장해 보자: 한 이상주의 철학은 신학적 담론을 위해 거의 극복할 수 없는 문제를 준다. 따라서 문제는 유식론이 실제로 이상주의 철학인가 하는 점이다. 그리고 그 근거는 전적으로 결정적이지 않다. 두 가지 선택이 있다.

유식론의 몇몇 구절들은 순전히 이상주의의 관점을 보이는 듯하다. 한 가지 예를 들기 위해 『유식이십송』(唯識二十頌, *The Establishment of the Doctrine of Conscious Construction-Only in Twenty Stanzas*)에서 바수반두는 "만일 형성된 관념이 객관적인 대상물을 갖고 있지 않다면 … 이들은 유효화될 수 없다"[42]라고 말하고 계속해 설명하기를 감각적 인상은 감각적 대상에 대해 같은 반응을 하지 않는다. 분명한 반대는 만일 우리의 인상이 외부적 대상에 똑같이 반응하지 않는다면 왜 같은

42) Vasubandhu, *Wei Shih Er Shih Lun or the Treatise of Twenty Stanzas on Representation-Only*, trans., Clarence H. Hamilton, New Haven, 1938, p. 21.

대상에 접하는 모든 사람들은 그 대상을 비슷하게 인지하는 것인가? 후지 산을 오르는 모든 사람은 거기에 산이 있다는 데에 동의할 것이다. 바수반두는 대답하기를 모든 사람은 비슷한 꿈 같은 환영 속으로 잠이 드는데, 왜냐하면 이들 개인의 아뢰야식에 있는 숙명적(karmic) 씨앗이 비슷한 식으로 개화되기 때문이다. 이들은 각자가 떨어져 있지만 똑같이 미혹돼 있다. 그러나 이런 대답은 산을 오르는 이들에게 옳은 대답은 아니다.

그러나 많은 다른 경전이 권고하는 두 번째 해석이 있다. 『유식삼십송』에서 바수반두는 이 질문을 더 성찰하면서 순수한 이상주의 관점을 받아들이지 않는다. 반대가 제기되는데, 곧 "물질 형태의 외적 차원은 분명히 또 즉각적으로 보기, 듣기의 의식 등의 [오감에 의해] 이해된다. 어떻게 당신은 직접 인지함으로써 알게 되는 것의 존재를 부정하는가?"[43] 대답은 디그나가(Digñāga)의 인식론을 끌어들이는 듯한데, 그 대답은 유식론이 객관성(objectivity)을 부정하는 의도를 구분한다. "직접 인지가 일어날 때, [객체]를 외적인 것으로 이해하지 않는다. 사고가 차별하고 잘못되게 외부성이라는 관념을 생기게 하는 것은 오직 그 이후이다."

여기서 문제는 이 산을 지각하는 데 대한 유효성이 아니라 주체-객체의 형태의 문제인데 여기서 감각적 체험은 내적 마음과 대면하는 어떤 외적 실재로 해석된다. 유식론에서, 후기 선불교에서처럼 산은 그저 산이고 그것 자체가 오르려는 사람들(would-be conquerer)에게 도전하지 않는다. 유식학파의 오직-의식만으로 교의의 의도는 외적이고(extraverted) 감각 형태적 앎의 형태의 유효성을 부정하는 데에 있는데, 이런 형태의 앎은 감각 표상을 이런 표상으로 들어가는 통찰(insight)과 구분하지 못한다. 감각적 인상의 주어짐을 부정할 필요도 없고 오직 그러한 주어짐에 대한 지각을 이해와 동일시함을 부정하는

43) De la Vallée Poussin, *La Siddhi de Huien-Tsang*, pp. 428-429; Wei Tat, *Mere Consciousness*, p. 521.

것이다. 『유식삼십송』에서는 계속해서 이렇게 말한다.

> 따라서 곧바로 이해된 객체는 이것의 표상적 측면으로 들어가는 의식의 전개이며 현존한다고 말해질 수 있는데 [마치 이러한 표상이 현존하는 것을 이해하는 통찰의 측면처럼 말이다] 그러나 이들의 외적 객관성이 사고 의식에 의해 이해되면 감각적 객체는 그릇되게 상상되어 존재하게 된다. 우리는 이것들을 비존재적이라고 말한다. … 이들은 꿈속의 대상 같고 이것은 객관적으로 실재하는 것으로 파악되지는 못한다.

감각(sensation) 자체는 그저 감각이며 감각된 것의 의미를 지각하는 사람과 연관시키지 못한다. 부정되는 것은 감각 표상의 주어짐이 아니라 개념 안에서 이 표상을 일부 잡아 버림으로써 개념적 앎을 유효하게 하는 그 다음 단계이다. "오직-의식 구조로만"은 단순한 실재주의와 개념주의의 거부를 뜻한다.[44] 의미는 단지 감각적 인상에 의해서만 주어지지 않는다. 반드시 이러한 표상에 대한 통찰이 있어야 한다. 이러한 통찰 없이 앎은 실제로 꿈과 같은데, 이는 꿈속에서 표상은 주위를 떠다니고 이것의 의미에 대한 통찰의 일어남 없이도 모든 종류의 느낌을 이끌어 내기 때문이다. 통찰 없는 꿈에서 깨어날 때까지, 이해하기(understanding)라는 의식 행위는 일어나지 않는다.

더욱이 만일 "객관적인" 사물에 집착하는 것을 손쉽게 버릴 수 있기만 하다면, 유식학파의 대가들은 단순한(naive) 객관성만을 부정하는 것이 아니며, 또한 이들은 단순한 주관성도 부정하는데 왜냐하면 내적 자아는 오직 관습적이고 상호 의존적으로 일어나며, 집착에 대해 안정적으로 지지하는 것으로서 기능하는 지속하는 실재의 공이기 때문이다. vijñapti-mātra(conscious construction-only, 오직-의식 구조로만)의 의미는

44) Lonergan, *Method in Theology*, pp. 263-264 참조.

진정으로 현존하는 주체성을 위해 환영적인 객관성을 거부하는 것이 아니라 상상적인 앎(parikalpita-lakṣaṇa)의 전체 형태의 유효성을 부정하는 것인데, 이러한 부정은 객관적으로 알려지는 것(grāhya)을 대면하고, 안으로부터 상상적인 시각을 가질 수 있는 주체적으로 아는자(knower, grāhaka)의 그러한 형태의 유효성이 있다고 가정하는 것을 포함한다.

그러나 한 번 상상적 형태가 깨어지면, 또 지지의 전환이 일어나게 되면 지혜 통찰이 일어나고 진정한 앎이 가능하게 된다. 반두프라바는 그가 쓴 『불지경론』(佛地經論)에서 식별의 지혜는 "모든 객체를 알 수 있는데 왜냐하면 이것이 표상에 대한 의식을 일어나게 하는 원인이다"[45]라고 했다. 그는 이렇게 설명한다.

> 이것은 모든 여래(Tathāgata)의 식별하는 지혜는 모든 객체를 이해할 수 있고 수많은 표상을 갖고 있는데 이 안에서 인식 가능한 객체가 나타난다. 이는 마치 여러 색으로 칠한 그림이 눈에 띄는 많은 점을 가진 것과 같다. 이것의 통찰 측면에서는, 이 지혜는 이것의 표상과 더불어 이러한 의식의 일어남을 촉발한다.[46]

이 식별하는 지혜는 표상에 대한 통찰을 통해 이것의 내적 표상을 이해하며 상상적인 조작의 형태에서 벗어난다. "이 지혜는 차별적으로 모든 객체에 대한 표상을 분명하게 나타낼 수 있다. 만일 차별적이지 않다면, 원인과 결과를 검토할 수 없거나 다양한 회중(assemblies)에 대한 의심의 여지없이 교의를 선언하지 못할 것이다."[47]

깨달은 지혜로서 사람은 직접 체험하는 표상 없는 궁극적 의미의 침묵의 공에 머물지 않지만 관습적으로 유효하고 따라서 차별적으로 이해하고 언어화하는 지혜를 얻음을 말로 할 수 있다. 이러한 차별과

45) Keenan, *Buddhabhūmyupadeśa*, p. 722n499.

46) 같은 책, p. 723.

47) 같은 책, p. 739.

표현은 외적 의식에서 흘러나오는 것이 아니라 구체적인 관심에서 생기며 구체적인 목표를 목적으로 하는 상호 의존적으로 일어나는 이해에서 나온다. 이 상호 의존적으로 일어남과 의타기적인 이해 자체는 모든 사물의 공으로서 그러함(suchness)의 무차별적인 의미에 대한 우선적인 깨달음에서 온다. "그러나 비록 그러함과 전혀 동떨어진 것은 아니지만, 이것이 차별적이므로 그러함의 본질을 구현하지 않는데, 이는 그러함의 표상을 하나의 객체로 간주하기 때문이다."[48]

직접적이고 비매개적인 궁극적 진리에 대한 실현에, 그리고 표상없는 법의 영역에 기초를 두고서, 전환된 지혜의 마음은 관습적인 의미를 표상과 언어를 통해 매개하면서 이 직접적 체험에서 나오는 가르침에 대한 깨달음과 확신을 얻는다. 따라서 객관성은 외적 객체의 특성이나 상상적 앎의 질이 아니라 오히려 관습적인 진리에 대한 관습적이고 유효한 이해이다. 유식론의 경전은 아비달마 개념주의의 의 단순한 실재론을 거부할 뿐만 아니라 상상의 형태에서 벗어나서, 언어에 대한 관습적인 유효성을 확증한다. 이 경전들은 인간의 이해를 감각적 지각에서 나오는 표상과 이 표상을 실질적으로 이해하는 통찰 모두로 구성된 것으로 파악한다. 의미를 이해하는 데서 나오는 것은 오직 표상(image, nimitta)에 대한 통찰(insight, darśana)뿐이다. 표상을 보아서는 알 수 없지만 통찰과 표상을 상승적으로 결합시킴으로써 알 수 있다. 객관성의 기준은 주체성이 부딪힌 것[49]에 대한 명확성(obviousness)이 아니라 표상에 대한 통찰의 일어남이다.

관습적 진리의 유효성을 확인하면서 유식학파 사상가들은 이성적 사고와 비이성적 사고를 구분했다. 『해심밀경』은 네 종류의 이성적 과정을 개괄하고 유효하고 순수한 것에서 유효하지 않고 비순수한 것을 구분하는 데에 주의를 기울인다.[50] 보는 것(apekṣa-nyāya)으로부

48) 같은 책, p. 742.

49) Lonergan, *Insight*, pp. 271-278.

50) *Saṃdhinirmocana*, Lamotte ed., pp. 262-265; T. 6, p. 709b.

터의 추론(reasoning)은 업의 얽힘을 낳는 과정인데, 그 까닭은 상상적 바라보기를 진리의 기준으로 간주하기 때문이다. 이미 이루어진 것(kṛtakāra-nyāya)의 증명은 과거의 업의 체험을 반영하고 윤회적 고통의 영역 안에서 미래에 다시 태어난다는 것을 보장한다. 이 두 형태의 추론은 환영적이고 상상적인 의식을 포함한다. 그러나 세 번째 형태는 환영과 진리를 모두 인정한다. 이것은 유효성의 근거(upapatti-siddha-nyāya)와 올바르게 세우는 과정 그리고 진술을 이해하는 것에서 나오는 추론이다. 이러한 추론은 순수하거나 순수하지 않을 수도 있고 또 유효하거나 유효하지 않을 수도 있는데, 이는 이것이 의식의 형태에 의지하기 때문이며, 이 의식의 형태 안에서 추론과 추측이 일어난다. 네 번째 종류의 추론은 실재에서 오는 추론(reasoning from reality, dharmatā-nyāya)인데, 이는 궁극적 의미의 침묵에 대한 깨달음 안에서 절대 진리를 주장한 것을 모두 거짓이라고 논파한 나가르주나의 변증은 여기서 좋은 보기가 된다. 마지막 두 가지 추론, 곧 증거에 바탕을 둔 추론의 생산적인 기능과 실재에서 오는 해체적 추론은 관습적이고 궁극적 진리에 대한 유식론의 해석을 반영한다. 실재에서 오는 추론의 추구가 부정과 모든 관점을 비우는 것을 향하는 반면, 증거에서 오는 추론은 세상적이고 관습적인 사고로서 언어를 통해 기능하며 이것의 관습적인 주장의 진리성을 판단한다. 제대로 논의된 주장을 바탕으로 이런 추론은 공의 맥락에서 이론을 재주장하려는 전체 유식학파의 기초가 된다.

이성과 논리와 더불어 유식론의 주요 관심은 바수반두가 이러한 주제에 관한 네 가지 다른 소책자를 썼다고 신뢰를 얻고 있다는 데서 볼 수 있다.[51)] 그는 인도의 완전한 논리가로 여겨진다.[52)] 디그나가 이후 유식론의 발전은 주로 지식의 유효성에 초점을 두었고 비판적인 인식론

51) Hajime Nakamura, *Religions and Philosophies of India: A Survey with Bibliographical Notes, the Fourth Chapter: Orthodox Philosophical Systems*, pp. vi-35.

52) 같은 책.

과 의식에 대한 유식론의 이해를 뒷받침하는 논리를 발전시켰다.[53]

정리하면, 증거는 비판적인 실재론을 향한 유식학파 사상의 발전을 제시했는데, 이 실재론의 기준은 외적 실재의 추정된 객관성이 아니라 내적 작용의 적절성이다. 따라서 유식론(vijñaptimātra) 교의는 비판적 실재론의 필요를 전적으로 반대하지는 않는다. 만일 첫 번째 선택이 유식론이 이상주의 철학이라고 주장할 수 있다면, 이것이 비판적 이론의 발전을 향한 기원적 단계를 나타낸다고 주장할 수 있을 것이다. 만일 둘째 선택을 주장한다면, 유식론은 전혀 이상주의자가 아니며 그 자체는 비판적 실재론을 확인하는 것이다. 유식론의 교의는 실제로 에티엔느 질송(Étienne Gilson)[54]이 표현한 것처럼 그리스도교 해석에 있어 단순한 실재론과 양립할 수 없고 또 이에 반대하지만 로너간이 말한 비판적 실재론에는 반대하지 않는다. 실제로 유식론은 그리스도교 사상가로 하여금 이들의 고유한 신비 전통의 우선성을 회복하도록 도울 수 있는데, 이들의 철학적 목표를 향해 적당한 속도를 냄에도 급히 서두르게 된다.

삼신불과 그리스도교 삼위일체

삼신불(三神佛, buddhatrikāya)에 대한 유식론의 교의는 깨달음을 얻은 한 부처의 본성을 묘사하고자 한 것이다. 이 교의는 부처의 초기 추종자들로 시작하는데 이들은 역사적 부처의 본성을 깊이 생각하였다. 후기 단계에 가서는 이 부처를 초자연주의화하였고 그의 허깨비 몸과 진정하고 영원한 부처의 몸을 구분하였다. 처음서부터 부처의 몸에 대한 이론은 가현설(docetic)적 주장을 강하게 강조했다. 곧 변형이나 허깨비 같은 몸은 허구이고, 실질적이고 역사적인 부처는 마술적 몸으로

53) 디그나가의 인식론적 사상에 대한 기원을 영어로 가장 잘 다룬 것에 대해서는 Masaaki Hattori, *Digñāga on Perception, Being the Pratyakṣaparicchedа of Digñāga's Pramāṇsamuccaya*를 보라.

54) Lonergan, "Metaphysics as Horizon"을 보라.

되었는데, 이는 자비행을 행하기 위해 중생 사이에 머물기 위해 창조된 것이다. 유식론 사상가가 보신(enjoyment body)을 (정토) 매개 안에서 체험한 부처를 설명하기 위해 덧보탰을 때조차, 가현설은 남는데, 이는 보신이 매개적 상태로만 부처의 모습으로 나타나기 때문이다.

이런 입장이므로 이런 모델은 성육화나 삼위일체에 대한 그리스도 이해를 도울 수 없다. 이는 이것이 단지 가현설적 입장을 반복한 것이기 때문이다. 따라서 유식론 경전에 나타난 삼신불 교의는 완전히 그리스도교 교의와 반대된다.[55]

그러나 이것은 그리스도교식으로 적용될 수 있다고 보인다. 삼위일체에 대한 그리스도교 교의는 지혜의 관점에서 정리된 것이 아니라 세 위격의 하느님이라는 객관적인 실재의 관점에서 정리되었다. 많은 고투와 변화 뒤에 교부들과 나중의 중세 신학자들도 마침내 삼위일체에 대한 이론적 이해를 정교히 다듬었는데, 이의 뛰어난 성취는 논리적으로 일관성 있는 삼위일체 신학을 제시한 것이다. 토마스 데 아퀴노에 있어 이 신학적 흐름은 정점에 다달았는데, 그것은 그가 "본성(nature)", "위격(person)", "발현(procession)" 등의 개념을 명확히 했고 따라서 하나 안의 셋이라는 하느님에 대한 그리스도교 이해를 간결하고 원숙하게 윤곽을 그릴 수 있었다. 그러나 바로 이러한 이론적 탁월함 때문에 이 성취가 문제를 낳고 다른 식의 접근을 배제하는 경향을 갖게 됐다. 이론에 밝지 못한 사람들에게 이러한 의미는 이해하기 어려운 것이었는데, 대부분의 사람은 이론가가 아니었다. 복음 자체도 이러한 이론적 형태 안에서 감동을 주지 못했다. 칼 라너는 삼위일체의 구원 경륜이라는 교의는 덜 이론적이고 더 일반적으로 사용되는 용어로 삼위일체 교의를 선언할 그러한 필요에서 나온 것이라고 재차 강조했다.[56]

---

55) 그러한 차이는 長尾雅人에 의해 간파되었다. 그의 『中觀と唯識』(Chūkan to yuishiki), pp. 276-277을 보라.

56) Karl Rahner, *The Trinity*, pp. 99-103.

적응된 형태에서 유식론의 삼신불 교의는 하나의 보기 구실을 할 수 있고 궁극성 자체의 본성이 아니라 이 궁극성에 대한 깨달음의 구조를 설명할 수도 있다. 이들의 전통에서, 삼신불 교의는 명시적 형태로 경배되고 역사 속에서 만나는 부처들에 초점을 두었으며 이 부처들의 모습은 공이라는 법신에 근거를 두었다. 그러나 숭배 예식에 보이는 부처의 이상적인 모습보다는 체험적인 의식은 덜 강조되었다. 보신과 화신을 법신에 종속시킴으로써 공의 맥락 안에 이들을 확고하게 자리 잡게 했다. 인도 상황에서 유식론은 부처의 몸들에 대한 이러한 이해를 넘어서지 않았지만 후기 대승불교 교의의 발전에 있어 보기가 되었는데, 이러한 발전에서 부처의 몸은 더 철저하게 비신화화하였다. 『단경』(壇經, *The Platform Sutra*)은 부처의 몸들을 이상적인 부처로 보지 않고 고유한 마음(법신), 변화의 체험(화신), 미래에 받을 상과 선행의 누림(보신)[57]으로 보았다. 그리스 철학이 존재론적 범주를 강조하는 것과 더불어 그리스적 설명과는 대조적으로, 삼신불의 이러한 용법은 궁극을 깨달아 가는 것에 대한 체험에 초점을 둔다.

분명하게 그리스도교 사상의 한 모델로서 사용되도록 하기 위해 불교의 삼신불 교의는 모든 가현설적 혐의를 잘라 버려야 한다. 화신(transformation body)은 역사적 부처의 승계를 설명하는 것을 뜻하는데 그리스도교 맥락에서는 어떠한 목적으로도 쓰이지 못한다. 당장의 과제를 위해서, 우리는 전통적인 유식론의 삼신불 이해를 바꾸어 이들을 그리스도교 관점으로 옮겨 놓으려 한다. 그러면 nirmāṇa-kāya(화신)의 의미는 변화(transformation, nirmāṇa)의 구체화(embodiment, kāya)를 뜻하는 것으로 수정될 것이고 성령 속에서 사는 변화의 체험을 가리키게 된다. 보신(saṃbhoga-kāya)의 의미는 아바(Abba)로서의 하느님 체험의 구체화(embodiment, saṃbhoga는 자주 "체험적인"으로 주석된다)를 뜻하는 의미로 수정된다. 법 또는 본질(Essence), 몸(dharma-kāya;

57) *The Platform Sutra of the Sixth Patriarch*, trans. Philip Yampolsky, p. 141.

svabhāvika-kāya)은 표현 불가능한 내용에 바탕을 둔 것으로서 궁극의 의미를 구체화하는 것을 가리킨다. 이러한 의미는 유식론 경전에는 주어지지 않는다. 오히려 이것들은 삼위일체에 대한 그리스인의 기본적인 체험을 해석하기 위한 하나의 보기를 제공하려는 목적을 갖는 그러한 가르침의 적용이다.

그리스도교 신학을 위한 대승불교의 모델을 사용하려는 특별한 의미는 한편으로는 신학을 생산해 내면서도 신비적 의미의 우선성을 주장하는 이것의 능력에 있다. Prajñāpāramitā(반야바라밀)와 중관학파의 표현에 있어서 이것은 공, 상호 의존적으로 일어나는 연기, 두 진리라는 교의의 구체적인 형태를 취한다. 유식론에서는 의식적 내면성을 비판적으로 다루는 이론에 대한 이러한 통찰은 관습적인 이야기에서 신비적 의미를 구별하고 또 관습적인 것으로서 이러한 담론의 유효성을 유지한다. 이러한 주제들은 10장과 11장에서 사용될 보기를 구성하는 요소이다. 이 보기는 불교적 우주론이나 형이상학 이론의 수용을 동반하지 않는다. 그리스도인은 이들 고유의 서구 우주론과 형이상학의 꾸러미를 없애 버려야 하는 문제를 무겁게 안고 있으며, 이런 관점에서 어느 다른 사람의 짐을 짊어질 필요가 없다. 특정한 불교의 개념들 이를테면 윤회, 십이연기, 중생(aggregates) 등은 현 보기의 어떠한 본질적인 부분도 형성하지 않는데, 그것은 이들이 의식의 내면성의 분석에 직접적으로 연결되어 있지 않기 때문이다. 그러므로 이러한 노력의 의도는 이런 개념을 확증하거나 부정하는 것 둘 중 하나이다. 이들은 불교 사상의 전통을 어느 것보다도 전개시킴을 나타내며 그렇게 현재의 시야 밖으로 떨어져 나가는 것이다. 한마디로 하면 이 대승불교 모델은 그리스도교 신학에서 빌려 올(employed) 수 있는데 왜냐하면 이 모델이 “한 무더기의 용어와 관계가 맞물려 있기”[58] 때문이다. 버나드 로너간의 용어를 수용하기 위해 이러한

58) Lonergan, *Method in Theology*, p. 285.

통찰은 신앙 의식의 역동적인 본성을 설명하는 일반적인 용어를 형성해야 하는데, 이것은 그리스도교 신념(성육화와 삼위일체)의 특별한 용어와 결합하여 대승불교적 그리스도교 신학을 제시한다.[59)]

따라서 대승불교 사상은 그리스도 사상에 크게 공헌할 수 있으며 그리스도의 의미를 말하기 위해 지금껏 애써 온 것으로 보인다. 그러나 이러한 가능성을 주장하기 위해서 위의 비교 분석과 좀 더 넓은 차원에서 동의가 요구된다. 하지만 이 분석은 논리적이고 이론적인 의미에 제한하지 않고 오히려 신비적 의미의 영역에, 곧 직접 체험의 영역에 호소한다. 이것의 근원적인 기초는 이 체험에 대한 이해에 놓이는데, 이에 대한 일정한 생각 없이 전체 분석은 압력을 받을 때마다 제한되거나 다의적으로 될 것으로 보인다. 따라서 우리의 논의는 의식에 대한 기본적인 지지(āśraya-parivṛtti)의 전환(conversion)의 본성을 검토하는 것으로 돌아가서 이를 그리스도교의 회심(conversion, metanoia)이라는 개념에 가깝게 관련시키려는데, 그것은 이런 체험이 신비적 이해를 얻고 이어지는 모든 신학의 기반이 되기 때문이다.[60)]

기반으로서의 회심(Conversion)

어느 신앙 이해이건 말미암게 하는 기반으로서의 체험은 종교 창시자의 체험이며 그 신앙의 추종자들이 참여하고 반복하게 된다. 그리스도인은 이들의 계보를 예수의 아바 체험과 인간 세상에 하느님의 다스림에 대한 실현에 열정적인 관심으로 거슬러 올라간다. 불교인은 고타마 싯다르타의 깨달음으로 그 계보가 올라간다. 이러한 체험은 본보기가 되는 것인데, 이는 그리스도인과 불교인이 이들 안에서 이러한 체험을 재현하고 재창조하려 하기 때문이다. 어떠한 종교 전

59) 같은 책, pp. 285-293.

60) 로너간이 변증법과 기초(foundations)를 어떻게 다루는지에 관해서는 그의 책, *Method in Theology*, pp. 125-144를 보라.

통도 만일 이러한 체험이 재현되고 재창조되지 않는다면 그 자체를 오랫동안 유지할 수 없다. 신앙의 투신 문제는 단지 역사의 예수나 역사적 부처를 이해하는 것이 아니라 오히려 그와 같은 체험 자체를 구현하는 것이다. 흩어졌던 제자들이 다시 모여 부활한 주님의 의미를 깨달은 것이 근원적인 그리스도교 교회를 형성하였고, 이는 불교도가 깨달음에 대한 구현이 불교의 승가(僧伽, saṃgha)인 것처럼 말이다. 모든 것이 새로운 빛에서, 새로운 차원에서 이해되는데, 이는 이러한 체험이 회심의 체험이요, 파편화되고 죄와 자만으로 소외된 삶에서 돌아서서 궁극적인 의미와 지혜의 실재, 모든 것을 품는 실재에 완전하게 참여하는 데로 향하는 것이다.

이것이 종교적 가르침과 전통의 기초를 이루는 그러한 회심이므로 어떤 교의적 사상을 제시함에서도 회심에 대한 이해는 전제 조건이 된다. 기반이 되는 수준에 있어서 이러한 제시는 종교적 회심의 본성을 주제화하고 객관화하려 해야 한다.[61] 이 토대가 되는 실재에 대한 분명한 진술 없이 종교적 가르침은 아직 회심하지 못한 사람들의 마음 안에서 공명을 울리기를 거의 바랄 수 없다. 신앙의 확증은 적어도 비이성적이지 않아야 한다고 주장하는 어떤 호교론은 거의 이러한 기능을 할 수 없다. 곧 몇 번의 가능한 주장을 분명하게 잘못이라고 입증할 수도 없다는 사실은 이것의 유효성에 대한 동의를 거의 이끌어 내지 못한다. 종교적 전통에 대해 더욱 깊게 생각하는 데로 이끌릴 수 있는 것은 오직 원체험의 본성에 대한 어떤 이해로부터, 이러한 체험의 묘사와 내적으로 공명하는 것으로부터 나온다. 직접적이고 신비적인 통찰에서 흘러나오고 신앙 체험을 비춘다고 주장하는 가르침은 오직 체험이란 무엇인가에 대한 어떤 생각을 가질 때에만 이해될 수 있다. 그리스도인과 불교인 사상가들은 끊임없이 자신들의 가르침은 논리적 증명의 세계를 넘어선다고 선언하면서 신비 의식에

61) 같은 책, pp. 267-293. 로너간의 성취 가운데 하나는 그가 기초를 끝이 잘려 무딘 변증론이 아니라 회심과 관련해 재해석했다는 데에 있다.

호소하고 의식의 재정립을 요구했다. 바오로의 지혜에 대한 진술, 디오니시오의 무지로 아는 앎에 대한 가르침, 모든 이원론적 앎에 대한 완전한 어둠 속에서 하느님을 만나는 것에 대한 그레고리오의 생각, 나가르주나가 모든 사물이 공하다고 주장하는 것, 아상가의 순수한 그러함(suchness)에 대한 주장, 이 모든 것이 만일 상식이나 이론적인 자료의 수준으로 축소된다면 결코 이해될 수 없다. 선취적으로(proleptically) 예상된 것이든 실제로 구현된 것이든 간에 이들은 자신의 유효함을 신비적 의미의 실재 속에서 찾는다. 아바 체험이나 깨달음의 구현을 말로 표현하려는 어떤 신학적 시도든 반드시 신비적 이해로 의식을 재정립하는 회심에 대한 어떤 이해를 기반으로 삼아야 한다.

위에서 유식론과 그리스도교 가르침의 비교에서 제기된 문제들은 이것들의 논리적인 일관성을 분석하여 단순하게 평가하기는 어렵다. 잘못된 진술을 찾아내는 것이 필요한 것처럼 신비적 깨달음으로 이끄는 것으로서 제시된 교의는 오직 어떤 깨달음인가에 대한 개념과 함께 할 때야만 이해될 수 있다. 이 깨달음이 일어나지 않는다고 부정한다면 어떠한 신비적 가르침에 대한 이해도 결코 일어나지 않을 것이다. 종교적 가르침은 모든 전통의 성인과 사상가에 의해 냉정한 사실의 진술로서가 아니라 수행을 위한 권고로서 전파되어 왔으며 듣는 이들에게 이 수행으로 회심하라고 요구한다. 회심의 주제화는 단지 언어적 가르침 뒤에 놓여 있는 기본 체험의 형태를 그리기 위해 필요한 것이 아니라, 듣는 이들 가운데 개인적 회심이 일어나게 할 수도 있는 수행을 북돋기 위해서다.

유식론 사상가들은 회심의 체험을 객관화하는 과제를 무시하지 않았는데, 이는 이들 생각의 중심이 깨달음의 구현에 놓여 있기 때문이다. 『섭대승론』(*Summary of the Great Vehicle*)에서 아상가는 깨달음을 순수한 정화(purification, vaimalya-vyavadāna)로 주제화했는데, 이 정화는 열정적 집착과 추론적인 앎으로부터 정화되어 가는 의식 안에서 얻을 수 있다. 이런 얻음은 교의(doctrine, ālambana-vyavadāna)를 이해하고 숙고하는 데서 오며 또한 교의에 대한 성찰적 인식에서 솟아 나오는 그 길(the path, mārga-vyavadāna)을 수행하는 데에서 온다. 이런 노력은 분석적 사고나 자기 노력으로 이루어지지 않는다. 오히려 교의 자체는 신비적 의미의 영역에서, 또 궁극적 진리의 영역에 대한 체험에서 흘러나온다.

그러나 이 가르침이 듣는 이의 마음속에서 공명을 불러일으키므로 거기에는 이미 경향, 들으려는 준비, 신비적 의미를 인정하는 능력이 존재한다. 사람들은 단지 이야기가 그럴듯하다고 해서 신앙의 깨달음을 향한 길고 긴 여행을 떠나지 않는다. 이들은 하느님이 움직이며 궁극적 관심에 사로잡히고 깨달음에 대한 의심의 여지없는 유효성을 인식한다. 자신의 가르침이 명백하게 거짓이 아니라고 권하는 어떠한 변증도 현 순간에 푹 빠져 있는 쾌락에서 사람들을 건져 내지 못한다. 단지 이런저런 생각의 가능성 때문만이라면 어떠한 수도승도 사막으로 나서도록 하지 못하고, 어떠한 성인도 순교를 각오하지 않으며, 어떠한 금욕주의자도 엄격하게 수련을 하지 않고, 어떠한 부호도 깊은 숲 속으로 칩거하지 않는다. 오히려 다른 사람이 깨닫는 본보기에 이끌려, 궁극적 의미로 들어가려는 욕구는 스스로 그 사람의 완전한 관심을 짊어진다. 그레고리오식으로 말하면, 빛으로 들어가 그 길을 가기 시작한다.[62]

아상가에게 이 과정을 시작하는 그 가능성은 바로 마음의 본래 순수함(original purity, prakṛti-vyavadāna)을 시사한다. 이것의 선험적인 구조는 궁극적 객관을 향해 정향되어 있다. 열망이나 환영에 방해받지 않는다면 이 정향으로 말미암아 실현과 지혜로 나아갈 수 있다. 감각적 만족과 안락한 환영에 집착하는 것을 단지 언어적 가르침의 논리

62) 어떻게 이러한 회심이 일어나는가에 대한 구체적인 질문은 사성제의 네 번째인 도제(道諦, the path, mārga)에 관한 문헌에서 다루어진다. 비록 불교의 가르침의 핵심이 현재의 노력의 범위를 넘는 것임에도 말이다.

적 명쾌함으로 버릴 수 없다. 오히려 이러한 가르침은 다른 사람들이 본래 순수한 정향에 대해 먼저 깨우친 데서 흘러나오는 것으로서 의식의 중심에서 공명을 찾으며 더 깊은 통찰과 체험의 끝없는 진전으로 이끌고 간다. 이것이 그레고리오의 "앞으로 확장하기"(stretching forth)인데, 이는 많은 경우 일상사 속에서 지각하지 못하는 의식의 중심은 그 가르침의 진리와 공명하며 관심을 여기로 향하게 한다. 이는 불교 경전을 번역한 중국인 번역가들이 sūtra라는 낱말을 "경(經)에 부합하는 것(matching scripture)"이라 해석했는데, 이는 이들의 가르침이 지혜를 향한 그 마음의 기본적인 정향에 일치했기 때문인 이유에서도 찾을 수 있다.

신비적 깨달음이 일어나는 과정은 유식론 대가들이 회심을 지지하는, 곧 의식으로 다루었다. 『대승장엄경론』에서 이렇게 말한다.

> 한 사람이 가장 높은 경지의 명상에 이르러 금강석 같은 집중으로 몰입하기 시작했는데, 차별하는 경향에 의해서 방해받지는 않았다. 그러고 나서 열망이라는 방해물로부터 앎으로 충만하게 정화되어 그는 최후의 지지로서 회심을 실현한다.[63)]

이런 회심은 의타기하는 마음 안에서 일어나는데, 그것은 그 마음이 어떠한 고정되고 정해진 본질이 아니기 때문이다. 오히려 이것은 상상하는 환영과 완전한 지혜 모두에 열려 있다. 아상가가 설명한다.

> 깨달은 법의 몸의 특성은 무엇인가? 이것은 지지를 받는 회심인데, 왜냐하면 모든 방해물과 이것의 오염된 측면에서의 의타기적인 형태를 없애 버리므로, 하여 이것이 모든 방해물에서 자유롭게 되고 모든 교의에 대한 정통함을 확신하며 정화된 측면에서 의타기적인

63) *Mahāyānasūtrālaṃkāra*, Lévi ed., p. 96.

형태로 회심하기(converted) 때문이다.[64)]

이런 회심은 완전한 형태를 향한 상상적인 형태와는 거리가 멀다. 그러나 그렇게 얻어진 지혜는 단순히 모든 인간 행위의 정지가 아니다. 모든 대승불교 사상은 정지에서 지혜로 옮아가는 것을 목표로 삼는데, 곧 지혜의 수련을 말하며 이는 이것의 완전함(prajñā-pāramitā)이다. 『대승장엄경론』에서는 한 연을 제시하는데 여기서는 이 지혜의 본성을 묘사한다. 곧 "모든 사물에 있어 '그렇게 있음(suchness)'은 두 장애물로부터의 정화로 특징지을 수 있다. 실재를 객관화하는 실재 지혜의 정통은 소진되지 않는다."[65)]

스티라마티와 아스바브하바는 각자의 주석에서 그렇게 있음(suchness, tathatā)은 회심을 통한 마음의 비움이라고 설명하면서, 이 회심은 침묵적이며 표현 불가능하고 무차별적인 지혜(mi rtog pa'i ye shes)를 얻을 뿐만 아니라 결과적으로 정화되고, 세상적인 지혜(rgyab bas thob pa dag pa'jib rten pa'i ye shes)를 얻는다. 따라서 표현 불가능한 무차별적인 깨달음을 객관화하고 언어적 가르침에서 이를 표현하는 바로 이 결과적으로 얻어진 지혜이다.[66)] 『대승장엄경론에 대한 주석』(*Sub-Commentary on the Ornament of the Scriptures of the Great Vehicle*)에서 아스바브하바는 "실재 지혜(dgons po shes ba)는 결과적으로 얻어진 지혜다. 여기서 '실재(reality)'라는 낱말은 아뢰야식의 의타기적인 형태를 가리킨다"[67)]고 설명한다.

언어와 가르침을 통해 세상에 관계하는 지혜는 결과로서 얻게 되는데, 그것은 의타기적인 이해, 곧 그렇게 있음과 공에 대한 직접적이

---

64) *La Somme*, Lamotte ed., p. 268; T. 31, p. 294b.

65) *Mahāyānasūtrālaṃkāra*, Lévi ed., p. 44. 이 송(頌)들은 또한 *Buddhabhūmyupadeśa*, Keenan, pp. 803-804에도 포함되어 있다.

66) Sthiramati, *Sūtrālaṃkāravṛttibhāṣya*, Derge ed., no 4034, Mi, 113^{b-7} to 134^{a-7}; Asvabhāva, *Mahāyānasūtrālaṃkāraṭīkā*, Derge ed., no. 4029, Bi, 72^{b-3} to 73^{a-1}.

67) 같은 책, Derge ed., no 4029 Bi, 72^{b-5}.

고 비매개적인 깨달음에서 흘러나오는 매개적인 의미에 대한 이해이기 때문이다. 직접 접촉(sparśa)하는 그 체험 뒤에, 지혜는 이 체험을 매개하며 아무리 간접적이라고 하더라도 가르침 안에서 이를 객관화한다. 『대승장엄경론석』(*Commentarial Notes on the Ornament of the Scriptures*)에서 스티라마티는 설명한다. "'실재를 객관화한다(dgnos bo shes pa la dmigs)'는 구절은 결과적으로 얻어진 정화된 세상적 지혜를 가리킨다."[68)]

따라서 진정한 교의의 가르침은 표현 불가능하고 무차별적인 체험과 조화를 이루는 객관화된 지혜이다. "이것은 왜냐하면 단일한 목적으로 모든 사물 안의 법의 영역에 초점을 두기 때문이다. 이는 [결과적으로 얻어진 지혜 설명에 의한] 이 법의 영역의 본질을 설명하는 비차별적인 지혜를 통해서 가능하다."[69)]

심지어 이 유식론의 회심의 본성에 대한 객관화도 표현 불가능한 체험의 언어적 객관화 그 이상을 주장하지 않는다. 이것은 관습적인 진리에 대한 의타기적인 영역 안에서 기능하는데, 이는 궁극적 의미에 대한 비언어적 깨달음에 대한 이야기 속의 그림이다. 지지의 회심을 통해 얻은 지혜는 오직 비매개성으로서만 의미 있고 항상 언어적 표현에서 분리적인 수직적 차원을 포함하며 적절한 가르침을 재치 있게 끌어 와서 채워 넣는 수평적 차원도 포함한다.

회심에 대한 이러한 설명은 객관적인 내용을 강조하지 않고 이 객관적 내용에 주체가 회심하는데, 그것은 이 내용이 결국 객관화할 수 없기 때문이다. 회심의 내용에 대한 어떠한 묘사도 고작해야 관습적인 묘사로 간주되고 최악에는 상상적인 환영에 집착하는 것으로 간주된다. 이러한 묘사는 통찰과 판단의 정화된 의타기적인 작용을 통해서 기능하며 유효하지만 관습적인 진리로 남는다. 이들은 그 체험을 잡아 내기 위해 표현하는 것이 아니라 어떠한 말을 하는 것을 피하기 위해 표현한다. 이것들은 모든 중생을 구원으로 이끌기 위한,

---

68) 같은 책, Derge ed., no. 4034, Mi, 134^{a-3}.
69) 같은 책, Derge ed., no. 4034, Mi, 134^{a-7}.

세상 속에서의 지혜의 기능인 것이다.

유식론 대가들은 전체 과정의 세 주요 단계 아래서 회심을 더 깊이 다루었다. 아상가는 자신이 쓴 『간추린 아비달마』(*Compendium of Abhidharma*)에서 이렇게 말한다.

> [깨달음으로 이끄는] 그 길의 마지막 단계는 무엇인가? 그것은 남김없이 지지하는 회심이다. … 남김없이 지지하는 이 회심이란 무엇인가? 이는 마음(citta-āśraya-parivṛtti)이 지지하는 회심이요, 수행(mārga-āśraya-parivṛtti)이 지지하는 회심이요 사악함을 몰아냄(dauṣṭhulya-āśraya-parivṛtti)이 지지하는 회심이다.[70]

스티라마티는 그의 『대승아비달마잡집론』(大乘阿毗達磨雜集論, *Commentary on the Compendium of Abhidharma*)에서 위 구절을 이렇게 설명한다.

> 마음이 지지하는 회심이란 아무것도 배울 것이 없는 상태를 얻을 때 원래 순수한 진실된 마음은 열망의 우발적인 장애물에서 벗어나 그렇게 있음으로의 회심이 있는 것을 의미한다. 수행이 지지하는 회심은 초월적인 수행으로의 회심이 모든 탐욕스러움을 잘라 내고 제거되어야 할 모든 것을 없애 버린 뒤에야 실현되는데, 그래야 수행과 관련한 회심이 완성되기 때문이라는 뜻이다. 사악함을 몰아냄이 지지하는 회심은 아뢰야식이 모든 격정적 성향들에서 벗어나는 것을 뜻한다.[71]

---

70) *Abhidharmasamuccayaśāstra*, Derge ed., no. 4049, Ri, 99^{b-5} to 100^{a-7}. *Le Compendium de la Super Doctrine*, trans. Walpola Rahula, p. 127. 이 세 회심을 다루는 것과 관련해서는 袴谷憲昭(Hakamaya Noriaki), 「三種轉依考」(Sanshu tenne kō)[An Examination of the Threefold Conversion], *Journal of Indian and Buddhist Studies* 11 (Nov. 1976): 46-76을 보라.

71) T. 31:742c. Derge ed., no. 4053, Li, 67^{b-4} to 67^{b-8}.

여기서 마음이 지지하는 회심은 『섭대승론』에서 기원적인 순수함의 오염되지 않은 정화라는 주제와 같다. 이것은 본래 그대로 있음을 향하는 의식에 순수한 정향을 충분히 실현한 것이다. 이것은 전혀 제한되지 않고 어떠한 지평도 넘어서는 마음의 예상적인(proleptic) 구조를 확립한 것인데, 왜냐하면 이것이 어떠한 형태가 됐든 전혀 의미를 매개하지 않기 때문이다. 오히려 이것은 완전히 제한되지 않은 지평인데 여기서 직접 접촉을 통해 궁극적 의미를 깨달을 수 있다.

수행이 지지하는 회심은 수행의 전환을 말하는데, 이 수행의 전환은 두 지평을 지평 없는 무차별적 지혜와 또 역사의 특정한 지평 안에서 기능하는 결과적으로 얻어진 지혜로 간주한다. 이것은 매개된 의미를 왜곡함 없이 그렇게 기능할 수 있는데 왜냐하면 이는 직접 깨달음에 대한 의타기적인 인식에 바탕을 두고 있기 때문이다.

사악함을 몰아냄이 지지하는 회심은 기본 의식의 전환을 뜻한다. 이 전환은 매개된 의미를 그것 자체가 궁극으로 잘못 받아들이는 성향에서부터, 또 심한 망상 속에서 그러한 의미에 집착하는 것에서부터 의타기적인 사고의 관습적으로 진정한 기능과 언어와 수행에 있어 지혜를 구체화하는 데 필수적인 정서(affectivity)를 얻는 것으로 변화함을 말한다.

바수반두는 그가 쓴 『존재자와 존재의 차이』(*The Difference between Existents and Existence*)에서 "존재를 이해함은 그렇게 있음으로 회심을 동반하며 이 세상에서 꾸며진 한 생각으로서 표현된다"[72]고 말한다. 따라서 모든 교의적 담론은 디오니시오가 말하듯이 신비적 의미의 의도를 얼마간 표현하는 본보기들을 엮는 것이다. 이론적 의미를 지나치게 강조하게 되면 기본적인 신비적 경험을 구체화하는 중심적인 기능을 막게 되는데, 그것은 바로 논리적인 일관성에서의 성공이 신비적 주제에 대한 약간은 엄밀한 표현을 해친다. 그러면 진정한 이론

72) Derge ed., no. 4022, Phi, 47^{b-3}.

적 이해를 얻는다고 하더라도, 기본적이고 직접적인 체험의 깨달음은 잃는다.

회심에 대한 이 유식론의 설명은 그리스도교의 신학화에서 유용한 설명으로 권하는데 그것은 바로 이것이 신비적 의미와 체험의 중심적인 맥락 안에서 회심을 객관화하기 때문이다. 이것은 신비적 의미를 이론이나 상식 수준으로 축소시키지 않을 뿐만 아니라 이성의 차가운 빛이나 설교의 영적 열기 아래서 이를 검토하려고 하지도 않는다. 이는 매개된 언어로 신비 체험을 표현하고자 하는 이론적인 시도인 객관화인데, 이러한 노력의 불가능성을 끝까지 따라가며 고백한다.

결 론

이 장에서는 그리스도교 신앙을 이해하는 데에 대승불교 철학을 수용하는 것에 대해 일반적이고도 구체적으로 답하고자 했다. 종교철학의 두 가지 선택이 논의됐다. 하나는 표현 불가능한 모든 종교적 경험의 초점을 중심적 핵심에 모았고 다른 하나는 표현하는 것이 불가능하지 않은 모든 종교적 체험은 이것의 사회적, 문화적, 언어적 배경에 의해 미리 결정되고 다른 존재론적 실재를 반영한다는 데에 있다. 이 둘 모두는 본질주의적 사고의 보기로서 거부되었다. 특정 문제 가운데 많은 것이 개괄적으로 다루어졌는데, 그 정도만으로도 우리 목적에는 충분하다고 보았다. 무아, 법의 영역, 공, 두 진리에 관해 제기된 질문과 유식론 철학은 다음에 이어지는 대승불교 신학의 실제적 발전을 위한 바탕을 다지는 목적이 있었다. 그리스도교 신학과 양립하지 않는 삼신불 교의에 대한 비판은 인정되었다. 그리스도교 사상에서 이 교의를 사용하기 위해, 앞으로 짧게 다룰 것이지만, 가현설적 연관성을 피하기 위해 수정되고 조정됐다.

회심에 관한 부분은 전환적인 체험을 위한 필요를 강조하기 위해 마련됐다. 이것 역시 하나의 반대, 곧 일부에서는 이들의 체험이 공,

궁극적 의미 또는 깨달음을 전혀 반영하지 않는다고 주장한다. 이에 대한 대응에서 대승불교는 체험은 한 사람의 의식이 작동하는 형태가 체험으로 하여금 반영하도록 허락한다고 주장한다. 회심에 대한 유식론의 설명은 지혜 의식으로 전환을 그리고 성인의 마음과 죄인의 마음 사이의 차이를, 또 부처와 일반 세속인의 차이를 묘사한다. 그러나 어떻게 한 사람이 이러한 회심을 얻는지는 설명하지 않는다. 이 길의 구체적인 수행에 대한 수많은 문헌이 존재한다. 곧 십바라밀(十波羅蜜, ten perfection), 묵상과 명상 수행, 부처와 보살의 가시화 등이 있다. 그러나 이러한 주제는 현재 우리 논의의 범위를 넘어서며 이 내용은 단지 다음에 논의할 것을 준비하는 데 있어 어려운 점을 없애기 위해서다. 이 책의 나머지 장들은 전통적인 성육화와 삼위일체 교의에 나타난 기본적인 그리스도 의미에 대해 대승불교적 해석을 엮어 갈 것이다.

10장
그리스도 의미에 대한 한 대승불교의 이해

앞의 장들에서 그리스도교 신학적 통찰이 불교 지혜 전통에서 얼마나 큰 도움을 받을 수 있는지 논의했다. 자주 잊히는 서구 그리스도교 신비 전통의 풍부한 자산은, 희망이기는 하지만 이런 노력을 통해 다시 재평가될 수 있다고 본다. 이는 마치 신비주의자들이 완전히 잊혀져서 그리스도교적 깨달음이라는 고대의 동굴의 쓰레기통 속에 버려져 있기나 한 것처럼 그리스도인들이 신비가들을 다시 찾아내야만 한다는 뜻은 아니다. 과거처럼, 그리스도교 신비가들은 읽혔으며 복음을 따르는 이들의 마음속에 살아 있다. 신약의 많은 구절들 자체는 이러한 신비적 의미 영역-직접적 체험의 비매개성 속에서-에서만 이해될 수 있다. 그리스도교 신비가들은 역사적 연구의 대상이었고 앞의 그리스도교 신비 사상에서 보았듯이 영성적 신학에 대한 많은 학문적 연구의 대상이기도 했다. 따라서 그리스도교 신비 전통의 복원은 어떤 새로운 것의 소개가 아니다. 그리스도인은 이 신비가들을 완전히 잊지 않았지만 그리스도인 신학자들은 이들을 주류 신학에서 제쳐 놓았다.

사실 영적 또는 수행(ascetical) 신학의 이름 아래 나온 그리스도교 신비 문학이라는 한 장르도 있다. 이것은 하느님에게로 나아가는 마음을 다루고 그리스도교 영성 수행에 중점을 두었다. 명상 안내서는 오랫동안 인기가 있었다. 토마스 아 켐피스(Thomas à Kempis)의 『그리스도를 본받아』(*Imitation of Christ*), 존 번얀(John Bunyan)의 『천로역정』(天路歷程, *Pilgrim's Progress*), 또 성 프란치스코 살레시오의 『신심생활입문』(*Introduction to the Devout Life*)과 같은 고전은 일부 사람들에게 호소력이 있었으며 해마다 그리스도교 기도와 수행에 관한 많은 새로운 책들이 나왔다. 그러나 이런 책들은 좀처럼 신학 실천에 있어 중심으로 자리 잡지 못했다. 이런 책들은 이미 이해된 신학적 교리를 실생활에 적용한 한 사례 정도로 여겨졌지, 교리를 형성하는 것 자체로 인정받지 못했다. "lex orandi lex credendi"(기도는 교리의 원천이다)는 격언은 교부들에 관한 주제에서는 환대를 받았지만 다른 많은 당대 신학적 논의에서는 무시되었다. 이를테면 어떤 사람이 프란치스코 살레시오의 책에서 지혜를 얻었다고 하더라도 본격적인 신학 연구를 하는 사람은 토마스 데 아퀴노나 현대에는 칼 라너(Karl Rahner)의 『신학연구』(*Theological Investigations*)로 기울어진다.

그리스도교 정신은 갈라져 있으며, 그래서 『그리스도를 본받아』의 저자는 심판날에 사람은 무엇을 읽었느냐가 아니라 어떻게 살았는가에 대한 질문을 받을 것이라고 비난했다. 그리스도인 사상가들은 이런 분열이 있다는 것을 알고 있으며 많은 이들이 이런 상황을 해결하고 그리스도를 찾는 데에 있어 깨어진 정신을 치유하려 한다. 토마스 머튼(Thomas Merton) 같은 이가 마음에 떠오르는데, 그와 같은 이들은 신학자들의 건조한 접근에 만족하지 못하고 단지 지적이고 학문적인 경향만이 아니라 인간 의식 전체를 다룰 수 있는 "새로운" 신학을 가져오는 데에 헌신했다.

이 책 제1부에서 논의한 것처럼, 그리스도교 사상에서 이런 이원론의 기원은 그리스도교 신학 전통의 맨처음으로 거슬러 올라간다. 그리스 사상 체제의 수용이야말로, 그 문화 상황 속에서는 필요하고 또 바람직한 것이기는 했지만, 그리스도교 신학의 주요 사상의 표현을 그리스 형이상학의 gestalt(통찰) 속으로 빠뜨려 버리거나 또 신학의 발전에 있어 신학적 노력을 "그리스도교" 존재론에 묶어 버리는 데에 큰 구실을 하였다. 그리스도교 교의를 명확히 이해하기 위해서는 영적 권고나 금언을 주는 것보다는 더 체계적이고 엄밀한 접근이 요구됨은 분명하다. 그리스도교 사상의 발전 전체를 통틀어 날카로운 신학적 통찰과 정확한 담론이 필요하다고 공감돼 왔다. 사실 이러한 필요는 그리스도의 중요성과 교회의 교의에 대한 깊은 통찰과 예리한 반응을 계속해서 생산해 냈다.

그러나 분열은 계속되었는데, 그것은 그리스도교 사상이 이론과 유기적으로 신비적, 수행적 실천을 연결하는 데에 실패했기 때문이다. 수행 신학은 교의적인 노력에 있어서 배다른 자매로, 곧 세상 안의 그리스도인됨을 실천하는 데 대한 신학적 통찰의 이류적 적용에 머물렀다. 대승불교 사상이 어쩌면 도움이 될 수도 있는 지점이 바로 여기인데, 중관학파(Mādhyamika)와 유식학파(Yogācāra)에서 대승불교 사상은 이론과 신비적 실천 사이의 발전적인 긴장을 유지할 수 있는 종교 의식에 대한 비판적 이해를 성취했기 때문이다. 나가르주나의 신학화는 깨달음은 언어로 표현 불가능한 체험이라는 것이 중심임을 확고하게 인식하고서, 이로부터 그의 전체 사상이 지탱되어 나간다. 공과 연기론의 주제를 다루면서 나가르주나는 존재론적 체계와는 아주 다른 접근을 보여 준다. 두 진리를 설명하면서 나가르주나는 관습적이고 이성적인 담론을 추구하도록 허락한다. 다만 이 담론에 필요한 말을 너무 많이 사용하여 궁극적 의미의 침묵이라는 깨달음마저 잃어버려서는 안 된다고 강조한다. 유식학파의 대가 아상가와 바수반두는 한편에서는 각 의미 영역을 이것의 유효함 속에 유지시키면서도, 가장 핵심적인 공에 대한 통찰을 중심으로 인간의 모든 의미 영역을 끌어내려 하는 – 이는 주목할 만한 성공을 거두었다 – 철학을 전개했다. 이들의 정립한 세 가지 의식의 형식이라는 철학적 교의는 상상적 의존(imaginary clinging)을 정신적 발생(mental genesis)으로 파악하고 또 이해의 의타기적 형식(other-dependent patterns)의 촉진 안에서 궁극적 진리에 대한 완전한 깨달음으로 전환한다고 윤곽을 잡았다. 부처의 세 몸이라는 삼신설(三身說)에 대해 이 유식학파 대가들은 궁극적 의미가 구체적 현현 속에서 다양하게 나타나는 다양성을 인정했고, 위에서 말한 바처럼 가현설적(docetic) 함의가 있기는 하지만, 이 세 몸을 법신(法身, Dharma Body), 보신(報身, enjoyment body), 화신(化身, transformation body)으로 구분했다.

그렇다고 불교 사상이 항상 학문적 이론과 신비적 통찰의 수행 사이에 완전한 균형을 이루고 있었다고 주장하려는 것은 아니다. 실제로는 그렇지 않다. 자주 중관학파와 유식학파의 저작들은 깨달음에 대한 질문에 사용되기에는 지나치게 현학적으로 여겨졌다. 인도, 티베트, 또 동아시아의 학문적인 승원에서는 이들 체계의 복잡함으로 전문가 승려나 학자들 말고는 다른 어떤 이에게 설득력을 지니기 어려웠다. 체계화하려는 시도를 강조하면서, 대승불교 문학과 수행은 공과 연기론에 초점을 두었다. 반야경(般若經, Prajñāpāramitā scriptures)은 항상 대중적이었고 이론이 공에 대한 침묵의 수행의 자리를 침해하려 할 때면 언제든 반야경은 수행자의 관심을 건조한 추론에서 지혜의 구체적인 실현으로 향하도록 재조정하는 쇄신 운동으로 요청되었다. 중국 선불교 운동(Ch'an movement)은 지적 관념을 소중히 하는 경향을 말끔히 쓸어 버리려는 신선함과 익살로서 천태(天台, T'ien-t'ai), 삼론(三論, San-lun), 법상(法相, Fa-hsiang), 화엄(華嚴, Hua-yen) 철학에 대해 대응(중관학파와 유식학파 후계자들에 대한 대응)했다. 서구에 선(禪, Zen)이 도입된 것은, 사실 근대적 사고에 가장 깊은 영적 이해와 깨달음은 어떤 언어로도 담을 수 없다는 것을 말해 준 것과 다름없었다. 전문가 수사와 수녀들이 보존했던 그리스도교 신비 전통이 있었으므로, 서구 선불교 선승(master)들은 그리스도교 사상이 교리나 교의에 지나지 않는다고 생각하기는 좀처럼 어려웠다. 본래 중국적인 배경에서 선은 해학과 역설에 힘입어 해체의 전략으로 기존 중국의 현학적 불교의 주장을 뒤집어 버렸다. 서구에 선불교가 도입되자, 선불교는 이 전략을 교의적 입장과 교파적 형식에 매달려 있는 서구 정신을 해체하는 데에 적용한다. 선불교는 그리스도교 의식에서 영(spirit)을 설명하는 데에 가장 호소력이 있었으며 고정 관념과 특정 개념으로 방해받지 말고 "근원적 마음"을 찾으라고 요청했다. 기본 선불교 경전들은 재미가 있었는데 이는 서구 신학자의 심각한 신학책에서는 볼 수 없는 것이었다. 선불교 이야기들과 『무문관』(無門關, *Wu-men's Barrier of kōans*)과 『벽암록』(碧巖錄, *The Blue Cliff Records*)은 역설적인(mind-twisting) 비유가 많았다. 에드워드 콘즈(Edward Conze)는 언젠가 선과 반야심경을 익살스러운 것이라고 했다. 아무도 이런 책들을 "탐구"하지는 않지만 무슨 일이 있었나를, 이것들이 지닌 깊은 의미를 감상하든 않든, 재미스럽게 탐독한다.

대승불교 사상은 모든 존재론과 형이상학을 해체하며 복음에 그리스도교적 통찰을 깊게 하는 것은 바로 이런 해체적 주제이다. 여기서 빌려 온 주제를 간단히 정리하는 것은 도움이 될 듯하다. 대승불교는 서구든 동양이든 어떠한 존재론을 착각에서 비롯된 개념의 객관화로 간주하는 한편 이것의 근원적인 본질(svabhāva)을 서로가 연관된 연기론적 세계의 덧없음과 허망함에서 확실히 피하는 것이라는 왜곡된 열망의 투영으로 보는 것을 거부한다. 따라서 대승불교 사상을 그리스도교 신학의 한 모델로서 사용하려면 서구 신학의 형이상학을 부정하는 것이 수반된다. 이것이야말로 사실 대승불교적 사유 방식을 위해 요구되는 주요 전제인데, 공과 무아(no-essence)의 철학을 정교화하는 데서 더 강조된다. 나가르주나의 표현처럼, 공은 모든 관점을 파괴(destroy)한다. 공은 형이상학의 영역 안의 한 보충적인 관점이 아니라 완전히 분리시켜 내는 차원으로 전환함을 말하는데, 이 안에서 모든 관점은 본질이 텅 빔으로 간주되며 따라서 공은 어떤 것이 최종적인 본질이라는 어떠한 주장도 옹호할 수 없다. 나가르주나는 관점에 집착하는 대신 하나가 일어남에 따라 다른 하나도 일어나는 연기론에 대한 통찰을 제시한다. 곧 사물들의 완전한 상호성(total mutuality)과 모든 교의(또 모든 사물) 안팎과 그 배경이라는 전적인 상황성(contextuality)에 대한 깨달음을 강조했다. 이런 개념의 빛 아래서 중관학파는 궁극적 의미와 지상적 관습(convention)이라는 두 가지 진리를 재해석했다. 이 주제와 공과 연기론 교의 사이의 차이는 관점에 있다. 후자는 사물이 우리의 체험과 사고에서 "수평적으로" 나타나는 사물들의 실재에 대한 통찰을 말하고 있는 반면 전자, 곧 두 진리와 그 상관관계라는 주제는 철저히 언어 표현을 초월하는 궁극적 의미의 차별성(otherness)과 세상에서 상호 의존적으로 일어나는 연기론의 표현에 대한 "수직적" 통찰을 제시한다. 중관학파의 이 두 가지 주요한 사상 안에서 본질주의적(essentialist) 존재론에 관한 모든 생각은 지워지며 세계는 연기론의 지평 안으로 들어온다.

유식학파 사상가 아상가와 바수반두는 의식에 대한 비판적인 이론이라는 점과 관련하여 이러한 통찰의 함의를 탐구했다. 이들의 설명에 따르면 의식적 이해의 세 가지 형식 안에서 이 표상적(imaged) 형식은 연기론적 표상들을 외적 실체로 또 관념들을 본질로 혼동하며 사물이 마치 영원하고 참으로 실재하는 것처럼 이에 집착한다. 의타기적인 형식(the other-dependent pattern)은 그 자체가 의식의 다른 차원(수용하는 아뢰야식과 활동적[active] 의식)들이 상호 작용함을 통해서 또 생각(ideas)과 말을 통한 매개적인 체험 안에서 통찰과 표상 사이의 상호 작용을 통해서 그 형식 자체가 상호 의존적으로 일어난다. 공과 연기론에 대한 통찰 없이 세상에서의 경험적인 기능에 있어서, 이 의타기적 형식은 생각과 관점들이 마치 객체적인 사물을 보는 주체적 정신(mind)으로써 접하게 되는 실체의 본질(reality of essence)로 말미암아 이 생각과 관점이 유효성을 획득하는 것처럼, 이것들의 투영을 돕는다. 그러나 의식이 일단 표상적 형식에서 전환하게 되면 이 의타기적 형식은 매개된 의식이 전적으로 부재하게 되는 그러한 깨달음의 완전한 형식을 지지(support)하며 한편 또 매개된 의미가 발생하는 기본적인 연기론적 구조를 회복한다. 따라서 보살(bodhisattva)은 모든 포괄적인 언어와 사고의 상황성의 인식 안에 있는 관념과 언어의 세계에서 기능한다. 이 완전한 형식은 궁극적 의미의 침묵을 깨닫는 것이며 깨달음의 직접적 체험의 매개성에 대한 깨우침이다.

이것들이 그리스도교 신학에 "협조자"(handmaiden, ancilla)로서 사용된 불교적 개념이다. 여기서 말하는 신학은 어떠한 신앙을 고정된 전통에 "맡기"거나 "수용되는" 데에서 이해하는 본질에 대한 추론적 인식에 바탕을 두는 것이 아니라, 그리스도의 지혜 속에서 삶의 의미에 대한 헌신을 이해하고 선언하는 그러한 신앙의 회심한 정신(converted mind of faith)에 그 뿌리를 두는 신학을 말한다. 대승불교적 신학은 그리스어 noēta처럼 이해되는 내용에 초점을 두는 것이 아니라 이해하는 마음(mind)에 중점을 두는데, 이는 지혜는 의식의 깨달음의 한 형식이며 신학의 지혜는 공과 연기론적 표현에 있는 모든 교의의 표현 불가능성과 가까운 마음에서 나오기 때문이다. 대승불교적 신학은 모든 신학적 모델(심지어 대승불교적 신학 모델도)이 발생하는 데에 따른 특정 조건들의 관점에서 볼 때 이것들의 상황성 안에서만 유효하다고 주장한다. 고해자 막시무스의 말로 하자면 "교회의 교의는 이것의 내용에 의해서만 초월될 수 있다."

이 장의 나머지 부분과 그 다음 장에서는 성육화와 삼위일체에 대한 대승불교적 이해를 살펴볼 것이다.

대승불교적 그리스도론

대승불교적 그리스도론은 공, 연기론, 철학적 통찰로서 두 진리의 주제를 사용할 것이다. 공과 연기론의 교의는 그리스도에 대한 "수평적" 체험에 초점을 둘 것이며 따라서 그리스도를 어떤 본질에 대해서도 공으로 이해하며 철저한 모든 잠재성 아래 있는 연기론의 세계에 속해 있는 존재로 볼 것이다. 이 교의만으로는 합당한 그리스도론을 제시하지 못하는데, 그 까닭은 이는 그리스도의 궁극성과 다름(otherness)을 정교화하지 못하기 때문이다. 두 진리 교의는 이 "수직적" 측면을 강조하며 또 그리스도의 의미를 궁극적이고 이 지상에서 표현된 것으로 제시한다. 대승불교적 그리스도론은 이 두 가지 모두에 의지하는

데, 한쪽이 무시될 경우 성립할 수 없다.

공인 예수

예수 그리스도의 인성에 대한 대승불교적 이해에서 예수는 그의 존재를 규정하는 것을 돕거나 그의 정체성을 파악하는 데에 동원된 어떠한 본질에 대해서도 공, 텅 빔이다. 이는 그가 어떠한 인물이었는가에 대해 어떠한 생각을 궁리하는 것이 불가능하다는 의미는 아니다. 그가 어떻게 행동하고 무슨 말을 했는가를 기록한 복음은 그의 인성을 잘 묘사한다. 그러나 그에게 연기론적 행동과 말을 넘어서는 자아는 없었다. 예수가 자아를 지니지 않은 까닭은 모든 인간이 모든 자아(ātman)가 없기 때문이다. 그리스도의 인성에 대한 그리스도교의 교의는 그의 이원론적 본성이나 신적 위격을 규정하려는 시도로는 이를 표현하지 못한다.

그렇다고 이 말이 니케아 공의회와 칼케돈 공의회의 교의가 완전히 잘못됐다는 뜻은 아니다. 대승불교 사상가라면 즉각 거부했을 그런 관점에서 교부들이 자주 예수에 대한 이해를 표현했다는 것은 사실이다. 그러나 그리스 철학의 맥락에서 그리스도가 하느님 아버지와 동체라는 주장은 그리스도가 교회에 어떠한 의미가 있는가와 같은 정교한 언어로 표현되었다. 곧 그리스도는 궁극자이며 따라서 하느님 아버지와 같은 신이다. 이론적인 표현이라는 점과 관련해 칼케돈 공의회의 가르침은 말로 표현할 수 있는 만큼 디했다고 할 수 있다. 그러나 대승불교적 그리스도론은 오늘날 그리스도인의 대부분이 그리스인이 아니듯, 비그리스인인 모든 그리스도인을 포괄하는 교의의 전개가 될 수 없었던 철학적 존재론을 감안할 것이다. 대승불교적 그리스도론은 나아가 본질주의적 범주에서 나오는 그리스 철학의 언어 경향성을 알도록 주의를 환기할 것이다. 다른 대안적인 철학의 길이 열려 있지 않은 세계에서 교부들은 이러한 언어로 그리스도에 대한 이들의 이해를 표현해야 했다. 그러나 이들은 수많은 철학의 세계에서 그리스 철학의 언어를 계속 사용할 것을 주장했기 때문에 이 언어는 이들의 근원적 통찰을 제대로 전달해 내지 못했다. 칼케돈 공의회의 교의는 오늘날 예수 그리스도에 관한 유치한 개념화를 조장하였고 그 결과 여러 관점을 조립하는 데에 전념하게 함으로써 그리스도 안에서 의미에 대한 직접적 깨달음은 배제하는 경향이 있었다. 이는 안정적이고 왜곡을 극복할 수 있는 것으로 간주된 의미 단위로서 언어에 대한 확신이 있음을 반영하는데, 이런 확신은 많은 현대 철학자와 다른 문화에서 온 그리스도인이 동의하지 않는 것이었다.

복음서 자체도 그리스도를 무엇이라고 규정하지 않는다. 그는 기존에 확립된 어떠한 자기 이미지나 자기 정체성에는 전혀 상관이 없는 모습으로 묘사된다. 그리스도의 "존재"의 중심은 아바(Abba)의 현존이라는 깊은 의식에 의해서, 또 이 세상에서 구현되는 하느님 나라에 대한 헌신으로 형성된다. 예수는 다른 이들과의 관계를 떠나서는 거의 이해되기 어렵다. 그래서 에드워드 스힐레벡스는 "예수의 본질(substance)에 대한 어떠한 우선적인 규정은 없다"[1]라고 말했다. 예수는 투명했으며 결코 자신을 하느님 아버지와 그의 임박한 지배에 나란히 "제2위격"으로 위치시키지 않았다.[2] 예수는 자신이 철저하게 아바인 하느님의 현존을 비추고 또 자비의 지배를 구체화하는 존재임을 강조했다. 그의 존재는 하느님 아버지의 거울로서 끊임없이 투명한 데서 찾을 수 있다.[3] 이런 점에서 우리는 알버트 슈바이처(Albert Schweizer)가 가르쳤던 것처럼 신앙의 그리스도에서 역사의 그리스도를 분리시켜 낼 수 있다고 기대해서는 안된다. 진정한 예수를 발견하는 데 있어 성공이란 학문적인 재구축에서가 아니라 슈바이처 자신이 의사 선교사로 아프리카에서 봉사했던 것처럼[4] (예수에 대한) 그러

1) Schillebeeckx, *Jesus*, pp. 600−601.
2) 같은 책, p. 307.
3) 같은 책, p. 304.

한 조합을 버리고서 예수를 따르는 데에 있다.

예수의 존재는 객관적으로 실재하는 본질-이제는 신앙인(또는 역사가)에게 넘겨진-로서 이해될 수 없다. 오히려 그의 존재는 텅 빔의 존재, 곧 상호 연관되어 있는 연기적 세계에 대한 깨달음에서 오는 모든 자아와 본질에 집착함을 부정한다. 그의 아바 체험(궁극적 의미의 즉각적인 깨달음)과 이 세상에 도래하는 하느님의 지배(전통적인[conventional] 실재의 긴급함)에 대한 그의 가르침은 단지 예수의 주체성의 외적 특성만이 아니다. 이 체험과 그의 가르침이 예수를 인간으로 성립하게 한다. 그것이 바로 예수다. 진정한 자아는 본질이라는 점에서가 아니라 오직 텅 빔과 관계성이라는 점으로만 규정할 수 있다. 『대승장엄경론』은 깨달은 이의 자아를 다음과 같이 묘사한다. "순수한 공 속에서 깨달은 이는 무자아(selflessness)라는 초자아(supreme self, mahaātman)를 얻고 순수한 자아를 발견함으로써 자아의 위대함을 깨닫는다."[5] 바수반두는 이것이 "순수한 상태에 있는 가장 높은 자아"를 가리킨다고 설명하는데, 이는 다시 말해 의미 영역에서 주체와 객체 사이에 어떠한 차별도 없음을 말한다.

우리는 동일하다고 입증할 수 있는 형이상학적 본질이나 지금도 우리가 말하고 있는 바로 그것(교의적 규성)을 규정하는 본성이라는 점에서 예수를 이해하고자 하는 대신, 공과 무아(no-self)라는 주제에 집중하는 편이 더 효율적이라고 본다. 복음서 어느 곳에서도 예수가 자아(ātmagrāha)에 집착하는 모습은 없다. 따라서 교의도 예수의 존재의 규정에 매달려서는 안 된다. 예수가 하느님 아버지를 비추는 거울이었음을 배제해 버림으로써 아바(Abba) 대신 예수의 신적이고 불변하는 본질이라는 관념으로 대체할지도 모른다. 신앙을 말로 전하고 매개하는 예수의 구실은 그의 이원론적 본성에 관한 형이상학적 담론 속에서 자주 잊힌다. 실제 인간의 몸으로 태어난(conceived) 그리스도

4) Albert Schweitzer, *The Quest of the Historical Jesus*, pp. 398-403.

5) *Mahāyānasūtrālaṃkāra*, Lévi ed., vol. 1, p. 38.

가 매개한 것은 침묵에서 오는 하느님 아버지의 말씀이 아니라 하나의 인간과 하나의 신이라는 두 존재 사이를 매개한 것이다. 그리스도는 관리적 존재인 신 앞에서 인간의 뜻을 호소하는 고충 처리반원(ombudsman) 같은 존재가 된다.

2장에서 다룬 것처럼, 마태오와 요한 복음, 바오로 서간, 야보고서는 모두 예수를 지혜로 파악하며 모든 매개된 지식에 앞서 또 그것을 넘어서는 아바에 대한 직접적 깨달음이 지혜라고 본다. 마태오는 지혜를 받아들이는 이해력을 배움으로도 손상되지 않는 어린아이다움과 동일시한다. 바오로는 지혜를 세계관의 발전을 초월하여 언어의 그물 속에 구원을 잡아 두려 하는 어떠한 세계관도 부정하는 그리스도로 이해한다. 그리스도에 대해 설교하면서 바오로는 예수가 "신비 안에서 하느님의 지혜를 말한다"고 했다. 바오로가 보기에 겉으로 똑똑해 보이는 이들은 그리스도를 이해할 수 없는데 그것은 영적인 것을 비영적인 태도로 파악하려 하기 때문이다. 야고보는 비매개적이고 무차별적인 지혜를 반복하는데, 곧 지혜는 망설임도 또 선택에 있어 어떤 차별도 두지 않는다고 가르쳤다. 야고보는 인간 스스로 어느 쪽에서 대답을 찾아야 할지 계산하면서 하나를 두 마음으로 나누어서는 안 된다고 쓴다. 그는 인간 혼자서 진리를 확신하고 잡으려 할 필요를 거부하면서 순수한 마음으로 감사하게 주님에게서 오는 지혜를 받으라고 권고한다. 요한 복음에서 sēmeia(이적, 표적) 자료의 편집본은 표지를 찾으려는 마음을 비판하는데 한편으로는 이 편집본은 예수의 인간적 위격이나 예수에 대한 실재하는 경험적 증거 주장을 직접적으로 부정한다. 이 신약 성경의 저자들이 보여 주는 지혜는 오직 하느님과 직접적으로 접촉하는 데에서만 의미가 있고 언어를 검토하는 것으로는 실현될 수 없다. 이 언어야말로 인간 의식과 하느님의 직접적 행동 사이에 동질성을 확인할 수 있는 요소를 찾아내려 집요하게 추적한다. 아바의 깨달음 속에서 지혜는 오히려 복음을 표현하려는 모든 언어적인 행위 그 전에 오고 가는 직접적인 깨달음을 이룬다. 우리가 "아바, 아버지!"라고 외치게 하는 것은 바로 그리스도 안에 있음(being in Christ)에 대한 깨달음이다. 어떠한 예들 속에서도 예수가 하느님 아버지 옆의 "제2인자"(subject)라고 강조한 것은 없다. 그는 항상 그의 전 생애를 통해 행동과 실천으로 아버지를 드러내었다. 예수가 아무것도 써서 남기지 않았다는 사실은 의미심장하다. 전 복음의 이야기 속에서 또 초기 전례에서 기억되고 나눈 것은 예수의 삶과 행동이었다.

복음에 끊임없이 등장하는 주제는 어느 누구와도 어떤 위치와도 동일시하는 표지-집착 마음에서 벗어나 아바를 깨우치고 성령을 받아들이는 마음으로 회심하라는 요청이다. 예수는 실재(the reality)를 선포하지만 자신은 사라진다. 선의 표현대로 하면 예수는 달을 가리키는 손가락이다. 그러니 달을 보라. 손가락의 구조를 조사하지 말고, 얼마나 길고 큰지 살피지도 말고, 또 주름지지 않고 제대로 모양을 갖추었는지 아닌지도 볼 필요가 없다. 명제 신학(propositional theology)은 그리스도인이 깨달아야 할 달은 빠르게 지고 있음을 알아차리지 못한 채 자주 손톱 소제사처럼 사람의 손톱을 윤이나 내고 또 손톱처럼 신의 표피만을 다듬는 구실을 한다. 예수는 침묵을, 심지어 그를 고발한 이들 앞에서도 침묵을 지키고 있다. 성서가 증언하는 예수는 다른 사람들보다 특별하다는 것을 이론적으로 인정받으려 전전긍긍하는 모습으로 그리지 않는다. 심지어 그는 자신을 선하다고 부르는 것조차 받아들이지 않는다. 이 세상 안에서 구현되는 아바의 다스림으로 철저하게 돌아서라고 끊임없이 강조한다. 예수의 의미는 그의 본성을 이루는 요소가 무엇인가를 분석하는 데서 찾아지는 것이 아니라, (하느님을) 비추고 있는 거울의 본성을 분석함으로써 발견할 수 있는 것보다 그 이상이다.

또한 예수의 부활도 그의 신적 지위에 대한 경험적 유효성이라는 맥락에서 해석해서는 안 된다. 그토록 영광스럽게 부활한 그리스도가 진짜로 살아 있는지 보여 주기 위해 다시 한번 산헤드린 법정에

설 수는 없는 것이다. 부활한 예수의 모습에 대한 이야기들은 예수 부활에 대한 그리스도인들의 주장이 경험적으로 진실하다는 것을 보여 주고자 하는 의도는 아니다. 오히려 이런 이야기들은 유대인이 어떻게 회심했는가를 보여 주는 여러 보기라고 할 수 있으며 경험적 현존으로가 아니라 "세상의 빛"[6]으로 지금 우리에게 오는 예수의 궁극적 유효성에 대한 체험을 밝히는 것이다. 이야기들은 예수가 선언했던 실체 안에서 마지막으로 어떻게 자취를 감추는가를 보여 준다.[7] 부활 체험은 드러남과 깨달음의 체험이며 따라서 복음의 이야기는 비추임이라는 유대인의 회심 모델을 보여 준다. 이에 대해 스힐레벡스는 다음과 같이 말한다.

> 빛(자주 빛의 현시로 그려지는)을 통한 회심이라는 기존 유대 전통이 이미 존재한다는 관점에서, 율법의 하느님의 계시에 대해서가 아니라 예수 안에서 드러난 하느님에게로 향한 놀라운 회심의 발생이 한 회심의 현시(vision)의 모델 안에서 표현됐는데, 이것은 본질적으로 공현으로서 "하느님의 드러남"을 말하며 따라서 "깨달음"을 의미한다는 생각-또는 가능성-이 이미 여기에 있다.[8]

그러나 이것은 부활 체험이 삶과는 아무런 관련이 없이 단지 주관적이고 심리적인 체험이라는 것을 의미하지는 않는다. 객관적인 해석이 모두 환영적 의식(illusory consciousness)의 추론화된 형식(imagined pattern) 안에 갇히는 것처럼 어떠한 주관적 해석도 마찬가지다. 신비적 의미는 의식의 주체-객체 형식으로 이해될 수 없다. 곧 그리스도 의미에 대한 체험은 예수 안에서 활동하신 하느님을 직접적이고 신비하게 체험한 것을 말하며 죽음을 넘어 살아 계신 예수를 체험하는

6) Schillebeeckx, *Jesus*, p. 384.
7) 같은 책, p. 213, 637.
8) 같은 책, pp. 390-391.

것이다.[9] 그러나 이러한 현실은 "예수의 분자 구조를 재형성하는"[10] 것이거나 그의 생리학적 또는 심리학적 존재를 소생시킨다는 경험적 예수를 말하지 않는다는 것은 과거에나 지금에나 변함이 없다. 만일 그리스도의 현존이 한 본질의 현존이 아니라면 부활은 이 본질의 회복이 아니다. 부활의 현실(reality)은 종말론적이고 결정적인 것으로 하느님 아버지가 그를 들어 올리고 이 세상에서 하느님의 자비의 지배를 실천하는 것으로 완성된다.[11]

따라서 부활은 의식의 추론적 형식이라는 점과 관련해 죽음에 대한 경험 과학상의 승리를 증명하는 것이 아니다. 승리는 바로 그리스도 안에서 깨달음과 지식을 깨침으로써 그런 사유 형식을 버리는 것을 뜻한다. 죽음은 독침을 잃어버렸는데 이는 부활하고 승천한 그리스도가 궁극이며 끊임없는 고통과 두려움의 사바 세계에 묶여 있지 않기 때문이다. 미래의 안정을 걱정하는 나라는 의식(me-consciousness)은 아바를 통해 극복되며 자비의 다스림이 실현된다.

사도 바오로가 다마스커스로 가는 도상에서 보게 된 예수 환시는 어떠한 교의적 내용도 없는 공임을 나타내는데, 이는 "이 공의 드러남은 그 실체가 뚜렷하게 '비어' 있거나 적어도 아주 희박하기 때문이다. 곧 이 공은 그 뒤 바오로의 삶 자체에서 벌어지는 구체적이고 역사적인 여러 사건들에 대한 설명으로 채워져야 한다"(스힐레벡스).[12] 예수가 누구인가라는 물음에 관한 생각과 표상에 대한 개념적인 집착은 단지 그렇게, 곧 표상과 생각에 대한 한 집착으로 남게 된다. 이는

9) 따라서 나는 램프(G. Lampe)에게 동의하지 않는다. 곧 그리스도인의 체험의 형태가 예수 안에 있는 성령으로서의 똑같은 하느님이라는 데에 반대한다. 그의 *God as Spirit* (Oxford, 1977)와 "The Holy Spirit and the Person of Christ", in *Christ, Faith and History* (Cambridge, 1972), pp. 111-130을 보라.

10) John Robinson, "Need Jesus Have Been Perfect?" in *Christ, Faith and History*, pp. 48-50.

11) 미래의 사건이 아니라 하나의 결정적인 계시로서 종말론이라는 이해에 대해서는 Gregory Dix, *The Shape of the Liturgy*, pp. 256-259.

12) Schillebeeckx, *Jesus*, p. 362.

"사실적"이라고 인정받기 위한 기초를 요구하는 추론적 이해 형식에서 나온다. 그러한 환영적인 형식으로 구실하면서 이 마음은 끊임없이 확고한 확신을 요구하는데, 이 확신은 모든 교의적 이해에 들어 있는 언어적 변화와 발전에 종속되지 않는 일부의 종교적 확신을 드러내기 위하여 이 덧없는 세상을 넘어서는 것이다. 그리스도교 사상가들이 19세기의 단순한 경험주의를 신속하게 반박해 왔던 반면 그들 자신은 자주 초자연적 경험주의의 다양성에 빠졌다. 이들은 사실에 대한 초자연적 확신, 곧 만약 발견된다 하더라도 아바에 대한 직접적인 깨달음을 피하고 예수인 거울을 흐리게 할 그러한 사실을 요구하는 것이다. 그리스도 안에서 사는 것은 은총 안에서 사는 것이며 이것으로써 변화하고 덧없는 세상 안에 머물면서, 고통과 죽음에 이르더라도 아바를 깨닫는 삶을 산다.

그리스 사람들은 예수의 존재를 인간이면서 동시에 신이라고 규정하는 이상으로 더 적절한 생각을 해낼 수 없었다. 이들은 궁극적 의미를 "신성"이라는 말로 썼는데, 이 궁극성은 이들이 그리스도의 삶에 개인적 또는 전례 의식을 통해 참가함으로써 경험했던 것이다. 그러나 상황이 바뀌고 세계가 문화 형태를 변화시킴에 따라 다른 관념들이 적어도 이와 비슷한 유효성을 갖는 언어로 예수의 궁극성을 표현할 수 있게 됐다. 대승불교적 그리스도론에서 그리스도의 의미에 대한 가장 깊은 통찰은 공(또는 연기론)과 관련하여 표현될 수 있다. 이런 철학의 맥락에서는 어떠한 본질(essence)을 예수에게 적용한다면 이는 그리스도의 의미를 훼손하는 것이며 곧바로 환영상의 조작으로 떨어질 것이다. 따라서 그리스도가 공이라는 선언은 그리스도의 궁극성을 부정하는 것이 아니라 이를 확인하는 것이다.

연기론적 존재로서 예수

대승불교 사상에서 공은 연기론 사상에서 드러난다. 나가르주나가 가르쳤던 것처럼, 공은 상호 의존적으로 일어나는 연기와 같다. 서구

스콜라주의의 용어로 이를 표현하고자 한다면 공과 연기론이라는 용어를 바꾸어 쓸 수 있는데, 곧 양자가 다르지만 상호 보완적인 면에서 똑같은 실체를 다룬다. 모든 사물이 의존 속에서 발생하기 때문에 이것들은 어느 본질의 짝을 이루든 공한 것이며 또 모든 것들이 본질이 없어서 비어 있으므로 서로 의존하여 존재하는 것이다. 공인 예수는 그의 삶과 죽음이라는 상호 의존적으로 일어나는 연기로서 역사적 의미를 갖는다. 예수의 수난과 부활 이야기에 표현되고 초기 그리스도교 전례 안에서 체험된 바로 이 그리스도의 의미가, 예수에 대한 복음의 기억 속에서 또 성체성사를 거행하는 교회로서 그리스도인의 모임 안에서 그 형태를 이루게 되었다. 예수의 정체성은 그가 가르치고 행했던 것에서, 또 그가 어떻게 죽었고 그 죽음에서 부활했는가에서 형성되었다.

이런 여러 사건은 상호 의존적으로 발생하였다. 이 사건들은 인간사의 상황에서 일어났으며 예수가 살았던 문화 안에 반영되었다. 예수의 모든 말과 행동이 신적 계획에 의해서 움직이고 있음을 두드러지게 보이기 위해 예수의 삶을 고려할 때 구체적인 역사적이고 문화적인 상황을 빼 버리는 경향이 있어 왔다. 세계-부정의 초기 종말론적인 성향의 박해받는 교회를 지나 세계 역사를 받아들이는 콘스탄틴대제 이후의 교회[13]에 이르러 그리스도교 사상가들은 점점 더 그리스도의 삶을 이미 예정된 신적 계획의 빛에서 해석했다. 대승불교적 관점에서 보았을 때 이러한 목적론적 이해는 사물의 명확하고 본질적인 실체를 규명하고 거기에서 안도감을 찾는 인간 욕구(desires)의 환영적인 투사의 한 예라고 본다. 이런 계획을 세우고 또 그리스도의 죽음과 부활을 이 거룩한 계획 안에 핵심 요소로 자리 잡게 하려는 것은 사물들을 규격대로 정리하여 통제 가능하게 하려는 인간의 고집스러움을 증명할 뿐이다. 하긴 만일 신인 그리스도가 통제되지 않는다면

13) Dex, *The Shape*, pp. 303-396.

어떻게 인간이 통제될 수 있을 것인가? 이런 관점에서 보자면 그의 수난은 유대인 종교 지도자나 로마 당국 때문이 아니다. 이것은 하느님 계획의 완성으로서, 이 안에서 예수는 하느님과 악마 사이의 균형을 이루기 위해 죄 많은 인류의 죄를 대신해 죽는다. 비록 잘못에 빠진 인류를 구한다는 이타적인 이유 때문이기는 하지만 하느님 아버지는 자신의 아들을 희생시키는 희생자가 되는 것이다. 이러한 신학에서는 어떻게 예수의 인성을 규정하든 간에 예수를 인간 경험의 가능성과 그 흐름을 넘어서 그 위에 위치시키는 것이 당연하다.

다른 한편, 예수가 공이라면 그의 존재는 상호 의존적 연기이다. 인간으로서 그는 다른 인간과 똑같이 인간적 잠정성(contingency), 변화, 고통이라는 망에 걸려 있다. 모든 사물이 상호 의존성 안에서 발생하며 예수도 인간 역사의 흐름 안에서 다른 사람과 마찬가지로 부침했다. 그리스도인인 두쿽(Duquoc)이 주목하듯이 "구체적인 역사적 가능성과 한계를 고려하지 않는 절대적인 이상으로는 그리스도론의 기초가 될 수 없다."[14] 더 직접적으로 말해서 예수의 삶과 죽음은 어떤 초자연적 계획의 드러남이 아니라, 차라리 모든 다양한 사람들이 자신의 삶 속 여러 사건들에서 신적 현존의 보이지 않는 손에 의해 움직이는 것과 같다고 할 수 있겠다. 예수가 살아 낸 삶의 굽이에서 어떠한 계획된 신적 드라마도 펼쳐지지 않았다. 사실 "예수가 역사적으로 무력하게 십자가의 실패 안에 하느님이 침묵으로 자신을 드러내는"[15] 것은 예수의 죽음에서 그 정점을 이룬다. 예수 당대의 상황 아래서 예수는 부와 권력(atmya)뿐만 아니라 경제적 안정이나, 명예, 또는 만족스런 신학적 입장이든 간에 자아의식(ātman)에 대한 모든 심리적 지지조차도 다 버리라는 회심(conversion)을 가르쳤다.

이 모든 것들은 어리둥절하기만 한 듯한데, 그것은 우리의 신학적

---

14) Christian Duquoc, *Christologie*, vol. 2, *Le Messie*, pp. 350–351, 스힐레벡스의 *Jesus*, p. 638에 인용됨.

15) Schillebeeckx, *Jesus*, p. 638.

모자를 걸어둘 만한 단단한 걸이 못을 박아둘 만한 여지가 없기 때문이다. 이들이 비록 그리스도인이라 하더라도 이것은 (예수와) 비슷한 실패로 끝장나지 않는다는 확신을 주지 않는다. 신앙의 가치에 대한 확신 때문에 고통을 당할 경우, 이 가치가 고통에 버금가는 확신을 주지 않는다면 또 항상 침묵하는 하느님 홀로에게만 의지해야 한다면, 연기론적 사건들의 세계에서 아바 안에서 자아를 포기하는 대신 소중하게 여기는 (종교적) 신념을 상상 속에서 안정시키는(imagined security) 것으로 대체하려고 하게 될 것이다. 상호 의존적으로 일어나는 연기의 세계의 인간 잠정성에서 벗어나기 위해 추론적인 신적 승인이라는 장막으로 가리운 채 헛된 안정감에 매달리려는 유혹을 받기도 한다. 그러나 인간성에서 또 철저히 어떻게 우리가 인간이고 누구인가라는 가능성에서 벗어날 수는 없다. 석가모니가 가르친 첫째 진리는 모든 것이 고통이라는 것, 곧 무를 향해 흘러가는 끊임없는 흐름에서 벗어날 수 없다는 것이다. 칼 맑스가 분명히 보았듯이, 종교는 인간에 대해 영원한 가치와 진리라는 초구조(superstructure)를 세움으로써 고통을 흐리게 할 수 있으며, 그러면 인간들은 현재의 고통과 절망에 대한 영원한 보상을 받게 된다고 확신하게 된다. 그러나 이런 종교는 삶과 죽음에서 실패한, 하느님의 나라와 그 다스림이라는 이상으로 거의 사람들을 회심시키지 못한, 또 비난받는 범법자로 죽었던 예수와는 관련이 거의 없다.

절대적 사고는 모든 인간적 노력이라는 연기론의 구조를 부정하는 환상이다. 우리는 우리의 특정한 언어와 문화에 묶여 있다. 우리는 이러한 언어와 문화를 형성할 뿐만 아니라 이것들에 의해 다시 만들어진다. 십자가상의 예수의 죽음도 또 죽음에서 살아남도 인간의 문화에 속한 상대성(relativity)이나 물리적 잠재성-우리 몸이 늙고 아프고 마침내는 말 그대로 분해된다는 사실-을 거꾸로 돌리는 것이다. 바오로는 십자가 신학을 코린토의 집단들에게 하나의 대체물로서 또는 이들의 거칠고 논쟁하기 좋아하는 마음을 누그러뜨릴 수도 있는 더 그리스도교적인 관점으로 제시하지 않았다. 오히려 그는 성마른 이들에게 죽음이라는 숨길 수 없는 사실-예수의 불의한 십자가상의 죽음과 우리의 피할 수 없는 죽음-을 끊임없이 상기시켰다. 상호의존적으로 일어난다는 사실이라는 점에서 이미 치켜세워지고 타협할 여지가 없는 이 코린토 집단들의 자만과 주장은 잘못되고 설익은 것이었다. 예수 자신은 유대교계와 로마 당국이 생각했던 정치적 필연성이라는 업의 그물(web)을 피할 수가 없었다. 그는 단지 살해되었다. 그는 진리를 말하는 이를 증오하는 탐욕스러운 이들에게 희생된, 역사를 통해 "사라져" 간 수 많은 사람들 가운데 하나다. 돔 그레고리오 딕스(Dom Gregory Dix)는 이렇게 쓴다.

> 인간 사이에 하느님 나라가 역사의 사건을 통해서, 곧 인간이 '지금 여기'에서 실현되어야 할 진정한 삶을 만드는 것을 통해 온다는 것이 신약의 가르침이다. 나자렛 예수는 삶과 동떨어지고 현학적인 현자로서 좋은 삶에 대해 감정의 굴곡 없는 평온한 철학을 가르치지 않았다. 메시아가 되어야 하는 사람은 중근동 정치학의 가장 폭발적인 문제를 다뤄야 했다. 세상은 메시아를 오해했지만 그는 "정치적" 혐의 때문에 죽었고 그 뒤 삼세기에 걸쳐서 모든 그리스도교 순교자도 그렇게 죽었다.[16]

예수가 당대의 삶에 그토록 몰두해 있지 않았다면 그는 인간이 되지도 못했을 것이다. 사회 문화와 동떨어진 "독립적인" 인간 존재는 없다. 고독한 은자마저도 어떤 문화적 상황, 이를테면 소외와 죄의 세계와 반대되는 그러한 사회적 정체성을 구축했다. 예수의 가르침과 행동은 인간 역사의 그물 안에서, 곧 문화적 망상(illusion)과 탐욕, 분노의 세계 안에서 의미를 획득(그가 누구인지를 "규정"하는 것을

---

16) Dix, *The Shape*, p. 390.

돕기도)한다.[17] 예수는 미리 예정된 계획 때문에 죽은 것이 아니다. 그는 사회적 및 정치적 힘의 예민한 균형을 뒤집을지도 모르는 위험한 예언자로 여기는 추론적 종교의 진리에 집착하는 사회의 희생물로서 죽었다. 그가 오기 전 이스라엘이 더 강대한 이웃 국가들의 정치적 갈등으로 고통을 받은 것처럼, 그도 모든 의미를 권력이라는 기능적인 망상에 종속시키는 마음이 굳을 대로 굳은 현실 정치가(realpolitik)에게 시련을 받았다.

예수의 종말론적 의미는 아바 의식의 궁극적 유효성에 대한 깨달음과 이 세상에 실현된 하느님의 자비의 다스림 -이런 지혜가 실상은 지배하지 않는다고 인정함에도- 안에서 발견된다. 그리스도교 종말론은 단지 천년 왕국이 도래한다는 희망 안에서 인간의 우연성을 회피하기 위한 것이 아니다. 오히려 이념적 신앙(그것이 종교적이든 정치적이든 간에)을 위해 인간의 가능성을 문화적으로 부정함에도 그리스도교 종말론은 궁극이고 명확한 그리스도 의미를 보여 주려 한다. 이는 그러한 의미가 상호 의존적으로 일어나는 우리의 존재에 대한 깨달음 안에서 합당하고 진실한 의미에 대한 확신인 것이다.

대승불교적 그리스도론은 예수를 어떤 본질(essence)이나 두 본성(nature)이라는 점에서 보려 하지 않는다. 본질과 본성이라는 개념은 이 불교 사상 안에서는 환영으로 간주되고 또 삶의 실재 그 자체에 대한 통찰을 깨닫지 못한 미혹된 의식의 투영으로 여긴다. 공과 연기론은 한 몸을 이루는데, 이 둘은 인간 존재가 그러함을 보여 준다. 그러나 이것이 전부는 아니다. 공과 연기론의 그리스도론적 모델은 예수의 인간성에 대한 안티오키아의 모델에 가깝게 그리는데, 이는

---

17) 슈바이처(Schweitzer)의 "추구"(quest)의 주요 부분은 예수 당대에 예수를 위치시키는 것이지 신학적으로 현대의 옷을 입혀서 19세기의 삶으로 재구조화하는 것이 아니다. 대승불교적 그리스도론은 예수가 그의 시대뿐만 아니라 복음의 상호 의존적인 상황에 살았다는 것 또 전례는 그의 정체성을 형성한다는 것을 주장한다.

예수가 우리 역사와 체험에서 드러나듯이 이것이 예수에 대한 "수평적"인 이해에 더 초점을 맞추기 때문이다. 그러나 중관학파가 주장하듯이 공과 연기론의 수평적 주제는 두 진리라는 교의에 의해 보완되어야 한다. 이 두 진리, 곧 궁극적 의미와 세상적 관습(convention)이 "수직적" 차원을 표현하는데, 이 안에서 궁극적 의미의 침묵은 세상적 관습에서부터 오는 것과는 완전히 다르지만 여전히 세상적, 관습적 언어로 표현된다. 따라서 두 진리 교의를 통해서 예수를 해석함으로써 위에서 논의한 것을 보완할 수 있다.

두 진리의 구현체로서 그리스도

대승불교의 대가들은 직접적이고 신비적인 깨달음과 이것의 표현을 이 두가지 진리 교의를 통해서 이해하려 했다. 중관학파와 유식학파는 모두 이 "두 진리"가 인간의 체험과 사상의 진리를 표현한 것으로 보았다. 이 두 사상은 진리를 얻을 수 있는가 없는가 하는 문제를 다루지 않았다. 모든 불교도들은 누구든 실제로 진리를 깨닫고 이를 수행 속에서 구체화할 수 있다-이것이야말로 바로 석가모니가 했던 것이다-고 생각했다. 나가르주나가 주로 관심을 가졌던 질문은 궁극적 진리가 공이고 실체(essences)로서는 파악할 수 없다면 도대체 어떻게 연기론은 표현될 수 있을 것인가였다.

궁극적 의미라는 진리는 표현 불가능하다고 이해됐지만 여전히 체험된다. 이는 깨달음에 대한 내용 없는 내용의 중심이다. 교의의 개념화가 항상 이 주제화되지 않는 체험을 전제하고 그리면, 관습적인 진리는 이 체험을 기술적으로 명료하게 한다. 그러나 관습적인 관념, 표상, 그리고 언어는 마치 이것들이 이 체험의 몸이 되듯이 그려내지 못한다. 이것들의 원천은 체험 자체-늘 관념과 표상과 언어를 넘어서는-에 있는 것이 아니라 무수한 역사적이고 문화적인 표지와 상징과 더불어 상호 의존적으로 일어나는 연기의 세계에 놓이는 것이다. 깨달음에 대한 궁극적 체험과 다른 사람을 이 체험으로 이끌어

나가도록 돕는 기술적인 교의 사이에는 어떠한 직접적 연속성은 없다. 교의는 길을 찾는 지도가 아닌데, 이는 깨달음이 마지막 종착점이 아니기 때문이다. 교의는 위로 올라가는 궤적이 아니며 깨달음은 올라가야 하는 산의 정상이 아니다. 교의는 깨달은 어느 보살이나 부처가, 특정한 환경이라는 점을 고려하여, 또 다른 사람들을 깨달음과 평화로 이끌어 주는 특정한 상황을 바탕으로 하여, 기술적으로 표현함으로써 그 유효성을 얻는다.

신약은 그리스도 의미를 그가 그의 조건적(contingent)이고 연기론적인 삶과 죽음 안에서 궁극적 의미를 구체화했다고 이해한다. 따라서 예수는 그리스도와 하느님으로 고백됐는데 그것은 종교적인 유대인에게 하느님 홀로만이 궁극으로 받아들여졌기 때문이다. 그리스도로서 예수의 궁극성은 이렇게 하느님 아버지와 동일화하는 데서 오며 예수를 성령으로 가득찬 하느님의 말씀과 지혜로 만드는(constitute) 것이다. 예수는 표현 불가능한 하느님의 구체적인 말(speaking, sermo), 곧 인간에 대한 하느님의 명확한 표현으로 여겨졌다.[18] 안티오키아의 이냐시오(Ignatius of Antioch)는 이를 예리하게 이렇게 반복한다. "아들인 예수 그리스도를 통해 자신을 드러내는 한 분의 하느님만 계시며 예수 그리스도는 침묵에서 떠오르는 그분의 밀이다."[19] 요한 복음에서는 아무도 보지 못했던 하느님(요한 1,18)을 명확히 드러낸 존재가 바로 예수였으며, "하느님이 비록 표현 불가능하지만 그 말씀이 우리에게 그분을 선포한다."[20]

그럼에도 하느님 아버지의 이 말씀은 침묵으로 계셔서 어떠한 귀로도 듣거나 어떠한 눈으로도 볼 수 없다. 예수가 하느님 아버지와 동일하다고 함은 그가 하는 말이 아버지에게서 직접 나오는 말이라는

18) Pelikan, *The Emergence of the Catholic Tradition*, p. 161.

19) *Epistola ad Magnesios*, 8:2, in *Enchiridion Patristicum*, M. J. Rouet de Journel, no.45.

20) Irenaeus, *Adversos Haereses*, 4:6; Kelly, *Early Christian Doctrines*, p. 107에 인용됨.

의미는 아니다. 이 말은 상호 의존적으로 일어나는 연기에서 또 다른 사람들과 관계되어 있는 관습적인 이 세계에서 오는 것이다. 예수의 말은 하느님을 길들이거나 그의 아바 체험을 언어 다발 속으로 짜맞추려 하지 않는다.

교부들이 신학과 하느님의 구원 경륜을 구분하는 것이 바로 이런 상황에서다.[21] 신학은 하느님을 가리키지만 하느님이 인간의 모든 앎을 넘어서므로 하느님은 말로 표현될 수 없다. 구원 경륜은 성육화라는 신의 섭리를 가리키는데, 그것은 예수는 하느님의 말하심(speaking), 곧 궁극적 의미의 언어적 구현이기 때문이다. 대승불교적 해석으로는 이 신적 섭리는 인간사의 하나로 구분될 수 있는 것으로 어떤 신적 계획은 아니다. 인간 드라마의 뒷무대에서 이런 인간사를 옮기는 신의 손이란 없다. 오히려 이 구원 경륜적 섭리는 모든 것이 무상한 텅 빔 안에 있는 연기론적 세계 자체이다. 이 연기론의 세계는 숨겨진 섭리인데, 그 까닭은 이것이 체험의 세계 밖에 놓여서가 아니라 추론적 이해 방식이 이런 환상과 더불어 연기론의 세계를 온통 장악하고 있으며 또 연기의 무상함과 텅 빔에 대한 통찰을 막고 있기 때문이다. 대승불교식으로 말하면 세상적 관습(saṃvṛti)은 상호 의존적으로 일어나는 세계의 원천적 섭리를 덮어 버리고 또 숨기며(vṛ), 깨달음의 부재 때문에 전혀 실재하지 않는 투사된 세계의 표상들을 만든다.

아바인 하느님 현존의 구현체로서 또 이 세상 안에서 자비의 다스림을 실천하도록 투신하라는 부름으로서 흩어져 있는 제자를 한 공동체 안으로 모이게 한 것은 바로 예수였다. 그러나 이 공동체의 기초는 "구체적인 교회의 생활에서 제공해야 하는"[22] 공이라는 교의의 내용이다. 예수를 부활한 그리스도로 체험하는 것은 기본적으로 궁극적이고, 표현 불가능하며, 요한 복음의 교리적 내용에서만 보이듯 신앙고백으로서 예수가 주님이라는 고백이다. 따라서 이 체험의 완전한

21) Kelly, *Early Christian Doctrines*, pp. 104-108을 보라.

22) Schillebeeckx, *Jesus*, p. 358.

함의는 선포(kerygma)로 구체화하고 첫 세기의 각 그리스도인 공동체에게 예수의 행함과 가르침에 대한 본보기가 되었다는 데에 있다. 이러한 초기 그리스도교 공동체는 부활을 교의적으로 공으로, 곧 그리스도로서 살아 있는 예수의 궁극적 의미에 대한 수직적 체험으로 보았으며, 또 부활은 이 선포 안에서 수평적으로 명확한 표현으로 간주되었다.[23] 아바 체험에서 표현된 예수의 초월적 차원은 이론적인 추론에서 벗어나 "존재하는 것 자체 그대로(yathāvad-bhāvikatā)"에 대한 깨달음으로서 궁극적인 진리이다. 그의 죽음에도 아랑곳없이 이러한 깨달음은 그리스도의 의미에 대한 희열에 찬 기념이 되는데, 그것은 그리스도의 실재가 공임을 인정한 것이기 때문이다. 이 육화적 차원은 "존재의 한계만큼(yāvad-bhāvikatā)" 깨닫는 현상적인 진리로서 많은 언어와 여러 문화에서 나온 철학으로 표현 가능하며 이 모두는 침묵에서 오는 말의 구실을 할 수 있다. 그리스도를 세상적이고 관습적인 하느님의 말함(speaking)으로 이해하는 것은 그리스도를 그의 철저히 역사적인 특성과 끊임없이 변하는 우리의 역사적 상황 모두에서 관철되는 연기로 받아들이는 것을 포함한다.

위 8장에서 『중변분별론』(*The Analysis of the Middle Path and Extremes*)에서는 궁극의 한 표현으로서 세상적인 진리의 철학적 예를 제공한다고 논의했다. "표현으로서 세상적 사고(convention)"(udbhavanā-saṃvṛti)라는 주제는 침묵의 가능한 표현임을 나타낸다. 역사적이고 우연성의 인간 예수로 구체화되었기에 성육화의 의미는 그 사제가 세상사(saṃvṛti)인데, 모든 상대성 속에 있는 특정 사건과 생각을 통하는 것을 빼고는 어떻게 달리 성육화가 실현될 수 있겠는가? 그러나 여기서도 방심하지 말고 끝까지 주의를 기울여야 한다. 곧 대승불교 철학의 관점에서 세상적 생각(saṃvṛt[t]i)은 진리의 구체화(vṛt)이면서 동시에 진리의 장애(vṛ)이다. 추론적인 의식의 형식에서 언어는 드러낼 뿐만 아니라

23) 같은 책, p. 358.

언어가 표현하고자 하는 체험을 덮어 버리거나 막기도 하며 사람들을 이 체험에 참여하는 데서 배제한다. 역사 속에서 예수의 등장은 모든 구체적이고 특정한 언어의 모호함을 주기도 하지만 이것이 특별히 문제가 된다는 뜻은 아닌데, 왜냐하면 궁극적 의미는 결코 상호 의존적으로 발생하는 연기적이고 역사적인 언어 없이 구체화하는 법이 없기 때문이다. 부처의 법처럼 복음의 궁극적 진리도 모든 특정 표현을 초월하는 보편적인 핵심에서 떨어져 있지 않다. 오히려 궁극적 진리는 구체적인 사건과 사람 속에서만 구현되고 참이 된다.

그러나 궁극적 진리에 대한 우연적이고 관습적 표현을 이렇게 해석하는 것이 하느님 아버지의 지혜인 그리스도에 대한 그리스도인의 고백의 의미를 완전하게 표현하지는 못한다. 여기서는 단지 진리에 대한 관습적인 표현에 대해 묻고 한편으로는 추론적인 앎의 형식에서 자유로운 하나의 이해 방식에 대해 말하였을 뿐이다. 이러한 해석은 Q 전통의 그리스도론 같은 초기 그리스도론을 상기시켜 주는데, 여기서 예수는 예언자 가운데 마지막 예언자로 묘사된다. 이는 네스토리우스(Nestorian) 신학이 말하는 내재하는(indwelling) 로고스를 기억하게 하는데, 이 신학은 예수가 성령의 현재함에 따라서 그리스도가 되었다고 가르쳤다. 이러한 주장은 최근 뛰어난 교부학 학자인 램프(G. W. H. Lampe)[24]의 그리스도론으로 재확인됐다. 그는 예수가 하느님을 아주 깊게 체험한 사람이었지만 결코 예수 자체가 궁극적이거나 결정적(definitive)이라고는 보지 않았다. 이러한 설명은 그리스도를 궁극적이요 신이라 고백하는 그리스도에 대한 전통적 고백을 무시하거나 그 의미를 축소한다.

좀 더 적절한 대승불교적 (그리스도론의) 모델은 아상가의 『섭대승론』(8장 윗부분 참고)에서 찾을 수 있을 듯하다. 다시 말해 보면, "(대승의) 이러한 교의는 순수함을 일으키므로 이는 단지 추론으로 이루

24) In Lampe, *God as Spirit*.

어진 것이 아니다. 이것은 순수한 법의 영역(Dharma Realm)에서 나오는 것이므로 상호 의존적으로 일어나는 것이 아니다."[25] 아상가는 이 궁극적 영역(dharmadhātu–niṣyanda)이 순수한 교의인 궁극적 의미를 더욱더 분명하게 구체화했다. 이러한 교리에 대한 논의는 언어 이전의 궁극적 의미에 대한 직접적 체험에서 온다. 여기서 초점은 관습적이거나 인간적인 이해에 있지 않고 이 궁극과 교의의 조화에 있다. 비록 이러한 교의가 언어적 표현이라는 점에서 절대적이지는 않지만 궁극적 의미의 영역에서 직접 흘러나오는 것이다. 이런 모델을 수용한 신학은 예수를 침묵에서 흘러나오는 하느님의 말씀으로 또 하느님 아버지와 함께 하고 있는 존재로 해석하려 할 것이다. 따라서 그리스도 의미의 중대성은 단지 관습적이거나 문화에 묶여 있는 것이 아닌데, 그것은 그리스도 안에서 의미에 대한 체험은 무차별적인 지혜에서 흘러나오는 것이기 때문이다. 하느님 아버지와 그리스도의 관계에 있어서 그리스도의 정체성은 하느님의 말씀이라는, 궁극적 영역인 하느님 아버지에게서 흘러나오는 그 말씀에 대한 교의를 이렇게 해석하고 받아들이는 데에서 분명하게 보인다. 따라서 그리스도의 의미는 모든 그리스도론을 초월하지만 이런 초월은 그리스도의 의미를 언어적으로 구체화하려는 신학적 노력에서만 찾을 수 있으며 결코 어떠한 하나의 생각 체계에 이념적으로 집착하는 것으로는 찾을 수 없다.

아래로부터의, 위로부터의 그리스도론

예수를 공과 연기로, 또 두 진리의 구현체로 본다고 해서 예수를 단지 위대한 사람, 예언자, 하느님의 사랑하는 아들로 이해하는 "아래로부터의" 그리스도론이 반드시 필요하다는 뜻은 아니다. 그리스도론 논의에서 많은 논란은 예수가 실제로 역사에 실재했다는 단언과

---

25) *La Somme*, Lamotte ed., 2:26,3.

그럼에도 예수는 신이라는 주장 사이의 명확하게 보이는 모순에 기초한다. 예수의 인성을 숨김없이 드러내려는 시도는 사실 자주 환원주의적 그리스도론으로 빠지는데, 이는 이런 이해 방식이 나름의 이유가 있기는 하지만 전통적 그리스로론[26]의 형이상학적이고 초자연적인 틀에서 일정한 구실을 함을 부정하며 따라서 그리스도의 두 차원 사이의 건강한 긴장을 유지하기 위한 전통 그리스도론의 이론적 도구로 쓰이지 못한다.

이런 그리스도론을 시도하는 이 가운데 하나가 사이크스(S. W. Sykes)인데, 그는 그리스도론의 구조는 하나는 자연적이고 다른 하나는 초자연적이라는 두 층위가 있는 것이 아니라 두 이야기와 두 언어, 곧 그 역사에 대한 역사적이고 신학적인 해석이 있는 것이라고 주장한다.[27] 사이크스는 그리스도가 신이라는 고백은 순전한 역사적 사실을 신학적으로 해석한 것이라고 주장한다. “지적인 정직”을 유지하기 위해서 가장 먼저 해야 할 일은 예수에 대한 역사적 그림을 가능한 한 선명하게 그리고 그런 다음 이 바탕 위에 “둘째 차원의 언술”로서 신학적 언어를 첨가하는 것이다.

그러나 이런 접근은 초기 또는 이후 그리스도교 공동체의 신앙고백을 반영하지 못한다고 보이는데, 그것은 이런 시도는 경험적이고 역사적인 예수라는 사실 위에 그리스도에 관한 신학적인 입장을 단지 엮어 넣을 수 없다는 사실 때문이다. 오히려 신약과 교부에게서 보이는 이러한 신앙 고백은 다양한 드러남의 체험(disclosure experiences)에 바탕을 두고 있는데, 이것에 의해 사람들은 아바인 하느님에 대한 체험을 나누고 이 세상에서 실현되는 하느님의 다스림에 자신의 삶

26) 이 문제는 Van A. Harvey, *The Historian and the Believer: The Morality of Historical Knowledge and Christian Belief* (New York, 1966)에서 포괄적으로 묘사됐다.

27) M. F. Wiles, “Does Christology Rest on a Mistake?”, in *Christ, Faith and History*, pp. 8-9.

을 투신하게 된다. 그리스도로서, 성령으로 가득찬 존재로서 또 신으로서 예수에 대해 신앙을 고백하는 것은 따로 떨어진 두 순간에 발생하는 것이 아니라 예수 그리스도 안에서 궁극적 의미에 대한 하나의 드러남과 표현이 일어나는 것이다. 이러한 체험의 관점에서, 그리스도인들은 실제로 예수를 신으로 받아들이는 것이며 따라서 역사의 흙 속에서 파낸 뼈에서부터 확인하는 2차 수준의 확인이 아니다. 오히려 이는 예수를 통해 실현된 아바인 하느님 체험에 대한 언어화이다.

이와는 대조적으로 예수가 본질이 공한 존재로 이 우연성의 세상에 던져졌다고 이해하는 신앙 고백은 어떤 환원론적 그리스도론을 의미하지는 않는데, 왜냐하면 예수를 공이나 투명성으로 이해함으로써 예수가 성령으로 가득 차 다른 사람에게 성령 체험을 매개하는 구실을 할 수 있기 때문이다. 신의 말씀으로서 예수의 구실이 인간의 이해 속에서 작용하게 된 것은 예수를 인간화한 데에 따른 것은 아니다. 예수가 찬양받기(exalted) 전까지 성령은 보내지지 않았는데 이것은 오직 그때에야 비로소 제자들에게 예수가 실제로 공이요 투명하다는 것이 명확해지기 때문이다. 오직 그런 뒤에야 예수의 삶과 죽음이 실질적으로 아바 하느님의 거울로서 체험되는 것이다.

한 위로부터의 그리스도론은 칼케돈 공의회의 형이상학적 용어를 반드시 필요로 하지도, 또 그렇다고 이를 무시하지도 않는다. 우리가 제시하는 대승불교적 그리스도론은 그런 설명을 이론으로, 재치 있는 그리스도교 이론이지만 그럼에도 여전히 한 이론에 불과한 것으로 여긴다. 대승불교적 그리스도론은 끊임없이 이러한 이론에 대해 어떠한 추론적인 해석도 반대하며 예수를 공과 연기로 볼 것을 요구한다.

전통 그리스도론은 예수를 진정한 하느님이요 진정한 인간이라는 기본적인 관심을 유지해 왔다. 인간 예수는 하느님으로서의 예수만큼 문제가 되지는 않았는데,[28] 교회는 자주 그리스도의 신적 본성을

---

28) John A. T. Robinson, "A Reply to Mr. Sykes", in *Christ, Faith and History*, p. 74.

강조해 왔으며 많은 경우 예수의 인성을 신성에 종속시키는 경향을 보였다. 신약에서조차도 이런 경향은 자주 보이는데, 그래서 케제만(E. Käsemann)은 요한 복음이 예수를 인간 역사 속을 걷고 있는 하느님으로 보고 있다[29]는 재치 있는 주장을 할 수 있었다. 그러나 아폴리나리우스의 논리적 용어까지 발전했던 이러한 주장은 여러 공의회에서 가현설(假現說, docetism)이라고 거부했다. 이러한 그리스도론은 공식 교의로는 거부되었지만 어떤 신적 인성(theios anēr)을 지닌 존재로서 예수의 표상은 남게 되었다.[30] 전통 교의는 하나의 예수 안에서 이러한 두 차원을 명확히 규정하는 데 실패했다. 이는 두 본성을 지닌 한 인간으로서 예수를 규정했다고 하더라도 예수는 신성을 지닌 인간이며 따라서 예수의 본성은 신적 인간의 인간 본성이 되는데, 그러면서도 또 한편으로는 이것이 예수를 인간이라고 말하고 있기 때문에 이 둘 사이의 균형은 많은 경우 혼란스럽다.

중관학파에서 말하는 공과 연기는 어쩌면 그리스도에 대한 신앙을 더 분명하고 더 의미 있는 방식으로 접근하는 데에 도움을 줄 수 있다. 예수가 어떤 종류의 본질이든 간에 공이라는 것은 궁극적인 영역에서 나오는 표현 불가능한 것이다. 그러나 공이 연기와 동일한 것이듯 예수도 그의 시대에서 끊임없이 흐르고 변하는 사건들의 그물에 걸려 있다. 예수는 그가 전적으로 공인만큼 궁극적이요 절대적이며, 이 세계와 완전히 상호 관련되어 있는 만큼 인간이고 상대적이다. 여기서 공과 연기라는 두 개념이 신적 인성이라는 어떠한 개념 안에 근거 지어질 필요는 없는데, 대승불교 사상에서 이것들은 이미 하나의 똑같은 통찰을 묘사한 것이며 이들을 함께 모으기 위해 어떤 제3의 중간물(tertium quid)은 필요 없다. 그러나 이런 지혜에서 오는 교의는 언어적으로 표현되는 관습적인 교의이다. 예수의 인성과 관련해 거부되었던 가현설 이단은 하느님과 관계된 것이라는 방식의 절대적

29) Käsemann, *The Testament of Jesus*, pp. 25ff.
30) Schillebeeckx, *Jesus*, pp. 424-428.

선언으로 제시된 교의라는 이름으로 여전히 몰래 들어온다. 이러한 태도에 따르면, 언어는 인간적인 다른 인간적 상황에서 기능하지 않으며 신의 표상의 내용으로서 여겨진다.

진리의 이 같은 분석 속에서 대승불교 사상가들은 궁극적 진리와 관습적 표현 사이의 균형을 유지하려 하였다. 따라서 이 두 진리를 통한 성육화에 대한 해석은 예수가 우연적으로 발생하는 상황에 구체화된 궁극적 의미로 고백한다. 이는 문자 그대로이거나 초자연적인 처녀 탄생이나 그리스도의 “신성”을 강화하는 신적 공존이 없다는 것을 인정할 필요가 있는데, 이는 그리스도가 신이요 공인 것은 충만하고 완전한 연기론적 존재가 된다는 점에서만 그러하기 때문이다. 이 두 낱말, 신과 인간은 전통적인 설명에서는 서로 대립적인 뜻으로 쓰여 온 반면 공과 연기론은 바꿔서 쓸 수 있고 상호 보완적이며 완전히 각자는 서로를 완전히 해석해 낼 수 있다.

높은 데에 위치해 있고 외부적으로 신자들과 직면하는 신적 존재로서 예수에 대한 어떠한 그림이든, 하느님 아버지의 거울로서 또 완전히 이 지상에 하느님 다스림에 전적으로 투신했던 그런 모습의 예수에 대한 복음의 기억을 흐리게 한다. 예수에 대한 추론적 이해는 아바와 이웃을 향해 마음을 활짝 열어 놓는 데에 별 도움을 못 주고 환상으로서 정통적인 종교적 감옥 안에 이를 묶어 두게 한다. 오히려 이것은 복음을 깊이 생각하고 예수를 자아의식에서 아바에 대한 깨달음을 통한 다른 사람에게 헌신하는 데로 회심하는 것으로 파악함으로써 그리스도로서 예수의 의미를 체험한다. 그러나 이런 체험은 전통을 변호한다는 구실 아래 종교적 관념에 집착함으로써는 불가능하다. 아바와 접촉을 통해 한 사람의 고유한 내면화 안에서 그리스도 의미를 받아들임으로써 이 사람은 이 의미를 구체화하는데, 이것은 규정되어진 예수 모습에 추론적인 개인적 접촉을 통해서는 달성하기 어렵다.

이러한 이해는 전통적인 형이상학적 용어의 부재가 결정적인 약점이라고 하거나 모든 그리스도교 사상을 그리스 존재론에 묶어 두려는 사람들에 의해서만 하나의 환원론적 그리스도론으로 보일 수 있다. 대승불교적 그리스도론은 예수를 하느님이 거하시는 한 예언자라고 하거나 우주적 가치를 가르치는 인간주의적 설교자로 축소해서 이해하지 않으며, 예수의 궁극적 의미성을 그가 살고 죽은 실제적인 역사적 사건, 이것에 반대되는 것이 결코 아닌 바로 이런 사건들 안에서, 곧 공과 연기의 세계 안에서 하느님 아버지의 말씀과 지혜라고 확언한다. 이 궁극적 의미는 모호한 역사적 사건에서 발생할 수도 하지도 않으며 역사적 사건의 중심이 지금껏 구현되지 않았던 이것의 의미와 진리인 것이다. 본질이 텅 빈 그리고 상호 의존적으로 발생하는, 아바-중심과 다른 사람에게 투신하는 것으로서 또 어떠한 추론적 본질에 대한 "비존재(non-being)"로서 그리스도의 의미는 공으로서의 그의 존재의 중심에서 나오며 또 모든 인간이 체험하는 고통과 죽음에 완전히 잠겨 있는 상태에서 나온다. 예수와 다른 인간에 대해 특정한 차이점을 찾아내려고 할 필요는 없다. 이것은 본질의 형이상학으로 다시 한번 돌아갈 뿐이다. 그리스도의 신비로운 몸은 말하자면 믿는 그리스도인의 공동체이며 이 몸의 머리로서 지속적으로 주님으로 고백되며 이 안에서 모든 이들이 참가한다. 그리스도 안의 삶과 무아(non-being)의 구현을 통해 초점은 아바에 있고 또한 세상에서의 그의 지배에 있는 것이지, 형이상학적 그리스도와 형이상학적 인간 본성 사이의 철학적 차이에 있지 않다. 그리스도로서 예수는 신적 본성을 인간적 본성에 전달하는 매개자가 아니다. 예수는 신성에 관한 미리 정해진 언어적 계시를 인간에게 가져간 것이 아니라 다른 이들이 모든 자기 집착(ātman-grāha)을 벗어나고 그리스도의 몸, 곧 관습적이며 상호 의존적으로 일어나는 교회 공동체에서 생활하도록 도전하는 언어 이전의 신비적 깨달음을 선언한다. 복음과 공동체 전례 안에서 예수는 아바 하느님에 대한 직접적이고 즉자적인 체험을 매개한다. 하느님 아버지와 "동일 본질(consubstantial)"로 규정되는 것보다는 예수는 차라리 "실체가 없는(nonsubstantial)" 것으로 하느님과 동일하다고 묘사되는 것이 더 낫다고 보인다.

따라서 교회에서 설교되는 그리스도가 결정적(definitive)인 것은, 궁극적이어서 그러한 것이지 그리스도의 역사적 가능성이 다른 이들의 역사적 가능성보다 더 나아서 그랬던 것은 아니기 때문이다. 대승불교적 그리스도론은 "신성"과 "인간"이 예수 안에서 같은 역동적인 긴장으로 공을 연기와 동일시하는 것을 통해 표현되었다고 주장한다. 따라서 그렇게 이해된 그리스도교 교의는 아바에 대한 깨달음의 구체화로서 궁극적인 것이지 말로 표현되고 언어화된 형식으로서가 아니며 이는 이러한 주장을 할 수 없다. 따라서 그리스도로서 예수의 궁극성은 모든 세계 종교들 가운데 그리스도교 가르침이 가장 궁극적이라는 것을 의미하지 않는다. 아놀드 토인비(Arnold Toynbee)가 적절하게 말했듯이 그리스도교가 배타성을 버릴 때까지 교회 밖에서 아무 말도 들으려 하지 않을 것이다.[31] 그리스도 의미에 대한 궁극성 확언을 택하는 것은, 이 의미에 대한 어떤 특정한 그리스도교 선언에 대해서도 똑같은 주장을 하는 것은 아니지만, 이런 선택이 위격의 일치에 전통 신학에 열려 있지 않는데, 그것은 이 신학이 신성에서 그것들이 실제로 있는 방식을 규정하려 하며, 따라서 예수는 정적인 그리스 하느님의 제2위격으로 규정되기 때문이다. 이와는 반대로 그리스도의 의미에 대한 대승불교적 해석은 모든 그리스도론을 초월하며 표현하기 위해서 철저히 관습적인 방법 안에서 표현될 것이지만 결코 어떤 하나의 사고 체계에 이념적으로 집착하지는 않는다.

그러나 그리스도의 의미는 성육화의 교의로 소진되는 것은 아니다. 나아가 이것은 초기 그리스도교 교회로 하여금 우리가 다음 장에서 다룰 삼위일체 교의를 통해 초기 교회의 이해를 표현하도록 돕는다.

---

31) Toynbee, *Christianity among the Religions of the World*, pp. 95ff.

11장
삼위일체에 대한 한 대승불교의 이해

삼위일체에 대한 그리스도교 교의는 나중에 첨가된 게 아니다. 이는 초기 그리스도인들이 그리스도로서 예수의 의미에 대해 깨달은 데서 발전해 나온 것이다. 사도 시대의 초기 유대 교회에서 엄격한 일신론은 너무도 강력해서 예수를 하느님으로 직접 동일시하도록 두지 않았다. 그리스도의 의미에 대한 체험은 초기 사도들이 "외적 활동에 있어 그의 성령(spirit)과 생각을 움트게 했던 한 사람"[1]이라는 삼위일체 모델을 제안하도록 도왔다. "구원 경륜(economic)"적 삼위일체라는 이러한 모델은 그리스도인들이 이러한 새로운 "구원 경륜" 또는 구원의 "섭리" 속에서 하느님에 대해 갖게 된 체험에 초점을 두었다. 그러나 이 모델은 하느님 아버지의 신성에 비해서 예수의 신성을 약화시켰다. 곧 하느님 아버지는 로고스를 내적 말씀으로서 포함하고 있는데, 하느님은 예수의 위격으로 이 말씀을 표현했다. 이 말씀은 하느님의 감추어진 것들에 대해 말함으로써 인간에게 직접 향하고 있다. 이레네오는 "아들에게서 보이지 않는 것은 아버지요 아버지에게서 보이는 것은 아들이다"[2]라고 말했다. 이런 틀 안에서 볼 때, 성령은 아버지의 지혜로서 받아들여지는데, 아버지 하느님은 인간을 하느님의 생명 안으로 고양시킴으로써 인간에게 생기를 주신다.

"구원 경륜"적 삼위일체는 종국에는 승리를 거두지(carry the day) 않았는데, 이는 아들과 성령은 아버지에게 종속되며 아버지 혼자만이

---

1) Kelly, *Early Christian Doctrines*, p. 95.

2) Irenaeus, *Adversos Haereses*, 4:6,6, Kelly, *Early Christian Doctrines*, p. 107에 인용됨.

진정한 하느님임을 암시하는 것처럼 보인다. 이는 마치 한 사람의 생각과 영혼이 그 사람 자체만큼은 진짜 같지 않은 것과 같다. 그럼에도 이 모델은 초기 그리스도인이 아바를 드러내는 예수의 성령 안에서 생명을 체험한 기본 형태를 띠고 있는 듯하다. 그러나 이것은 본질을 규정하는 데에 온통 집중했던 그리스 사고의 맥락에서는 적절하지 않았는데, 이는 이런 해석이 아들과 성령이 신적 본질에 있어 덜하다고 보이기 때문이다. 본질에 관한 존재론은 오직 본질과 이런 본질의 속성과 관련해서만 생각할 수 있었으며 따라서 아들과 성령은 오직 하느님의 속성인 것이다. 최근의 삼위일체 신학은 하느님의 본질적인 "존재(being)"로 초점을 옮겼고 점점 더 성공적으로 그리스도의 의미에 대한 뚜렷한 체험을 선명한 용어로 객관화하는 철학적 틀을 구축하고자 했다. 그러나 그리스적 상황은 많은 경우 가운데 오직 하나에 불과하며, 다른 개념적 도구를 사용함으로써 삼위일체인 하느님 의미에 대한 유효한 성찰로서 구원 경륜적 삼위일체론을 다시 살려낼 수 있다. 그러나 이를 이루기 위해서는 그리스도인의 삼위일체 이해는 예수나 성령을 아버지 하느님에 종속시키려는 모든 의도를 버려야 한다. 다시 한번 말하거니와 대승불교 사상은 지혜로운 마음에 대한 이해를 통해 어떤 도움을 제공할 수 있을 것이다.

10장에서 논의한 것처럼, 그리스도의 궁극적 의미에 대한 체험은 하느님 아버지의 지혜의 거울로서 완전한 공이요 투명한 그리스도의 존재에서 나온다. 유식학파의 용어로 하자면 이러한 지혜에 대한 이해의 형식은 삼신불에 관한 교의에서 더 자세하게 다룬다. 깨달음, 지혜의 깨달음의 궁극성은 본성(essence)의 구체화(svabhāvika-kāya)[3]이

3) 고유 존재 또는 본질을 나타내는 svabhāva라는 용어의 사용은 반야 사상과 중관학파 사상가들에 의해 본질주의적, 개념주의적 환영을 의미한다고 비판받았다. 그러나 유식학파는 아비달마의 이론을 재구성하고 의식의 세 형태라는 관점 아래서 이 용어를 사물의 규정을 지시하는, 여기서는 표현 불가능한 신비적 깨달음의 내용을 가리키는 것으로 자유롭게 사용하고 있다. 이는 아마도 여기서 "기초(foundation)"라고 번역하는 게 좋을 듯하다.

며 직접 접촉을 통한 체험으로서 결코 언어로는 표현될 수 없다. 이 궁극성에 대한 법열(法悅)을 느끼는 몸으로서 이런 본질을 체험하는 존재(報身佛, saṃbhogika-kāya)를 말하는데, 이는 자비와 가르침 안으로 흘러들어 간다. 그리고 이런 체험의 변환하는 차원을 화신(化身佛, nirmāṇika-kāya)이라 하는데 이는 실체적인 전환이 일어나는 것으로 사회와 개인 모두에게서 일어난다.

이렇게 유식학파가 궁극적 의미에 대해 이해하는 방식은 지혜가 어떤 의미를 가지고 있는가 하는 개념에 대한 분석이 아니라 종교적 의식 안에서 이러한 의미의 발생을 근거 짓고 규정함으로써 기능한다. 이렇듯 이런 형식을 적용해 봄으로써 그리스도교의 삼위일체에 대한 체험을 명확하게 하는 데에 도움을 줄 수 있을 것이다.

여기서 중심적인 것은 예수를 깨달음의 체험에 대한 구현체로서(buddha-saṃbhogika-kāya) 이해하는 일이다. 곧 그의 삶과 의미는 아바 하느님에 대한 체험과 세상 속에서 하느님 자비의 다스림에 대한 투신으로 파악한다. 이것은 10장에서 제시했던 이해, 곧 예수는 공이자 연기론적 존재이며 궁극적 의미와 세상적 관습이라는 두 진리의 구현체로 보는 것과 같다. 두 진리의 교의와 나란한 것으로서 만드는 용어로 『불지경론』에서는 이 구체화된 체험의 두 측면을 설명한다. 곧 "체험의 구체화에는 두 면이 있다. 첫째는 한 사람의 고유한 체험의 구체화이고 … 반면 두 번째는 다른 사람을 위한 체험의 구체화이므로, 그렇기 때문에 … 모든 다른 사람들도 교의 안에서 법열을 체험할 수 있다."[4)]

신약에서 예수를 주님으로 고백하는 것은 단지 예수가 하느님을 아바로 체험했다는 것뿐만 아니라 그의 제자들에게도 또한 하느님을 그들의 아버지로 부르고 기도하라고 가르쳤고 또 세상 안의 하느님의 다스림을 실천하도록 요구했다는 데에 있다. 예수는 "하느님 자신

---

4) T. 26, p. 325; *Buddhabhūmyupadeśa*, Keenan, p. 867.

안에서 기쁨과 즐거움이 있었던 사람"[5]이었다. 그러나 그의 아바에 대한 흔들림 없는 깨달음의 체험은 사람들 가운데 하느님의 종말론적 지배가 완전하게 실현됐다는 것을 가리키는 것이다. 앞서도 설명했지만, 예수는 수직적이고 수평적인 차원의 두 진리를 구체화한다. 이런 식으로 체험의 구체화에 대한 대승불교 교의는 이 두 차원을 포함하며 따라서 예수를 이런 체험의 구체화로서 이해하는 것은 예수의 주제를 공이며 상호 의존적으로 일어나는 연기요 또 두 진리의 구현이라고 반복해 말하는 것이다.

신약의 공동체들이 예수를 주님으로 고백한 이유는 그리스도 의미 안에서 자신들 스스로 이해하게 됐기 때문이었다. 그러나 예수에 대한 이들의 체험은 구원자를 외부적으로 대면한 식이 아니라 자아에 집착하는 것에서 벗어나 아바인 하느님을 깊이 깨닫고 세상을 하느님의 자비로운 다스림으로 만드는 데 투신하는 것으로, 예수가 전례나 복음에서 기억되는 그러한 형식으로 바뀌는 의식의 회심이었다. 이들의 체험은 모델이 되었고 예수의 체험에서 흘러나온 것이었지만 이는 신도 앞에 서 있는 경험적으로 현존하는 사람에 초점을 둔 것은 아니다.

이것은 오늘날 공동체 안에 성사로서 또 말씀으로서 현존하는 예수가 지속함을 뜻하는데, 그것은 부활 신앙이 그의 몸 안에서든 아니면 우리의 상상 속이든 간에 예수의 경험적 현존과 대면하거나 이에 매달리는 것을 뜻하지는 않기 때문이다. 예수와 함께 걸어가는 것을 상상하면 위로를 받을지 모르지만 그것은 단지 은유일 뿐이며 종교적인 영웅 숭배를 위해 예수의 전부라 할 궁극적 의미에 대한 바로 그 체험을 가려 버리는 위험에 직면한다. 전례와 교회의 선포(kerygma)는 부활의 깨달음을 구현하려는 방향으로 나아가는데, 이 부활의 깨달음은 우리 의식을 변화시키고 이 의식을 바탕으로 우리는 세상을

5) Schillebeeckx, *Jesus*, p. 142.

만들어 간다. 이것은 우리의 모든 노력과 개념이 서로 의존해 일어나는 연기와 공에 대한 체험인데, 이것들은 차별적인 개념을 넘어 하느님에 대한 깨달음으로 자유로이 나아가게 하며 험악한 정치의 이 세계에 자비의 다스림을 투명하게 실현한다.

이런 아바 체험과 자비로 의식이 변화하는 것은 성령에 대한 고백의 기초가 되는데, 성령은 이 변화의 구체화이다. 전통적으로 육에 대한 마음을 변화시키고 이를 은총을 통한 회심과 깨달음으로 이끌어 주는 것은 바로 이 성령이다. 오직 성령 안에서만 예수는 주님이라고 고백할 수 있는데, 그것은 앞서 가면서 이 마음을 그리스도 안에서 깨달아 갈 때 하느님이 이미 내재적으로, 궁극적으로 현존한다는 깨달음에 이르게 하는 것도 성령이기 때문이다. 이러한 신앙의 확신은 회심과 자아라는 허상에서 벗어남이 일어나지 않으면 불가능하다. 예언자와 성서 저자들에게 영감을 주는 것도 성령이며 이들의 말은 단순히 환상이거나 차별적이지 않고 부활한 예수와 예수의 존재 중심으로서 아바에 대한 깨달음에서 직접 흘러나오는 것이다. 성령을 통한 전환(nirmāṇika-kāya)에서 부활한 예수에 대한 체험(saṃbhoga-kāya)으로 나아감은 아바의 궁극성에 대한 깨달음에 바탕을 두고 있는데, 그것은 아버지 하느님은 모든 의식적 의미의 끝간 데 없는 수평의 그 바닥이며 우리가 누구이며 어디서 왔고 또 어디로 가는지에 대한 지속적이고 깊은 깨달음을 향한 마음의 근본적인 지향의 완성체, 바로 이러한 본질의 구현(svabhāvika-kāya)이기 때문이다. 따라서 아버지는 지혜의 표현 불가능한 내용이요 예수 안에서, 예수를 통해 표현되며 성령을 통해 우리 의식을 변화시킨다. 이 체험은 단일한데, 그 까닭은 이는 바탕과 체험과 전환으로서 하나인 하느님이 이 마음에 구현되기 때문이다.

아버지는 궁극적 의미에 대한 체험과 변화시키는 행동의 의지처(依, āśraya)이다. 그는 허상의 집착에서 회심으로 돌아서는 근본적인 바탕이고 마음이 머무는 내재적 현존이다. 10장에서 대승불교적 그리스도론의 함의를 개괄해 보았다면 여기서는 표현 불가능한 실체로서 또 개인과 사회 변환의 구체화로서 아버지와 성령에 초점을 두고자 한다.

아바(Abba), 아버지

예수 체험의 근원적인 내용은 아바이다. 그러나 "아바"의 의미는 이론적 분석으로는 제대로 다룰 수 없다. 아바를 직접적이고 비매개적으로 깨닫는다는 것은 무엇을 뜻하는가? 유식학파의 비유는 근본적으로 존재하는 객관적인 지혜(prakṛtivyavadāna)를 말하는데, 이것의 내용은 언어적 표현으로는 다루기 어렵다. 이것은 혹 기대를 걸 만하다거나 또는 이 지혜의 윤곽을 잡는 데에 도움이 될 만한 증명할 수 있는 특징을 갖고 있지 않는데, 그것은 이 지혜는 무한하기 때문이다. 이를 체험하기 전까지는 어떤 식으로든 이를 언어로 표현하기는 불가능하다. 체험했다고 하더라도 그 체험을 묘사하기 위해 선택된 언어는 단지 윤곽만을 흐릿하게 보여 줄 뿐이다.

그렇다면 자식들을 돌보는 인격적 아버지인 아바의 궁극성이라는 부활 체험의 내용과 관련해 그런 체험의 근거는 무엇인가? 훌륭한 불교인으로서 대승불교의 대가들은 결코 이런 확인을 하고자 하지 않는데, 그것은 불교 사상은 하나의 신이라는 맥락 안에서 궁구되지 않기 때문이다. 불교에도 전능한 신(大自在天, maheśvara: 색계의 정상에 있는 천신의 이름–옮긴이)이 있지 않느냐며 창조신에 대한 질문을 제기할 경우, 이는 곧바로 반박되는데, 왜냐하면 가장 지고한 법(dharma)조차도 궁극적인 것으로 받아들여질 수 없기 때문이다. 그렇다면 예수와 초기 그리스도교 공동체는 단지 유대 전통에 속해 있고 또 문화적으로 유신론적 경향이 있기 때문에 인격적 하느님의 표상에만 속박되었는가? 하느님이 이 세상의 당신 자녀들을 위해 충분히 아버지다운 (구원) 행동을 하지 않는 것이 명확해 보일 때 도대체 하느님이 아바라는 것은 어떤 의미인가? 어떠한 새도 아버지의 뜻(knowledge)이 아니고서는 하늘에서 떨어지지 않는다는 말은 매우 옳아 보이지만 어떤 방식으로는 참새가 떨어지는 것을 막거나 딱딱한 땅바닥에 떨어져 으스러지는 것을 구하지도 않는다!

부활 뒤 그리스도 공동체의 체험은 바로 이 문제를 제기하는데, 그것은 이 공동체가 아구르(Agur), 욥, 코헬렛(Qoheleth)의 고난에 찬 질문을 제기했던 바로 그 같은 전통 안으로 들어옴을 뜻한다. 그리스도교 공동체는 예수의 불의한 처형을 목격했고 하느님이 인간의 고난을 구하지 않음을 잘 알고 있었다. 그럼에도 예수를 주님으로 고백하면서 이 초기 공동체는 아바에 대한 흔들리지 않는 충직한 신앙을 증언했다. 고통과 죽음에도 아랑곳없이, 인간적 한계성(contingency) 속에서 어떤 유효한 힘도 갖고 있지 못했음에도 예수는 하느님을 아바로 확신했다. 그리고 그의 제자들도 예수가 이렇게 고양되는 모습에서 깨닫고 예수의 아바 신앙을 굳게 믿게 되었다.

그러나 이들이 단순히 실수한 것이 아니라거나 또 단지 침묵하는 우주에서 어떤 행복감을 느낀다는 이들의 잠재의식의 투영이 아니라고 할 경험적인 증거는 없다.[6] 만일 하느님이 자녀를 고통과 죽음에서 구함으로써 자신의 아버지다움을 눈에 띄는 모습으로 보여 주기를 원하는 사람이 있다면, 그는 우디 알렌(Woody Allen)과 더불어, 하느님이 비록 존재하시지만 목표를 달성하지는 못했다[7]고 결론 내릴 것이다.

그러나 공과 연기에 대한 대승불교적 이해를 통해서 이 질문은 재구성될 수 있다. 더 이상 우연적이고 변화하는 세계에 반하는, 이와는 완전히 다른 불변하는 하느님이라는 존재는 없다. 이 세상에서 상호 의존적으로 일어나는 연기는 공과 궁극적 의미에 대한 통찰과 완전히 같다. 이 연기의 세계의 모든 사물이 일어남이 바로 아바의

6) 이것은 바로 지그문드 프로이드(Sigmund Freud)가 그의 *Future of an Illusion* 안에서 주장한 것이다.

7) 우디 알렌(Woody Allen)의 영화, "Love and Death"를 말함.

직접적이고 비매개적인 현존이다. 깨달은 자에게 마지막이자 궁극적 열반(nirvāṇa) 자체는 고통(saṃsāra)의 세계이다. 인간의 죽음은 생명에 대한 부정이 아니라 현재하는 구체적 현존의 연기, 곧 상호 일어남의 중지를 뜻한다. 우리는 아바가 와서 자아(ātman)의식을 구할 것이라고 기대해서는 안 되는데, 그것은 이러한 기대가 환상이고 추론(imagined)에 근거하기 때문이다. 아바는 육체적이거나 정신적 고통을 구하기 위해 오지 않는다. 아바는 단지 절박한 상황에서 나타나는 신(deus ex machina)이 아니다. 끊임없이 의심했던 구약의 예언자들(skeptics)은 옳았다. 야훼는 그의 백성을 구하지 않는다. 야훼는 그의 백성이 학살의 불길 속에서 사그라져 버리게 그냥 둔다. 그러면 도대체 왜 그를 "아바"라 불러야 한다는 말인가? 예수의 아바 깨달음은 어떤 체험인가? 실로 말로 표현할 수는 없지만 이것이 우리 체험 속에서 이해되고 근거가 되는 것이라고 말해지지 않는다면 이 아바는 횡설수설이나 두려움으로 빠져 들어간다. 다시 말해 이 아바는 과연 누구인가? 어떻게 그가 표현 불가능한 실체적(essence) 몸의 구현체인가?

더욱 분명하게 말해 하느님을 "아바"로 부르는 것은 은유이다. 이 은유는 대부분에게는 사랑스러운 보살핌을 암시할 수도 있지만 자기 아버지에 대한 체험이 받아야 할 것을 못 받는 차원으로 여겨지는 이들에게, 이것은 가혹함이나 소원함을 전달하는 것일 수도 있다. 어떤 이들에게 아바는 건전하지 못한 세계를 주재하고 또 모든 것들을 자기 지배 아래 잘 관리하지만 다가가기 어려운 늙은 가부장의 이미지를 불러오는 관리자의 모습일 수도 있다. 일본 속담에 있을 법하듯이 네 가지 조심해야 할 것이 있는데, 그것은 번개, 불, 지진 그리고 늙은 남자다.

신약과 앞에서 논의한 부분에서 중심이었듯이 아바, 아버지로서 궁극적 의미는 단지 한 표상(nimitta)이다. 다시 말해 중요한 것은 이것의 사용에 의해 전달되는 통찰(darśana)을 드러내는 것이다. 할돈 윌머(Haldon Willmer)는 "만일 우리가 그의 삶에서 하느님을 드러내는 역사적 예수를 주장한다고 하더라도, 예수 그리스도 안에서 하느님의 행위가 부활 뒤에도 현재로 이어져 계속되지 않는 한, 이는 결국 한 관념(idea)에 지나지 않는다. 역사적 기억은 형이상학적 추상만큼이나 관념적일 수 있다. 특히 한 역사 사건이 하느님의 마지막 또는 총괄적(inclusive)인 행동이라면 그 뒤에 일어나는 일에 무관심할 수 없다."[8] 어떻게 우리 역사 속에서 체험된 아바 하느님이 현존하는가? 아바라는 관념이 뜻하는 것은 무엇인가?

하느님은 존재 자체, 곧 현존함의 행동 자체(ipsum esse)라는 스콜라 신학의 대답은 하느님을 가장 포괄적인 방식으로 파악하는데, 그것은 하느님이 모든 존재의 근원이라는 뜻이다. 그러나 어떻게 철학적 개념이 연결이 되고 또 안에서부터 생성되고 인간의 체험 안에서 느끼게 되는지 분명하지 않다. 초기 그리스도교 공동체에게 "아바"는 철학적 통찰이 아니라 친밀성(intimacy)에 대한 자각을 의미했다는 것은 복음을 통해서도 분명해 보인다. 이는 형이상학적 이론의 문제가 아닌데, 이 이론 안에서 언어는 충분하게 논리적이고 일관된 형식으로 연결된다. 이 모든 것이 신학자에게 필요할 수도 있지만 이런 자각이 체험하고 실제로 사는 우리의 삶을 상세하게 다루지 않는다면 시행착오와 고통의 시간을 겪음에도 우리를 거의 돕지 못한다. 의미 없는 공허함이라는 궁극적인 문제를 눈앞에 보면서도 하느님에 관한 어떠한 관념이 철저히 이 핵심 문제를 비켜 두는 것은 우리가 사는 삶과 거의 관련을 맺지 않은 채 어떠한 구실도 하지 않기 때문이다. 그렇다면 예수가 선언한 이 아바는 누구인가?

아바는 우리에게 교회 좌석에 앉아서 그리스도의 의미를 평범하게 만드는 그런 공덕을 확신시켜 주는 "일요일 아침 하느님"은 결코 아니다. 그런 하느님은 신도 자신을 위해 봉사하는 초자연적인 보험 설계사일 뿐이다. 펠라기우스주의자(Pelagian)의 값싼 흥정에 참여하고 있

8) C. F. D. Moule, *The Origin of Christology* (New York, 1977), p. 167.

는 한 패거리로서의 하느님 이미지는 종교 개혁으로 가장 고조되었던 그리스도교 세계의 분열에 상당한 책임이 있다. 마르틴 루터가 바오로 서간 한 구절에 크게 깨달아 비텐베르그(Wittenberg) 성당 대문에 95개 조항의 비리와 부패 사항을 못 박게 했던 것도 바로 이 하느님이었다. 그렇다면 우리가 생각하는 하느님은 결국 환상에 불과하고 정말로 존재하지 않는다는 말인가?

창조신에 대한 대승불교의 반박에 있어서 요점은, 궁극적인 것이라며 이에 매달리는 어떤 관념이든 환상이라고 보는데, 이러한 관념들은 어떠한 것이건 간에 이 조건 지어진 세계 안에서 만들어진 의미를 나타내기 때문이다. 따라서 한 종교적 상상에서 주장하는 하느님에 대한 어떠한 관념이든 그것은 마음의 우상에 불과하다. 예수에 대한 이러한 표상들도 역시 우상이다. 청교도들(Puritans)이 보았던 것처럼 신을 그린 성화나 성상에 강하게 집착하면 곧 우상으로 기울어진다. 의식의 추론적 형태 속에서 취한 무엇이든 간에 환상이다. 어떻게 이러한 표상이 삶에서, 살아 있는 체험의 세계에서 실질적인 구실을 할 수 있다고 기대할 수 있는가? 그렇다면 아바인 하느님에 대한 그리스도인의 신앙은 환상이란 말인가? 예수도 이러한 환상의 우상을 믿었다는 것인가?

여기서 하비 콕스(Harvey Cox)가 말한 "동양으로 돌아가라"는 구절을 다시 한번 상기해 보자. 그리스도교 신앙을 떠나기 위해서가 아니라 이를 이해하는 데 있어 형제적 도움을 구하기 위해서 말이나. 유식학파는 숙명적(karmic)이고 환영적인 의식에 대한 비판적 이해를 발전시켰을 뿐만 아니라 또한 지혜의 마음을 분석하는 데까지 나아갔다. 이들의 시각을 활용하고 그리스도교 신비 전통의 통찰로 이를 채워 넣으면서 우리는 하느님 본성에 대한 물음은 아니라도, 우리가 질문하고자 하는 내용이 무엇인가를 분명히 할 수 있을 것이다. 유식학파 사상에서, 본성(essence)의 구현(svabhāvika-kāya)은 모든 의식과 모든 사물을 감싸는 근본적인 순수성(purity)에 대한 깨달음과 함께 일어난다.

이 근원적 순수성의 마음에 대한 윤곽도 잡지 못한 채 아바 체험에 대해 설명하려는 것은 모호할 뿐이다. 의식적 체험에서 성장해 나오지 않는 언표된 종교적 관념은 어느 것이든 이것이 의미 있다고 말하고 증명할 만한 근거가 없는데, 이 근거는 매개된 표상이나 관념에서는 찾을 수 없다. 심지어 궁극적 관심의 대상조차도 환영적 의식의 궁극적 관심이 될 수 있는 것이다.

유식학파 대가들은 환영적이고 고통스런 마음(samsaric mind)의 구조는 주체와 객체의 나타남에 의해 형성된다고 설명한다. 『대승밀엄경』(大乘密嚴經, *The Garland Arrayment*)에서는 "모든 외적이고 내적인 것들, 또 모든 보이는 사물들은 마음 자체와 떨어져 있지 않다. 중생의 마음은 두 면, 곧 파악하려는 행위와 파악되는 객체에 관한 것이다"[9]라고 주장한다. 이 의식의 환영적이고 추론적인 형식의 구조는 외향적 이해에 대한 이 감각적 보기들의 형태를 기준으로 삼고서 하느님에 관한 어떤 관념이든 환영을 만들어 내는 것으로 본다고 한다. 따라서 이러한 관념의 어떠한 객관적인 원천이든 하느님에 대한 관념은 사실 정신 저 깊은 곳에 있는 충족되지 않은 필요를 투영한 것이라는 결과와 더불어 환영적 의식과 관련하여 구해진다.

그러나 유식학파 대가들은 이 주체-객체 이원론의 발생에 앞서는 근원적인 마음에 대해 말한다. 하느님의 현존에 대한 모순의 대부분은 우리의 주체적 의식에 대해 "객관적으로 현존하는" 하느님을 보여주려 하는 데에서 기인한다. 존 위스덤(John Wisdom)이 말하는 보이지 않는 정원사에 대한 우화는 핵심을 잘 드러낸다.

> 옛날에 두 탐험가가 밀림 속 한 개간지에 도착했다. 개간지에는 많은 꽃들과 잡초가 함께 자라고 있었다. 한 탐험가가 말하기를 "정원사가 이곳을 좀 돌봐야 하겠다"고 하자, 다른 탐험가도 동의하면서

9) T. 16, p. 735a.

"그런데 정원사가 없다"고 지적했다. 그래서 이들은 텐트를 치고 번갈아 가면서 망을 봤다. 정원사라고는 한 명도 볼 수 없었다. "아마 눈에 보이지 않는 정원사가 있겠지." 그래서 이들은 전기 철조망 울타리를 치고 사냥개를 데리고 순찰을 돌았다. (이들은 어떻게 H. G. 웰스의 "보이지 않는 사람"이 비록 눈에는 보이지는 않지만 냄새가 나고 촉감을 느낄 수 있는지를 기억했다.) 그러나 누군가 침입해 들어오다가 감전돼 지르는 비명 소리 같은 것을 들을 수 없었다. 눈에 보이지 않는 이가 철조망을 넘는 움직임은 전혀 없었다. 사냥개들도 으르렁거리지 않았다. 그러나 이들은 확신하지 못했다. "하지만 거기에는 보이지 않고, 만질 수도 없으며 전기 철조망에 감전조차 되지 않는 정원사가 있을 것이다. 이 정원사는 냄새도 없고 소리도 나지 않으며 비밀리에 와서 그가 애지중지하는 이 정원을 돌본다." 마침내 회의론자들은 자포자기하여 물었다. "하지만 당신들이 처음에 단언했던 것에서 남은 게 무엇인가? 당신들이 보이지 않고 만져지지 않으며 영원히 알기 어렵다고 부르는 그 정원사는 상상의 정원사가 아니면 정원사가 없는 것하고 무엇이 다르다는 말인가?"[10)]

어떻게 그가 실제로 다르다고 할 수 있는가? 어떻게 아버지 하느님으로서 궁극적 의미의 어떠한 표상이 상상에서 만들어 낸 표상보다 그 이상이라고 할 수 있는가? 사실 어떤 대상이 지각하는 주체에게 객관적인 현존을 결코 드러내 보이지 않는 경우 어떻게 이 대상이 실재라고 확인할 수 있는가? 지각되는 한 대상으로서 또 상상에 집착하는 대상으로서 하느님을 외향적으로 드러냄으로써, 주체-객체의 이원론 안에서 자리를 잡는 하느님에 관한 모든 관념이 하느님을

10) John Wisdom, *Proceedings of the Aristotelian Society*, 1944-45는 chap. 10 of *Logic and Language*, vol. 1, and in *Philosophy and Psycho-Analysis*에서 재판 찍음. Anthony Flew, "Theology and Falsification", in *The Existence of God*, ed. John Hick (1964), p. 225에서 인용함.

주체적인 탐험가들 위에 대상적으로 위치시킴으로써 그 결말에 이른다. 그러나 니사의 그레고리오처럼 하느님은 어떠한 이원론적 환상(vision) 속에 드러나지 않는다. 유식학파 대가들이 강조하듯이 주체-객체 형태는 그 자체가 추론적인 것이며 따라서 공허한 것인데, 그것은 주체뿐만 아니라 객체의 본질이란 없기 때문이다. 외향적인 의식에서 나오는 하느님 현존에 대한 주장은 확신시키지 못하는데 그 까닭은 하느님이 지각되고 확인할 수 있는 존재들 가운데 한 존재(dharma)가 아니기 때문이다. 여기서 유식학파의 유신론적 신(theistic deity, Īśvara)에 대한 거부가 두드러진다. 그러나 예수의 아바 체험은 그러한 대상적 신의 존재를 주장하는 것인가?

근원적 마음(mind)은 의식이 주체와 객체로 갈라져 들어가기 전에 이미 존재한다. 이는 자아(ātman)나 법(dharma)에 집착하는 데에 빠져버리지 않는다. 하느님의 지혜로서 예수는 아바의 한 관념이 구현된 것이 아니라 아바로 주제화된 표현 불가능한 의미에 대한 언어 이전의 깨달음이 구체화한 것이다. 하느님은 끊임없이 윤회하는 의식의 위대한 객체가 아니다. 그것은 이것 또는 저것의 관념을 상상하면서 이 의식은 자아의식을 강화하는 것을 돕는다. 이는 마치 한 사람이 두 주인을 섬길 수 없는 이치와 같다. 얼마나 고귀하거나 깊거나 간에 하느님에 대한 차별적 관념은 관계를 맺게 하며 자아의식의 주체-객체 형태의 보조적 구실을 한다. 그러나 하느님이 주체적인 의식에 대한 한 대상이라면, 그리하여 탐구자가 하느님이 지각할 수 있는 존재라고 주장한다면, 이는 신학자가 이러한 주장에 대응하는 것만큼이나 환상이다.

하느님의 현존에 대한 논리적 주장이 얼마나 유효하든 간에 이 상상 속에 그려진 하느님은 하나의 정신적 구조물(vijñapti)이며 모든 관념은 정신적 구조물(vijñapti-mātra)이다. 이들이 지적하고자 하는 것은 어떤 초월적인 신적 본질이나 이 본질의 내용을 분석함으로써 규정될 수 있는 그런 신적 본질이 아니다. 하느님에 대한 관념은 상호 의존적으로 일어나는 상황과 문화적 환경이라는 면에서 이 관념들을 보아야 함을 말하려 한다. 이는 단지 이런 관념들이 하느님을 나타내는 데 부적합하다는 것이 아니며 여전히 비유적으로 적용 가능하다고 본다. 하지만 이는 하느님의 현존이 결코 개념적 표현을 순순히 받아들여서는 안 된다는 것을 뜻한다. 한 번도 우리의 정원에 나타나지 않은 위대하고 눈에 보이지 않는 정원사의 현존함에 관해 알려고 애쓰는 것은 핵심을 아주 멀리 벗어난 얘기다. 거의 부재하는 하느님을 찾는다는 것은 환상이다. 절박함은 궁극적 의미의 선재함을 깨닫는 것이고 또 구하는 모든 것들의 바탕에 하느님은 이미 존재하신다는 것을, 또 한 번도 제대로 질문에 합당한 답을 듣지 못했지만 그러한 대답 없이도 끊임없이 질문하도록 하는 근원적으로 순수한 대상(objective)이 하느님임을 인정하는 것이다. 다시 말해 있지도 않은 정원사가 아니라 내재성과 텅 빈 투명성의 충만함에 있는 정원 자체에 정성을 들여야 한다는 것이다.

몇 년 전 신의 죽음(death-of-God) 신학이 이 질문의 윤곽을 그릴 수 있었다. 이 신학의 기본적인 의도는 사실적인 지고의 신의 현존을 부정하려는 것이 아니라 이러한 객관적인 하느님이 의미가 없다는 것을 선언하려 한 것이었다.[11] 이들은 하느님이 죽었다고 주장했는데, 그것은 그러한 참인 하느님을 객관적으로 체험한다는 것은 어디에도 없기 때문이다. 객관적으로 참인 하느님이 이 세상 어디에, 나아가 이 세상을 초월한다는 것은 더 이상 아무런 의미도 없었다.

오래전에 유식학파 사상가들은 환상적 의식을 주체적인 자아에 대한 객관적인 실체에 집착하는 형식-그 실체가 신으로 간주된다고 하더라도-이라고 파악했다. 이러한 실체는 어느 것이든 의식 안에서 조건적으로 일어나는 한 관념, 곧 언어로 형성된 개념에 지나지 않았

11) William Hamilton, Thomas Altizer, Paul van Buren, Richard L. Rubenstein, in Langdon Gilkey, *Naming the Whirlwind: The Renewal of God Language*, pp. 107-145에서 이들의 사상을 다루는 것을 보라.

으며 또 무조건적인 것에 집착한다고 하더라도 이러한 환상은 잘못되고 상상화된 생각의 형식 안에서 발생한다는 것이다. 그러나 이들은 지혜의 정신과 깨달음을 주제화하게 되었고 궁극적 의미를 다루게 됐다. 이들은 어떤 의미에서든 허무주의자는 아니었다. 이들은 궁극적 의미는 개인적으로 객관이나 주관에 집착하는 것을 멈추는 데 있다고 선언했다. 깨달음으로 실현되는 것은 바로 이 근원적 단순성의 상태이고 여기서 이미 현재해 있고 역동적인 궁극적 의미에 대한 직접적이고 즉각적인 깨달음을 얻는다.

신비적 깨달음의 영역인 순수한 법의 영역은 완전하게 언어와 사상을 넘어서는 부정적으로 성격이 규정되는 궁극적 의미이다. 그러나 비록 언어를 초월한다고 하지만 지혜 속에서 이 언어는 앎을 비출 수 있으며 따라서 깨달음의 지혜는 본질(dharma-kāya)을 구체화하는 것을 돕는 회심의 용어로 언어화될 수 있다. 이런 회심은 공의 지혜와 함께 오며 지혜의 내용을 어떤 언어 다발로 규정하는 추론적 이론화(imaginative theorizing)를 거부한다. 법신(Dharma Body)의 지혜는 근원적 순수성의 실현이다.

우리는 여기서 예수의 아바 체험의 뜻, 곧 아바인 하느님의 의미를 해석할 한 관점을 찾아낼 수 있을지 모른다. 순수한 법의 영역은 『불지경』(*The Scripture on the Buddha Land*)과 『불지경론』(*The Interpretation of the Buddha Land*)에서 빈 공간이라는 비유를 통해 제시된다. 빈 공간이 모든 것에 미치고 또 이 공간 안에 모든 종류의 알아볼 수 있는 것들을 포함하는 것과 마찬가지로(그런 이유 때문에 그것 자체로는 확인할 길이 없는 것을 빼고서도), 궁극적 의미의 순수한 법의 영역은 인식할 수 있는 객체 자체가 없이도 모든 세상적이고 관습적인 인식 가능한 객체에 고루 스며 있다.[12] 이것은 이미 선재하는 지평인데, 여기서 모든 인간의 이해와 모든 인간의 행동이 일어난다. 물고기가 물 밖에

12) *Buddhabhūmyupadeśa*, Keenan, pp. 594ff.

서는 헤엄칠 수 없는 것과 똑같이, 일정한 지평 밖에서는 어떠한 이해도 일어날 수 없으며 따라서 순수한 법의 영역은 의식이 끊임없이 전진해 감으로써 미리 예상되는 우주적 지평이다. 이것은 영원히 멀어지는 지평인데, 이 지평은 모든 인간의 질문과 탐구의 바탕을 이루는 역동성이며 “이 안에서 우리는 살고 움직이고 우리의 존재를 취한다.” 이 깨달음의 지혜는, 지평은 나에게, 나의 것에, 또는 주체-객체 대립론에 매달림으로써 기능하지 않는다는 것을 환히 비추어 알게 하는데, 이는 모든 의미보다 먼저 오고 또 이것들보다 뒤에 남아 있는 이 지평에 대한 깨달음을 얻으므로 가능하다.

우리는 체험의 세계를 논리적으로 이곳저곳을 탐색함으로써 깨달음에 이르지 못한다. 하느님을 믿는 것은 전에는 전혀 하느님에 대한 질문을 생각해 본 적도 없는 이들에게 주는 신앙에 관한 논문이 될 수 없다. 오히려 의식의 기본 구조는 이미 궁극적 의미로 향해 있어서 하느님에 관한 여러 개념을 거부하는데, 그것은 이들 자신을 이 구조 속에서 근거 짓는 데에 실패하기 때문이다. 이는 마음 안에 하느님에 관한 어떤 내재적 관념이 있다는 것을 의미하지 않는다. 다시 말해서 관념들은 항상 표상에 관한 통찰을 통해서 생성되고 또 의식적 작용으로 만들어진다. 그러나 하느님은 이런 관념을 생성한다고 해서 찾아지지 않는다. 오히려 궁극적 의미를 지향하는 의식의 근원적인 구조에 대한 깨달음 안에서 우리는 선행하면서 감싸 안는 하느님을 깨닫게 된다. 무신론자치고 교육을 받지 않은 사람이 없는데, 이는 이들이 하느님을 거부하는 것은 거의 개념적으로 표현한 하느님을 비록 제대로 이해했다고 하더라도 이를 고유의 체험에 연결시키지 못하는 무능력에서 나오는 것이다. 우리는 어디에 정원이 있는지 알고 있었지만, 정원사는 어디에 있는가? 하느님은 우리 정원을 돌보러 오지 않지만 우리가 정원을 다듬던 처음부터 거기에 계신다.

복음에서 하느님의 현존을 어린이들에게 드러내는데 그것은 이들이 아바 깨달음을 가로막는 만들어진 관념이 없기 때문이다. 이는 모든 인간 체험의 지평을 감싸 안는 것으로서 겸손하고 비매개적이고 직접적인의 이해에 대해 어린이들이 영악하지 않고 열린 마음을 지니고 있음을 말하는 것이다. 정신적으로 구축된 관념이 비판적인 무신론자의 손에 의해 거부되거나 아니면 달변의 설교자의 확신에 찬 목소리가 근본주의 교회의 지붕 위에서 울려 퍼지든 간에 이들은 여전히 인간이 만들어 낸 (정신적) 구조물에 남아 있다. 곧 아바를 드러내기에는 합당하지 않지만 대신 잠정적으로 궁극적 의미에 대해 인간이 이해하도록 세속적이고 관습적인 이야기를 들려주는 데에는 도움을 준다. 『불지경론』은 "순수한 법의 영역은 모든 중생의 근본적인 마음에 있는데 그 까닭은 그것이 바로 실재이며 그 마음에서 떨어져 있는 어떤 것이 아니다"[13]라는 가르침으로 궁극적 영역을 설명한다.

예수의 아바 의미의 궁극성은 우리가 고려해야 할 특별한 한 대상에 대한 권고가 아니라 무엇보다도 먼저 와서 근원적 순수성의 마음을 형성한다는 것을 확신하는 것인데, 이것은 나에 집착하고 환상에 의한 것일지라도 이를 덮어 준다. 한 아버지와 똑같이 아바는 먼저 와서 그의 아이들의 존재를 지탱해 준다. 아바의 궁극적 지평이 이미 현재해 있을 뿐만 아니라 활동적이기도 한데, 이는 비록 이 궁극적 지평이 경험적으로 일어나는 것은 결코 아니라 하더라도 "이것이 중생에게 보편적으로 혜택을 주는 모든 현상적 행위를 포함하기"[14] 때문이다.

토마스 데 아퀴노는 하느님이 이것이나 저것을 하기 위해 변하는 것이 아니라 오히려 죄와 고통에서 구원하기 위해 호의적인 친절로 "움직"이는데, 어떤 식으로든 그것에 의해 변화함이 없이 한다.[15] 그러나 알게 되고 이것이나 저것을 하려는 하느님에 대한 관념은 다른 존재들과 같은 존재지만 단지 초월적 존재라는 하느님을 제시하는

13) T. 26, p. 721a; *Buddhabhūmyupadeśa*, Keenan, pp. 601–602.

14) T. 26, p. 721a; *Buddhabhūmyupadeśa*, Keenan, p. 610.

15) Thomas Aquinas, *Summa Theologiae*, I, q. 9, and I, q. 19.

듯하다. 대승불교 철학자들은 존재를 이롭게 하는 순수한 법의 영역의 활동은 마치 모든 행동을 포함하는 빈 공간이라고 가르친다. 곧 공간은 비록 어떤 목적이 있는 것도 아니고 또 어떤 신적 계획을 수행하려는 것도 아니지만 이것은 모든 자비로운 행동을 위한 원천을 감싸 안는다. "이것은 해와 달 또 등불의 빛과 같은데, 비록 이것들이 어느 빛에서 어느 빛을 구분하기가 어렵지만 이들이 떠오르면 모든 사물을 비출 수 있다."16)

이런 식으로 하느님은 죄인이나 의인이나 가리지 않고 빛나는 해를 비추어 주고 비를 내려 주신다. 그렇게 궁극적 진리로서 아바는 항상 인간의 마음을 비추고 그 안을 환히 비춘다. 인간의 의식의 기저에서 궁극적 의미의 현존은 이런 의식의 요구를 구조화하고 종교적 가르침이 일어나는 것을 발생시킨다. 곧 아상가가 설명하듯이 진정한 가르침은 항상 순수한 법의 영역에서 흘러나오는 것이다. 하느님은 단편적인 것을 알아서 그의 자녀들을 위해 이따금씩 행동하는 초인적인 존재가 아니다. 하느님의 이러한 강력한 행동은 아구르, 욥, 코헬렛이 잘 아는 바처럼 인간 역사에서는 보이지 않는데, 이는 이러한 가끔하는 행동이 존재한다는 것은 보통의 하느님은 이런 역사에서 없었다는 것을 암시하기 때문이다.

여전히 이 모든 것은 어떻게 하느님이 인격적인 아바라고 할 수 있는지 보여 주지 않는다. 이런 묘사는 법계(法界, dharmadhātu, 실재의 영역)에 똑같이 적용 가능한데, 이것은 인격적이지도 또 비인격적으로도 간주하기 어렵다. 아버지로서 하느님의 개념은 이미 일정한 방식으로 부적절하게 보여졌는데, 그것은 이 하느님이 자기 자녀를 고통과 죽음에서 구하지 않기 때문이다.

아우구스티노와 존 로빈슨(John Robinson)뿐만 아니라 우리도 인격신이라는 관념을 사용하기(apply) 어렵지만 여전히 그리스도교 전통에

---

16) T. 26, p. 306a; *Buddhabhūmyupadeśa*, Keenan, p. 614.

서 중심으로 남아 있음을 발견할 수 있을 것이다.[17] 그리스도인은 어떤 "것"에게 기도하지 않는다. 자신의 목적을 완수하기 위해서 역사에 들어와 개입하는 하느님이라는 개념을 거부하면서도 우리가 하느님을 우리의 아버지라고 보라는 예수의 권고에 대한 일정한 근거가 있지 않는가? 또 누군가 신적 대답으로 골치 아픈 문제에 해답을 줄지도 모르는 말 많은 하느님보다 침묵을 원한다 하더라도, 그 침묵하고 있는 하느님은 누구인가? 심지어 아들이 십자가상에 달려 있는 때조차 침묵하고 있는 이 아바는 누구인가?

예수는 하느님을 아바로 매개했는데 이것은 우리가 인격적으로 직접 하느님과 조우했기 때문이 아니다. 우리는 서늘한 저녁 하느님과 부드러운 담소를 나누지 않으며 하느님은 모습을 나타내시어 자주 우리의 정원에 오시지 않는다. 오히려 아바는 하느님이 각자에게 궁극으로서 현존하는데, 지금까지 있었던 서로 다른 인간 사이의 어떤 만남보다도 더 친밀함으로 체험된다. 아우구스티노는 하느님은 interior intimo meo(나의 가장 내밀한 깨달음보다도 더 깊은)이라고 했는데, 이는 아바의 현존은 인간 영혼에 대립적이지 않고 이를 안으로 감싸 안기 때문이다.[18] 그리스도교 헌신에 관한 기도서를 고집함에도 기도는 하느님과 하는 대화가 아니다. 이런 이해는 하느님을 인간사로 밀어 버리고 밀려 나간 하느님의 존재와 의사소통하기에 필요한 기도 몇 줄로 대체함을 필요로 한다. 한 잃어버린 신을 위해 일곱 바다를 찾을 필요가 없지만 끊임없이 자신의 고유한 의식의 기초로 침잠해 들어가면서, 이것의 깊이를 재고 침묵 속에서 이들의 현존을 일깨워야 한다. 아우구스티노는 『삼위일체에 관하여』(*On the*

---

17) Kelly, *Early Christian Doctrines*, p. 274 and John A. T. Robinson, *Honest to God* (London, 1963), pp. 48-51을 보라.

18) 아우구스티노의 『고백록』을 인용했음. Louth, *The Origins of the Christian Mystical Tradition*, p. 40: "tu autem eras interior intimo meo et superior summo meo".

Trinity)에서 이렇게 말한다.

> 하느님은 진리다. … 어떤 진리인지 찾지 말라. 왜냐하면 한 번 육체적 표상의 어둠과 상상의 구름이 피어올라 갑작스러운 섬광으로 너를 비추는 고요함을 막게 되기 때문인데, 그것은 내가 이 말, 진리를 말할 때다. 보라, 그 첫 섬광으로 그것으로 너를 사로잡아 버리는데 이는 마치 눈을 멀게 하는 빛에 의해 "진리"가 있다고 말해지는 때인데, 할 수 있다면 그것에 머물러 보라.[19]

한 번의 섬광으로 어떤 표상이나 관념보다 이미 앞서 존재하는 아바를 깨달을 수도 있을 것이다. 아바가 친밀할 뿐만 아니라 우리의 의식을 가장 깊은 차원에서 형성시켜 주면서 아바는 또한 견고하고 흔들리지 않는 삶의 근거이다. 어떤 것도 예수의 아바 깨달음을 흔들어 놓을 수 없었으며 죽음에 임박한 때에서도 예수는 하느님을 "아바"로 불렀으며 그를 처형한 이들에게 연민을 느꼈다고 성서는 기록한다. 그 어떤 것도 이를 흔들어 놓을 수는 없었는데 그것은 예수가 그의 인간적 한계(contingency)를 초월하려 하지 않았기 때문이다. 예수는 이 세상을 넘어서는 어떤 신적 지위를 잡으려 하지 않았다. 예수가 십자가에서 죽지 않고 하느님이 구했다면 그는 인간으로서 고백될 수 없었을 것이다!

아바인 하느님의 의미가 가장 중요했던 때는 특히 죽음에 직면하여 쌓아 놓은 모든 의미를 잃는 상황에서였는데, 그것은 아바 체험의 친밀성과 지탱이 자기 집착을 넘어 환영에 대한 텅 빈 의식으로 나아갔고, 또 자아를 지지하고 위로하는 것으로서가 아니라 모든 자아 확신이 연기의 산물임을 인정함으로써, 죽음을 이긴 그 의미에 대한 구현을 지탱하는 것으로 아바를 드러냈기 때문이다. 따라서 우리는

---

19) Augustine, *De Trinitate*, 8:2,3; 루트의 *Origins of the Christian Mystical Tradition*, p. 148에 인용됨.

예수의 부활에 참가하는 것이다.

따라서 아버지는 근원적 본질, 또 영원히 표현하고자 하는 모든 시도를 넘어서는 실재의 구현체이다. 하느님은 "아버지"라 불리고 인격으로 여겨지는데 이는 이 신적 현존이 깊고 친밀함으로, 실제로 어떠한 인간적인 범주가 표현할 수 있는 것보다도 더 친밀하게 체험되기 때문이다. 침묵에서 오는 아버지의 음성인 예수는 완전한 자기 버림과 아버지에 대한 헌신을 체험한, 또 그 체험의 인간적 구현이다. 그리스도 안에서 사는 그리스도인은 그리스도와 더불어 아버지를 구체화하고 그의 현존함의 목소리에 참여해야 하는 것이다.

그러나 이 참여는 주어지는 것이 아니다. 이는 체험의 철저한 회심과 전환을, 성령 안에서 성령을 통해 일어나는 그런 전환을 요구한다. 그렇다면 성령이란 무엇이고 어떻게 성령이 우리의 삶을 전환시키는가?

성령의 전환

삼위일체 교리는 그리스도를 통하여 우리와 하느님의 관계를 어렴풋하게나마 제시하도록 할 뿐만 아니라 우리에게 투명한 아바에 대한 표상 없는 깨달음을 제공하도록 돕는다. 삼위일체의 깨달음은 또한 인간 체험에 있어 개인적이고 사회적 변환이 필요하다고 강조한다. 초기 그리스도교 문서에서 보면 성령이야말로 갑남을녀의 구체적인 삶에서 초월적인 하느님의 창조적 행동으로 간주된다. 세례의 은총을 주고 회심의 원천이 되는 것도 성령이다. 또한 우리 마음을 움직여 우리로 하여금 "아바, 아버지"(로마 8,15)라고 부르게 하는 것도 바로 성령이다. 넓은 의미에서 교부들의 이해를 성찰해 보면, 치릴로, 그레고리오, 아타나시오 그리고 모든 교부들은 성령이 인간을 "비추고 성화한다." 성령을 통해서 "우리는 신성(Godhead) 안으로 섞이어 들어간다." 그리하여 "성령은 우리를 하느님으로 만든다."[20] 사도 바오로의 코린토 후서(3,17-18)는 성령을 통하여 갑남을녀 안에서 일어나는 변환을 이렇게 묘사한다.

> 주님은 영이십니다. 그리고 주님의 영이 계신 곳에는 자유가 있습니다. 우리는 모두 너울을 벗은 얼굴로 주님의 영광을 거울로 보듯 어렴풋이 바라보면서, 더욱더 영광스럽게 그분과 같은 모습으로 바뀌어(metamorphoumetha) 갑니다. 이는 영이신 주님께서 이루시는 일입니다.

성령은 단지 개인적 쇄신을 불러오고 또 갑남을녀의 마음에 거하는 것[21]뿐 아니라 또한 자유와 해방도 가져온다. 성령은 인간을 그리스도의 표상대로 전환(transformation, metamorphoumetha)하도록 한다. 곧 그리스도의 아바에 대한 깨달음을 성찰하게 하여 세상 안에 실현되는 하느님의 다스림에 헌신하게 한다. 자아의식과 사회적 소외에서 해방(eleutheria)과 자유를 불러오는 것도 바로 이러한 전환이다. 그리스도인의 삶의 삼위일체적 형식은 그리스도 의미에 대한 우리의 개인적 자각을 일깨우고 아바의 직접성(immediacy)에 대한 깨달음과, 자아의식을 세상 속에서 하느님의 다스림에 봉사하기 위한 자비와 창조성으로 전환시키는 것을 함께 일어나게 한다. 개인적 의식과 사회적 구조는 성령을 통하여 변환되어야 한다.

은총과 신앙의 의미를 통해서 그리스도와 일치하는 하나의 합일된 체험은 그리스도인 체험(saṃbhogika-kāya)의 전형적인 구체화이다. 이 그리스도 깨달음은 본질(svabhāvika-kāya)의 구체화인 아바의 침묵하는 궁극성에 대한 체험과 성령 안에서 하느님의 다스림(nirmāṇika-kāya)에 다시 전념하는 것으로 전환하는 동반 체험을 함께 일으킨다. 따라서 성령은 삼위일체의 교리에서 보조적인 위치에 있는 것이 아니라 성령

20) Pelikan, *The Emergence*, pp. 215-216.

21) Edward Leen의 *The Holy Ghost*에서 고전적으로 다루고 있음이 보인다.

을 통해서 의식을 전환하는 것으로서 본질-없는 예수의 체험과 "동일 본질(consubstantial)"이다.

그러나 성령의 신성(consubstantiality)에 대한 교리는 콘스탄티노플 공의회(381년)까지 명확하게 정립되지 않았는데, 이때에야 비로소 아버지와 아들의 관계를 설명하기 위해 도입된 그리스의 존재론적 범주를 이 성령에 적용함으로써 큰 문제들을 풀어냈다. 그러나 성령에 대한 그리스도교적 깨달음은 4세기에 나온 현상이 아니다. 성경과 교부들의 저작 모두에서 분명한 사실은 성령이 마음을 회심시키고 태초부터 이 세상에 자유와 해방을 가져오는 하느님의 내재적 현존으로 여겨진다.

그렇다면 성령 안에서 전환한다는 뜻은 무엇인가? 강한 헌신의 느낌을 동반하는 "다시 태어남(born again)"의 체험인가? 사회를 전환(transform)시킨다는 것은 무엇을 뜻하는가? 해방을 가져오는 성령은 또한 정치 개혁이나 혁명에 대해 신의 도움을 구하는 운동들을 위한 신학적 기초를 제공하는가?

회심과 두 진리의 윤리학

어떤 사람은 마음의 사막 속에서 홀로 기도하면서 하느님을 "만날" 수도 있을 것이다. 그러나 이러한 "만남"이 목적이라면, 그것으로는 충분하지가 않다. 대승불교의 용어로 혼자 깨달은 사람(獨覺, pratyeka-buddha)의 삶은 코뿔소처럼 숲 속을 혼자서 방황하는데 그 사람은 자신이 자비를 원하고 있음을 발견하므로 상호 의존의 연기의 세계에 몸담은 존재인 보살의 길보다 열등하다. 그리스도교 체험에서도 단지 하느님을 깨닫고 초연히 광휘에 휩싸여 멀리 떨어져 있는 것만으로는 충분하지 않다. 침묵의 아바를 매개한다 함은 그리스도 의미가 이 세상을 자비가 다스리도록 개인적으로 회심하고 사회적으로 투신하는 것이 동시에 일어나는 것이다. 이는 내적 의식과 이 세상의 사회적, 정치적 구조의 철저한 전환을 목표로 한다. 그리스도교 신앙은 개인적이고 사회적인 실천에 전념하라고 촉구한다. 개인적 실천은 내적 회심이며 아바에 대한 깨달음을 목표로 하며, 사회적 실천은 세상과 하느님 나라로 이를 전환하는 방향으로 나아가는 것이다. 이 둘은 이 세상에서 행하는 구체적인 하나, 곧 이 둘은 윤리적 행동이라는 실천에 매진한다. 개인적 윤리는 한 사람이 맺는 여러 인간관계를 다루는데 이는 처음부터 그리스도교 설교의 가르침에서 중심 주제가 되어 왔다. 사회적 윤리는 사회의 구조와 형태를 다루는데 민족과 나라들 사이에 하느님 정의의 다스림을 구현하려고 한다. 그리스도교 행동의 이러한 측면은 왕들의 "신적 권리"나 또는 민주적 과정을 통해 하느님이 주신 "합법적" 권위라는 명목으로 자주 간과되어 왔다. 권위에 대한 물음은 대개 하느님 권위에 대한 물음과 똑같게 여겨졌으며, 억압적인 구조와 정치는 신앙생활의 합당한 자리-외부의 구체적인 생활과 사회를 넘어서-에 대한 잘못된 개념이라고 여기며 대충 넘어갔다. 그러나 성령에 대한 그리스도교 체험은 이러한 의식의 전환과 윤리적 행동으로 구체화되었고 또 이 현실 세상의 정치와 사회에 투신하는 것으로 구체화한다. 윤리는 회심에 뒤따라오는 것이라거나 또는 하느님과 신적 의지의 내용을 담고 있는 교리에서 연역되어 나오는 권고 행동의 목록이 아니다. 오히려 세상 안에서의 윤리적 행동은 성령 안에 있는 그리스도의 표상으로 전환된다는 그리스도인의 깨달음이라는 기본적인 삼위일체적 이해에서부터 직접적이고 필요 불가결하게 흘러나오는 것이다.

성령 안에 있는 그리스도 의미로 회심을 통한 개인적 전환의 형태는 그리스도교 사상가들이 지금까지, 아니 지금도 계속해서 다루고 있다. 이것의 윤곽은 대개 선명한데, 그것은 이들이 원칙적으로 개인에게 영향을 주고 또 친구나 알고 지내는 몇몇 이들에게 영향을 미치기 때문이다. 물론 질문은 여전히 남는데, 이를테면 낙태나 동성애 등과 같은 문제들은 현 도덕적 사고의 중심적인 자리를 차지한다. 개인적 윤리는 또한 더 큰 사회에 함의를 주기도 하는데, 그리스도인과 불교 사상가들은 모두 착실한 도덕적 삶을 강조했다. 나가르주나는 『중론송』과 『회쟁론』과 같은 교의적 해설서를 썼는데 그러나 또한 『용수보살권계왕송』(龍樹菩薩勸誡王頌, *The Precious Garland*) 같은 교리의 사회적 함의를 보여 주는 이러한 작품을 쓰는 데도 노력을 기울였다.[22] 이렇게 사회적인 의미가 있음에도 그는 사회적 구조를 재구축하는 데가 아니라 이미 합법적으로 인정된 사회 구조에 영향을 주는 데에 더욱 초점을 두었다. 여기서 윤리는 사회에서 작용하는 "누룩",곧 정의, 사랑, 자비로 사회를 전환시키는 누룩으로서 주어지는 것이다.

그러나 사회적 윤리라는 점과 관련해 성령의 전환은 무엇을 말하는가? 하느님의 자비와 정의의 다스림에 헌신한다는 것은 구체적으로 무엇을 뜻하는가? 이것은 앞에서 말한 사회적 "누룩"으로서 윤리적 투신이라는 개념 안에 놓이는가? 대개 해방 신학자들이 날카롭게 제기한 이러한 문제들은 그리스도교 신앙은 더 나은 사회의 건설에 –천년 왕국의 폐기(reversal)로서가 아니라 구체적으로 직접적, 정치적인 행동을 통해서– 참여해야 한다는 이들의 주장에 있어서 상대적으로 새로운 것이다. 만일 구체적인 윤리적 행동이 그리스도가 성령을 보내 우리 의식을 변환시키는 것으로서 그리스도인들의 기본적인 체험을 바탕으로 이루어진다면, 어떻게 사회 문제를 다룰 수 있는가? 그리스도교의 사회적 윤리의 형태는 무엇인가?

공과 연기 또 두 진리에 대한 삼론종(三論宗, Mādhyamika, Three Sastra School)의 이해는 사회적 윤리 안에서 제기되는데 이 윤리는 그리스도교 사상을 이해하는 데 도움을 줄 수 있을 것이다. 대승불교 윤리는 신적 권위에 기대거나 어떤 형태의 성스러운 명령에서 이것의 유효성을 찾으려 하지 않는다. 그리스도교 윤리 사상가들은 자주 그리스도

---

22) 나가르주나는 그의 『龍樹菩薩勸誡王頌』(*Precious Garland*)에서 윤리적 삶에 대한 자세한 조언을 하고 있을 뿐만 아니라 왕의 정치는 반드시 정의를 반영하고 법(Dharma)을 지지해야 한다고 주장한다. 그의 *The Precious Garland and the Song of the Four Mindfulnesses*, trans., Jeffrey Hopkins and Lati Rimpoche, pp. 62–77을 보라.

사상의 분기점, 곧 지고한 존재로 우선 하느님을 알고 그런 다음 구체적인 삶 안에서 하느님의 뜻이 무엇인지 파악하라는 그런 분기점에서 신적 권위가 나온다고 주장한다. 이런 관점에서는 성령의 전환이라는 자리가 있을 수 없는데 그 까닭은 행동의 "올바른" 과정이 하느님에 집착하는 추론적 사고 안에서 이미 확인됐다고 생각하기 때문이다. 이와는 대조적으로 이 두 가지 진리에 대한 대승불교적 교의를 따른다면, 윤리는 오직 세상적이고 관습적인 사고를 통해서 기능하고 지적 이성화의 주도권 아래 있으면서 상상해 낸 형식에서 다른 상호 의존적인 형식, 곧 새로운 투신(reengagement)을 향한 예수의 성령에 의해 이끌리는 형식에서 나오는 회심을 통해서만 진정함을 얻게 된다. 윤리적 이성화는 궁극적 인정(sanction)이나 원천을 필요로 하지 않는다. 이는 세상적이고 관습적인 것에 머물면서 항상 열려 있으며, 더 높은 궁극적 진리 때문이 아니라 모든 지적 이성화의 개방성 때문에 어쩔 수 없이 왜곡과 해체를 겪는다. 이성의 기능은 확고히 진실하고 비판을 넘어서는 것이라고 판단하는 데에 있는 것이 아니라 관습적이고 잠정적인 유효성을 확인하는 데에 있으며 또한 항상 더 깊은 통찰과 변화하는 조건에 종속돼야 함을 뜻한다. 모든 관념이 본질의 공함으로 형성된 것이므로 또 이런 공은 그 자체가 본질이 아니므로 관념은 단지 생각(vijñapti-mātra)에 불과하다. 상호 의존적으로 일어나는 사고는 궁극적 의미에 의해 "강화되거나" 또는 "(정당함이) 인정되거나" 하는 일 없이 그저 상호 의존해 일어나는 생각이며, 모든 인간적 노력에서 나오며 이에 영원한 침묵으로 남는다.

따라서 세상에 대해서 특정한 대승불교적인 종교적 행동은 없다. 대승불교에서는 어쩔 수 없이 우상 숭배라 할 수 있는 이념을 향하는 경향을 갖는 "사회적 복음"에 대한 불신이 있다. 불교의 역사는 세상에 직접적으로 투신하는 모습을 별로 보여 주지 않았기에 자주 불교는 사회적 행동에 헌신하지 못한다고 비판받는다. 그러나 이런 비판은 중요한 점을 간과하는 듯하다. 대승불교가 사회와 세상의 윤리에 투신하는 것은 특별한 운동이나 파악할 수 있는 프로그램을 통해서가 아니라 진정한 반야바라밀(般若波羅密, Prajñāpāramitā)의 형태로, 곧 아무 것에도 투신하지 않기 때문에 하는 투신으로서 헌신하는 것이다.

불교 해방 운동의 여러 예들이 있는데 이런 예들은 법(Dharma)을 특정한 사회적 의제 아래 끌어들이려 한다. 송나라(960-1277) 때 백련결사(白蓮結社, White Lotus movement)는 『묘법연화경』(妙法蓮華經, *The Scripture of the Lotus Blossom of the Fine Dharma*)에서 이 운동의 생명력을 유지했으며 미륵불(彌勒佛, Buddha Maitreya, 불교의 메시아)[23]의 도래에 대한 대망으로 이 운동의 전복적인 열망에 기름을 부었다. 삼계교(三階敎 San-chieh-chiao)라는 종파에서는 이 법을 가난한 이들에 대한 지속적인 봉사를 위해 후원금을 "다 써버릴 수 없도록" 제도화함으로써 사회적 목적에 부합하도록 했다.[24] 일본에서는 카마쿠라(鎌倉, Kamukura) 시대에 고리대금업자와 부당한 징세에 대항한 농민 봉기(一揆, ikki)는 정토종(淨土宗, Pure Land Buddhism)과 일련종(日蓮宗, Nichiren Buddhism)의 가르침에서 자신들의 정당성를 모색했다.[25]

그러나 이런 예들은 예외적인 경우다. 대개의 경우 불교 종파(institutions)들은 여산(廬山, Lu-shan)의 혜원(慧遠, Hui-yüan)의 경우처럼, 자기가 속해 있는 제국을 지지하면서 (때로는 서로 보완적 구조를 이루면서) 그 정책과 관행에 영향을 주려 했다. 이들은 어떤 의미로도 사회를 재구축하려 하지 않으면서 사회의 "누룩"으로서 봉사하고자 하는 윤리를 잘 보여 주었다. 불교가 사회에서 행하는 일반적인 구실은 사회개혁과 계급 해방에 직접적으로 뛰어드는 것이 아니라 지배자와 왕들에게 영향을 주어 사람들을 돌보고 불교 사원과 종교 활동을 지원하

23) Ch'en, *Buddhism in China*, pp. 429-433.

24) 같은 책, pp. 297-300. 이 삼계교에 대한 영어로 된 유일한 본격 연구는 James Hubbard의 위스콘신-매디슨대학(1986년) 미출판 박사학위 논문인 "Salvation in the Final Period of the Dharma: The Inexhaustible Storehouse of the San-chieh-chiao"이다.

25) Daigan and Alicia Matsunaga, *Foundations of Japanese Buddhism*, vol. 2, pp. 8-9.

도록 하는 데에 목적을 두었다. 이와 마찬가지로 314년 콘스탄티누스 대제가 교회를 공식적으로 받아들인 뒤로 오늘에 이르기까지 복음을 사회적 개조와 해방을 함께 가져오는 것으로 바라봄으로써 서구의 국가적 상황에서 그리스도교의 구실도 불교와 비슷했다. 아시아 불교의 역사는 얼마나 종교가 사회사와 많은 국가 왕정의 정치에 관여했는가를 보여 준다. 인도, 중국, 일본, 한국, 티베트 및 기타 여러 나라들에서 불교는 로마 제국과 중세 유럽의 경우와 마찬가지로 법에 영향을 미치려 하고 또 이를 통해 사회 정책에 영향을 주려 했다. 따라서 이러한 사실은 불교가 다른 세계를 지향하고 분리를 선호한다는 주장을 뒷받침하지 못한다.

불교는 "해방 신학" 같은 방식을 많이 생산해 내지 못했다. 궁극적 의미와 공의 기능은 부정적이며 이념적 이론과 정당의 슬로건에 대한 연기적 범위를 구체화하는 사회적 선택을 저버리는 데에 관심이 있었다. 대승불교는 의심의 윤리를 제시하는데, 사회적 행동에 대한 가장 강한 투신조차도 상호 의존적으로 일어나는 체험의 구체화와 변증적 긴장을 유지해야 한다. 그러나 이런 부정적인 주장은 행동에서 그만두자는 것을 뜻하지는 않는다. 오히려 이것은 행동은 궁극적 의미 및 공과 조화를 이루어야 함을 말하는 것으로, 곧 실천은 본질이 없는 관계와 문제들의 "진짜 세계"(강조-옮긴이)에서 기능한다는 것이다.

불교에서는 이 세상에서 자유로워져서 모든 세상사의 행동을 중지하고 고대하던 더 없는 환희의 세계로 들어오고 나가는 경향이 있음을 부인하기 어렵다. 인도에서 아비달마(阿毘達摩, Abhidharma)의 대가들은 세계 자체는 위의 더럽혀진 업이 지어낸 환상이며 따라서 깊이 고려할 필요가 없다고 가르쳤다. 모두가 깨닫는다면 이는 아주 사라질 것이다.[26] 중국 진대(晋代)의 승려 혜원(慧遠, 334-416)은 사찰의 경계를 이루는 시냇물을 가로지르는 모험을 무릅쓰는 예기치 않았던

---

26) Paul Griffith의 논문 "Karma", *Religious Studies* 18 (1982), pp. 277-291을 보라.

단 한 번의 예외를 빼고서는 스스로 여산(廬山) 사원 밖을 평생 나가지 않았다.[27] 그러나 삼론종(三論宗, Mādhyamika)이 이해하는 두 진리의 관점에서 볼 때 이러한 "독야청청"은 이루고자 하는 목표에서 멀리 떨어져 있는 것이다. 나가르주나는 연기는 단지 고통(saṃsāra)과 환상의 구조일 뿐만 아니라 또한 공의 내용이기도 하다고 주장했다. 그는 상호 의존하여 일어나는 구체적인 연기의 세계에 재투신(reengagement)해야 한다는 윤리를 강하게 주장함으로써 이 세계에서 도망치지 않고 이에 재결합할 것을 요구하는 열정적이고 지적인 행동의 기초를 놓았다.

이 세계 안에서 대승불교 행동의 현존은 눈에 보이는 운동에 있지 않으며 이름도 없이 존재하는데, 그 까닭은 어떤 고정되고 종교적인 이상을 위해 지적 결정을 먼저 하지 않도록 행동에 있어서 선명한 종교적인 색채를 띠기를 꺼려 하기 때문이다. 이 두 진리의 맥락에서 궁극적 의미는 세상적인 관습과는 철저히 다른 것으로 남고 어떠한 궁극적으로 의미 있다고 생각되는 이상을 거부하는 것뿐만 아니라, 다른 한편으로는 현상적인 존재의 끊임없이 변하는 조건에 지적으로 개방하는 것을 동반한다. 이러한 변하는 조건처럼 −모든 상호 의존적인 현상의 것들이 그러하듯이− 결정과 투신도 이런 식에 따라 변해야 한다. 정치가나 사회 운동가가 될 수도 있는 대승불교 수행자들은 자신을 대승불교 수행자라고 선언할 필요조차 느끼지 못하고 또 스스로의 결정에 대해 종교적 권위의 힘을 빌릴 필요도 좀체로 느끼지 않으면서 이 세상에서 구실할 수 있는 것이다.

불교인이건 그리스도인이건 대승불교 수행자들이 사회 행동에 참여하는 것은 역설적이지만 '비참여'인데, 그것은 이것의 기능이 특정한 방식으로 행동하기 위해 직접적인 종교적 강제(imperative)를 통하는 것이 아니라 필요한 만큼 열정적으로 행동하기 위한 투신을 통해서

---

27) Whalen Lai의 초안문 "The Spirit of Chinese Buddhism."

이루어지기 때문이다. 공에 대해 어느 정도 수준으로 통찰을 얻든지 간에 세상적 관습은 철저히 세상적 관습으로서 재확인되며, 이것의 고유한 헤게모니 때문에 처음부터 존재한 것처럼 보이며 어떠한 종교의 교리적 지위도 상관하지 않는다. 혁명이 필요하면 지적인 남녀는 혁명이 이루어져야 한다고 생각한다. 그러나 하느님이나 미륵(Buddha Maitreya)이 편을 들어 준다는 주장으로써 이 혁명을 합법화하려는 시도는 불필요하다. 회유와 외교술이 요구된다면 지적인 남녀는 이 회유와 외교술이 행해져야 한다고 생각한다. 그러나 어떠한 궁극적으로 유효한 명령 덕에 이 회유와 외교술이 행해지는 것은 아니다.

우리는 세속적인 세상에 살며 이 안에서 공에 대한 통찰은 완전히 다른 것으로서 궁극적 의미를 깨닫는 것을 가져오고 또 상호 의존적인 세계에 대한 사회적 참여가 유효한 것은 오직 세상적 관습에 대한 통찰로서 그렇다. 이런 지적 행동을 강화해 줄 수 있는 상호 의존적인 연기의 세계를 빼고서 어떠한 확인할 수 있는 다른 영역은 없다. 궁극적 의미를 어떠한 이들, 이 세상의 관습적 행동으로서 특히 가장 필요에 처한 이들에 대한 봉사에 투신하는 현대 그리스도교의 "해방 신학"에 대한 대승불교적인 동의어는 없다. 하느님이 가난한 자의 편에 서지 않는다고 하더라도 하느님은 부자의 편을 들어 주는 것이라고 보지 않는다. 그러나 가난한 이에 대한 "우선적 선택"이라는 개념은 하느님이 마치 존재자 가운데 위대한 한 존재로서, 그의 천상의 주인들과 함께 하는 왕으로서, 그런 식으로 '생각해 낸' 하느님에게 위험스럽게 가까이 간다. 그것이 일으킬 수 있는 모든 실망에도 불구하고 말이다.[28] 하느님이 한편을 든다고 주장한다면 이와 마찬가지로 하느님이 왕실을 지탱하며 또 주인에게 복종하는 노예들을 부리는 체제를 지지한다고 주장할 수 있다. 이스라엘 고대 왕정은 백성들의 뚜렷한 요구에 대한 야훼의 예언자들에게서 시작된다. 사도 바오로는 탈

28) 레오나르도 보프(Leonardo Boff)와 클로도비스 보프(Clodovis Boff)의 『해방 신학』, 44쪽을 보라.

출한 노예 오네시모스(Onesimus)를 노예제의 합법성에 대한 어떠한 비판도 없이 그의 주인 필레몬에게 돌려보낸다. 바오로는 그가 처한 사회적 상황에서 주어진 세계를 그저 묵묵히 따르고 오네시모스를 위한 보증인이 되었다. 이것은 해방 신학에서는 용납될 수 없는 일이다. 종교 전쟁이 비록 억압적인 상황에서 촉발되고 정의와 평화를 이루려는 목적을 갖지만 끊임없이 자기 합리적인 피학-가하적인 수사(rhetoric)를 동원해 그것으로 연명하는 '성전(聖戰, holy war)'으로 쉽게 전락한다.

그렇다고 대승불교 윤리가 사회 개혁 나아가 혁명의 필요에 대해 반대한다는 것을 뜻하지는 않는다. 대승불교 윤리는 어떠한 최종적인 종교적 권위도 필요 없음을 말하는 것이다. 이 윤리는 현상 유지나 종교 기관과 억압적인 정부 사이의 은밀한 공생을 주장하지도 않는다. 비록 이러한 공생이 서구 그리스도교와 동양의 불교에서 모두 있어 온 일이기는 하지만 말이다. 대승불교적 그리스도교의 맥락에서 억압적인 체제의 대체는 지적인 윤리 행동의 문제이며 허울뿐인 종교적 인준에 의지할 필요가 없다. 이는 사도 바오로가 코린토 집단들의 세계관에 대항해 십자가의 "신학"을 설교할 때 뜻했던 것이기도 하다. 바오로가 고개를 들어 바라본 것은 이념적 프로그램이나 사회적 계획이 아니라 그리스도의 불의한 죽음이라는, 십자가라는 현실 그대로의 사실이었다. 십자가는 예수 당시 특별한 연기의 환경에서 예수의 완전한 몰입(immersion)을 의미한다. 그리고 십자가는 우리가 우리의 시간과 상황에서 우리의 십자가를 지고 따르도록 초대한다. 이것은 정의와 사랑의 다스림에 완전히 투신함을 말하지만 어떤 초자연적 행동 계획을 뜻하지는 않는다. 삼론종의 사상에서 궁극적 의미는 무엇이든 간에 어떤 편도 가르지 않는데, 이는 어떤 논리이든, 그것이 이성적인 논쟁이든 또는 정치적 투쟁이든 편가르기는 관습적인 것으로 남으며 단지 관습적인 판단에 종속될 뿐이다. 사회에 대한 성령 충만한 전환은 깨달은 이들의 전환된 의식을 반영한다. 이는 아바 깨달음으로 침묵으로 인도되는 궁극적 의미를 향한 돌아섬과 성령의 감화로 인한 말과 행동 안에서 이해에 대한 의타기적인 구조(other-dependent structure)를 재천명하는 것으로 돌아섬을 동반한다. 그러나 성령으로 감화되었다고 하더라도 그러한 언어와 행동은 상호 의존적으로 일어나는 것이 결코 덜한 것은 아니다. 성령은 사람들의 마음을 움직여 이들의 생각을 바꾸어 놓는 것이지, 성서적이든 신학적이든 간에 가상적으로 "이미 받은" 응답을 위해 인간의 사고를 무시하기 위해서가 아니다.

고전적인 서구 문화가 지나가고 다양한 사회와 여러 문화라는 다원주의적 세계에서는 종교와 정치가 통제할 수 없을 정도로 쉽게 섞이고 있다. 얼마나 윤리적인 지향을 갖고 있는지 또는 얼마나 진실하게 불의한 사회를 바꾸려는 목적을 갖고 있든지 간에 정치의 종교 찬탈이나 사회적 정책은 점점 더 관습적이고 연기적인 통찰을 절대화하고, 신정 정치 국가를 격리시키고 종교의 이름으로 정치를 행하는 바로 그 종교를 왜곡하는 문화적 절대화로 꾸미는 경향을 띤다. 하느님이 보수적이든, 자유주의적이거나 혁명적이든 정치인이라면 고정적인 정책에 대해 적합성이 계속 변하므로 유효성을 유지하기는 거의 어렵다.

만일 이런 삼론종의 비판을 수용한다면 이 모든 것은 불필요할 뿐만 아니라 사회에 윤리적으로 재투신하는 데 대한 파괴적인 구실을 한다고 보인다. 이것이 불필요한 이유는 이 세계가 종교적 원칙으로 움직이는 것이 아니라 지적인 결정으로 움직이기 때문이다. 또 이것이 모든 사회적 행동에 대해 파괴적인 까닭은 이것이 사람으로 하여금 이들이 스스로 내린 결정에서 방기해 버리고 또 일종의 환상적 안정을 신적 구제책으로 대체하기 때문이다. 이것은 초월적 확신이라는 마약 같은 꿈을 통해서, 겉으로는 불가사의하고 상상 속에서는 안락함을 줌으로써 사회적 행동에 투신하는 것을 하찮게 만든다. 이것은 성령으로 말미암은 전환의 필요를 미리 막고 변환되지 않은 의식에 있어 생각으로 짜낸 여러 투영된 위치들을 적합하다고 보는, 다시 말해서 이런 여러 의식들이 궁극적 의미를 이것들의 개인적이거나 집단적인 왜곡과 동일시한다. 이것은 사람을 필요한 혁명에 참여하지 못하게 할 뿐만 아니라 이 혁명의 필요와 이득이 오래전에 사라졌을 때조차 사람들을 여기에 묶어 두기도 한다. 종교가 민중의 아편 구실을 하는 것처럼 혁명도 사이비 종교적, 신비적 절대화의 옷을 걸치고 마음을 무디게 하여 뒤따르는 어떠한 군대도 없이 혁명의 전위가 된다는 환상으로 이끈다.

따라서 전환에 있어 성령 충만의 구현은 근본적 아바 체험의 개인적 깨달음과 그 내용을 주장하는 것으로 제한되지 않고 사회 운동의 투신과 종교 자체가 사회와 정치적 관심의 영역으로 확장돼야 함을 포함해야 한다. 모든 신학의 마지막 발전 단계는 그 자체를 해체하는 것에 이르러야 하는데, 이는 니코스 카잔차키스(Nikos Kazantzakēs)의 말을 빌면 부처는 "종교로부터 사람을 자유롭게 하기 위해",[29] 곧 세상 안에서의 실천을 위해 왔기 때문이다.

이 세상에 대한 이러한 대승불교적인 참여 구조는 다섯 요소(five factors)와 네 가지 지혜(four wisdoms)의 교의로 정의될 수 있는데, 이는 침묵의 깨달음에서 구체적인 행동으로 가는 재투신의 형태를 나타낸다. 청정법계(淸淨法界, dharmadhātu-viśuddhi)는 궁극적 지혜의 내용과 모든 것을 넘어서면서 모든 것을 감싸 안는 아바의 내용을 지시한다. 대원경지(大圓鏡智, adarśana-jñāna)는 인간 체험의 모든 사건을, 차별 없이 또 있는 그대로 비추임을 반영한다. 모든 생각은 상호 의존적으로 일어나며 따라서 평등하다는 것을 깨닫게 하는 것도 공의 지혜이다. 평등성지(平等性智, samatā-jñāna)는 인간사의 넓은 범위의 진리에 대한 통찰을 가능하게 하며 세상적인 관습의 차별에서 벗어나 모든 sub specie vacuitatis(사물이 공임을)를 본다. 공과 상호 의존적인 연기적

29) *Report to Greco*, pp. 349-352.

존재에 대한 통찰과 깨달음은 모든 것들을 그것 그대로의 일치된 깨달음이라는 관점에서 보며 나(ātman)와 나의 것(atmya) 사이의 어떠한 차이도 넘어서며 개인 및 집단 편견(biases)도 거부한다. 그러나 가르침과 행동은 특정한 언어와 특정한 행동으로 수행되므로 묘관찰지(妙觀察智, pratyavekṣana-jñāna)는 그것 자체를 특별한 가르침 안에서 표현하고 그것에 의해 자비라는 과제를 실제로 수행하는 성소작지(成所作智, kṛtyanuṣṭhana-jñāna)로 들어간다.[30)]

이러한 의식과 행동의 전환에 있어 구체적인 형식은 오직 역사적 삶의 과정 안에서만 - 실제로 일어나는 일에 의해 - 마치 그리스도의 의미가 그의 삶과 죽음과 부활에서만 채워질 수 있는 것처럼 그렇게 완성될 수 있다. 모든 시대와 공간을 넘어서는 보편적인 모델이란 없다. 성인들의 삶은 문화와 조건이 다른 것처럼 다르다. 이들은 까밀로 토레스(Camilo Torres)와 데레사 복자(Mother Teresa)만큼이나 다르며 각자는 스스로 느낀 필요한 개인적인 삶의 자리(Sitz im Leben)에 대응한 것이다. 콜롬비아 정글 게릴라들과 삶을 공유하기 위해 안전한 대학을 떠났던 토레스의 혁명적인 희생과 가난과, 고통을 낳게 한 사회 구조에 대한 어떠한 개혁도 시도하지 않았지만 평생을 헌신적으로 봉사한 테레사 복자를 구별할 필요는 없다. 하나를 긍정하기 위해 다른 하나를 손가락질할 필요는 없는 것이다.

결 론

삼위일체 교리는 그리스도에 중심을 두는 그리스도인 삶의 방식을 반영한다. 그리스도는 우리 체험의 구체화이다. 그리스도의 은총 속에서 우리가 나누며 그리스도의 의미 속에서 우리는 신앙과 통찰을 통해 삶을 살아간다. 이러한 의미가 우리를 아바에게로, 어떠한 매개

30) *Buddhabhūmyupadeśa*, Keenan, pp. 645-781.

된 생각이나 말을 넘어서며 또 인간 체험에서 어떠한 객체로도 동일시될 수 없는 '본질 없는 본질'인 침묵의 아바로 향하여 다가가게 한다. 그러나 문제는 여기서 끝나지 않는다. 성령 속에서 전환의 구체화를 통해 우리는 회심하며 구체적인 이 세상에서 개인적이고 사회적인 재투신 속에서 그리스도인 보살의 행동으로 참여한다. 삼위일체 교리는 비록 그리스 형이상학이 일부 포함되기는 했지만 그런 형이상학의 한 실천에 불과한 것이 아니다. 이것은 불가해한 지식이거나 보통 사람들이 인식할 수 없는 것이 아니다. 이것은 신적 지식의 일부가 아니다. 오히려 삼위일체는 그리스도인 삶의 체험의 형식이며 전통적으로는 그리스 존재론의 관점에서 표현되어 왔지만 그런 표현에 제한되지 않는다. 이 삼위일체는 실제로 많은 남자와 여자가 있는 것처럼 다양한 철학적 접근을 받아들인다. 신학에 봉사하기 위한 협조자로서 여기서 권고된 철학의 접근 방식은 그리스도인의 신앙과 삶에 대한 다양한 가능한 접근 방식 가운데 하나일 뿐이다.

후 기

성육화와 삼위일체 교리를 명확하게 정리함에 따라 그리스도교 신학은 그 자체가 두 배의 문제, 항상 분명하게 이해되지 않는 그런 문제에 봉착하게 됐다. 무엇보다도 먼저, 그리고 근본적으로 이것은 단순히 하느님에 관한 말(God-talk)을 표현하기 위한 적절하고 합당한 문화적 언어를 문제 삼는 것이 아니라 어떤 신학적 언어도 해석되는 의식의 형식에 관한 문제를 말하고자 하는 것이다. 자아를 위한 피난처나 지지자 노릇을 효과적으로 해내는 하느님은 찾을 수 없는데, 그것은 우리가 인간과 그 잠정성에서, 죽음을 대면할 수밖에 없는 존재로부터, 상호 의존적으로 일어나는 것에서 빠져나갈 수가 없기 때문이다. 따라서 하느님의 절대성을 빼앗고 대체하려는 척하는 어떠한 신학도 거부될 수밖에 없다.

그러나 이것이 언어에 관한 적합한 질문을 신학적 쓰레기로 격하시키는 것은 아닌데, 그것은 기본적인 삼위일체적 체험에 투영된 표상과 관념이 아바의 직접성과 성령 안에서의 전환에 대한 바로 그 체험을 가로막을 수 있기 때문이다. 그렇게 함에 따라 이것들은 예수를 신적 깊이를 비추는 텅 빈 거울이 아니라 우리가 인간이 되는 것에서 구해 내고 또 윤리적으로 이 세상에 재투신하지 않아도 눈감아 주는 그런 구세주로 예수를 생각하게 하는 것이다.

의식과 언어의 회심 없이는 신학은 본질에 대한 잘못된 관념을 생각해 내는 형식 속에서 기계적으로 기능을 한다. 그러한 회심의 의미를 표현하는 기술적인 언어의 사용에 대한 예민함(sensitivity) 없이 신학은 서투르게, 구체적인 삶과 동떨어져서 나타내고자 하는 바를 막아 버리는 기능을 할 뿐이다.

성육화와 삼위일체에 대한 우리의 대승불교적-그리스도교의 혼합적(hybrid) 해석은 이런 문제를 다루기 위한 하나의 시도로서 권하는 것이다. 이것은 신비적이고 고통스러운(samsaric) 내면성(interiority)에서 나오며 따라서 이것은 끊임없이 회심의 실현에, 드러남의 체험과 그리스도 의미에 대한 깨달음의 실현에 초점을 둔다. 이런 신비 체험의 직접성에 대한 초점은 사도 바오로와 신약으로 우리를 이끌고 가는 것뿐만 아니라 그리스도교 교부들의 신비 저작을 다시 검토하도록 하는 것에, 또 진지한 신학적 담론을 위한 신비 전통을 재천명하는 것에 문을 열어 놓는 것이기도 하다. 중관 철학과 종교적 의미에 대한 유식학파의 해설은 존경할 만한 학문적 전통을 형성한다. 이러한 전통을 통해서 우리는 뒤를 돌아보고 초기 그리스도교가 강조한 그리스도-깨달음을 재확인할 수 있는데, 이 깨달음은 모든 형이상학적 이론화를 항상 넘어서며 뚫고 나아가겠다고 경고해 왔다. 이것은 그리스 사고 전체를 부정할 필요가 없는데 왜냐하면 그리스도의 의미를 이론적으로 표현하려는 이런 시도 안에서 기본적인 체험에 대한 깨달음이 놓이기 때문이다. 이 깨달음은 오직 모든 신학적 노력의 완전한 어두움 속에서 알 수 없음을 통해서만 비로소 가능하다고 알려졌다. 그러나 이것은 그리스 사고를 상대화한다. 결국 그리스 신학은 그리스인들의 사상이지 현대 세계의 다른 민족과 문화의 사상이 아니다.

그리스도교 신비 사상의 재천명에 이르는 분명한 길에 대한 개방성에 덧붙여, 이 대승불교적 시각은 지금까지 그리스도의 의미에 대한 지각되지 않은 깊이를 표현할 수 있는 가치 있는 언어를 제공한다. 이것은 바로 다른 언어, 맞물려 있는 용어들의 다른 다발(set), 그리고 이것의 수용이 매개된 통찰의 다른 다발로 나아가기 때문이다. 특히 이런 시각을 권고하는 것은 비록 이것이 어떠한 형이상학적 사고에 몸을 담지도 않고 또 체계적이거나 존재론적 신학을 구축하려고 하지도 않지만, 대승불교적 관점은 여전히 아버지 하느님의 표상과 말씀으로서 그리스도에 대한 전통적인 이해를 표현하고 있고 또 세상을 전환시키기 위해 성령으로 충만한 행동에 투신하도록 요구할 수 있다. 비록 다른 철학적 틀이기는 하지만 이것은 그리스도교 공동체의 신앙에 여전히 진실로 남는다.

이 신학은 모든 제도를 문제 삼고 절대적으로 진리라고 여겨졌던 어떠한 사고 구조이든지 부정한다. 이 신학은 쉽게 다원주의 문화적 시각으로 옮아가는데, 그것은 모든 사고가 특정한 문화적 가치, 언어, 또 사고 형식이라는 면에서 상호 의존적으로 발생하는 것으로 여겨지기 때문이다. 이것은 해체주의적 태도를 취한다. 그러나 이 신학은 이런 태도를 넘어서 오래되고 잘 발전한 전통 종교적 사고에 다가간다. 이것은 우리를 해제된 형이상학의 진공 속에, 또 다 닳고 때가 지난 관념들의 쓰레기장에 버려두지 않는다. 오히려 대승불교적 그리스도교 신학은 불교와 그리스도교 모두의 지혜와 통찰에 대한 가르침을 소중히 한다. 전통적인 신학의 형식이 파산되었다고 해서 당황하거나 그 대신 무엇으로 대체해야 할지 방황할 필요가 없다. 다양한 언어로 또 다양한 문화 속에서 그리스도 의미를 생각하려는 수도 없는 시도들이 있어 왔고 또 계속되고 있다. 대승불교적 신학은 오직 추론적 앎의 형식을 부정하는데, 그것은 모는 신학 작업이 끊임없이 확장하는 그리스도 의미의 지평을 표현하기 위한 모델 가운데 하나의 올로서 결을 엮는 것이기 때문이다. 모든 이러한 모델들은 종교적 내면성의 이해 안에서 관습적인 진리에 바탕을 이루는데, 이 종교석 내면성은 규정할 수 없는 근본적 깨달음을 향하여 관계적으로 기초지어져 있으며 또 이 세상에서 하느님의 자비가 다스리는 것에 개인적으로 또 사회적으로 투신하는 것을 동반한다. 대승불교적 그리스도교 신학은 현재의 통찰과 깨달음을 아바인 하느님의 현존을 향해 나가는 마음의 끊임없이 "앞으로 뻗어 나가는" 것을 위한 하나의 계기로 보는데, 이것은 근원적인 순수함의 마음을 품고 구조화하며 또 구체적인 세상에 정의와 평화를 '성령 가득함으로-실현'하는 것을 지향한다.

다시 말해서 그리스도의 의미에 대한 이 대승불교적 해석은 하나의 특정한 문화적, 철학적 전통 안에서 침묵으로부터 오는 아버지의 말씀을 표현하려는 한 시도이다. 아바의 침묵에 대한 날 것의 깨달음 속에 머물러서는 안 되며 성령의 옷을 입고 이 상호 의존적으로 발생하는 연기의 세계에서 윤리적으로 또 지적으로 행동해야 한다. 사도 바오로가 주장하듯이 우리는 부활한 그리스도의 의미를 깨달아야 하는 것이다.

잠자는 사람아, 깨어나라.
죽은 이들 가운데에서 일어나라.
그리스도께서 너를 비추어 주시리라.(에페 5,14)

■ 참고문헌

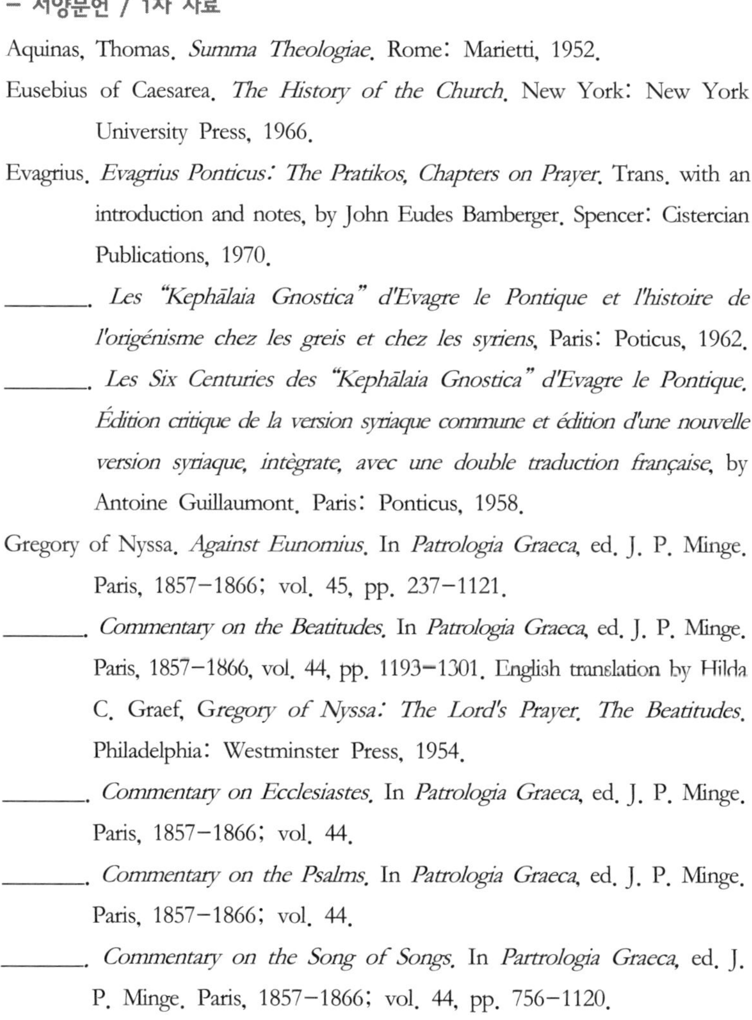

— 서양문헌 / 1차 자료

Aquinas, Thomas. *Summa Theologiae*. Rome: Marietti, 1952.

Eusebius of Caesarea. *The History of the Church*. New York: New York University Press, 1966.

Evagrius. *Evagrius Ponticus: The Pratikos, Chapters on Prayer*. Trans. with an introduction and notes, by John Eudes Bamberger. Spencer: Cistercian Publications, 1970.

_______. *Les "Kephālaia Gnostica" d'Evagre le Pontique et l'histoire de l'origénisme chez les greis et chez les syriens*, Paris: Poticus, 1962.

_______. *Les Six Centuries des "Kephālaia Gnostica" d'Evagre le Pontique. Édition critique de la version syriaque commune et édition d'une nouvelle version syriaque, intègrate, avec une double traduction française*, by Antoine Guillaumont. Paris: Ponticus, 1958.

Gregory of Nyssa. *Against Eunomius*. In *Patrologia Graeca*, ed. J. P. Minge. Paris, 1857-1866; vol. 45, pp. 237-1121.

_______. *Commentary on the Beatitudes*. In *Patrologia Graeca*, ed. J. P. Minge. Paris, 1857-1866, vol. 44, pp. 1193-1301. English translation by Hilda C. Graef, *Gregory of Nyssa: The Lord's Prayer. The Beatitudes*. Philadelphia: Westminster Press, 1954.

_______. *Commentary on Ecclesiastes*. In *Patrologia Graeca*, ed. J. P. Minge. Paris, 1857-1866; vol. 44.

_______. *Commentary on the Psalms*. In *Patrologia Graeca*, ed. J. P. Minge. Paris, 1857-1866; vol. 44.

_______. *Commentary on the Song of Songs*. In *Partrologia Graeca*, ed. J. P. Minge. Paris, 1857-1866; vol. 44, pp. 756-1120.

_______. *Dialogue with Macrina on the Soul and the Resurrection*. In *Patrologia Graeca*, ed. J. P. Minge. Paris, 1857–1866; vol. 46, pp. 12–160.

_______. *From Glory to Glory: Texts from Gregory of Nyssa's Mystical Writings*. Trans. Herbert Musurillo. Crestwood: St. Vladimir's Press, 1979.

_______. *Funeral Oration for Placilla*. In *Partrologia Graeca*, ed. J. P. Minge. Paris, 1857–1866; vol. 46.

_______. *The Great Catechism*. In *Patrologia Graeca*, ed. J. P. Minge. Paris, 1857–1866, vol. 45. English trans. in *A Select Library of Nicene and Post–Nicene Fathers of the Christian Church*, vol.5. Trans. P. Schaff and Wace. Oxford and New York, 1893.

_______. *The Life of Moses*. In *Patrologia Graeca*, ed. J. P. Minge. Paris, 1857–1866; vol.44, pp. 297–430. *The Life of Moses*, English trans. Abraham J. Malherbe and Everett Ferguson. New York: Paulist Press, 1978.

_______. *On Perfection*. In *Patrologia Graeca*, ed. J. P. Minge. Paris, 1857–1866; vol. 46.

_______. *On Virginity*. In *Patrologia Graeca*, ed. J. P. Minge. Paris, 1857–1866; vol. 46.

Irenaeus. *Epistola ad Magnesios*. Passages in M. J. Rouet de Journel, *Enchiridion Patristicum*. Barcelona: Herder, 1959, pp. 13–23.

The Jerusalem Bible. Garden City, N.Y.: Doubleday, 1970.

Justin Martyr. *The Writings of Justin Martyr and Athanagoras*. Trans. Dods, Reith, and Pratten. In *Ante–Nicene Library*. Edinburgh: Clark, 1879.

Macarius. *Two Rediscovered Works of Ancient Christian Literature: Gregory of Nyssa and Macarius*, Werner Jaeger. Leiden: Brill, 1954.

_______. *Macarius: Fifty Spiritual Homilies*. Trans. A. J. Mason. London, 1921.

_______. *Pseudo–Macarie, Oeuvres spirituelles 1: Homilies propes a la collection III, introduction, et notes (avec le texts Grec)*. Trans. Vincent Desprez. Paris, 1980.

Maximus Confessor. *Scolia on the Divine Names*. In *Patrologia Graeca*, ed. J. P. Minge. Paris, 1857–1866; vol. 4, pp. 185–414.

_______. *Scolia on the Mystical Theology*. In *Patrologia Graeca*, ed. J. P. Minge. Paris, 1857–1866; vol. 4, pp. 415–452.

Origen. *Origen: An Exhortation to Martyrdom, Prayer, First Principles*, Book IV: *Prologue to the Commentary on the Song of Songs, Homily XXVII on Numbers*. Trans. Rowan A. Greer. New York: Paulist Press, 1979.

Plato. *The Dialogues of Plato*. Trans. Benjamin Jowett. Oxford: Clarendon Press, 1924.

Pseudo–Dionysius. *The Divine Names*. In *Patrologia Graeca*, ed. J. P. Minge. Paris, 1857–1866; vol. 3, pp. 585–996.

_______. *Ecclesiastical Hierarchy*. *Patrologia Graeca*, ed. J. P. Minge. Paris, 1857–1866; vol.3.

_______. *The Heavenly Hierarchy*. In *Patrologia Graeca*, ed. J. P. Minge. Paris, 1857–1866; vol. 3.

_______. *Letters*. In *Hierarchy and the Definition of Order in the Letters of Pseudo–Dionysius: A Study in the Form and Meaning of the Pseudo–Dionysian Writings*. Trans. Ronald F. Hathaway. The Hague: Nijhoff. 1869.

_______. *Mystical Theology*. In *Patrologia Graeca*, ed. J. P. Minge. Paris, 1857–1866; vol. 3, pp. 997–1064.

Pseudo–Macarius, *see* Macarius.

Solomon. *Song of Songs: A New Translation with Introduction and Commentary*. Trans. Marvin H. Pope. Garden City, N.Y.: Doubleday, 1977.

– 2차 자료

Arndt, W. F., and Gringrich, F. W. *A Greek–English Lexicon of the New Testament and Other Early Christian Literature*. Chicago: University of Chicago Press, 1979.

Barth, Karl. *Church Dogmatics*. Edinburgh: Clark, 1958.

Baur, Ferdinand Christian, *Christliche Lehre von der Dreieinigkeit und Menschwerdung Gottes*. 1842.

Boff, Leonardo and Clodovis. *Introducing Liberation Theology.* Maryknoll, N.Y.: Orbis Books, 1987.

Boman, Thorleif. *Hebrew Thought Compared with the Greek.* London: SCM Press, 1960.

Bornkamm, G. "Zur Interpretation des Johannes-Evangliums 'Eine Auseinander-setzung mit Käsemanns Schrift' Jesu letzter Wille nach Johannes 17." In *Geschichte und Glaube.* Munich, 1968.

Brown, R. E. *The Gospel according to John I-XII.* Garden City, N.Y.: Doubleday, 1966.

Brunner, Emil. *Man in Revolt: A Christian Anthropology.* Philadelphia: Westminster Press, 1939.

Buchanan, Neil. *The History of Dogma.* New York: Russel & Russel, 1971.

Buttrick, George, A., ed. *The Interpreter's Dictionary of the Bible.* Nashville: Abingdon Press, 1962.

Conzelmann, Hans. *A Commentary on the First Epistle to the Corinthians.* Philadelphia: Fortress Press, 1975.

_______. *New Testament Studies.* Manchester, Eng.:Manchester University Press, 1967.

_______. "Paulus und die Weisheit." *New Testament Studies* 12 (1968), pp. 213-244.

Copleston, F. *A History of Philosophy.* Vol. 1: *Greece and Rome.* New York: Newman Press, 1946.

Crenshaw, James L. *Gerhard von Rad.* Waco, Tex.: Word Books, 1978.

_______. "Method in Determining Wisdom Influence upon 'Historical' Literature." *Journal of Biblical Literature* 88 (1969): 129-142.

_______. "Popular Questioning of the Justice of God in Ancient Israel." *Studies in Ancient Israelite Wisdom,* ed. James Crenshaw. New York: Ktav Press, 1976.

_______. *Old Testament Wisdom.* Atlanta: John Knox Press, 1981.

_______. ed. *Studies in Ancient Israelite Wisdom.* New York: Ktav Press, 1976.

Daniélou, Jean. *Platonisme et théologie mystique: Doctrine spirituelle de Saint*

Gregorie de Nysse. Paris: Aubier, Éditions Montaigne, 1944.

Denzinger, H., and Schonmetzer, A. *Enchiridion Symbolum Definitionum et Declarationum de Rebus Fidei et Morum*. Barcelona: Herder, 1963.

Dix, Dom Gregory. *The Shape of the Liturgy*. London: Black, 1945; reprint, New York & San Francisco: Harper & Row, 1982.

Dodd, C. H. *The Interpretation of the Fourth Gospel*. Cambridge, Eng.: Cambridge University Press, 1953.

Duquoc, Christian. *Chistologie*. Vol. 2: *Le Messie*. Paris, 1972.

Festugière, A. *Contemplation et vie contemplative selon Platon*. Paris: J. Vrin, 1950.

Flanagan, J. W. *No Famine in the Land: Studies in Honor of John L. McKenzie*, Claremont: Scholars Press, 1975.

Flew, Anthony. "Theology and Falsification." *The Existence of God*, ed. John Hick, pp. 224–227. New York: Macmillan, 1964.

Freud, Sigmund. *The Future of an Illusion*. Garden City, N.Y.: Doubleday, 1957.

Gesenius, W. *A Hebrew and English Lexicon of the Old Testament*. Boston: Crocker & Brewster, 1861.

Gilkey, Langdon. *Naming the Whirlwind: The Renewal of God Language*. New York: Seabury Press, 1976.

Gilson, Étienne. *The Spirit of Medieval Philosophy*. New York: Scribners, 1936.

_______. *The Philosophy of St. Thomas Aquinas*. St. Louis, Mo.: B. Herder, 1937.

_______. *Being and Some Philosophers*. Toronto: Pontifical Institute of Medieval Studies, 1952.

_______. *History of Christian Philosophy in the Middle Ages*. New York: Random House, 1955.

_______. *Elements of Christian Philosophy*. Garden City, N.Y.: Doubleday, 1960.

Goodenough, Edwin R. *The Theology of Justin Martyr*. Jena, 1923.

Gore, Charles D. *The Incarnation of the Son of God*. Oxford, 1891.

Grether, Oskar. *Name und Wort Gottes im Alten Testament (Beihefte zur Zeitschrift für die Altestamentliche Wissenschaft)*. Giessen: A. Töpelmann, 1934.

Grillmeier, A. *Christ in Christian Tradition*. Vol. 1: *From the Apostolic Age to Chalcedon (451)*. Atlanta: John Knox Press, 1965.

Grondys, L. H. "La terminologie métalogique dans la théologie Dionysienne." *Netherlands Theologisch Tijdschrift 14*[e], Jaargang, Afl. 6 (1960): 420-430.

Haenchen, E. *Gottt und Mensch*, Tübingen: Mohr, 1965.

Harnack, Adolph von. *The Sayings of Jesus*. London: Williams & Norgate; New York: G. P. Putnam, 1908.

_______. *Lehrbuck der Dogmengeschichte*. Tübingen: Mohr, 1931.

Harvey, Van A. *The Historian and the Believer: The Morality of Historical Knowledge and Christian Belief*. New York: Macmillan, 1966.

Hatch, Edwin. *The Influence of Greek Ideas on Christianity*. New York: Harper & Row, 1957.

Inge, W. *The Philosophy of Plotinus*. Chicago: Greenwood, 1958.

Jaeger, Werner. *Paideia: The Ideals of Greek Culture*. 3 vols. New York: 1945.

_______. *Two Rediscovered Works of Ancient Christian Literature : Gregory of Nyssa and Macarius*. Leiden: Brill, 1954.

James, William. *The Varieties of Religious Experience*. New York: Modern Library, 1960.

Jeremias, Joachim. *The Central Message of the New Testament*. Philadelphia: Fortress Press, 1981.

Johnston, William. *The Mysticism of the Cloud of Unknowing: A Modern Interpretation*. New York: Desclée, 1967.

_______. *The Mirror Mind*. New York & San Francisco: Harper & Row, 1981.

Käsemann, E. *The Testament of Jesus according to John 17*. Philadelphia: Fortress Press, 1968.

Katz, Steven T. "Language, Epistemology, and Mysticism." *Mysticism and Philosophical Analysis*, ed. Steven T. Katz. London: Sheldon, 1976.

Kazantzakēs, Nikos. *Report to Greco*. New York: Simon & Schuster, 1965.

Kelly, J. N. D. *Early Christian Doctrines*. New York & San Francisco: Harper

& Row, 1978.

Kirk, K. E., "The Evaluation of the Doctrine of the Trinity." *Essays on the Trinity and the Incarnation by Members of the Anglican Communion*, pp. 226–237. New York: Green, 1928.

Koch, H. "Die Lehre vom Bösen nach Pseudo–Dionysius Aeropagita." *Philologus* (1895), pp. 438–454.

_______. "Der Pseudepigraphische Character der Dionysischen Schriften." *Theologische Quartalscrift* 77 (1898): 353–420.

Lampe, G. W. H., "The Holy Spirit and the Person of Christ." *Christ, Faith, and History*, ed., Sykes, pp. 111–130.

_______. *God as Spirit*. Oxford: Clarendon Press, 1977.

Leen, Edward. *The Holy Ghost*. New York: Sheed & Ward, 1953.

Lilla, R. E. *Clement of Alexandria: A Study in Christian Platonism and Gnosticism*. London: Oxford University Press, 1971.

Lindbeck, George A. *The Nature of Doctrine: Religion and Theology in a Postliberal Age*. Philadelphia: Westminster Press, 1984.

Lonergan, Bernard F. "Cognitional Structure." *Continuum 2*, no. 3 (1964): 530–542.

_______. *De Deo Trino*. Rome: Apud Aedes Universitatis Gregorianae, 1964.

_______. *Insight: A Study of Human Understanding*. New York: Philosophical Library, 1971.

_______. "Metaphysics as Horizon." *Gregorianum* 44 (1963): 6–23.

_______. *Method in Theology*. New York: Herder & Herder, 1972.

_______. *The Way to Nicea: The Dialectical Development of Trinitarian Theology*. Philadelphia: Westminster Press, 1976.

Lossky, Vladimir. *In the Image and Likeness of God*. Crestwood: St. Vladimir's Press, 1974.

Louth, Andrew. *The Origins of the Christian Mystical Tradition*. New York: Oxford University Press, 1981.

Magliola, Richard. *Derrida on the Mend*. West Lafayette, Ind.: Purdue University Press, 1984.

Maritain, Jacques. *The Degrees of Knowledge.* New York: Scribners, 1959.

Markus, R. A. "Trinitarian Theology and the Economy." *Journal of Theological Studies* 6 (1955): 89–102.

McKenzie, John L. *Myths and Realities: Studies in Biblical Theology.* Milwaukee: Bruce, 1963.

Meyendorff, John. *Christ in Eastern Christian Thought.* Crestwood: St. Valdimir's Press, 1975.

Morgan, Don F. *Wisdom in the Old Testament Traditions.* Atlanta: John Knox Press, 1981.

Moule, C. F. D. *The Origin of Christology.* Cambridge, Eng. : Cambridge University Press, 1977.

Newell, William Lloyd. *Struggle and Submission: R. C. Zaehner on Mysticism.* Washington, D. C. : University Press of America, 1981.

Norris, Richard Alfred, *God and World in Early Christian Theology.* London: Black, 1966.

Nygren, Anders. *Eros and Agape.* Philadelphia: Harper & Row, 1953.

O'Leary, Joseph. *Questioning Back: The Overcoming of Metaphysics in Christian Tradition.* Minneapolis: Winston, 1985.

Panikkar, Raimundo. "The Category of Growth in Comparative Religion: A Critical Self–Examination." *The Intrareligious Dialogue.* New York: Paulist Press, 1978.

Pearson, Biger A. "Hellenistic–Jewish Wisdom Speculation and Paul." *Aspects of Wisdom in Judaism and Early Christianity.* Notre Dame: University of Notre Dame Press, 1975.

Pelikan, Jaroslav. *The Light of the World: A Basic Image in Early Christian Thought.* New York: Harper & Row, 1962.

_______. *The Christian Tradition, a History of Doctrinal Development.* Vol. 1: *The Emergence of the Catholic Tradition.* Chicago: University of Chicago Press, 1971.

_______. *The Christian Tradition, a History of Doctrinal Development.* Vol. 2: *The Spirit of Eastern Christendom (600–1700).* Chicago: University of Chicago Press, 1974.

Perrin, Norman. *The Resurrection according to Matthew, Mark, and Luke*. Philadelphia, Fortress Press, 1977.

Prestige, George L. *God in Patristic Thought*. Toronto: W. Heinemann, 1936.

Rad, Gerhard von. *Das Gottesvolk im Deuteronomium*. Stuggart: W. Kohlhammer, 1929.

_______. *Studies in Deuteronomy*. London: SCM Press, 1953.

_______. *Old Testament Theology*. New York: Harper & Row, 1965.

_______. *The Problem of the Hexateuch and Other Essays*. Edinburgh & London: Oliver & Boyd, 1966.

Rahner, Karl. "Le début d'une doctrine des cinq sens spirituelles chez Origène." *Revue d'ascétique et de mystique* 13 (1932): 113-145. English trans. in *Theological Investigations*, vol. 16, pp. 81-103. London: Darton, Longman, & Todd.

_______. *The Trinity*. New York: Herder & Herder, 1970.

Robinson, James M. "Logoi Sophon: On the Gattung of Q." *Trajectories through Early Christianity*. Philadelphia: Fortress Press, 1971.

Robinson, John A. T. *Honest to God*. London: SCM Press, 1963.

_______. "Need Jesus Have Been Perfect?" *Christ, Faith, and History*, ed. Sykes; pp. 39-52.

_______. "A Reply to Mr. Sykes." *Christ, Faith, and History*, ed. Sykes; pp. 73-78.

Roques, René, *L'Univers Dionysien: Structure hiérarchique du monde selon le Pseudo-Denys*. Paris: Aubier, 1954.

Rusch, William, G. *The Trinitarian Controversy*. Philadelphia: Fortress Press, 1980.

Schillebeeckx, Edward. *Jesus: An Experiment in Christology*. New York: Seabury Press, 1978.

_______. *Christ: The Experience of Jesus as Lord*. New York: Seabury Press, 1980.

Schweitzer, Albert. *The Quest of the Historical Jesus*. London: Black; New

York: Macmillan, 1910.

Scott, R. B. Y. *The Way of Wisdom in the Old Testament.* New York; Macmillan, 1972.

Smart, Ninian. *The Yogi and the Devotee.* London: Allen & Unwin, 1968.

_______. "Understanding Religious Experience." *Mysticism and Philosophical Analysis*, ed. Steven T. Katz. London: Sheldon, 1978.

Stace, W. T. *Mysticism and Philosophy.* London: Macmillan, 1960.

Stigmayr, J. "Der Neuplatoniker Proklus als Vorlage der sogen: Dionysius Aeropagita in der Lehre vom Ubel." *Historisches Jarhbuch im Auftrag der Görresgesellschaft* 16 (1895): 253–273, 721–748.

Suggs, M. Jack. *Wisdom, Christology, and Law in Matthew's Gospel.* Cambridge, Mass.: Harvard University Press, 1970.

Sykes, S. W., ed. *Christ, Faith, and History: Cambridge Studies in Christology.* London: Cambridge University Press, 1972.

Taylor, Mark C. *Erring: A Post-Modern A/Theology.* Chicago: University of Chicago Press, 1985.

Tracy, David. *The Achievement of Bernard Lonergan.* New York: Herder & Herder, 1970.

Tillich, Paul. *Systematic Theology.* 3 vols. Chicago: University of Chicago Press, 1967.

Tödt, H. E. *The Son of Man in the Synoptic Tradition.* London: SCM Press, 1965.

Toynbee, Arnold. *Christianity among the Religions of the World.* New York: Scribners, 1957.

Vacherot, Étienne. *Histoire critique de l'École d'Alexandrie.* Paris: Coronet Books, 1851.

Vanier, Paul. *Theologie trinitaire chez Saint Thomas d'Aquin: Evolution du concept d'action notionelle.* Paris: J. Vrin, 1953.

Vanneste, J. *Le mystique de Dieu: Essai sur la structure rationelle de la doctrine mystique de Pseudo-Denys Aeropagite.* Bruges: Desclée de Bouwer, 1959.

Vasiliev, A. A. *History of the Byzantine Empire*. 2 vols., reprint, Madison: University of Wisconsin Press, 1958.

von Balthasar, U. "Das Scholienwerk des Johannes von Skythopolis." *Scholastik* 15 (1940): 16–39.

Waldenfels, Hans. *Absolute Nothingness: Foundations for a Buddhist–Christian Dialogue*. New York: Paulist Press, 1976.

Wiles, Maurice. "Homoousios ēmin." *Journal of Theological Studies* 16 (1965): 454–461.

_______. "Does Christology Rest on a Mistake?" *Christ, Faith, and History*, ed. Sykes; pp. 3–12.

_______. *The Making of Christian Doctrine: A Study in the Principles of Early Doctrinal Development*. London: Cambridge University Press, 1967.

_______. *Christian Fathers*. New York: Oxford University Press, 1982.

Wisdom, John. "Gods." *Proceedings of the Aristotelian Society*, 1944–1945; reprinted as chap. 10 of *Logic and Language*, London: Blackwell, 1951, and in *Philosophy and Psycho–Analysis*, London: Blackwell, 1953.

Wuellner, W. "Haggadic–Homily Genre in 1 Corinthians 1–3." *Journal of Biblical Literature* (1970): 199–204.

Zaehner, R. C. *Mysticism: Sacred and Profane*. Oxford: Clarendon Press, 1957.

Zimmerli, Walther. "Concerning the Structure of Old Testament Wisdom." *Studies in Ancient Israelite Wisdom*, ed. James Crenshaw: pp. 175–207.

– 동양 문헌 / 1차 자료

경전(經, sūtra)과 고전

Bhagavad–Gita: Krishna's Counsel in Time of War. Trans. Barbara Stoler Miller. New York: Bantam Books, 1986.

Book of Kindred Sayings [Saṃyutta–nikāya]. 5 vols. Trans. Rhys–Davids and F. L. Woodward. London: Pali Text Society, 1917–1930.

Dialogues of the Buddha [Digha–nikāya]. 3 vols. Trans. T. W. Rhys–Davids and C. A. F. Rhys–Davids. In Series Sacred Books of the Buddhists, vols. 2–4. London: Pali Text Society, 1899–1921.

The Diamond Sutra. In Buddhist Wisdom Books. Trans. Edward Conze. London: Allen & Unwin, 1958.

Greater Discourse on the Lion's Roar. In Chalmers, *Further Dialogues of the Buddha*. London: Oxford University Press, 1926–1927. Also in *Middle Length Sayings*.

The Heart Sutra. In *Buddhist Wisdom Books*. Trans. Edward Conze. London: Allen & Unwin, 1958. Also in *Buddhist Texts through the Ages*. New York: Philosophical Library, 1954.

The Large Sutra on Perfect Wisdom, with the Divisions of the Abhisamayālaṅkāra. Trans. Edward Conze, Berkeley: University of California Press, 1975.

The Lion's Roar of Queen Śrīmālā [Śrīmālādevīsiṃhanādasūtra]. Trans. Alex and Hideko Wayman. New York: Columbia University Press, 1974.

The Lotus Blossom of Compassion [Karuṇāpuṇḍarika]. 2 vols. Sanskrit text with English summary by Isshi Yamada. London: University of London, 1968.

Middle Length Sayings [Majjhima–nikāya]. 3 vols. Trans. I. B. Horner. London: Pali Text Society, 1954–1959.

The Perfection of Wisdom in Eight Thousand Lines. Trans. Edward Conze. San Francisco: Four Seasons, 1973.

The Platform Sutra of the Sixth Patriarch: The Text of the Tun–Huang Manuscript. Trans. with notes, Philip B. Yampolsky. New York: Columbia University Press, 1967.

The Scripture on Neither Increase nor Decrease [Anūnatvāpūrṇatvanirdeśasūtra]. Extant in Chinese only, T. 668.

The Scripture on the Buddha Land [Buddhabhūmisūtra], (1)Critical edition of Tibetan and Chinese texts in Kyōyu Nishio, *The Buddhabhūmisūtra and the Buddhabhūmivyākhyāna*. Nagoya, 1939. (2)English translation in *The Interpretation of the Buddha Land*. Trans. John P. Keenan (forthcoming in Bukkyō Dendō Kyōkai series).

The Scripture on the Explication of Underlying Meaning [Saṃdhinirmocanasūtra].

(1)*Saṃdhinirmocana-sūtra: L'Explication des Mystères*. French trans. Étienne Lamotte. Paris: Maisonneuve, 1935. (2)*Scripture on the Explication of Underlying Meaning*. English trans. John P. Keenan (forthcoming in Bukkyō Dendō Kyōkai series).

Verses on the Accumulation of Precious Qualities [Ratnaguṇasamuccayagāthā]. Trans. Edward Conze. New Delhi: International Academy of Indian Culture, 1962.

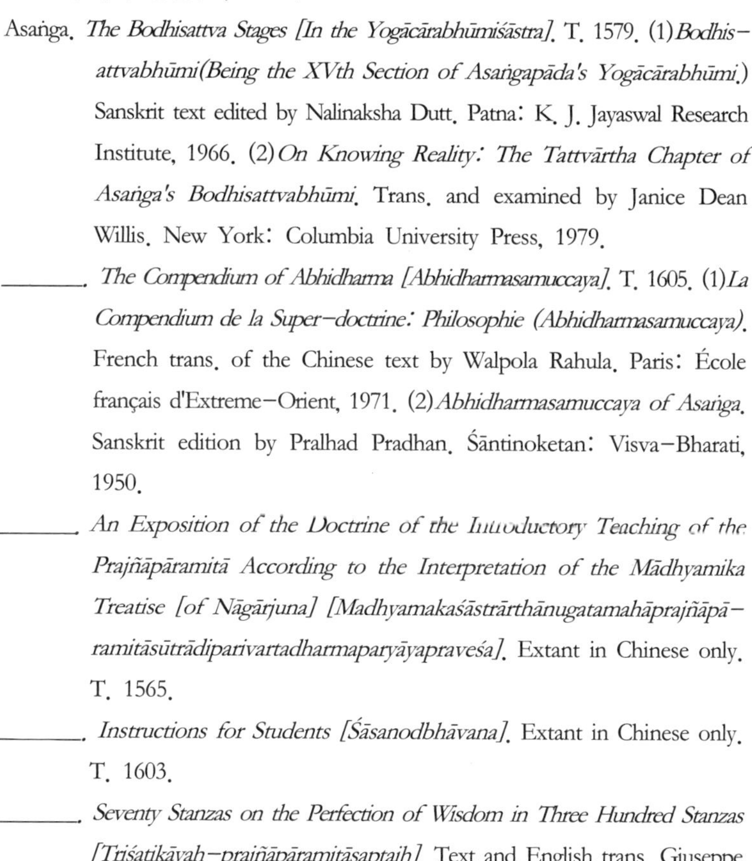

고전 주석과 논문(論, Sāstra)

Asaṅga. *The Bodhisattva Stages [In the Yogācārabhūmiśāstra]*. T. 1579. (1)*Bodhisattvabhūmi(Being the XVth Section of Asaṅgapāda's Yogācārabhūmi.)* Sanskrit text edited by Nalinaksha Dutt. Patna: K. J. Jayaswal Research Institute, 1966. (2)*On Knowing Reality: The Tattvārtha Chapter of Asaṅga's Bodhisattvabhūmi*. Trans. and examined by Janice Dean Willis. New York: Columbia University Press, 1979.

_______. *The Compendium of Abhidharma [Abhidharmasamuccaya]*. T. 1605. (1)*La Compendium de la Super-doctrine: Philosophie (Abhidharmasamuccaya)*. French trans. of the Chinese text by Walpola Rahula. Paris: École français d'Extreme-Orient, 1971. (2)*Abhidharmasamuccaya of Asaṅga*. Sanskrit edition by Pralhad Pradhan. Śāntinoketan: Visva-Bharati, 1950.

_______. *An Exposition of the Doctrine of the Introductory Teaching of the Prajñāpāramitā According to the Interpretation of the Mādhyamika Treatise [of Nāgārjuna] [Madhyamakaśāstrārthānugatamahāprajñāpāramitāsūtrādiparivartadharmaparyāyapraveśa]*. Extant in Chinese only. T. 1565.

_______. *Instructions for Students [Śāsanodbhāvana]*. Extant in Chinese only. T. 1603.

_______. *Seventy Stanzas on the Perfection of Wisdom in Three Hundred Stanzas [Triśatikāyaḥ-prajñāpāramitāsaptaiḥ]*. Text and English trans. Giuseppe

Tucci, in *Minor Buddhist Texts*, pp. 1-128. Rome, 1956; reprint, Delhi: Motilal Barnarsidass, 1986.

_______. *The Summary of the Great Vehicle [Mahāyānasaṃgraha]*. T. 1592, 1593, 1594. (1)*La Somme du Grand Véhicle d'Asaṅga (Mahāyānasaṃgraha). Traduction et Commentaire*. Trans. Étienne Lamotte. Louvain: Institut Orientaliste, 1973. (2)*The Summary of the Great Vehicle*. Trans. John P. Keenan (forthcoming in Bukkyō Dendō Kyōkai series). (3)*Kanyaku shihon taishō Shodaijōron* [The Four Chinese Translations of the Mahāyānasaṃgraha in Parallel Columns]. Ed., Gessho Sasaki. Tokyo: Ringawa, 1977. (4)*Shōdaijōron: Wayaku to chūkai* [The Mahāyān-asaṃgraha: Japanese Translation and Notes]. 2 vols. The now standard work on this text by Gadjin Nagao. Tokyo: Kodansha, 1982, 1987.

Asvabhāva. *Exposition of the Summary of the Great Vehicle [Mahāyān-asaṃgrahopanibandhana]*. T. 1598; P. 5552. (1)*The Realm of Awak-ening: Chapter Ten of Asaṅga's Mahāyānasaṃgraha*. English trans. Noriaki Hakamaya, John P. Keenan, Paul Griffiths, and Paul Swanson. Contains an English translation of the Asvabhāva exposition for chap. 10 (forthcoming from Oxford University Press).

Bandhuprabha. *The Interpretation of the Buddha Land [Buddhabhūmyupadeśa]*. T. 1530. English trans. of the Chinese text, in John P. Keenan, "A Study of the Buddhabhūmyupadeśa: The Doctrinal Development of the Notion of Wisdom in Yogācāra Thought." Ph.D. dissertation, University of Wisconsin, Madison, 1980.

Bankei. *Bankei Zen: Translations from the Record of Bankei*. Trans. Peter Haskel. New York: Grove Press, 1984.

Candrakīrti. *Lucid Exposition of the Middle Way: The Essential Chapters from the Prasannapadā of Candrakīrti*. Trans. Mervyn Sprung. Boulder, Colo.: Prajna Press, 1979.

_______. *Prasannapadā Madhyamikavṛtti*. Douze chapitres traduits du sanskrit et du tibetain. accompagnes d'une introduction, de notes et d'une edition critique de al version tibetain. Trans. Jacques May. Paris:

Adrien-Maisonneuve, 1959.

Chuang-tzu. *The Complete Works of Chuang Tzu.* Trans. Burton Watson. New York: Columbia University Press, 1968.

Dharmapāla. *An Extensive Sub-Commentary on [Āryadeva's] Hundred Stanzas [Śataśāstravaipulyaṭīkā].* Extant in Chinese only. T. 1571.

_______. and others. *Commentary on the Thirty Stanzas on the Establishment of Conscious Construction-Only[Ch'eng Wei-shih lun].* T. 1585. (1) *Vijñaptimātratāsiddhi: La Siddhi de Huien-Tsang.* Trans. Louis de la Vallée Poussin. Paris: P. Guethner, 1928-1948. (2) *Ch'eng Wei-shih Lun: Doctrine of Mere Consciousness.* English trans. Wei Tat. Hong Kong: Ch'eng Wei-shih Publishing Committee, 1973.

Dinañāga, *Digñāga on Perception, Being the Pratyakṣapariccheda of Dignāga's Pramāṇasamuccaya.* Trans. Masaaki Hattori. Cambridge, Mass.: Harvard University Press, 1968.

Haribhadra. *Aṣṭasāhaśrika Prajñāpāramitā with Haribhadra's Commentary called Āloka.* Ed. P. L. Vaidya. Darhanga, 1960.

Lao-tzu. *Lao Tzu: Tao Te Ching.* Trans. D. C. Lau. Harmondsworth, Eng.: Penguin Books, 1963.

Maitreya. *Analysis of the Middle and Extremes [Madhyāntavibhāga].* T. 1601. 바수반두(Vasubandhu)의 *Commentary on the Analysis of the Middle and Extremes*를 보라.

_______. *The Ornament of the Scriptures of the Great Vehicle.* (1) *Mahāyānasūtralaṃkāra, Exposé de la Doctrine du Grand Véhicle.* Ed. and French trans. Sylvain Lévi. Paris: H. Champion, 1907-1910. (2) *Daijōshōgonkyō kenkyū* [A Study of the Mahāyānasūtrālaṃkāra]. Japanese trans. Hakuju Ui. Tokyo: Iwanami Shōten, 1961.

Nāgārjuna. *Sixty-Verse Treatise on Logic [Yuktiṣaṣṭikā].* In Lindtner, *Master of Wisdom*, pp. 72-93. Oakland: Dharma Press, 1986.

_______. *Stanzas on the Middle. [Madhyamikakārikāḥ].* (1) Mūlamadhyamakakārikāḥ. Sanskrit text ed. J. W. de Jong. Madras: Adyar Library and Research Center, 1977. (2) *Nāgārjuna: A Translation of His*

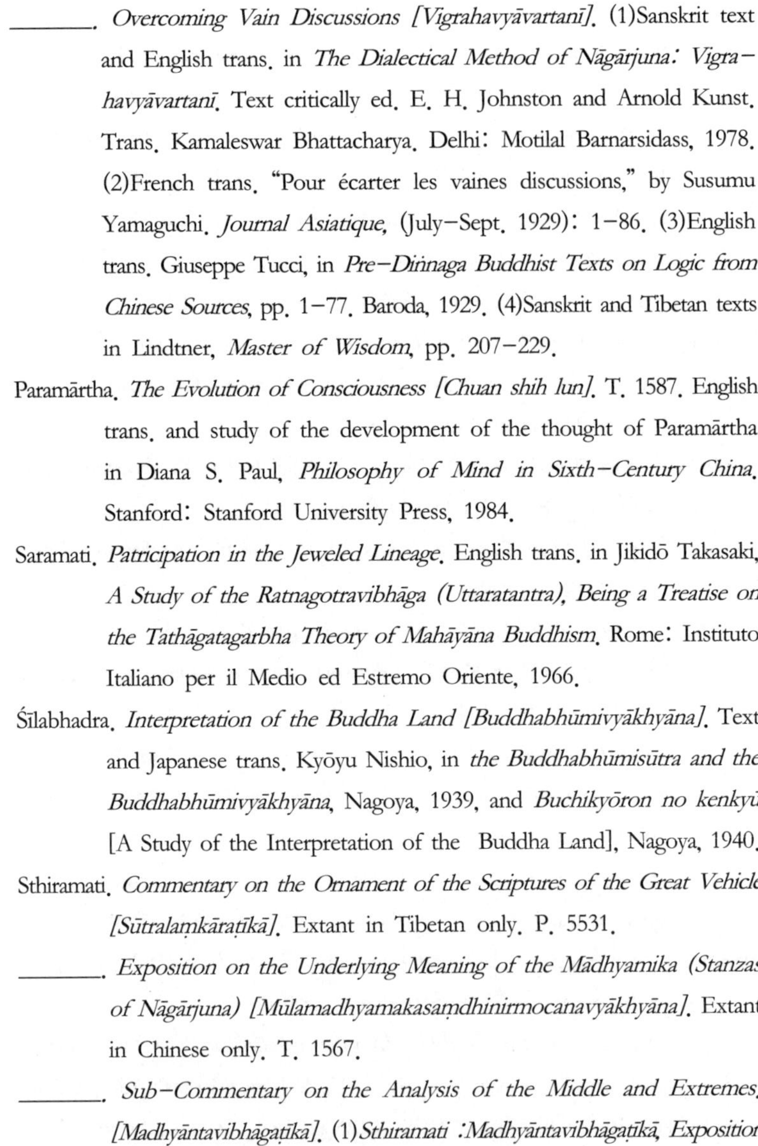

Mūlamadhyamakakārikā. Trans. Kenneth Inada. Tokyo: Hokuseido, 1970. (3)*Nāgārjuna: The Philosophy of the Middle Way*. Trans. David J. Kalupahana. Albany: State University of New York, 1986.

_______. *Overcoming Vain Discussions [Vigrahavyāvartanī]*. (1)Sanskrit text and English trans. in *The Dialectical Method of Nāgārjuna: Vigra-havyāvartanī*. Text critically ed. E. H. Johnston and Arnold Kunst. Trans. Kamaleswar Bhattacharya. Delhi: Motilal Barnarsidass, 1978. (2)French trans. "Pour écarter les vaines discussions," by Susumu Yamaguchi. *Journal Asiatique*, (July-Sept. 1929): 1-86. (3)English trans. Giuseppe Tucci, in *Pre-Diṅnaga Buddhist Texts on Logic from Chinese Sources*, pp. 1-77. Baroda, 1929. (4)Sanskrit and Tibetan texts in Lindtner, *Master of Wisdom*, pp. 207-229.

Paramārtha. *The Evolution of Consciousness [Chuan shih lun]*. T. 1587. English trans. and study of the development of the thought of Paramārtha in Diana S. Paul, *Philosophy of Mind in Sixth-Century China*. Stanford: Stanford University Press, 1984.

Saramati. *Patricipation in the Jeweled Lineage*. English trans. in Jikidō Takasaki, *A Study of the Ratnagotravibhāga (Uttaratantra), Being a Treatise on the Tathāgatagarbha Theory of Mahāyāna Buddhism*. Rome: Instituto Italiano per il Medio ed Estremo Oriente, 1966.

Śīlabhadra. *Interpretation of the Buddha Land [Buddhabhūmivyākhyāna]*. Text and Japanese trans. Kyōyu Nishio, in *the Buddhabhūmisūtra and the Buddhabhūmivyākhyāna*, Nagoya, 1939, and *Buchikyōron no kenkyū* [A Study of the Interpretation of the Buddha Land], Nagoya, 1940.

Sthiramati. *Commentary on the Ornament of the Scriptures of the Great Vehicle [Sūtralaṃkāraṭīkā]*. Extant in Tibetan only. P. 5531.

_______. *Exposition on the Underlying Meaning of the Mādhyamika (Stanzas of Nāgārjuna) [Mūlamadhyamakasaṃdhinirmocanavyākhyāna]*. Extant in Chinese only. T. 1567.

_______. *Sub-Commentary on the Analysis of the Middle and Extremes. [Madhyāntavibhāgaṭīkā]*. (1)*Sthiramati :Madhyāntavibhāgaṭīkā, Exposition systématique du Yogācāravijñaptivāda*. Sanskrit text ed. Sylvain Lévi and French introduction Susumu Yamaguchi. Nagoya: Hajinkaku, 1934, reprint, Tokyo: Suzuki Research Foundation, 1966. (2)*Anne ajiyaru zō chuhen-funbetsuron shakusho* [Sub-Commentary on the Analysis of the Middle and Extremes by Acārya Sthiramati]. Japanese trans. Susumu Yamaguchi. Nagoya: Hajinkaku; reprint, Tokyo: Suzuki Research Foundation, 1965.

Vasubandhu. *A Commentary in Seven Topics on the Noble Bhagavat's Diamond-Cutter Perfection of Wisdom [Āryabhagavatīprajñāpāramitā-vajracchedikakāyaḥsaptapadārthāṭīkā]*. Extant in two Chinese trans. only, T. 1511 and 1512. Synopsis in Giuseppe Tucci, *Minor Buddhist Texts*, pp. 129-171.

_______. *Commentary on the Abhidharma Treasury, L'Abhidharmakośa de Vasubandhu*. Trans. Louis de la Vallée Poussin. 6 vols. Paris: Paul Geuthner, 1923-1925. English trans. of de la Vallée Poussin in *Abhidharmakośabhāṣyam*. Trans. Leo M. Pruden. Berkeley, Calif.: Asian Humanities Press, 1988-1989.

_______. *Commentary on the Analysis of the Middle and Extremes [Madhyāntavibhāgaṭīkā]*. (1)*Madhyāntavibhāgabhāṣya: A Buddhist Philosophical Treatise Edited for the First Time from a Sanskrit Manuscript*. Ed. Gadjin Nagao. Tokyo: Suzuki Research Foundation, 1964. (2)*Kanzō taishō Benchūheron* [A Comparative Presentation of the Chinese Translations. of the Madhyāntavibhāgabhāṣya]. Comparison of the Chinese of Hsüan-tsang and Paramārtha, together with the Tibetan trans., by Susumu Yamaguchi. Tokyo: Suzuki Research Foundation, 1966.

_______. *Commentary on the Summary of the Great Vehicle*. Extant in three Chinese trans. by Paramārtha, Dharmagupta, and Hsüan-tsang, respectively, T. 1595, 1596, and 1597, and one Tibetan trans., P. 5549, by Ye shes de. (1)*The Realm of Awakening: Chapter Ten of Asaṅga's Mahāyāna-saṃgraha*. English trans. Noriaki Hakamaya, John P. Keenan,

Paul Griffiths, and Paul Swanson. Contains and English trans. of Vasubandhu's commentary for chap. 10 (Oxford University Press, 1989).

_______. *Wei Shih Er Shih Lun or the Treatise of Twenty Stanzas on Representation-Only*. Trans. Clarence H. Hamilton. New Haven: American Oriental Society, 1938.

– 2차 자료

Chang, Garma C. C. *The Buddhist Teaching of Totality: The Philosophy of Hwa Yen Buddhism*. University Park, Pa.: Penn State University Press, 1971.

Conze, Edward. "Buddhist Philosophy and Its European Parallels." *Philosophy East and West*. 13, no. 1 (April 1963): 9-23.

_______. *The Prajñāpāramitā Literature*. The Hague: Mouton, 1960; reprint, Tokyo: Reiyukai, 1978.

Ch'en, Kenneth. *Buddhism in China: A Historical Survey*. Princeton: Princeton University Press, 1964.

Dayal, Har. *The Bodhisattva Ideal in Buddhist Sanskrit Literature*. London: Kegan Paul, 1932.

Demiéville, Paul. "La Yogācārabhūmi de Saṅgharakṣa." *Bulletin de l'École française d'Extreme-Orient* 44 (1954).

Frauwallner, Erich, *On the Date of the Master of the Law Vasubandhu*. Rome, 1951.

Griffiths, Paul. "Karma," *Religious Studies* 18 (1982): 277-291.

Guenther, Herbert. *Philosophy and Psychology in the Abhidharma*, Lucknow: Buddha Vihara, 1959.

Hakamaya, Noriaki. "Ālaya-shiki sonzai no hachi ronshō ni kansuru shobunken" [Source Materials on the Eight Demonstrations of the Ālaya Consciousness]. *Komazawa daigaku bukkyō gakubu kenkyū kiyō* [Research Memoirs of the Department of Buddhology of Komazawa University] 36 (1978): 1-27.

_______. "Kūshō rikai no mondaiten" [The Point in Understanding Emptiness]. *Riso* 610 (1984): 50–64.

_______. "The Realm of Enlightenment in Vijñaptimātratā: The Formation of the 'Four Kinds of Pure Dharmas,'" *Journal of the International Association of Buddhist Studies* 3, no. 2 (1980): 21–41.

Hirakawa, Akira. *Index to the Abhidharmakośa*. Tokyo: Daizo Shuppan, 1973.

Hubbard, James, "Salvation in the Final Period of the Dharma: The Inexhaustible Storehouse of the San-chieh-chiao," unpublished Ph.D. dissertation, University of Wisconsin-Madison, 1986.

Inada, Kenneth. *Guide to Buddhist Philosophy*. Boston: G. K. Hall, 1985.

Kajiyama, Yuichi. "Bukkyō ni okeru kotoba to chinmoku" [Speech and Silence in Buddhism]. *Shukyō taiken to kotoba: Bukkyō to kirisutokyō no taiwa* [Religious Experience and Language: A Dialogue between Buddhism and Christianity]. Tokyo: Kinokuniya, 1978.

Katsumata, Shunkyo. *Bukkyō ni okeru shinishikisetsu no kenkyū* [A Study of the Citta-Vijñānai Thought in Buddhism]. Tokyo: Sankibo, 1974.

Keenan, John P. "The Intent and Structure of Yogācāra Philosophy: Its Relevance for Modern Religious Thought," *Annual Memoirs of the Otani University Shin Buddhist Comprehensive Research Institute* 4 (1986): 41–60.

_______. "Original Purity and the Focus of Early Yogācāra." *Journal of the International Association of Buddhist Studies* 5, no. 1 (1982): 7–18.

Kimura, Taigen. *Abhidharmaśāstra no kenkyu* [A Study of the Abhidharmaśāstra]. Tokyo, 1922.

Kiyota, Minoru. *Shingon Buddhism: Theory and Practice*. Los Angeles and Tokyo: Buddhist Books International, 1978.

Knitter, Paul. *No Other Name? A Critical Survey of Christian Attitudes toward the World Religions*. Maryknoll, N. Y.: Orbis Books, 1985.

Lamotte, Étienne. *Histoire du Bouddhisme Indien: Des Origines a l'ere Śaka*, Louvain-La-Neuve: Institut Orientaliste, 1976.

Lindtner, Christian. *Master of Wisdom: Writings of the Buddhist Master*

Nāgārjuna. Oakland, Calif.: Dharma Press, 1986.

Mascaro, Juan. *The Upanishads: Translations from the Sanskrit with an Introduction*. New York: Penguin Books, 1985.

Matsunaga, Daigan and Alice. *Foundations of Japanese Buddhism*. San Francisco: Buddhist Books International, 1974.

Nagao, Gadjin, "Asaṅga's Commentary on the Diamond Sūtra" [*Kongohannyakyō ni okeru muchaku no shakuge*]. In *Chūkan to yuishiki [Mādhyamika and Vijñaptimātratā]*, pp. 569–574. Tokyo: Iwanami, 1978.

_______. "Buddhist Subjectivity." *Chūkan to yuishiki*, pp. 333–340. English trans. in *Religious Studies in Japan*, ed. Japanese Association for Religious Studies and the Japanese Organizing Committee of the Ninth International Congress for the History of Religions. Tokyo: Maruzen, 1959.

_______. "The Foundational Standpoint of Mādhymika Philosophy" [*Chūkan tetsugaku no konponteki tachiba*]. In *Chūkan to yuishiki*, pp. 3–144. English trans. John P. Keenan (forthcoming from SUNY in the Nanzan Studies in Religion and Culture).

_______. "The Logic of the Evolution [of Consciousness]" *[Tenkan no ronri]*. In Chūkan to yuishiki, pp. 237–265.

_______. "On the Term paryāya" *[I–mon (paryāya)to iu kotoba]*. In Chūkan to yuishiki, pp. 406–413.

_______. "On the Theory of Buddha–Body." *Eastern Buddhist* 6 (May 1973) 25–53. Chūkan to yuishiki, pp. 266–292.

_______. "'What Remains' in Śūnyatā: A Yogācāra Interpretation of Emptiness." *Mahāyāna Buddhist Meditation: Theory and Practice*. Ed. Minoru Kiyota. Honolulu: University of Hawaii Press, 1978.

Nakamura, Hajime. *Religions and Philosophies of India: A Survey with Bibliographical Notes. The Fourth Chapter: Orthodox Philosophical Systems*. Tokyo: Kokuseido Press, 1973.

Nishitani, Keiji. *Religion and Nothingness*. Trans. with introduction by Jan Van Bragt. Berkeley: University of California Press, 1982.

Nyanatiloka, Mahāthera. *Guide through the Abhidhammapiṭaka, Being a Synopsis of the Philosophical Collection Belonging to the Buddhist Pali Canon, followed by an Essay on the Paṭiccasamuppāda*. Colombo, Sri Lanka: Bauddha Sahitya Sabha, 1957.

Peri, Noel. "A propos de la date de Vasubandhu." *Bulletin de l'École française d'Extreme-Orient* 9 (1911).

Sakurabe, Takeshi. *Kusharon no kenkyū* [A Study of Abhidharma]. Kyoto: Hōzōkan, 1969.

Sponberg, Alan. "Dynamic Liberation in Yogācāra Buddhism." *Journal of the International Association of Buddhist Studies* 2, no. 1 (1979): 44-64.

_______. "The Thrisvabhāva Doctrine in India and China: A Study of Three Exegetical Models." *Ryūkoku daigaku bukkyō bunka kenkyūjo* kiyō 21 (1983): 97-119.

Sprung, Mervyn, "Non-Cognitive Language in Mādhyamika Buddhism." *Buddhist Thought and Asian Civilization*, Oakland, Calif.: Dharma Press, pp. 241-253.

Stcherbatsky, Theodore. *The Concept of Buddhist Nirvāṇa*. Leningrad, 1927; reprint, Delhi: Motilal Banarsidass, 1977.

Streng, Frederick. *Emptiness: A Study in Religious Meaning*, Nashville: Abingdon Press, 1967.

Suguro, Shinjō. "Joyuishikiron ni okeru gohō setsu no tokushoku" [The Specific Character of Dharmapāla's Teaching in the Ch'eng Wei-shih lun]. In *Yūki kyōju shōju kinen bukkyō shisōshi ronshū* [Essays on the History of Buddhist Thought in Honor of Professor Reimon Yūki]. Tokyo, 1964.

Takakusu, J. "The Life of Vasubandhu by Paramārtha." *Journal of the Royal Asiatic Society* (1935), pp. 33-53.

Takasaki, Jikidō. "Hōshin no ichigenron: Noraizō shisō no hō kannen" [The Monism of Dharmakāya as It Relates to Tathāgatagarbha Thought]. In *Hirakawa akira hakase kanreki kinen ronshū: Bukkyō ni okeru hō no kenkyū* [Studies in Honor of Doctor Akira Hirakawa on Dharma in Buddhism]. Tokyo: Shunjūsha, 1975-1976.

_______. Nyoraizō shisō no keisei [The Formation of Tathāgatagarbha Thought]. Tokyo: Shunjūsha, 1974.

Ui, Hakuju. "Maitreya as an Historical Person." In *Indian Satudies in Honor of Charles Rockwell Lanman*. Cambridge, Mass.: Harvard University Press, 1929.

_______. "On the Authorship of the Mahāyānasūtra-alaṃkāra." *Zeitschrift für Indologie und Iranistik* 6 (1928): 215-225.

Yamaguchi, Susumu. *Bukkyō ni okeru yu to mu to no tairon* [The Dispute over Being and Non-Being in Buddhism]. Tokyo: Sankibo, 1941; reprint, 1975.

Yeh, A-yüeh. *Yuishiki shisō no kenkyū* [A Study of Vijñaptimātra Thought]. Tokyo: Kokusho, 1975.

Yuki, Reimon. *Shinishikiron yori mitaru yuishiki shisōshi* [The History of Vijñaptimātra Thought Seen from the Discussion on Consciousness]. Tokyo, 1935.